商業統計學（上）

Business Statistics:
Contemporary Decision Making

Ken Black◇著

葉小蓁◇校閱

陳育聖、謝忠和◇譯

序言

《商用統計學》乃是為了讓學生熟稔整個統計學領域而撰寫的，在這本書中提供了豐富的企業背景，以從中瞭解如何應用書中的技巧和觀念，同時也以易懂易學的編排格式搭配容易理解的範例說明，並強調決策方面的教學。從第一版受到熱烈歡迎的程度證明我們上述寫作的目標達成了，而從第一版發行到現在的這段時間內，我們仍然在找尋更新、更好的方式來表現我們的教材內容，並找尋目前最新的想法、觀念以及解題方式、符合目前統計運用潮流的主題、章節，並開闢一條強調電腦統計應用分析的新學習途徑。第二版的《商用統計學》就是這些努力下的結晶。

第二版依然保留第一版中吸引讀者的特色，包括了易為人接受的教授法、清楚易讀的編排格式、數以百計的範例；此外，還有許多管理決策應用的單元，以決策的觀點來表達商業應用的統計學也是其特色之一；此外，第二版中涵蓋了許多新特色、主題、應用範例以及研究方法，這些都加強了本書的功能，使其成為極富價值的教授工具。

新的特色、主題以及研究方法

包含Excel以及MINITAB視窗軟體應用　Excel以及MINITAB都是第二版中新加入的特色，因為這兩種電腦軟體都被廣泛的使用，所以我們就把它們加入本書中，你會發現在第二版中會比第一版中有更多的電腦運算結果；章節的討論也會比以前更注重這些電腦輸出結果的分析。在大部份的小節中，我們加入了需要電腦運算結果來解說的問題，其他的單元例如「決策難題解決之道」以及「個案」也都列出了需要學生分析及解說的電腦輸出結果。

對「決策難題」以及「決策難題解決之道」單元的改良　每一章開始時都會提供一個「決策難題」單元，它是一個企業的簡介短文，涵蓋了企業出現的問題和機會。一半以上的「決策難題」在第二版中已經更動過了，其餘的也做了大幅的修改。我們花了相當大的功夫把眞實的資料置入該單元中，在最後的

「決策難題解決之道」單元中，我們會利用根據公式計算出的結果以及利用電腦所得到的輸出結果兩種方式來做實際分析。這些特色能讓指導教授在每一章的開頭時先介紹資料分析時會遇到的難題，然後在章節的最後證明在該章所提出的技巧如何用來解決這些難題。

專題　本單元包含企業專題、全球焦點、道德專題、品質專題等議題。在這一版中，大部份的專題都是新的且其他的也更改過了，我們也花了很多的努力將專題和章節的內容結合在一起，第二版中我們也將專題內的資料整理成主題性的討論和解說。專題是非常合時宜的，新的專題範例如「最熱門的公司」（第一章）、「管理者對管理工具感到滿意嗎？」（第六章）。

個案　在第二版中我們加入了一些新的個案，事實上所有的個案都已經大幅修改過，加入了分析用的原始資料以及用來做進一步解釋的電腦輸出結果。你會看到我們蒐集了更多管理方面的問題，訓練學生根據可用的資料以及分析數據做統計處理，以供日後能提出建議給公司的管理階層做決策用。

問題集　在每節的最後都會出現問題集，這些問題的內容是根據有名的商業刊物以及國營組織和政府機構的資料所整理出來的，我們也加入了許多新的問題，前一版所沿用的問題也做了修改，以順應現今企業環境，而且必要時我們也將之汰換了。

整個第二版中，爲了要保持本書提供更多電腦結果做解說的目的，我們都很強調假設檢定中的p值法。另外，我們將介紹中央極限定理，此定理是從各種分配的隨機抽樣所形成的平均分配，我們可以用電腦所產生的圖形幫助使用者更瞭解此定理。

關於計數規則（counting rules）的小節已經放到講述機率的章節內，以方便樣本空間的描述；在機率法則的介紹中則儘量少用撲克牌的例子，而增加了商業應用的實際範例來做解說。

本書的組織架構和目標

本書中每一章內的小節都有編號以供讀者容易查閱。這本書的主要讀者群鎖定在統計初學者，我們已經試圖減少不必要的用語並加入額外的主題。我們假定讀者至少具有數學代數方面的基礎，然而他並不一定需要先學會微積分。第二版跟第一版一樣，都是做爲兩個學期或一學年的課程用。

每一章幾乎都包含以下的單元。

學習目標　每一章都會先敘述一段本章節主要的學習目標，它提供讀者一系列將會在這一章討論的關鍵主題，以及研習完本章後將達成的目標。

決策難題　在每一章的一開始，我們會提供一篇簡短的個案，描述一家眞實的公司或企業狀況並因而推衍出管理以及統計上的問題，在大部份的「決策難題」中，我們會提供眞實的資料，並要求學生去思考如何去分析這些資料以回答以上的問題。

重要辭彙　在每一章的最後我們也會提供在該章中出現的關鍵辭彙列表。

公式　在本書中大部份重要的公式會特別強調並做成方塊表，以便學生能夠很容易地找到，在每章的最後，重要的公式也會列在一起做爲隨時查閱用。

例題　本書中幾乎每一個小節都會提供範例，在我們解釋完統計技巧後會給一個例子，討論完後，我們會另外給一個例題，告訴學生如何將教過的技巧應用到資料上，這種方式能加強學生的學習效果，並能夠提供另一種演算方式或解題過程的觀點。

問題　幾乎在本書每個小節的最後均會提供練習用的問題。大部份的問題都是出自眞實的企業調查報告或現況，這是要試著讓學生熟悉這些問題所涵蓋的不同層面之商用統計處理方式以及資料分析法，藉此學生能夠從閱讀這些問題中眞正學到未來踏入企業界應具有的知識和能力。

專題 專題包含了企業界在全球焦點、道德、品質或其他目前商業主題中碰到的新事件，我們已試著讓學生瞭解一些目前企業界存在的議題並同時介紹他們跟這些議題有關的統計資料，這些資料都可以用章節內所介紹的某個技巧來分析。專題試圖要攫住讀者的目光，同時也試著建立真實世界中企業的決策方式和商用統計學之間的橋樑。

決策難題解決之道 在每一章的最後，「決策難題解決之道」單元用來解決每章開頭「決策難題」中提供的管理及統計上的問題，通常藉由各章節中所傳授的技巧，就可以將「決策難題」中所給的資料用計算的方式以及電腦的運算結果加以分析。試著應用章節所學到的觀念來回答「決策難題」中提到的問題，而為該章節做個完美的結束。

結語 每一章會以一篇結語做總結，它擷取了章節內重要的想法和概念，可讓學生對整章有一個概觀，並做為對該章節的複習。

個案 每一章都會在正文中提到根據實際公司所撰寫的個案，某些個案會針對像可口可樂或是微軟（Microsoft）等大公司來著筆，其他的個案則會根據小型、曾經克服障礙以繼續經營的成功公司來描述。大部份的個案都會給學生原始的資料讓他們分析以利決策過程的進行。此外，我們也加入了電腦分析的部份，讓學生能針對輸出結果加以解說，做為日後提供建議以協助公司經理人做決策的基礎。

道德省思 每一章在最後有一個「道德省思」單元，它會強調商業統計上可能發生的誤用情形，包括用錯統計方法、無法符合統計上的假設、無法提供適當的資訊供決策者使用等事項。

目錄

附錄A　507

附錄B　537

第1章

統計學簡介

1.1　統計學在企業界的應用
1.2　什麼是統計學
1.3　敘述統計學 vs. 推論統計學
1.4　資料測量尺度介紹
1.5　統計應用的一些領域簡介

學習目標　　本章主要的學習目標是介紹統計學的世界。因此，在你讀完本章之後，你將可以學到：

1.統計於企業界的應用範疇。

2.定義何謂統計學。

3.區分出敘述統計學與推論統計學的差異。

4.知道資料層級尺度的分類法以及瞭解其重要性。

決策難題

利用統計學來描述印度鄉村的商業情況

在印度，全國的人口總數爲九億人，其中有將近70%的人口住在印度的鄉村，然而這些人所創造出來的產品銷售額卻只佔了全國銷售量的三分之一。儘管如此，印度在經過了四年的自由市場政策推動以及農產品的大量輸出下，使得印度潛在的鄉村市場已爲消費性產品敞開了大門。

印度鄉村可以用貧窮與半文盲來形容它。在印度的鄉村有超過65%的人口，其一年的收入所得少於$574元，另外23%的人口收入是介於$574至$1,146之間。印度鄉村女性有66%是文盲，男性則有38%是文盲，這些印度鄉村所呈現的數據與印度都市的數據相較之下，鄉村數據大約是城市數據的兩倍。印度鄉村有77%的住戶是以木材來當作他們的煮食燃料，而且只有39%的住戶有電力供應，以及7%的住戶擁有沖水馬桶設施。

雖然如此，這些狀況現在已經開始改變，有公司已經開始進入到這個自由市場中，例如Colgate-Palmolive這家印度公司，它的目標是希望在西元2003年時，公司盈餘有超過一半的部份是來自印度鄉村市場，直到目前爲止，這家公司的收入只有30%是來自印度鄉村，因此這家公司計畫在1996年時，其在印度鄉村市場的銷售量能夠比1991年時成長五倍。

要在印度鄉村從事行銷的工作是一件很具有挑戰性的任務，而且也必須利用傳統的行銷方法，這樣才能作好行銷的工作。因爲印度鄉村的文盲比例相當高，並且也只有三分之一的住戶擁有電視機，因此，要在這樣的一個環境之下進行產品的行銷工作需要用到一些較獨特的行銷手法。有一種頗為獨特的行銷方式是可以加以利用的，那就是利用視訊影像播放車，它是一輛裝有大型播放螢幕的卡車，可以播放出影像。視訊影像播放車經常巡迴於鄉村的各個小村落，並且它會不時的播放著流行電影配樂來吸引顧客的注意。當顧客們聚集在視訊影像播放車之後，銷售人員就可以開始在大型螢幕上播放該公司的產品廣告，藉由這些影片來向顧客們介紹這些產品，而在影片播放完之後，銷售人員就會將這些產品的試用品分送給顧客們。像是Hindustan Lever公司，它是一家生產印度個人消費性產品的公司，它曾估計過使用視訊影像播放車的行銷方式所需要的成本是在印度都市中對同樣的產品所採用的行銷成本之四倍。儘管如此，在印度鄉村市場的個人消費性產品的成長率比在都市市場中的成長率要高出了三倍。

在印度鄉村的牙膏消費數量已經從1990年的8,825噸成長為1994年的17,023噸，可說是增加了兩倍。印度鄉村每人每年使用牙膏的數量大約為30公克，而在印度都市中每人每年的牙膏使用量為160公克，在美國則有400公克，對於其他個人消費性用品的情況也是類似的，所以由這些數字就可以知道印度鄉村個人消費性產品的成長潛力有多高了。就以洗衣粉來說，在1990年時，印度鄉村的銷售量為272,540公噸，而在1994年時已成長至422,741公噸。再以香皂為例，在1990年時，它的銷售量為158,919公噸，而在1994年時，已經成長為231,084公噸，洗髮精也是同樣的情形，從1990年的497,000公噸成長為1994年的2,116,000公噸。

印度鄉村市場對企業而言是一個非常大並且沒有法規限制的市場，從一些銷售數字顯示出印度鄉村消費者對一些消費性產品的購買率增加，但是，在每年的公司收入統計中卻顯示印度鄉村消費者的購買能力似乎沒有被提升反而有下降的趨勢。因此像這種狀況發生時，將會使得一家公司在決定是否要進入到這個市場，以及如果要進入，應該進入到哪些區域與如何來加以經營等等的決策時，必將會陷入兩難的困境之中。

管理與統計上的問題

1.在這個報告中，可以利用哪一種統計方法來加以表示？

2.是否能正確的計算出這些資料或能否將它們估計出來？

3.研究人員要如何蒐集這些資料？

4.把測量印度鄉村視為是在做市場調查，有哪些額外的統計資料是需要收集的呢？

5.有哪些測量尺度的資料可以用來表示這些資料？假如資料已經收集好了，那麼要用哪些尺度資料來代表它？

6.管理者要如何使用這些統計方法，來協助他選擇一個較佳的進入印度鄉村市場的決策方案？

歡迎您進入統計學的世界中！統計學對企業以及其他領域的影響與重要性正逐漸地在增加當中。由於資訊處理程序以及儲存技術的進步，使得統計學能夠更容易地讓消費者、研究人員以及決策者所接受。電腦為使用者提供了容易存取分析的工具，使得統計的應用能夠更具彈性。當越來越多人學習到統計學以後，他們將會對統計學的應用範圍具有更多的瞭解與認知。因此，有許多不同領域的使用者都是需要用到統計學的技巧，包括了科學、教育界、企業界、心理學以及社會科學等。

1.1 統計學在企業界的應用

本節的重點在於說明企業界應用統計的方式。在企業界中，統計已經被廣泛地使用；而實際上，所有的企業都或多或少會將統計學的技巧應用到某些決策上。因此，美國的大學均會要求主修企業管理的科系，必須要將統計學列入他們的課程當中。除此之外，由於電腦輔助及統計套裝軟體的出現，使得企業界的決策者能夠更方便使用統計分析方法。因此，由於有這些工具的協助以及許多使用者的支持，使得統計學應用於企業界的比例已在穩定成長當中。

企業界使用統計學的例子

會計　會計領域內隨處可見統計應用的實例。例如目前有許多CPA（認證會計師）公司提供客戶各式各樣的服務，而一項針對1050位AICPA的調查試圖要瞭解他們認為會計顧問服務在哪些企業中是最具發展潛力的。結果發現，78%的受訪者認為醫療行業對CPA而言最具有發展潛力。環保服務、專業服務公司以及跟北美自由貿易法相關的公司都有很高的潛力。另外有76.1%的受訪者認為除了CPA服務的發展潛力外，企業評估也是他們重視之處。在這次的調查當中也發現了其他一些潛在的發展領域，像是電腦的顧問服務、經濟分析、成功的規劃服務、個人財務規劃、作業上的審計服務、協調與檢視的功能、品質的控制以及標準檢測服務等。

經濟　在商業界中，統計學已經被用來反應出許多不同的經濟趨勢。由美國勞工部門所提供的資料當中就包含了許多國家經濟趨勢的指標，這些指標都是從統計資料中所整理出來的。其他的經濟組織也使用統計來發展出經濟指標。全球企業週期研究中心（CIBCR）就公佈了一個長期領先指標，它可以用來瞭解企業的週期變化，像是它能指出企業週期超過一年之後所出現的最高點以及六個月之中的最低點。這個指數是利用債券價格、單位勞工成本價格比率、緊縮貨幣供給額以及生產力與服務價格變化率等因素計算而得到。

財務　在財務分析中，統計則是應用在股票及商品市場上，來協助他們做投資決策，所以統計資料可以用來輔助財務投資者做決策。統計資料包含了存貨週轉率、資本總額的現金流動比率、業主的長期負債比率、速動比率（指流動資本額加上存貨後除以流動負債）、稅前資本報酬以及其他的一些因素等等。**圖1.1**顯示了其他重要的財務指標，例如EXXON公司從1985年至1994年間的本益比，請注意在這個圖形中，本益比在這段期間是呈現出逐漸增加的趨勢，而其趨勢的最高點是發生在1989年，當時的本益比為20.1。

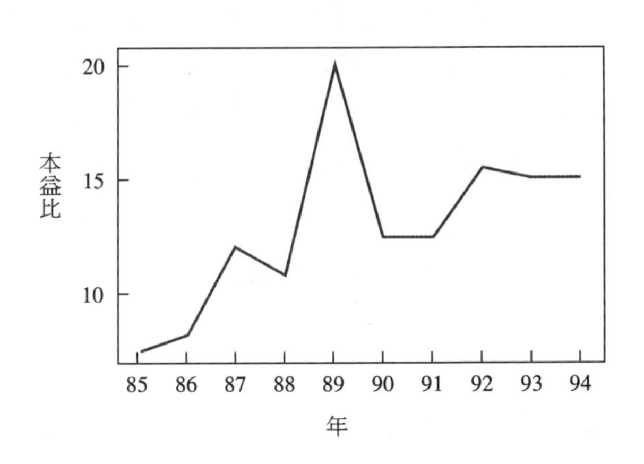

圖1.1
EXXON從1985至1994年之間的本益比比率

管理 在管理上，是利用統計來輔助決策，像是人力資源分配上，組織行爲以及勞工關係等。Hewitt協會就針對505家公司調查其對兼職員工以及專職員工的任用程度，結果顯示大約有95%的受訪公司有使用非公會的兼職員工。在1990年至1994年間，公司使用彈性的方式來安排員工的工作時間的比例已經由42%提升爲57%，而使用分工方式的公司，比例也從28%增加到37%，並且有25%的公司允許其員工可以在自己家裡工作。76%的公司對兼職員工的規定是，只要工作超過一星期30個小時就給予他醫療上的補助，相對的有62%的公司只要員工一星期工作在20到24小時者就提供其醫療保健補助，此外25%的公司則是規定，只要員工一星期工作超過20小時就給予醫療補助。

管理資訊系統 由Yankelovich公司對414位線上與網際網路使用者所作的一項研究結果顯示出，網際網路的使用者當中，男性多於女性，但是男性使用網路的比例則從63%下降爲57%，而女性、單身者以及低收入者的增加則不成比例，就平均來說，網際網路的使用者很少在一天內上線超過三十分鐘。

行銷 統計在企業界的行銷上具有許多不同的應用，它包含了對消費者價格研究、廣告的效益、價格的效果以及對套裝軟體的影響評估。Wansink與Ray在行銷研究上採用一些統計技巧來鼓勵使用者使用新的品牌。

一個例子就是使用Clorox漂白方法來清除錢幣與污水槽的汙垢。在這個研究中，針對了195位實驗對象，分別給他們看了許多新品牌的廣告之後，請他們爲他們所看過的新品牌廣告加以評分，評分標準是利用七點尺度法（例如：1：不好，7：好，2到6爲連續遞增）。每個人都會被問及他或（她）在去年，約間隔多久期間會購買其所喜愛品牌的產品。而在三個月之後，這個實驗又重新做一次調查，這時會詢問他們自從接觸了新廣告所介紹的品牌之後，它們有幾次會去購買原本所喜愛的品牌，以及他們有幾次會嘗試去買這些新品牌。這些研究所得到的結果顯示出這些新的廣告所形成的影響力就如催化劑一般，讓使用者能較容易接受新的產品。因此，諸如此類的發現就是利用統計的方法而得到這些資訊。

全球企業 牛奶企業基金會曾利用統計做了關於全球牛奶企業的市場狀況調

查，結果顯示出美國牛乳生產量在世界佔有領導的地位。在美國，乳牛一年平均可以生產出15,554磅的牛乳，加拿大位居第二大，為13,098磅，愛爾蘭為第三，接著為西班牙以及阿根廷，它們牛乳的生產量分別是9,660，9,129以及7,409。愛爾蘭每年每頭牛的牛奶生產量為3,461磅，位居第一位，波蘭第二位，為724磅，緊接在後的是西班牙生產量為237磅，加拿大為220磅以及美國為212磅。本章中的決策難題描述了使用統計方法，將印度鄉村視為一個具有潛力的市場來加以研究。

1.2 什麼是統計學

在我們的文化中，統計學這個字具有許多不同的意義。在第三版的韋氏（Webster's）新全球字典就對統計學下了一個較明確的定義：它是以科學的方法來處理、蒐集、分析、解釋以及表示這些數值所形成的資料。從這個觀點來看，統計學包含了所有本書中的章節主題。統計學也是數學的另外一個分支，而且許多統計的科學都是根植於數學理論而產生的。許多的學術領域包含了商業，也都提供了有關統計學的課程，所以我們可以知道統計學已經成了一門不可或缺的學問。

人們經常使用「統計」這個字彙來表示資料的群組，或是從企業所蒐集到的數據資料，因此統計也就成為對事實與現象的一種描述方式。在醫學界或其他的領域也都利用統計來作為表示的工具，例如：死亡率。因此統計就變成了一門顯學。而統計學的表示法可以被用在兩個重要的層面，首先，統計可以經由樣本來敘述以及檢視一個母體的特性，這個部份在稍後會加以討論。第二種是統計能夠利用分配來分析資料，例如：一個研究人員可以利用t分配來分析資料，也就是利用t統計量來分析資料。以下就是一些有關統計學字彙的意義整理。

1.利用科學的方法來作資料蒐集、分析、解釋以及表示。
2.數學的分支。
3.學習的課程。

4.事實與現象的描述。
5.死亡率。
6.利用樣本來作測量。
7.以分配的形態來分析資料。

1.3 敘述統計學 vs. 推論統計學

統計學的研究能夠以多樣化的方式呈現出結果。這些主要的方式可以劃分爲兩個分支，分別是敘述統計學以及推論統計學。爲了要瞭解敘述統計學與推論統計學之間的差異，則要先從定義母體以及樣本開始，在第三版的韋氏新全球字典裡，對母體所下的定義爲：人、事、物等的集合，母體可以是廣義的類別，像是「全部的汽車」；或者它也可以較爲狹義，像是「1994年至1996年間所生產出來的福特汽車」。一個母體能夠被視爲人的群體，像是「紐約市的西班牙後裔的投票人」，或者它也能夠是物件的集合，像是「在1996年8月17日由GE公司在其工廠所生產出來的洗碗機」。

當一位研究人員所蒐集的資料就是整個母體時，那麼這種統計的方法就稱爲普查。在美國本土有許多的人對普查是相當熟悉的，因爲美國每隔10年就會在美國本土上調查所有居住在這個國家的人。因此，假如有研究者想要瞭解亞利桑那大學所有學生的性向測試結果，那麼它就要利用普查的方式來進行此項研究。

所謂「抽樣」，係指它只是整體中的一部份，並且如果它可以利用適當的方式來進行時，那麼它就可以代表整個母體。有許多的原因（詳見第七章）會讓研究人員寧願對母體進行抽樣的統計方法，用樣本來代表母體。例如：若要進行品質控制的實驗，爲了要檢查電燈泡的平均壽命，電燈泡的製造商就可以對其生產的電燈泡進行隨機的抽樣，從所有之中抽出75個電燈泡來進行檢測。所以當有時間與金錢上的限制時，採用抽樣是較適當的，像一位人力資源管理者就可以對公司員工進行隨機抽取40位員工來取代對整個公司員工作普查的工作。

假設研究人員利用從某群體中所蒐集而得的資料，對這個群體進行分析描述或得到一些關於這個群體的結論時，這種統計方法就稱爲敘述性統計。例如：一位老師對一個班級的考試成績做了統計，並且他利用這些統計量而得到一些關於這個班級的結論時，這種統計的方式就稱爲敘述統計學。所以這位老師可以利用這些統計量來算出這班學生成績的平均值，找出這個班級考試成績的分布區間等。

有許多的比賽也具有統計量，像是平均的打擊率就是一種敘述統計量，因爲它可以用來描述個人或是團隊的比賽成果。有許多從企業蒐集而得到的統計資料也是一種敘述統計，像是在六月內休假的員工數目、某部門的平均薪資、1996年的企業銷售量、公司員工態度普查結果的平均滿意分數，以及公司自1988年到1996年的投資報酬率。

推論統計學與敘述統計學是不一樣的，假如研究人員是利用抽樣的方式來蒐集資料，並且利用這個樣本的統計量來推論母體的結論，那麼這種統計的方法就稱爲推論統計學，這種統計學通常是用來針對一個大量的群體，有時候它可以被視爲歸納統計法。所以推論統計學已經越來越重要。推論統計學的一個應用爲製藥的研究。舉例來說，某些新的藥品生產成本相當昂貴，因此，像這類的藥物測試只能針對少量的病人樣本來進行藥效的檢測，利用推論統計學，研究人員只對隨機抽樣所得的小樣本進行研究，進而得到樣本的統計量，再利用這些統計量來推論母體的特性。

市場研究人員就使用推論統計學來調查廣告對多個市場區間的影響程度。假設一家碳酸飲料公司推出了一則新廣告，廣告內容是描述十幾歲的青少年在海邊玩衝浪板時所喝的飲料爲可樂。如果市場研究人員想要調查各個不同年齡層對這則新廣告的反應程度，那麼這位研究人員就可以對母體來進行隨機抽樣，先將母體利用年齡來進行分層，分成年輕到年老的不同層級，然後利用推論統計學來調查母體中不同的年齡分層對這個新廣告所產生的反應。因此使用推論統計學的優點在於，它可以使研究者能以一種很有效率的方式來進行研究的工作，而不須再使用普查的方法。所以本書有許多的討論主題就是針對推論統計學而做的。

母數就是對母體做一個敘述性的測量，母數通常都是以希臘字母作爲代表，母數的例子有：母體平均數（μ），母體變異數（σ^2）以及母體標準差（σ）。而針對樣本來作敘述性的測量就稱爲統計量，統計量通常都是以羅馬字

圖1.2
推論統計學的處理程序

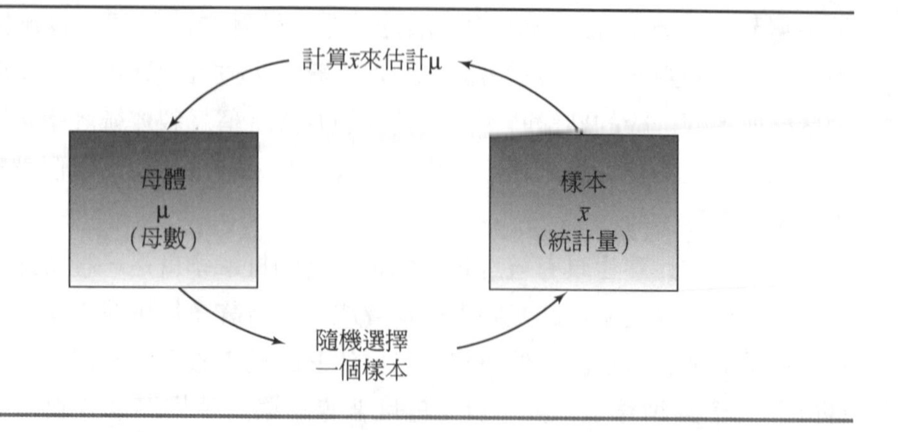

母來表示，像是樣本平均數($\bar{x}$)，樣本變異數（S^2）以及樣本標準差（S）。關於母數與統計量的差別通常只有在推論統計學中才會特別加以重視。一位統計學家經常要對一個母數值進行估計或是對母數進行檢定，欲求得母數通常是不太可能的，而且相當缺乏便利性，以及要花費大量的時間與金錢，因爲要得到正確的母數值必須先對母體進行普查。

例如，一家製造洗衣機的廠商很可能想要瞭解一台新的洗衣機需要被送修前，其平均的運作次數爲何，在此母數指的是母體的平均數，也就是所有機器送修前的運作次數。某一位統計學家在做這項研究時，會對所有的機器母體隨機抽出所需的機器樣本，然後計算出樣本中的每台機器在需要送修前的運作次數以及平均次數，進而利用這些統計量來估計母體特性或是母數值，在這個個案中統計量指的是樣本平均數，**圖1.2**說明了這個處理程序。對母數進行推論是在一個不確定的情況之下，因此除非能直接的從母體中計算得到它，否則統計學家將永遠無法知道從樣本的統計量來估計得到母數值是否爲正確。所以爲了要讓估計具有可信度，統計學家利用機率來支持它的估計，在本書中就有一個部份是專門介紹機率（第四章）。

例題1.1

欲變遷公司位置通常是一個重要的決策，有許多因素必須加以考量，包括：須接近供應商的位置、接近市場、接近運輸設備、接近居住社區（學校、購物商店、居住場所）以及其他相關因素，而可以確定的一個重要因素爲租賃辦公室的成本考量。有些市調公司想要研究以估計在各個不同地區租賃辦公室所需要的成本爲何？例如，Reis情報公司，它是一家不動產調查公司，它會針對美國主要的幾個城市進行租賃辦公室所需成本的相關問題研究，由這個研究所得的結果顯示出，在亞特蘭大租賃一間辦公室的平均價格是每平方英呎$18.04，而在紐約則需要$36.22以及在洛杉磯是$25。因此，一家公司要如何利用這些統計數據做爲決策上所需要的資訊將會是相當重要的一點。

解答

研究人員可以先考量都會區，並且從這些區域中隨機選擇一些辦公大樓，然後可以利用電話訪談的方式或是以問卷的形式做調查，詢問受訪者關於他們大樓中租一間辦公室每平方英呎的價格是多少？由城市中所隨機抽出的這些樣本，可以利用它們計算出平均的租賃價格以及得到其他的統計量，如區間長度、標準差、以及中位數等統計量，然後研究人員可以利用這些統計量推論並估計這個城市租賃辦公室的價格，而且也可以將這些統計量與其他城市的租賃價格作比較。因此決策者就可以根據這些樣本資料以及母體估計量來做爲決定公司位置變遷的決策參考依據。

1.4 資料測量尺度介紹

在公司中每天都會蒐集到數以萬計的數值資料，例如：每項產品的生產成本、不同地理位置的零售商銷售量、貨物的重量、部屬每年的考績評等，所以對這些資料就不應該利用相同的統計方法來處理它，因爲這些數字對不同的實體具有不同的意義。也就是因爲這個原因，使得統計學家必須先知道資料測量所使用的尺度。

不同的統計數字對於不同的實體具有不同意義，例如，數字40與80可以被視爲兩件被托運物件的重量，或者可以是足球後衛運動衫的號碼。對於托運物件而言，80磅是40磅的兩倍，然而這點對於足球後衛而言就不具有相同的意義了，將兩件物件的重量加以平均看起來似乎是合理，但是對足球運動衫號碼而言，將號碼平均是不具有任何意義的。因此，適當的選用合宜之測量尺度，對於資料分析是相當重要的。四種資料測量尺度如下所示：

1.名義尺度。
2.順序尺度。
3.區間尺度。
4.比率尺度。

名義尺度

資料測量最基本的尺度爲名義尺度，名義尺度資料通常可以數字來加以表示，像是運動衫號碼就可以用來代表運動員，像這種數字資料就是名義尺度資料。因爲這些數字只是用來區別不同運動員而已。因此，它不會對運動員價值產生任何影響。有許多人口統計學的問題都是利用名義尺度，因爲這些問題只能被用來作分類。下面的例子就是這種類型的問題：

下列哪一種職業最能描述你所從事的工作？

A.教育家　　D.律師
B.建築工人　　E.醫生
C.製造工人　　F.其他

假設爲了運算上的目的，將教育家用1來代表，建築工人用2表示，製造工人用3，以此依序類推。那麼這些數字所代表的意義就只能用來分類受訪者而已，像數字1並不表示它就具有最高的價值，所以它只是用來區別教育家（1）與醫生（5）。

有些其他類型的問題也是經常會用到名義尺度，像是性別、人種、地理位置、出生地、電話號碼以及員工識別號碼等等都是屬於名義尺度資料。所以統計很適合用來分析名義尺度資料，並且經由統計處理後，經常會產生有用的資訊。

順序尺度

順序尺度資料比名義尺度資料具有更高的等級，順序尺度除了具有名義尺度的所有特性外，還具有順序尺度的測量能力，可以利用它來對資料排出等級以及次序的安排。例如，使用順序尺度資料，管理者就可以對三位員工的生產力進行評量分級，由1至3，如此一來，管理者就能夠找出哪一位員工的生產力最高，誰最差以及誰中等。但是管理者卻不能利用順序尺度資料建立等距的關係，所謂等距指的是員工生產力等級1、2以及3之間的差異相等，也就是1與2的差距等於2與3的差距。

另外一個順序測量的例子是利用它來表示比賽時名次的次序，假設一百公尺的賽跑比賽，選手完成次序的先後分別是1、2、3、4、5、6，那麼很明顯的，當一位選手首先完成它，就贏得金牌，他就是跑得最快的選手，相同地，另一位選手是第二位完成者，那麼他就是跑第二快的選手，以此類推。圖1.3爲選手完成的次序示意圖。所以，我們可知這些選手均須要跑完相同的距離，從圖中可以瞭解他們之間的差距，因此，數字1、2、3、4、5、6就是順序尺度資料。

某些問卷會利用順序尺度資料，以下就是一個利用順序尺度資料的例子：

學電腦時採用個別指導：	______	______	______	______	______
	沒有任何幫助	有些幫助	很有幫助	非常有幫助	極度有幫助
	1	2	3	4	5

當這些答案輸入到電腦時，就只有數字1到5而已，很明顯地，每個人都可以瞭解到5比4具有較高的影響，然而有許多的受訪者卻不能清楚地分別出，沒有任何幫助，有些幫助，適當的有幫助，非常有幫助，極度有幫助之間的差別。某些統計方法很適合用在順序尺度資料。

投資共同基金時，有些風險勢必需要加以評估，這些風險包括了不履行風險、一般風險以及利率風險。這三個風險測量指標應用到投資上時就是給予他們高、中、低的風險等級，也就是高度風險用3代表，中度風險用2代表，低度風險用1代表。假如有一個基金所具有的風險爲3，那麼它就比風險2的基金具有更高的風險。但是這些風險之間的差距是不相等，例如，1與2以及2與3的風

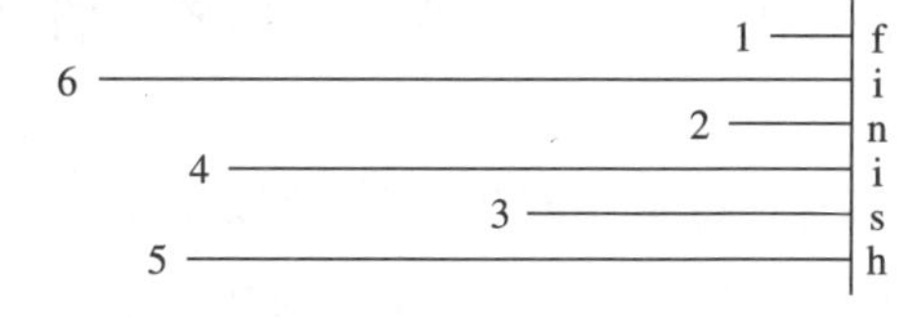

圖1.3 一個順序尺度測量的例子

險差距是不相同的。因此，風險的測量只能利用順序尺度資料。

另一在企業界中所使用的順序尺度例子是財富雜誌對所有的企業所選出的前50名廠商，像此類的測量就是以順序尺度資料來加以表示。

因爲名義資料與順序資料經常會出現在測量人口統計學的問題中，因此，名義或是順序尺度資料是一種非計量的資料，並且它也被視爲屬性的資料。

區間尺度

區間尺度資料比前述二類的尺度資料具有更高的等級。區間尺度測量具有順序尺度所有的特性，除此之外，在連續兩數字之間的差距是具有意義的並且兩個連續數字之間的距離是相等，也就是說等距資料具有相等的距離。等距資料測量的例子爲華氏溫度，在華氏溫度計中的數字具有等級差別，它表示連續溫度的方式爲20度、21度與22度，並且兩兩連續數字之間的差距爲相等。

值得注意的是，區間尺度的資料不具有絕對零點，也就是說零點可以被視爲尺度上的另外一點，它不是固定的，像是華氏溫度中的零度並不是代表最低溫度。其他的區間尺度資料像是公司員工變化的百分比例、股票的報酬率百分比以及股價的單位價格變動，藉由等距尺度，可以將某一測量單位轉換成爲另外一種測量單位，例如：$y=b+ax$，藉由增加變數b與變數a就可做x單位與y單位之間的轉換，所以像是攝氏溫度轉換爲華氏溫度所採用的轉換公式爲：

$$\text{華氏溫度} = 32 + \frac{9}{5}\text{攝氏溫度}$$

比率尺度

比率尺度資料衡量是衡量的最高層級，比率資料與區間資料擁有相同的特性，但是比率資料必須具有一個絕對零點以及兩個數字的比才算是有意義，所謂的絕對零點是指零點固定而且資料間具有一個零值的特性，值得注意的是，此零值不能隨意賦予，因爲它代表一個固定點，也由於這個定義使得統計學中資料之間可存有比率。

常見的比率資料像是高度、重量、時間、容量以及溫度。藉由比率資料，一位研究員可描述說明重量爲180磅是90磅的兩倍，換句話說，可表示成

180:90的比率形式。在企業界中，由機器所蒐集到的資料大都是比率資料。

其他比率資料的例子有生產週期時間的衡量比率尺度、工作時間、旅程數、賣出的卡車數、1000位乘客中抱怨的個數，以及公司總員工數。藉由比率尺度資料，可得一不具有b變數的單位轉換公式，亦即y=ax。舉例來說，將英呎轉換成英吋的公式：1英呎=3英吋。

由於區間與比率層級資料通常都被用於精密的測量，像是生產以及製造排程，與國家標準測試或標準會計程序上，這些資料都被稱爲計量資料。

四個資料尺度比較

從圖1.4中顯示出四種尺度資料之間的關係。較大的方形顯示出每一較高層級尺度的資料，可以被較低層級的資料所分析，除此之外，還可以利用其他的統計技巧來完成此項動作。換句話說，比率資料可被任何統計應用技術分析推廣至其他三層級尺度資料。

名義資料是統計分析型態中資料範圍限制最多的，順序資料允許研究者可以操作任何名義尺度可用的資料型態以及某些額外的分析。藉由比率資料，統計學者可做比率的比較並可分析在名義、次序或區間所使用到的資料，而有一些統計技巧就只要求使用比率資料，而無法使用其他類別的資料。

統計的技巧可依不同系統而採用不同的衡量方式，大體而言，統計學可分爲兩大類：有母數與無母數統計。有母數統計所要求的資料可以是區間或比率尺度，假如資料是名義或是順序資料那就要用到無母數統計。無母數統計可用

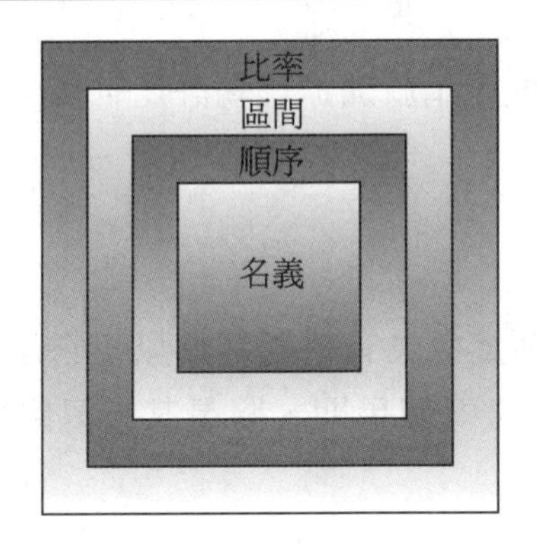

圖1.4
不同層級的資料在使用上的可能性

來分析區間或比率資料，除了第十六章是介紹無母數技巧外。在本書中內容大多著重於有母數統計，因此本書的教材內容大都採用區間或比率層級的資料。

例題1.2　在健康保健企業中，於過去幾十年間有了許多改變，原因是由於私人保健的增加，這使得這個市場的提供者競爭更加激烈，在此他們想要調查並研究如何服務他們的客戶，進而增加各自所保有的市場佔有率，醫院管理者有時會郵寄品質滿意度問卷給已離開醫院的病人。下面所列的問題型態就是問卷中所問到的類似問題，請問這些資料可以被區分爲哪種型態的衡量資料？

1.你離開醫院多久了？

2.你待在醫院大部份的時間中，都在做哪些種類的醫療或在哪些性質的醫療單位治療：

______冠狀心臟疾病
______加護病房
______產房
______內科
______小兒科
______外科手術

3.若要選擇一家醫院，那麼此醫院的所在地有多重要？（圈選一個）

非常重要　有些重要　不太重要　非常不重要

4.當你的病情有多嚴重時才會決定就醫？

______非常嚴重 ____嚴重 ____不太嚴重 ____有點嚴重

5.試評比一下你的就診醫師？

_____非常優秀 ____非常好 ____好 ____沒意見 ____不好

6.下列爲1到7的尺度，請就醫療服務評比：

劣　1　2　3　4　5　6　7　優

解答

問題1是一個時間衡量中具有絕對零點以及它是一個利用比率尺度衡量的問題。一個人離開醫院達兩個星期，將是某人只離開醫院一個星期時間的兩倍。

問題2爲則產生名義尺度，因爲它是只要求病人針對其所住的單位類型作分類而已，因此它是沒有層級或單位等級型態的資料。而問題3、4、5有可能導致順序尺度資料。假設在這三個問題中，是以一個數字當做敘述指標，如在問題3中「非常重要」可以4表示，「有些重要」以3表示，「不太重要」以2表示，以及「非常不重要」以1表示。因此，數字愈高，就表示醫院的所在地愈重要。所以這些回答的答案可被用來排序，然而從1到2到3到4所增加的重要性並不是相等的。這個邏輯也同樣可應用到問題4及5中。問題6顯示了7個數值選項，而這些數字之間的距離是相等的。許多研究者可能將其視爲區間尺度衡量，因爲這些數字的距離相等，而且在這尺度中並不具有眞正的零點。但有些研究者對此有所爭議，原因是此種尺度是不精確的，而且只能選擇劣至優的等級，這表示此種衡量只能當作順序尺度。

1.5 統計應用的一些領域簡介

在1990年代的十年中，將企業相關的數個領域相互結合是非常重要的趨勢。其中包括：全面品質管理、國際企業、企業環境…等議題，而這些領域都是與統計有關的應用。

全面品質管理

美國本土注重品質的管理始於1980年代的早期，這是因爲外國廠商大舉入侵國際市場而開始採用。因爲，世界上其它國家的企業，如：日本和德國，早已經利用全面品管方式來改善他們的產品、企業流程和市場地位。當時美國企業體認到這項威脅，所以決定加速將品質控制實施到企業運作與管理上。直到1990年代，世界上的每個企業也將持續地尋求透過品質來改善企業的方法。

全面品質程式的一個主要工具就是統計。資料持續地蒐集然後運用統計程序來作分析與衡量，以判斷該企業流程是否超過正常範圍或是應該進行修正。在某些公司裡，甚至每位員工都受過或多或少的統計分析訓練。數個知名的全面品質管理支持者鼓吹企業持續地採用統計應用來改進品質。本書在第十七章會針對統計性品質控制進行更詳細的探討。

國際貿易

許多企業正面臨著國際市場存在的事實，也就是說，美國企業不止是把製造貨品運往其他國家，他們也將在美國本土與其他外國貨品來競爭。這意味著研讀貿易相關科系的學生在1990年代必須對於國際市場、國際貿易、國際文化、國際法律，與其他國際相關議題有良好的瞭解與涉獵。尤其當通訊與競爭變得更激烈的話，這些議題也將變得更重要。

對於國際企業而言，管理者更易於獲得統計相關資料。例如：跨國資料可查到韓國在1996年的國民生產毛額以及它在世界上的排名；在資本投資方面可以看出韓國公司今年度比去年度增加多少百分比，由此可看出未來的成長與前景；韓國汽車製造商的規模與市場地位可經由統計數據與金額看出；美國公司如惠普（Hewlett-Packard）對韓國的交易顯示出美國產品與服務的成長。企業和貿易期刊也逐漸增加有關國際企業的統計資料，例如，在國外的市場佔有率、國際貨幣利率、勞工統計、國際股市交換，另外還有美國公司從外國其他公司收款的時間長短統計等。

環境議題

有人說1990年代是環境理論的十年。的確，對於環境保護有興趣的企業已經有日益增加的趨勢。許多企業，包括美國以及其他國家，已經將環境因素列為他們開會的重要議程。

統計可應用在企業所造成的環境上，衡量的標的可以是空氣，可以是水，也可以是土壤，以觀測企業的產出對環境所造成的影響。透過調查的統計資料決定服務使用者的等級，可供企業作為環境議題的處理標準，許多研究關於工作場所的「綠化」是否對員工有正面的影響也正在進行之中，而這就需要用到統計。另外，關於酸雨對歐洲森林影響的研究統計方法亦將在本書中進行分析。因此可以確定的是，統計在未來幾年將會是企業、政府和消費者用來改善環境的主要工具之一。

企業專題

最熱門的公司

每年財星雜誌（*Fortune*）均會公佈美國最熱門的公司，而這些資料對每個公司而言都相當重要，因為這將影響到公司的聲譽，而聲譽則影響到公司的財務表現。在1995年，財富雜誌所編纂的熱門公司名單是經由對超過一萬一千位經理、董事長及財務分析師進行調查所完成的。這些人被要求以八個標準來評估該產業中十個最大的公司（以收入來算），標準如下：（1）品質管理；（2）產品或服務的品質；（3）吸引、培養、留住人才的能力；（4）長期投資的價值；（5）公司資產的運用；（6）財務穩固；（7）革新；（8）對社區及環境的責任心。每個公司根據這幾項因素的表現來給分，然後將各個分數加總，依照分數高低來排名。前十個最熱門的公司名稱與分數表列如下：

1995排名	1994排名	公司	分數
1	3	Coca-Cola	8.70
2	7	Procter & Gamble	8.55
3	1	Rubbermaid	8.35
4	17	Johnson & Johnson	8.32
5	6	Intel	8.30
6	24	Merck	8.26
7	2	Microsoft	8.23
7	—	Mirage Resorts	8.23
9	10	Hewlett-Packard	8.19
9	4	Motorrola	8.19

研究公司Clark Martire & Bartolomeo檢視財富雜誌中前一千大企業的資產、獲利，以及十年內每年股東報酬再加上位於最熱門名單上公司的財務指標，發現公司的大小對於是否能上榜而言並不是很重要，財務表現在整體獲利以及收益成長才是與聲譽息息相關。在1995年，可口可樂（Coca-Cola）公司的股票價格成長44%。此外，我們可以發現在八個標準之中，有好幾個都與財務無關，例如，企業如何對待員工。Rubbermaid公司在1994年還是排名第一，但是1995年卻滑落到第三，他的聲譽和股價必定在1995年遭遇到嚴重的問題，包括跟他的一個大客戶在價格上起爭執。有許多公司雖然未能排上前十大的排行榜，不過卻在其本身的產業排名第一，例如：仲介業的Merrill Lynch；商業銀行業的J.P. Morgan；保險業的American International Group；航太業的Boeing公司；航空運輸業的Southwest Airlines公司；鐵路業的Norfolk Southern公司；包裹及貨物運輸業的United Parcel Service公司；卡車業的Penske Truck Leasing公司；汽車業的Ford Motor公司；工業及農機設備業的Deere公司；服飾業的Levi Strauss Associates公司；批發業的Sysco公司；特殊零售業的Home Depot公司；食品與藥品業的Albertson公司；一般商品業的Wal-Mart公司；食品服務業的McDonald；保健業的United HealthCare公司；肥皂與化妝品業的Procter & Gamble公司；食品業的General Mills公司；飲料業的Coca-Cola公司；石油精鍊業的Shell Oil公司；金屬業的Alcoa公司；藥品製造業的Johnson & Johnson公司；橡膠與塑膠製品業的Rubbermaid公司；化學業的Du Pont公司；以及木材與造紙業的Kimberly-Clark公司。

這些評分可視為什麼等級的資料呢？這些評分是經由數千個以上的人對許多公司所做的主觀評斷，雖然每個公司的評分精確度到達小數第二位，不過分數看起來好像比不上順序先後來得重要。也許我們應該用分數來排順序會比較好，你認為呢？

使用電腦進行統計分析

電腦的發明爲統計分析帶來了許多新的機會，因爲電腦允許大量資料的儲存、檢索、以及大筆資料的移轉。更甚者，目前已經有愈來愈多專門利用統計技巧來分析資料的電腦軟體產生。有些統計技巧如：多元迴歸，在以前因爲複雜與麻煩而很少被實際應用在研究上，不過在電腦發展與普遍使用之後就被廣泛採用。

統計學家常用的電腦套裝軟體有：MINITAB、SAS、SPSS…等。許多電腦試算表軟體也具有統計分析資料的功能如：Lotus 1-2-3和Excel。在本書中，電腦統計的輸出就是採用MINITAB和Excel這兩套軟體。

決策難題解決之道

利用統計學來描述印度鄉村的商業情況

在「決策難題」中，許多統計資料是有關印度的鄉村，它的市場潛力和它的銷售。所提出的資料包括1990年和1994年的四種產品總銷售額，也提到每人每年牙膏的平均消費。印度鄉村的人口統計資料百分比包括：文盲比率以及家用設備的佔有率。該文中並未提到，資料是經由人口普查或者只是經由抽樣得到的。如果該資料是經由人口普查所得，那麼總銷售、平均、與百分比都可視爲母數。然而，如果是經由抽樣得來的話，那麼許多的研究者已經發展出結構完整、較精確的資料收集和分析方法來推估。使用這些方法得到的資料可以經過統計技巧的整理來估計未知的母數。這個步驟即爲推論的一種。不過這必須要確認資料爲抽樣得來而非普查才能使用。第七章會對抽樣作更詳盡的說明。

爲了解決是否要進入印度鄉村市場的兩難困境，可以將研究人員送到印度有代表性的鄉村去，而消費者也可以表達他們的經濟狀況、所有權的關係、個人與家庭的特色、產品使用情況、擴展消費的意願…等。廣泛且多樣的統計數據可以代表不同等級的資料，例如：收入比率、小孩個數、戶長年齡、家畜數目、房屋／土地的價値、每年牙膏使用量…等。Likert量度法（1到5）可用來衡量資料，然後產生順序性資料。爲了某些私人原因，有些問題像年齡和所得必須採取範圍式的分類進行。其他順序性資料可以藉由訪問印度的鄉村居民（如：你喜歡購買哪些產品）而獲得。另外與地理位置、政黨關係、職業、宗教信仰等有關的問題則會產生「名義資料」。

是否要進入印度鄉村市場不能只看行銷決策，它還包括了生產能力、排程、運輸問題、財務契約、經營成長或任務重新分配、會計（對於印度鄉村所用到的會計需要一些傳統市場以外的技術）、資訊系統和其他相關的議題。面對這麼多的問題，公司決策者需要更多相關的資訊；然而，在「決策難題」中，顯然決策者面對的是一個貧窮且未開化的印度鄉村，不過其市場潛力卻相當大。我們從一些個人用商品的銷售額統計資料結果來看，其呈現漸增的走勢，表示該商品似乎很有前途。對於鄉村居民的獲利能力而言，未來的預測是什麼？會不會因為文化上的因素限制了公司產品的形式或銷售？這方面的問題可經由統計的方法來得到解答。生活在印度鄉村的六億三千萬人民是世界上的第二大族群，他們是市場中值得更深入研究的對象。

結語

「統計」這個字有許多的含意。最常見的意義有：(1)蒐集、分析、解釋、表現資料的一種科學；(2)數學的分支；(3)學習的課程；(4)事實與現象；(5)死亡率；(6)樣本測量；(7)以分配的形式來分析資料。統計被廣泛地運用在商業，包括：會計原理、決策科學、經濟、財務、管理、管理資訊系統、行銷以及生產。

統計可分成兩個主要的領域：敘述統計和推論統計。敘述統計是從主體、群體或母體蒐集資料然後達到與該群體有關的結論。推論統計是從主體、群體或母體進行抽樣，然後從抽樣中得到與原群體有關的結論。

統計分析往往取決於資料的衡量方式：(1)名義尺度；(2)順序尺度；(3)區間尺度；(4)比率尺度。名義尺度是最低的一層，用來代表地理位置、詞性、身份證號碼等資料。接下來是順序尺度，它提供順序性，且兩個相鄰的號碼不必有相同的間距。區間尺度僅次於比率尺度，它要求兩個相鄰的數字間距必須相同。最高的衡量尺度是比率，比率性資料另外包含了絕對零點和資料間的比率須有意義。等距和比率資料被稱為可度量或計量資料，而名義尺度與順序尺度被稱為不可度量或屬性資料。

推論統計的兩個主要形式為：(1)有母數統計；(2)無母數統計。有母數統計需要等距或比率資料且對於資料的分配有某些特定的假設，本書所談到的技巧大多屬於此類。如果資料只能為名義或順序的形式，那麼就必須使用無母數統計。

統計應用可以在許多商業的領域中見到，如：全面品質管理、國際貿易、環境管理等。

重要辭彙

戶口普查	敘述統計	推論統計	區間性資料
可度量資料	名義性資料	不可度量資料	無母數統計
順序性資料	母數	有母數統計	人口
比率性資料	抽樣	統計量	統計學

個案

Rosco製造公司：更好的工具與更好的職業

在數年前，位於美國明尼蘇達州（Minnesota）明尼亞波里市（Minneapolis）的Rosco製造公司經歷一段艱苦的日子。Rosco是一家道路維修機具設備製造公司，由於成本高昂和市場需求陡降導致公司生產力下滑，此外，來自同業的競爭也日益激烈，使得Rosco的情況搖搖欲墜。

Rosco公司採用了幾個方法力挽狂瀾。首先，Rosco公司將工廠從明尼亞波里市遷移到南柯達州（South Dakota）的麥迪遜（Madison）。因為明尼亞波里市的廠房非常老舊且擁擠，想要提升效率並不容易，在南柯達州的廠房就顯的比較寬敞。

其次，Rosco運用幾個步驟來提高生產力。公司將員工組織成小團體，然後要求他們向上級提出改善生產力與效率的運作問題，因此會對生產力造成影響的障礙紛紛被找出且排除。員工也感受到他們的付出是有價值且對公司是重要的。

此外，一項高等級且新的條碼技術被運用在貨物輸出以及存貨管理上面。過時的設備也被更換，電腦輔助設計系統也被用來協助員工進行設計的工具。雖然產品很少有一定的標準，不過我們可以盡量找出重複的零件和機器以減少產品的組合。

工人的水準攸關到產品的品質。Rosco公司擁有六條主生產線，主要的目標在改善每條生產線的品質、成本、銷售額。

Rosco的作法成效相當驚人，每小時的銷售額從1987年的28美元到達1990年的57美元。每單位售出貨物的勞力成本從16.7%下降到10.7%。而且這段期間的員工人數從120人減少到102人。

討論

1. 當Rosco公司在剛開始檢視本身可能發生什麼樣的問題時，可能需要蒐集哪些形式的資料？請你試著以同樣步驟去思考一個具有下列領域的企業：會計、財務、管理、行銷、管理資訊系統（MIS）。
2. 在看過Rosco公司（他的員工、產品、顧客等）的例子之後，你認爲有哪些普查是比較有趣且值得學習和分析的？何時應該採用抽樣而非普查的方式？舉一個Rosco公司可能會用敘述統計來解決兩難的例子，以及Rosco公司可能會用推論統計來解決兩難的例子。還有Rosco公司可能會用到哪些母數？哪些統計量呢？
3. 以下是Rosco公司可能會運用在流程改善的衡量指標，試著將他們分級，並且思考Rosco公司的管理者在提高生產力有可能會運用到的其他衡量指標，然後將他們一併作分類。

   a.每小時銷售額
   b.每小時工資
   c.每位員工每星期的工作時數
   d.將已完成的產品依品質分成「極優」、「優」、「平均」、「劣」
   e.將Rosco公司對員工所提意見的考量程度劃分成「極度重視」、「普通重視」、「不太重視」
   d.員工識別號碼

g.產品識別號碼

h.產品用途號碼

i.檢查識別號碼

j.每天存貨量

k.每週雇用臨時員工數

l.每週機器停機小時數

m.不同產品的工具和產品線設定前置時間

n.將Rosco公司每週獲利分成：「獲利極佳」、「獲利」、「損益平衡」、「虧損」。

o.對Rosco公司每個月的獲利或虧損金額作衡量

4.當Rosco公司扭轉頹勢之後，他們會使用哪些統計資料來監控公司的營運狀況？

道德省思

適當地使用資料

面對豐富且激增的統計資料，有可能會在商業交易中不知不覺地去誤用它，此即爲不道德的商業行爲。最近的期刊報導某些滑雪廣告在統計資料上的錯誤，如：地面上的積雪量和可越野滑雪的英哩數。統計資料可能會斷章取義。不道德的商業人士會選擇性地使用統計資料來暗示他們想要表示的部份，而故意略去那些與其意見相左的資料，此舉將使得統計資料被誤導且淪爲牟利的工具。

在本書中，每一章都會包含「道德省思」的短文，讓讀者知道商業上可能會有哪些誤用統計的技巧和情況，無論是消費者、生產者和研讀貿易相關科系的學生都必須明瞭統計可能會發生的道德陷阱。

第2章

圖表及圖形

學習目標　　第二章的整體目標是讓你能熟悉多種歸納及描述資料的技巧，使你能夠：

1.瞭解分組及未分組資料之間的差異。

2.建立次數分配（Frequency Distribution）。

3.建立直方圖、次數多邊形圖、肩形圖、派形圖及莖葉圖。

決策難題

諾氏海運可以取得龐大的貸款嗎？

諾氏船運公司（或諾氏海運）是蘇俄最大的船運公司，且其在全世界的船隻噸位排名第七。諾氏海運想在1996年年底前籌措3億7千萬美金爲其旗下船隊增加12艘新的運油船。兩個世界級的開發機構，世界銀行的國際財務公司支會及歐洲銀行的開發與建設部門皆傾向於同意貸款龐大的金額給諾氏海運。

但是，對於這些信貸公司而言，投資諾氏海運是明智的投資嗎？諾氏海運是位於諾佛羅斯的黑海城市，其爲蘇俄唯一的溫水港口。迄今它仍是蘇俄最大的船運公司。諾氏船運主要運送石油及石化產品，使其能不斷地獲得外幣收入。但是，諾氏船運經理人控管公司的能力卻遭到質疑，因其拒絕將股票重新登記交易、嚇走股票經紀人、並對股票註冊收取額外的費用。蘇聯政府擁有將近80%的諾氏股票，其餘的股票由經理人及員工擁有。蘇俄政府從未將諾氏股票像其他股票一樣出售給一般大眾。所以，股票經紀人抱怨諾氏海運股票的重新登記交易幾乎是不可能。但是，諾氏海運辯稱其股票註冊是獨立的。

以下的數據是借貸公司所得到之諾氏海運與其他蘇俄海運公司的相關資料。

公司	船數	噸位（千）	國際貿易（百萬噸）
Novoship	86	4,516	45.4
Baltic	178	1,921	11.3
Far Eastern	228	1,846	10.1
Murmansk	78	929	5.6
Northern	135	673	5.2
Primorsk	53	598	2.1
Sakhalin	88	419	2.5
Kamchatka	53	220	0.3
Arctic	25	94	0.2

管理與統計上的問題

假設兩個借貸公司的放款主管被要求針對諾氏海運是否值得為放款對象，對銀行當局作報告。

1.應對哪些數據提出報告？對貸款機構而言，哪些變數是重要的？

2.假設放款的主管想提出以上的數據來證明諾氏海運在市場上的強勢。這些數據該如何重組且以圖表解釋？

3.以噸位而言，諾氏海運至今是蘇俄最大的船運公司。但是，另外四家船運公司擁有更多的船隻。以諾氏海運平均每一條船有較大的噸位而言，其他公司多數的船隻就顯得較小。有沒有方法以船隻大小來重組這九家公司的船隻，使我們能決定諾氏海運的船隻屬於哪一類？

4.諾氏海運現有86條船，每年運載4500萬噸的貨物。這86艘船的分布為何？它們皆為相同大小或只有一些大船？若每一艘船運送相同的噸數，則每年每艘船運送約190萬噸。若運送噸位有很大的變異，將船隻根據噸位大小分為不同種類並將這86艘船歸類至這些種類中會比較恰當。每一種種類中包含多少船隻？大多數的船隻都在大噸數的種類下嗎？或是散布在不同種類？

數字無所不在！大量數據的產生是電腦及新的通訊工具的一種現象。處理數據的需要產生了許多新的準則。在統計學的領域中，次數分布是用來減少及歸納數據的一種方法。以圖表的闡釋來表達統計數據常常可以將資料有效、迅速及有意義地傳達給資料的接收者。

舉例而言，決策難題「諾氏海運可以得到鉅額貸款嗎？」包含的數據有蘇俄不同的船運公司所運送的船隻數、重量噸數及國際貿易的運貨噸量。這些數據該如何處理及轉換成有用且有代表性的格式呢？

原始資料通常被稱為是未分類資料。未分類資料還未以任何方式將資料歸納。研究人員所使用的大部分資料都是尚未分類的。**表2.1**為美國5個城市中兒童保護中心內50位經理人的年齡。這些資料尚未被分類。已被重組為次數分布的資料稱為分類資料。**表2.2**為分類資料的範例，為呈現於**表2.1**中資料的次數分配。未分類資料及分類資料中的差異是很重要的，因為兩種不同形態的資料有不同的統計計算方式。本章的重點在於將未分類資料重組為分類資料，且將其以圖表表示出。

表2.1
美國都市中兒童保護中心經理人的年齡範例

42	26	32	34	57
30	58	37	50	30
53	40	30	47	49
50	40	32	31	40
52	28	23	35	25
30	36	32	26	50
55	30	58	64	52
49	33	43	46	32
61	31	30	40	60
74	37	29	43	54

表2.2
兒童保護中心經理人年齡的次數分配

年齡區間	次數
20－30以下	6
30－40以下	18
40－50以下	11
50－60以下	11
60－70以下	3
70－80以下	1

2.1 次數分配

次數分配非常容易建立。雖然有一些建立的標準，即使是最初的原始資料都相同，但在最後的形狀及設計上分配也會有些差異。所以，次數分配是依照個別研究者的喜好來製作。

當製作次數分配時，研究者必須首先決定出原始資料的範圍。範圍通常定義爲最大數及最小數之間的差。表2.1中的資料範圍爲51（74－23）。

製作次數分配的第二個步驟是先決定分爲幾組。以經驗而言是選擇介於5至15之間的組數。若次數分配的組數太少，綜合的資料會過於集中而沒有用處；但組數太多則會導致次數分配中的資料分配不夠集中而沒有幫助。最終的組數可任意決定。請檢查範圍及決定組數數目，讓組數數目能適當地涵蓋範圍並對使用者而言是有意義的。表2.1中的資料被分爲表2.2中的六個組數。

選定組數的數目後，研究者必須決定組數的寬度。將資料範圍除以組數數目可計算出大略的組寬度。對表2.1中的數據而言，大略的組寬度爲51/6或是8.5。通常，此數目會進位到下一個整數，在此例中則爲9。在兒童保護經理人的例子裡，使用10年爲間隔，因爲大多數的人都能容易的認同及瞭解10年的年齡間隔。次數分配開始的數值必須小於或等於未分類資料中的最小數目，且次數分配結束的數值必須大於或等於未分類資料中的最大數目。最小的年齡是23且最大的年齡是74，因此研究者將次數分配以20開始，80結束。表2.2包含表2.1中資料的完整次數分配。選定組數的尾數，使每一個數據都只能符合一個組數。表2.2分配中組數的區間表示，—以下，能避免這樣的問題。

組中點

每一個組區間的中央點稱爲組中點，且通常被當作是組的標記。中間數爲組的中點且可計算爲組的兩個端點數值的平均值。舉例來說，在表2.2的分配中，在「30至40以下」此組範圍的中間數爲35，或是(30＋40)/2。第二種得到組的中間數的算法爲取組寬度的一半加上此組的起始值，如兒童保護中心經理人的分配：

組區間起始值= 30

組區間寬度= 10

組中間數$= 30+\frac{1}{2}(10)=35$

組的中間數是很重要的，因爲它是每一分類統計計算中每一組的代表值。表2.3的第3行中包含從表2.2所得數據的所有組別的中間數。

年齡區間	次數	中間數	相對次數	累計次數
20－30以下	6	25	.12	6
30－40以下	18	35	.36	24
40－50以下	11	45	.22	35
50－60以下	11	55	.22	46
60－70以下	3	65	.06	49
70－80以下	1	75	.02	50
總計	50		1.00	

表2.3 兒童保護資料的組中點，相對次數，及累計次數

相對次數

相對次數爲在任何組別區間內的所有次數的比例。相對次數爲每組的次數除以所有的次數。例如，從表2.3，在「40至50以下」這組的相對次數爲11/50或0.22。考慮相對次數是對第4章中學習機率做準備。事實上，如果我們從表2.1中任意選取數值，則選到「40至50以下」的機率爲0.22，即爲此組區間之相對次數。表2.3的第四行列有表2.2之次數分配的相對次數。

累計次數

累計次數是將各組的次數累計而成。每組之累計次數是將此組之次數加上前組之累計次數而得。表2.3第一組的累計次數與此組之次數相同爲6。第二組的累計次數爲此組之次數（18）加上第一組之次數（6），因此得到新的累計次數24。繼續相同的步驟直到最後一組，到最後一組時，累計次數等於所有次數的和（50）。累計次數的觀念可使用在許多地方，包括一個會計年度的所有銷售的總和、比賽中的運動積分（累積分數）、服務年資、修課得到的學分，及一段時間後做生意的成本。表2.3爲表2.2的數據的累計次數。

例題2.1

以下的數據爲60週內每週平均的貸款利率。

8.29	8.03	8.14	7.77	7.35
7.69	8.02	8.40	8.16	7.96
7.98	8.56	7.75	7.87	8.11
8.39	8.28	7.97	7.90	7.57
8.11	7.95	8.23	8.31	8.00
8.30	8.17	7.96	7.78	8.30
8.16	7.78	7.79	8.07	8.03
7.87	7.80	8.10	8.13	7.95
8.08	8.24	8.34	8.47	8.31
7.96	7.70	7.57	7.88	7.84
8.02	8.40	8.12	8.16	8.16
7.99	7.94	8.29	8.05	7.84

製作這些數據的次數分配。計算且陳列每一次數分配之中間數，相對次數及累計次數。

解答

此次數分配應該包含幾組？該資料的範圍爲1.21（8.56－7.35）。若使用13組組數，則各組的組距大約爲：

$$年齡寬度 = \frac{範圍}{組數} = \frac{1.21}{13} = 0.093$$

若使用0.1爲組距，則所製作出的次數分配中，各組的下限看起來更爲一致，也能讓貸款利率的使用者熟悉分項中資訊的表達。

第一組的下限必須爲7.35或是更低，以包括資料中的最小值；最後一組的下限必須是8.56或是更高值，以包括最大值。此例中，次數分配以7.30開始並以8.60終結。最後的次數分配、每組的中間數、相對次數、及累計次數列於下表中。

年齡區間	次數	中間值	相對次數	累計次數
7.30－7.40以下	1	7.35	.0167	1
7.40－7.50以下	0	7.45	.0000	1
7.50－7.60以下	2	7.55	.0333	3
7.60－7.70以下	1	7.65	.0167	4
7.70－7.80以下	6	7.75	.1000	10
7.80－7.90以下	6	7.85	.1000	16
7.90－8.00以下	10	7.95	.1667	26
8.00－8.10以下	8	8.05	.1333	34
8.10－8.20以下	11	8.15	.1833	45
8.20－8.30以下	5	8.25	.0833	50
8.30－8.40以下	6	8.35	.1000	56
8.40－8.50以下	3	8.45	.0500	59
8.50－8.60以下	1	8.55	.0167	60
總計	60		1.0000	

這些數據的次數及相對次數可顯示在此期間內最常出現的貸款利率的組別。大多數的貸款利率（60個數據中的52個）座落在「7.70－7.80以下」這組到「8.30－8.40以下」這組。最大次數則位於利率爲「8.10－8.20以下」這組。

問題2.1

2.1以下的數據爲聖路易市一年中50個工作天的午後最高溫度。

42	70	64	47	66
55	85	10	24	45
16	40	81	15	35
38	79	35	36	23
31	38	52	16	81
69	73	38	48	25
31	62	47	63	84
17	40	36	44	17
64	75	53	31	60
12	61	43	30	33

a.使用5個組數爲這些數據製作次數分配。

b.使用10個組數爲這些數據製作次數分配。

c.檢查（a）及（b）的結果，並以溫度的概要性質來評論次數分配的用處。

2.2一個包裝的過程中，假設大概每一個小盒子要裝50粒葡萄乾才能使每一個盒子秤起來一樣重。然而，每一個盒子內的葡萄乾數目卻不盡相同。假設隨意選取100盒葡萄乾，數其中葡萄乾的數目，得到以下的資料。

57	51	53	52	50	60	51	51	52	52
44	53	45	57	39	53	58	47	51	48
49	49	44	54	46	52	55	54	47	53
49	52	49	54	57	52	52	53	49	47
51	48	55	53	55	47	53	43	48	46
54	46	51	48	53	56	48	47	49	57
55	53	50	47	57	49	43	58	52	44
46	59	57	47	61	60	49	53	41	48
59	53	45	45	56	40	46	49	50	57
47	52	48	50	45	56	47	47	48	46

爲這些資料製作次數分配。次數分配對這些塡充的盒子顯示了哪些訊息？

2.3速食餐廳的老闆要瞭解她顧客群的年齡分佈。從這些資料中，她製作了如下的次數分配。對於次數分配的每一組決定出各組的中間數、相對次數及累計次數。

區間		次數
0–5	以下	6
5–10	以下	8
10–15	以下	17
15–20	以下	23
20–25	以下	18
25–30	以下	10
30–35	以下	4

相對次數告訴速食店老闆哪些有關於顧客年齡的訊息？

2.4城市中的半職業保齡球聯盟舉辦一場比賽，且聯盟的總裁從分數中製作了以下的次數分配。利用次數分配的各組決定各組的中間數、相對次數及累計次數。

區間	次數
140–165以下	93
165–190以下	107
190–215以下	46
215–240以下	55
240–265以下	80
265–290以下	16

2.5列出3個累計次數在商業上的用法。

2.2　資料的圖形表示

今天，決策者需面對許許多多的資料。資料的傳輸媒介是很重要的，而圖形表示又是傳送資料的媒介中最重要的一種。將資料轉換爲圖形極富創造性及藝術性。通常在此過程中最難的是把重要的資料簡化爲清楚及明確的圖形，且此圖形又必須與原始的資料所要傳達的訊息相符合。統計學中使用圖形表示方法重要的意義之一是在幫助研究者決定分配的形態。五種圖形表示的形態如下：

（1）直方圖
（2）次數多邊形圖
（3）肩形圖
（4）派形圖
（5）莖葉圖

全球焦點

公元2000年股票投資組合的模型

在公元2000年，你的股票的投資組合看起來會是什麼樣子？越來越多的全球股票投資經理人建議，與其投資在大市場中的大公司，趨勢會轉向為將股票投資在新興市場。目前全球資金經理人平均投資在上述新興市場的比例只佔股票投資組合約8%。雖然在公元2000年，美國及加拿大佔全球的投資組合的比例可能會維持不變，但部份人士相信將會有一部分的持股比例從日本及歐洲市場轉移至墨西哥、智利及中國。

有趣的是，這種公元2000年的投資組合與1913年英國股票投資組合的模型並無相異也就是說，和一百年前英國投資人所持有的投資組合形態相同。下圖所顯示的是1913年英國海外資產投資模型及現今1991年全球股市模型的派形圖。值得注意的是，1991年的模型與1913年的模型看似類似，除了日本及歐洲取代了拉丁美洲及亞洲／非洲的位置。公元2000年全球股市投資的分配情形可能回歸到1913

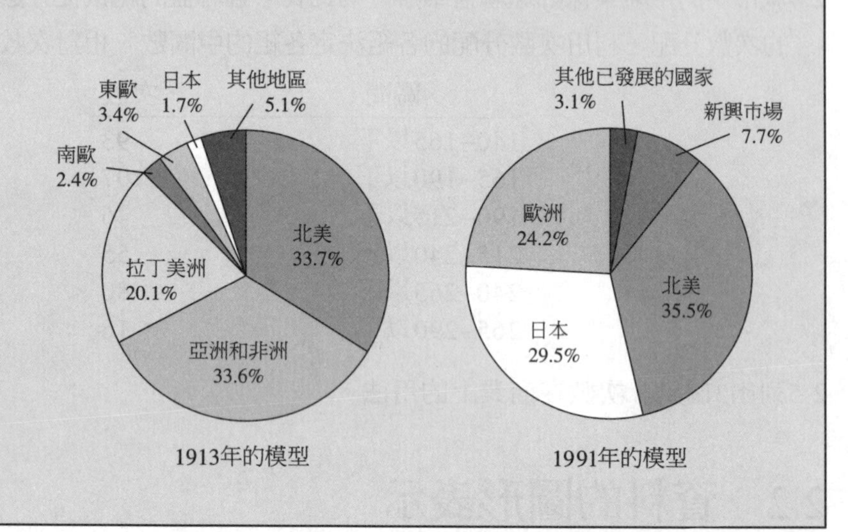

1913年的模型　　1991年的模型

直方圖

直方圖為一種垂直的條狀圖形，用於次數分配的圖形表示。製作方式包含將組界標示於橫軸（X軸）以及將次數標示於縱軸（Y軸）；把每一組從（組界，次數值）這座標點向下劃一直線，然後將各個直線連接到X軸，形成一連串的長條形。圖2.1清楚的顯示「30至40以下」此組所產生的最高次數（18）。所以，兒童保護中心的經理人在「30至40以下」這組的人數比其他任何一組為多。也應注意的是：「40至50以下」此組與「50至60以下」此組有相同的次數。我們可從直方圖，瞭解各組間何處發生次數的劇增及劇減，如從「20至30以下」此組到「30至40以下」此組增加了12，且從「50至60以下」此組到

「60至70以下」此組減少了8。

有時候，將圖形製作成具有同尺寸的兩軸是理想的。但是，因爲圖表化的兩個變數數字範圍有很大差異，圖形的X軸及Y軸會有不同的尺寸。應注意的是，**圖**2.1中用來製作直方圖的兩軸的尺寸並不相同。圖形的使用者應該對使用於軸的尺寸有清楚的認識。不然的話，圖形的創作者可以利用將圖形伸展或壓縮來達到「欺騙統計」的目的。舉例來說，當壓縮**圖**2.1中的直方圖使Y軸與X軸有相同的比例時，產生的直方圖（**圖**2.2）在不同組距內的年齡頻率沒有顯示出什麼差別，而傳達的圖形卻與**圖**2.1有很大的不同。

次數多邊形曲線圖

次數圖爲一種圖形，其中「連接點」的線分段描述次數分布。製作次數多邊形圖同直方圖一樣，沿X軸開始以縮小比例繪出各組的端點，並沿著Y軸標出次數值區間。於各組區間的中點（組中點）以點畫出次數頻率，而後連接這些中點完成圖形。**圖**2.3爲**表**2.2中分布的次數多邊形圖，該次數多邊形圖是使用套裝軟體MINITAB所完成。從次數多邊形圖所得到的資料與直方圖所得到的相同。

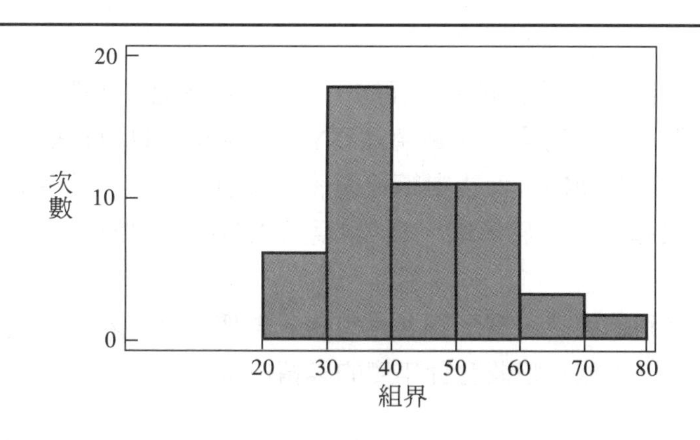

圖2.1
經理人年齡的MINITAB直方圖

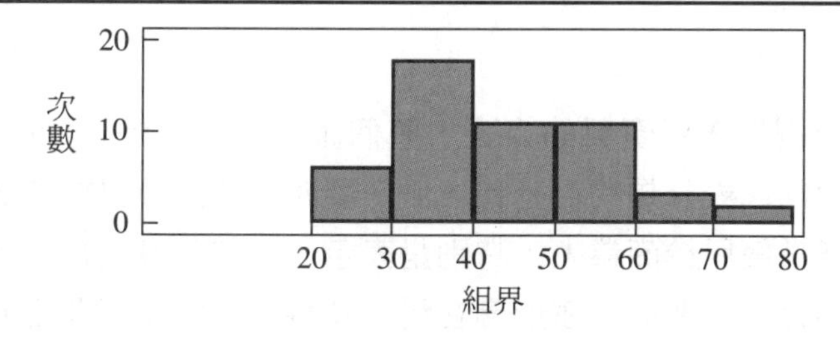

圖2.2
具有相同軸尺寸的直方圖

圖2.3
MINITAB
次數圖

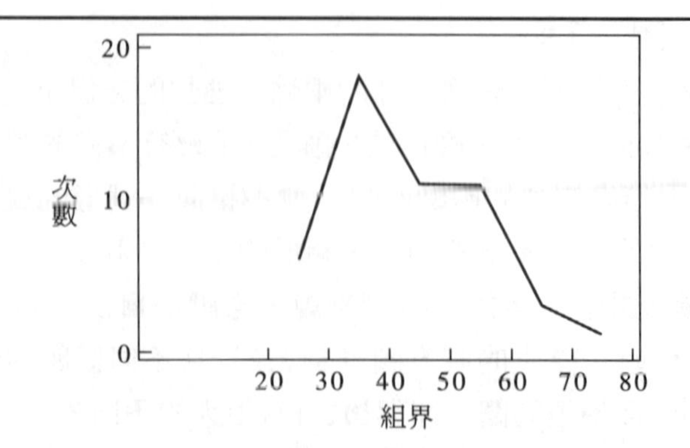

如果沒有其他的次數值落在繪於次數曲線圖中各組區間的範圍外，於最低的組間隔前（10–20以下）或最高的組間隔後（80–90以下），可以次數值爲零做爲該兩組之中點。將次數多邊形圖中的第一點及最後一點連接於這兩個零次數後可將次數多邊形圖封閉。許多研究人員喜歡將次數多邊形圖封閉。像直方圖一樣，改變軸的比例可以將次數多邊形圖壓縮或拉長，影響使用者對圖形呈現的印象。

肩形圖

肩形圖爲累計次數之多邊形圖。同樣的，從將X軸標記各組組界，Y軸標記次數開始繪製。然而，使用累計次數值需要Y軸值足夠大以包含總次數。次數爲零的點繪於第一組的開始，而後繼續繪製將累積值以點標示於各組區間的末端。將這些點連接起來完成肩形圖。**圖**2.4爲**表**2.2中的數據使用MINITAB所產生之肩形圖。

當決策者希望看到總數時，肩形圖非常有用。舉例來說，若主計員關心控制成本時，肩形圖可以描述一整個會計年度的累積成本。

派形圖

派形圖是一種以圓形表示資料的方式，整個派形的面積代表100%所研究的資料，而派的切片則代表分類的百分比。派形圖顯示各部分對於整個部分的相對大小。派形圖通常使用於商業上，特別是表示一些如預算種類、市場佔有率以及時間及資源的分配。然而，派形圖在科學及科技上的使用非常的少，因

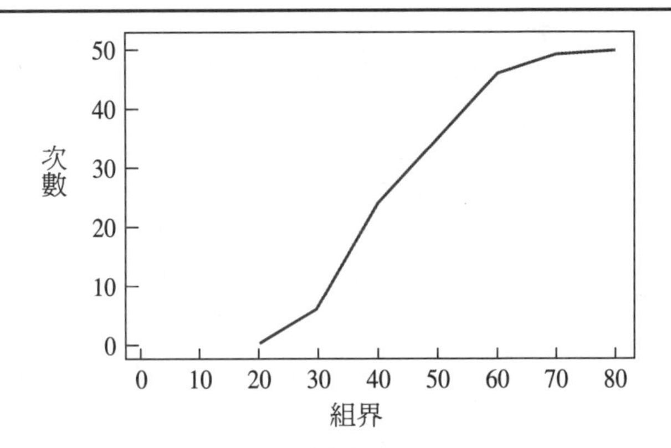

圖2.4 MINITAB肩形圖

為派形圖較其他種類的圖形更容易導致不正確的判斷。通常，對於觀察者而言，說明派形圖中角度的相對大小較判斷直方圖內長方形的長度、或次數多邊形圖上的點與X軸的相對距離來得困難。舉例而言，回想派形圖顯示前述之「全球焦點」中兩種股票投資組合。在1991年的模型中，如果沒有標上百分比，並不容易分辨北美與日本派形切片的大小。假設這些資料被表示成如**圖2.5**所顯示之垂直的條形圖，注意因為邊對邊的比較高度，讀者可以更清楚地分辨其中的差異。就這個理由，其他的圖形技巧較派形圖來得好用。

本章的兩個全球焦點特色在於：提供使用在商業上的派形圖做為應用實例。

製作派形圖是由決定各個分類對整個全體的比例開始。**表2.4**包含AMTRAK乘客之抱怨種類的分類。注意抱怨次數的原始數據對比例的轉換（相對次數）。因為一個圓有360度，每一個比例乘以360才得到代表每一種種類的正確度數。舉例來說，有關於人事的抱怨有9,800件，其比例為(9,800)/(70,000)，或是全部的0.14。將此數字乘上360度，結果為50.4度。

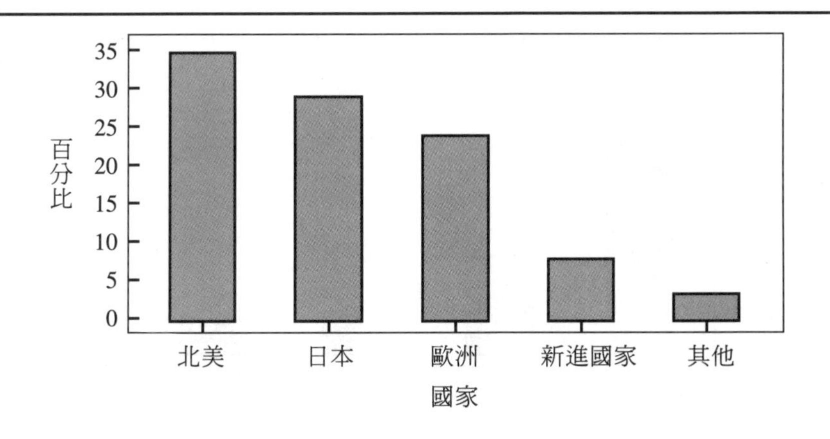

圖2.5 1991年股票模型的MINITAB條狀圖

表2.4
AMTRAK
乘客的抱怨
種類

抱怨	數目	比例	度數
車站、食物	28,000	.40	144.0
火車性能	14,700	.21	75.6
設備	10,500	.15	54.0
人事	9,800	.14	50.4
時刻表、訂位與票價	7,000	.10	36.0
總計	70,000	1.00	360.0

圖2.6
MINITAB
AMTRAK
乘客抱怨的
派形圖

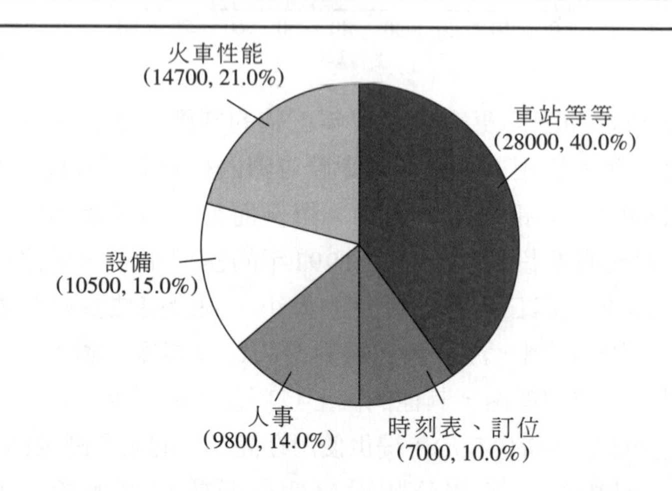

因此，派中的50.4度代表有關於人事的抱怨。使用圓規畫出切片即可完成派形圖。**圖**2.6中的派形圖代表**表**2.4中的資料。

值得注意的是，我們很難從派形圖中切片的大小決定有關火車性能、設備及人事這些抱怨的相對數目。**圖**2.7是這些資料的條形圖。注意條形圖中的條形高度可以使讀者較容易瞭解抱怨種類的相對大小。

圖2.7
AMTRAK
MINITAB
乘客報怨的
條形圖

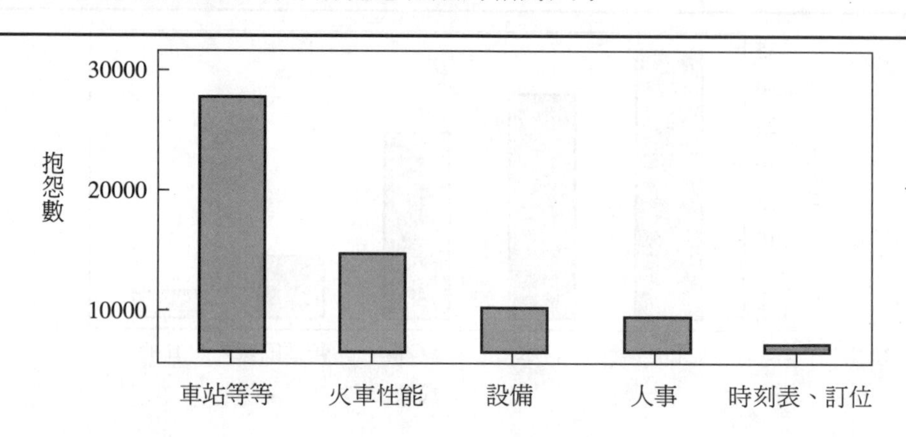

Drake Beam Morin公司對被解雇的中年客戶所做的調查顯示，年齡超過50歲的客戶在以下的領域中找到新的工作。 **例題2.2**

一般管理	28%
公司職員	4%
財務／會計	10%
行銷／銷售	18%
科學／工程／資訊系統	12%
其他	28%

製作一個派形圖表示這些數據。

解答

將百分比轉換為比例再將比例乘上360度，可以將各個百分比轉換為度數。

一般管理	$360^\circ(.28)=100.8^\circ$
公司職員	$360^\circ(.04)=14.4^\circ$
財務／會計	$360^\circ(.10)=36.0^\circ$
行銷／銷售	$360^\circ(.18)=64.8^\circ$
科學／工程／資訊系統	$360^\circ(.12)=43.2^\circ$
其他	$360^\circ(.28)=100.8^\circ$

莖葉圖

莖葉圖為將原始資料組織為類別的另一個方法。這個技巧簡單而且提供資料獨特的觀點。莖葉圖的製作是將資料中數字的各個位數分開為兩組，即莖與葉的概念。莖部分包含較高的位數，而葉包含較低的位數。如果一組資料只有二位數，莖部為左邊的數目而葉為右邊的數目。舉例來說，34為一個數字，莖部為3而葉部為4。如果數字是二位數以上的數目，則視研究者的喜好來決定莖部及葉部。

表2.5為一組35人的職業訓練者的工廠安全政策及規則考試的分數。這些資料的莖葉圖顯示於**表**2.6中，這種分布的一個優點是，指導者可以馬上知道分數在各類中的上限或是下限，而決定分數的分布。莖葉圖的第二個優點是可以保留原始數據（而大部分的次數分布及圖形表示則使用各組的組中點來代表該組內的數值）。

表2.5
工廠職訓者的安全考試分數

86	77	91	60	55
76	92	47	88	67
23	59	72	75	83
77	68	82	97	89
81	75	74	39	67
79	83	70	78	91
68	49	56	94	81

表2.6
工廠安全考試資料的莖葉圖

莖	葉									
2	3									
3	9									
4	7	9								
5	5	6	9							
6	0	7	7	8	8					
7	0	2	4	5	5	6	7	7	8	9
8	1	1	2	3	3	6	8	9		
9	1	1	2	4	7					

例題2.3

以下的資料代表一個公司30個樣品的郵寄包裹成本。

\$3.67	\$2.75	\$5.47	\$4.65	\$3.32	\$2.09
1.83	10.94	1.93	3.89	7.20	2.78
3.34	7.80	3.20	3.21	3.55	3.53
3.64	4.95	5.42	8.64	4.84	4.10
9.15	3.45	5.11	1.97	2.84	4.15

解答

令元爲莖部，分爲葉部，製作一個資料的莖葉圖。

莖	葉
1	83, 93, 97
2	09, 75, 78, 84
3	20, 21, 32, 34, 45, 53, 55, 64, 67, 89
4	10, 15, 65, 84, 95
5	11, 42, 47
6	
7	20, 80
8	64
9	15
10	94

全球焦點

中國的國外汽車夥件

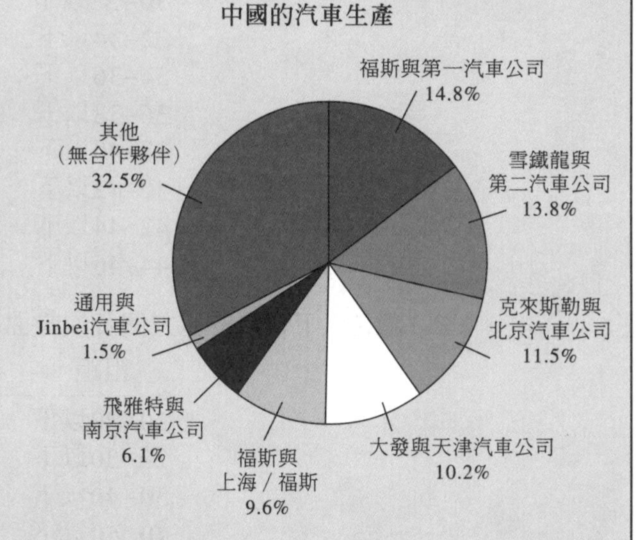

1996年，在中國只有生產120萬輛汽車。然而，在未來15年內，中國計畫每年生產超過1500萬輛汽車及貨車。美國的汽車公司急切地想加入這個潛在的市場機會。然而，這條道路充滿障礙。近來，通用打敗福特，成為國營上海汽車工業公司的夥件，在三年內每年生產10萬輛別克轎車。其中一條合約規定至少40%的零件在中國本地生產。通用已經建立了一些在中國的小零件合作廠商，這樣將會部分達到合約的要求。通用依舊需要非常努力來確保這些零件能有效率的製造出來，且具有高品質。

中國人提出這種合資企業所抱持的想法是，西方國家在他們國家的投資將會教他們如何在世界的市場競爭。通用在1992年與Jinbei汽車有合夥關係。然而，Jinbei被證明是沒有效率的，雇用5萬名員工每年只生產4萬輛車。通用的一個分公司，土星（Saturn），去年生產28萬6千輛車，只有雇用6800名工廠員工。另外，通用建造敞篷運貨小貨車，其車身小但對中國人來說太貴。Jinbei的領導階層拒絕接受美國人的意見，兩個公司的經理人員的衝突使計畫暫停。至今，Jinbei與通用的合資計畫仍然懸而未決。

其他的外國公司已經與中國人建立合資關係生產汽車的有：克來斯勒與北京汽車公司，福斯與第一汽車公司，雪鐵龍與第二汽車公司，大發與天津汽車公司，與其他。下表為各合資關係所生產的汽車數目的明細。利用Excel製作的派形圖，以圖形方式表示資料。

公司	每年生產的汽車數目	總和的百分比
福斯與第一汽車公司	177,600	14.80
雪鐵龍與第二汽車公司	165,600	13.80
克來斯勒與北京汽車公司	138,000	11.50
大發與天津汽車公司	122,400	10.20
福斯與上海／福斯	115,200	9.60
飛雅特與南京汽車公司	73,200	6.10
通用與Jinbei汽車公司	18,000	1.50

問題2.2

2.6建立以下資料的直方圖及次數曲線圖。

組距	次數
30–32以下	5
32–34以下	7
34–36以下	15
36–38以下	21
38–40以下	34
40–42以下	24
42–44以下	17
44–46以下	8

2.7建立以下資料的直方圖及次數曲線圖。

組距	次數
10–20以下	9
20–30以下	7
30–40以下	10
40–50以下	6
50–60以下	13
60–70以下	18
70–80以下	15

2.8建立以下資料的扇形圖。

組距	次數
3– 6以下	2
6– 9以下	5
9–12以下	10
12–15以下	11
15–18以下	17
18–21以下	5

2.9莖部使用二位數建立莖葉圖。

212	239	240	218	222	249	265
224	257	271	266	234	239	219
255	260	243	261	249	230	
246	263	235	229	218	238	

254	249	250	263	229	221
253	227	270	257	261	238
240	239	273	220	226	239
258	259	230	262	255	226

2.10以下的明細爲根據Keefe, Bruyette&Woods公司所發表及完成的交易資料（1995年6月30日美國銀行資產排名之前幾名）。將派形圖的切片標上適當的百分比。評論使用派形圖顯示美國銀行資產排名前十名的效率性。

名稱	資產（十億）
Chemical/Chase	$ 297.29
Citicorp	256.99
BankAmerica	226.60
NationsBank/Bank South	196.63
J.P. Morgan	166.56
First Union/First Fidelity	124.20
Wells Fargo/First Interstate	106.88
Bankers Trust New York	102.94
Banc One/Premier	92.28

2.11依照航空運輸協會，達美航空在橫越北大西洋的交通上領先所有美國的運輸工具，最近幾年在乘客哩程數有數百萬的盈餘。達美航空之後分別有美國、聯合、環球、西北及大陸航空。以下明細爲北大西洋交通中排名前六名的美國航空公司及其相關的盈餘乘客哩程數。製作一個派形圖顯示此資料。

航空公司	盈餘乘客哩程數（以百萬計）
達美（Delta）	18,062
美國（American）	14,012
聯合（United）	11,224
環球（TWA）	6,932
西北（Nothwest）	5,425
大陸（Continental）	4,336

2.12密蘇里州堪薩市的Huntress房地產獵人頭公司的年度報表包含該公司所招募的主管候選人被要求搬家的資料。超過5年時間所蒐集的資料顯示，30%該公司所招募的主管候選人沒被要求搬家，15%曾被要求在同一地區

內或在同一州內搬家，50%被要求搬到國內的某一地方，5%被要求搬到國外去。利用此項資料製作派形圖，以圖形方式顯示該調查的結果。

2.13以下的資料代表從堪薩斯州威奇塔市（Wichita）至密蘇里州堪薩斯市50個航班的樣本中每一個航班的乘客數。

23	46	66	67	13	58	19	17	65	17	25	20	47
28	16	38	44	29	48	29	69	34	35	60	37	52
80	59	51	33	48	46	23	38	52	50	17	57	41
77	45	47	49	19	32	64	27	61	70	19		

製作這些資料的莖葉圖。莖葉圖告訴你有關於每一航班乘客數的哪些資訊？

決策難題解決之道

諾氏海運可以取得龐大的貸款嗎？

評估諾氏海運的借貸情形，貸方應該注意公司營運的一些變數。應該使用一些不同的資料，如公司負債、船隊的年齡、營運的績效、預期的營收、管理團隊的實力（包括經驗、能力、領導能力及洞察力）、公司資產、長期投資的價值及其他做出有關於公司表現的決定。統計可做爲債信調查的一部份，計算後的統計值提供了決策者寶貴的建議。

從決策兩難的資料中，可找出幾點對諾氏的有利點。諾氏海運在噸位及國際貿易中很容易被排名第一。在蘇俄排名前九名的船運公司中，諾氏海運多了40%的噸位。諾氏的市場佔有率爲其首要對手的兩倍。在國際貿易中，諾氏控制了將近55%的蘇俄船運市場，較其排名緊接在後的對手多出4倍有餘。其船隊大小在蘇俄只排名第5大，諾氏不是特別有效率的船隊，就是有許多載運量大到足以當作資產的船。

諾氏能佔有如此多數的國際貿易比例可能是個優勢。深入調查此項貿易顯示，其主要包含運送原油及石化產品，顯示出有極大的且持續的供給與需求。貸款給如諾氏這種看起來大型、穩定及有效率的公司以及看起來有持續性的未來市場應該是項好的投資。以下爲利用Excel繪出的3個派形圖顯示諾氏在蘇俄船隊的重量、船隻數及國際貿易中的相對排名。以下爲諾氏的86艘船根據載運量的次數分布。這些圖形的描述可以呈現諾氏的信用情形給貸款機構。

諾氏船隊的載運量

載運噸數	次數
0–1以下	4
1–2以下	8
2–3以下	13
3–4以下	24
4–5以下	18
5–6以下	11
6–7以下	5
7–8以下	3

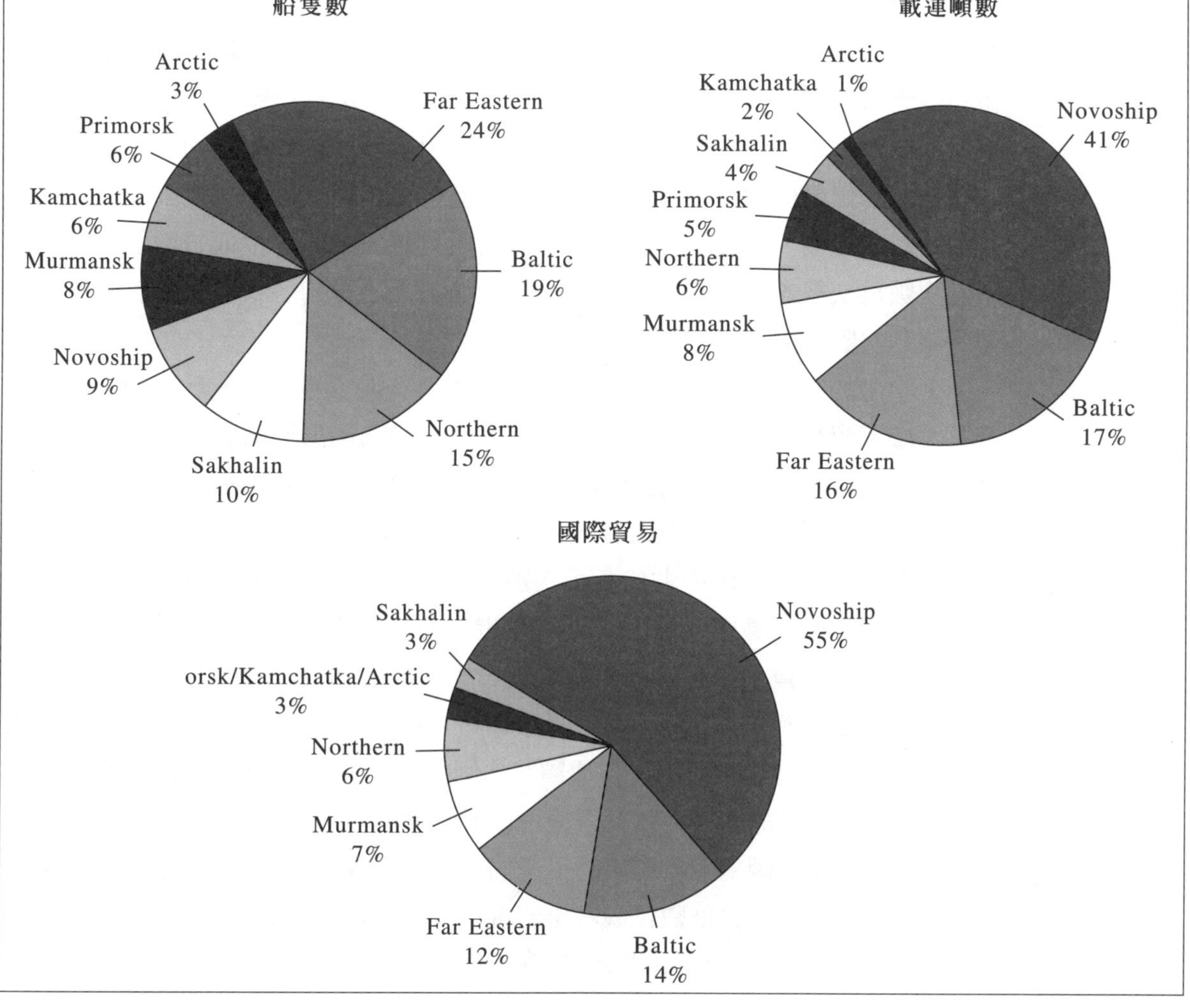

結語

資料形態有兩種，分類過的及未分類的。大多數的統計分析均爲處理未分類的資料或原始資料。分類過的資料是一種被歸納爲次數分布的資料。區別分類過的及未分類過的資料是很重要的，因爲處理這兩種資料形態的統計分析是不一樣的。

製作次數分布包含不同的步驟。第一個步驟是決定資料的範圍，及最大值與最小值的差。接下來，決定組數，由研究者任意決定。然而，太少的組數會過於集中資料使分類沒有意義，但過多的組數無法將資料彙整爲有效的資料。製作次數分布的第三個步驟在於決定組距的寬度。將數值的範圍除以組數得到組距的大概寬度。

組中點爲組距的中點。組中點爲組界的平均值且代表組距的中央點。相對次數分配的值是由個別次數除上所有次數而得。相對次數分配代表某一組別相對於所有的比例，且類似於從某一組別的所有數值中隨意抽取一數值的機率。累計次數爲次數的加總，第一個次數分配值加上之後的各次數分配值的加總可得到累計次數分配。

此章中的圖形表示方法的種類爲直方圖、次數多邊形圖、肩形圖、派形圖及莖葉圖。資料的表示法在幫助統計學家決定分布的形狀時特別有用。直方圖爲直立的棒狀圖，其中，從各組的（組界，次數值）座標點向下劃二條垂直線，然後將線段向下連接至X軸，再連接二座標點形成一個長方形。次數多邊形圖的製作是在各組距中點依各組次數值劃上一點，而後將這些點連接。肩形圖爲累計次數的曲線圖。肩形圖上的點畫在各組的終點上。肩形圖從第一組以零值開始，而後畫出累計次數值到最後一組的終點爲止。

派形圖爲資料的圓形表示法。各類別的數目以派的切片表示，該切片爲該數目相對於總數的比例而定。各種類的比例乘上360度得到各種類分配到的角度數，以此決定切片的大小。研究者使用派形圖時須小心，因爲通常很難分辨切片的相對大小。莖葉圖爲組織資料的另一個方法。將數目分爲兩組，莖及葉。莖爲數目最左邊的數字，葉爲數目最右邊的數字。研究者可決定如何將數目分爲莖和葉。將莖個別列出，所有葉的數值相應各莖部，在其莖部旁顯示。

重要辭彙

組的標記	組中點	累計次數	次數分布
次數多邊形圖	分類資料	直方圖	肩形圖
派形圖	範圍	相對次數	莖葉圖
未分類資料			

個案

激烈的肥皂大戰

從1879年引進象牙肥皂（Ivory）起，寶鹼（P&G）一直是美國境內獨占鼇頭的肥皂製造商，然而在1991年年底，寶鹼的主要競爭者Lever Bros.取得了總值十六億肥皂市場中31.5%的市場佔有率，領先寶鹼的30.5%佔有率。從1895年以「Lifebuoy」產品進入肥皂市場開始，Lever Bros.的業績始終在寶鹼之後；在1990年，Lever Bros.把新產品——Lever 2000加入其產品組合後，正式進入家用肥皂行列。該產品創造了不少利基，因爲它區隔出不同的家用肥皂市場，有小孩專用、男人專用以及女人專用的產品，Lever Bros.認爲家中每個人都會購買屬於自己用的肥皂。來自消費者的反應也不錯，Lever Bros.在1991年達到一億一千三百萬的銷售額，讓Lever Bros.在衛浴肥皂市場競賽中嚐到首次領先寶鹼的滋味；寶鹼仍然賣出較多的肥皂，但因Lever Bros.品牌單價高，因而具有較多的銷售額。

不用說，寶鹼很快的著手於尋找因應對策，寶鹼評估數個可行的策略，包括把一直被認爲是男用肥皂的「Safeguard」重新定位之策略。

最後寶鹼找出了兩條抗衡之道，首先就是推出「歐蕾保濕沐浴乳」，該產品花了二仟四佰萬在廣告上，而且成功地幫助寶鹼重新奪得市場寶座。此外，寶鹼也在液體肥皂上重新做了努力。

寶鹼不是唯一一家進入液體肥皂市場的公司，Lever Bros.在1995～1996年的冬天花費四仟萬推出Lever 2000的相關產品一潔身用Lever 2000以及抗菌用Lever 2000。

雖然液體肥皂的市場跟塊狀肥皂相比仍然來得小，但液體肥皂的市場去年卻成長了10%。寶鹼和Lever Bros.都不是液體肥皂的霸主，Colgate-Palmolive（高路潔一棕欖沐浴乳）是該市場的領先者，佔有液體肥皂市場的28.2%。

寶鹼執行長的工作是負責向董事會報告整體市場的狀況，她要如何有效地作簡報？寶鹼的產品線包含以下著名的肥皂：Ivory、Zest、Coast、Safeguard以及Camay，Lever的肥皂則有Dove、Caress、Shield、Lux、Lifebuoy 以及Lever 2000。在1993年，衛浴肥皂製造商的市場佔有率分別爲寶鹼的37.1%、Lever Bros.24%、Dial15%、Colgate6.5%以及Jergens的4.7%；在1991年則爲Lever Bros.31.5%、寶鹼30.5%、Dial19%、Colgate8%以及Jergens5.5%。

1993年間，寶鹼和Lever Bros.在市場的王座保衛戰中互有領先，到1994年，這兩家公司仍然在肥皂市場的第一、第二名競爭得相當激烈，此時Lever Bros.仍保持33.6%的佔有率，而寶鹼則宣稱有31.2%。

討論

執行長想要作1983年和1991年兩年的市場佔有率分析，用哪種方式最好？以下是1983年用Excel產生的市場佔有比率柱狀圖，除此之外，還有一個1983年市場佔有比率的派型圖，這兩者的好處何在？請繪製一個1991年市場佔有率的派型圖並放置在1983年圖形的旁邊。如果是你要做簡報，你會如何表達這些資訊？一些電腦軟體可以繪製兩個不同期間資料並置的圖形，資料還可以用其他何種方式表現？

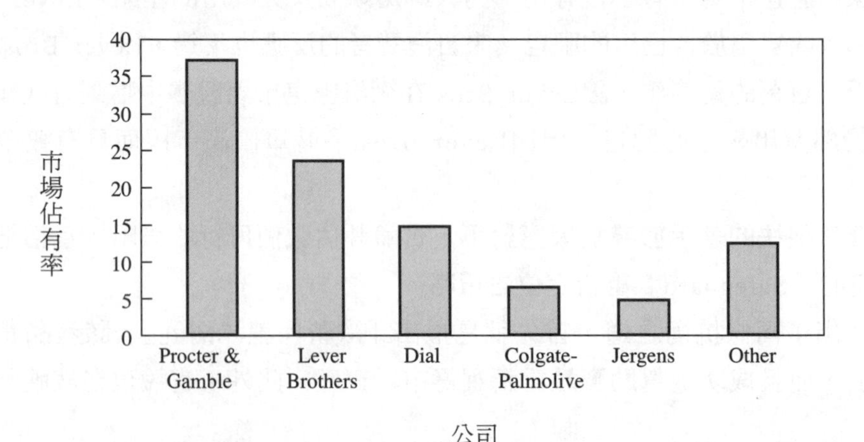

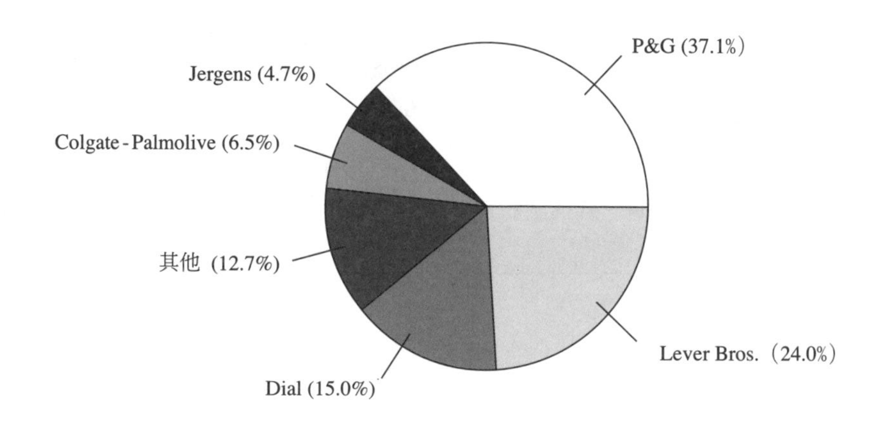

假設寶鹼每週銷售約四千萬個塊狀肥皂，但因需求是不固定的，因此生產人員要更能掌握整年銷售額的分布情形以做好生產管理。以下是一年內每週肥皂塊的銷售數字（以百萬爲單位），繪製一個直方圖來表示這些資料，圖形中哪些地方對於生產（以及銷售）人員是有幫助的。

37.1	39.6	35.4	37.4	35.0	38.5	39.9	40.6
38.4	40.0	40.9	39.3	38.2	34.7	37.1	32.2
38.7	40.4	40.3	35.5	36.8	39.1	40.4	35.4
40.3	37.5	37.0	38.3	33.6	39.8	40.7	41.3
42.5	41.4	43.4	43.1	42.8	41.4	44.0	45.2
46.3	43.9	50.6	45.2	46.2	46.9	52.8	46.3
46.6	44.3	46.2	43.8				

繪製一個莖葉圖，以整個數字當作莖，這些銷售數字繪製的莖葉圖有哪些地方優於直方圖？而莖葉圖有哪些缺點？哪些是你在跟生產人員討論時可用到的？

道德省思

圖表及圖形

第二章所學技巧衍生的道德省思，可從選擇用來代表的資料開始。因爲商業上可獲得資料之多，製作資料概要的人必須選擇性的選擇欲報告的變數。對分析者而言，有許多可選擇的變數，或甚至是他或她有利情況之變數內的資料，或是聽眾能完全認知接受的資料。

章節2.1說明的是次數分配中研究者通常選擇的組別數目及區間大小。研究者必須仔細的選擇數值及大小，才能得到完全且確實的反應情況，對所描述的情況不會有太過或不足的偏見發生。

章節2.2討論圖形及圖表的製作。其中指出，在許多時候，會有理由在座標軸上使用不同的比例。然而，這樣做有「與統計一起作弊」的嫌疑，即利用拉長或放大座標軸來加強研究者或分析者的觀點。將次數分配的圖表及圖形製作成能反應正確情況的資料，不只是研究者的事，更是非常重要的事。

第3章

敘述統計

3.1 位置測度 —— 未分組資料
3.2 變異性測度 —— 未分組資料
3.3 位置及變異性測度 —— 分組資料
3.4 形狀測度

學習目標　　第三章的重點在於使用統計的技巧敘述資料，使你能夠：

1.分辨位置測度、變異性測度及形狀測度。
2.概念性地瞭解平均數、中位數、眾數、四分位、百分位數及全距。
3.計算未分組資料的平均數、中位數、眾數、四分位數、百分位數、全距、變異數、標準差及平均絕對偏差。
4.分辨樣本及母體的變異數及標準差。
5.瞭解標準差的意義，當應用於經驗法則及柴比雪夫定理。
6.計算分組資料的平均數、中位數、變異數及標準差。
7.瞭解方塊及線圖，偏態及偏峰。

決策難題

石油股票：是好的投資嗎？

1950年代及1960年代，許多投資者在石油的股票上賺了很多錢。從那時候開始，就有石油短缺、石油保存上的努力及環境危機。然而，一些專家相信石油的股票將會有美好的前景。為什麼？

第三世界國家對原油的需求快速的增加，其中，中國居於首位。當消費主義大行其道時，對石油的需求將會猛漲。現在，全球對石油的需求每日約為7千萬桶。一些專家預測15年內需求將會增加到每日9千5百萬桶。因為來源及存量的不確定性，在不久的將來，石油的價格可能會有驚人的增加。

目前有哪些與石油相關的股票？讓我們想想在四個不同的石油相關工業中的12個公司。三種綜合的石油股票為Atlantic Richfield、Amerada Hess以及Texaco。Atlantic Richfield公司（ARCO）具有大量儲存的原油。Amerada Hess在1995年並不如意，但若原油的價格增加到美金30元一桶，則其股價將會增加約45%。Texaco大概為較為保守的投資，但其股票股利接近5%。三家獨立的石油公司為Oryx Energy、Panaco、及Santa Fe Energy。Oryx Energy的股價從1989年開始跌落。然而，石油價格的顯著增加，將使其成為好的投資。Panaco為探勘及開發的公司。Santa Fe Energy在印尼有相當大的投資。

三家油田服務公司為Schlumberger、Halliburton以及Baker Hughes。Schlumberger為全球性的公司，且有堅強的有關地震、鑽油以及完工技術。Halliburton已經精簡人事，且可以將其服務出售至中國及東歐。Baker Hughes為一家油田設備及服務公司，在其競爭的各個領域中，該公司皆位於第一位或第二位。三家近海鑽油公司爲Falcon Drilling、Sonat Offshore及Reading & Bates。Falcon Drilling是一家小公司，但在美國與其競爭對手控制了90%的所有駁船裝備。30美元一桶的原油價格可使Falcon的股價近乎增加一倍。Sonat Offshore有21個出租供探勘的深海鑽油裝備。Reading & Bates幾乎所有出租的鑽油裝備都在墨西哥灣，且石油價格增加使其生意更好。

這些股票表現如何呢？下表列出去年度，這12家公司的股票價格。

公司	股價範圍
Atlantic Richfield Company	$97.63–117.88
Amerada Hess	43.75–53.13
Texaco	59.38–69.63
Oryx Energy	9.88–15.13
Panaco	3.34– 5.31
Santa Fe Energy	7.63–10.63
Schlumberger	50.00–69.63
Halliburton	31.13–45.25
Baker Hughes	16.75–23.75
Falcon Drilling	9.25–13.50
Sonat Offshore	17.63–35.63
Reading & Bates	5.50–13.13

管理及統計上的問題

假設投資者今天爲了投資的目的檢查這些與石油相關的股票。

1.除了上述提到的石油需求及石油價格的長期預測之外，從此處提供的股票價格範圍中，還可以得到什麼資訊？

2.在一年的時間中，各種股票的平均價格爲何？平均值代表股票價格嗎？

3.投資者如何決定股票的風險？有哪些統計有助於測量風險？

第二章說明組織及呈現資料的圖形技巧。然而，發展出可以說明資料組的數值也是非常重要的。本章呈現統計的敘述性測度，可採用許多不同的方式，以數值方法分析資料，包含位置測度、變異性測度，及形狀測度。這些測度的計算就未分組資料及分組資料而言是不一樣的。因此，我們將分別處理未分組資料及分組資料。

3.1 位置測度——未分組資料

位置測度為可以用來說明一組資料的一種測度種類。位置測度可產生有關一群數字中的特別地方或位置的資訊。顯示於表3.1為32家美國公立的動物公園每年百萬到訪遊客的數據。就這些資料而言，位置測度可以產生如動物園平均訪客、中間的到訪數據、最常發生的到訪數據等資訊。位置測度的焦點並不在於資料組的寬度，或是數值離中間數據有多遠。此處呈現的未分組資料的位置測度為眾數、中位數、平均數、百分位數及四分位數。

眾數

眾數為一組資料中出現次數最多的數值。就表3.1中的資料而言，到訪數的眾數為600,000即0.6百萬，因為0.6百萬到訪數有5家動物園，比其他任何數目都多。將資料組織為依次序的排列——依數值大小從最小到最大依次排列——幫助訂出眾數。以下為表3.1中數值依序的排列。

0.3	0.4	0.5	0.6	0.6	0.6	0.6	0.6	0.7	0.8	0.9	0.9	0.9	1.0	1.0	1.0
1.1	1.2	1.3	1.3	1.3	1.4	1.4	1.4	1.5	1.6	2.0	2.0	2.7	3.0	3.0	4.0

當然，這樣是一種用來集合相同數值的方式，且因此更能容易發現出現次數最多的數值。

如果出現次數最多的數值有兩個，即有兩個眾數。在此情況下，資料被稱為二眾數。若一組資料不是剛好二眾數，但有兩個數值出現的次數較其他數值出現次數多很多，一些研究者隨便將其資料組稱之為二眾數，即使該兩個眾數並不完全相等。資料組中有超過兩個眾數者稱之為多眾數。

商場上，眾數的概念通常用在決定尺寸。例如，鞋子的製造商可能只以三

表3.1
美國32家動物園的遊客人數(百萬)

0.6	0.9	2.0	0.5	2.0	1.3	1.4	0.4
1.4	1.0	1.4	4.0	1.6	0.6	0.7	0.8
1.3	1.2	3.0	0.6	1.1	1.3	1.0	0.3
0.6	0.9	2.7	1.0	3.0	1.5	0.6	0.9

種大小尺寸生產便宜的鞋子：小、中、大。各尺寸代表腳的尺寸的眾數。將鞋子尺寸的數目降低到一些眾數的尺寸，公司可以經由限制機器安裝的成本降低總生產成本。同樣的，成衣工廠以眾數的尺寸生產襯衫、洋裝、套裝及其他許多種衣服種類。例如，在某一批號內的所有M號的襯衫皆爲同樣大小。該大小爲中等身材男士的眾數尺寸。

就名義或高階資料而言，眾數爲適合的位置測度。眾數可用來決定發生次數最多的種類。

中位數

中位數爲一組按數字大小排列，位置居中的數值。若該排列中的數字群的個數爲單數時，中位數爲中間數。若該數字群的個數爲偶數時，中位數爲兩個中間數的平均值。以下的步驟是用來決定中位數。

步驟1：將觀測值排列成按數字大小排列的資料。

步驟2：若個數爲奇數時，找出該依次排列中的中間數。即爲中位數。

步驟3：若個數爲偶數時，找出該依次排列中的中間兩個數的平均值。該平均值即爲中位數。

假設一個統計學家想要決定以下數字群的中位數。

15 11 14 3 21 17 22 16 19 16 5 7 19 8 9 20 4

他（或她）按大小排列數字。

3 4 5 7 8 9 11 14 15 16 16 17 19 19 20 21 22

此處有17個數字（奇數），所以中位數爲中間數，亦即15。

若將22從數列中消去，只有16個數。

3 4 5 7 8 9 11 14 15 16 16 17 19 19 20 21

現在數列中有16個數，所以統計學家將兩個中間數——14及15——平均，得到中位數。最後的中位數爲14.5。

另一個找出中位數的方法爲在依次排列的序列中，找出第(n+1)/2項。例如，若資料組包含77項，中位數爲第39項。亦即，

$$\frac{n+1}{2}=\frac{77+1}{2}=\frac{78}{2}=\text{第3 項}$$

當必須處理極多的項數，或撰寫電腦程式計算中位數時，這個公式很有幫助。

中位數並不受到極值的大小影響。這個特性是一優點，因爲值的大或小不會影響中位數的順序。因此，中位數時常成爲使用於房屋成本、收入及年齡之變數分析中最好的位置測度。例如，假設一個房地產仲介商想要決定列於以下之10間房屋售價的中位數。

\$67,000	\$105,000	\$148,000
91,000	116,000	167,000
95,000	122,000	189,000
		5,250,000

因爲有10項，中位數爲兩個中間數\$116,000及\$122,000的平均值或\$119,000。這個價錢是10間房子合理的代表價錢。注意，標價爲\$5,250,000的房屋除了被當成是10間房子中的一間外，並不在分析內。然而，若將所有的房子售價平均，原來10間房子的最後平均價格爲\$635,000，較10間房子中的9間房子爲高。

中位數的缺點在於，並不是使用數字的所有資訊。亦即，最昂貴房子的售價並未加入在中位數的計算內。測量資料的程度必須至少可以表示順序，使中位數得以有意義。

平均數

算術平均數與平均值（average）同義，其計算是將所有的數值相加，再除以數值的個數。因爲算術平均數被廣爲使用，大多數的統計學家簡單的指其爲平均數（mean）。

母體的平均數以希臘字母（μ）表之。樣本的平均數以$\overline{X}$表之。計算母體平均數及樣本平均數的公式列於以下的方框內。

$$\mu = \frac{\sum X}{N} = \frac{X_1 + X_2 + X_3 + \cdots + X_N}{N}$$ 母體平均數

$$\overline{X} = \frac{\sum X}{n} = \frac{X_1 + X_2 + X_3 + \cdots + X_n}{n}$$ 樣本平均數

大寫希臘字母（Σ）通常使用於數學上，用來代表資料群中所有的數字和。N爲母體中的項數，且n爲樣本中的項數。用來計算平均數的計算法是將母體或樣本內所有的數字相加，再除以項數。

平均數較正式的定義爲

$$\mu = \frac{\sum_{i=1}^{N} X_i}{N}$$

然而，爲了本文的目的，將ΣX表示爲 $\sum_{i=1}^{N} X_i$。

不在測量間距值內的資料不適合使用平均數分析。

假設某一小城內有5個整脊師執業。上星期二他們分別看了24，13，19，26，及11個病人。該小城中被整脊師所看的病人的母體平均數爲18.6個病人。計算如下。

$$\begin{array}{r} 24 \\ 13 \\ 19 \\ 26 \\ \underline{11} \\ \sum X = 93 \end{array} \qquad \text{且} \qquad \mu = \frac{\sum X}{N} = \frac{93}{5} = 18.6$$

計算樣本數值，如57，86，42，38，90及66的算術平均數，將數值相加如下。

$$\begin{array}{r} 57 \\ 86 \\ 42 \\ 38 \\ 90 \\ \underline{66} \\ \sum X = 379 \end{array}$$

而後計算樣本平均數。

$$\overline{X} = \frac{\sum X}{n}$$
$$= \frac{379}{6} = 63.167$$

例題3.1　計算列於表3.1中遊客數的中位數及平均數。

解答

中位數：將資料依大小排列。

0.3 0.4 0.5 0.6 0.6 0.6 0.6 0.6 0.7 0.8 0.9 0.9 0.9 1.0 1.0 1.0
1.1 1.2 1.3 1.3 1.3 1.4 1.4 1.4 1.5 1.6 2.0 2.0 2.7 3.0 3.0 4.0

因爲$n = 32$個數值，中位數位於

$$\frac{n+1}{2} = \frac{32+1}{2} = \frac{33}{2} = \text{第 16.5 個數值}$$

第16.5個數值爲第16個數值（1.0）及第17個數值（1.1）的平均值，其中位數爲

$$\frac{1.0+1.1}{2} = 1.05 \text{（百萬）}$$

平均值：就這些資料計算，

$$\sum X = 41.6,\ n = 32$$

$$\overline{X} = \frac{41.6}{32} = 1.3 \text{（百萬）}$$

這32家動物園的到訪遊客之中位數或中間數爲105萬。動物園訪客的平均數，或平均值爲130萬。

各個數值均會影響平均值，這是一個優點。平均值使用所有的資料，且各資料項目也會影響平均數。但這同樣是個缺點，因爲極大或極小值足以使平均值偏向某一邊的極值。記得前面討論的10間房子的售價。如果平均數以10間房

子計算，平均數會較其中的9間房子的售價爲高，因爲$5,250,000的房子包含在計算內。10間房子的所有售價爲$6,350,000，且平均價格爲

$$\overline{X} = \frac{\sum X}{n}$$
$$= \frac{\$6,350,000}{10} = \$635,000$$

平均數是最常使用的位置測度，因爲在計算中，其使用各資料項。同時，它亦是熟知的測度，並具有數學上的特性，使其在推論統計分析上有其吸引人之處。

例題3.2

列示於下方的爲東京交易所白皮書中報告的1994年東京交易所10大交易最熱絡的股票之成交量。就這些資料計算平均數，中位數，及眾數。

公司	報告的交易量
Nippon Steel	1,514
NEC	979
Sumitomo Metal Mining	922
Mitsubishi Heavy Industries	904
Fujitsu	903
Nikkatsu	903
Isuzu Motors	827
Hitachi	789
NKK	681
Toshiba	651

解答

眾數：903（百萬）爲發生次數最多的數值，爲眾數。這些數發生在Fujitsu及Nikkatsu。

中位數：數值按大小排列。數值的個數爲10，所以N=10。中位數在第(10+1)/2=5.5項。中位數爲第5項（903）及第6項（903）的平均值。這些股票的成交量中位數爲

$$中位數 = \frac{(903+903)}{2} = 903 \text{（百萬股）}$$

平均數：母體平均數爲

$$\mu = \frac{\sum X}{N} = \frac{9073}{10} = 907.3 \text{（百萬股）}$$

這些公司的平均股票交易量爲907,300,000。

值得注意的是，平均數、中位數及眾數可被當作描述資料的數種形態的工具。

百分位數

百分位數爲位置測度，其將一組資料分爲100等分。這些是99個百分位數，因爲有99個分割點將一組資料分割爲100份。第n個百分位的值指的是最多資料的百分之n小於該值，且資料中最多百分之（100−n）的值小於該值。更清楚的說，第87個百分位數的值指的是資料中最多87%的資料小於該值，且不超過13%大於該值。百分位數爲階梯式的值，如圖3.1所示，因爲有第87個百分位數及第88個百分位數，但兩者之間沒有百分位數。若工廠的操作員參加安全考試，且87.6%的人安全考試分數小於該員之分數，他（或她）的分數只落在第87百分位數，即是超過87%的人分數較其爲低。

百分位數廣泛使用於測驗結果的報告。大多數的學院或大學學生都考過SAT、ACT、GRE、GMAT測驗。多數時候，這些測驗的結果以百分比形式或是以原始分數呈現。以下列出決定百分位數位置的步驟概要。

圖3.1
百分位數的階梯式步驟

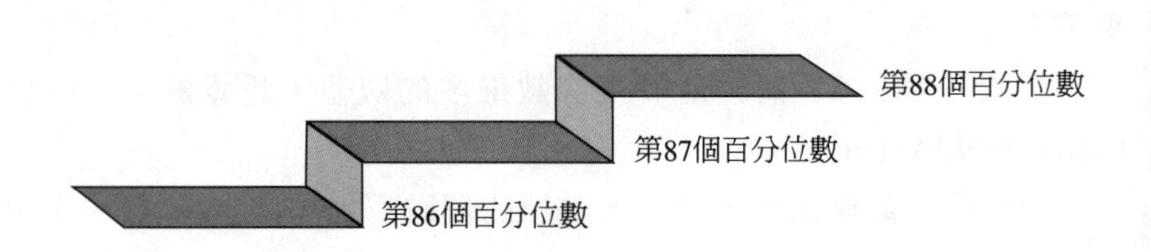

1.將數值由小到大排列。 2.計算百分位數(i)的位置： $$i=\frac{P}{100}(n)$$ 其中， P爲所欲決定之百分位數。 i爲百分位數的位置。 n爲資料組的數目。 3.以（a）或（b）決定出位置。 （a）若i爲整數，第P個百分位數爲第i個位置的數值及第（$i+1$）個數值的平均數。 （b）若i不是整數，第P個百分位數值則位於$i+1$的整數部分。	決定百分位數位置的步驟

舉例而言，假設你想決定1240個數目的第80個百分位數。P爲80且n爲1240。首先，將數值從小至大排列。接下來，計算第80個百分位數的位置。

$$i=\frac{80}{100}(1240)=992$$

因爲$i=992$爲整數，按照指示中的步驟3(a)。第80個百分位數爲第992個數值及第993個數值的平均數。

$$P_{80}=\frac{\text{第992個數值}+\text{第993個數值}}{2}$$

例題3.3

找出以下8個數目的第30個百分位數：14, 12, 19, 23, 5, 13, 28, 17。

解答

這裡有8個數目，而且我們想要找出第30個百分位數的值，因此n=8，且P=30。

首先，將資料從小到大排列。

5　12　13　14　17　19　23　28

接下來，計算i的值。

$$i = \frac{30}{100}(8) = 2.4$$

因爲i不是整數，則使用步驟3(b)。$i+1$的值爲2.4＋1，或3.4。3.4的整數部分爲3。第30個百分位數爲第三個值。第3個值爲13，所以13爲第30個百分位數。注意，百分位數可能是也可能不是資料數值之一。

四分位數

四分位數爲位置測度，其將一組資料分爲四個子群或部分。共有三個四分位數，計爲Q_1，Q_2，及Q_3。第一個四分位數Q_1爲第一個，或最小的，將資料的四分之一與較上位的四分之三分開，且相當於第25個百分位數。第二個四分位數Q_2將資料的第二個四分之一從第三個四分之一分開。Q_2位於第50個百分位數，且相當於資料的中位數。第三個四分位數Q_3，將第一個資料的四分之三從最後一個四分之一分開，且相當於第75個百分位數的值。這三個四分位數圖示於圖3.2。

假設，我們想要訂出以下數目之Q_1，Q_2，及Q_3的值。

106 109 114 116 121 122 125 129

Q_1的值位於第25個百分位數，P_{25}。

$$已知\ n = 8,\ i = \frac{25}{100}(8) = 2$$

因爲i是整數，P_{25}爲第二個數及第三個數的平均值。

$$P_{25} = \frac{(109+114)}{2} = 111.5$$

Q_1的值爲$P_{25}=111.5$。注意，四分之一，或2個數值（106及109）小於111.5。

Q_2的值相當於中位數。因爲有偶數項，中位數爲中間兩項的平均值。

$$Q_2 = 中位數 = \frac{(116+121)}{2} = 118.5$$

注意剛好所有項數的一半小於Q_2，且半數大於Q_2。

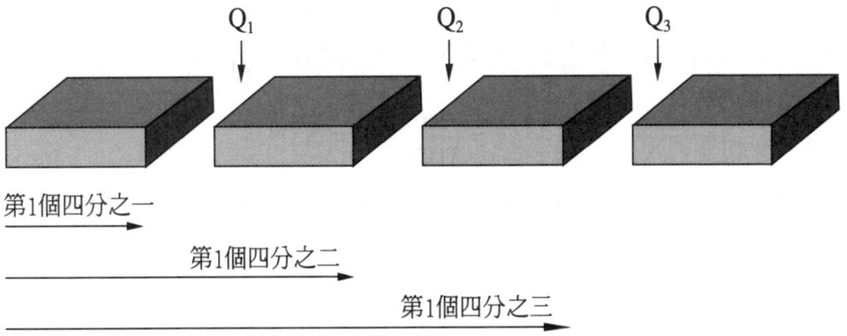

圖3.2
四分位數

Q1 Q2 Q3

第1個四分之一

第1個四分之二

第1個四分之三

Q_3的值如下，以P_{75}訂出。

$$i = \frac{75}{100}(8) = 6$$

因爲i爲整數，P_{75}爲第六項及第七項的平均。

$$P_{75} = \frac{(122+125)}{2} = 123.5$$

Q_3的值爲P_{75}=123.5。注意，四分之三，或6個數值小於123.5，且兩個值大於123.5。

例題3.4

以下爲以訂戶數（以百萬計）排名的前20名有線電視網。請決定這些資料的第一、第二及第三個四分位數。

頻道	續訂戶	頻道	續訂戶
ESPN	63.1	TNT	59.0
CNN	62.6	MTV	58.3
The Discovery Channel	62.0	LIFFTIME	57.0
USA	62.0	The Weather Channel	55.4
TNN	61.7	Headline News	54.5
The Family Channel	60.2	CNBC	52.0
TBS	60.0	VH–1	50.2
C–Span	59.8	QVC	47.5
Arts & Enterainment	59.0	AMC	47.0
Nickelodeon	59.0	BET	39.6

解答

這些資料中有20個代表電視網，因此n=20。$Q_1=P_{25}$

$$i=\frac{25}{100}(20)=5.0$$

因爲i爲整數，Q_1爲從底部算起第五個值及第六個值的平均。

$$Q_1=\frac{52.0+54.5}{2}=53.25$$

$Q_1=P_{25}$=中位數；因有20項，中位數爲第十項及第十一項的平均。

$$Q_2=\frac{59.0+59.0}{2}=59.0$$

$Q_3=P_{75}$的解爲

$$i=\frac{75}{100}(20)=15$$

Q_3爲第十五項及第十六項的平均。

$$Q_3=\frac{60.2+61.7}{2}=60.95$$

問題3.1

3.1定出以下數目的眾數。

2 4 8 4 6 2 7 8 4 3 8 9 4 3 5

3.2定出問題3.1數值的中位數。

3.3定出以下數目的中位數。

213 345 609 073 167 243 444 524 199 682

3.4就以下數字計算平均數。

17.3 44.5 31.6 40.0 52.8 38.8 30.1 78.5

3.5就以下數字計算平均數。

7 −2 5 9 0 −3 −6 −7 −4 −5 2 −8

3.6就以下資料計算第35百分位數，第55百分位數，Q_1，Q_2，及Q_3。

16 28 29 13 17 20 11 34 32 27 25 30 19 18 33

3.7就以下資料計算P_{20}, P_{47}, P_{83}, Q_1, Q_2及Q_3。

120	138	97	118	172	144
138	107	94	119	139	145
162	127	112	150	143	80
105	116	142	128	116	171

3.8以下爲美國商業部主計局報告從1980至1990年人口損失的最大比例。就百分比改變計算平均值、中位數、及衆數。你覺得這三種測度何者最適合概括該資料。Q_2的值爲何？就此資料，定出第63個百分位數。

城市	百分比改變	城市	百分比改變
Gary,IN	−23.2	Birmingham, AL	−7.7
Newark	−16.4	Richmond,VA	−7.4
Detroit	−14.6	Chicago	−7.4
Pittsburgh	−12.8	Atlanta	−7.3
St. Louis	−12.4	Kansas City, KS	−7.1
Cleveland	−11.9	Baltimore	−6.4
Flint, MI	−11.8	Akron, OH	−6.1
New Orleans	−10.9	Toledo, OH	−6.1
Warren, MI	−10.1	Philadelphia	−6.1
Chattanooga, TN	−10.1	Dayton, OH	−5.9
Louisville	−9.9	Knoxville, TN	−5.7
Peoria, IL	−9.1	Memphis	−5.5
Macon, GA	−8.8	Cincinnati	−5.5
Erie, PA	−8.7	Denver	−5.1
Buffalo	−8.3	District of Columbia	−4.9

3.9 Edison Electric Institute報告以下1994年依照營收（以十億圓計）排名的前十個最大的公共事業。使用這些資料計算平均值及中位數。比較結果，並討論哪兩個測度於此情況下最爲適宜。

公司	所得（十億）
Pacific Gas & Electric	$7.55
Southern California Edison	7.44
Southern Company	7.15
Commonwealth Edison	6.05
Entergy	5.62
Texas Utilities	5.58
Florida Power & Light	5.04
Consolidated Edison	4.85
BG&E/Potomac	4.80
American Electric Power	4.70

3.10顯示於下者爲1994年9個美國最大的購併案，由Securities Data公司整理及出版。試計算中位數，Q_3，P_{20}，P_{60}。

日期	購併者	目標公司	價值（百萬）
9/94	AT&T	McCaw Cellular	$18,923.4
7/94	Viacom	Paramount Communications	9,600.0
12/94	American Home Products	American Cyanamid	9,560.9
4/94	Shareholders	Pac Tel	8,639.0
9/94	Viacom	Blockbuster Entertainment	7,971.1
2/94	Columbia Healthcare	HCA	5,605.5
11/94	Roche Holding	Syntex	5,307.2
1/94	Shareholders	Eastman Chemical	4,038.0
11/94	Eli Lilly & Co.	PCS Health Systems	4,000.0

3.11依據財星雜誌的報導，1993年，15個頂尖的美國工業外銷廠商有下列的外銷銷貨金額。

公司	銷貨（百萬）
General Motors	$14,913
Boeing	14,616
Ford Motor	9,483
General Electric	8,498
Chrysler	8,397
IBM	7,297
Motorola	4,990
Hewlett–Packard	4,738
Philip Morris	4,105
Caterpillar	3,743
United Technologies	3,503
E. I. Du Pont	3,500
Intel	3,406
McDonnell Douglas	3,405
Archer Daniels Midland	2,900

a.這些公司在1993年平均的外銷銷貨金額爲何？這些公司在1993年外銷

銷貨金額的中位數爲何？平均數及中位數的差異爲何？爲什麼？

b.定出第40個及第70個百分位數。計算第一個四分位數及第三個四分位數。

3.2 變異性測度——未分組資料

位置測度產生有關於資料組中的特別數值的資訊。然而，研究者可以使用另一組的分析工具描述一組資料。這些工具爲變異性測度，其描述資料組的展開程度或分散情形。將變異性測度與位置測度一起使用，使有可能將資料做更完整的描述。

例如，某一公司在其領域有25個推銷員，且這些人員每年銷售數目的中位數爲\$1,200,000。這些銷售人員是好的團隊嗎？中位數提供有關銷售人員中等銷售的資訊，但其他的銷售人員的銷售呢？每年總共銷售\$1,200,000，或者銷售數目變化很大，有人每年銷售\$5,000,000，但其他每年只銷售\$150,000？變異性測度提供其他必要的資料以回答這個問題。

再舉另外一個例子，假設一個學生修會計課程，教師才剛評完期中考的分數。教師報告全班平均考試成績爲74.6%。這個分數對該生來說有什麼意義？他或她應該滿意這項資訊嗎？實際上，班級中的每個人可能都有約75%的分數，在這種情形下，全班在這項考試幾乎都得到C，或者分數可從0至100%的範圍。位置測度並不能產生足夠的資訊來描述資料組。所需要的是測量的第二個特質，即變異性測度或資料的離散。圖3.3顯示三種分布，其中各分布的平均值相同，但分散不同。對三種分布的觀察顯示，描述資料時有需要以離散測度補充平均數。計算未分組及分組資料變異性測度的方法亦不同。本節的焦點在未分組資料的七種變異性測度：全距、四分位距、平均絕對差、變異數、標

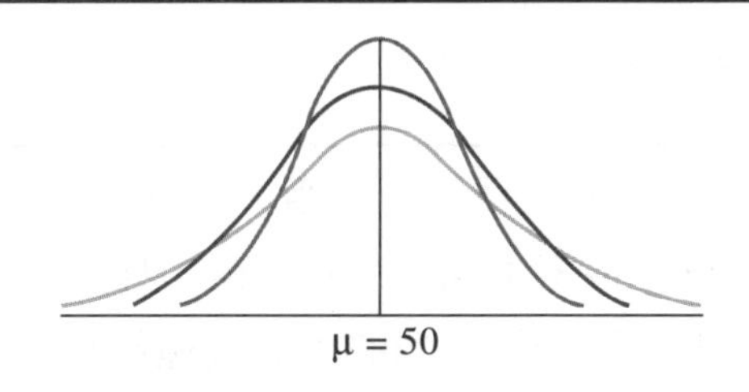

圖3.3 有相同平均數但不同離散的三種分布

表3.2 主要城市中的平均倉庫比率

市場	每平方英尺價格	市場	每平方英尺價格	市場	每平方英尺價格
Atlanta	$28.56	Detroit	31.80	San Antonio	21.95
Baltimore	32.39	Los Angeles	36.83	San Diego	37.24
Boston	38.50	Miami	39.21	San Francisco	43.71
Chicago	35.72	New York	37.84	Seattle	42.05
Cleveland	26.26	Philadelphia	33.28	Tampa	28.04
Dallas	30.88	Phoenix	28.81	Washington, DC	36.05
Denver	27.17	St. Louis	25.32		

準差、Z分數及變異係數。

全距　全距為資料組中最大數及最小數的差。雖然全距為一個單一數值，有些研究者將全距定義為最小數及最大數依次序的配對（最小數，最大數）。其為原始的變異性測度，描述資料組上下界的距離。全距反映極值，因為其值由極值所構成。全距的優點為容易計算。全距的一個重要的用途為品質保證，即當其使用於製作控制圖時。全距的一個缺點為因為其利用資料組中的極值計算而得，故受極值影響。因此其在變異性測度的應用受限。其他的變異性測度加入了從除去端點值的資料所得之資訊。其中之一為四分位距，其由第一及第三個四分位數計算而得。

表3.2的資料顯示美國20個城市倉儲的平均比例。這些城市比例的全距為何？舊金山最高為43.71且聖安東尼最低為21.95。這些資料的全距為43.71−21.95=21.76。

例題3.5

定出列於表3.1中動物園訪客數據的全距。

解答

最小的訪客為0.3百萬，且最大為4.0百萬。此資料組的全距為

全距 = 4.0 − 0.3 = 3.7（百萬）或（0.3, 4.0）

四分位距　另一種變異性的測度為四分位距。四分位距為第一及第三個四分位的範圍。本質上，其為資料組中間50%的全距，且計算Q_3-Q_1的值可以定出四分位距。當資料的使用者對資料中間的數值較極值有興趣時，四分位距特別

有用。敘述房地產市場時，若買家對中間範圍的房價有興趣，房地產經紀人可以使用四分位距作爲房價的測度來描述中價位的市場。另外，四分位距可用來製作點方塊及線圖。

Q_3-Q_1	**四分位距**

列舉一例，假設吾人想要計算示於**表**3.1中遊客資料的四分位距。首先，必須先計算Q_1及Q_3的值。此處顯示的遊客數據由小至大的順序。

0.3 0.4 0.5 0.6 0.6 0.6 0.6 0.6 0.7 0.8 0.9 0.9 0.9 1.0 1.0 1.0
1.1 1.2 1.3 1.3 1.3 1.4 1.4 1.4 1.5 1.6 2.0 2.0 2.7 3.0 3.0 4.0

因爲數值的個數是偶數（n=32），中位數，Q_2爲兩個中間數值（1.0及1.1）的平均。

$$Q_2 = \frac{(1.0+1.1)}{2} = 1.05$$

Q_1的值在第25個百分位數，P_{25}，其計算爲

$$i = \frac{25}{100}(32) = 8$$

因爲i是全數，P_{25}是第8個數及第9個數的平均。

$$P_{25} = Q_1 = \frac{(0.6+0.7)}{2} = 0.65$$

Q_3的值在第75個百分位數，P_{75}，其計算爲

$$i = \frac{75}{100}(32) = 24$$

因爲i是全數，P_{75}是第24個數及第25個數的平均。

$$P_{75} = Q_3 = \frac{(1.4+1.5)}{2} = 1.45$$

遊客資料的四分位距爲

$Q_3 - Q_1 = 1.45 - 0.65 = 0.8$（百萬）或80萬

遊客資料中間的50%跨過0.8百萬的範圍。該數值與四分位數及遊客資料顯示於下頁中。

0.3
0.4
0.5
0.6
0.6
0.6
0.6
0.6
← $Q_1 = 0.65$
0.7
0.8
0.9
0.9
0.9
1.0
1.0
1.0
← $Q_2 = 1.05$
1.1
1.2
1.3
1.3
1.3
1.4
1.4
1.4
← $Q_3 = 1.45$
1.5
1.6
2.0
2.0
2.7
3.0
3.0
4.0

四分位距 = 0.8

平均絕對差、變異數及標準差

三種其他變異性的測度為平均絕對差、變異數及標準差。其皆由相似的步驟得來，因此放在一起說明。除非資料至少為區間內的資料，否則這些測度是沒有意義的。變異數及標準差廣泛使用於統計學中。雖然標準差有獨立出的可能性，但變異數及標準差的重要性主要在於其角色為與其他統計學方法相關連之工具。

假設一個小公司設置一條生產線製造電腦。頭五個星期的生產期間，產出分別為5、9、16、17及18台電腦。老闆可以使用哪一種敘述統計量測生產的早期進步？為了總結這些數據，他可以計算算術平均數。

X
5
9
16
17
18

$$\sum X = 65 \quad \mu = \frac{\sum X}{N} = \frac{65}{5} = 13$$

五個星期資料的變異性為何？老闆察看資料離散性的一種方法是將各資料的值減去平均值。將各資料值減去平均值得到以算術平均數為中心的偏差($X-\mu$)。**表**3.3顯示這家電腦公司生產的偏差值。注意，以算術平均數為中心的偏差值有些為正有些為負。**圖**3.4以幾何方式顯示小於平均數的負偏差值（往左），及大於平均數的正偏差值（往右）。

觀察以算術平均數為中心的偏差值可揭露有關資料變異性的資訊。然而，偏差大多數時候被當成計算其他變異性測度的工具。注意**表**3.3及**圖**3.4這些偏差的和為零。這種現象可適用於所有的情形。就一資料組而言，以算術平均數為中心的偏差值的和恆為零。

$$\sum(X-\mu)=0$$

以算術平均數為中心的偏差值的和恆為零

表3.3 電腦生產之以平均數爲中心的偏差值

數量（x）	平均（μ）	以平均數爲中心的偏差值（x−μ）
5	$\mu=\frac{65}{5}=13$	−8
9		−4
16		+3
17		+4
18		+5
$\sum X = 65$		$\sum(X-\mu) = 0$

這種性質需要考慮另一種的方式以得到變異性測度。

使偏差值的和不爲零的一個明顯的方法是將以平均數爲中心的各偏差值取絕對值。利用以算術平均數爲中心的絕對偏差值可以解決平均絕對離差。

平均絕對差　平均絕對差（MAD）是將以平均數爲中心的離差之絕對值平均的結果。

平均絕對差

$$\text{MAD}=\frac{\sum|X-\mu|}{N}$$

使用表3.3之資料，將離差的絕對值相加再平均，電腦公司老闆可以計算出平均絕對差，如表3.4所示。電腦生產資料的平均絕對差爲4.8。平均離差爲每週4.8台電腦。

因爲平均絕對差是利用絕對值計算出，平均絕對差較其他統計上的離散測度少用。然而，用在預測時，通常被當成誤差測度。

變異數　因爲絕對值不容易使用，數學家發展了另一個方法用來克服以平均數爲中心的偏差值的和恆爲零的性質。這個方法是將以平均數爲中心的偏差值平方。其結果爲變異數，一種變異性的重要測度。

變異數是算術平均數爲中心的偏差值平方的平均。母體的變異數以σ^2表之。

母體變異數

$$\sigma^2=\frac{\sum(X-\mu)^2}{N}$$

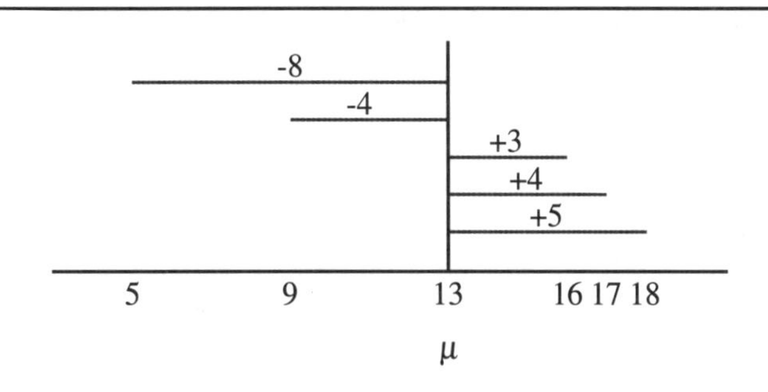

圖3.4
以平均數為中心的幾何距離（根據表3.3）

表3.4
電腦生產資料的MAD

X	μ	X−μ	|X−μ|
5	$\frac{65}{5}=13$	−8	+8
9		−4	+4
16		+3	+3
17		+4	+4
$\sum X = \frac{18}{65}$		$\sum(X-\mu) = \frac{+5}{0}$	$\sum\|X-\mu\| = \frac{+5}{24}$

$$\text{MAD} = \frac{\sum|X-\mu|}{N} = \frac{24}{5} = 4.8$$

表3.5顯示電腦公司原始生產數量、以平均數為中心的離差及以平均數為中心的離差平方。

以平均數為中心的離差平方之和——稱為X的平方和，通常簡寫為SSx——在統計學中廣為使用，就電腦公司而言，此數值為130。將其除以資料數值的個數（5週）得到電腦生產的變異數。

$$\sigma^2 = \frac{130}{5} = 26.0$$

因為變異數是從偏差平方計算而得，最後的結果以測量單位的平方表示。以平方單位測得的統計通常難以解釋。試想，例如Mattel Toys公司想要以金額的平方來解釋生產成本，或是Troy Built公司以割草機的平方量測生產產出的變異性。因此，當變異數被當成敘述性測度時，變異數可被視為得到樣本標準差的中間計算過程。

標準差　標準差是常用的變異性測度。標準差可被分開獨立使用或為其他分析的一部份，如計算信賴區間及假設檢定（見第8、9、10章）。

標準差爲變異數的平方根。母體標準差以σ表之。

母體標準差	$$\sigma=\sqrt{\frac{\sum(X-\mu)^2}{N}}$$

標準差與變異數一樣，標準差使用以平均值（SSx）爲中心的偏差平方和。將平方的偏差平均計算（SSx/N），且取平均的平方根。計算標準差的步驟永遠包含變異數的計算。標準差的一個特點使得其與變異數不同，即標準差與原始資料相同單位，而變異數爲這些單位的平方。表3.5顯示電腦生產公司的標準差：$\sqrt{26}$ 或5.1。

標準差5.1代表什麼？標準差的意義可從其用法獲得更直接的瞭解，我們將於之後的章節探討。雖然標準差及變異數有密切相連，且可從彼此計算出，但兩者之間的分辨仍重要，因爲皆廣泛使用於統計上。

母體 vs. 樣本變異數及標準差

樣本變異數以S^2表之，且樣本的標準偏差以S表之。樣本變異數及標準差的計算與計算母體變異數及標準差有些許不同。樣本變異數及標準差的主要用法爲母體變異數及標準差的估計值。以$n-1$而非n爲樣本變異數或標準差的分

表3.5 從電腦生產資料計算變異數及標準差

x	$x-\mu$	$(x-\mu)^2$
5	−8	64
9	−4	16
16	+3	9
17	+4	16
18	+5	25
$\Sigma X=65$	$\Sigma(X-\mu)=0$	$\Sigma(X-\mu)^2=130$

$$SS_X=\sum(X-\mu)^2=130$$

$$\text{變異數}=\sigma^2=\frac{SS_X}{N}=\frac{\sum(X-\mu)^2}{N}=\frac{130}{5}=26.0$$

$$\text{標準差}=\sigma=\sqrt{\frac{\sum(X-\mu)^2}{N}}=\sqrt{\frac{130}{5}}=5.1$$

母，得到母體值較好的估計值。

$$S^2 = \frac{\sum(X-\overline{X})^2}{n-1}$$ 樣本變異數

$$S = \sqrt{S^2}$$ 樣本標準差

表3.6顯示四家一流公司1994年從一月至九月的廣告支出（以百萬元計）。在這期間四家公司的平均花費總數爲$1,773（百萬）。樣本變異數爲$221,288.67（百萬²）且樣本的標準差爲$470.41（百萬）。

變異數及標準差的計算公式

計算變異數及標準差的另一方法，通常被認爲是計算方法或捷徑。即以代數方法，

$$\sum(X-\mu)^2 = \sum X^2 - \frac{(\sum X)^2}{N}$$

且

$$\sum(X-\overline{X})^2 = \sum X^2 - \frac{(\sum X^2)}{n}$$

將這些相等的式子帶入變異數及標準差的原始公式得到以下的計算公式。

表3.6 四家一流公司廣告支出的樣本變異數及標準差

公司	廣告支出（百萬）(X)	平方差 $(X-\overline{X})^2$
Procter & Gamble	2,398	390,625
Philip Morris	1,844	5,041
General Motors	1,539	54,756
Sears, Roebuck	1,311	213,444
	$\Sigma X = 7{,}092$	$SS_X = \Sigma(X-\overline{X})^2 = 663{,}866$

$$\overline{X} = 1,773$$

$$S^2 = \frac{\sum(X-\overline{X})^2}{n-1} = \frac{663,866}{3} = 221,288.67$$

$$S = \sqrt{S^2} = \sqrt{221,288.67} = 470.41$$

母體變異數及標準差的計算公式	$$\sigma^2 = \frac{\sum X^2 - \frac{(\sum X)^2}{N}}{N}$$ $$\sigma = \sqrt{\sigma^2}$$
樣本變異數及標準差的計算公式	$$S^2 = \frac{\sum X^2 - \frac{(\sum X)^2}{n}}{n-1}$$ $$S = \sqrt{S^2}$$

這些計算公式使用X值的和及X^2的和，而非平均值與各數值間的差以及計算出的偏差。在計算機及電腦時代之前，該方法通常較原始公式快且容易。電腦程式設計者較喜歡使用程式計算變異數及標準差，因爲其所需的時間較少。

當平均值已被計算出或已知的情形下，這些公式的另一形式爲

$$\sigma^2 = \frac{\sum X^2 - N\mu^2}{N}$$

$$S^2 = \frac{\sum X^2 - n(\overline{X})^2}{n-1}$$

利用計算方法，剛起步的電腦生產公司可以計算生產資料的母體變異數及標準差，如表3.7所示（將這些結果與表3.5比較）。

例題3.6 州檢查官的功能可用數個變數衡量，包含每個月判決的數目、每個月處理案子的數目、及每年每個月判決的數目總數。一研究者使用的樣本爲城市中的

表3.7
電腦生產資料的變異數及標準差之計算公式之計算

X	X^2
5	25
9	81
16	256
17	289
18	324
ΣX = 65	ΣX² = 975

$$\sigma^2 = \frac{975 - \frac{(65)^2}{5}}{5} = \frac{975-845}{5} = \frac{130}{5} = 26$$

$$\sigma = \sqrt{26} = 5.1$$

5個地區律師。她定出上個月各檢查官打贏官司的判決總數，如下表中的第一欄所示。計算這些數值的平均絕對偏差、變異數及標準差。

解答

研究者以下列方式就這些資料計算平均絕對偏差、變異數及標準差。

X	$\lvert X-\overline{X}\rvert$	$(X-\overline{X})^2$
55	41	1,681
100	4	16
125	29	841
140	44	1,936
60	36	1,296
$\Sigma X = 480$	$\Sigma\lvert X-\overline{X}\rvert = 154$	$SS_X = 5{,}770$

$$\overline{X} = \frac{\sum X}{n} = \frac{480}{5} = 96$$

$$\text{MAD} = \frac{154}{5} = 30.8$$

$$S^2 = \frac{5{,}770}{4} = 1{,}442.5 \quad \text{且 } S = \sqrt{S^2} = 37.98$$

而後，她使用計算公式解出S^2、S且比較結果。

X	X^2
55	3,025
100	10,000
125	15,625
140	19,600
60	3,600
$\Sigma X = 480$	$\Sigma X^2 = 51{,}850$

$$S^2 = \frac{51{,}850 - \frac{(480)^2}{5}}{4} = \frac{51{,}850 - 46{,}080}{4} = \frac{5{,}770}{4} = 1{,}442.5$$

$$S = \sqrt{1{,}442.5} = 37.98$$

其結果是相同的。以兩種方法得到的樣本標準差爲37.98年或38年。

圖3.5包含以MINITAB得到之電腦生產資料的敘述統計。這是從MINITAB之敘述統計指令所得到的標準結果。注意，結果產生N、平均數、中位數、標

圖3.5
電腦生產資料之MINITAB的結果

```
Descriptiv Statics

Varible      N    Mean   Median   TrMean   StDev   SEMean
Computers    5    13.00  16.00    13.00    5.70    2.55

Varible      Min  Max    Q1       Q3
Computers    5.00 18.00  7.00     17.50
```

圖3.6
電腦問題資料的Excel試算表分析的敘述統計結果

第一欄	
Mean	13
Standard Error	2.549509757
Median	16
Mode	#N/A
Standard Deviation	5.700877125
Sample Variance	32.5
Kurtosis	-1.711242604
Skewness	-0.809592018
Range	13
Minimum	5
Maximum	18
Sum	65
Count	5
Confidence Level (95.0%)	7.078588546

準差（StDev）、最小值（Min）、最大值（Max）、第一個四分位數（Q_1）及第三個四分位數（Q_3）。

圖3.6包含從分析電腦生產資料的Excel之多種敘述統計的結果。其包含許多與列示於從MINITAB而來之**圖**3.5相同的項目。

圖3.5的MINITAB的結果以使用指令DESCRIBE而得。另一個MINITAB的指令，%DESCRIBE，可產生資料組更詳盡的資訊。例題3.6資料組的%DESCRIBE結果列示於**圖**3.7中。其包含資料的直方圖與重疊其上的一般曲線（第6章中有更詳細的討論），方塊及線圖（於本章後段討論）、平均值、中位數、標準差、變異數、四分位數及資料的數種其他類型，皆將在稍後於本文介紹。

敘述統計

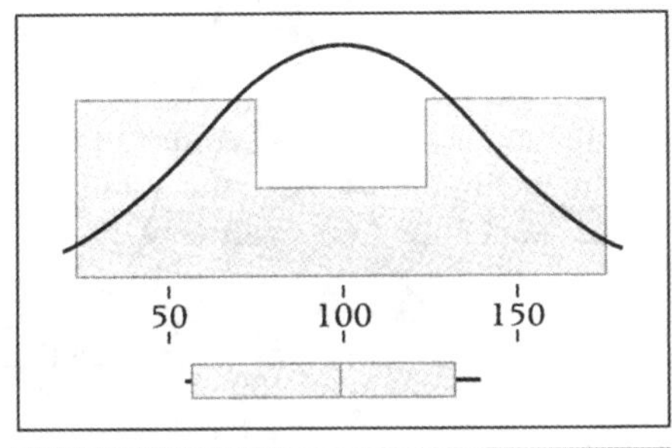

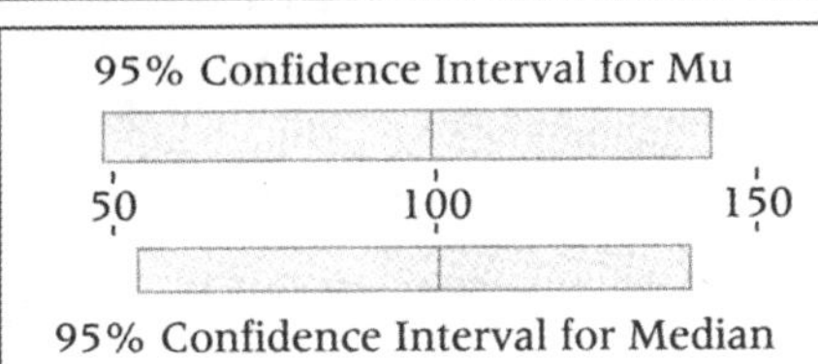

Variable: Years of Conviction

Anderson-Darling Normality Test

A-Squared:	0.29
p-value:	0.45
Mean	96.00
Std. Dev.	37.98
Variance	1442.50
Skewness	−0.02
Kurtosis	−2.14
n of data	5.00
Minimum	55.00
1st Quartile	57.50
Median	100.00
3rd Quartile	132.50
Maximum	140.00

95% Confidence Interval for Mu
48.84 143.16
95% Confidence Interval for Sigma
22.76 109.14
95% Confidence Interval for Median
55.00 140.00

圖3.7 例題3.6之MINITAB的電腦輸出結果

標準差的意義

什麼是標準差？其用法爲何？意義又爲何？除了詳述用來計算標準差的公式外，沒有更精確的方法來定義標準差。然而，視其所應用的方法，可以一窺標準差的概念。應用標準差的兩個方法爲柴比雪夫定理及經驗法則。

經驗法則　經驗法則是一種指標，當資料爲常態分配時，在一組已知資料的平均數所求得的標準差之內，陳述數值的大約百分比。經驗法則只使用於標準差的三個數目，即1 σ、2 σ、3 σ。其他數值的σ值更詳細的分析將於第六章說明 。同樣在第六章有更詳細的討論者爲常態分配、單峰、（鐘形）對稱分配。資料須爲常態分配的要求仍包含些許誤差，而且只要資料大約爲丘狀，就可以應用經驗法則。

與標準差的距離	在距離之內的數值百分比
$\mu \pm 1\sigma$	68
$\mu \pm 2\sigma$	95
$\mu \pm 3\sigma$	99.7

經驗法則

若資料組爲常態分配，或爲鐘形，則大約68%的資料值位在平均的一個標準差之中，95%的資料值位在平均的兩個標準差之中，且幾乎100%的資料值

圖3.8 IQ分數之一個及兩個標準差的經驗法則

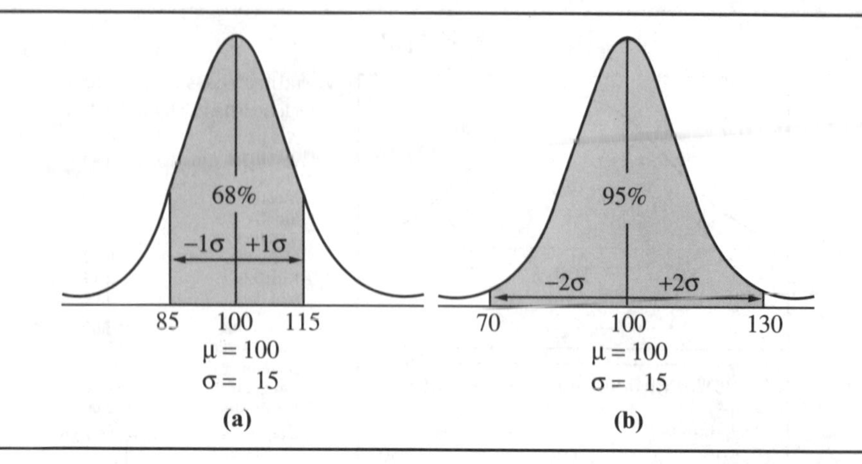

位在平均的三個標準差之中。IQ測驗分數容易為常態分配。若IQ測驗的平均值為100，且標準差為15，則68%的IQ分數介於85與115之間（100±15，一個標準差），如圖3.8（a）所示；95%的IQ分數介於70與130之間（100±2(15)，兩個標準差），如圖3.8（b）所示；且99.7%的IQ分數介於55與145之間（100±3(15)，三個標準差）。

注意若95%的分數位於平均的兩個標準差中間，約5%在範圍外。常態分配是對稱的，因此5%可分為一半，在分配圖的各邊2.5%的值落在（$\mu \pm 2\sigma$）的範圍外。有些學校單位以IQ測驗的70分為分界，低於70分的學生合乎特殊教育的標準。因為IQ測驗的2.5%低於70，事實上，這些單位提供特別教育的機會給那些IQ成績在最低的2.5%。因為許多的現象幾乎皆呈鐘形分配，包括如身高及體重之所有人類特徵，經驗法則適用於許多的情形，且被廣泛使用。

例題3.7

假設聯邦高速公路管理局報告美國平均汽油用量比例為16.85mi/gal。假設汽油比例的標準差為4.7mi/gal。若汽油比例的分配為鐘形，汽油比例的限制在（a）68%，（b）95%，及（c）99.7%的上下限為何？

解答

a.依據經驗法則，常態分配之68%的數值位於$\mu \pm 1\sigma$之間。就μ=16.85及σ=4.7而言，68%的數值應位於16.85±1(4.7) = 16.85±4.7。此範圍從12.15 mi/gal到21.55 mi/gal。

b.依據經驗法則，常態分配之95%的數值位於$\mu \pm 2\sigma$之間。因此95%的數值應位於$16.85 \pm 2(4.7) = 16.85 \pm 9.4$。此範圍從7.45 mi/gal到26.25 mi/gal。

c. 依據經驗法則，常態分配之99.7%的數值位於$\mu \pm 3\sigma$之間。因此99.7%的數值應位於$16.85 \pm 3(4.7) = 16.85 \pm 14.1$。此範圍從2.75mi/gal到30.95 mi/gal。

柴比雪夫定理　無論分配的形狀為何，柴比雪夫定理可應用於所有的分配。因為柴比雪夫定理必須應用於所有的分配，柴比雪夫定理較經驗法則更為保守。柴比雪夫定理陳述，數值發生k個平均標準差內，比例至少為（$1-1/k^2$）。

標準差 (k)	與平均數的距離 ($\mu \pm k\sigma$)	距離內數值的最小比例 ($1-1/k^2$)
k = 2	$\mu \pm 2\sigma$	$1-1/2^2 = .75$
k = 3	$\mu \pm 3\sigma$	$1-1/3^2 = .89$
k = 4	$\mu \pm 4\sigma$	$1-1/4^2 = .94$
	假設：k>1	

柴比雪夫定理

明確的說，柴比雪夫定理陳述無論分配的形狀為何，至少75%的所有值位於平均的$\pm 2\sigma$內，因為若$k=2$，則$1-1/k^2=1-1/2^2=3/4=.75$。圖3.9為圖形表示。相反的是，經驗法則陳述，若資料為常態分配，95%的所有值位於$\mu \pm 2\sigma$內。依據柴比雪夫定理，落在平均的三個標準差的百分比值為89%，與經驗法則的99.7%不同。因為公式是用在以柴比雪夫定理計算比例，只要大於1的k值（k>1）皆可以使用。例如，若$k=2.5$，至少0.84的值落在$\mu \pm 2.5\sigma$之間，因為$1-1/k^2=1-1/2.5^2=.84$。

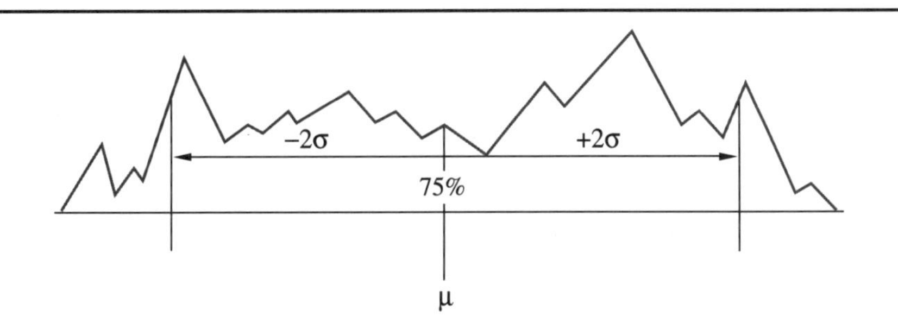

圖3.9 應用於二個標準差的柴比雪夫定理

例題3.8　假設美國汽車平均汽油用量比例爲16.85mi/gal，標準差爲4.7mi/gal。假設汽油比例未知。至少85%的值落在哪一個汽油的比例限制內？

解答

因爲汽油比例的分配爲未知，使用經驗法則並不適合；必須以柴比雪夫定理來回答這個問題。柴比雪夫定理說明，至少值的$1-1/k^2$的比例落在$\mu \pm k\sigma$內。因爲85%的值落在這個範圍內，令

$$1-\frac{1}{k^2}=.85$$

解k，得到

$$.15=\frac{1}{k^2}$$
$$k^2=6.667$$
$$k=2.58$$

柴比雪夫定理指出，至少0.85的值落在平均的$\pm 2.58\sigma$內。因爲μ=16.85且σ=4.7，且至少所有值的0.85落在16.85±2.58(4.7)=16.85±12.13，或從4.72 mi/gal到28.98 mi/gal。

Z值

Z值代表大於或小於平均的多少個標準差（X）。使用Z，可將數值離平均值的原始距離轉換爲標準差的單位。

Z值	$$Z=\frac{X-\mu}{\sigma}$$

例如，

$$Z=\frac{X-\overline{X}}{S}$$

若Z值爲負，則原始數值（X）小於平均值。若Z值爲正，則原始數值（X）大於平均值。

例如，一資料組爲常態分配，其平均值爲50而標準差爲10。假設一統計學家想要決定70這個數的Z值。此數值（X=70）大於平均值20個單位，因此Z值爲

$$Z = \frac{70-50}{10} = +\frac{20}{10} = +2.00$$

Z值強調原始分數70爲大於平均值的兩個標準差。如何解釋Z值呢？經驗法則說明若資料大約呈常態分配，95%的所有數值落在平均值的兩個標準差內。**圖**3.10顯示，因爲數值70爲大於平均值的兩個標準差（Z=+2.00），95%的數值介於70及數值（X=30）間，30爲低於平均值的兩個標準差（Z=−2.00）。因爲5%的數值落在離平均值的兩個標準差的範圍外，且常態分配是對稱的，$2^1/_2$%（5%的$^1/_2$）小於數值30。因此，$97^1/_2$%的值小於數值70。因爲Z分數爲個別資料從平均值算起有多少個標準差的個數，故可用Z分數對經驗法則再做說明。

在Z值之間 = −1.00 且 Z = + 1.00 約爲數值的 68%
在Z值之間 = −2.00 且 Z = + 2.00 約爲數值的 95%
在Z值之間 = −3.00 且 Z = + 3.00 約爲數值的 99.7%

第6章中將對Z值的題目有更詳盡的說明。

例題3.9

以下顯示以分店數排名的前12名美國的租車公司。定出該資料組中Hertz的Z值。訂出Thrifty的Z值。這些Z值告訴我們什麼？

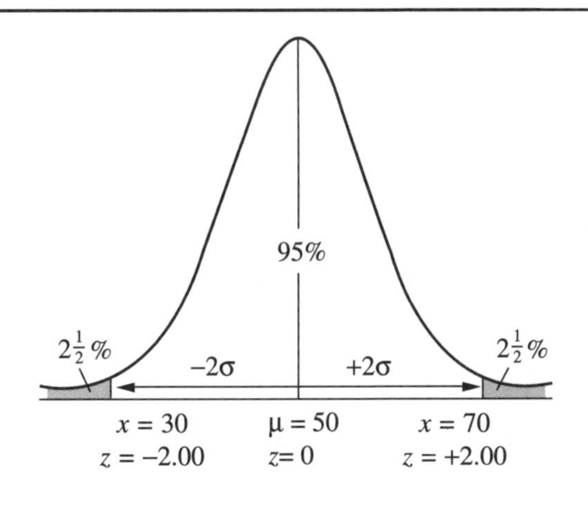

圖3.10
兩個離均標準差分數之百分比說明

公司	分店數
Hertz	5,400
Avis	4,800
National	4,500
Sears	3,097
Enterprise	1,700
Dollar	1,087
Thrifty	1,039
U–Save	500
Agency	475
Carey	393
Payless	146
Alamo	140

解答

這些資料的平均值及標準差爲μ=1,939.75且σ=1,886.62。以X=5400計算Hertz的Z值。

$$Z=\frac{X-\mu}{\sigma}=\frac{5400-1939.75}{1886.62}=1.83$$

以X=1,039計算Thrifty的Z值。

$$Z=\frac{X-\mu}{\sigma}=\frac{1039-1939.75}{1886.62}=-0.48$$

Hertz的Z值顯示Hertz的分店數爲大於平均值幾達兩個標準差。Thrifty的Z值爲–0.48，小於平均值約半個標準差。

變異係數（Coefficient of Variation）

變異係數爲標準差與平均值的比值，以百分比表之，且記爲CV。

變異係數	$\mathrm{CV}=\frac{\sigma}{\mu}(100)$

例如，$\mathrm{CV}=\frac{S}{\bar{X}}(100)$

變異係數實質上爲標準差及其平均值的相對比較。變異係數用來比較以不同平均值的資料組算出的標準差。

舉例來說，假設一個教授教兩班統計學。他給兩班不同的測驗，但涵蓋相同的範圍。班級一測驗的原始平均值分數爲29.0，且標準差爲4.6。班級二測驗的原始平均值分數爲84.0，且標準差爲10。哪一個班級的成績離散度較大？

班級一	班級二
$\mu_1 = 29$	$\mu_2 = 84$
$\sigma_1 = 4.6$	$\sigma_2 = 10$

直接比較標準差4.6及10.0顯示班級二有較大的分散度（$\sigma_2 = 10.0$）。然而計算變異係數且互相比較後，卻顯示了截然不同的結果。

$$CV_1 = \frac{4.6}{29}(100) = 15.86 \quad 且 \quad CV_2 = \frac{10}{84}(100) = 11.90$$

班級一的標準差爲4.6，爲平均值29的15.86%。班級二的標準差爲10，爲平均值84的11.90%。因此，該教授發現，根據變異係數的大小，班級二的測驗結果相較於班級二的測驗結果有較小相對平均值的離散度。

全球焦點

國際城市的商業統計

財星（*Fortune*）雜誌彙總35個國際最大城市的商業統計。資料中包含的統計資料有：辦公室面積的租金成本（每年每英呎平方）、從該城市算起飛機不落地即能抵達的城市數目、及製造業薪資指數（以美國的100爲基準）。這些資料及城市的人口列於下頁。吾人可以利用本章所說明之技巧對這些資料做更進一步的分析。如眾數、中位數及平均值之位置測度皆可以這些變數被計算出。眾數於此處的用處不大，因爲實際上所有城市對於各變數的數目皆不同。這些城市的辦公室的租金平均值爲$48.26，且中位數爲$37.00。可以使用變異性的測度訂出資料中的離散量。辦公室的租金成本的標準差爲$32.83。將經驗法則應用於這些變數可得到負成本（低於平均值兩個標準差）。因爲辦公室租金不可能有負的成本，經驗法則不適用於該資料，因此，該資料並非爲常態分配。百分位數、四分位數、四分位數距及其他的敘述性測度可基於這些資料被計算出。辦公室成本的方塊及線圖可能可以揭示資料的偏態及任一離群值的位置。分析製造業薪資指數資料及直達班機可達的城市數，看看你可從這些統計數字中瞭解什麼。

城市	人口數	製造業 薪資指數	辦公室租金	直達班機 可達之城市數
Amsterdam	719,856	122	$ 26	64
Barcelona	1,615,921	67	20	38
Beijing	5,769,607	25	125	39
Berlin	3,465,748	160	36	37
Bombay	9,909,547	5	96	19
Brussels	950,339	134	25	57
Buenos Aires	2,960,976	28	28	23
Cairo	6,849,000	65	23	8
Dubai	585,189	65	17	10
Frankfurt	663,952	160	50	77
Geneva	170,200	145	64	35
Hong Kong	5,979,000	28	122	34
Jakarta	8,259,266	23	15	25
Johannesburg	1,916,063	59	9	12
London	6,679,699	80	51	116
Madrid	2,909,792	67	23	50
Mexico City	9,815,795	15	50	45
Milan	1,358,672	95	28	51
Moscow	8,881,000	65	50	79
Paris	2,175,200	100	58	110
Prague	1,212,010	12	44	20
Rome	2,723,327	95	28	56
Sao Paulo	9,393,753	40	34	38
Seoul	10,726,000	37	37	32
Shanghai	7,496,509	25	81	31
Singapore	2,933,000	37	80	25
Stockholm	692,954	110	26	61
Sydney	3,719,000	80	40	41
Taipei	2,650,511	32	80	22
Tel Aviv	356,900	55	23	15
Tokyo	8,080,296	125	145	65
Toronto	635,395	95	15	50
Vienna	1,539,848	127	28	38
Warsaw	1,644,500	65	56	19

例題3.10 通常金融投資人使用變異係數或標準差或兩者來衡量風險。想像一股票的價格永遠不會改變，永遠沒有股價下跌損失金錢的風險，因為價格無變異性可言。假設，相反的，股票的價格變動劇烈。投資人在低價時買進，在高價時賣

出可以獲得很好的獲利。然而，若價格掉落至投資人買入的價格以下，則有潛在的損失風險。變異性愈大，損失的風險愈大。因此，投資人使用變異性的測度如標準差或變異係數來決定股票的風險。什麼是變異係數所能告訴我們有關於股票的風險，而標準差所不能的？

解答

假設，五週來股票一的平均價格為57、68、64、71、62，且股票二的平均價格為12、17、8、15、13。股票一的平均價格為\$64.40，且標準差為\$4.84。股票二的平均價格為\$13.00，且標準差為\$3.03。以標準差作為風險測度，股票一的風險在此期間的風險較大，因為其具有較大的標準差。然而，股票一的平均價格幾乎為股票二的5倍。相對於投資在股票一的數量而言，\$4.84的標準差不能代表與標準差為\$3.03的股票二相同的風險，因為股票二的平均價格只有\$13.00。變異係數以標準差的大小相對於平均值大小（以百分比表示）揭示股票的風險。此例為：

$$CV_1 = \frac{\sigma_1}{\mu_1}(100) = \frac{4.84}{64.40}(100) = 7.52\%$$

和

$$CV_2 = \frac{\sigma_2}{\mu_2}(100) = \frac{3.03}{13}(100) = 23.31\%$$

股票二的變異係數幾乎為股票一的變異係數的三倍。以變異係數為風險測度顯示股票二的風險較大。

選擇使用變異係數或原始標準差來比較多重標準差只是喜好的問題。變異係數可提供解釋標準差的另一種可選擇的方法。

3.12一資料組包含以下的7個數值。　　問題3.2

6　2　4　9　1　3　5

a.找出全距。

b.找出平均絕對差。

c.找出母體變異數。

d.找出母體標準差。

e.找出四分位距。

f.找出各數值的Z值。

3.13一資料組包含以下的8個數值。

4　−3　0　−5　2　9　−4　5

a.找出全距。

b.找出平均絕對差。

c.找出樣本變異數。

d.找出樣本標準差。

e.找出四分位距。

3.14一資料組包含以下的6個數值。

12　23　19　26　24　23

a.利用包含有平均值的公式找出母體標準差（原始公式）。

b.利用計算公式找出母體標準差。

c.比較結果。哪一種公式比較快？你喜歡哪一種公式？你認為為什麼計算公式常被稱為「捷徑」公式？

3.15以你的計算機就以下資料找出樣本變異數及樣本標準差。

57	88	68	43	93
63	51	37	77	83
66	60	38	52	28
34	52	60	57	29
92	37	38	17	67

3.16以你的計算機就以下資料找出母體變異數及母體標準差。

123	090	546	378
392	280	179	601
572	953	749	075
303	468	531	646

3.17訂出以下資料的四分位距。

44	18	39	40	59
46	59	37	15	73
23	19	90	58	35
82	14	38	27	24
71	25	39	84	70

3.18依據柴比雪夫定理，就各個k值而言，找出至少資料的哪一部分位於$\mu \pm k\sigma$內？

a. k = 2

b. k = 2.5

c. k = 1.6

d. k = 3.2

3.19以標準差及變異係數比較以下兩組資料的變異性。

第一組資料	第二組資料
49	159
82	121
77	138
54	152

3.20樣本爲12家小會計事務所，提供每一辦公室內專業人員的數目。

7	10	9	14	11	8
5	12	8	3	13	6

a.決定平均絕對偏差。

b.決定變異數。

c.決定標準差。

d.決定四分位距。

e.有6個專業人員的事物所的Z值爲何？

f.該樣本的變異係數爲何？

3.21一數值的分配大約爲鐘形。若數值的平均值爲125，標準差爲12，介於數值的68%的兩個數目爲何？95%的數值介於哪兩個數值間？99.7%的數值介於哪兩個數值間？

3.22一數值的分配不爲常態分配。若數值的平均值爲38，標準差爲6，介於26及50間的數值的比例爲何？介於14及62間的數值的比例爲何？89%的數值介於哪兩個數值間？

3.23依據柴比雪夫定理，離平均值多少個標準差會包含至少80%的數值。

3.24紐約法律期刊發表一份調查，列出有資格爲合夥人的律師數。資料顯示如下，同時包含了各事務所內成為合夥人的百分比。使用這些母體資料計算下列各項。

a.全距。
b.平均絕對偏差。
c.變異數。
d.標準差。
e.四分位距。
f.Davis Polk的Z值。
g.變異係數。

公司	有資格的合夥人	成為合夥人的百分比
Sullivan & Cromwell	115	16.5
White & Case	83	14.5
Simpson Thacher	134	13.4
Shearman & Sterling	169	8.9
Dewey Ballantine	86	8.1
Davis Polk	147	6.8
Cravath, Swaine	105	6.7
Paul Weiss	149	6.7
Milbank Tweed	128	6.3
Cahill Godon	112	3.6

3.25環保人士關心二氧化硫排放於大氣中所造成的污染。義大利米蘭每年二氧化硫排放超過150毫克／立方公尺的天數為29天。每年超過排放限制的天數為常態分配且標準差為4天。二氧化硫排放過量介於21天及37天的年百分比為何？每年有多少比例二氧化硫排放過量的天數少於25天？

3.26有經驗地組合一套特別的傢具組所需的時間長為常態分配，且平均時間為43分鐘。若68%的組合時間介於40到46分鐘，標準差的值為何？假設99.7%的組合時間介於35到51分鐘，且平均值仍為43分鐘。現在的標準差為何？假設組合另一特別傢具組所需的時間長不為常態分配，且平均值組合時間為28分鐘。若至少77%的組合時間介於24到32分鐘，標準差的值為何？

3.27根據國家教育統計中心的調查，美國公立學校每一位老師對應的平均學生數爲17.6。假設每一位老師對應的學生數爲常態分配，標準差爲2.9。找出以下教室大小之Z值。

19名學生　　22名學生　　15名學生　　10名學生

Z值告訴你有關於各教室的哪些資訊？

3.28Z值爲2.00與經驗法則的關係爲何？Z值爲1.00？Z值爲–1.00？

3.29阿拉巴馬州摩比市（Mobile, Alabama）一月的平均每日最高溫爲華氏61度。紐約市一月的平均值每日最高溫爲華氏37度。摩比市一月高溫的標準差爲12度，紐約市一月高溫的標準差爲9度。以變異係數決定哪一城市一月日高溫的相對變異性較高？

3.3 位置及變異性測度——分組資料

已分組的資料並不提供個別值的資訊。因此，已分組資料的位置及變異性測度必須與分組資料或原始資料有不同的計算方法。

位置測度

此處說明三種已分組資料的位置測度：平均數、中位數及眾數。

平均數　就未分組資料而言，平均數的計算是將資料值加總再除以數值個數。分組資料中，是未知詳細數值的。什麼可以用來代表資料值？各組區間的中點用來代表在此區間內的所有數值。中點以該組區間內數值的次數加權。而後已分組資料平均值的計算是將組中點及各組組次數的乘積相加，再將總和除以次數的總數。已分組資料的平均值公式如下。

$$\mu_{\text{已分組}} = \frac{\sum fM}{\sum f} = \frac{\sum fM}{N} = \frac{f_1M_1 + f_2M_2 + f_3M_3 + \cdots + f_iM_i}{f_1 + f_2 + f_3 + \cdots + f_i}$$

已分組資料的平均值

i = 組數
f = 組次數
N = 總次數

表3.8
兒童福利經理人年齡的次數分配

組區間	次數
20 – 30 以下	6
30 – 40 以下	18
40 – 50 以下	11
50 – 60 以下	11
60 – 70 以下	3
70 – 80 以下	1

表3.8給的是從表2.2的兒童福利經理人年齡的次數分配。爲了找出這些資料的平均值，我們需要Σf及ΣfM。將次數欄中的數值相加可決定出Σf的值。爲了計算ΣfM，我們必須先決定M的值，或是組中點。接下來，我們將這些組中點乘上該組距中的次數f，結果產生fM。將所有的fM相加，得到ΣfM的值。表3.9包含需要決定該組平均值的計算。

兒童福利經理人年齡的組平均值爲43.0歲。記得，因爲各組組距是由其組中點來表示，而非實際值，組平均值只是一個大約值。

中位數未分組資料或原始資料的中位數，是資料依次排列的中間數值。就已分組資料而言，解出中位數較爲複雜。已分組資料中位數的計算可以下列公式算出。

已分組資料的中位數

$$中位數 = L + \frac{\frac{N}{2} - cf_P}{f_{med}}(W)$$

其中：

L = 較低的中位數組區間

cf_p = 不包含中位數組次數的總累計次數

f_{med} = 中位數的組次數

W = 中位數組區間的寬度（上組界—下組界）

N = 總次數

計算已分組中位數的第一步驟是決定N/2的值，其爲中位數項的所在。假設，我們想要計算表3.9中次數分配資料的中位數。N/2的值爲50/2=25。中位數在第25項。問題是，第25項落在什麼地方？決定出資料的累積分配可以回答這個問題，如表3.10所示。

組區間	次數	組中點	fM
20 – 30 以下	6	25	150
30 – 40 以下	18	35	630
40 – 50 以下	11	45	495
50 – 60 以下	11	55	605
60 – 70 以下	3	65	195
70 – 80 以下	1	75	75
	$\Sigma f = N = 50$		$\Sigma fM = 2150$

$$\mu_{\text{已分組}} = \frac{\sum fM}{\sum f} = \frac{2150}{50} = 43.0$$

表3.9
已分組資料的計算

組區間	次數	累計次數
20 – 30 以下	6	6
30 – 40 以下	18	24
40 – 50 以下	11	35
50 – 60 以下	11	46
60 – 70 以下	3	49
70 – 80 以下	1	50
	$\Sigma f = N = 50$	

表3.10
兒童福利經理人年齡的累計次數

審視這些累計次數可以發現，第25項落在第3個組區間，因爲前2個組區間中只有24個數值。因此，中位數在第三個組區間，介於40至50的某處。包含中位數值的組區間被稱爲中位數組區間。

因爲第25項的值介於40及50之間，中位數的值一定是至少爲40。中位數大於40多少呢？中位數的位置值爲N/2=25，且不包含中位數組區間的累計次數cf_p=24，兩者之差告訴我們中位數所在之中位數組區間有多少個數值存在。解出N/2−cf_p=25−24=1。中位數位於中位數組區間的一個數值。然而，中位數組中有11個數（以f_{med}表之）。中位數爲該組寬的1/11。

$$\frac{\frac{N}{2} - cf_P}{f_{\text{med}}} = \frac{25-24}{11} = \frac{1}{11}$$

因此，中位數至少爲40——L的值——且跨過中位數組距的1/11。以幾何而言，其跨過中位數區間多遠呢？取距離的1/11告訴我們中位數值在組區間中有多長。

$$\frac{\frac{N}{2}-cf_P}{f_{\text{med}}}(W)=\frac{\frac{50}{2}-24}{11}(10)=\frac{1}{11}(10)=.909$$

將該距離加上中位數組區間的下組界得到中位數值。

$$\text{中位數}=40+\frac{\frac{50}{2}-24}{11}(10)=40+\frac{1}{11}(10)=40+.909=40.909$$

兒童福利經理人年齡的中位數值爲40.909。記住，中位數值與已分組的平均值一樣皆只是大約值。該計算中所作的假設爲實際值皆均匀跨過中位數區間——實際情況可能或可能不是那樣。

眾數　已分組資料的眾數是眾數組的組中點。眾數組是具有最大次數的組區間。利用表3.9的資料，組區間「30–40以下」包含最大的次數，18。因此，眾數組爲「30–40以下」這組。該眾數組中的組中點爲35。因此顯示於表3.9的次數分配的眾數爲35。兒童福利經理人的眾數年齡爲35歲。

變異性測度

已分組資料的兩種變異性測度於此說明：變異數及標準差。同樣的，標準差爲變異數的平方根。兩種測度皆有原始及計算公式。

已分組資料之母體變異數及標準差的公式

原始公式	計算公式
$\sigma^2=\frac{\sum f(M-\mu)^2}{N}$	$\sigma^2=\frac{\sum fM^2-\frac{(\sum fM)^2}{N}}{N}$
$\sigma=\sqrt{\sigma^2}$	

f = 次數
M = 組中點
N = Σf，或母體次數總和
μ = 已分組的母體平均數

原始公式	計算公式
$S^2 = \frac{\sum f(M-\overline{X})^2}{n-1}$	$S^2 = \frac{\sum fM^2 - \frac{(\sum fM)^2}{n}}{n-1}$
$S = \sqrt{S^2}$	

已分組資料之樣本變異數及標準差的公式

f = 次數

M = 組中點

N = Σf，或樣本次數總和

μ = 已分組的樣本平均數

舉例而言，讓我們計算表3.8中已次數分配分組之兒童福利經理人人年齡的變異數及標準差。若資料被視爲爲母體，則計算如下。

就原始公式而言，計算在表3.11中。以計算公式決定σ^2及σ的方法顯示於表3.12中。

以上的任一種情形，從已分組資料計算出的兒童福利經理人人年齡的變異數爲144。標準差爲12歲。因爲已分組平均值的計算，組中點被當成代表該組區間內的所有值。這可能適當或可能不適當，視該組內的平均值是否位於中點

表3.11　以原始公式計算出的已分組之變異數及標準差

組區間	f	M	fM	$M-\mu$	$(M-\mu)^2$	$f(M-\mu)^2$
20 – 30 以下	6	25	150	-18	324	1944
30 – 40 以下	18	35	630	-8	64	1152
40 – 50 以下	11	45	495	2	4	44
50 – 60 以下	11	55	605	12	144	1584
60 – 70 以下	3	65	195	22	484	1452
70 – 80 以下	1	75	75	32	1024	1024
	$\Sigma f = N = 50$		$\Sigma fM = 2150$			$\Sigma fM(M-\mu)^2 = 7200$

$$\mu = \frac{\sum fM}{\sum f} = \frac{2150}{50} = 43.0$$

$$\sigma^2 = \frac{\sum f(M-\mu)^2}{N} = \frac{7200}{50} = 144$$

$$\sigma = \sqrt{144} = 12$$

表3.12
以計算公式算出已分組的變異數及標準差

組區間	f	M	fM	fM^2
20 – 30 以下	6	25	150	3,750
30 – 40 以下	18	35	630	22,050
40 – 50 以下	11	45	495	22,275
50 – 60 以下	11	55	605	33,275
60 – 70 以下	3	65	195	12,675
70 – 80 以下	1	75	75	5,625
	$\Sigma f = N = 50$		$\Sigma fM = 2150$	$\Sigma fM^2 = 99{,}650$

$$\sigma^2 = \frac{\sum fM^2 - \frac{(\sum fM)^2}{N}}{N} = \frac{99{,}650 - \frac{(2150)^2}{50}}{50}$$

$$= \frac{99{,}650 - 92{,}450}{50} = \frac{7{,}200}{50} = 144$$

$$\sigma = \sqrt{144} = 12$$

而定。若這種情形沒有發生，則變異數及標準差只是近似值而已。因爲已分組的統計計算通常不需要知道詳細的資料，所以計算出的統計永遠有可能只是近似值而已。

例題3.11

就以下樣本資料算出平均值、中位數、衆數、變異數及標準差。

組區間	次數
10 – 15 以下	6
15 – 20 以下	22
20 – 25 以下	35
25 – 30 以下	29
30 – 35 以下	16
35 – 40 以下	8
40 – 45 以下	4
45 – 50 以下	2

解答

平均值的計算如下。

組	f	M	fM
10 – 15 以下	6	12.5	75.0
15 – 20 以下	22	17.5	385.0
20 – 25 以下	35	22.5	787.5
25 – 30 以下	29	27.5	797.5
30 – 35 以下	16	32.5	520.0
35 – 40 以下	8	37.5	300.0
40 – 45 以下	4	42.5	170.0
45 – 50 以下	2	47.5	95.0
	$\Sigma f = n = 122$		$\Sigma fM = 3130.0$

$$\overline{X} = \frac{\sum fM}{\sum f} = \frac{3130}{122} = 25.66$$

已分組平均值爲25.66。

已分組中位數以下列公式計算。

$$中位數 = L + \frac{\frac{n}{2} - cf_P}{f_{\text{med}}}(W)$$

因爲n=122，中位數值居於n/2=122/2=第61個位置。決定累計次數後發現第61個值位於該組區間「20–25以下」。因此，中位數的組區間爲「20–25以下」。中位數至少爲20（20爲L之值）。累計次數加到中位數組區間爲6+22=28。此爲cf_p的值。中位數組的次數爲f_p=35。W的值爲5，因爲組區間的組寬爲5。將所有值帶入公式，得到：

$$中位數 = 20 + \frac{\frac{122}{2} - 28}{35}(5) = 20 + \frac{61-28}{35}(5)$$
$$= 20 + \frac{33}{35}(5) = 20 + (.943)(5) = 20 + 4.714 = 24.714$$

已分組中位數爲24.714。

找出具有最大次數的組區間的組中點，可以決定已分組的眾數。具有最大次數的組爲「20–25以下」，其次數爲35。該組的中點爲22.5，其值爲已分組眾數。

如接下來所顯示的，可以找出變異數及標準差。首先，使用原始公式。

組	f	M	$M-\overline{X}$	$(M-\overline{X})^2$	$f(M-\overline{X})^2$
10 – 15 以下	6	12.5	−13.16	173.19	1039.14
15 – 20 以下	22	17.5	−8.16	66.59	1464.98
20 – 25 以下	35	22.5	−3.16	9.99	349.65
25 – 30 以下	29	27.5	1.84	3.39	98.31
30 – 35 以下	16	32.5	6.84	46.79	748.64
35 – 40 以下	8	37.5	11.84	140.19	1121.52
40 – 45 以下	4	42.5	16.84	283.59	1134.36
45 – 50 以下	2	47.5	21.84	476.99	953.98
	$\Sigma f = n =$ 122				$\Sigma f(M-\overline{X})^2=$ 6910.58

$$S^2 = \frac{\sum f(M-\overline{X})^2}{n-1} = \frac{6910.58}{121} = 57.11$$

$$S = \sqrt{57.11} = 7.56$$

接下來使用計算公式。

組	f	M	fM	fM^2
10 – 15 以下	6	12.5	75.0	937.50
15 – 20 以下	22	17.5	385.0	6,737.50
20 – 25 以下	35	22.5	787.5	17,718.75
25 – 30 以下	29	27.5	797.5	21,931.25
30 – 35 以下	16	32.5	520.0	16,900.00
35 – 40 以下	8	37.5	300.0	11,250.00
40 – 45 以下	4	42.5	170.0	7,225.00
45 – 50 以下	2	47.5	95.0	4,512.50
	$\Sigma f = n =$ 122		$\Sigma fM=$ 3,130.0	$\Sigma f(M-X)^2=$ 87,212.50

$$S^2 = \frac{\sum fM^2 - \frac{(\sum fM)^2}{n}}{n-1} = \frac{87,212.5 - \frac{(3,130)^2}{122}}{121}$$

$$= \frac{6,910.04}{121} = 57.11$$

$$S = \sqrt{57.11} = 7.56$$

樣本變異數爲57.11，且標準差爲7.56。

問題3.3

3.30就以下資料計算平均數、中位數及眾數。

組區間	f
0 – 2 以下	39
2 – 4 以下	27
4 – 6 以下	16
6 – 8 以下	15
8 – 10 以下	10
10 – 12 以下	8
12 – 14 以下	6

3.31就以下資料，計算平均數、中位數及眾數。

組區間	f
1.2 – 1.6 以下	220
1.6 – 2.0 以下	150
2.0 – 2.4 以下	90
2.4 – 2.8 以下	110
2.8 – 3.2 以下	280

3.32就以下資料，以原始公式決定母體變異數及標準差。

組區間	f
20 – 30 以下	7
30 – 40 以下	11
40 – 50 以下	18
50 – 60 以下	13
60 – 70 以下	6
70 – 80 以下	4

3.33就以下資料，以計算公式決定樣本變異數及標準差

組區間	f
5 – 9 以下	20
9 – 13 以下	18
13 – 17 以下	8
17 – 21 以下	6
21 – 25 以下	2

3.34田納西州那許維爾市（Nashville, Tennessee）選民的隨機樣本，以年齡分類。如以下資料所示。

年齡層	次數
18 – 24 以下	17
24 – 30 以下	22
30 – 36 以下	26
36 – 42 以下	35
42 – 48 以下	33
48 – 54 以下	30
54 – 60 以下	32
60 – 66 以下	21
66 – 72 以下	15

a.計算資料的平均值

b.計算中位數。

c.計算眾數。

d.計算變異數。

e.計算標準差。

3.35以下的資料代表一家草坪保養公司以每15分鐘一次的電話拜訪的預約件數。

預約數	發生次數
0 – 1 以下	31
1 – 2 以下	57
2 – 3 以下	26
3 – 4 以下	14
4 – 5 以下	6
5 – 6 以下	3

a.計算資料的平均值。

b.計算中位數。

c.計算眾數。

d.計算變異數。

e.計算標準差。

3.36美國航空運輸協會發表美國最繁忙航空站的數據。以下的次數分配乃根據1993年的數據所製成。

抵達及離境的旅客數（百萬）	飛機場數量
10 – 20 以下	3
20 – 30 以下	11
30 – 40 以下	2
40 – 50 以下	3
50 – 60 以下	0
60 – 70 以下	1

a.計算資料的平均值。

b.計算中位數。

c.計算眾數。

d.計算變異數。

e.計算標準差。

3.37根據美國農業部的資料，下表顯示代表50州每州的農場數的次數分配。從資料中決定每州平均值的農場數。從原始未分組資料計算出的平均值為47,580。對這些已分組資料的比較，你的答案為何？為什麼兩者有所不同？

每州的農場數	f
0 – 20,000 以下	16
20,000 – 40,000 以下	10
40,000 – 60,000 以下	8
60,000 – 80,000 以下	4
80,000 – 100,000 以下	6
100,000 – 120,000 以下	5
120,000 – 140,000 以下	0
140,000 – 160,000 以下	0
160,000 – 180,000 以下	0
180,000 – 200,000 以下	1

3.4 形狀測度

形狀測度是用來描述資料分配形狀的工具。本節中，我們將要檢視三種形狀測度——偏態、峰態、方塊及線圖。

偏態

資料分配中，若右半部爲左半部的鏡面影像則稱之爲對稱。對稱分配的一個例子爲常態分配，或鐘形曲線，在第六章中有更詳細的說明。

偏態是描述分配的不對稱或缺乏對稱性。圖3.11中的分配沒有偏態，因爲它是對稱的。圖3.12顯示的分配偏向左，或爲負向偏斜，且圖3.13顯示的分配偏向右，或爲正向偏斜。

偏斜部分爲曲線的長狹部分。許多研究者利用偏斜的分配來表示，分配的一邊資料稀少，而累積在另外一邊。老師經常提到成績分配爲偏斜，意指評分範圍的一邊有很少學生，許多學生在另一邊。

偏態及平均值、中位數及眾數的關係　偏態的觀念可幫助瞭解平均數、中位數及眾數的關係。單峰模型的分配中（只有一個尖峰或眾數的分配）有偏斜，眾數爲曲線的高峰（高點）且中位數爲中間數值。平均數傾向位於分配的末端，因爲平均值被所有數值所影響，包括極值。因爲鐘形或常態分配沒有偏

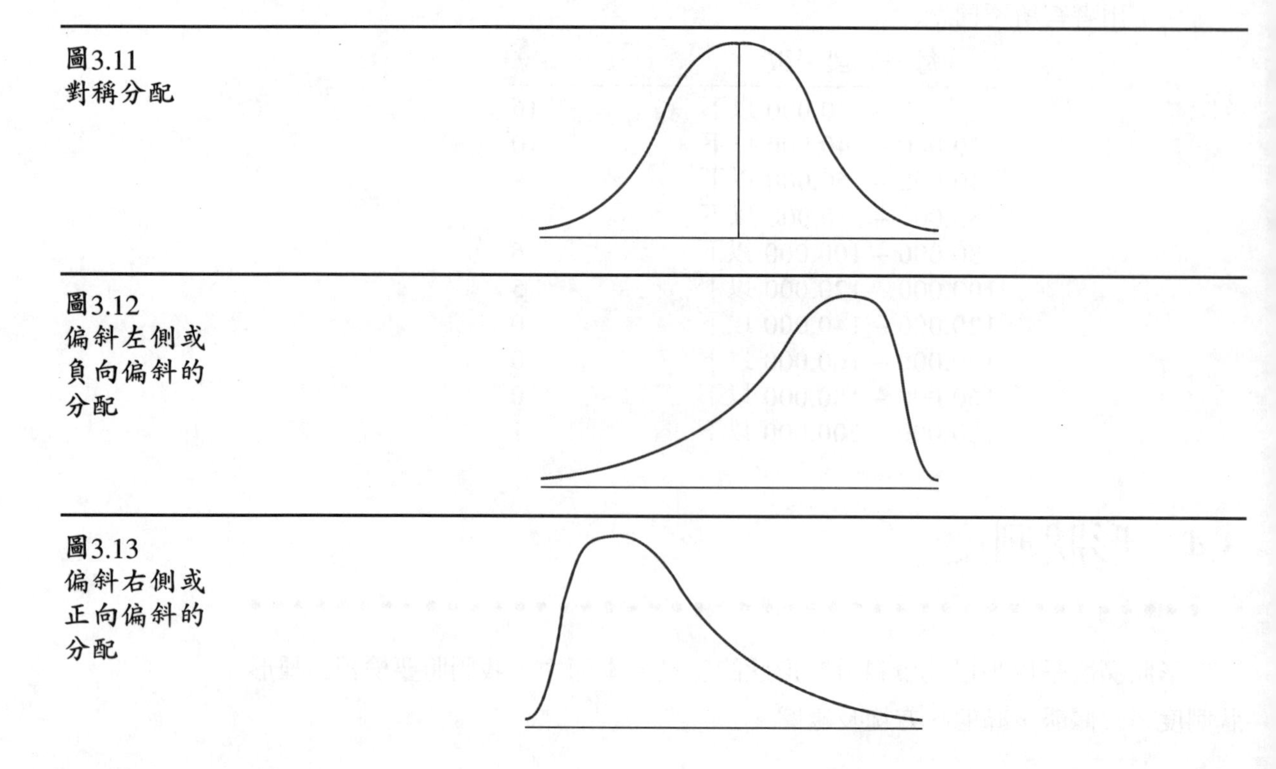
圖3.11 對稱分配

圖3.12 偏斜左側或負向偏斜的分配

圖3.13 偏斜右側或正向偏斜的分配

態，平均數、中位數及眾數皆位於分配的中心。**圖3.14**顯示不同形態的偏態之平均值、中位數及眾數。

偏態係數　統計學家Karl Pearson被歸功於發展至少兩種偏態係數，該偏態係數可以用來決定分配中偏態的程度。我們在此處舉出一種偏態係數，稱之爲皮爾森（Pearson）偏態係數。該係數將平均數及中位數以標準差的大小比較。注意，若分配是對稱的，則平均數與中位數相同，此時的偏態係數爲零。

$$S_k = \frac{3(\mu - M_d)}{\sigma}$$

偏態係數

S_k = 偏態係數
M_d = 中位數

例如，假設，一分配的平均數爲29，中位數爲26，及標準差爲12.3。計算出的偏態係數爲

$$S_k = \frac{3(29-26)}{12.3} = +0.73$$

因爲S_k的值是正數，該分配爲正向偏斜。若S_k的值是負數，該分配爲負向偏斜。S_k的值愈大，分配的偏斜愈大。

峰態

峰態說明分配的尖峰情形。又尖又高的分配稱之爲高狹峰分配。又平又寬的分配稱之爲平闊峰分配。介於兩者形式之間的分配爲較常態更常態的分配，

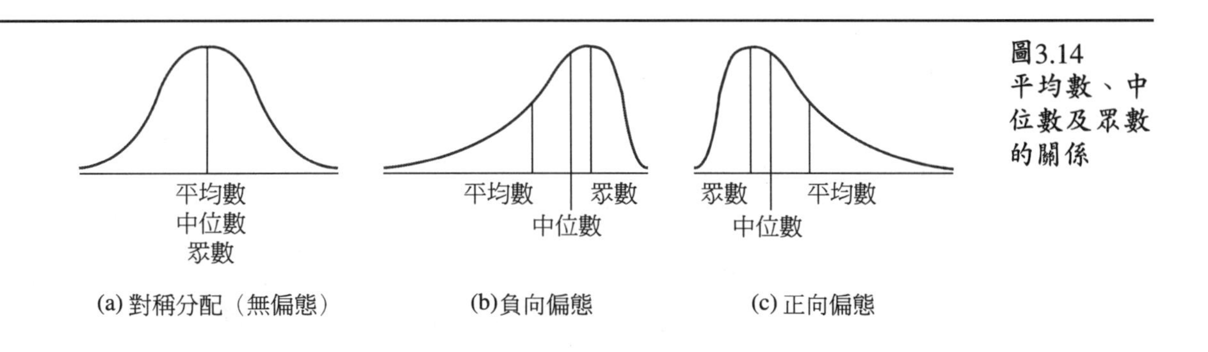

圖3.14
平均數、中位數及眾數的關係

稱之爲常態峰分配。這三種峰態的形式描繪於圖3.15。

方塊及線圖

另一個描述資料分配的方法爲方塊曲線圖。方塊及線圖，通常稱之爲方塊圖，其圖形使用上及下四分位數及中位數以圖形方式表示分配。該圖形的製作是以方塊包住中位數。該方塊從中位數向外連續延伸至下四分位數及上四分位數，其所包含的不只是中位數，還有50%的資料。從下四分位數及上四分位數，線從方塊向最外側的資料值延伸。方塊曲線圖由五個特別數目決定。

1.中位數（Q_2）。
2.下四分位數（Q_1）。
3.上四分位數（Q_3）。
4.分配中的最小值。
5.分配中的最大值。

圖形的方塊是在連續體上訂出中位數、下四分位數及上四分位數所決定。方塊沿著中位數、下四分位數及上四分位數（Q_1及Q_3）而畫，且Q_1及Q_3爲方塊的兩個端點。這些方塊的端點（Q_1及Q_3）被稱之爲方塊的樞紐。

接下來，四分位距的值（IQR）由Q_3-Q_1計算出。四分位距包含中間50%的資料，且應該等於方塊的長度。然而，此處的四分位距也使用於方塊的外側。從下四分位數及上四分位數向外延伸1.5個IQR的距離稱之爲內圍。線段爲從方塊的下樞紐向外延伸至最小的資料值。第二條線段，則從方塊的上樞紐

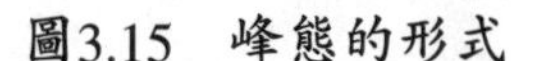
圖3.15　峰態的形式

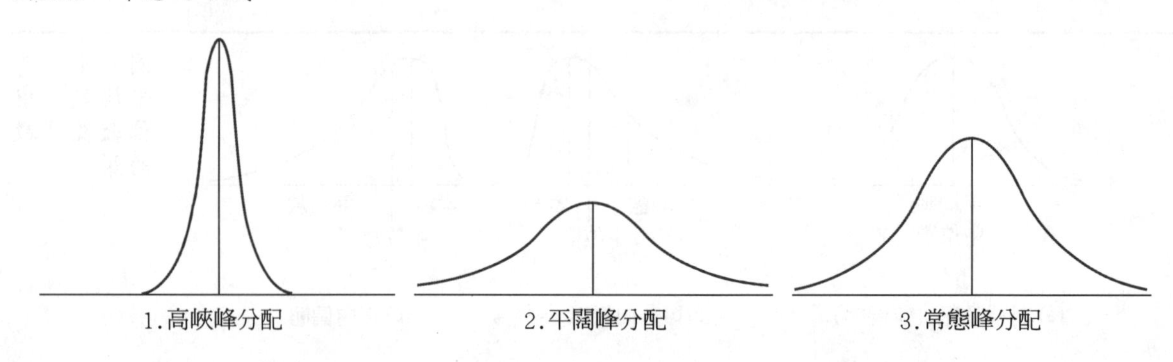

向外延伸至最大的資料值。內圍的建立方式如下。

$$Q_1 - 1.5 \cdot \text{IQR}$$
$$Q_3 + 1.5 \cdot \text{IQR}$$

若有資料超過內圍，則可以製作出外圍：

$$Q_1 - 3.0 \cdot \text{IQR}$$
$$Q_3 + 3.0 \cdot \text{IQR}$$

圖3.16顯示方塊及線圖的特色。

在分配中位於主要數值外側的資料值視爲離群值。離群值可以只是資料組更爲極端的數值。然而，有些離群值是歸因於記錄或測量的誤差。其餘時候，它們非常不似其他數值，所以在相同分析下，並不被認爲是分配的其餘部分。資料分配中的數值在內圍外但在外圍內者視爲輕微分離。在外圍外的數值被稱爲極端的離群值。因此，方塊及線圖的一個主要的使用方法是去辨認分離者。有些電腦產生的方塊及線圖中，線在內圍中，被畫到最大及最小的資料數值。居於內圍及外圍間的各資料值加上星號以顯示輕微的離群值。

方塊及線圖的另一使用方法爲決定分配是否爲偏斜。若中位數落在方塊的中央，則沒有偏斜。若資料爲偏斜，其將會偏斜至離中位數的任意方向。若中位數落在方塊的上半部，則分配向左偏斜。若中位數落在方塊的下半部，則分配向右偏斜。

我們將使用**表**3.13中的資料來製作方塊及線圖。

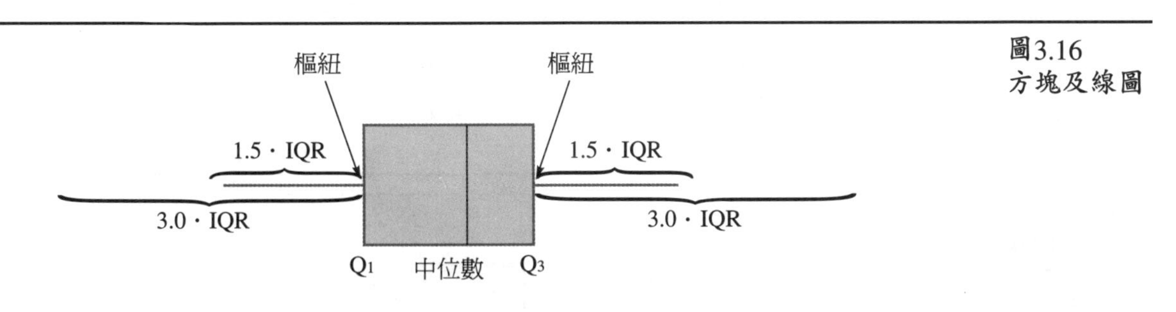

圖3.16
方塊及線圖

表3.13
方塊及線圖的資料

71	87	82	64	72	75	81	69
76	79	65	68	80	73	85	71
70	79	63	62	81	84	77	73
82	74	74	73	84	72	81	65
74	62	64	68	73	82	69	71

表3.14
以大小順序排列之資料的四分位數及中位數

87	85	84	84	82	82	82	81	81	81
80	79	79	77	76	75	74	74	74	73
73	73	73	72	72	71	71	71	70	69
69	68	68	65	65	64	64	63	62	62

$Q_1 = 69$
$Q_2 =$ 中位數 $= 73$
$Q_3 = 80.5$
$IQR = Q_3 - Q_1 = 80.5 - 69 = 11.5$

將資料以大小順序整理後，如表3.14所示，其相當容易決定出下四分位數(Q_1)、中位數、及上四分位數(Q_3)的值。因此，可以計算出四分位距的數值。

方塊的樞紐居於上四分位數及下四分位數，69及80.5。中位數位於從下四分位數算起爲4，從上四分位數算起爲6.5的距離的方塊內。分配向右偏斜，因爲中位數靠近下或左樞紐。內圍爲

$$Q_1 - 1.5 \cdot IQR = 69 - 1.5 \cdot 11.5 = 69 - 17.25 = 51.75$$

和

$$Q_3 + 1.5 \cdot IQR = 80.5 + 1.5 \cdot 11.5 = 80.5 + 17.25 = 97.75$$

畫出從下樞紐向外延伸至最小的資料值的線段，及從上樞紐向外延伸至最大的資料值的線段即可製作出線的部份。資料的檢視顯示在內圍外的該數字組並無資料值。線向外延伸至最小值62，最大值87。

欲製作外圍，吾人計算$Q_1 - 3 \cdot IQR$且$Q_3 + 3 \cdot IQR$，如下。

$$Q_1 - 3 \cdot IQR = 69 - 3 \cdot 11.5 = 69 - 34.5 = 34.5$$

$$Q_3 + 3 \cdot IQR = 80.5 + 3 \cdot 11.5 = 80.5 + 34.5 = 115.0$$

圖3.17爲該方塊及線圖之MINITAB電腦輸出結果。

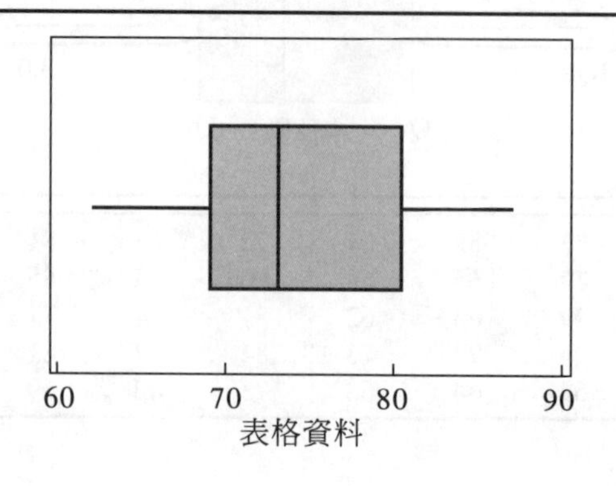

圖3.17
以MINITAB繪製的方塊及線圖

3.38某一天，紐約股票交易所的某類股票的平均收盤價爲$35。若中位數爲$33，且眾數爲$21，股票價格的分配爲偏斜嗎？如果是，是何種偏斜法？

問題3.4

3.39一地區飯店星期五晚上提供宴會廳跳舞。一研究者觀察顧客且預估其年齡。討論年齡分配的偏態，若平均值年齡爲51，且眾數的年齡爲59。

3.40MAS行銷公司，爲芝加哥的一家零售顧問公司，其提出報告，就平均值而言，美國人逛街的人較以前花費較少的時間在商場。MAS發表的數據顯示1990年以前，逛有附設大百貨公司的商場的人每月花在商場的平均小時數減少至每月4.0個小時。假設，這些數據從大的樣本而來，其中中位數爲3.7小時，且標準差爲0.8小時。比較皮爾森偏態係數的值，且討論其意義。分配爲偏斜嗎？如果是，是怎樣的偏斜？

3.41假設飼養綿羊的牧場主人的調查得到以下其區域內綿羊數目的資料。使用這些資料計算皮爾森偏態係數值。該係數的意義爲何？

$ 71	$ 65	$ 70	$ 68	$ 75
66	70	61	63	66
78	67	72	70	69
73	73	65	68	76

3.42就以下資料做出方塊及線圖。是否有離群值？資料的分配爲偏斜嗎？

540	690	503	558	490	609
379	601	559	495	562	580
510	623	477	574	588	497
527	570	495	590	602	541

3.43假設一消費者團體問18個消費者一年期的消費習慣，且以下的資料代表各消費者在一年期間內使用優待券的次數。以資料製作方塊及線圖。列出中位數、Q_1、Q_3、內圍的端點及外圍的端點。討論這些資料分配的偏態，且畫出任何的離群值。

81	68	70	100	94	47	66	70	82
110	105	60	21	70	66	90	78	85

決策難題解決之道

石油股票：是好的投資嗎？

檢視這些石油公司的其中一家的股票價格給投資人一個概念，亦即，這些公司有多好？公司有多大？例如，Texaco及ARCO的價格與小公司Falcon Drilling相較起來十分的高。當然，沒有資料顯示這些股票已經分割了幾次，在短期內使股票的價格降低。

股票的平均價格如何？在本章我們已經了解平均值是由每個值所決定的。若公司的股票價格在短期內急劇的下降或升高，平均值會被這些及極值所影響。股票的中位數價格說明其他價格中間的股票價值，可讓投資人更了解一年中股票的中點爲何。某些公司在一年當中股票價格有偏斜嗎？比較一年期間的中位數價格及平均值價格可得到有關於價格分配的偏態情形。偏態係數及標準差可被計算出，用來輔助該分析。若公司的股票價格爲偏斜，其容易在一端堆積，且在價格範圍的另一端具有一些極值（甚至是離群值）。

一段時間股票價格的變化被一些投資人視爲一種風險測度。價格上下波動得愈厲害，變化愈大且風險愈大。在決策難題中與資料一起顯示的爲年度範圍。標準差及變異係數爲投資人最常使用來衡量風險的變異性測度。例如，假設ARCO的股票平均價格爲$107.76，且標準差爲$3.35，變異係數爲3.1%。再假設Texaco的股票價格爲$64.5，標準差爲$1.65，去年Texaco的股票基於這些數據的變異係數爲2.6%。相較之下，考慮Reading&Bates的股票價格。假設平均值爲$9.32且標準差爲$1.27。這家公司股票價格的變異係數爲13.6%。雖然Reading&Bates的股票價格少於ARCO或Texaco許多，其變異係數卻較兩者大得多，使投資人相信，此時Rdding&Bates爲較具風險的投資。

結語

統計的敘述測度包含位置測度、變異性測度及形狀測度。未分組資料及分組資料的位置測度及變異性測度的計算不同。位置測度在敘述資料時有用，因爲其透露關於資料特別位置的資訊。最常用的位置測度有三種：眾數、中位數、平均數。另外，百分位數及四分位數亦爲位置測度。

眾數是資料組中發生次數最多的數值。若有兩個數值爲眾數，則資料爲二眾數。資料組可為多眾數。其中，眾數於商業中可用來決定尺寸。

若資料組有奇數項，中位數為以大小順序排列數目的中間項。若有偶數項，中位數為依次排列中兩個中間項的平均值。公式$(n+1)/2$標示中位數的位置。中位數不被極值的大小所影響。這個特色使中位數在報告收入、年齡、及房屋價格時為最有用及最適合的位置測度。

算術平均數已被廣泛使用，且當研究者使用平均值這個詞時，指的通常就是算術平均數。算術平均數為平均值。母體平均值及樣本平均值以相同的方式計算，但以不同的記號表之。算術平均數被每一個數值所影響，且可能被極值過度影響。

百分位數將資料組分為100份。共有99個百分位數。四分位數將資料分為四組。有三個四分位數：Q_1，為下四分位數；Q_2，為中間四分位數且與中位數相等；Q_3，為上四分位數。

變異性測度為統計工具，與位置測度一起使用來描述資料。變異性測度可提供位置測度不能提供的資料說明：有關資料值分散度的資訊。這些測度包含全距、平均絕對偏差、變異數、標準差、四分位距、及未分組資料的變異係數。

最基本的變異性測度之一為全距。其為最大值及最小值的差。雖然全距容易計算，其用處卻有其限制。四分位距為第三個四分位數與第一個四分位數的差。其相當於資料中間50%的範圍。

平均絕對偏差（MAD）的計算是將以平均值為中心的離差的絕對值平均之值。平均絕對偏差提供平均值離差的大小，但無法辨明其方向。平均絕對偏差在統計上的用法有限制，但在預測的領域中，MAD的使用有日益增加的趨勢。

變異數為統計中廣泛使用的工具，但很少被單獨使用於變異性測度。變異數為以平均值為中心之離差的平方之平均值。

變異數的平方根稱為標準差，亦為廣泛使用於統計的工具。其較變異數為較常單獨使用的測度。檢視其決定資料位置與平均值的關係的應用最易於瞭解標準差。經驗法則及柴比雪夫定理說明從平均值的不同個數的標準差內資料值的比例。

經驗法則顯示對於資料組中離平均值一個、二個或三個標準差內的數值的百分比。經驗法則應用在只有資料爲鐘形分配時。依照經驗法則，常態分配中約有68%的數值在平均值的正的一個或負的一個標準差內。95%的所有數值在平均值任兩邊的標準差內，且實際上所有的數值在平均值的三個標準差內。

柴比雪夫定理也同樣在說明離平均值某數目的標準差內資料的比例。然而柴比雪夫定理適用於任何分配。依照柴比雪夫定理，至少$1-1/k^2$的值落在平均值的k個標準差內。柴比雪夫定理指出，至少75%的所有數值落在平均值的二個標準差內，且至少89%落在平均值的三個標準差內。Z值代表離均標準差的數目值。

變異係數爲標準差與其平均值的比值，以百分比表示。特別適用於：資料組有不同平均值時，比較標準差或變異數。

一些位置測度及一些變異性測度用來代表已分組資料。這些測度包含平均值、眾數、變異數及標準差。通常，已分組資料的這些測度只是概略值，因爲實際原始資料的值未知。

三種形狀測度如下：偏態、峰態、方塊及線圖。偏態爲分配中缺乏對稱性。若分配爲偏斜，其會往一個方向或其他方向延伸。圖形的偏斜部分爲其長狹部分。一種偏態測度爲皮爾森法偏態係數。

峰態爲分配中尖峰的程度。又高又細的分配被稱爲高狹峰分配。平的分配爲低闊峰分配，以及分配爲較正常的峰形者稱爲常態峰分配。

方塊及線圖爲分配的一種圖形表示。圖形製作是利用中位數、下四分位數、及上四分位數。其可以產生有關於偏態及離群值的資訊。

重要辭彙

算術平均數	雙眾數	方塊曲線圖	柴比雪夫定理
偏態係數	變異係數	離均差	經驗法則
四分位距	峰態	高狹峰	平均絕對偏差
位置測度	形狀測度	變異性測度	中位數
常態峰	眾數	多眾數	百分位數
低闊峰	四分位數	全距	偏態
標準差	X平方的和	變異數	Z值

公式

母體平均數（未分組）

$$\mu = \frac{\sum X}{N}$$

樣本平均數（未分組）

$$\overline{X} = \frac{\sum X}{n}$$

平均絕對偏差

$$\text{MAD} = \frac{\sum |\text{X} - \mu|}{N}$$

母體變異數（未分組）

$$\sigma^2 = \frac{\sum (X-\mu)^2}{N}$$

$$\sigma^2 = \frac{\sum X^2 - \frac{(\sum X)^2}{N}}{N}$$

$$\sigma^2 = \frac{\sum X^2 - N\mu^2}{N}$$

母體標準差

$$\sigma = \sqrt{\sigma^2}$$

$$\sigma = \sqrt{\frac{\sum (X-\mu)^2}{N}}$$

$$\sigma = \sqrt{\frac{\sum X^2 - \frac{(\sum X)^2}{N}}{N}}$$

$$\sigma = \sqrt{\frac{\sum X^2 - N\mu^2}{N}}$$

已分組平均數

$$\mu_{\text{已分組}} = \frac{\sum fM}{\sum f} = \frac{\sum fM}{N}$$

樣本變異數

$$S^2 = \frac{\sum (X-\overline{X})^2}{n-1}$$

$$S^2 = \frac{\sum X^2 - \frac{(\sum X)^2}{n}}{n-1}$$

$$S^2 = \frac{\sum X^2 - n(\overline{X})^2}{n-1}$$

樣本標準差

$$S = \sqrt{S^2}$$

$$S = \sqrt{\frac{\sum (X-\overline{X})^2}{n-1}}$$

$$S = \sqrt{\frac{\sum X^2 - \frac{(\sum X)^2}{n}}{n-1}}$$

$$S = \sqrt{\frac{\sum X^2 - n(\overline{X})^2}{n-1}}$$

柴比雪夫理論

$$1 - \frac{1}{k^2}$$

Z值

$$Z = \frac{X-\mu}{\sigma}$$

變異係數

$$CV = \frac{\sigma}{\mu}(100)$$

四分位數距

$$\text{IQR} = \text{Q}_3 - \text{Q}_1$$

已分組中位數

$$中位數 = L + \frac{\frac{N}{2} - cf_P}{f_{med}}(W)$$

樣本變異數（已分組）

$$S^2 = \frac{\sum f(M-\overline{X})^2}{n-1} = \frac{\sum fM^2 - \frac{(\sum fM)^2}{n}}{n-1}$$

母體變異數（已分組）

$$\sigma^2 = \frac{\sum f(M-\mu)^2}{N} = \frac{\sum fM^2 - \frac{(\sum fM)^2}{N}}{N}$$

樣本標準差（已分組）

$$S = \sqrt{\frac{\sum f(M-\overline{X})^2}{n-1}} = \sqrt{\frac{\sum fM^2 - \frac{(\sum fM)^2}{n}}{n-1}}$$

母體標準差（已分組）

$$\sigma = \sqrt{\frac{\sum f(M-\mu)^2}{N}} = \sqrt{\frac{\sum fM^2 - \frac{(\sum fM)^2}{N}}{N}}$$

皮爾森偏態係數

$$S_k = \frac{3(\mu - M_d)}{\sigma}$$

個案

全球急速成長的可口可樂

可口可樂公司是世界第一大的碳酸飲料供應商，全世界每天可口可樂、健怡、雪碧、芬達以及其他可口可樂公司的產品的合計飲用量就超過七億三千三百萬罐。可口可樂有全世界最大的碳酸飲料製造量以及配銷系統，所銷售的碳酸飲料數量也比其最大的競爭對手足足多了兩倍以上。可口可樂的產品在全球195個國家都可以買到。

爲了有效管理企業，可口可樂分成兩大部分：北美事業部以及全球事業部。北美事業部包含了美國可口可樂、負責加拿大業務的可口可樂有限公司、以及生產和行銷果汁及果汁飲料的可口可樂食物部；全球事業部則分成四個業務群，分別爲大歐洲群、拉丁美洲群、中東及遠東群以及非洲群。

因爲某些因素，讓可口可樂相信他們在全球的業績仍會繼續成長，其中一個因素是全球消費者的可支配所得不斷在提高；另外，在美國及歐洲以外的國家，其年齡層越來越年輕化。除此之外，隨著政治藩籬的破除以及運輸問題的解決，擴展全球市場也變得更加容易。還有一個因素就是全球思想、文化、新聞的頻繁交流間接創造了更大的市場商機。可口可樂的公司使命之一就是要維持其在全世界最強大的商標形象，並能有效運用其在全球最有效率且最具普及性的配銷系統。

到1998年底，可口可樂已經在整個高加索和中亞地區投資二億並服務當地七千二百萬消費者，於1996年在哈撒克共和國（Kazakhstan）花費1500萬所興建的工廠就是其中一項投資。可口可樂公司也在凱吉斯共和國（Kyrgyzstan）興建一座1600萬的工廠，可口可樂將是全球第一罐於該國生產的碳酸飲料。哈撒克的工廠每小時可裝填一萬八仟罐。

討論

當這些新建廠房陸續加入營運，機器設備的測試也都完成，剩下的一項就是要檢測飲料罐的裝填量。假設隨機抽檢四十罐20盎司的飲料並送至檢驗室抽驗，以下就是仔細檢測之後，這些飲料罐的實際裝填量。

20.02	19.99	20.01	20.03	20.01	19.98	20.04	19.99
20.02	20.00	19.96	20.01	19.98	19.95	20.05	20.01
19.92	19.98	20.03	19.98	20.05	20.08	20.01	19.97
20.01	19.94	19.99	20.04	19.96	20.03	20.02	20.00
19.97	20.05	19.96	20.06	20.01	19.98	20.01	19.94

假設您負責這項抽測實驗，請寫下一份你和你的同事在檢驗室中對這些飲料罐的簡報，請利用本章所教的敘述統計來對資料作歸納。最大和最小的裝填量是多少？資料有明顯的偏量嗎？平均裝填量又是多少？中位數和眾數呢？討論一下這些裝填量的差異。

假設另一座可口可樂的工廠負責裝填16盎司的飲料罐，檢驗室隨機抽取了150罐並測試裝填量的差異。以下是MINITAB和EXCEL在敘述統計方面的電腦輸出結果，此外還有一個方塊及線圖，請寫下一份針對檢驗室抽驗結果的歸納報告。

MINITAB DOS 輸出圖

```
Descriptive Statistics
Variable   N        Mean      Median    TrMean    StDev    SEMean
CokeFill   150      16.021    16.018    16.020    0.029    0.002
Variable   Min      Max       Q1        Q3
CokeFill   15.933   16.093    16.001    06.039
```

MINITAB視窗版輸出圖

敘述統計

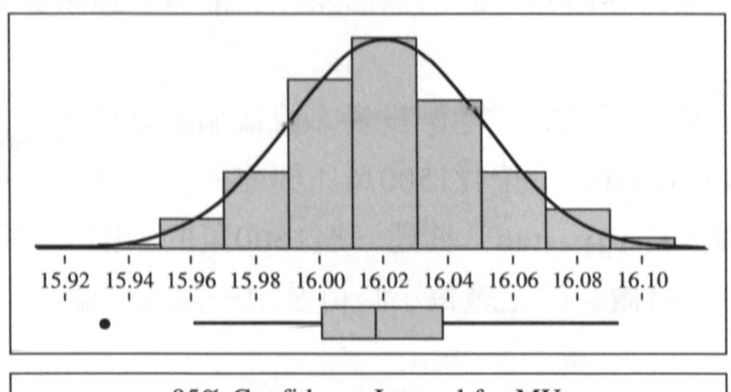

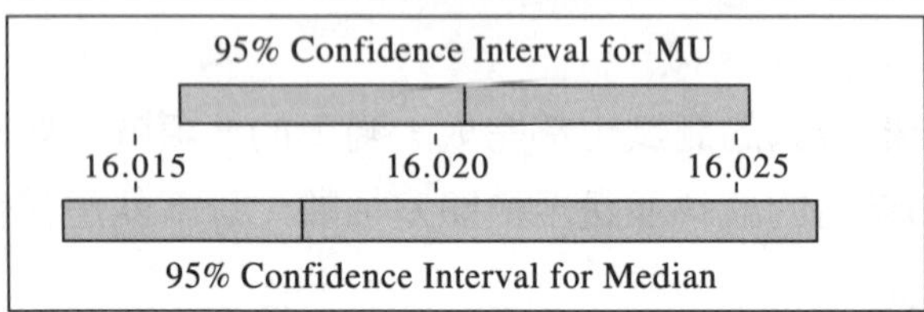

Variable: CokeFill

Anderson-Darling Normality Test	
A-Squared	0.298
p-value:	0.585
Mean	16.021
Std. Dev.	0.029
Variance	0.001
Skewness	0.097
Kurtosis	–0.106
n of data	150.000
Minimum	15.933
1st Quartile	16.001
Median	16.018
3rd Quartile	16.039
Maximum	16.093
95% Confidence Interval for MU	
16.016	16.025
95% Confidence Interval for Sigma	
0.026	0.033
95% Confidence Interval for Median	
16.014	16.026

EXCEL輸出圖

COKEFILL	
Mean	16.02052
Standard Error	0.002403
Median	16.0178
Mode	16.0176
Standard Deviation	0.029433
Sample Variance	0.000866
Kurtosis	–0.02855
Skewness	0.099204
Range	0.1604
Minimum	15.9331
Maximum	16.0935
Sum	2403.077
Count	150
Confidence Level(95.0%)	0.004749

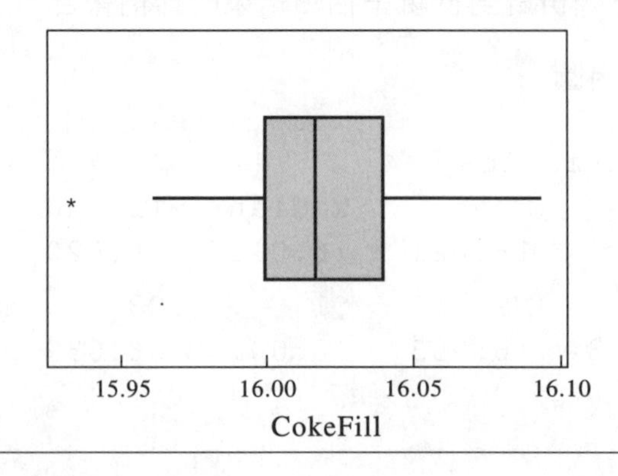

道德省思

爲讀者描述資料時，使用的測度最好能呈現資料的完整性。藉由限制所使用的敘述性測度，研究者可以只給讀者描述部分的資料面，且可以扭曲接收者瞭解資料的方式。例如，若研究者只呈現平均值，讀者將無從瞭解資料的變異性；此外，平均值會因極值而不尋常地變大或變小。相同的，中位數的選擇排除了包含極值的圖形。使用眾數可以使資料的接受者的焦點集中在時常發生的數值上。

通常至少需要一種變異性測度與至少一種位置測度，才能使讀者瞭解資料的輪廓。不道德的研究者可能只想呈現敘述測度，只傳達他（或她）想要讓觀眾所看到的資料圖形。有道德的研究者則會使用各種的方法，以呈現資料可能的、所有的、最富資料性的圖形。若研究者提供不完整及誤導的敘述統計，人們可能會妄下結論。

第4章

機率

學習目標　　第四章的主要目標是幫助你瞭解機率的基本原則，使你能夠：

1.瞭解指定機率的不同方法。
2.瞭解且應用邊際、聯集、聯合、及條件機率。
3.解決問題時，選擇適合的機率法則。
4.以機率法則解決問題，其包含加法法則、乘法法則及條件機率法則。
5.以貝氏定理修正機率。

決策難題

工作場所的兩性平等

美國的人權法案在1964由總統Lyndon Jonson簽署立法。該法律於1972年修訂過，產生多個Title說明美國社會中不同階層的歧視。其中之一爲TitleVII，其特別囊括有關於工作歧視的議題，適用於雇主有超過15名職員，及其他機構。TitleVII中的一則法條規定因任何人的性別而拒絕雇用視爲非法。

平等工作機會委員會（EEOC）的工作爲執行TitleVII的單位。1972年，EEOC被授與權力開始在美國的地方法院對抗不遵守TitleVII的公司。1978年其他被指定執行人權法案條款的政府機構加入EEOC制定出一致的方針供職員選擇。1984開始全面的重新審視這些一致的方針。

現在，公司的雇用程序必須在EEOC方針及TitleVII的範圍內。公司如何替自己辯護其雇人的方式，或了解其是否在可接受的範圍內？當個人或團體覺得他們是非法雇用的受害者時，他們如何來證明？團體如何證明其因公司歧視的雇用方式已經受到不幸的衝擊。

「一致方針」的第4節第D段，討論一種稱爲五分之四的規定，其說明若任何團體（性別或種族）的雇用比例較最高比例種族的比例少於五分之四，對較少比例的種族而言有不利的影響。假設，例如，有80個婦女及60個男士申請一家公司的40個工作，而後18個婦女及22個男士因該工作被雇用。男士的雇用比例爲22/60或.367。婦女的雇用比例爲18/80或.225。婦女與男士受雇的比例爲.225/.367 = .613，顯示已經違反五分之四的規定，因爲.613少於五分之四（.80），且因此婦女已受到不利的影響。

統計被廣泛使用於工作歧視的訴訟以及想要符合EEOC方針的公司。人力資源的實際數量已被記錄下，且根據每天的基礎加以分析。以下顯示的只是人力資源資料的一小部分，該資料是由委託人公司所蒐集。

委託人公司的人力資源性別資料

職位類別	性別 男	女	總計
管理人員	8	3	11
專業人員	31	13	44
技術人員	52	17	69
文書人員	9	22	31
總計	100	55	155

管理及統計上的問題

1.當人們受雇於委託人公司的不同職位時，有哪一種的性別受不利的影響嗎？還需要什麼樣的資料來回答此問題？

2.假設，今年一個特別的福利提供給在技術領域中的一個人，且該員爲某婦女。若福利的給予是隨機的，若她是一個技術工人，則福利給予她的的機率爲何？此舉有歧視男性技術人員之疑嗎？何種因素會影響福利的給予，而非隨機選取？

3.假設，每年的聖誕宴會中，都會隨機抽取一個委託人公司的職員名字，該員可獲得夏威夷之旅。專業人員爲該獎項的得獎人的機率爲何？得主爲男士或職員的機率爲何？得主爲女士且居管理階層的機率爲何？假設，得主爲一男性。其爲技術團體中之一員的機率爲何？

商業上，所有的決策都與未知數有關。例如，一個作業經理並不確知工廠內的一個閥門是會故障或是繼續運作 — 或是，若其繼續運作，又會運作多久？它應被更換嗎？該閥門在下週內將會故障的機會是多少？在銀行業，新的副總裁能使部門成功運轉的展望有多少？這些問題的答案是不確定的。

在高樓大廈中，若有違章建築蓋入其大廈，必要時，滅火系統可以運作的機會有多大？商業人必須每天處理數千件類似的問題。因爲大多數這樣的問題沒有確定的答案，決策乃基於不確定性。在許多這樣的情形下，機率可以被指定於結果的類似情形。本章將學習有關於如何決定或指定機率的方法。

4.1 機率導論

第一章討論了敘述統計及推論統計的分別。許多的機率分析是推論而得的，且機率是這些推論統計的基礎。回想一下推論統計，它包含從母體中取出樣本，計算樣本的統計，且從統計中推出母體相關參數的值。這樣做的理由爲：參數值未知。因爲參數的值未知，在未知下分析引導著推論的過程。然而，藉由應用這些規定及法則，分析者常常可以指定到結果的機率。圖4.1說明這個過程。

假設，一個品質控制的管理員從燈泡品牌爲X的母體中選出40個隨機樣本的燈泡，且就樣本燈泡計算平均照明的小時數。利用本文中隨後討論的技巧，專家可以從該樣本得到的資料估計出燈泡品牌爲X的母體平均照明的小時數。因爲只有分析母體樣本的燈泡，40個燈泡的平均照明的小時數可能可以或可能不可以正確估計出母體中所有燈泡的平均數。其結果是未知的。利用本章所說明之法則，管理員可以將其估計值指定一個機率。

另外，機率直接應用在某些工業或工業的應用。例如，保險業在精算表中使用機率以決定某些結果的可能性來決定費率及保險範圍。賭博業使用機率值來建立收益及利潤。決策難題中，受委託公司已將旗下的勞動力以次分類區分，決定公司的雇用方式是否符合EEOC的方針的一個方法，是比較旗下僱員之不同比例的明細（以種族、性別、及年齡等等）相對於僱員的一般族群的比例。將公司人數與一般族群的人數比較，當局可以研究從公司某一族群中隨機雇用某類僱員的機率。在其他行業中，如製造業及航空業，了解機械零件的壽

圖4.1 推論統計過程的機率

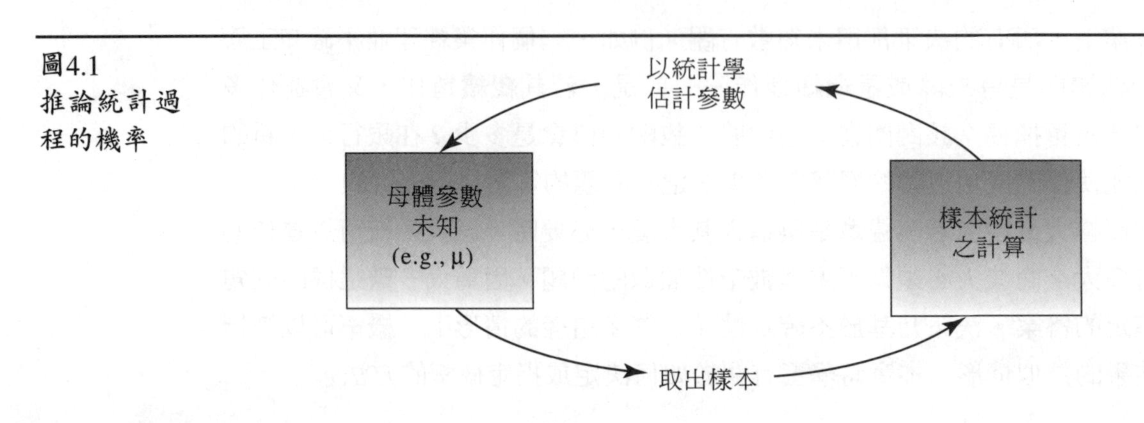

命以及在某一特定期間其將會故障的機率是很重要的，以便保障公司不會嚴重停產。

4.2 指定機率的方法

三種指定機率的方法為（1）古典機率，（2）相對發生次數，及（3）主觀機率。

指定機率的古典方法

指定機率的古典方法是基於各結果有相同發生的機會之假設。古典機率是基於規定及法則。其與實驗有關，實驗是一種產生結果的過程，且事件為實驗的結果。

$$P(E) = \frac{n_e}{N}$$

指定機率的古典方法

N = 實驗結果的可能總和

n_e = 由N結果中發生事件的結果數

在丟銅板的實驗中，古典方法決定丟一次銅板得到正面的機率。有兩種可能的結果——正面及反面——但這兩種可能的結果只有一種為所想要的事件（正面）。既然得到正面的機率為1/2。同樣的，擲一骰子得到偶數的機率為3/6。古典方法事先可以決定骰子的結果，意指實驗前。有三個偶數（2，4，6）從骰子的6個可能結果（1，2，3，4，5，6）而來。同樣的，以古典方法計算，從標準撲克牌中一次抽出A的事前的機率為4/52，因為標準撲克牌的52張牌中有4張A。

德州彩票中，州政府官員印製觸地遊戲的彩票100萬張。其中的2,268,480張贏得$3。事前（遊戲開始前）贏得$3的機率為(2,268,480)/(100,000,000) =.0226848。遊戲一開始，就有6,000張價值$500的彩票可兌獎。古典方法中，贏得一張$500彩票的機率為6,000/100,000,000 = 0.00006。

因爲n_e永遠不會大於N(母體中貢獻e者不會超過N個結果)，任何機率的最高值爲1。若結果的發生機率爲1，則該事件一定會發生。機率的最小值爲0。若N個機率中沒有一個結果有所需的特性e，則機率爲0/N = 0，則事件一定不會發生。

可能機率的範圍	$0 \le P(E) \le 1$

因此，機率爲小於1或等於1的非負數的分數或小數。

機率值乘上100可轉換爲百分比。氣象專家報導天氣通常使用百分比形式的機率。例如，當預測明天的下雨機率爲60%時，他們是說明天的下雨機率爲0.60。

相對發生次數

相對發生次數的指定機率方法乃基於累積的歷史資料。該方法中，次數發生的機率相當於過去事件發生的次數除以該事件所有發生機會的總和。

$$\text{相對發生次數} = \frac{\text{一事件發生過的次數}}{\text{該事件發生機會的總和}}$$

相對發生次數不是根據規則或法則，而是根據過去所發生過的。一個公司想要決定其檢查員將對供應商供應的下一批原料的退貨機率。從公司記錄本上蒐集的資料顯示過去供應商已經送與該公司90批貨，檢查員已經退了其中的10批。以相對發生次數方法，檢查員將下一批退貨的機率定爲10/90，即.11。若下一批被退貨，之後運送的相對發生次數的機率變成11/91 = .12。

棒球選手的平均打擊可視爲相對發生次數的機率。若本季一選手打擊了310次，且打中85次，則他或她的平均打擊率爲85/310 = .274，且他或她下一次擊中球的機率爲.274。下一次該選手打擊時，相對發生次數將會改變，除非他或她保送或犧牲打（保送或犧牲打不算在正式的打擊內）。

天氣預測也可被視爲是相對發生次數的機率。預測者可以取今日的預測情況，察看氣象記錄，而後找到相同狀況的那幾天。有可能現在許多氣象學家使用的電腦模型是基於發生的相對次數。假設，過去有70天的情形與今日須預測的情形相同，其中有70天下雨。根據過去的記錄，今天爲下雨天的機率爲12/70=.17。

主觀機率

指定機率的主觀方法，是基於決定機率的人的感覺或洞察力。主觀機率從個人的直覺或推論而來。雖然主觀機率的機率方法並不科學，主觀方法通常基於人類腦中所儲存或處理過的知識的累積、了解及經驗。有時，其只是一種猜測；有時，主觀機率也有可能產生正確的機率。假設，一家石油公司的運送主任被問到，石油在三週內從沙烏地阿拉伯運到美國的機率有多少，已經安排許多這種船期的主任了解沙烏地阿拉伯的政策，且也對現在的氣候狀況及經濟狀況有了解，而能以給予船期是否可以及時的正確機率。

主觀機率可能爲一種有效的方法，利用人們的經驗、知識及洞察力，且應用它們來預測某些事件的發生。有經驗的飛機維護員通常指定有意義的機率，即某架飛機將有某種形態的機械問題。醫師通常指定主觀機率給得了癌症的病人的壽命預測。主觀機率可被當做一種方法，在決策方面利用有經驗的員工或經理。當預測是根據過去資料的猜測而建立時，氣象預測爲主觀機率之一種。主觀機率在決策方面可提供有用的資訊，但須根據愈多事實愈好。

4.3　機率的結構

學習機率時，發展數項及符號的語言是有幫助的。機率的結構提供共同的架構，在其架構中，可以探討機率的主題。

實驗

大多數人都把實驗想成是在實驗室進行的科學實驗，而非可以產生結果的過程。有些種類的實驗探討改進健康的方法。有些種類的實驗則探究智力。航太公司的實驗有最新種類的飛行器。在機率中，實驗是一種行爲的形式，如丟銅板、從裝配線選擇零件、或抽出一張牌。在統計中，實驗的範圍可從消費者受顏色的影響到股票市場消費者物價指數的影響等。

事件

事件是實驗的結果，實驗定義出事件的可能性。若實驗爲丟兩個銅板，事件可能爲得到兩個反面。擲骰子的實驗中，事件可爲擲到一個偶數，另一事件可爲擲到大於2的數。若實驗爲從生產線挑出5個樣本的瓶子，事件可爲得到1個有缺陷4個好的瓶子。事件以大寫字母表之；印刷體的大寫字（如A及E_1，E_2，…）代表一般或理論的情形，羅馬大寫字（如H及T代表正面及反面）表示特定的事或人。

基本事件

無法被分割或分解成其他事件的事件稱之爲基本事件。基本事件以小寫字母表之（如e_1，e_2，e_3，…）。假設實驗是擲骰子。該實驗的基本事件爲擲出1、或擲出2、或擲出3等等。擲出一個偶數爲一事件，但並非基本事件，因爲偶數可被再分爲事件2、4、6。擲骰子的實驗中，有6個基本事件｛1，2，3，

圖4.2
擲一對骰子的可能結果

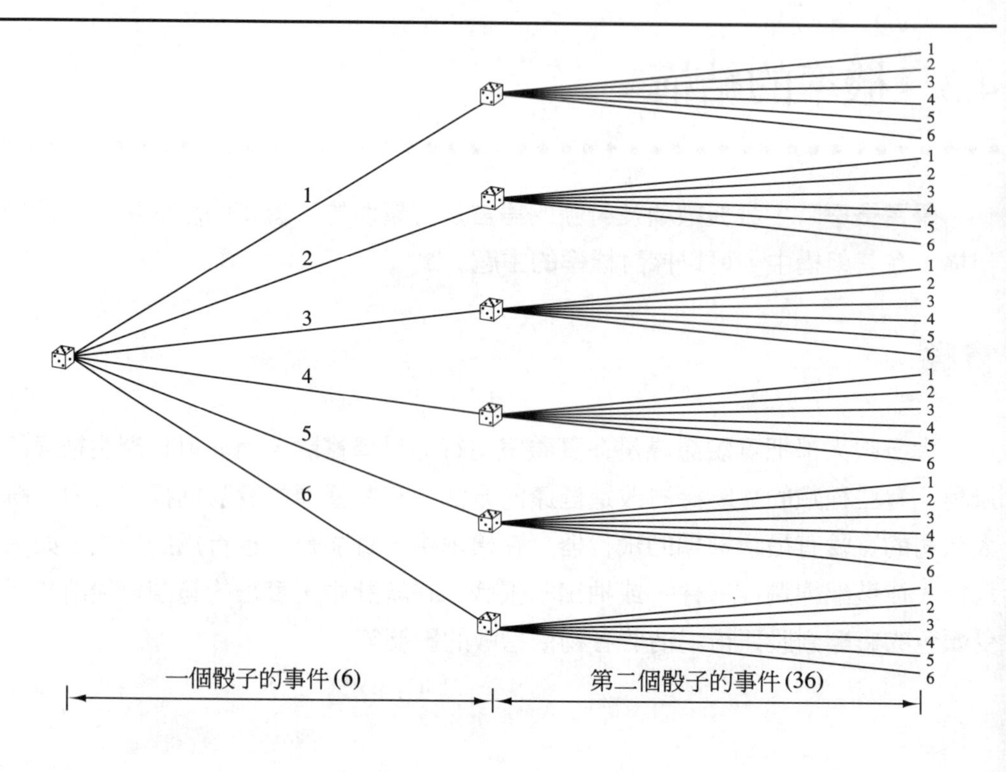

4，5，6}。

擲一對骰子產生36個可能的基本事件（結果）。擲出一個骰子的6個基本事件的每一個可能事件，有第二個骰子的6個可能的基本事件，如圖4.2所繪。表4.1列出這36種結果。

擲一對骰子的實驗中，其他的事件可能包含如兩個偶數、和爲10、和大於5及其他的事件。然而，這些事件中沒有一個是基本事件，因爲其可分解爲列於表4.1中的幾個基本事件。

樣本空間

樣本空間爲實驗中所有基本事件的完整列出。表4.1爲擲一對骰子的樣本空間。擲單一骰子的樣本空間爲{1，2，3，4，5，6}。丟一銅板的實驗，其樣本空間爲{H，T}。若丟出兩個銅板，樣本空間爲{H_1H_2，H_1T_2，T_1H_2，T_1T_2}。

樣本空間可以幫忙尋找機率。對於有相同發生機會的結果，丟兩個銅板得到兩個正面的機會爲1/4。該實驗的樣本空間包含4個基本事件，其一爲H_1H_2。丟兩個銅板得到剛好一個正面的機會爲2/4，檢視樣本空間可得到此結果。有兩個基本事件，其中，所有的四個基本事件中，正好一個正面有（H_1T_2及T_1H_2）。然而，當樣本空間大時，利用樣本空間來決定機率不好使用且麻煩。所以，統計學家通常使用其他更有效的方法來決定機率。

聯集及交集

聯集及交集的集合表示法在本章中被當成符號的工具。X與Y的聯集記爲

表4.1 擲一對骰子的所有可能事件

(1, 1)	(2, 1)	(3, 1)	(4, 1)	(5, 1)	(6, 1)
(1, 2)	(2, 2)	(3, 2)	(4, 2)	(5, 2)	(6, 2)
(1, 3)	(2, 3)	(3, 3)	(4, 3)	(5, 3)	(6, 3)
(1, 4)	(2, 4)	(3, 4)	(4, 4)	(5, 4)	(6, 4)
(1, 5)	(2, 5)	(3, 5)	(4, 5)	(5, 5)	(6, 5)
(1, 6)	(2, 6)	(3, 6)	(4, 6)	(5, 6)	(6, 6)

X∪Y。若一元素爲X或Y中的元素或爲X及Y的元素，則該元素符合X與Y聯集中的元素。聯集表示法X∪Y可被解釋爲X或Y。例如，若

$$X = \{1, 4, 7, 9\} \quad 且 \quad Y = \{2, 3, 4, 5, 6\},$$
$$X \cup Y = \{1, 2, 3, 4, 5, 6, 7, 9\}.$$

注意，所有的X值及所有的Y值皆符合該聯集。然而，沒有一個在聯集中的值可以被記錄超過兩次。在文氏（Venn）圖中，陰影的部分代表聯集，如圖4.3所示。

交集記爲X∩Y，符合交集中的元素，該元素必須是X及Y的元素。交集中包含兩個集合的共同元素。因此，交集的符號∩常被讀爲且。X及Y的交集被稱爲是X及Y。例如，若

$$X = \{1, 4, 7, 9\} \quad 且 \quad Y = \{2, 3, 4, 5, 6\},$$
$$X \cap Y = \{4\}$$

注意，集合X及Y共有的值只有4。交集是更有排斥性的，且因此等於或小於（時常）聯集。亦即，單元必須符合X及Y兩者的特質。在文氏圖中，陰影的部分代表交集，如圖4.4所示。

圖4.3
聯集的文氏圖

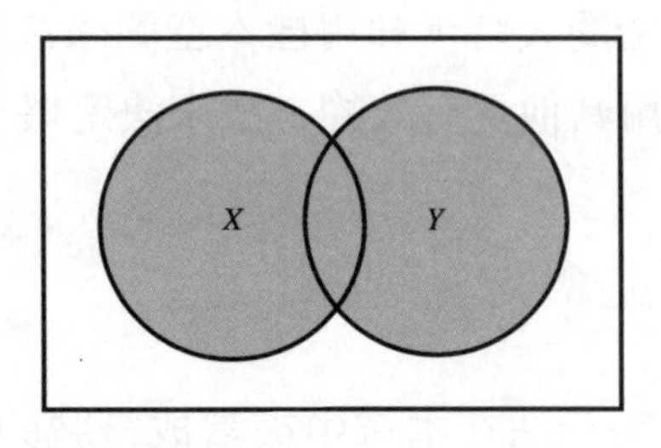

圖4.4
交集的文氏圖

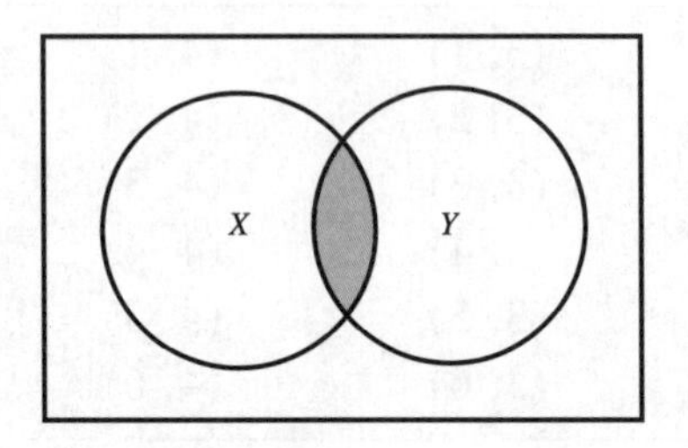

例題4.1

25,000人的小鎮上有兩間賣家庭整修器材的店。各家店中所賣的貨品相似但不完全一樣。商店1，在城市的西邊，其存貨有木材、水管管線、建築工具、屋頂材料、石膏板、混凝土塊、釘子及螺絲。商店2，在城市的東邊，其存貨有園藝工具、植物、樹、木材、建築工具及割草設備。決定這兩家商店存貨項目的聯集及交集。這些項目的聯集或交集對顧客而言，意義爲何？

解答

商店1：{木材、水管管線、建築工具、屋頂材料、石膏板、混凝土塊、釘子、螺絲}。

商店2：{園藝工具、植物、樹、木材、建築工具、割草設備}。

聯集：{木材、水管管線、建築工具、屋頂材料、石膏板、混凝土塊、釘子、螺絲、園藝工具、植物、樹、割草設備}。

對於顧客而言，聯集代表鎮上可以買到的家庭整修器材的所有可能的種類。其爲鎮上某處可買得到的項目清單。

交集：{木材、建築工具}。

對顧客而言，交集只有代表兩家店所賣的共通項目，消費者可以比較購買這些項目。

互斥事件

若一件事件的發生可排除其他事件的發生者，該兩件或兩件以上的事件稱之爲互斥事件。該特色意指互斥事件不可同時發生且因此沒有交集。

丟一個銅板時，正面及反面是互斥事件。人們在丟銅板時，不是丟到正面就是丟到反面，但不會兩者同時。丟一對骰子時，事件（6, 6）與事件（1, 1）爲互斥。同一把擲到事件（6, 6）與事件（1, 1）是不可能的。製造產品的樣本中，產品不是有缺陷就是沒有缺陷；不可能在同一樣本中有兩種結果。選到有缺陷產品的事件與選到沒有缺陷產品的事件是互斥的。

兩個互斥事件在同時發生的機率爲零。

$$P(X \cap Y) = 0$$

互斥事件X和Y

獨立事件

若一事件的發生或不發生不影響到另一事件的發生或不發生，該兩件或兩件以上的事件稱之獨立事件。如擲骰子的某些實驗中，產生獨立事件；每把與其他把無關。第一把擲到6與第二把是否擲到6沒有影響。丟銅板永遠爲獨立事件。第一次丟銅板丟到正面的事件與第二次丟到正面無關。

獨立事件對機率的影響爲，若兩事件爲獨立，則無論第一次事件的結果如何，得到第二個事件的機率仍然一樣。丟到正面的機率永遠爲1/2，無論前一次丟到的是什麼。因此，若有人丟一個銅板6次且得到6個正面，第7次丟到正面的機率仍然爲1/2，因爲丟銅板爲獨立事件。

利用隨機選取的許多實驗可產生獨立或非獨立事件。在這些實驗中，若樣本交換的話，結果爲獨立的。亦即，選取各項目之後且決定了結果，該項目回復到母體中，且母體被重新混合。這樣，每一次抽取樣本，都與前一次的抽樣無關。假設，一檢查員從有5%瑕疵的螺釘中選出螺釘。若該檢查員選出有瑕疵的螺釘且將其放回袋中，第二次抽樣時，袋中仍有5%有瑕疵的螺釘，與第一次的結果是否爲有瑕疵的螺釘無關。若該檢查員第一次抽樣後沒有放入，則第二次的抽樣與第一次不是獨立的；此時，母體中少於5%的瑕疵。因此，第二次結果的機率與第一次的結果相關。若X及Y爲獨立，則使用以下的符號標記。

獨立事件X和Y	$P(X\|Y)=P(X)$ 且 $P(X\|Y)=P(Y)$

P（X|Y）表示若Y已經發生時，發生X的機率，而P（Y|X）表示若X已經發生時，發生Y的機率。

集體完全事件

集體完全事件的表列包含一實驗中所有可能的基本事件。因此，所有的樣本空間爲集體完全的清單。包含於表4.1中擲一對骰子的可能結果的清單爲集體完全的清單。實驗的樣本空間可被描述爲互斥及集體完全的事件清單。樣本空間的事件沒有重疊或交集，且其清單爲完整的。

互補事件

A的互補事件記爲A′，讀成「非A」。不在A中的所有實驗的基本事件組成了A的互補。例如，若擲出一個骰子，事件A爲得到偶數，則A的互補爲得到奇數。若事件A爲擲出一個骰子得到5，則A的互補爲擲到1、2、3、4、6。事件A的互補爲沒有被A包含的樣本空間的部分，如圖4.5之文氏圖所示。

因爲以下的規則，解出機率時利用事件的互補有時是有幫助的。

$$P(A') = 1 - P(A)$$

A的互補機率

假設丟出一對骰子。若A事件爲得到兩個正面且得到A的機率爲1/4，則A的互補爲沒有得到兩個正面，且A的互補的機率爲1−1/4=3/4，其爲丟出兩個銅板得到少於兩個正面的機率。該實驗的樣本空間證實其機率。

$$\{H_1H_2, H_1T_2, T_1H_2, T_1T_2\}$$

事件A爲H_1H_2的結果。A的互補爲所有其他的結果，H_1T_2，T_1H_2，T_1T_2。解決麻煩的機率問題時，使用機率互補的法則會有幫助的。解出A′的機率有時較解出A的機率來得簡單。

機率的計數

統計中，有很多技巧及規則用來計數一特別實驗發生結果的數目。這些規則及技巧可被用來說明樣本空間的大小。此處呈現三種此類計數方法。

1.mn計數規則　假設一個消費者已經決定買某種廠牌的新車。車子有兩種不同引擎供選擇、5種不同的漆色及3種內裝。若任何一種選擇可以與其他種的選擇同時選擇，則消費者可以選擇多少種不同的車？爲決定出該數目，我們可以

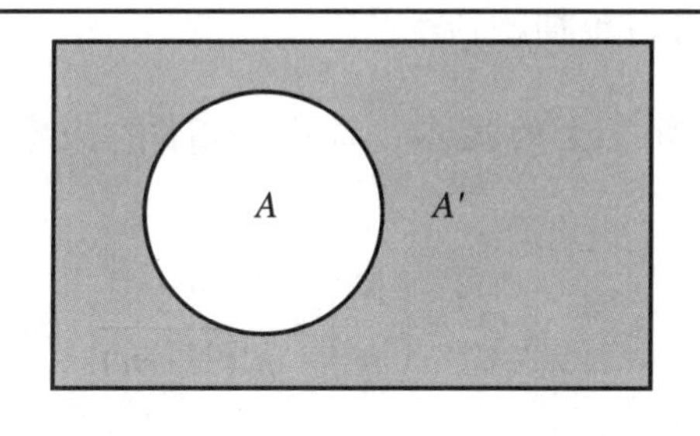

圖4.5
事件A的互補

使用mn計數規則。

mn計數規則	若有一操作以m種方式進行，第二項操作以n種方式進行，則此二項操作有mn種方式依序發生。此規則可廣泛應用於三項操作以上的情況中。

利用mn計數規則，我們可以決定出汽車的消費者有（2）（5）（3）=30種由引擎、漆色、及內裝組合成的各款車。

假設一個科學家想要設定一個研究設計來研究性別（M、F）、結婚與否（單身從未結過婚、離婚、結婚）、及經濟階層（下、中、上）對每年飛機票購買次數的影響。該研究者必須組合設計，其中18種不同的樣本用來代表從這些消費者特性產生的所有可能的組合。

2.投返後母體所產生的樣本　從大小爲N的母體（投返後）中選出n項樣本，有

$(N)^n$機率

其中

N = 母體大小

且

n = 樣本大小

例如，骰子有6個邊。每一次擲骰子時，其結果與前一次的結果無關（投返後）。若骰子被連續擲了三次，會發生多少種不同的結果？亦即，該實驗的樣本空間大小爲何？

母體大小N爲6，即骰子的6個邊。我們的樣本爲擲3次骰子n=3。樣本空間爲

$$(N)^n = (6)^3 = 216$$

假設獎券的六個數字是從0到9個數中抽出，且有投返（數目可以重複使用），則可以抽出多少種六個數的不同組合？N爲十個數（從0到9）的母體，且n爲樣本大小，即六個數字。結果，

$$(N)^n = (10)^6 = 1{,}000{,}000$$

亦即，6個數字有1百萬種組合。

3.組合：無投返母體所產生的樣本　從大小爲N的母體中抽出n項樣本且無投返，共有

$${}_NC_n = \binom{N}{n} = \frac{N!}{n!(N-n)!} \text{ 種可能。}$$

例如，假設一家小型律師事務所有16名職員，且將於其中隨機選取三名職員代表該公司出席美國律師協會的年度會議。律師們有多少種不同的組合可出席該會議？我們不將樣本投返，因爲假設將會選擇三個不同的律師參加。利用組合解決該問題。N=16，n=3。

$$_{N}C_{n} = {}_{16}C_{3} = \frac{16!}{3!13!} = 560$$

有560種3個律師的組合可以代表該事務所。

例題4.2

標準的一組撲克牌包含4種花色及13個數目（面）。

a.若每一張牌皆由一種花色及一個數目組合而成，則可以有多少種不同的牌？

b.假設一個撲克牌玩家連續抽出三張牌，每一次抽牌時重新洗牌且將抽出的牌投返牌中。該玩家手上可以得到多少種不同的組合牌？

c.假設一個撲克牌玩家抽出五張牌，每一次抽牌時重新洗牌而且不將抽出的牌投返牌中。該玩家手上可以得到多少種不同的組合牌？

解答

a.有四種花色及13種數目。因此，就任何一張牌，有4×13=52種不同的可能，如一張2的紅磚或一張J的黑花。可以使用mn規則來解決該問題，此處m=4及n=13。

b.本問題與從母體中選樣且投返有關，此處的樣本（n）爲3，以及母體（N）爲52。每次抽出三張中的一張有投返的玩家可以得到52^3=140,608種不同的牌。

c.本問題爲從母體（N=52）中抽樣無投返（n=5）的問題。抽出5張牌沒有投返的玩家可以得到

$$_{52}C_{5} = \frac{52!}{5!47!} = 2{,}598{,}960 \text{ 種不同的組合牌}$$

問題4.3

4.1同時投出三個銅板的實驗，其樣本空間爲何？基於此樣本空間，該實驗中剛好投到一個正面的機率有多大？

4.2Kelli及Craig才剛結婚。他們計畫生兩個小孩。假設，生一個男孩與生一個女孩有相同的可能性，且各胎的性別與他胎無關。Kelli及Craig未來家庭結果可能的樣本空間爲何？從該樣本空間中，決定出他們將有一個男孩及一個女孩的機率（不必按照順序）？

4.3就同時擲三個骰子的實驗而言，該樣本空間中有多少種基本事件？你使用哪一種計數規則？大滿貫（6, 6, 6）的機率爲何？指出該實驗中兩個互斥事件。如何使該實驗爲獨立事件？

4.4一個箱內有六個零件。其中有兩個有瑕疵，另外四個爲合格。若六個零件中有三個從該箱內選擇出來，其樣本空間有多大？你使用哪一種計數規則，爲什麼？就該樣本空間而言，三個樣本的零件中剛好有一個有瑕疵的機率爲何？

4.5一公司裝設080顧客服務電話線。打電話的人有六種選擇，六種選擇中的每一種有四個選擇的清單。這四個選擇又各有三項選擇。三種選擇中又各有三種選擇。若某人打080服務電話需要幫助，總共有多少種選擇？

4.6一家小公司有20名職員。其中的6名職員將被隨機選取接受會談，爲顧客滿意服務計畫的一部份。可以選出多少種六個人的不同組合？

4.7供應商送了一批有六個零件的貨品給一家公司。該批包含三個有瑕疵的零件。假設，顧客決定隨機選取兩個零件，檢驗有否瑕疵。顧客將要處理的樣本空間有多大？列出樣本空間。利用該樣本空間，決定顧客選出的樣本中恰有一件爲瑕疵的機率。

4.8假設X={1, 3, 5, 7, 8, 9}，Y={2, 4, 7, 9}，及Z={1, 2, 3, 4, 7}，請解下列問題。

a. $X \cup Z$ = __　　b. $X \cap Y$ = __

c. $X \cap Z$ = __　　d. $X \cup Y \cup Z$ = __

e. $X \cap Y \cap Z$ = __　　f. $(X \cup Y) \cap Z$ = __

g. $(Y \cap Z) \cup (X \cap Y)$ = __　　h. X 或 Y = __

i. Y 和 Z = __

4.9丟兩個銅板的實驗中，什麼是獨立的？該實驗中，什麼事件爲互斥事件？

4.10列出你日常生活中兩個獨立事件及兩個互斥事件。

4.11若實驗爲連續丟一銅板三次，得到三個反面的互補爲何？

4.12若一母體由1到30的正偶數所組成，且A={2, 6, 12, 24}，則A′爲何？

4.4 邊際、聯集、聯合及條件機率

本章將說明四種特別形態的機率。第一種形態爲邊際機率。邊際機率記爲P(E)，此處的E爲某事件。計算邊際機率通常將某部分除以全部。邊際機率的一個例子爲某人有一輛福特的機率。該機率的計算是將有福特的車主數除以所有車主數。某人戴眼鏡的機率同樣爲邊際機率。該機率的計算是將戴眼鏡的人數除以所有的人數。在決策難題中，一工作者是否爲技術人員的機率亦爲邊際機率。

第二種形態的機率爲兩事件的聯集。聯集機率標記爲$P(E_1 \cup E_2)$，此處E_1及E_2爲兩個事件。$P(E_1 \cup E_2)$爲E_1將會發生或E_2將會發生或$E_1 \cup E_2$兩者皆會發生的機率。聯集機率的例子爲某人有一輛福特或雪芙蘭的機率。爲了符合該聯集，某人只需至少有一輛其中之一種車款。另一聯集機率的例子是某人戴眼鏡或有紅頭髮。所有戴眼鏡的人都包含在該聯集中，包括紅頭髮的人及戴眼鏡且紅頭髮的人。在決策難題的委託人公司中，某人爲男性或爲文書人員即爲聯集機率。符合該聯集的人可爲男性（可爲四種位置之任一種）、或爲文書人員（可爲男性或女性）、或兩者皆是（男性文書人員）。

第三種機率形態爲兩事件的交集，或聯合機率。事件E_1及E_2發生的聯合機率記爲$P(E_1 \cap E_2)$。通常$P(E_1 \cap E_2)$讀爲E_1及E_2的機率。爲了符合該交集，兩個事件皆必須發生。聯合機率的例子爲某人皆有福特及雪芙蘭的機率。只有一種車是不夠的。第二個聯合機率的例子是某人爲紅頭髮戴眼鏡。決策難題的例子爲隨機選取某人爲女性經理的機率。亦即，某人既爲女性且爲經理。

第四種形態爲條件機率。條件機率被標記爲$P(E_1 | E_2)$。該表示法讀成，若

E_2已知已經發生，則E_1會發生的機率。條件機率包含對某些先前資訊的了解。已知或給予的資訊被寫在機率說明中垂直線的右邊。條件機率的一例爲已有福特車的某人有雪芙蘭的機率。條件機率只是爲有雪芙蘭的車主擁有福特車的比例之測度——不是有雪芙蘭的所有車主。條件機率的計算爲決定從母體的某些項目的結果的項數。在車主的例子中，機率降低爲福特的車主，而後決定福特車主中雪芙蘭車主的數目。在決策難題中，若一工作者爲男性，該工作者在委託人公司中爲專業人士的機率？該例爲一種條件機率。四種機率形態中，只有條件機率的分母不爲母體的總數。條件機率的分母爲母體的一部份。圖4.6總結了四種機率形態。

4.5 加法法則

許多可用的工具可用來解決機率問題。這些技巧包含機率法則、樹狀圖、機率矩陣、樣本空間及直覺。因爲機率問題的獨特性及多樣性，有些技巧較他種更能馬上應用在某些情況。解決所有的機率問題沒有最好的方法。某些情形下，機率矩陣使問題在馬上可以解決的狀態。其他時候，列出機率矩陣比以其他方法解答問題較爲困難。機率法則幾乎可以永遠被用來解決機率問題。然而，就某些問題而言，解答不須正式的應用法則也可以被決定出來。

圖4.6 邊際、聯集、聯合、及條件機率

邊際	聯集	聯合	條件機率
$P(X)$	$P(X \cup Y)$	$P(X \cap Y)$	$P(X \mid Y)$
X發生的機率	X或Y發生的機率	X和Y發生的機率	若Y已發生X發生的機率
利用分母中的可能結果總數	利用分母中的可能結果總數	利用分母中的可能結果總數	利用分母中的可能結果小計
X	X Y	X Y	X Y

已經說明的工具之一為樣本空間，其他則包含機率法則。四個機率的一般法則將在本章中說明：加法法則、乘法法則、條件法則以及貝氏定理。加法法則及乘法法則各有其一般法則及特別法則。一般的加法法則用來發現兩事件聯集的機率，P(X∪Y)。

$$P(X \cup Y) = P(X) + P(Y) - P(X \cap Y)$$

其中X, Y為事件，$(X \cap Y)$ 為X和Y的交集

加法的一般法則

P(X∪Y)的表示法標記發生X、或發生Y、或兩者XY皆發生的機率。

Yankelovich Partners公司為美國室內設計學會進行一項調查，其中，工作者被問到辦公室設計的哪一種改變會增加生產力。回答者被允許回答一種以上的設計改變。頭號改變，即70%的工作者說會增加生產力的是降低噪音。第二名則是更多的儲藏（檔案）空間，佔67%。若從調查的回答者隨機選擇出一人，而後問哪一種辦公室設計的改變會增加工作者的生產力，則該員會選擇降低噪音或更多儲藏（檔案）空間的機率有多大？

令N代表事件「降低噪音」。令S代表事件「更多儲藏（檔案）空間」。某人回答N或S的機率可利用加法法則以統計方式標記為聯集機率。

$$P(N \cup S)$$

為了成功的滿足找出回答降低噪音或更多儲藏（檔案）空間的某人，我們只需要找出想要至少兩事件中其中一樣的某人。因為70%受調查的人回答降低噪音會增加更多的生產力，P(N)=0.70。而且，因為67%受調查的人回答更多儲藏（檔案）空間會增加生產力，P(S)=0.67。任何一種都滿足聯集的要求，即，我們找到一人回答一項或另一項。因此，問題的解答似乎為

$$P(N \cup S) = P(N) + P(S) = .70 + .67 = 1.37$$

然而，我們已經了解機率不可能大過1.00。問題在哪裡？其結果是，回答兩者降低噪音及更多儲藏空間可以增加生產力者包含於各邊際機率中，P(N)及P(S)。當然，建議兩種改進方法的人應包含於至少一種改進方法中。問題在於，建議兩種改進方法的人包含於P(N)及P(S)者被重複計數。這就是為什麼一般的加法法則中減去交集機率，P(N∩S)。圖4.7為解答的文氏圖。注意，N及S的交集部分在圖A中為雙重陰影，顯示其已被算了兩次。圖B中，陰影與N及

圖4.7
辦公室生產力問題中聯集的解答

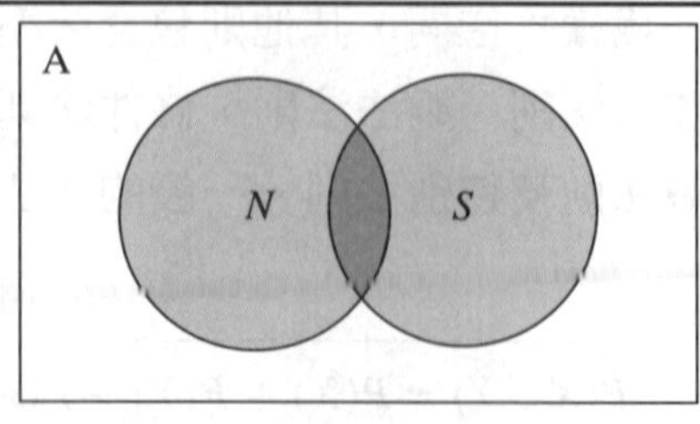

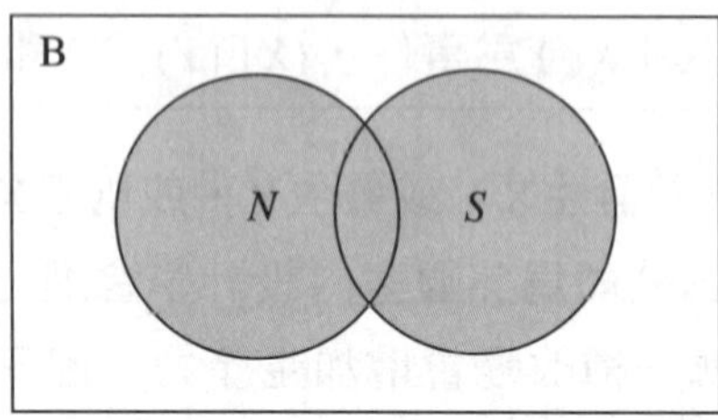

S一致，因爲交集的區域已被減去一次。

機率矩陣

除了公式之外，另一個解決機率問題的有用方法爲機率矩陣。機率矩陣顯示某一問題的邊際機率及交集機決率。聯集機率以及條件機率必須從矩陣計算。通常，機率矩陣由二維的表所構成，表的每一邊有一個變數。例如，在辦公室設計問題中，降低噪音在表的一邊，而增加儲藏空間在表的另一邊。問題中，一變數有「是」列及「否」列，且另一變數有「是」欄及「否」欄，如表4.2所示。

現在我們進入邊際機率。P(N)=0.70爲某人對降低噪音回答「是」的邊際機率。該數值記在降低噪音的「是」列的邊緣，如表4.3所示。若P(N)=0.70，則30%的受訪者不相信降低噪音會增加生產力。因此P(非N) =1−0.70=0.30。該

表4.2
辦公室設計問題的機率矩陣

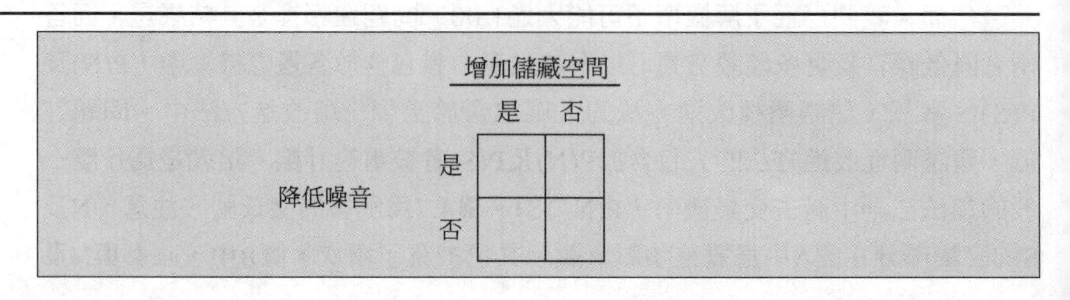

		增加儲藏空間	
		是	否
降低噪音	是		
	否		

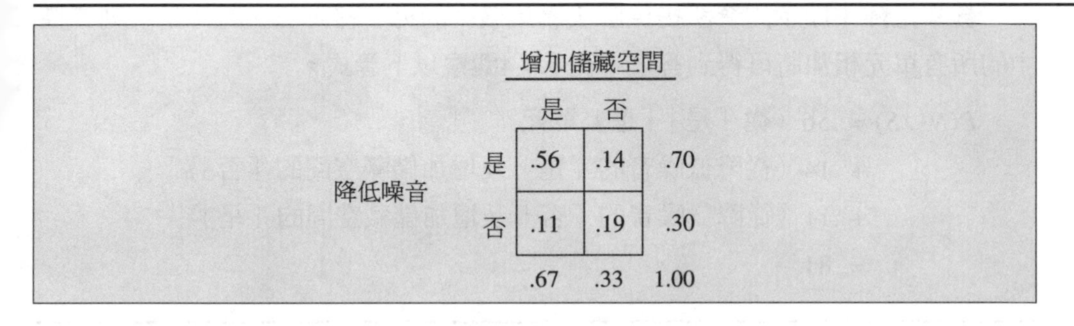

		增加儲藏空間		
		是	否	
降低噪音	是	.56	.14	.70
	否	.11	.19	.30
		.67	.33	1.00

表4.3 辦公室設計問題的機率矩陣

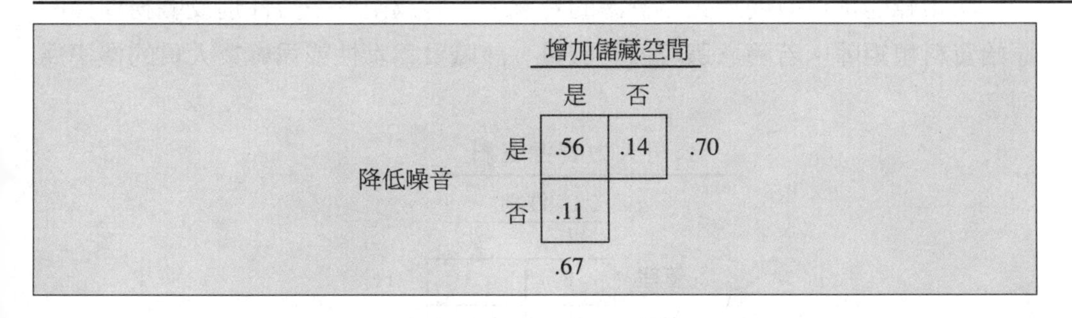

		增加儲藏空間	
		是	否
降低噪音	是	.56	.14	.70
	否	.11		
		.67		

表4.4 辦公室設計問題機率矩陣的「是」列及欄

數值記在降低噪音之「否」列中。這也是邊際機率。增加儲藏空間的「是」欄中，0.67的值被記爲邊際機率，P(S) =.67。增加儲藏空間的「否」欄的邊際機率，P(非S) =1−.67=.33被記在儲藏空間的「否」欄中。機率矩陣中，記上所有四個邊際機率，或是單純的利用互補機率規則計算出P(非S) =1−P(S)。降低噪音即增加儲藏空間的交集，記爲P(N∩S)=0.56。該數值記入「是」之機率矩陣的單元中，如表4.3所示。矩陣的其餘部分可以從邊際機率的單元數值減去而決定。例如，從0.70減去0.56得到0.14爲降低噪音「是」中的單元，以及增加儲藏空間「否」中。亦即，14%的所有受訪人說降低噪音會增加生產力但不會增加儲存空間。將矩陣的其餘部分塡滿得到表4.3中顯示的機率。

聯集P（N∪S）以機率矩陣可以至少兩種不同的方法解出。焦點在降低噪音的「是」列及增加儲存空間的「是」欄，如表4.4所示。某人建議降低噪音或增加儲藏空間爲改進生產力的解絕方法的機率，P(N∪S)，可以從機率矩陣中決定，亦即，降低噪音的「是」與增加儲藏空間的「是」的邊際機率相加，再減掉「是」「是」單元，如機率的一般法則的方式。

$$P(N \cup S) = .70（從「是」列）+ .67（從「是」欄）$$
$$-.56（從「是」「是」單元）= .81$$

機率矩陣中顯示的資訊提供解決聯集機率的另一種方法。將「是」列或欄中的所有單元相加將可得到答案。從表4.4觀察以下算式。

$P(N \cup S) = .56$（從「是」「是」單元）

$+ .14$（從降低噪音的「是」及增加儲藏空間的「否」）

$+ .11$（從降低噪音的「否」及增加儲藏空間的「是」）

$= .81$

例題4.3　決策難題提供有關於人力資源的資訊。下方為兩個變數性別及職務種類的原始資料值矩陣。若隨意選取公司職員，該職員為女性或為專業人員的機率為何？

公司人力資源資料

職務種類	男	女	
管理	8	3	11
專業	31	13	44
技術	52	17	69
文書	9	22	31
	100	55	155

（性別：男、女）

解答

令F標記為女性的事件，P標記為專業人員的事件。問題：P（E∪P）＝？

利用加法的一般法則

$$P(F \cup P) = P(F) + P(P) - P(F \cap P)$$

在總數為155位職員中有55位女性。因此，P(F) = 55/155 = .355。總數為155位職員中有44位專業人員。因此，P(P) = 44/155 = .284。因為有13位職員既是女性又是專業人士，P(F∩P) = 13/155 = 0.084。聯集機率的解法為

$$P(F \cup P) = .355 + .284 - .084 = .555$$

為了以矩陣解該機率，你可以使用上面顯示的原始資料矩陣，或原始數值矩陣轉換為機率矩陣，亦即將矩陣中的每一個數值除以N的值，155。原始數值的使用方法與機率矩陣的使用方法相似。從原始數值矩陣中，選出某人為女

性或專業人士的聯集機率的計算爲，將女性欄中的人數（55）加上專業人士欄中的人數(44)，再減掉女性欄及專業人士欄的交集單元(13)。該步驟得到的數值爲55＋44－13=86。將該數值（86）除以N的數值（155）得到聯集機率。

$$P(F \cup P) = 86/155 = .555$$

從表中得到答案的第二個方法爲，同時將女性欄或專業人士欄的所有單元相加，

$$3 + 13 + 17 + 22 + 31 = 86,$$

再除以職員的總數，N=155，其爲

$$P(F \cup P) = 86/155 = .555$$

例題4.4

下表中包含全國調查200位經理人結果的原始數值及相關的機率矩陣。他們被問到其公司的地理位置以及行業種類。

原 始 數 值

行業種類		地理位置 東北部 D	東南部 E	中西部 F	西部 G	
	金融 A	24	10	8	14	56
	製造 B	30	6	22	12	70
	傳播 C	28	18	12	16	74
		82	34	42	42	200

機 率 矩 陣

行業種類		地理位置 東北部 D	東南部 E	中西部 F	西部 G	
	金融 A	.12	.05	.04	.07	.28
	製造 B	.15	.03	.11	.06	.35
	傳播 C	.14	.09	.06	.08	.37
		.41	.17	.21	.21	1.00

a.若從這些資料隨機選取一回答者，該經理人從中西部（F）來的機率爲何？

b.一回答者從大眾傳播業（C）或從東北部（D）來的機率爲何？

c.一回答者從東南部（E）或從金融業（A）的機率爲何？

解答

a. $P(\text{中西部}) = P(F) = .21$

b. $P(C \cup D) = P(C) + P(D) - P(C \cap D) = .37 + .41 - .14 = .64$

c. $P(E \cup A) = P(E) + P(A) - P(E \cap A) = .17 + .28 - .05 = .40$

以一般的加法法則計算聯集時，交集機率被減去，因爲其已經被包含在兩個邊際機率中。被調整過的機率使聯集機率適當地包含兩個邊際數值及交集數值。若交集機率被減去第二次，交集被移除，剩下機率X或Y，但不是都有。

$$P(X\text{ 或 }Y\text{ 但不是都有}) = P(X) + P(Y) - P(X \cap Y) - P(X \cap Y)$$

圖4.8爲該機率之文氏圖。

聯集的互補　剛好有兩事件X及Y的情形下，聯集的機率代表機率的結果爲非X即Y、或XY兩者皆有。另一種說法爲不是X也不是Y，其可被符號表示爲P（非X∩非Y）。因爲除了X或Y的聯集外，只有這種可能的情況，其爲聯集的互補。以更正式的方式爲，

$$P(\text{非 }X\text{ 即 }Y) = P(\text{非 }X \cap \text{非}Y) = 1 - P(X \cup Y)$$

檢視圖4.9中的文氏圖。注意X及Y聯集的互補爲圈外的陰影部分。該區域代表非X或非Y的區域。

先前，討論有關於改變辦公室設計增加工作者生產力的調查結果。隨機選取的工作者會回答降低噪音或增加儲藏空間的機率被決定爲

$$P(N \cup S) = P(N) + P(S) - P(N \cap S) = .70 + .67 - .56 = .81$$

工作者會回答不是降低噪音也不是增加儲藏空間的機率被計算爲該聯集的互補。

$$P(\text{非 }N\text{ 非 }S) = P(\text{非 }N \cap \text{非 }S) = 1 - P(N \cup S) = 1 - .81 = .19$$

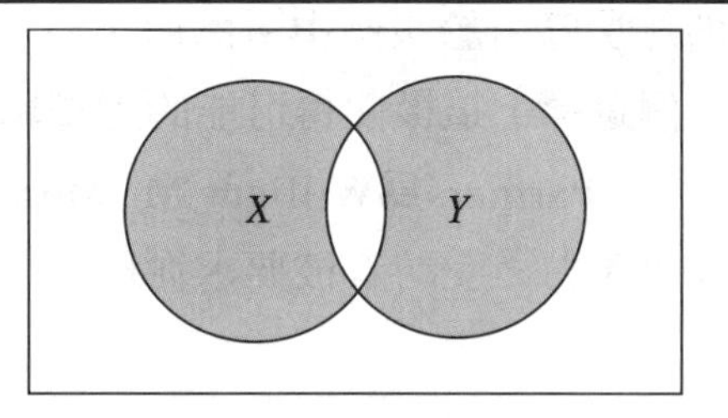

圖4.8
X或Y但非兩者皆是的文氏圖

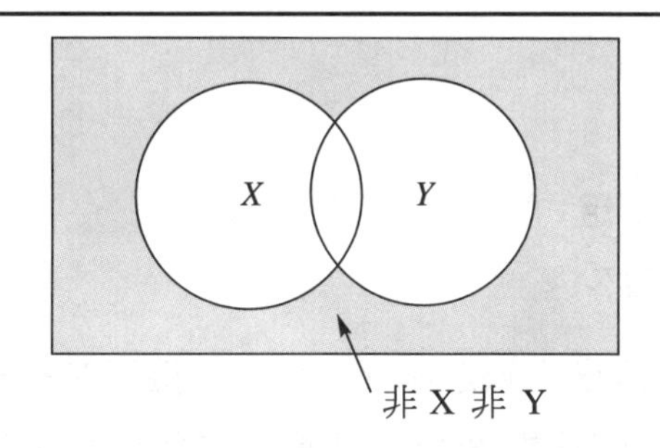

圖4.9
皆非的區域

百分之十九的工作者選擇不是降低噪音也不是增加儲藏空間爲增加生產力的答案。

檢驗表4.3，注意「不是～也不是～」的機率，亦即在矩陣中的「否」「否」單元中可找到.19的機率。

加法特別法則

若兩事件爲互斥，兩事件聯集的機率爲第一個事件的機率加上第二個事件的機率。因爲互斥事件沒有交集，沒有東西可以被減掉。

若X, Y互斥，

$$P(X \cup Y) = P(X) + P(Y)$$

加法特別法則

加法特別法則爲一般加法法則的特例。就某方面而言，一般法則符合所有的情況。然而，當事件爲互斥時，因交集之故，零進到一般法則的公式中，而產生特別法則公式。

先前提到有關改變辦公室設計增加生產力的調查中，回答者被允許選擇超過一項的辦公室設計改變。因此，很有可能實際上沒有一項改變的選擇爲互斥，因此加法特別法則無法應用於該例中。然而，另一項樣調查中，受訪者被允許選擇的答案只有一個選擇，這樣使得可能的選擇爲互斥。

該研究由Yankelovich Partners爲William M. Mercer, Inc.進行調查。問及工作人員何者最妨礙其生產力。受訪者被要求從以下的因素選出。

缺乏指示

缺乏支持

太多工作

沒有效率的流程

設備／儲備物資不足

薪資低／晉升機會少

太多數的工作人員指出缺乏指示(20%)，接下來是缺乏支持(18%)，太多工作(18%)，沒有效率的流程(8%)，設備／供應不足(7%)，薪資低／晉升機會少(7%)，及其他因素。若回答該調查的工作人員被選出來（若該調查確實反應工作人員普遍的觀點且從一般工作人員中選出），且若該工作者被問到以下最妨礙他或她的生產力時，則該工作者將回答太多工作或沒有效率的流程的機率爲何？

令M表示事件「太多工作」，且I表示事件「沒有效率的流程」。問題如下：

$P(M \cup I) = ?$

因爲18%的調查受訪者說「太多工作」。

$P(M) = .18.$

因爲8%的調查受訪者說「沒有效率的流程」，

$P(I) = .08.$

因爲不可以選擇超過一個答案，

$P(M \cap I) = .0000.$

使用加法特別法則得到

$P(M \cup I) = P(M) + P(I) = .18 + .08 = .26$

若從決策難題中說明的公司，隨機選出一工作者，該工作者為技術人員或文書人員的機率為何？該職員為一專業人員或職員的機率為何？ **例題4.5**

解答

檢視例題4.3顯示的公司人力資源資料的原始數值矩陣。像這樣的許多原始數值及機率矩陣中，就像欄位一樣，列也是沒有重複或是互斥的。然而，在受訪者可以選擇大於一種因素的調查中的機率及原始數值矩陣的情形則不相同。人力資源表中，工作者可被歸類為僅為一種職位形態，且不是男性就是女性，不會兩者皆是。因此，職位形態的種類為互斥，如性別的種類一樣，且加法特別法則可被應用於人力資源資料以決定聯集機率。

令T代表技術人員，C代表文書人員，P代表專業人員。

工作者不是技術人員或文書人員的機率為

$$P(\mathrm{T} \cup \mathrm{C}) = P(\mathrm{T}) + P(\mathrm{C}) = 69/155 + 31/155 = 100/155 = .645.$$

工作者不是專業人員或文書人員的機率為

$$P(\mathrm{P} \cup \mathrm{C}) = P(\mathrm{P}) + P(\mathrm{C}) = 44/155 + 31/155 = 75/155 = .484.$$

使用例題4.4表中的 資料。隨機選取的受訪者從東南部或西部來的機率為何？ **例題4.6**

$$P(\mathrm{E} \cup \mathrm{G}) = ?$$

解答

因為地理位置為互斥（工作地點不是在東南部就是在西部，不會兩者皆是）。

$$P(\mathrm{E} \cup \mathrm{G}) = P(\mathrm{E}) + P(\mathrm{G}) = .17 + .21 = .38$$

4.13假設 $P(\mathrm{A}) =.10$, $P(\mathrm{B}) =.12$, $P(\mathrm{C}) =.21$, $P(\mathrm{A} \cap \mathrm{C}) =.05$, $P(\mathrm{B} \cap \mathrm{C}) =.03$ **問題4.5**

請回答下列問題。

a. $P(\mathrm{A} \cup \mathrm{C}) =$ ____ b. $P(\mathrm{B} \cup \mathrm{C}) =$ ____

c. 若 A 與 B 互斥，則 $P(\mathrm{A} \cup \mathrm{B}) =$ ____

4.14使用表中的數值解答問題。

	D	E	F
A	5	8	12
B	10	6	4
C	8	2	5

a. $P(A \cup D)$ = __
b. $P(E \cup B)$ = __
c. $P(D \cup E)$ = __
d. $P(A \cup B \cup C)$ = __
e. $P(B \cup E \cup F)$ = __

4.15使用表中的數值解答問題。

	E	F
A	.10	.03
B	.04	.12
C	.27	.06
D	.31	.07

a. $P(A \cup F)$ = __
b. $P(E \cup B)$ = __
c. $P(B \cup C)$ = __
d. $P(B \cup C \cup D)$ = __
e. $P(E \cup F)$ = __

4.16假設47%的所有美國人至少搭過一次飛機，而且28%的美國人至少搭過一次火車。隨機選取的美國人搭過火車或飛機的機率爲何？這個問題有解嗎？在什麼情形下這問題有解？若這問題無解，必須加入什麼資料使其有解？

4.17依據美國勞工統計局的資料，25到49歲的75%的婦女加入勞動。假設該年齡層中78%的女性結過婚。同樣假設25到49歲61%的所有婦女結過婚且加入勞動。

a.該年齡層中隨機選取一婦女結過婚或加入勞動的機率爲何？

b.該年齡層中隨機選取一婦女結過婚或加入勞動但並非兩者皆有的機率爲何？

c.該年齡層中隨機選取一婦女沒結過婚亦沒加入勞動的機率爲何？

4.18依照美國有線電視協會，約有63%擁有電視的美國家庭裝設有線電視。66%有電視的美國家庭有兩台或兩台以上的電視。假設47%有電視的美國家庭有有線電視及有兩台或兩台以上的電視。隨機選取美國家庭回答下列問題。

a.家庭中有有線電視或有兩台或兩台以上電視的機率爲何？

b.家庭中有有線電視或有兩台或兩台以上的電視，但並非兩者皆是的機率爲何？

c.家庭中沒有有線電視或沒有兩台或兩台以上的電視的機率為何？

d.為什麼加法的特別法則不適用於本問題？

4.19西北大學Lindquist–Endicott報導進行的調查，詢問320家公司有關於其使用的雇用流程。只有54%的受訪公司視應徵者的大學成績單為雇用流程的一部份，且只有44%考慮教師的推薦信。假設這些百分比對美國公司的母體為真，且35%的所有公司使用應徵者的大學成績單及教師的推薦信。

a.一家隨機選取的公司的雇用流程用教師的推薦信或大學成績單的機率為何？

b.一家隨機選取的公司的雇用流程用教師的推薦信或大學成績單但並非兩者皆是的機率為何？

c.一家隨機選取的公司的雇用流程沒有用教師推薦信或大學成績單的機率為何？

4.6 乘法法則

兩事件交集的機率（X∩Y）被稱為聯合機率。乘法的一般法則用在找出兩事件交集的機率或聯合機率。

$$P(X \cap Y) = P(X) \cdot P(Y|X) = P(Y) \cdot P(X|Y)$$

乘法的一般法則

X∩Y的發生代表X及Y兩者一定會發生。乘法的一般法則可得到兩事件X及Y兩者會同時發生的機率。

依照美國勞工部婦女局的資料，46%的美國勞動力為婦女。另外，25%投入勞動力市場的婦女為兼職。隨機選取美國勞動力的一員為婦女且兼職的機率為何？該問題為一種聯合機率，且乘法的一般法則可以用來回答它。

令W代表的事件為勞動力的成員為女性。令T代表的事件為工作者為兼職者。

問題為

$$P(W \cap T) = ?$$

依照乘法的一般法則，可以解出

$$P(W \cap T) = P(W) \cdot P(T|W)$$

因爲46%的勞動力爲婦女，$P(W) = .46$。

$P(T|W)$爲條件機率，其可被陳述爲若工作者爲婦女，美國勞動力成員爲兼職工作者的機率。這就是在陳述中所得到的25%投入勞動力市場的婦女爲兼職。所以，$P(T|W) =.25$。由此可得到

$$P(W \cap T) = P(W) \cdot P(T|W) = (.46)(.25) = .115$$

可被陳述爲11.5%的美國勞動力爲婦女且爲兼職。

圖4.10的文氏圖顯示這些關係及聯合機率。

從原始數值及／或機率矩陣決定聯合機率是容易的，因爲該矩陣中的每一個單元爲聯合機率。其實，有些統計學家將機率矩陣稱之爲聯合機率表。例如，假設公司的人力資源資料的原始數值矩陣除以職員的總數轉換爲機率矩陣，結果爲表4.5。

圖4.10
一成年婦女投入勞動力市場且爲兼職者的聯合機率之文氏圖

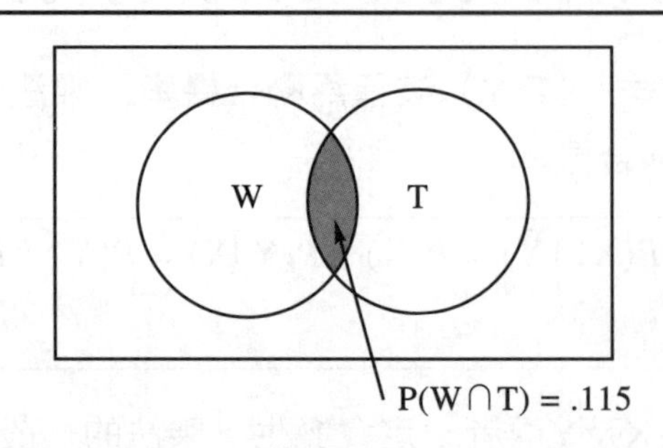

表4.5
公司的人力資源資料的機率矩陣

職務類別	男性	女性	
管理人員	.052	.019	.071
專業人員	.200	.084	.284
技術人員	.335	.110	.445
文書人員	.058	.142	.200
	.645	.355	1.000

（性別：男性、女性）

表4.5單元中的每一個數值爲交集，且表中包含變數，性別及職位種類的所有可能交集。例如，隨機選取的工作者爲男性且爲技術者的機率，P(M∩T)爲.335。隨機選取的工作者爲女性且爲專業者的機率，P(F∩P)，爲.084。一旦一個問題的機率矩陣已經建立，解出聯合機率的最簡單方法通常爲找出矩陣中適切的單元而後選出答案。技巧在於做出矩陣。通常因爲問題中已知的條件，使用公式較製作矩陣容易。

例題4.7

公司有140名員工，其中有30名爲管理者。80名員工已經結婚，且20%已結婚的員工爲管理者。若公司的員工爲隨機選取，員工已結婚且爲管理者的機率爲何？

解答

令M代表已結婚，S代表管理者。

$$P(\mathrm{M} \cap \mathrm{S}) = ?$$

首先，計算邊際機率。

$$P(M) = \frac{80}{140} = .5714$$

而後，20%已結婚的員工爲管理者，其爲條件機率，$P(S|M) = 0.20$。最後，應用乘法一般法則，得到

$$P(\mathrm{M} \cap \mathrm{S}) = P(\mathrm{M}) \cdot P(\mathrm{S}|\mathrm{M}) = (.5714)(.20) = .1143$$

因此，11.43%的140名員工爲已結婚且爲管理者。

例題4.8

從例題4.4先前使用的200位經理人的受訪資料，發現：

a. $P(\mathrm{B} \cap \mathrm{E})$

b. $P(\mathrm{G} \cap \mathrm{A})$

c. $P(\mathrm{B} \cap \mathrm{C})$

原始數值

		地理位置				
		東北部 D	東南部 E	中西部 F	西部 G	
行業類別	金融 A	24	10	8	14	56
	製造 B	30	6	22	12	70
	傳播 C	28	18	12	16	74
		82	34	42	42	200

機率矩陣

		地理位置				
		東北部 D	東南部 E	中西部 F	西部 G	
行業類別	金融 A	.12	.05	.04	.07	.28
	製造 B	.15	.03	.11	.06	.35
	傳播 C	.14	.09	.06	.08	.37
		.41	.17	.21	.21	1.00

解答

a.從機率矩陣的單元中，$P(B \cap E)=6/200=.03$。以公式解出，

$P(B \cap E)=P(B) \cdot P(E|B)$

$$P(B)=\frac{70}{200}=.35$$

若B已經發生，E發生的機率，P（E |B），可從機率矩陣中解出。有多少個B呢？矩陣機率顯示B的.35。因為B已知，P (E |B) = E/.35。B列中的E為何？0.03。因此，P (E |B) = .03/.35。所以，

$$P(B \cap E)=P(B) \cdot P(E|B)=(.35)\left(\frac{.03}{.35}\right)=.03$$

雖然公式有效，但找出機率矩陣中單元的聯合機率較使用公式為快。

另一公式為P (B∩E) = P(E)．P (B |E)，但P (E) = .17。則P(B |E)代表若E為已知，B的機率。共有.17個E在機率矩陣中，且0.03個B在E中。因此，

$$P(B|E)=\frac{.03}{.17} \text{ 且 } P(B\cap E)=P(E)\cdot P(B|E)=(.17)\left(\frac{.03}{.17}\right)=.03$$

b.爲了得到P(G∩A)，在機率矩陣中找出G及A的交集單元，0.07，或使用以下公式。

$$P(G\cap A)=P(G)\cdot P(A|G)=(.21)\left(\frac{.07}{.21}\right)=.07$$

或

$$P(G\cap A)=P(A)\cdot P(G|A)=(.28)\left(\frac{.07}{.28}\right)=.07$$

c.機率P(B∩C)代表一個受訪者將到製造業及傳播業工作。然而，用來蒐集200名經理人之資料的調查，要求各受訪者標明其公司之唯一一種行業別。矩陣顯示該兩事件中沒有交集。因此，B及C爲互斥。沒有一位受訪者既在製造業也在傳播業。所以，

$$P(B\cap C)=.0$$

乘法特別法則

若事件X及Y爲獨立，乘法的特別法則可用來找出X及Y的交集。該特別法則使用到的事實是，當兩事件（X，Y）爲獨立，P(X|Y) = P(X)，且P(Y|X) = P(Y)。因此，乘法的一般法則，$P(X\cap Y)=P(X)\cdot P(Y|X)$，當X及Y爲獨立時，變成$P(X\cap Y)=P(X)\cdot P(Y)$。

> 如果X，Y爲獨立事件，則
>
> $$P(X\cap Y)=P(X)\cdot P(Y)$$
>
> **乘法特別法則**

注意：丟銅板及擲骰子的實驗，其實際上爲產生獨立事件。若實驗以投返式進行，其實驗產生獨立事件。

Bruskin-Goldring Research爲精工牌（SEIKO）進行的研究發現，28%的美國成人相信自動報時器已經對每天的生活產生重要的影響。另一由David Michaelson & Associates爲Dale Carnegie & Associate檢視工作場所的研究中，員工對團隊精神的看法，且發現72%的所有員工相信，把工作視爲團體的

一部份會減低壓力。人們對自動報時器的看法與其對團隊精神的看法爲獨立嗎？若其爲獨立，則以隨機選取的人相信自動報時器已經對每天的生活產生重要的影響且把工作視爲團體的一部份會減低壓力的機率如下。

令A標記爲自動報時器，S標記爲團隊降低壓力。

$$P(\mathrm{A}) = .28$$
$$P(\mathrm{S}) = .72$$
$$P(\mathrm{A} \cap \mathrm{S}) = P(\mathrm{A}) \cdot P(\mathrm{S}) = (.28)(.72) = .2016$$

亦即，20.16%的民眾相信自動報時器已經對每天的生活產生重要的影響且把工作視爲團體的一部份會減低壓力的機率。

例題4.9　一製造工廠製造成疊的捆紙。所有產生的紙疊中有3%沒有被捆好。一個管理員同時隨機取出兩疊紙爲樣本。因爲大量的紙疊在檢查時亦持續生產，抽樣的完成其實爲投返。那麼，兩疊紙皆沒有被捆好的機率爲何？

解答

令I記爲沒有被捆好。問題在於決定

$$P(\mathrm{I}_1 \cap \mathrm{I}_2) = ?$$

I= .03或3%的機率爲沒有被捆好。因爲抽樣的完成其實爲投返，兩事件爲獨立。則，

$$P(\mathrm{I}_1 \cap \mathrm{I}_2) = P(\mathrm{I}_1) \cdot P(\mathrm{I}_2) = (.03)(.03) = .0009$$

例題4.10　若丟出兩個銅板，第一個銅板爲正面以及第二個銅板爲正面的機率爲何？

$$P(\mathrm{H}_1 \cap \mathrm{H}_2) = ?$$

解答

兩銅板爲獨立，因此

$$P(\mathrm{H}_1 \cap \mathrm{H}_2) = P(\mathrm{H}_1) \cdot P(\mathrm{H}_2) = \frac{1}{2} \cdot \frac{1}{2} = \frac{1}{4}$$

表4.6
從獨立事件資料製成的偶發事件表

	D	E	
A	8	12	20
B	20	30	50
C	6	9	15
	34	51	85

所有的機率矩陣包含的變數不是獨立的。若機率矩陣包含獨立變數，可以應用乘法的特別法則。若不是，不可使用特別法則。4.7節我們探討了決定事件是否爲獨立的技巧。表4.6包含從獨立事件得來的資料。

例題4.11

使用從表4.6的資料且利用乘法特別法則找到P(B∩D)。

解答

$$P(\mathrm{B}\cap\mathrm{D}) = P(\mathrm{B})\cdot P(\mathrm{D}) = \frac{50}{85}\cdot\frac{34}{85} = .2353$$

該方法只對偶發事件表及機率矩陣有效，其中，在矩陣一邊的變數與矩陣另一邊的變數獨立。注意，以該公式得到的答案與從表4.6中使用單元資料所得的答案相同。

$$P(\mathrm{B}\cap\mathrm{D}) = \frac{20}{85} = .2353$$

問題4.6

4.20使用表中的數值解出以下的式子。

	C	D	E	F
A	5	11	16	8
B	2	3	5	7

a. $P(\mathrm{A}\cap\mathrm{E})$ = ____
b. $P(\mathrm{D}\cap\mathrm{B})$ = ____
c. $P(\mathrm{D}\cap\mathrm{E})$ = ____
d. $P(\mathrm{A}\cap\mathrm{B})$ = ____

4.21使用表中的數值解出以下的式子。

	D	E	F
A	.12	.13	.08
B	.18	.09	.04
C	.06	.24	.06

a. $P(\text{E} \cap \text{B})$ = ____
b. $P(\text{C} \cap \text{F})$ = ____
c. $P(\text{E} \cap \text{D})$ = ____

4.22丟三個銅板，第一個得正面，第二個得正面，且第三個得反面的機率爲何？

4.23一個小孩在玩一對骰子，其中一個爲綠色，另一個爲白色。若她擲出這對骰子，她綠色骰子擲到5且白色骰子擲到4的機率爲何？她在一個骰子擲到3且另一個擲到1的機率爲何（不管顏色爲何）？

4.24一個學生洗一副標準的撲克牌，且抽出三張牌，一次一張，無投返。他連續抽出三張A的機率爲何？他首先抽出一張J、第二張爲Q，第三張爲K的機率爲何？若有投返，連續抽出三張A的機率爲增加或減少？

4.25a.一批50個零件中有6個瑕疵。若同時隨機抽出兩個零件不投返，兩個零件皆有瑕疵的機率爲何？

b.若重複該實驗，但有投返，兩個零件皆有瑕疵的機率爲何？

4.26依照非營利團體Zero Population Growth的資料，78%的美國民眾住在郊區。普林斯頓大學及威斯康辛大學報告約有15%的美國成人照料生病的親屬。假設11%住在郊區的成人照料生病的親屬。

a.利用乘法的一般法則決定從美國民眾中隨機選取的成人住在郊區且照料生病親屬的機率。

b.從美國民眾中隨機選取的成人住在郊區但沒有照料生病的親屬的機率爲何？

c.製作一機率矩陣且顯示該問題的答案居於矩陣中的何處？

d.從機率矩陣中，決定成人住在非郊區且照料生病的親屬的機率爲何？

4.27目前，美國的飲料容器有48%爲罐子。假設所有使用於美國飲料的罐子94%爲鋁所製。若隨機選取一個美國的飲料容器，

a.容器不是罐子的機率為何？

b.容器為鋁製的機率為何？

c.容器為罐子但非鋁製的機率為何？

d.容器為非鋁製（假設只有罐子為鋁製）的機率為何？

e.容器為鋁製或非罐子的機率為何？（假設只有罐子為鋁製）。

4.28Becker Associates，一家聖地牙哥的旅遊顧問公司最近所做的研究發現，30%的旅遊大眾說班機的選擇受航空安全的認知所影響。39%想要了解飛行器的機齡，22%覺得航空人員的駕駛經驗應公諸於世。假設87%說班機的選擇受航空安全的認知所影響的旅遊大眾想要了解飛行器的機齡，且63%說班機的選擇受航空安全的認知所影響的旅遊大眾想要了解航空人員的駕駛經驗。

a.從旅遊大眾隨機選取一員，而發現他（或她）說班機的選擇受航空安全的認知所影響，且想要了解航空人員的駕駛經驗記錄的機率為何？

b.從旅遊大眾隨機選取一員，而發現他（或她）說航次的選擇受航空安全的認知所影響且不想要了解航空人員的駕駛經驗記錄的機率為何？

c.一研究者從旅遊大眾隨機選取兩名，一次一名。兩個都想要了解飛行器的機齡的機率為何？解答該問題所用的假設為何？

4.29依照紐約證券交易所的資料，76%的股票持有者接受過大學教育。假設，37%的美國成人接受過大學教育，且22%的所有美國成人為股票持有者。一個美國成人被隨機選出。

a.該成人沒有持有股票的機率為何？

b.該成人持有股票且具有大學學歷的機率為何？

c.該成人持有股票或有大學學歷的機率為何？

d.該成人不持有股票也沒有大學學歷的機率為何？

e.該成人不持有股票或沒有大學學歷的機率為何？

f.該成人有大學學歷且不持有股票的機率為何？

4.7 條件機率法則

條件機率的基礎在於對變數之一的了解。若X及Y為兩事件，若Y已知或已發生，X發生的條件機率被表示為P(X |Y)且出現在條件機率法則中。

條件機率法則	$$P(X\|Y)=\frac{P(X\cap Y)}{P(Y)}=\frac{P(X)\cdot P(Y\|X)}{P(Y)}$$

(X |Y)的條件機率為假設Y已知，發生X的機率。條件機率的公式是將乘法一般法則的兩邊除以P(Y)而來。

Yankelovich Partners的研究中決定哪種辦公室設計的改變會增加生產力，70%的受訪者相信噪音降低將會增進生產力，且67%說增加儲藏空間會增進生產力。而且，假設，56%的所有受訪人相信噪音降低及增加儲藏空間皆會改進生產力。一工作者被隨機選出，且被問到有關辦公室設計的改變。該工作者相信噪音降低將會改進生產力。則該工作者相信增加儲藏空間會改進生產力的機率為何？亦即，隨機選取的人若她或他相信噪音降低會改進生產力，則其相信增加儲藏空間會改進生產力的機率為何？以符號表示該問題為：

$$P(S|N)=?$$

注意，所給的資料是列在條件機率中垂直線的右側。公式的解答為：

$$P(S|N)=\frac{P(S\cap N)}{P(N)}$$

$$P(N)=.70 \quad \text{且} \quad P(S\cap N)=.56$$

$$P(S|N)=\frac{P(S\cap N)}{P(N)}=\frac{.56}{.70}=.80$$

百分之八十相信噪音降低會改進生產力的人也相信增加儲藏空間會改進生產力。

圖4.11中該注意的是，文氏圖中N的面積為完全的陰影，因為其假設工作者相信噪音降低會改進生產力。同樣注意到，N及S的交集更加重陰影部分。其為包含增加儲藏空間的噪音降低部分。這是唯一在噪音降低中增加儲藏空間

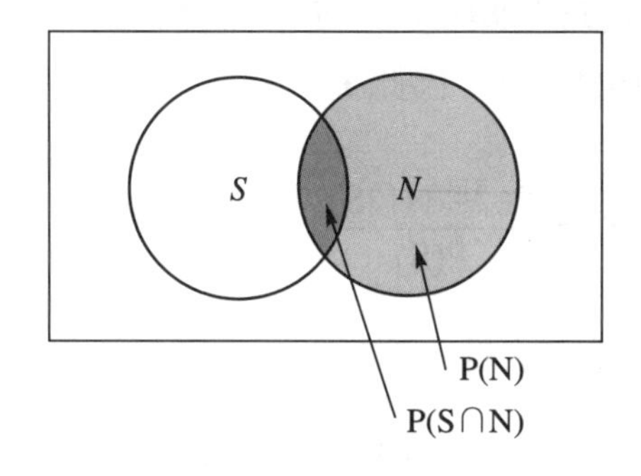

圖4.11 已知降低噪音，則增加儲藏空間的條件機率之文氏圖

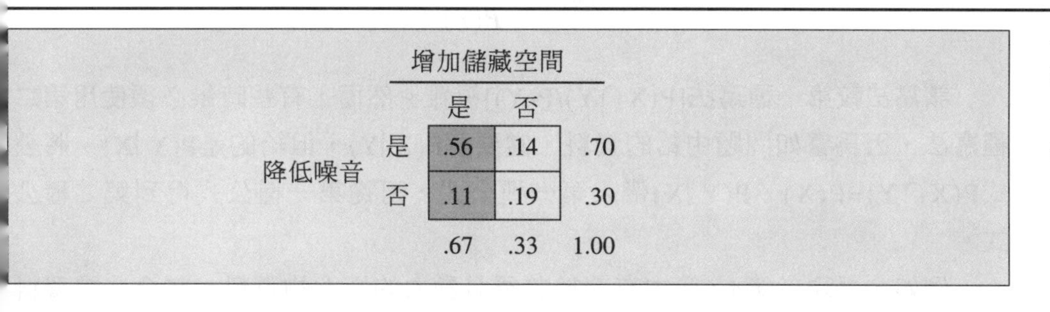

		增加儲藏空間		
		是	否	
降低噪音	是	.56	.14	.70
	否	.11	.19	.30
		.67	.33	1.00

表4.7 辦公室設計問題之機率矩陣圖

的部份；且因該員已知爲偏向噪音降低，其爲包含增加儲藏空間唯一重疊的部分。

就辦公室設計問題，檢視表4.7中的機率矩陣。矩陣中所給的數值無一爲條件機率。爲了再說明之前所說明的部分，機率矩陣只包含兩種形態的機率，邊際機率及聯合機率。所有的單元數值爲聯合機率且邊緣的小計爲邊際機率。如何從機率矩陣中決定出條件機率？條件機率的法則顯示條件機率的計算爲將聯合機率除以邊際機率。因此，機率矩陣以所有所需的資料來解出條件機率。

一個隨機選出的工作者，假使其的確相信增加儲藏空間會改進生產力，相信噪音降低不會改進生產力的機率爲何？亦即，

$$\mathrm{P}(\text{非 N}|\mathrm{S}) = ?$$

條件機率法則說明

$$P(\text{非 N}|\mathrm{S}) = \frac{\mathrm{P}(\text{非 N}\cap \mathrm{S})}{\mathrm{P}(\mathrm{S})}$$

注意，因S爲已知，我們只關心表4.7中有陰影的欄位，其爲增加儲藏空間的「是」欄。邊際機率，P(S)，爲該欄中的總數，.67，且被發現在表格底部

的邊緣中。P(非N∩S)被發現為噪音的「否」及儲藏的「是」欄之交集。該數值為.11。因此，P(非N∩S)為.11。因此，

$$P(\text{非 N}|\text{S}) = \frac{\text{P(非 N}\cap\text{S)}}{\text{P(S)}} = \frac{.11}{.67} = .164$$

條件機率公式的第二種寫法為

$$P(X|Y) = \frac{P(X) \cdot P(Y|X)}{P(Y)}$$

該寫法較第一種寫法[P(X∩Y)/P(Y)]複雜。然而，有些時候必須使用第二種寫法，因為譬如問題中給的資料，當要解P(X |Y)，但給的是P(Y |X)。將公式P(X∩Y)=P(X)．P(Y |X)帶入第一種公式，可從第一種公式得到第二種公式。

例如，呈現於第4.6節中有關於美國勞動力的婦女的資料。包含在該資料中的事實是46%的美國的工作者為婦女，且25%的所有在美國的婦女勞動力為兼職的工作者。而且，17.4%的所有美國勞力已知為兼職工作者。隨機選取一名美國工作者，假設其為兼職工作者，其為女人的機率為何？令W標記為選擇一婦女的事件，T標記為選擇兼職工作者的事件。以符號表示，該問題為：

$$P(\text{W}|\text{T}) = ?$$

條件機率法則的第一種形式為

$$P(\text{W}|\text{T}) = \frac{P(\text{W}\cap\text{T})}{P(\text{T})}$$

注意，條件機率法則的該種寫法，需要知道聯合機率，P(W∩T)，此處無此資料。因此，我們嘗試條件機率法則的第二種寫法，其為

$$P(\text{W}|\text{T}) = \frac{P(\text{W}) \cdot P(\text{T}|\text{W})}{P(\text{T})}$$

就此寫法，問題中已提供所有的資料。

$$P(\mathrm{W}) = .46$$
$$P(\mathrm{T}) = .174$$
$$P(\mathrm{T} \mid \mathrm{W}) = .25$$

若工作者爲兼職，其爲婦女的機率可以計算出。

$$P(\mathrm{W}|\mathrm{T}) = \frac{P(\mathrm{W}) \cdot P(\mathrm{T}|\mathrm{W})}{P(\mathrm{T})} = \frac{(.46)(.25)}{(.174)} = .661$$

所以，66.1%的兼職工作者爲女人。

通常，當$P(X \cap Y)$爲未知，但$P(Y|X)$爲已知時，可使用條件機率法則的第二種寫法。

例題4.12

再從例題4.4的經理人面談的資料，找出（a）$P(B|F)$，（b）$P(G|C)$，以及（c）$P(D|F)$。

原 始 數 值

行業種類		地理位置 東北部 *D*	東南部 *E*	中西部 *F*	西部 *G*	
金融	*A*	24	10	8	14	56
製造	*B*	30	6	22	12	70
傳播	*C*	28	18	12	16	74
		82	34	42	42	200

機 率 矩 陣

行業種類		地理位置 東北部 *D*	東南部 *E*	中西部 *F*	西部 *G*	
金融	*A*	.12	.05	.04	.07	.28
製造	*B*	.15	.03	.11	.06	.35
傳播	*C*	.14	.09	.06	.08	.37
		.41	.17	.21	.21	1.00

解答

$$(a)\ \ P(B|F)=\frac{P(B\cap F)}{P(F)}=\frac{.11}{.21}=.524$$

利用公式從機率矩陣決定條件機率爲相當簡單的步驟。此例中，聯合機率P(B∩F)，出現在矩陣單元中（.11）；邊際機率P(F)，出現在邊緣（.21）。將這兩種機率以公式合併產生答案，.11/.21= .524。此答案代表，52.4%的F值（中西部經理人）爲B（製造業）。

$$(b)\ \ P(G|C)=\frac{P(G\cap C)}{P(C)}=\frac{.08}{.37}=.216$$

該結果代表21.6%回答製造業的經理人(C)從中西部(G)來。

$$(c)\ \ P(D|F)=\frac{P(D\cap F)}{P(F)}=\frac{.00}{.21}=.00$$

因爲D及F爲互斥，P(D∩F)爲零，且P(D |F)也爲零。P(D |F)= .00的理論基礎爲，若F爲已知（已知回答者居於中西部），回答者不居住在D（東北部）。

獨立事件

若X及Y爲獨立事件，

獨立事件X, Y	P(X |Y)=P(X) 且 P(Y |X)=P(Y)

在X或Y已知的任一種情形下都無關，因爲X及Y爲獨立。在這種情形下，條件機率被當成邊際機率來解。

有時，測試原始資料的偶發事件表以決定事件是否爲獨立是重要的。若矩陣的不同邊的任一兩事件的組合沒有通過測試，P(X |Y) = P(X)，該矩陣未包含獨立事件。

例題4.13　　測試200個經理人的回答，以決定行業別與地理位置是否爲獨立。

原始數值

		地理位置				
		東北部 D	東南部 E	中西部 F	西部 G	
行業種類	金融 A	24	10	8	14	56
	製造 B	30	6	22	12	70
	傳播 C	28	18	12	16	74
		82	34	42	42	200

機率矩陣

		地理位置				
		東北部 D	東南部 E	中西部 F	西部 G	
行業種類	金融 A	.12	.05	.04	.07	.28
	製造 B	.15	.03	.11	.06	.35
	傳播 C	.14	.09	.06	.08	.37
		.41	.17	.21	.21	1.00

解答

選擇一個行業及一個地理位置（例如A－金融業及G－西部）。P(A |G) = P(A)？

	D	E		
A	8	12	20	且

14/42=56/200？否，.33≠.28。行業別與地理位置爲獨立，因爲對該測試至少產生一個例外。

決定表4.6是否包含獨立事件。 **例題4.14**

	D	E	
A	8	12	20
B	20	30	50
C	6	9	15
	34	51	85

解答

檢查矩陣中的第一個單元，找出是否P(A |D)=P(A)？

$$P(\text{A}|\text{D}) = \frac{8}{34} = .2353$$

$$P(\text{A}) = \frac{20}{85} = .2353$$

檢查的步驟必須繼續，直到所有的事件都被決定爲是獨立的。該矩陣中，檢查過所有的可能性。因此，表4.6中包含獨立事件。

問題4.7

4.30使用表中的數值解出以下的式子。

	E	*F*	*G*
A	15	12	8
B	11	17	19
C	21	32	27
D	18	13	12

a. $P(\text{G}|\text{A})$ = __
b. $P(\text{B}|\text{F})$ = __
c. $P(\text{C}|\text{E})$ = __
d. $P(\text{E}|\text{G})$ = __

4.31使用表中的數值解出以下的式子。

	C	*D*
A	.36	.44
B	.11	.09

a. $P(\text{C}|\text{A})$ = __
b. $P(\text{B}|\text{D})$ = __
c. $P(\text{A}|\text{B})$ = __

4.32一玩家剛好從一副標準的撲克牌中抽出一張Q。如果她沒把第一張牌放入，她現在會抽到第二張Q的機率爲何？如果她把第一張牌放入再重新洗牌，她現在會抽到第二張Q的機率爲何？

4.33若一個大富翁的玩家擲一對骰子，則擲到一個骰子爲5，另一骰子爲3的機率爲何？

4.34一個湖中有1000條魚，其中有300條比一般小。假設，一個釣魚者釣1000條魚的任何一條的機會相同。若他才釣到一條小魚，且決定留下此魚。下一條被釣的魚會是小魚的機率爲何？釣魚者第一次釣到小魚且第二次又釣到小魚的機率爲何（假設他沒有把第一條魚丟回去）？

4.35「在家中你有計算機及／或電腦嗎？」之調查結果如下。

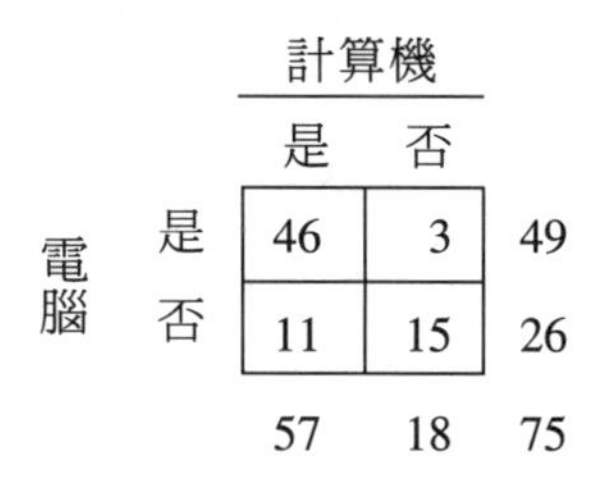

		計算機		
		是	否	
電腦	是	46	3	49
	否	11	15	26
		57	18	75

變數「計算機」與變數「電腦」爲獨立嗎？爲什麼是或爲什麼不是？

4.36 1993年，美國大約11,508家銀行中有42家倒閉。假設45%的銀行被歸類爲小銀行。同樣假設倒閉的26家爲小銀行。從1993年美國銀行目錄中隨機選取一銀行。

a.該銀行倒閉的機率爲何？

b.若該銀行倒閉，其爲小銀行的機率爲何？

c.若其已知爲小銀行，該銀行倒閉的機率爲何？

d.若該銀行不是小銀行，其沒有倒閉的機率爲何？

4.37依照蓋洛普公司爲讀者文摘所做的調查，只有30%的瑞士人住在獨戶宅院裡。有15.1%住在獨戶宅院的瑞士人有三間或三間以上的房間。假設隨機選取一瑞士人。

a.他（或她）不是住在獨戶宅院裡的機率爲何？

b.若採樣者知道他（或她）住在獨戶宅院裡，他（或她）住在三間或三間以上房間的獨戶宅院裡的機率爲何？

c.若採樣者知道他（或她）住在獨戶宅院裡，他（或她）住的房子少於三間房間的機率爲何？

4.38人們在新的國家比在老的、安定的國家的人容易搬家，且年輕人較老年人容易搬家。紐西蘭人似乎最常搬家，19%的紐西蘭人每年搬家。20歲的族群較其他族群容易搬家。假設16%的紐西蘭人爲20歲。再假設，5%的紐西蘭人爲20歲且在去年搬家。隨機選取一紐西蘭人。

a.若此人爲20歲，其在去年搬家的機率爲何？

b.若他沒有在去年搬家，他是20歲的機率爲何？

c.若他去年搬家，其爲20歲的機率爲何？

4.39由Bruskin–Goldring Research爲精工做的研究發現，32%的受訪美國人相信錄影機已對每日的生活產生重要的影響。在同樣的研究中，43%回答有線電視已對每日的生活產生重要的影響。在這些相信有線電視已對每日的生活產生重要影響的人中，有72%相信錄影機已對每日的生活產生重要的影響。假設隨機選取一調查受訪者。

a.其相信有線電視已對每日的生活產生重要的影響以及相信錄影機已對每日的生活產生重要的影響的機率爲何？

b.若他（或她）已知爲相信錄影機已對每日的生活產生重要的影響，其相信有線電視已對每日的生活產生重要的影響的機率爲何？

4.8 機率修正：貝氏定理

貝氏定理是機率的條件法則的延伸，由Thomas Bayes所發展並以他命名。貝氏定理的公式延伸條件機率法則的使用，可修正有新資料的原始機率。

貝氏定理

$$P(X_i|Y) = \frac{P(X_i)\cdot P(Y|X_i)}{P(X_1)\cdot P(Y|X_1) + P(X_2)\cdot P(Y|X_2) + \cdots + P(X_n)\cdot P(Y|X_n)}$$

回想條件機率法則

$$P(X_i|Y)$$

爲

$$P(X_i|Y) = \frac{P(X_i)\cdot P(Y|X_i)}{P(Y)}$$

將貝氏定理與該條件機率法則比較。貝氏定理與條件機率法則的分子相同，X與Y的交集顯示的形式爲乘法的一般法則。貝氏定理所用的新特徵被發現於定理的分母中。

$$P(X_1) \cdot P(Y|X_1) + P(X_2) \cdot P(Y|X_2) + \cdots + P(X_n) \cdot P(Y|X_n)$$

貝氏定理的分母包含樣本空間Y中每一分割的乘積表示（交集），包含事件（X_i）本身。分母因此爲Y的互斥結果的完全詳細表。該分母時常被稱爲是總機率公式。其代表條件機率的加權平均，其比重爲相關事件之事前機率。

將條件機率以新的方式表示，貝氏定理使統計學家利用條件機率做出新的及不同的應用。特別是，統計學家依據新資訊修改機率。

例如，一種特別形式的印表機色帶只有兩家公司生產，Alamo Ribbon公司及South Jersey Products公司。假設，Alamo生產65%的色帶，而South Jersey生產35%的色帶。Alamo生產的色帶8%有瑕疵，South Jersey生產的色帶12%有瑕疵。一顧客購買一個新的色帶。其由Alamo生產的色帶的機率爲何？其爲South Jersey生產的色帶的機率爲何？測試該色帶，且其爲瑕疵。現在Alamo生產該色帶的機率爲何？Jersey生產該色帶的機率爲何？

從Alamo生產的色帶其機率爲.65，爲South Jersey生產的色帶機率爲.35。其被稱爲事前機率，因爲其乃根據於原始資料。

色帶爲瑕疵的新資訊改變了機率，因爲一家公司生產有瑕疵的百分比高於另一家公司。如何使用這個資料以更正或修改原始機率？貝氏定理允許這種更正。一個表示機率問題更正的方法是使用表格。表4.8顯示色帶問題的分析。

該過程以事前機率開始：.65爲Alamo及.35爲South Jersey。這些事前機率顯示在表4.8的第二欄。因爲產品已被發現爲瑕疵，應該使用條件機率，P(瑕疵 |Alamo)及P(瑕疵 |South Jersey)。Alamo的色帶8%爲瑕疵，P(瑕疵 |Alamo) = .08，South Jersey的色帶12%爲瑕疵，P(瑕疵 |South Jersey) = .12。這兩個條

表4.8 色帶問題修改機率之貝氏表

事件	事前機率 $P(E_i)$	條件機率 $P(d \mid E_i)$	聯合機率 $P(E_i \cap D)$	事後或修改機率
Alamo	.65	.08	.052	$\frac{.052}{.094} = .553$
South Jersey	.35	.12	.042	$\frac{.042}{.094} = .447$
			P（瑕疵）= .094	

件機率在第三欄。Alamo的65%的色帶8%有瑕疵：(.08)(.65) =.052，或總數的5.2%。該數值在表4.8的第四欄；其爲買到由Alamo製造且爲瑕疵色帶的聯合機率。因爲被購買的色帶爲瑕疵品，所以僅與Alamo有關。South Jersey的35%的色帶有12%爲瑕疵品。將該兩個百分比數值相乘得到有瑕疵的South Jersey的色帶的聯合機率。該答案也顯示於表4.8的第四欄。(.12)(.35)=.042。亦即，4.2%的色帶由South Jersey且爲瑕疵。這些只與South Jersey有關，因爲其購買的色帶爲瑕疵品。

第四欄總和爲.094，顯示9.4%的所有色帶爲瑕疵（Alamo生產的瑕疵品=.052＋South Jersey生產的瑕疵品=.042）。其他90.6%合格的色帶，不是令人關心的，因爲購買的色帶爲瑕疵品。爲了計算第五欄，事後的或更正的機率，包含將第四欄的個數值除以第四欄的總和。亦即，就Alamo言，總數中.094的瑕疵品有.052的色帶總數爲Alamo製造且爲瑕疵品。將.052除以.094得到.553爲修正機率，即由Alamo製的色帶。其機率小於先前或原始機率的.65，因爲Alamo色帶的瑕疵（以百分比計）少於South Jersey的色帶。已知爲瑕疵色帶之前，瑕疵色帶現在不可能來自Alamo。South Jersey機率的修正是將.042的South Jersey的色帶及瑕疵的聯合機率除以色帶瑕疵的機率(.094)。結果爲.042/.094=.447。瑕疵色帶從South Jersey的機率已經增加，因爲South Jersey的色帶爲瑕疵品的百分比較高。

樹狀圖爲另一種解決貝氏定理問題的常用方法。圖4.12顯示色帶問題的解答。注意，樹狀圖包含所有機率，包含瑕疵及合格兩者。當已知新的資料時，只有選擇及使用相關的分支。適當分支底部的聯合機率值被用來修改及計算事

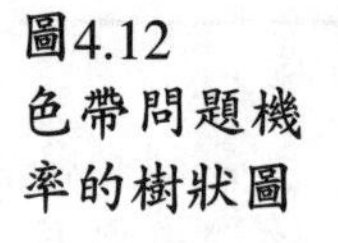
圖4.12 色帶問題機率的樹狀圖

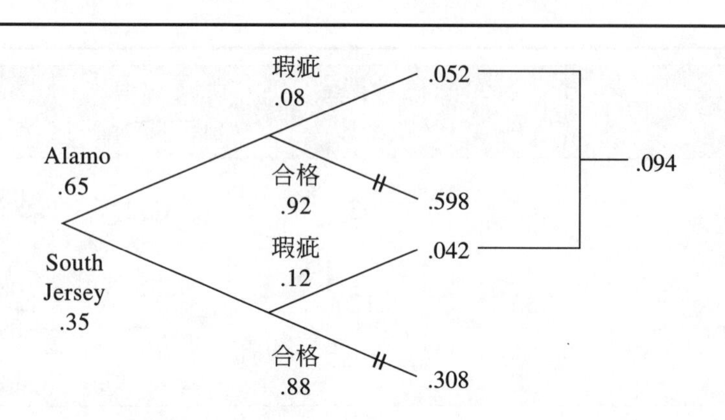

後機率。瑕疵色帶的總數爲.052＋.042=.094。

$$\text{修改機率：Alamo} = \frac{.052}{.094} = .553$$

$$\text{South Jersey} = \frac{.042}{.094} = .447$$

例題4.15

機器A，B，及C皆生產兩種相同的零件，X及Y。所有的零件在生產中，A生產60%，機器B生產30%，以及機器C生產10%。

40%由機器A生產的零件爲零件X。

50%由機器B生產的零件爲零件X。

70%由機器C生產的零件爲零件X。

隨機選取由該公司生產的零件，且被決定爲零件X。若已知其爲零件X，修改零件從機器A、B、C生產的機率。

解答

由機器A生產零件的事前機率爲.60，因爲機器A生產60%的所有零件。B生產零件的事前機率爲.30，且C生產零件的事前機率爲.10。若未知零件部分，事前的機率爲更相關。然而，該零件已知爲零件X。條件機率顯示不同的機器生產不同比例的零件X。例如，.40由機器A生產的零件爲零件X，但.50由機器B生產的零件爲零件X，且.70由機器C生產的零件爲零件X。因爲零件爲X零件，有意義的是，從機器C生產的零件的機率會增加，且由機器A所生產的機率會減少。

下表顯示事前機率、條件機率、聯合機率及邊際機率，P(X)，如何用來修改事前機率以得到事後機率。

事件	事前 $P(E_i)$	條件 $P(X \mid E_i)$	聯合 $P(X \cap E_i)$	事後
A	.60	.40	(.60)(.40) = .24	$\frac{.24}{.46} = .52$
B	.30	.50	.15	$\frac{.15}{.46} = .33$
C	.10	.70	.07	$\frac{.07}{.46} = .15$
			$P(X) = .46$	

機率被修改後，很明顯的，零件由機器A所生產的機率已經減少，且機器B及C所生產的機率已經增加。樹狀圖呈現本問題的另一個觀點。

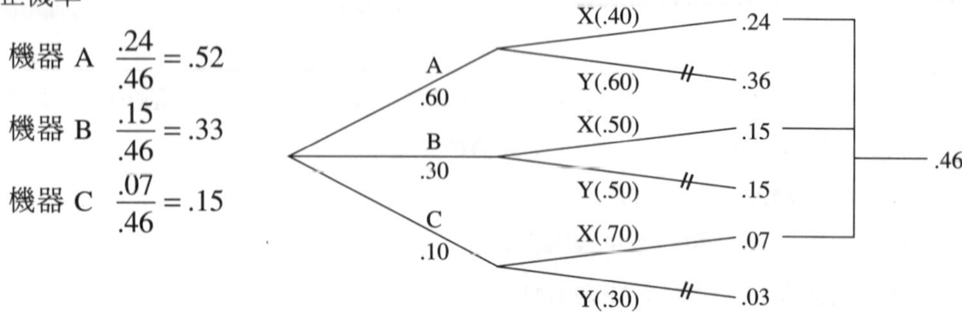

問題4.8

4.40一製造工廠中，機器A生產10%的某樣產品，機器B生產40%的該產品，以及機器C生產50%的該產品。機器A的產品5%爲瑕疵品，機器B的產品12%爲瑕疵品，機器C的產品8%爲瑕疵品。公司檢查者剛從其工廠抽樣，且發現其爲瑕疵。就此新資料言，修正其產品由機器A，B，及C生產的機率。

4.41 Alex, Alicia及Juan在一家速食餐廳填菜單。Alex填錯20%的菜單；Alicia填錯12%。Juan填錯5%。Alex填了30%的所有菜單，Alicia填了45%的所有菜單，Juan填了25%的所有菜單。有一菜單才剛被填。

a.Alicia填該菜單的機率爲何？

b.若該菜單由Juan所填，其爲正確的機率爲何？

c.未知誰填該菜單，但該菜單爲錯誤。Alex, Alicia或Juan填了該菜單的修正機率爲何？

d.未知誰填該菜單，但該菜單爲正確。Alex, Alicia或Juan填了該菜單的修正機率爲何？

4.42小城中，兩家草皮公司在夏天爲草皮施肥。Tri-State Lawn Service有72%的市場。30%由Tri-State施肥的草皮，一個月後被評等爲非常健康。Greenchem有另外28%的市場。20%由Greenchem施肥的草皮，一個月後被評等爲非常健康。隨機選取一個草皮，其已被其中的一家公司施肥。若該草皮被評等爲非常健康，Tri-State或Greenchem施肥的草皮的修正機率爲何？

4.43 大聯盟棒球隊有四個先發投手，Gomez, Jackson, Smith,及Alvarez。各投手投每個第四局。棒球隊贏60%的由Gomez開始的局，45%由Jackson開始的局，35%由Smith開始的局，40%由Alvarez開始的局。一熱心的球迷剛從三週荒地的假期回來，且發現球隊昨天比賽過。

a.Gomez開始的局的機率爲何？

b.Jackson開始的局的機率爲何？

c.若球隊昨天贏球，修正各投手開始球局的機率。

4.9 使用有多次試驗的相乘法則

機率的相乘法則被用來解決聯合機率或交集。每當有關於聯合機率的兩個或多次試驗被分析時，過程常因發生的多重程序變得複雜。若發生的特別順序被指定，多重程序不是問題，因爲其結果只可能以一種方式發生。例如，假設，11%電視觀看者觀看NBC的夜間新聞。隨機訪問三個電視觀看者且發現第一個觀看NBC的夜間新聞，第二個沒有觀看NBC的夜間新聞，且第三個觀看NBC的夜間新聞的機率爲

$$P(\text{NBC}_1 \cap \text{非 NBC}_2 \cap \text{NBC}_3)$$

然而，未指定特別的順序將使問題複雜化。例如，假設隨機選取三個電視觀眾，剛好兩個觀眾觀看NBC的夜間新聞的機率爲何？該程序更爲複雜，因爲三個電視觀眾觀看NBC的夜間新聞中的兩個沒有指定條件。事實上，其順序可以三種不同的方式發生：

順序1：	(NBC_1)	(NBC_2)	(非 NBC_3)
順序2：	(NBC_1)	(非 NBC_2)	(NBC_3)
順序3：	(非 NBC_1)	(NBC_2)	(NBC_3)

除非發生的特別順序被指定，否則，使用有一個試驗以上的乘法法則來解決機率問題的程序必須提供發生的順序。這種問題有兩類：(1)有投返的問題，及(2)沒有投返的問題。

投返的問題

每一次選擇後將項目投返的機率問題中，試驗是獨立的。當事件為獨立時，特別結果的機率與其他事件的結果無關。相乘的特別法則被用來解決特定的機率，而後其機率以結果可發生的數種方法加權。

例如，進行一實驗，其中，投出三個銅板。投出三個銅板且得到剛好一個正面的機率為何？該結果可能發生的情況是，第一個銅板得正面，第二個銅板得反面，及第三個銅板得反面。該聯合機率為

$$P(\mathrm{H}_1 \cap \mathrm{T}_2 \cap \mathrm{T}_3) \text{ 或 } P(\mathrm{H}_1)\cdot P(\mathrm{T}_2)\cdot P(\mathrm{T}_3) = \left(\frac{1}{2}\right)\left(\frac{1}{2}\right)\left(\frac{1}{2}\right) = \frac{1}{8}$$

然而，1/8只是第一個銅板得正面，第二個銅板得反面，及第三個銅板得反面的機率。投銅板者可在第二次$(\mathrm{T}_1 \cap \mathrm{H}_2 \cap \mathrm{T}_3)$或第三次$(\mathrm{T}_1 \cap \mathrm{T}_2 \cap \mathrm{H}_3)$得正面。這些事件發生的各機率也為1/8。因此，投三個銅板時有三種方法得到一個正面。就各順序，機率為1/8。投三個銅板中得到一個正面的總機率為3(1/8)=3/8。各機率與其相關機率皆已列舉。

$$P(\mathrm{H}_1 \cap \mathrm{T}_2 \cap \mathrm{T}_3) = \frac{1}{2}\cdot\frac{1}{2}\cdot\frac{1}{2} = \frac{1}{8}$$

$$P(\mathrm{T}_1 \cap \mathrm{H}_2 \cap \mathrm{T}_3) = \frac{1}{2}\cdot\frac{1}{2}\cdot\frac{1}{2} = \frac{1}{8}$$

$$P(\mathrm{T}_1 \cap \mathrm{T}_2 \cap \mathrm{H}_3) = \frac{1}{2}\cdot\frac{1}{2}\cdot\frac{1}{2} = \frac{1}{8}$$

三個1/8的數值被相加，因為可以由第一種方式或第二種方式或第三種方式得到一個正面。

除了列舉投三個銅板各種得到正面的可能方法，組合可以用來決定結果會發生的多種方法。n件中每一次取r的組合被表示為 ${}_nC_r$ 或為$\binom{n}{r}$。

就三個銅板投擲問題，${}_3\mathrm{C}_1 = (3!)\ /\ (1!2!) = 3$，在沒有列出所有機率的情況

下，表示期望的結果可以三種不同的方法（順序）發生。若投三個銅板，且結果爲得到兩個正面，三件同時取兩件的組合爲，${}_3C_2 = 3$，得到可能發生的方法之數目。

例題4.16

假設由某公司在1996年所製的錄影機有3%爲瑕疵品。若5台這種錄影機從全國各地被隨機選取出並測試，剛好有兩台有瑕疵的機率爲何？假設每台錄影機的製造與其他無關。

解答

令D爲瑕疵的錄影機且G爲好的錄影機。得到兩台瑕疵品的一個方法爲

$$D_1 \cap D_2 \cap G_3 \cap G_4 \cap G_5$$

因爲錄影機的製造與其他無關，得到前兩台瑕疵且後三台爲好的機率爲

$$(.03)(.03)(.97)(.97)(.97) = .00082$$

其不是問題的答案。其爲以該順序或方式得到兩台瑕疵的機率。無論順序爲何，其中發生兩台瑕疵、三台好的錄影機，兩台(.03)機率及三台(.97)的機率可被相乘。問題變成，從總共5台錄影機中得到兩台瑕疵可以有多少種不同的方法？共有10個方法得到兩台瑕疵品。

$$\left.\begin{matrix}
D_1 & D_2 & G_3 & G_4 & G_5 \\
D_1 & G_2 & D_3 & G_4 & G_5 \\
D_1 & G_2 & G_3 & D_4 & G_5 \\
D_1 & G_2 & G_3 & G_4 & D_5 \\
G_1 & D_2 & D_3 & G_4 & G_5 \\
G_1 & D_2 & G_3 & D_4 & G_5 \\
G_1 & D_2 & G_3 & G_4 & D_5 \\
G_1 & G_2 & D_3 & D_4 & G_5 \\
G_1 & G_2 & D_3 & G_4 & D_5 \\
G_1 & G_2 & G_3 & D_4 & D_5
\end{matrix}\right\} \text{10種方法}$$

利用組合列舉所有可能機率得到

$${}_5C_2 = \frac{5!}{2!3!} = 10 \text{ 種方法}$$

得到其中之一的方法的機率乘上10得到(10)(.00082) = .0082，其爲抽出5台錄影機且得到剛好兩台瑕疵品（以任意順序）的答案。

該主題更正式的方法在第5章中，在二項分配中討論。

無投返問題

當事件不獨立時，一般的乘法法則被用來決定聯合機率。若試驗的次數大於一，必須考慮順序來決定機率，除非特別指定一個順序。

例如，實驗者從撲克牌的標準牌抽三張卡無投返。剛好一張卡爲K的機率爲何？抽三張卡中得到一張K有三種方法。

$K_1 \cap N_2 \cap N_3$

$N_1 \cap K_2 \cap N_3$

$N_1 \cap N_2 \cap K_3$

其中K爲13點，N不爲13點。

就第一種順序，以該順序抽三張卡的機率爲

$$\frac{4}{52} \cdot \frac{48}{51} \cdot \frac{47}{50} = .06805$$

注意各張卡對下一張卡機率的影響，因爲卡被抽出無投返。三張卡中第二種及第三種抽出一張K分別產生以下的機率。

$$\frac{48}{52} \cdot \frac{4}{51} \cdot \frac{47}{50} = .06805 \quad 且 \quad \frac{48}{52} \cdot \frac{47}{51} \cdot \frac{4}{50} = .06805$$

在這三種順序中，各順序不同且卡被選出無投返，因此各個機率不同。然而，各順序的最後結果顯示，就三張卡的各順序的機率相同。在該問題中——當產生不同個別分數的機率——各順序將產生相同的所有機率，因爲，最終各順序包含相同數値的分子及相同數値的分母。因此，只有一個順序且以可能發生順序的方法數加權答案的機率計算是必要的。該問題中，各順序得到的機率爲.06805。因爲抽三張卡，其中一張爲K有三種方法，得到一張K的總機率爲3(.06805) = .20415。

例題4.17

50台電視被儲藏在倉庫中。5台電視為瑕疵品，但該5台瑕疵沒被標記。若倉庫職員從庫存中隨機選取四台電視無投返，剛好選出兩台為瑕疵的機率為何？

解答

列舉可能方式，即，四台被抽出，兩台為瑕疵品。

令D標記為瑕疵，且G被標記為好的。

$D_1 \cap D_2 \cap G_3 \cap G_4$
$D_1 \cap G_2 \cap D_3 \cap G_4$
$D_1 \cap G_2 \cap G_3 \cap D_4$
$G_1 \cap D_2 \cap D_3 \cap G_4$
$G_1 \cap D_2 \cap G_3 \cap D_4$
$G_1 \cap G_2 \cap D_3 \cap D_4$

$$P(D_1 \cap D_2 \cap G_3 \cap G_4) = \frac{5}{50} \cdot \frac{4}{49} \cdot \frac{45}{48} \cdot \frac{44}{47} = .007165$$

解出任一其他5個順序得到相同的結果。以六種順序加權第一順序機率(.007165)，得到最後答案：

$(.007165)(6) = .04299$

組合可用來列舉機率：${}_4C_2 = 6$。

第5章的超幾何分配（第5.4節）中，包含更正式的程序以解決這些無投返的問題。

問題4.9

4.44若你連續擲骰子6次，得到剛好四個3的機率為何？得到一個或更多3的機率為何？

4.45依照美國勞工統計局的統計，美國的公會會員代表約17%的所有勞動力。若從美國勞動力隨機選取5人，剛好兩人為工會會員的機率為何？

4.46撲克牌玩家剛拿到了5張牌（從標準牌中）。他或她被發到三張A的機率為何？

4.47學院書房出售30份統計的電腦軟體。經理檢查其中有6個爲瑕疵品。若如此，且若一學生購買四份該軟體：

a.剛好該軟體之一爲瑕疵的機率爲何？

b.兩份或兩份以上該軟體爲瑕疵的機率爲何？

4.48杜邦公司中，最近調查顯示，55%的公司男性職員喜歡彈性的工作選擇。一人事分析員隨機選取8名男性職員來面談。沒有一個被面談超過一次。

a. 8個中剛好5個喜歡彈性工作選擇的機率爲何？

b. 8個中沒有喜歡彈性工作選擇的機率爲何？

c. 6個或更多喜歡彈性工作選擇的機率爲何？

4.49在44州中，律師協會提供諮詢及專線電話給想要克服焦慮、酗酒、或嗑藥的律師。華盛頓州的研究顯示，18%在該州的律師有酗酒問題。若隨機選取7名華盛頓州的律師，且沒有律師被選出兩次。

a.選出7個有酗酒問題的律師的機率爲何？

b.沒有酗酒問題的律師的機率爲何？

c.選出剛好有兩個有酗酒問題的律師的機率爲何？

d.選出少於兩個有酗酒問題的律師的機率爲何？

e.若已知州的百分比，7名隨機選取的律師有多少有酗酒問題？

4.50依照Cargo Facts的資料，10%所有在歐洲的夜間發貨由聯邦快遞負責。11個貨物項目的隨機樣本中，每次選出一項有投返(橫越歐洲)。

a.剛好四個項目由聯邦快遞運送的機率爲何？

b.超過兩個項目由聯邦快遞運送的機率爲何？

c.11個項目中有多少個已被聯邦快遞運送？

決策難題解決之道

工作場所的兩性平等

在委託人公司的雇用方法中，爲了決定性別是否爲不利的影響，有需要知道正確數目及被雇用的各族群百分比的統計，以及有關於可能申請者的多寡。在其最狹窄的定義中，可能申請者的多寡爲申請該工作的正確人數。有時，政府已有廣闊的視野且以城市、郡、州或甚至是國家勞動力中少數族群的百分比來比較雇用方法。如何比較則是政府機關、法院及職務類型的職責。

我們假設整個勞工群確實在委託人公司申請職務。申請各職位的婦女的總數中，被公司所確實雇用的四種種類的職位的百分比，利用五分之四法則與各職位所雇用的男性的百分比相比較。以下所示的表包含各職位的各種性別的申請人數及各職位所雇用的各性別的人數。

職務種類	男性		女性	
	申請	雇用	申請	雇用
管理	12	8	7	3
專業	76	31	35	13
技術	126	52	64	17
文書	14	9	29	22

從這些資料中，我們可以計算如下表所示之各職位所雇用的各種性別申請人的百分比。

申請人受雇的百分比

	男性	女性	最高的4/5
管理	66.7	42.9	53.3
專業	40.8	37.1	32.6
技術	41.3	26.6	33.0
文書	64.3	75.9	60.7

該表顯示委託人公司的管理職位及技術職位沒有通過五分之四法則，因爲在這兩種情形下，雇用的女性申請人的百分比小於雇用男性申請人的百分比。

假設一個技術人員被隨機選取出接受一項福利。若一女性爲技術人員，其被選出的機率有多大？即$P(F|T)=$？將條件機率法則應用在決策難題的原始數値矩陣中，我們可以解出這個問題，亦即將女性及技術職位的交集，即17，以技術人員的邊際數値，即69除之。因此，從技術人員中隨機選取一女性的機率爲$17/69=.246$。利用互補的概念，若該職員爲技術人員，一男性被隨機選取的機率爲$1-.246=.754$。隨機選取出一男性的可能性超過三倍。若一女性爲福利的選取者，男性只基於機率可以抗議歧視。然而，公司的決策者可以

提出選擇方法的文件，如生產力、技術建議、品質測度及其他。

假設，一委託人公司的職員被隨機選取贏得夏威夷之旅。得主爲專業人員的邊際機率爲44/155=.284。得主爲一男性或爲一文書人員的機率爲聯集機率且以符號表示爲

$$P(M \cup C)$$

應用加法法則及使用從委託人公司的原始數值表的數值得到

$$\begin{aligned} P(M \cup C) &= P(M) + P(C) - P(M \cap C) \\ &= 100/155 + 31/155 - 9/155 = 122/155 = .787 \end{aligned}$$

委託人公司中，一男性或一文書人員贏得旅行的機率爲.787。

得主爲一女性且爲一經理人的機率爲聯合機率。聯合機率被發現於機率矩陣的單元中，或使用原始數值矩陣的單元中的原始數值除以總數。以符號表示如下，

$$P(F \cap M) = 3/155 = .019$$

一女性經理人將被隨機選取爲旅行得主的機會小於2%。

若職員已知爲男性，得主來自技術族群的機率爲何？其爲條件機率：

$$P(T \mid M) = 52/100 = .52$$

52%的所有男性職員爲技術族群。

利用機率可以回答許多有關於委託人公司的人力資源的情形。

以機率來探討人力資源實爲一種冷酷、現實、講求數值的選人方法，而未考慮其個別的天賦、技能、或對公司的價值。在多數的情況下，許多其他的考慮被包含在雇用、升遷、及工作者的報酬上。然而，公司的經理人應注意通常這樣的統計分析有時會被攻擊，如此處所呈現的。經理人不應基於特定範圍內的機率做決策。不過，瞭解機率的經理人亦可將工作人員的生產力及對組織的價值記錄成文件，使其決策具體化。

結語

機率的研究說明指定機率的方法、機率的種類及機率法則。機率加強推論統計的觀念。以樣本資料估計及測試有關母體參數的假設有未確定性。若樣本爲隨機選取，機率可被指定於推論過程的結果。

三種指定機率的方法爲(1)古典機率，(2)發生的相對次數，(3)主觀機率。古典機率可在實驗之前或之後指定，其倚賴機率法則及定理。相對發生次數法，基於歷史資料或實驗得到的資料指定機率。主觀機率基於感情、知識、及個人經驗決定機率。

事件的某種特別形態使一些機率法則的修正成爲必要：互斥及獨立事件。互斥事件爲不能同時發生的事件，因此其交集的機率爲零。當兩個互斥事件聯集決定時，加法法則以減去交集來修正。獨立事件爲一事件的發生對另一事件的發生沒有衝擊或影響。某些實驗，例如有關於銅板或骰子，性質上產生獨立事件。當實驗以投返進行時，其他事件產生獨立事件。若事件爲獨立，聯合機率的計算爲相乘個別機率，其爲乘法機率的特殊情形。

三種在實驗中，計算機率的技巧爲mn計數規則、N*n*機率以及組合。mn計數規則用來決定一實驗所有可能方法，當其爲連續順序的操作時。N*n*公式應用在當抽樣以投返進行，或事件爲獨立的情況。組合用來決定當抽樣不以投返進行的機率。

機率的四種形態爲邊際機率、聯合機率、條件機率及聯集機率。加法一般法則用來計算聯集的機率。乘法的一般法則被用來計算聯合機率。條件法則則被使用來計算條件機率。

當有新資料時，貝氏定理的方法能用來修正機率；其爲條件機率的變化。貝氏定理取發生事件的事前機率，且調整及修改基於有關隨後發生的資料之機率。

當乘法法則與多次試驗共同使用時，決定問題的總機率答案之過程較複雜，因爲發生順序的數目變成問題的一部份。然而，一順序的機率可被計算出，且問題的總機率可以順序數將一順序的機率加權而獲得。順序數可利用組合來決定。

重要辭彙

貝氏定理	古典機率	集體完全事件	組合
互補	條件機率	基本事件	事件
實驗	獨立事件	交集	聯合機率
條件機率法則	邊際機率	mn計數規則	互斥事件
相對發生次數	樣本空間	集合符號	主觀機率
聯集	聯集機		

公式

加法一般法則

$$P(X \cup Y) = P(X) + P(Y) - P(X \cap Y)$$

加法特別法則

$$P(X \cup Y) = P(X) + P(Y)$$

乘法一般法則

$$P(\mathrm{X} \cap \mathrm{Y}) = P(\mathrm{X}) \cdot P(\mathrm{Y} | \mathrm{X}) = P(\mathrm{Y}) \cdot P(\mathrm{X} | \mathrm{Y})$$

乘法特別法則

$$P(\mathrm{X} \cap \mathrm{Y}) = P(\mathrm{X}) \cdot P(\mathrm{Y})$$

條件機率法則

$$P(X|Y) = \frac{P(X \cap Y)}{P(Y)} = \frac{P(X) \cdot P(Y|X)}{P(Y)}$$

貝氏定理

$$P(X_i|Y) = \frac{P(X_i) \cdot P(Y|X_i)}{P(X_1) \cdot P(Y|X_1) + P(X_2) \cdot P(Y|X_2) + \cdots + P(X_n) \cdot P(Y|X_n)}$$

組合公式

$${}_nC_r = \binom{n}{r} = \frac{n!}{r!(n-r)!}$$

計數規則

$$mn$$

投返的樣本

$$N^n$$

無投返的樣本

$${}_NC_n$$

個案

虎風快遞公司

位於密蘇里州哥倫比亞市的虎風快遞（Tiger Air Express），成立於1987年，專門提供短距離航班及飛機租賃。在營運的前兩年，該公司成長迅速，為因應營運範圍擴張而增加了六個部門。資料顯示，從1988到1989年，業績成長了168%。

在急速成長的過程中，苦痛是難免的，虎風在當時就曾低估了為因應擴張而添購的車輛、維修品、辦公室設備，甚至包括人員等投資所需要的資金。此外，計程車部門成本增加，虧損連連，以及波斯灣危機時的油價高漲也是大問題。

在委託一家會計師事務所後，該公司希望藉由新的會計系統讓經理人能更精確地評估公司的營運狀況。經過審視相關資料，該公司認為飛航部門與旅遊部門最有機會成長，同時決定裁撤計程車部門並重新找尋低廉的油料來源。

新策略產生了實際的功效。自1989到1990，營業額成長了82%，在此同時，人員只相對增加了36%，而飛航部門與旅遊部門在擴編之後也嶄露了強大的獲利能力。

假設虎風意圖專注於擴增其飛航承載量而求助於某研究機構，該機構於1992年對四十四家貨運客戶做調查，提出了對市場未來的預測：市場是否會繼續成長？在調查中，30%的受訪者認為去年的飛航營運成本是上升的，60%認為不變，只有10%認為是下降的。

若是以金額計量，70%的公司飛航成本低於五十萬美元，7%則是介於五十萬美元及一百萬之間。

整合式的貨運公司，例如聯邦快遞，其服務都包含貨車的陸路運送以及空中的飛航運送。調查中，大約有50%的受訪者委託整合式的貨運公司，若是限制範圍在小包裹遞送，則有75%的受訪者委託整合貨運公司。運輸代理商則是在向客戶收件之後，委託航空公司運輸貨物。在那些與運輸代理商交易頻繁的受訪者中，有62%是爲了運輸代理商在處理國際運輸較爲內行而委託其處理。此外，在過去的兩年內，有11%的受訪者由委託運輸代理商轉換到委託整合式貨運公司，也有11%的受訪者則是由整合式貨運公司轉換到運輸代理商。

當天收件當天送達的服務到底有多重要？39%的受訪者認爲，與兩年前比較，他們較常用平件遞送（亦即第二天或第三天才送達）。

客戶對於運輸業者的服務有何要求？調查中所發現的資訊指出，在可複選的前提下，59%的受訪者認爲「準時」遞送很重要，57%認爲價格很重要，而有43%認爲是對客戶的回應。其他的回答還包括了：9%認爲服務區域的涵蓋範圍，7%選擇對貨物來源的控制，7%認爲是追查貨物運送情況的能力，7%認爲是他們對經銷商的選擇。

討論

基於以上的調查，本個案中有許多的機率數據可供運用在產業分析。

1.將運輸業客戶以其支付運輸費用的金額爲一種劃分方式，而以其運輸費用的金額增加、不變、下降爲另一種劃分方式，則去年空運貨物花費超過一百萬的公司比例有多少？以上述兩種劃分方式爲變數，畫出一個三乘三的矩陣。假設運輸費用低於五十萬美元的公司中，有25%的費用是增加的，而11%則是下降的，則在所有的受訪者中，運輸費用低於五十萬美元且是下降的公司比例有多少？而運輸費用低於五十萬美元且運輸費不變的公司比例有多少？

2.所有的樣本中有50%是委託整合式運輸業者，但若是運送小包裹，則有75%是委託整合式運輸業者。請問後者是屬於何種機率形態？其餘的小包裹託運客戶又如何？

3.委託運輸代理商者中，有62%是因爲運輸代理商處理國際運輸較內行，若是只有19%的受訪者是委託運輸代理商代爲運送貨物，這可能會是眞的嗎？其機率形態如何？有多少比例的公司不委託運輸代理商？又有多少比例的公司是因爲運輸代理商處理國際運輸較內行而選擇委託運輸代理商？

4.客戶對於運輸業者的服務有何要求？在可複選的情況下，假設40%的受訪者認爲準時送達與價格都重要，在這些認爲價格是重要因素的受訪者中，有多少比例認爲準時送達是重要的因素？又有多少比例認爲準時送達不是重要的因素？在所有的受訪者中，有多少比例認爲準時送達或價格是重要的因素？又有多少比例認爲兩者都不重要？

道德省思

使用機率

當使用主觀機率時，誤用機率的情況可能會發生。大多數的主觀機率乃基於人們的情感、直覺、或經驗而來。幾乎所有的人對某些事情都有一種想法，且願意去分享。身爲專業人士，若我們的確不知道會發生什麼事，就要避免猜測「最佳的機率」。樂觀的人傾向於爲一家公司或委託人欲達某種目標提出較高的可能機率。悲觀的人則傾向於壓低達成目標的機率。雖然這樣的機率與道德無直接關連，但它們卻可能誤導決策者而導致其嚴重損失。所以，在做決策時，若我們的意見極受重視，那麼，我們應謹愼地提出主觀機率。此外，對於那些肆無忌憚地竄改機率以過度強調其觀點的人，主觀機率也爲其敞開了方便之門。

相對發生次數的機率基本上是以歷史數據來計算。此歷史資料是否正確、有效便很重要。「拼湊」過去的數據也可能導致不正確及誤導人們的機率。

決策者應記住，機率的法則及規則是長期以來最終的結論。舉例來說，擲一銅板，即使得一正面的機率爲.5，但結果不是正面就是反面，不會有半個正面的情況。得一正面的機率（.5）在最終還是會被統計出，但以短期來看，一實驗可能會連續10次丟擲皆得反面。再者，假設一公司依據地理資料鑽得油田的機率是.10，這表示長期來看，如果該公司依此類資料鑽的洞夠多的話，它應會在10%所鑽的洞中挖到石油。但是，如果該公司的經費只夠鑽一個洞，那麼它不是鑽到油田就是挖到一個乾洞。該.10的機率數據對於只能支付鑽一個洞與能支付鑽數百個洞的公司而言，意義可能大不相同。古典機率可能被不道德地利用來引誘公司或委託人進行短線投資，以期無論如何能獲利。但實際上，投資者非贏即輸。鑽油田亦是如此。因此，古典機率爲不切實際的期望敞開了大門，尤其是從短期來看。

第5章

離散分配

5.1 離散與連續分配
5.2 說明一種離散分配
5.3 二項分配
5.4 超幾何分配
5.5 卜瓦松分配

學習目標　第五章所有的學習目標在於幫助你瞭解只產生離散結果的機率分配，使你能夠：

1.分辨離散隨機變數及連續隨機變數。
2.知道如何決定離散分配之平均值及變異數。
3.辨認統計實驗的類型，其可以二項分配描述之，並知道如何處理這類問題。
4.決定何時使用超幾何分配，並知道如何處理這類問題。
5.決定在分析統計實驗時何時使用卜瓦松分配，並知道如何處理這類問題。
6.決定何時卜瓦松分配可以近似二項分配問題，並知道如何處理這種問題。

決策難題

銀行業公衆形象的好與壞

最近幾年，銀行業已經面臨許多新的挑戰與機會。在此行業中，一連串的銀行因競爭倒閉，多種銀行業務的選擇、不良的管理、以及因1980年代及1990年代早期的房地產風險及其他借貸的金融損失，導致消費者對銀行信心的滑落。今天，一些商業領袖相信銀行已過時且已經失去其用途。其他則相信消費者對銀行業的認知在最近幾年已有改進，特別因為該行業已有連續三年的獲利記錄。消費者如何確實看待銀行業呢？

美國銀行協會委託蓋洛普機構在最近研究調查1,002名正與銀行有往來的消費者。這些消費者中，600名與儲蓄單位有往來，400名與信用單位有往來，以及大約550名與股票經紀及共同基金公司有往來。被問到的許多問題中有，哪一種金融機構是你主要的金融機構？你與你的主要的金融機構維持關係的最重要理由為何？你對你主要的金融機構滿意嗎？你改變或考慮改變你主要的金融機構的主要理由為何？

調查的結果是混合且變化多端的。對銀行業的好消息是80%的銀行使用者認為銀行為其主要的金融機構，且65%非常滿意其主要的金融機構。79%說銀行對經濟的體制健全非常重要，且64%相信今日的銀行較五年前更具競爭性。87%的這些受訪人使用ATM（自動提款機）覺得安全可靠。負面的是，41%有在銀行申請貸款的人說過程有一些困難或非常困難。52%的消費者相信銀行不適宜對其服務加收費用，且只有33%非常贊成銀行服務代表金錢的良好價值觀。雖然，87%認為銀行家應該關心其團體，但只有31%非常同意他們。只有29%非常同意銀行有彈性地符合消費者的金融需求。

該研究的一些其他發現爲39%的所有消費者說方便是與主要的金融機構維持關係最重要的理由，其後爲友善及良好的服務(19%)，長期的關係(14%)，活期存款戶頭所在(11%)，及較低的貸款利率(11%)。差勁的顧客服務爲人們改變或考慮改變主要的金融機構最重要的原因(19%)，其後爲搬家(18%)，費用／服務調整(18%)，利率(16%)及地點／方便(13%)。

管理及統計上的問題

1. 該研究爲蓋洛普機構所進行之美國全國研究。這個結果反映出你的所在地或其他國家的金融消費者的情況嗎？
2. 研究顯示，80%所有金融消費者認爲其銀行爲主要的金融機構。假設在你的社區中，你隨機選取25個金融消費者。其中18個或更多的消費者認爲其銀行爲主要的金融機構的機率爲何？若80%的數值在你的社區中也成立。
3. 依照調查，65%的金融消費者非常滿意其主要的金融機構。假設15個金融消費者被隨機選取。基於調查數據，這15個人中，非常滿意其主要的金融機構的機率爲何？
4. 假設我們進行一項32位銀行消費者的地區調查，發現26人使用ATM覺得安全。若我們隨機選取32位中的7人做另外的面談，7人中剛好4人覺得使用ATM安全的機率爲何？
5. 假設每兩分鐘有3.8位消費者到達銀行。若隨機選取2分鐘，在此期間沒有消費者到達的機率爲何？在此兩分鐘期間，超過5個消費者到達的機率爲何？隨機選取4分鐘期間，少於3個消費者到達的機率爲何？

統計實驗產生結果。一些實驗產生少數可能的結果，如丟一個銅板一次的實驗。單一丟銅板實驗中，只有兩種可能結果：正面或反面。然而，其他種類的實驗產卻會生許多可能的結果。這種實驗包含丟5個銅板，產生以下32種可能結果。

$H_1\ H_2\ H_3\ H_4\ H_5$	$H_1\ T_2\ H_3\ H_4\ T_5$	$H_1\ H_2\ T_3\ T_4\ T_5$	$T_1\ T_2\ H_3\ T_4\ H_5$
$H_1\ H_2\ H_3\ H_4\ T_5$	$T_1\ H_2\ H_3\ H_4\ T_5$	$H_1\ T_2\ H_3\ T_4\ T_5$	$T_1\ T_2\ T_3\ H_4\ H_5$
$H_1\ H_2\ H_3\ T_4\ H_5$	$H_1\ H_2\ T_3\ T_4\ H_5$	$T_1\ H_2\ H_3\ T_4\ T_5$	$H_1\ T_2\ T_3\ T_4\ T_5$
$H_1\ H_2\ T_3\ H_4\ H_5$	$H_1\ T_2\ H_3\ T_4\ H_5$	$H_1\ T_2\ T_3\ H_4\ T_5$	$T_1\ H_2\ T_3\ T_4\ T_5$
$H_1\ T_2\ H_3\ H_4\ H_5$	$T_1\ H_2\ H_3\ T_4\ H_5$	$T_1\ H_2\ T_3\ H_4\ T_5$	$T_1\ T_2\ H_3\ T_4\ T_5$
$T_1\ H_2\ H_3\ H_4\ H_5$	$H_1\ T_2\ T_3\ H_4\ H_5$	$T_1\ T_2\ H_3\ H_4\ T_5$	$T_1\ T_2\ T_3\ H_4\ T_5$
$H_1\ H_2\ H_3\ T_4\ T_5$	$T_1\ H_2\ T_3\ H_4\ H_5$	$H_1\ T_2\ T_3\ T_4\ H_5$	$T_1\ T_2\ T_3\ T_4\ H_5$
$H_1\ H_2\ T_3\ H_4\ T_5$	$T_1\ T_2\ H_3\ H_4\ H_5$	$T_1\ H_2\ T_3\ T_4\ H_5$	$T_1\ T_2\ T_3\ T_4\ T_5$

5.1　離散與連續分配

機會的實驗中，結果隨機發生。例如，擲一對骰子是一種機會實驗。任何36種可能的一種可隨機發生。隨機變數爲包含在機會實驗結果中的變數。

例如，假設一實驗是測量在30秒週期內到達公路收費站的車輛。可能結果爲0輛、1輛、2輛、… n輛。這些數目（0, 1, 2, … , n）爲隨機變數的數值。假設另一實驗在測量生產線中完成兩件工作之時間。該數值的範圍從0秒到n秒。這些時間測量爲其他隨機變數的數值。隨機變數有兩種：(1)離散隨機變數，及(2)連續隨機變數。

若該集合的所有可能數值爲有限或可計數無限個可能數值，該隨機變數爲離散隨機變數。大多數的統計情況中，離散隨機變數產生的數值爲非負整數。例如，若從母體中隨機選取六個人，決定六人中的左撇子，其產生的隨機變數爲離散型。樣本爲6的左撇子的唯一可能數目爲0、1、2、3、4、5、6。一組6人中不能有2.75個左撇子。得到非整數數值爲不可能。其他實驗的例子得到離散型隨機變數包含以下。

1.丟10個銅板，且決定多少個銅板爲反面。
2.隨機選取25個消費飲料的人，及決定多少人喜歡減肥飲料。
3.決定一批50樣物品中瑕疵品的數目。
4.抽樣100位註冊投票人，及決定上次選舉中多少人投票選總統。
5.計算在5分鐘內抵達書店的人數。

在本章開始時，敘述的兩個丟銅板實驗產生的分配有離散型結果。決策難題中，調查的問題及有關抵達的管理及統計問題的答案代表離散型結果。可以說，離散型隨機變數通常由實驗產生，其中事物是依個數計數，而非測量。

連續型隨機變數爲在一區間中的每一個點取數值。因此，連續型隨機變數由實驗產生，其中，事物是被測量，而非被計數。例如，若某人參加1,500米的賽距，任何可能數值的發生可能超越世界記錄。一人跑在4分37.9456秒或6分11.9471秒。該連續隨機變數可能產生的測量之非包含性表列爲時間、高度、重量及體積。其他實驗的例子產生的連續隨機變數包含如下。

1.儲藏槽中抽樣液態氮的體積。

2.測量客戶抵達零售店間隔的時間。

3.決定許多個月的期間，公司每月賺的錢。

4.測量最新設計的汽車長度。

5.在不同時間點，測量穀倉中的穀子重量。

一旦連續資料被測量及記錄，便成爲離散型資料，因爲資料被四捨五入爲離散數目。因此，在實際情況本質上，所有的商業資料爲離散型。然而，就實際的理由，資料分析因使用原始連續資料的連續分配而非常容易完成。

隨機變數及其相關機率的結果可以被組織爲分配。兩種分配的型態爲離散分配(由離散隨機變數組成)，及連續分配，(基於連續隨機變數所組成)。離散分配包含二項分配、卜瓦松分配及超幾何分配。連續分配包含常態分配、均勻分配、指數分配、t分配、卡方分配及F分配。第六章將陳述連續分配。

5.2　說明一種離散分配

我們如何說明離散分配呢？一種方法爲製作分配的圖表及研究該圖表。第2章討論的一些圖形種類可以達成此目標，包含直方圖及次數多邊形圖。直方圖，或直立條型圖，可能爲描述離散分配最普通的圖形方法。然而，因爲其結果只有某些資料點，使資料間空白，所以使用的直方圖通常包含細線或細棒而非條狀或長方形。

觀察表5.1的離散分配。一經理人考慮某星期五出城做商務旅行。她了解她不在當天至少會發生一項危機，而她非常擔心。表5.1顯示離散分配，其包

機率	危機數
0	.37
1	.31
2	.18
3	.09
4	.04
5	.01

表5.1
每日危機發生的離散分配

含她不在當天可能發生的危機數目及發生各項危機的機率。例如，有.37的機率沒有危機發生，有.31的機率有一個危機，依此類推。圖5.1的直方圖是表5.1的分配。注意，直方圖的X軸包含實驗的可能結果（可能發生的危機數），以及Y軸包含這些發生的機率。

研究圖5.1可以很明顯地發現，最有可能的危機數爲0或1。另外，我們可以看到分配爲離散，因爲在整數危機之間沒有顯示機率的數值。

離散型分配的平均數、變異數及標準差

除了以圖形方式描述離散分配外，可以使用的其他方法爲何？已分組資料在第三章中所討論的位置量數及變異性量數可以應用於離散分配以計算平均值、變異數及標準差。這三個敘述量數（平均值、變異數及標準差）在已分組資料上做計算，利用組中點之值來代表組距中的資料。離散分配不須做這些，因爲結果（0, 1, 2, 3, …）被用來代表本身。因此，我們不使用組中點（M）的值計算已分組資料中敘述性量數，而使用離散實驗的結果（X）。計算已分組資料的敘述性量數時，各組區間的次數被用來加權組的中點。以離散分配分析，各發生的機率被當成加權值。

平均值或期望值　離散分配的平均值或期望值爲發生的長期平均值。我們必須了解，使用離散隨機變數的任何一次試驗，會有一個結果。然而，若過程重複過久（遊戲被玩得夠久），有一些可能性，即結果的平均值會開始接近長期

圖5.1
危機之離散分配的MINITAB直方圖

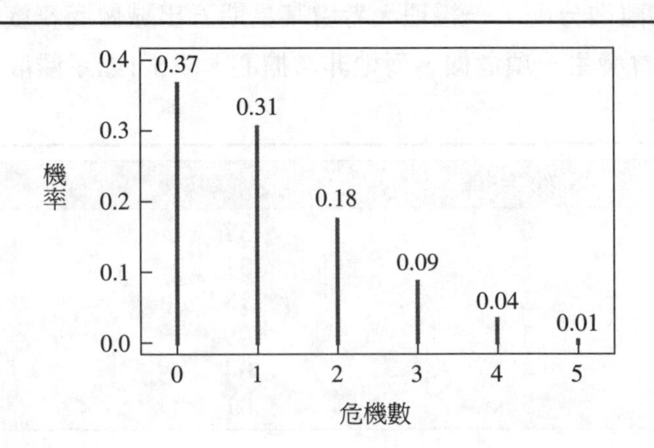

平均值、期望值，或平均值。該平均值或期望值以下列方法計算。

$$\mu = E(X) = \sum[X \cdot P(X)]$$

其中，

$E(X)$ = 長期平均值

X = 結果

$P(X)$ = 該結果的機率

離散分配的平均值或期望值

舉例來說，讓我們計算表5.1之分配的平均值或期望值。見表5.2。

長期來看，此經理人，在某一星期五的危機的平均值或期望值、危機數目爲1.15件危機。當然，該經理人永遠不會有1.15件危機。

一離散分配的變異數及標準差 利用結果(X)及結果的機率P(X)解離散分配的變異數及標準差，與計算平均值有相同的方法。而變異數及標準差的計算使用離散分配的平均值。計算變異數的公式如下。

$$\sigma^2 = \sum[(X - \mu)^2 \cdot P(X)]$$

其中，

X = 結果

$P(X)$ = 已知結果的機率

μ = 平均值

離散分配之變異數

取變異數的平方根計算標準差。

$$\sigma = \sqrt{\sum[(X-\mu)^2 \cdot P(X)]}$$

離散分配之標準差

表5.2 計算危機資料之平均值

(X)	$P(X)$	$X \cdot P(X)$
0	.37	.00
1	.31	.31
2	.18	.36
3	.09	.27
4	.04	.16
5	.01	.05
		$\sum[X \cdot P(X)] = 1.15$

$\mu = 1.15$件危機

表5.3
以危機資料計算變異數及標準差

X	$P(X)$	$(X-\mu)^2$	$(X-\mu)^2 \cdot P(X)$
0	.37	$(0-1.15)^2=1.32$	$(1.32)(.37)=.49$
1	.31	$(1-1.15)^2=0.02$	$(0.02)(.31)=.01$
2	.18	$(2-1.15)^2=0.72$	$(0.72)(.18)=.13$
3	.09	$(3-1.15)^2=3.42$	$(3.42)(.09)=.31$
4	.04	$(4-1.15)^2=8.12$	$(8.12)(.04)=.32$
5	.01	$(5-1.15)^2=14.82$	$(14.82)(.01)=.15$
			$\sum[(X-\mu)^2 \cdot P(X)]=1.41$

σ^2的變異數 $= \sum[(X-\mu)^2 \cdot P(X)] = 1.41$

σ的標準差 $= \sqrt{1.41} = 1.19$件危機

計算表5.1危機資料的變異數及標準差，且顯示於表5.3。危機資料的平均值爲1.15件危機。標準差爲1.19件危機以及變異數爲1.41。

例題5.1

在最近的假期中，德州彩票玩一種遊戲稱爲聖誕襪小禮物。該遊戲中，七千萬張1元的票中，有三千四百八十萬的總立即獎，其價格範圍從$2到$1,000。以下顯示不同的價格及贏得各價格的機率。使用這些資料計算遊戲的期望值、遊戲的變異數，及遊戲的標準差。

價格(X)	機率(X)
$1,000	.00002
100	.00063
20	.00400
10	.00601
4	.02403
2	.08877
1	.10479
0	.77176

解答

平均值計算如下。

價格(X)	機率(X)	$(X \cdot P(X)$
$1,000	.00002	.02000
100	.00063	.06300
20	.00400	.08000
10	.00601	.06010
4	.02403	.09612
2	.08877	.17754
1	.10479	.10479
0	.77176	.00000
		$\Sigma[(X \cdot P(X)] = .60155$

$$\mu = E(X) = \Sigma[(X \cdot P(X)] = .60155$$

該遊戲中一元票的期望報酬爲60.2分錢。若一人長期玩此遊戲，她或他可以期望贏得平均60分錢。長期下來，參加者會損失約$1.00–.602=.398，或約40分錢。當然，任一次遊戲中，個人絕不會贏60分錢。

利用平均數，$\mu = .60155$，可以計算標準差及變異數。

X	$P(X)$	$(X-\mu)^2$	$(X-\mu)^2 \cdot P(X)$
$1,000	.00002	998797.26190	19.97595
100	.00063	9880.05186	6.22443
20	.00400	376.29986	1.50520
10	.00601	88.33086	0.53087
4	.02403	11.54946	0.27753
2	.08877	1.95566	0.17360
1	.10479	0.15876	0.01664
0	.77176	0.36186	0.27927
			$\Sigma[(X-\mu)^2 \cdot P(X)] = 28.98349$

$$\sigma^2 = \Sigma[(X-\mu)^2 \cdot P(X)] = 28.98349$$

$$\sigma = \sqrt{\sigma^2} = \sqrt{\Sigma[(X-\mu)^2 \cdot P(X)]} = \sqrt{28.98349} = 5.38363$$

變異數爲28.98351（元）²，標準差爲$5.38。

問題5.2

5.1決定以下離散分配的平均值、變異數及標準差。

X	$P(X)$
1	.238
2	.290
3	.177
4	.158
5	.137

5.2決定以下離散分配的平均值、變異數及標準差。

X	$P(X)$
0	.103
1	.118
2	.246
3	.229
4	.138
5	.094
6	.071
7	.001

5.3以下資料爲瑕疵數的歷史結果，被發現於製造工廠生產的瓷杯中。使用這些資料及相關機率計算瑕疵的期望值標準差。

瑕疵	機率
0	.461
1	.285
2	.129
3	.087
4	.038

5.4假設城市中有20%的人偏好百事可樂爲其飲料的選擇。若選取六人的隨機樣本，百事飲者數目範圍可從零到六。此處顯示六人的飲者樣本中百事飲者的可能數目，及樣本中發生百事飲者數目的機率。使用資料決定城市裡六人樣本中百事飲者的平均數目，並計算標準差。

X	$P(X)$
0	.262
1	.393
2	.246
3	.082
4	.015
5	.002
6	.000

5.3 二項分配

在所有的離散分配中，最廣為人知的可能就屬二項分配了。二項分配已經被使用百餘年。二項分配的使用以多種假設為基礎：

> 實驗中包含n個相同的試驗。
> 每次試驗只有二個可能的解果，及成功或失敗。
> 每次試驗皆與前次試驗無關。
> p與q在整個試驗中保持不便，其中p代表任一試驗中成功的機率，而q=(1−p)則代表任一試驗中失敗的機率。

二項分配之假設

如「二項」這個字所指，二項實驗的任何一次試驗包含只有兩種可能的結果。這兩種結果被標記為成功或失敗。通常研究者有興趣的結果被標記為成功。例如，若一品質管理的分析員尋找有瑕疵的產品，他會將找到瑕疵品視為成功，即使公司不會將瑕疵品視為成功。若研究者在研究左撇子，實驗的試驗中找到左撇子的人為成功。二項實驗中試驗的其他可能結果稱為失敗。失敗這個字只用來表示與成功相反而已。前述的實驗中，失敗可以代表得到合格零件（與瑕疵零件相反），或找到用右手的人（與左撇子相反）。二項分配實驗中，只有兩種可能，任一試驗的互斥結果（正面／反面，左手／右手，瑕疵／好的，男性／女性，等等）。

二項分配為離散分配。在n次試驗中，只有X次成功為可能，此處X為居於0及n之間的整數。例如，若從一批零件中隨機選取5個零件，即0，1，2，3，4，或5個瑕疵零件在該樣本中為可能。5個零件的樣本中，得到2.714個瑕疵零件不可能，或得到8個瑕疵零件也不可能。

二項實驗中，試驗必須為獨立。該限制意指該實驗的性質為產生獨立的試驗（如丟銅板或擲骰子），或該實驗以投返進行。獨立試驗的要求效果為p，每一個試驗每次得到成功的機率保持一定。例如，假設5%的所有袋中零件為瑕疵。第一次抽到有瑕疵零件的機率為$p=.05$。若第一個被抽取的零件無投返，第二次抽與第一次不為獨立，且下一次抽p的值會改變。二項分配不允許實驗中每一次試驗改變p值。若整天投銅板，下一次投得到正面的機率仍為.50，因爲每一次投銅板都是獨立。其他實驗中，因爲從袋中抽出零件，零件必須被置換以保持p爲相同值。然而，若母體與樣本大小比較爲大，無投返的抽樣效果很小，實質上，符合獨立假設。亦即，p保持大致相等。

通常，若樣本大小n小於母體的5%，獨立的假設即不爲重點。因此，用於二項分配其樣本無投返的可接受樣本大小爲

$$n < 5\%\ N$$

其中，

n =樣本大小

N =母體大小

例如，假設全世界10%的人口爲左撇子，且從全世界的人口中隨機選取20人的樣本。若選出的第一人爲左撇子且進行抽樣無投返p=.10的數值實質上無影響，因爲全世界的人口母體非常大。而且，許多的實驗中，母體以連續的方式被補充，即使是已完成抽樣。該情況通常爲從大的母體中品質管制的產品抽樣。一些二項分配問題的例子如下。

1. 假設丹佛市40%的少年每年滑一次雪。若隨機選取20個丹佛市少年，其中有10個去年有去滑雪的機率爲何？
2. 假設一機器生產電腦晶片，其瑕疵率爲6%。若一公司購買30個這種晶片，沒有一個爲瑕疵的機率爲何？
3. 一項道德研究顯示，84%的美國公司有職業倫理規範。從15家公司隨機選取的樣本中，至少10家有職業倫理規範的機率爲何？
4. 假設X廠牌的汽車電池有35%的市場佔有率。若70輛車被隨機選取，至少30輛使用X廠牌電池的機率爲何？

解二項問題

Runzheimer International最近調負責遷徙換工作地點的管理者透露一些爲什麼工作者拒絕遷徙工作派任的原因。包含在明細表中的有家庭的考慮、財務因素及其他。4%的受訪者說，他們拒絕遷徙是因爲他們獲得太少的補助。假設5個才拒絕遷徙的工作者被隨機選取且受訪。假設4%的數值對所有遷徙的工作者成立，第一位受訪工作者因爲他們獲得太少補助而拒絕遷徙，且接下來的

四個受訪工作者因其他原因拒絕派任的機率爲何？令T代表太少的遷徙補助，R代表其他原因。該問題的受訪順序爲：

T_1, R_2, R_3, R_4, R_5

得到該順序的機率計算是利用獨立事件的乘法法則（假設工作者爲獨立選取且有一個大的工作者族群）。如果4%拒絕掉換遷徙的工作者是因爲他們獲得太少遷徙補助，那麼從拒絕遷徙的工作者中隨機選取一員，且其因爲該原因的機率爲.04，其爲p的數值。其他96%拒絕遷徙的工作者則因其他原因工作者中隨機選取一員。因此，從那些因其他原因而拒絕遷徙的工作者中隨機選取一員的機率爲1−.04=.96，其爲q的值。得到五個拒絕遷徙的工作者之順序，其機率爲：

$$P(T_1 \cap R_2 \cap R_3 \cap R_4 \cap R_5) = (.04)(.96)(.96)(.96)(.96) = .03397$$

很顯然地，隨機選取已拒絕遷徙的工作者，其原因爲獲得太少遷徙補助可能爲第二個或第三個或第四個或第五個。得到一個因爲獲得太少補助而拒絕遷徙的工作者及四個因其他原因而這樣做的工作者所有可能順序如下。

T_1, R_2, R_3, R_4, R_5
R_1, T_2, R_3, R_4, R_5
R_1, R_2, T_3, R_4, R_5
R_1, R_2, R_3, T_4, R_5
R_1, R_2, R_3, R_4, T_5

各順序發生的機率被計算如下。

$(.04)(.96)(.96)(.96)(.96) = .03397$
$(.96)(.04)(.96)(.96)(.96) = .03397$
$(.96)(.96)(.04)(.96)(.96) = .03397$
$(.96)(.96)(.96)(.04)(.96) = .03397$
$(.96)(.96)(.96)(.96)(.04) = .03397$

注意，各例中的機率相同。五種順序中的各個包含一個.04與四個.96的乘積。乘法的可交換性質使五個個別機率的再排列爲任一種順序。五種順序中的各個機率可被再排列且歸納爲$(.04)^1(.96)^4$。各順序包含相同的五個機率，因此，重新計算各順序機率時，沒有小數點。重要的是決定有多少種不同的方法可排列順序，且將該數值乘上一個順序發生的機率。就該問題的五個順序言，五個拒絕遷徙的工作者的隨機樣本中，得到剛好一個工作者，其因爲太少遷徙補助而拒絕工作派任的總機率爲

$$5(.04)^1(.96)^4 = .16985$$

比列出所有機率決定順序數目更簡單的方法是使用組合來計算。(組合的概念在第四章已介紹)。抽樣出五個工作者，因此n=5，而問題是在得到一個因遷徙補助太少而拒絕遷徙的工作者，故X=1。所以$_nC_x$會產生在n次試驗中得到X成功的可能方法數。就該問題，$_5C_1$爲可能順序數。

$$_5C_1 = \frac{5!}{1!(5-1)!} = 5$$

以組合加權一個順序的機率得到

$$_5C_1(.04)^1(.96)^4 = .16985$$

使用組合可簡化在二項分配中某一X值有多少個可能順序的結果。圖5.2爲樹狀圖，其繪出該二項實驗n=5中，所有可能順序。利用母體的抽樣規則與第四章的獨立事件，我們可以決定有2^5=32個只有包含一個T的五個不同順序。組合公式計算該值，讓我們節省時間及詳列如樹狀圖中所有可能的麻煩。

現在假設70%的所有美國人相信清潔環境是重要的事。隨機取樣四個美國人且剛好其中兩人說他們相信清潔環境是重要的事的機率爲何？令E代表成功得到一人，其相信清潔環境是重要的事。例如，p= .70。令N代表失敗，即沒有得到一個相信清潔環境是重要的人（N代表認爲不重要)。得到此類人士的機率爲q= .30。

在四個樣本中得到兩個E的不同順序如下。

$E_1\,E_2\,N_3\,N_4$
$E_1\,N_2\,E_3\,N_4$
$E_1\,N_2\,N_3\,E_4$
$N_1\,E_2\,E_3\,N_4$
$N_1\,E_2\,N_3\,E_4$
$N_1\,N_2\,E_3\,E_4$

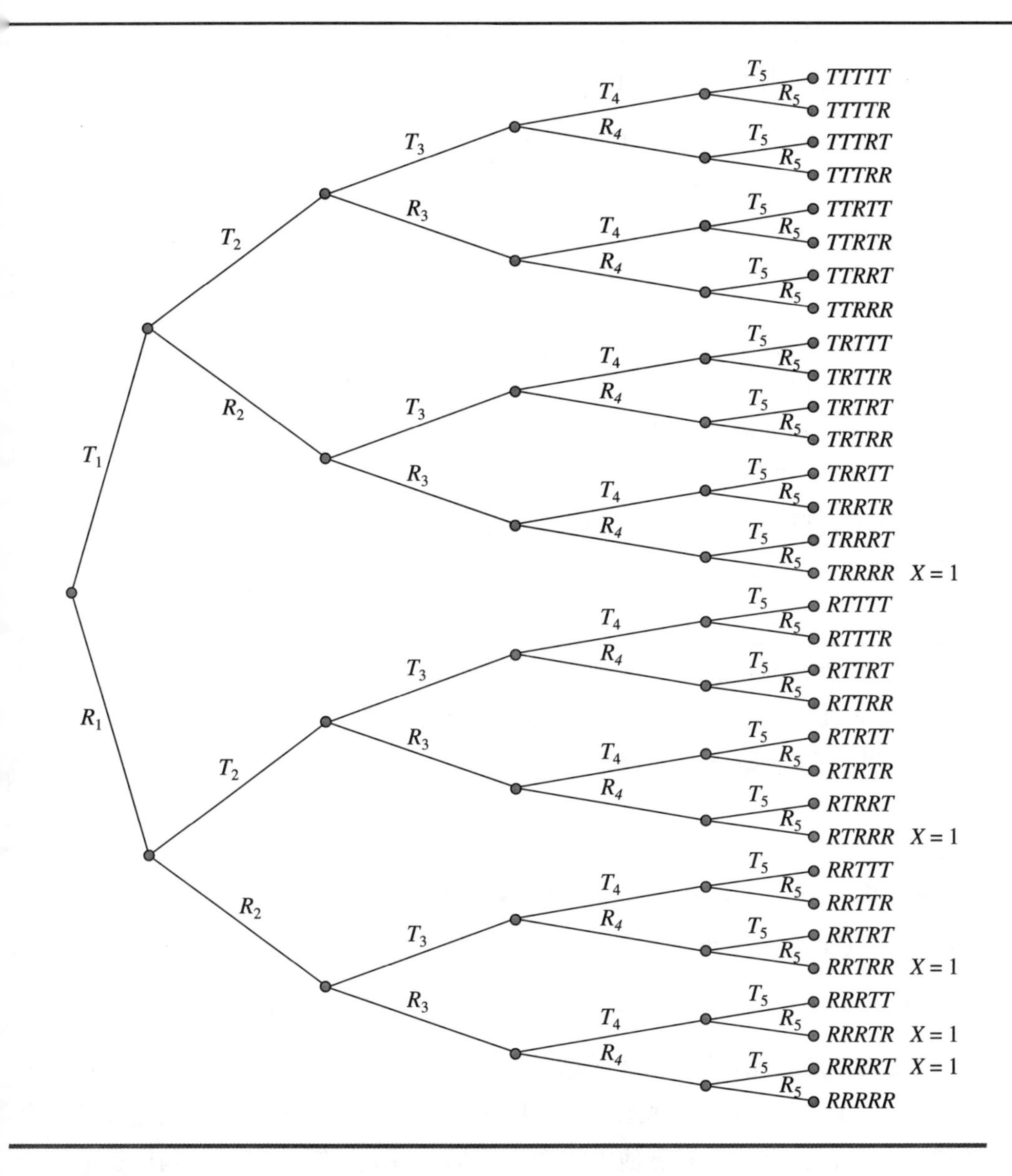

圖5.2
n=5的二項實驗結果之樣本空間樹狀圖

四個樣本中的兩個E可以發生六種方式。利用組合，得順序數爲

$${}_4C_2 = 6 \text{ 種方式}$$

選取任一個別順序的機率爲

$$(.70)^2(.30)^2 = .0441$$

因此，當70%的所有美國人相信清潔環境是重要的事時，隨機取樣的四個人中，剛好得到兩人，其相信清潔環境是重要的事的所有機率為

$$_4C_2(.70)^2(.30)^2 = .2646$$

從該兩例中總結得到二項公式，其可被用來解決二項問題。

二項公式

$$P(X)={}_nC_X \cdot p^X \cdot q^{n-X} = \frac{n!}{X!(n-X)!} \cdot p^X \cdot q^{n-X}$$

其中，

n = 試驗數（或做為樣本的數目）
X = 期望的成功數
p = 在一試驗中成功的機率
$q = 1 - p$ = 在一試驗中失敗的機率

二項公式目前歸納的步驟是用來解決二項問題。公式使這些問題的解決快速且有效。

例題5.2

蓋洛普機構進行的研究呈現在「決策難題」中，它發現65%的所有金融消費者非常滿意其主要金融機構。假設40個金融消費者被隨機選取，其中的23人非常滿意其主要金融機構的機率為何？

解答

p的值為.65（非常滿意），q的值=1−p=1−.65=.35（不太滿意），n=40，且X=23。二項公式得到最後答案。

$$_{40}C_{23}(.65)^{23}(.35)^{17} = (88732378800)(.000049775)(.000000018) = .0784$$

若65%的金融消費者非常滿意，約7.84%的時候，研究者可以得到40個金融消費者中剛好23名非常滿意其金融機構的人。有利的機會為隨機從40個金融消費者中得到23人非常滿意他們的金融機構。吾人可期待在40個隨機選取的金融消費者中得到幾位非常滿意其金融機構的人？若65%的金融消費者非常滿意其主要金融機構，吾人會期望得到約40人的65%或(.65)(40)=26名非常滿意的金融消費者。40個金融消費者的任何個別樣本中，非常滿意的數目有可能不是26人。平均來看，期望值為26。從40人中得到23名非常滿意的金融消費者的研究員可將此數目視為根據26的期望值而來。

依照美國主計處的資料，約有6%的在密西西比州傑克森市（Jackson, Mississipi）的工作者失業。在傑克森市中進行隨機電話訪問，20個樣本中得到兩個或更少失業者的機率為何？

例題5.3

解答

該問題必須聯合三個問題進行：（1）零個失業者，X=0；（2）一個失業者，X=1；（3）二個失業者，X=2。在每個問題中，p=.06，q=.94及n=20。二項公式得到以下結果。

$$\begin{array}{ccccccc} X=0 & & X=1 & & X=2 & & \\ {}_{20}C_0(.06)^0(.94)^{20} & + & {}_{20}C_1(.06)^1(.94)^{19} & + & {}_{20}C_2(.06)^2(.94)^{18} & = & \\ .2901 & + & .3703 & + & .2246 & & =.8850 \end{array}$$

若密西西比州傑克森市有6%的所有工作者失業，在隨機抽樣20位工作者時，有88.5%的時候電話受訪者可得到零位、一位、或二位失業工作者皆滿足得到兩個以下失業者的要求，因此該問題聯合三個問題。每當二項公式被用來解決累積成功數（非正整數）時，必須解決各X值的機率，及總和的機率。若實際調查產生這種結果，其必須用來印證調查數據。

使用二項表

任何人若處理的二項問題夠多的話，將開始瞭解，從樣本大小n=30，p=.10，與得到X=5個成功的機率相同，不管五個成功為左撇子、有瑕疵零件、X廠牌的購買者，或任何其他變數。樣本是否涉及人、零件或商品，與最終機率無關。問題的本質一樣：n=30，X=5及p=.10。瞭解這個事實，數學家便製作了一組包含預解機率的二項表。

以兩個參數，n及p來說明或描述二項分配。二項分配的確為分配家族的一員。每一不同的n值且／或每一不同的p值會得到不一樣的二項分配，n及p值不同的組合也都會有表格可對應。因為空間限制，本文中呈現的二項表為節錄。**附錄A**表含二項表。各表的開頭為n值。p的九個值呈現在n大小的各表中。以下欄位中各p值為該組合n及p的二項分配。**表5.4**包含**表A.2**的一小段：n=20的二項機率。

表5.4
摘錄自附錄A.2

n = 20	機率								
X	.1	.2	.3	.4	.5	.6	.7	.8	.9
0	.122	.012	.001	.000	.000	.000	.000	.000	.000
1	.270	.058	.007	.000	.000	.000	.000	.000	.000
2	.285	.137	.028	.003	.000	.000	.000	.000	.000
3	.190	.205	.072	.012	.001	.000	.000	.000	.000
4	.090	.218	.130	.035	.005	.000	.000	.000	.000
5	.032	.175	.179	.075	.015	.001	.000	.000	.000
6	.009	.109	.192	.124	.037	.005	.000	.000	.000
7	.002	.055	.164	.166	.074	.015	.001	.000	.000
8	.000	.022	.114	.180	.120	.035	.004	.000	.000
9	.000	.007	.065	.160	.160	.071	.012	.000	.000
10	.000	.002	.031	.117	.176	.117	.031	.002	.000
11	.000	.000	.012	.071	.160	.160	.065	.007	.000
12	.000	.000	.004	.035	.120	.180	.114	.022	.000
13	.000	.000	.001	.015	.074	.166	.164	.055	.002
14	.000	.000	.000	.005	.037	.124	.192	.109	.009
15	.000	.000	.000	.001	.015	.075	.179	.175	.032
16	.000	.000	.000	.000	.005	.035	.130	.218	.090
17	.000	.000	.000	.000	.001	.012	.072	.205	.190
18	.000	.000	.000	.000	.000	.003	.028	.137	.285
19	.000	.000	.000	.000	.000	.000	.007	.058	.270
20	.000	.000	.000	.000	.000	.000	.001	.012	.122

例題5.4

就$n=20$，$p=.40$，X=10，以附錄A中的表A.2解二項機率。

解答

爲了使用表A.2，先找出n的值。因爲本問題$n=20$，可以使用呈現在表5.4中，包含$n=20$的值的二項表部分。找出n的值之後，以水平方向橫過表的頂端尋找適合的p值。就此問題中，$p=.40$。.40下的欄包含二項分配$n=20$，$p=.40$的機率。爲了得到X=10的機率，找出最左欄的X值，且找到表中$p=.40$及X=10的交集機率。答案爲.117。以二項公式處理本問題得到相同結果。

$$_{20}C_{10}(.40)^{10}(.60)^{10} = .1171$$

一止痛藥品牌Tylenol控制30%的市場。假設20名止痛藥購買者從母體中隨機選取出。其中超過8名選擇Tylenol止痛藥的機率爲何？

例題5.5

解答

就此問題，$n=20$，$p=.30$，且X>8。因爲$n=20$，呈現在表5.4中二項表的部分可被用來處理本問題。沿著p值行找到.30。問題在找到X>8的機率。決定最終答案須將X=9, 10, 11, 12, …, 20的機率相加。這些值顯示在X欄中，在於各X值與p= .30的交集。

*X*值	機率
9	.065
10	.031
11	.012
12	.004
13	.001
14	.000
15	.000
16	.000
17	.000
18	.000
19	.000
20	.000
	X > 8 = .113

若30%的所有止痛藥的使用者喜歡Tylenol，且選取20名止痛藥使用者，約11.3%的時，於20人中有超過8人會喜歡Tylenol。

使用電腦產生二項分配

數種有名的統計套裝軟體讓使用者可就n、p的任一既定值產生二項分配。除了使用二項公式或附錄A.2中的二項表之外，他們提供了解決二項問題的另一選擇。實際上，電腦軟體可有效率地印出二項表的欄位。爲此目的使用統計軟體的優點爲方便（若手邊沒有二項表，但有電腦時），而且也能產生比附錄A.2的二項表中更多的數值。

例如，決策難題陳述，64%的所有金融消費者認爲銀行較五年前更具競爭力。假設23個金融消費者被隨機選取，且我們想要決定不同X的發生機率。附錄A.2可以被使用，因爲只有九個不同p值被包括，且$p=.64$不爲這些數值之一。而且，$n=23$不包括於表中。沒有電腦時，我們唯一的選擇，只有二項公式可解決二項問題，$n=23$及$p=.64$。特別是，若遇到累積問題，（例如，$X \leq 10$），二項公式爲解決問題的麻煩方法。

顯示於表5.5的是$n=23$及$p=.64$的二項分配的MINITAB的結果。注意$X \leq 4$的數值被省去，因爲相關機率小於 .0001。有了這個電腦輸出，研究者可以得到或計算$n=23$及$p=64$的二項分配內任何發生的機率。

表5.5
n=23, P=.64
之二項分配的MINITAB輸出結果

```
MTB  > PDF;
SUBC > Binomial 23  .64 .

Probability Density Function

Binomial with n = 23 and p = 0.640000

          x          P(X = x)
          5           0.0000
          6           0.0002
          7           0.0009
          8           0.0031
          9           0.0090
         10           0.0225
         11           0.0473
         12           0.0840
         13           0.1264
         14           0.1605
         15           0.1712
         16           0.1522
         17           0.1114
         18           0.0660
         19           0.0309
         20           0.0110
         21           0.0028
         22           0.0005
         23           0.0000
```

二項分配的平均數及標準差

二項分配有期望值或長期平均值，以符號μ代表。μ的值由$n \cdot p$所決定。例如，若$n=10$及$p=.4$，則$\mu=n \cdot p=(10)(.4)=4$。長期平均值或期望值代表若n項目長期以來一次又一次被抽樣，且若p爲一次試驗中得到成功的機率，每一樣本的成功的平均數被期望爲n・p。若在一所大型的大學中40%的商學研究生爲女性，且若隨機選取10名商學研究生，重複許多次，則平均來看期望值爲10人中有4名是女性。

$$\mu = n \cdot p$$
$$\sigma = \sqrt{n \cdot p \cdot q}$$

二項分配的平均數及標準值

檢查二項分配的平均值給人一種既定結果的可能性的直覺。例如，假設研究者大體同意10%的所有人爲左撇子。然而，假設一研究者相信，這些數據對於35歲以上的婦女所生的小孩較高。爲了蒐集證據，她隨機選取100個小孩，其爲35歲以上的婦女所生，且20人結果爲左撇子。她有可能在100個樣本中得到20個左撇子的小孩嗎？在100個樣本中，她期待得到多少？$n=100$及$p=.10$的平均值或期望值爲(100)(.10)=10個左撇子。是100個樣本中剛好發生20個左撇子呢？還是該研究者從與一般母體不同的母體中抽出產生10%的左撇子呢？她可以利用檢查該問題的二項機率再調查該結果。然而，該分配的平均值給她一個期望值，從期望值去處理。

從決策難題回想，64%的所有金融消費者認爲銀行較五年前更具競爭力。若23名金融消費者被隨機選取，則認爲銀行較五年前更具競爭力的期望數目爲何？該問題可以描述爲表5.5中$n=23$及$p=.64$的二項分配。該二項分配的平均得到該問題的期望值。

$$\mu = n \cdot p = 23(.64) = 14.72$$

長期以來，若23個金融消費者被隨機選取一次又一次，且若實際上64%的所有金融消費者認爲銀行較五年前更具競爭力，則該實驗該將23個認爲銀行今日較具競爭力中的14.72個金融消費者平均。但必須瞭解的是，因爲二項分配爲離散分配，你將不會眞的從認爲銀行今日較具競爭力的23人中得到14.72

人。分配的平均值的確顯示任何個別發生的相對可能性。檢查表5.5。注意，最高的機率是那些接近X=14.72：P(X=15)=.1712，P(X=14)=.1605，且P(X=16)=.1522。該分配的所有其他的機率皆小於這些數。

二項分配的標準差被標記爲σ，或等於 $\sqrt{n \cdot p \cdot q}$。就左撇子的例子，$\sigma = \sqrt{100(.10)(.90)} = 3$。表5.5中爲以二項分配描述的金融消費問題的標準差。

$$\sigma = \sqrt{n \cdot p \cdot q} = \sqrt{(23)(.64)(.36)} = 2.30$$

第六章顯示一些幾近乎鐘型的二項分配，且以常態曲線可將其大約化。二項分配的平均值及標準差爲被用來將這些二項問題轉換爲常態曲線問題的工具。

繪製二項分配

以所有可能分配的X值及其相關機率，可以做出二項分配的圖形。X數值時常是沿著X軸所繪，而機率則沿著Y軸所繪。

表5.6列出三種不同的二項分配之機率，n=8及p=.2，n=8及p=.50，n=8及p=.80。圖5.3顯示這三個二項分配的MINITAB圖。觀察當p的數值增加時，分配形狀如何的改變。就p=.50言，分配爲對稱。就p=.20，分配偏向右邊，且就p=.80，分配偏向左邊。該圖樣有意義，因爲n=8，p=.50的二項分配的平均爲4，其爲該分配的中間。n=8及p=.2的分配的平均爲1.6，其產生接近X=1及X=2

表5.6
n=8的三個二項式分配之機率

	機率		
X	p = .20	p = .50	p = .80
0	.1678	.0039	.0000
1	.3355	.0312	.0001
2	.2936	.1094	.0011
3	.1468	.2187	.0092
4	.0459	.2734	.0459
5	.0092	.2187	.1468
6	.0011	.1094	.2936
7	.0001	.0312	.3355
8	.0000	.0039	.1678

的最高機率。該圖形的尖峰較早偏向X的較高值。n=8及p=.80的分配平均爲6.4，其產生接近X=6及X=7的最高機率。因此分配的尖峰較接近8，較不接近0，且分配往回延伸偏向X=0。

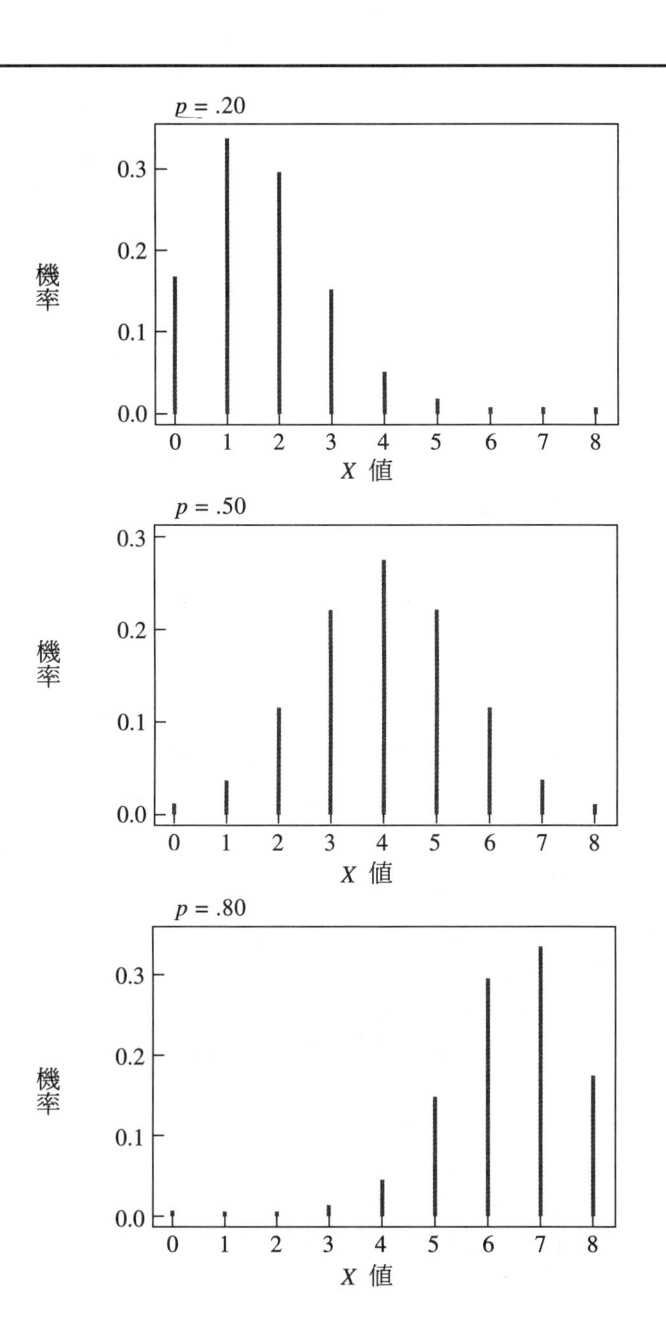

圖5.3
n = 8的三個二項分配之MINITAB圖

任何二項分配中，可以發生的最大X值爲n，且最小值爲零。因此任一二項分配的圖形被0及n所限制。若分配的p值不爲.50，該限制將產生堆疊於某一邊且偏斜至另一邊的圖形。

例題5.6

一製造公司每日生產10,000個塑膠馬克杯。該公司供應馬克杯至另一公司，再將馬克杯包裝爲餐具組的一部份。第二家公司隨機選取10個從供應商送來的馬克杯。若兩個或更少的樣本馬克杯爲瑕疵品，第二個公司接受該批。若馬克杯製造公司實際上生產的馬克杯爲10%的瑕疵品，則該批被接受的機率爲何？

解答

一連串的二項問題中，$n=10$，$X \leq 2$，且p的範圍從.10至.40。從表A.2中——累積數值——我們得到以下各p值及期望值($\mu=n \cdot p$)的$X \leq 2$的機率。

P	被接受的批次 $P(X \leq 2)$	瑕疵品的期望數 (μ)
.10	.930	1.0
.20	.677	2.0
.30	.382	3.0
.40	.167	4.0

這些值顯示若製造公司生產10%的瑕疵馬克杯，該批被接受的機會（.930）相當高。若p值較高，該批被接受的機會的機率相對降低。而且，當p增加時，期望值從可接受值移開，$X \leq 2$。這樣降低了該批被接受的機會。

問題5.3

5.5利用二項公式解出以下問題。

a.如果 $n = 4$ 且 $P = .10$，找出$P(X = 3)$
b.如果 $n = 7$ 且 $P = .80$，找出$P(X = 4)$
c.如果 $n = 10$ 且 $P = .60$，找出$P(X \geq 7)$
d.如果 $n = 12$ 且 $P = .45$，找出$P(5 \leq X \leq 7)$

5.6利用二項公式解出以下問題（表A.2）。

a.如果 $n = 20$ 且 $P = .50$，找出$P(X = 12)$
b.如果 $n = 20$ 且 $P = .30$，找出$P(X > 8)$
c.如果 $n = 20$ 且 $P = .70$，找出$P(X < 12)$
d.如果 $n = 20$ 且 $P = .90$，找出$P(X \leq 16)$

e.如果 $n = 15$ 且 $P = .40$，找出$P(4 \le X \le 9)$
f.如果 $n = 10$ 且 $P = .60$，找出$P(X \ge 7)$

5.7解出以下二項分配的平均值及標準差。

a. $n = 20$ 且 $P = .70$
b. $n = 70$ 且 $P = .35$
c. $n = 100$ 且 $P = .50$

5.8使用**表A.2**的機率表，繪出以下各二項分配的圖形。注意圖型分配平均值的地方。

a. $n = 6$ 且 $P = .70$
b. $n = 20$ 且 $P = .50$
c. $n = 8$ 且 $P = .80$

5.9財星雜誌1000名經理人所做的美國電訊調查報告顯示，63%的電訊業管理者視降低壓力爲電訊的優點。58%視增加生產力爲電訊的優點，且79%認爲電訊推動更高的士氣。假設，調查結果對於電訊業的所有管理者而言爲眞。研究者隨機選取20名管理者及電訊業者。

a.剛好12名管理者視降低壓力爲電訊的優點的機率爲何？
b.所有的管理者視電訊可推動更高士氣的機率爲何？
c. 9、10、11名管理者視增加生產力爲電訊的優點的機率爲何？
d.視降低壓力爲電訊的優點的管理者的期望值爲何？更高的士氣？增加生產力？

5.10爲慈善運動募款爲具競爭的活動。然而，美國有些運動接受較其它更多的支持。例如，幾乎53%的美國家庭都會捐助一些宗教。24%的家庭捐款給一些健康運動。教育單位從15%的美國家庭接受慈善捐款。假設一專業基金籌募者進行全國電話調查12個美國家庭。

a.剛好10個家庭對一些宗教捐助的機率爲何？
b.剛好10個家庭對一些健康運動捐助的機率爲何？
c.兩個或更少的家庭對教育慈善捐助的機率爲何？
d.從(a)(b)(c)發現，電話調查員對陳述的百分比的結論爲何？

5.11愈來愈多的消費者認為其必須親自在市場選購。依照Yankelovich Partners為USA WEEKEND雜誌進行的調查顯示，60%的消費者曾為一些產品的資訊打過080的免付費電話。假設隨機選取樣本的25個消費者被接觸且問到有關其消費習慣。

a.15個或更多的消費者曾為一些產品的資訊打過080免付費電話的機率為何？

b.超過20個這些消費者曾為一些產品的資訊打過080免付費電話的機率為何？

c.少於10個消費者曾為一些產品的資訊打過080免付費電話的機率為何？

5.12繪製問題5.11的分配。哪一個X值的機率最高？決定這些分配的期望值。期望值與具有最高機率的X值的比較為何？計算標準差。決定該分配的區間$\mu \pm 2\sigma$。該區間落於哪兩個X數值中？位於該區間的數值百分比為何？其與第三章說明之柴比雪夫法則或實驗定理的區別如何？

5.13家庭改進研究機構進行6,000名屋主的調查，其在去年完成DIY的計畫。其中，該調查發現25%的所有受訪者去年已完成某種室內粉刷工作。假設8位屋主其在去年完成DIY的計畫，被隨機選取接觸。

a.去年已完成某種室內粉刷工作的期望值為何？

b.就各結果的機率及圖形計算二項機率（只要計算到小數點四位數）。

c.假設八名受訪者中的六人說其去年已完成某種室內粉刷工作。機構調查者根據對6,000名屋主的調查結果，決定其中25%比例的結論為何？

5.14 Arthur Andersen Enterprise Group調查中小企業老闆決定企業電腦的使用範圍。其發現59%的中小企業中所有的員工有PC，30%有系統更新計畫，24%其PC與網路連線，22%有上網許可，及19%完全沒有電腦。假設這些數據應用在所有中小型企業，且隨機選取15個中小企業。

a.這些企業中剛好10家所有的員工有PC的機率為何？

b.少於三家中小企業其PC與網路連線的機率為何？

c.六家或更多的中小企業其有系統更新計畫的機率為何？

d.二至四家（包含在內）完全沒有電腦的機率為何？

e.其中30%的公司有系統更新計畫之二項問題的平均值及標準差為何？假

設爲丘狀分配，使用經驗法則決定介於大約99.7%的數值所在的兩數值。就該二項分配從表A.2中得到的機率數值與該範圍比較。

5.15 依照國家中心的健康統計，最近一年，將近11%的美國民眾進行住院手術。該類手術是在非聯邦的短期醫院完成且不含嬰幼兒在內。假設在你的社區中發現明顯的較美國數據爲高的住院手術比例。測試該想法，隨機訪問你的社區中的25人。4人回答其曾接受住院手術。使用11%的數據及25人的樣本大小決定去年中得到4人或更多人有住院手術的機會。

5.4 超幾何分配

另一種離散分配爲超幾何分配。統計學家通常使用超幾何分配來補充分析的種類，其可以二項分配完成。回想，二項分配，理論上，只應用在試驗以投返（獨立事件）進行的實驗中。但超幾何分配只應用在無投返進行之試驗的實驗中。

超幾何分配如同二項分配一般，是由兩個可能結果組成：成功及失敗。然而，使用者必須知道母體的大小以及母體內成功及失敗的比例，才能應用在超幾何分配。亦即，因爲超幾何的使用爲當樣本以無投返進行，有關母體的資料補充必須了解順序以再次決定當機率改變時，各連續試驗中成功的機率。

其爲離散分配。

各結果由成功或失敗所組成。

抽樣以無投返完成。

母體N爲有限及已知。

母體中的成功數A爲已知。

超幾何公式

$$P(X) = \frac{{}_{A}C_{X} \cdot {}_{N-A}C_{n-X}}{{}_{N}C_{n}}$$

N =母體大小

n =樣本大小

A =母體的成功次數

X =樣本的成功次數；無投返之抽樣

超幾何分配的特色爲三個參數N、A及n。因爲該三個參數的多重可能組合，製做超幾何分配的表實際上爲不可能。所以，選擇超幾何分配分析資料的研究者必須使用超幾何公式以計算各機率。因爲這項工作是麻煩的，且消耗時間，大多數的研究者在處理無投返二項問題時，才使用超幾何分配爲應急的方法。即使二項分配理論上只應用在當抽樣以投返完成且p爲保持相等，回想看看若母體與樣本大小相比夠大，無投返抽樣對p的衝擊很小。因此，當抽樣以無投返完成時，二項分配可被用於一些情況。因爲有表可參考，每當對可能性較有興趣時，則使用二項分配而非超幾何分配。根據經驗，若樣本大小小於母體的5%，且抽樣以無投返完成時，使用二項分配而非超幾何分配爲可接受的。超幾何分配產生確定的機率，且二項分配產生這種情形下良好的機率估計值。總之，下列情況應使用超幾何分配而非二項分配。

1.抽樣以無投返完成，且

2.$n \geq 5\% N$。

超幾何機率在假設下被計算，即樣本空間的其餘元素有同樣可能的抽樣。

例題5.7　有24人，其中8人是女性，應徵一工作，若隨機選出五個應徵者，剛好三個樣本爲女性的機率爲何？

解答

該問題包含小的有限母體24，或N=24。取樣本爲五個應徵者，或n=5。抽樣以無投返完成，因爲被許爲樣本的五個應徵者爲五個不同的人。樣本大小爲母體的21%，其≥母體的5%(n/N=5/24= .21)。超幾何分配爲可以使用的適當分配。母體明細爲A=8名女性，且N−A=24−8=16名男性。n=5的樣本中得到X=3的機率爲

$$\frac{{}_{8}C_{3} \cdot {}_{16}C_{2}}{{}_{24}C_{5}} = \frac{(56)(120)}{42,504} = .1581$$

概念上，超幾何公式的分母的組合產生從母體N得到n個樣本的所有可能方法，包括所期望結果的方法。例題5.7中，有42,504個方法從24人中選擇5人。超幾何公式的分子，計算所有從A個可得的成功裡得到X個成功的所有可能方法及在母體中從N−A可得的失敗中獲得n−X個失敗。從8名女性的群體中

有56種方法得到三名女性，從16名男性的群體中有120種方法得到兩名男性。計算X個成功乘以n−X個失敗可得到聯合機率。

假設有18家主要的美國電腦公司，12家位於加州的矽谷。若3家電腦公司從整個名錄中被隨機選取，一個或更多個被選取公司爲於矽谷的機率爲何？　例題5.8

解答

$$N = 18，n = 3，A = 12，且X \geq 1$$

實際上有三個問題，X=1，X=2，X=3。抽樣以無投返完成，且樣本大小爲母體的16.6%。所以，該問題應爲超幾何分配。解答如下。

$$\begin{array}{ccccccc} X=1 & & X=2 & & X=3 & & \\ \dfrac{{}_{12}C_1 \cdot {}_6C_2}{{}_{18}C_3} & + & \dfrac{{}_{12}C_2 \cdot {}_6C_1}{{}_{18}C_3} & + & \dfrac{{}_{12}C_3 \cdot {}_6C_0}{{}_{18}C_3} & = & \\ .2206 & + & .4853 & + & .2696 & = & .9755 \end{array}$$

利用互補法則的另一解法爲一減去沒有一家公司位於矽谷的機率。

$$1 - P(X = 0 \mid N = 18, n = 3, A = 12)$$

因此，

$$1 - \frac{{}_{12}C_0 \cdot {}_6C_3}{{}_{18}C_3} = 1 - .0245 = .9755$$

5.16以超幾何公式計算以下機率。　問題5.4

a.若$N = 11, A = 8$ 且$n = 4$，計算$X = 3$的機率。

b.若$N = 15, A = 5$ 且$n = 6$，計算$X < 2$的機率。

c.若$N = 9, A = 2$ 且$n = 3$，計算$X = 0$的機率。

d.若$N = 20, A = 5$ 且$n = 7$，計算$X > 4$的機率。

5.17依照Peterson's Guide所排名的美國12大兩年制學院。各學院的入學人數超過25,000名學生。六所不同的兩年制學院從表中被隨機選取出，以代表全國教育委員會討論兩年制學院的問題。剛好其一爲Florida學院的機率爲何？剛好兩所爲Texas學院的機率爲何？無一爲加州學院的機率爲何？

兩年制學院	入學人數
Community College Of the Air Force (Alabama)	478,245
Miami-Dade Community College (Florida)	52,814
Houston Community College (Texas)	39,321
Northern Virginia Community College (Virginia)	38,530
Portland Community College (Oregon)	34,028
College of DuPage (Illinois)	31,132
Oakland Community College (Michigan)	28,457
Broward Community College (Florida)	28,433
Tarrant County Junior College (Texas)	27,352
Long Beach City College (California)	27,000
Austin Community College (Texas)	25,275
Orange Coast College (California)	25,043

5.18使用問題5.17中的兩年學院的表回答以下問題。

a.若隨機選取四所學院，至少兩所的入學人數超過30,000人的機率爲何？

b.若隨機選取三所學院，三所皆少於29,000個學生的機率爲何？

c.若隨機選取五所學院，Long Beach City College爲選出學院之一的機率爲何？

5.19Deming在其紅珠實驗中，拿了一個有4,000顆珠子的盒子，其中800顆爲紅珠，3,200顆爲白珠。假設一研究者進行修改過的紅珠實驗。在她的實驗中，她有一袋20個珠子，其中4個爲紅珠，16個爲白珠。該實驗要求參加者伸入袋中，隨機選取5顆珠子無投返。

a.參加者剛好選出4個白色珠子的機率爲何？

b.參加者剛好選出4個紅色珠子的機率爲何？

c.參加者剛好選出所有紅色珠子的機率爲何？

5.20以下顯示Smith Travel Research公司編纂旅館房間數目排名前十大的美國城市。

排名	城市	房間數
1	Las Vegas, NV	93,719
2	Orlando, FL	84,982
3	Los Angeles–Long Beach, CA	78,597
4	Chicago, IL	68,793
5	Washington, DC	66,505
6	New York, NY	61,512
7	Atlanta, GA	58,445
8	San Diego, CA	44,655
9	Anaheim–Santa Ana, CA	44,374
10	San Francisco, CA	42,531

假設隨機選取四個城市。

a.剛好兩個城市在加州的機率爲何？

b.沒有一個城市在密西西比河東邊的機率爲何？

c.剛好三個城市有超過60,000個房間的機率爲何？

5.21一公司生產及運送16台個人電腦，已知其中四台有瑕疵配線。已經購買電腦的公司將完全測試三台電腦。購買公司能測出瑕疵配線。購買公司欲找出的機率爲：

a.沒有瑕疵的電腦？

b.剛好三台有瑕疵的電腦？

c.兩台或更多台有瑕疵的電腦？

d.一台或更少台有瑕疵的電腦？

5.22一西部城市有18名警官有晉升資格。其中的11名爲拉丁美洲裔。假設只有5名警官被挑選晉升，且其中一名爲拉丁美洲裔。若被選取晉升的警官是隨機被選取，則五名晉升警官中一名或更少拉丁美洲裔的機率爲何？該結果爲何？

5.5 卜瓦松分配

卜瓦松分配爲另一種離散分配，以Simeon–Denis Poisson（1781–1840）

之名命名。他是法國的數學家，於1837年發表其論文。卜瓦松分配與二項分配有一些相似性，但也有一些不同。二項分配說明從某試驗次數指定爲成功或失敗的兩種可能結果的分配。卜瓦松分配的焦點只在於經過一些區間或連續封閉聯集離散發生的數目。卜瓦松實驗不似二項實驗有一定數目的試驗。例如，當二項試驗可被用來決定20輛車的隨機樣本中有多少輛美國製的汽車，卜瓦松實驗則可將焦點放在十分鐘的間隔中，隨機抵達修車廠的汽車數目。

卜瓦松分配描述稀有事件的發生。事實上，卜瓦松公式已被指爲不可能事件的法則。例如，化學工廠的一連串的意外爲少有，且每個月的數目可被卜瓦松分配描述。卜瓦松分配通常用來描述某一段時間區間內隨機抵達的數目。若每次抵達的數目太頻繁，則可減少時間區間，以利期待中的「少數」發生。卜瓦松分配的另一例子爲在平日早上某家小時裝店每五分鐘內隨機顧客的數目。

卜瓦松分配也應用在管理科學的範圍內。使用於等候理論的模型時常基於卜瓦松分配爲適當分配以描述一段時間中隨機到達率的假設。

卜瓦松分配有以下特色。

- 其爲離散分配。
- 其描述稀有事件。
- 各發生事件與爲其他發生事件無關。
- 其描述一段連續集合或區間內的離散發生。
- 各區間內發生的範圍爲零至無限大。
- 發生的期望值在整個實驗中必須保持相等。

卜瓦松式情況的例子包含如下。

1. 每10,000人中AIDS的病例數。
2. 美國每縣危險廢棄物廠的數目。
3. 每月新英格蘭區域主要漏油的數目。
4. Kansas Turnpike一月在3 A.M.至4 A.M.間每分鐘到達高速公路收費站的數目。
5. 每一季（三個月）中，使用1年之個人電腦印表機送修的次數。
6. 生產中每件牛仔褲縫紉瑕疵的數目。
7. 每年流星撞擊全球人口密集地區的次數。
8. 每星期商業飛機的爆胎次數。

9.每輛新車的油漆污點數。

10.每捲布的瑕疵數。

各個例子代表一些區間事件的稀有發生事件。注意，雖然時間爲卜瓦松分配的較常見區間，區間的範圍可從美國的縣至一件牛仔褲。這些例子的一些區間可能爲零發生。而且，就許多例子而言，每區間平均發生可能爲一個位數（1–9）。

若卜瓦松分配現象被研究一段時間，長期平均值可以被決定。該平均值被標記爲lambda(λ)。各種卜瓦松的問題皆包含λ值，以λ來決定特別發生的機率。雖然n及p被要求描述二項分配，但卜瓦松分配可只由λ描述。卜瓦松公式被用來計算就一既定λ值在一區間內所發生的機率。此處，X爲每區間的發生數，計算其間的機率。λ爲長期平均，且e=2.718282爲自然對數的底數。

卜瓦松公式

$$P(X)=\frac{\lambda^{X}e^{-\lambda}}{X!}$$

其中：

X = 0, 1, 2, 3 ,…
λ = 長期平均值
e = 2.718282

有關使用卜瓦松分配來研究各種現象要注意的字爲「必須」且λ值須在卜瓦松實驗中保持相等。研究者必須小心，不要將給定的λ值應用在λ值會改變的區間。例如，在一分鐘區間內到達Sear商店的平均顧客數每一小時、每一天，及每個月都會改變。一天或一週的不同時間可能產生不同的λ值。每條牛仔褲的瑕疵數可能從星期一至星期五都有不同。研究者需要明確的描述λ被使用的區間。

以公式處理卜瓦松問題

假設銀行消費者平日中午每四分鐘隨機到達的平均消費者爲3.2人。平日中午每四分鐘區間內剛好5個消費者到達的機率？該問題的λ爲每4分鐘3.2個顧客。X的值爲每4分鐘5個顧客。當長期平均爲每4分鐘3.2個顧客，在四分鐘區間內隨機到達5個顧客的機率爲

$$\frac{(3.2^{5})(e^{-3.2})}{5!}=\frac{(335.54)(.0408)}{120}=.1141$$

若銀行每4分鐘平均有3.2個顧客，在任何一個四分鐘區間內五個客戶到達的機率爲.1141。

例題5.9　銀行平日中午每四分鐘隨機到達的平均顧客數爲3.2人。平日中午每四分鐘區間內超過7名顧客到達的機率爲何？

$$\lambda = 3.2 \text{ 名顧客 / 4 分鐘}$$
$$X > 7 \text{ 名顧客 / 4 分鐘}$$

解答

理論上，解答需要得到數值X=8, 9, 10, 11, 12, 13, 14, …, ∞。實際上，直到該值離λ=3.2很遠，即機率接近零時，X值才被決定。然後，加總剛好的機率以找出X>7。

$$P(X=\ 8|\lambda=3.2)=\frac{(3.2^{8})(e^{-3.2})}{8!}=.0111$$
$$P(X=\ 9|\lambda=3.2)=\frac{(3.2^{9})(e^{-3.2})}{9!}=.0040$$
$$P(X=10|\lambda=3.2)=\frac{(3.2^{10})(e^{-3.2})}{10!}=.0013$$
$$P(X=11|\lambda=3.2)=\frac{(3.2^{11})(e^{-3.2})}{11!}=.0004$$
$$P(X=12|\lambda=3.2)=\frac{(3.2^{12})(e^{-3.2})}{12!}=.0001$$
$$P(X=13|\lambda=3.2)=\frac{(3.2^{13})(e^{-3.2})}{13!}=.0000$$
$$P(X>7)=P(X\geq 8)=.0169$$

若銀行平日中午每四分鐘的平均顧客爲3.2人，在任一個4分鐘區間內，不太可能有超過7人隨機到達。該答案顯示在4分鐘區間內超過7人可以隨機到達者只有1.69%。銀行人員可以利用這些結果協助銀行做人事決策。

例題5.10　銀行每4分鐘平均隨機到達率爲3.2個顧客。在8分鐘區間內得到剛好10名顧客的機率爲何？

解答

$$\lambda = 3.2\ 名顧客\ /\ 4\ 分鐘$$
$$X = 10\ 名顧客\ /\ 8\ 分鐘$$

該例與前兩個卜瓦松例子不同，因為λ與樣本的區間不同。為了在機率公式中合併使用λ與X，區間必須相同。有一個正確的方法及一錯誤的方法解決該難題。正確的方法是調整λ的區間，使得其與X有相同的區間。X的區間為8分鐘，因此λ應被調整為8分鐘區間。邏輯上，若每4分鐘銀行平均有3.2個顧客，每8分鐘其平均應為兩倍，或6.4個平均的顧客。若X為2分鐘區間，每2分鐘λ的值應分為一半從3.2到1.6。錯誤的方法是改變X值將區間相等化。

絕不可調整或改變問題中的X值，因為一個8分區間的10個顧客不代表4分區間內必定有5個顧客。沒有保證十個顧客如何散布在8分鐘的區域中。永遠只調整λ值。λ值因8分鐘區域被調整後，解答為

$$\lambda = 6.4\ 名顧客\ /\ 8\ 分鐘$$
$$X = 10\ 名顧客\ /\ 8\ 分鐘$$
$$\frac{(6.4)^{10}e^{-6.4}}{10!} = .0528$$

使用卜瓦松表

每個λ值決定不同的卜瓦松分配。無論與λ有關的區間性質為何，特定λ的卜瓦松分配相同。附錄A中的表A.3，包含λ選定值的卜瓦松分配。機率顯示於表中，與所給λ值相關的每一個X值，若機率不為零算至小數點第四位。表5.7為表4.3的部分包含X≤9的機率，若λ為1.6。

例題5.11

若房地產公司平日賣1.6間房子，且平日的房子銷售為卜瓦松分配。一天中剛好賣四間房子的機率為何？一天中沒賣掉一間房子的機率為何？一天中賣掉超過五間房子的機率為何？一天中賣掉超過十間或更多房子的機率為何？兩天中剛好賣四間房子的機率為何？

解答

$$\lambda = 1.6 / \text{天}$$
$$P(X = 4 \mid \lambda = 1.6) = ?$$

表5.7爲λ=1.6的機率，左欄包含X值，X=4得到機率.0551。若房地產公司每日平均賣1.6間房子，只有5.51%的時候其會剛好賣4間房子，且仍然維持λ值。亦即，若銷售爲每天λ=1.6間房子的卜瓦松分配20.19%的天數，公司沒賣掉一間房子，。大於五間房子與X＞5相同。表5.7爲非累積。爲了決定P(X＞5)，找出X=6，X=7，X=8，X=9，…，X=∞的機率。然而，X=9時，到小數點第四位數的機率爲零，且表5.7在小數點第四位的X值爲零時即中斷。X＞5的答案如下。

X	機率
6	.0047
7	.0011
8	.0002
9	.0000
	$X > 5 =$ .0060

一天中賣掉超過10間或更多房子的機率爲何？因爲X=9的查表值爲零，X≥10的機率實質爲零，亦即，若房地產公司每日平均賣1.6間房子，實際上不可能一天中賣掉超過10間或更多房子。兩天剛好賣4間房子的機率爲何？此時，區間已經從一天改爲兩天。λ爲兩天，所以必須做調整。一天的λ=1.6改爲兩天的λ=3.2。表5.7不能再用，因此必須使用表A.3來解該問題。查出表A.3中λ=3.2及X=4，找出答案：機率爲.1781。

表5.7
卜瓦松表，
λ=1.6

X	機率
0	.2019
1	.3230
2	.2584
3	.1378
4	.0551
5	.0176
6	.0047
7	.0011
8	.0002
9	.0000

卜瓦松分配的平均值及標準差

卜瓦松分配的平均或期望值爲λ。若取許多隨機樣本，其爲區間內發生的長期平均值。λ通常不是整數，所以大多數時間確實觀察到區間內的λ發生是不可能的。

例如，假設某個卜瓦松分配的現象爲λ=6.5／區間。從λ=6.5的卜瓦松分配的20個不同隨機樣本的X發生的結果數目可能如下。

6 9 7 4 8 7 6 6 10 6 5 5 8 4 5 8 5 4 9 10

從20個區間的組別計算發生的平均數得6.6。理論上，無限抽樣中，長期平均爲6.5。從樣本中注意，當λ爲6.5，許多5、6發生。1, 2, 3, 11, 12, 13, …的樣本發生很少發生，當λ=6.5時。瞭解卜瓦松分配的平均值，對於可能發生的眞實事件會更有感覺。

卜瓦松分配的變異數也爲λ。標準差爲 $\sqrt{\lambda}$。結合標準差及柴比雪夫定理顯示卜瓦松分配的分散。例如，若λ=6.5，變異數也爲6.5，且標準差爲 $\sqrt{6.5} = 2.55$。柴比雪夫定理陳述至少有 $1-1/k^2$ 數值位在平均的k個標準差。區間 $\mu \pm 2\sigma$ 包含至少數值的 $1-(1/2)^2=0.75$。就 $\mu=\lambda=6.5$ 及 $\sigma=2.55$，75%的數值應該位於 $6.5 \pm 2(2.55)=6.5 \pm 5.1$ 範圍。亦即，從1.4到11.6的範圍應包含至少75%的所有數值。λ=6.5的卜瓦松分配隨機選取的20個值的檢查顯示，實際上，100%的數值位於該範圍內。

繪製卜瓦松分配

附錄A中的表A.3的數值可被用來繪製卜瓦松分配。X值在X軸，且機率在Y軸。圖5.4爲λ=1.6之數值分配圖。

圖形顯示卜瓦松分配偏向右邊。因爲平均爲1.6及X的可能範圍爲零至無限。數值將明顯累積於0至1。然而，考慮圖5.5中λ=6.5之卜瓦松分配圖。注意，λ=6.5時，機率在數值爲5、6、7、8時最大，圖形較無偏斜，因爲接近零的數值發生機率很小，與X的大值機率相同。

圖5.4
$\lambda=1.6$的卜瓦松分配圖

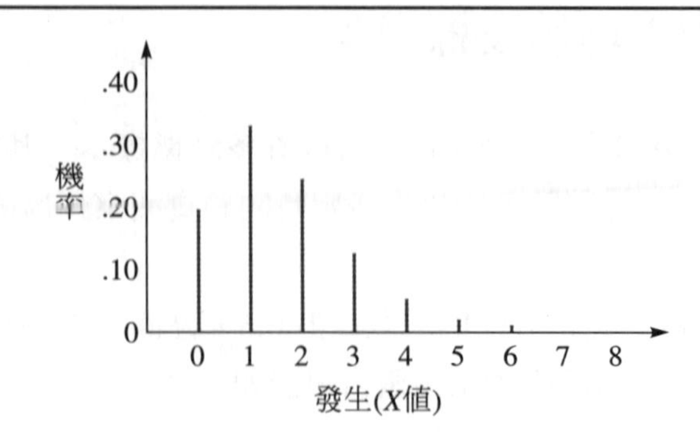

圖5.5
$\lambda=6.5$的卜瓦松分配圖

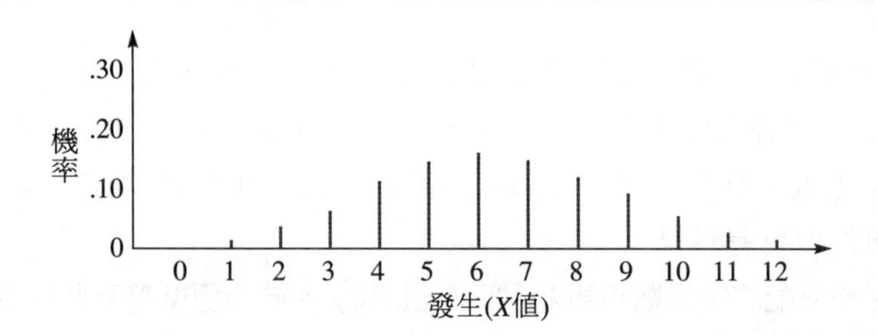

使用電腦產生卜瓦松分配

當吾人在處理累積機率的問題時，使用卜瓦松公式計算機率可能非常麻煩。附錄A的表A.3的卜瓦松表較卜瓦松公式的使用爲快。然而，卜瓦松表被可用的空間數量所限制，且表A.3只包含卜瓦松分配的機率值，所有的情形下其具有的λ值到第十位。對於研究者，若想要使用更精確的λ值，或覺得電腦較教科書的表更方便，一些統計的電腦套裝軟體爲吸引的選擇。

統計套裝軟體MINITAB將產生實際上爲任意值的λ的卜瓦松分配。例如，爲什麼美國人會去看醫生？美國的健康統計中心主張，一般而言，每年每個美國人有1.9次嚴重的疾病或外傷。若這些情形爲卜瓦松分配，λ爲每年1.9。其卜瓦松機率分配看起來像什麼？表5.8包含該分配的MINITAB電腦結果。

```
MTB  > pdf;
SUBC > poisson 1.9.

Probaility Density Function

Poisson with mu = 1.90000
        x           P(X = X)
        0             0.1496
        1             0.2842
        2             0.2700
        3             0.1710
        4             0.0812
        5             0.0309
        6             0.0098
        7             0.0027
        8             0.0006
        9             0.0001
       10             0.0000
```

表5.8 卜瓦松分配之MINITAB電腦出結果，λ=1.9

以卜瓦松分配概算二項問題

某些形式的二項分配可以採卜瓦松分配近似值。有大的樣本規模及小的p值的二項問題，其將產生少有事件者，可能適宜使用卜瓦松分配。根據經驗，若n＞20且n · p≤7，只要二項問題近似值夠接近，即可使用卜瓦松分配。

若這些條件皆符合且二項問題在該過程必定會產生時，程序的開始爲二項分配的平均值的計算，μ=n · p。因爲μ爲二項式的平均值，其轉換爲卜瓦松分配的期望值，λ。使用μ爲λ值，及使用二項問題的X值，可以從卜瓦松表或卜瓦松公式概算出機率。

大的n值及小的p值通常不包含於二項分配表中。以卜瓦松分配爲近似值，在這些情形下可以非常有幫助。當n變大時（n≥70），所有的計算機無法計算二項公式需要的乘方，對大的n值使用公式困難，且使卜瓦松近似值更具吸引力。

例題5.12 利用卜瓦松分配處理以下二項分配問題。n=50，p=.03。X=4的機率爲何？亦即，P(X=4 |n=50及p=.03)=？

解答

$$\lambda = \mu = n \cdot p = (50)(.03) = 1.5$$

因爲n＞20且n・p≤7，該問題爲卜瓦松近似值的類型。就X=4，表A.3，得到卜瓦松近似的機率.0471。比較下，以二項公式處理問題得到

$$_{50}C_4(.03)^4(.97)^{46} = .0459$$

卜瓦松近似值爲.0012，與以二項公式處理該問題所得的結果不同。

二項分配的MINITAB圖如下。

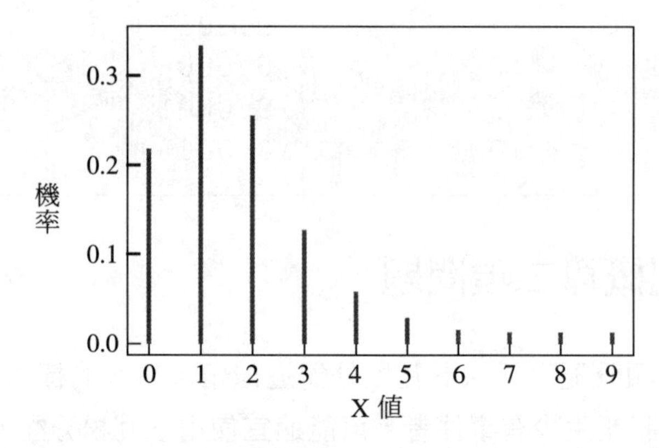

因爲λ=1.5，可以產生卜瓦松分配。該卜瓦松分配的MINITAB圖如下。

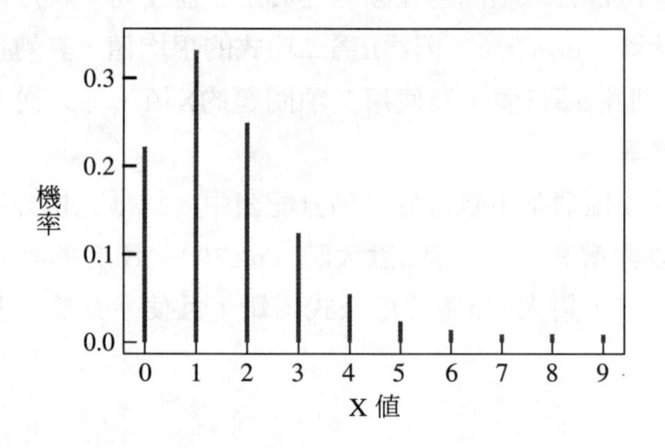

比較兩個圖形，很難分辨二項分配及卜瓦松分配，因爲以卜瓦松分配得到的二項分配近似值非常接近。

假設銀行存款手續發生錯誤的機率爲.0003。若審核10,000件存款，存款手續中發生超過6件錯誤的機率爲何？ **例題5.13**

解答

$$\lambda = \mu = n \cdot p = (10{,}000)(.0003) = 3.0$$

因爲$n>20$且$n \cdot p \leq 7$，卜瓦松近似值夠接近，足以分析X>6。表A3得到以下機率。

$\lambda = 3.0$

X	機率
7	.0216
8	.0081
9	.0027
10	.0008
11	.0002
12	.0001
$X > 6 =$	.0335

以二項公式處理該問題需要以X=7開始。

$$_{10{,}000}C_7(.0003)^7(.9997)^{9993}$$

該方法可就X值8, 9, 10, 11, … 延伸下去，直到機率接近零。很明顯的，爲使卜瓦松近似值成爲吸引人的選擇，該步驟並不切實際。

5.23以卜瓦松公式找出以下數值。 **問題5.5**

a. $P(X = 5 \mid \lambda = 2.3)$

b. $P(X = 2 \mid \lambda = 3.9)$

c. $P(X \leq 3 \mid \lambda = 4.1)$

d. $P(X = 0 \mid \lambda = 2.7)$

e. $P(X = 1 \mid \lambda = 5.4)$

f. $P(4 < X < 8 \mid \lambda = 4.4)$

5.24利用附錄A的卜瓦松表，找出以下數值。

a. $P(X = 6 \mid \lambda = 3.8)$
b. $P(X > 7 \mid \lambda = 2.9)$
c. $P(3 \le X \le 9 \mid \lambda = 4.2)$
d. $P(X = 0 \mid \lambda = 1.9)$
e. $P(X \le 6 \mid \lambda = 2.9)$
f. $P(5 < X \le 8 \mid \lambda = 5.7)$

5.25繪出以下卜瓦松分配的圖形。計算各分配的平均值及標準差。找出圖形的平均值。注意，平均值附近的機率是怎麼畫的？

a. $\lambda = 6.3$
b. $\lambda = 1.3$
c. $\lambda = 8.9$
d. $\lambda = 0.6$

5.26星期一上午，第一國家銀行只有一個行員窗口供存款及領款。經驗顯示星期一上午4分鐘區間內到達顧客的平均數為2.8，且各行員可有效率服務超過該數目的顧客。這些星期一上午隨機到達銀行的顧客數為卜瓦松分配。

a.該4分鐘區間內無人到達銀行存款或領款的機率為何？
b.星期一上午在4分鐘區間內剛好有6個顧客的機率為何？
c.假設該行員在星期一上午任一4分鐘區間內在該窗口可服務不超過4個顧客。在任一4分鐘區間內，行員將無法符合需求的機率為何？行員可以符合需求的機率為何？當在任一4分鐘區間內行員無法符合需求，開一新的窗口。第二個窗口必須被打開的時間的百分比為何？
d.星期一上午在2分鐘區間內剛好有3人存款或領款的機率為何？五個或更多的顧客在8分鐘區間內將到達的機率為何？

5.27無打擊比賽在大聯盟棒球中為稀有事件。以長時間每季無打擊的數目可建立無打擊比賽的資料庫。下表顯示從1957到1976年，20年間每年主要聯盟投的無打擊比賽數。假設無打擊比賽為卜瓦松分配。從資料計算出λ且以計算的λ回答問題。假設無打擊比賽為隨機發生，且每一年如下一年般同樣可能發生。

年	無打擊比賽數
1957	1
1958	2
1959	3
1960	3
1961	1
1962	5
1963	3
1964	3
1965	4
1966	1
1967	4
1968	5
1969	6
1970	4
1971	3
1972	3
1973	5
1974	3
1975	2
1976	3

a.基於這些資料及卜瓦松分配，一季中無打擊比賽的機率爲何？

b.三季中剛好10次無打擊比賽的機率爲何？

5.28依照美國國家環境計畫及世界衛生組織的調查，在孟買、印度，因爲特別事件所造成的空氣污染標準在每三週區間內超過5.6天的平均值。假設每三週區間超過標準天數的分配爲卜瓦松分配。

a.三週區間內，任一天標準未被超過的機率爲何？

b.三週區間內，剛好6天均超過標準的機率爲何？

c.三週區間內，15或更多天數標準被超過的機率爲何？若該結果的確發生，你的結論爲何？

5.29美國每一家庭每年到遊樂園旅行的平均次數爲卜瓦松分配，其平均爲每年0.6次旅行。隨機選取一美國家庭且發現如下的機率爲何。

a.去年沒有到遊樂園旅行的家庭？

b.去年到遊樂園旅行恰好一次的家庭？

c.去年到遊樂園旅行兩次或更多次的家庭？

d.在三年期間內到遊樂園旅行三次或更少次的家庭？

e.在六年期間內到遊樂園旅行剛好4次的家庭？

5.30休士頓船運水道的撞船事件爲少有。假設撞船數爲卜瓦松分配，每4個月的平均撞船1.2件。

a.在4個月的期間，沒有撞船發生的機率爲何？

b.在2個月的期間，剛好2件撞船發生的機率爲何？

c.在6個月的期間，1件或更少的撞船事件發生的機率爲何？若該結果發生，你對於該期間內有關船運水道情況有何結論？在該期間內，你對於有關船運水道安全的認知結論爲何？在該期間內，你對於有關天氣狀況的結論爲何？

5.31製筆公司每盒平均產生1.2支瑕疵的筆（200支）。每盒的瑕疵數爲卜瓦松分配。

a.選出一盒且發現無瑕疵的筆的機率爲何？

b.一盒中發現8支或更多瑕疵筆的機率爲何？

c.假設每盒包含超過3支以上的瑕疵筆，這些筆的一名購買者將停止從該公司購買。一盒筆包含超過3支瑕疵筆的機率爲何？

5.32醫學研究者估計母體的.00004有罕見血液疾病。若該研究者從母體中隨機選取100,000人，7個或更多個人有罕見血液疾病的機率爲何？超過10人有罕見血液疾病的機率爲何？假設研究者從樣本100,000人中得到超過10人，其有罕見血液疾病的機率爲何？研究者從該結果得到的結論爲何？

5.33歷史研究發現每次大聯盟打擊手到打擊區打擊，造成三殺的機率爲.009。從棒球歷史簿300個打擊的隨機樣本中，找到6個或更多三殺的機率爲何？假設每次打擊其與其他打擊無關。

5.34有很高比例的美國人因爲骨折而去看醫生。假設百分比爲99%。若隨機選取有骨折的300人。

a.其中剛好5人沒看醫生的機率爲何？

b.其中少於4人沒看醫生的機率爲何？

c.沒看醫生的期望人數爲何？

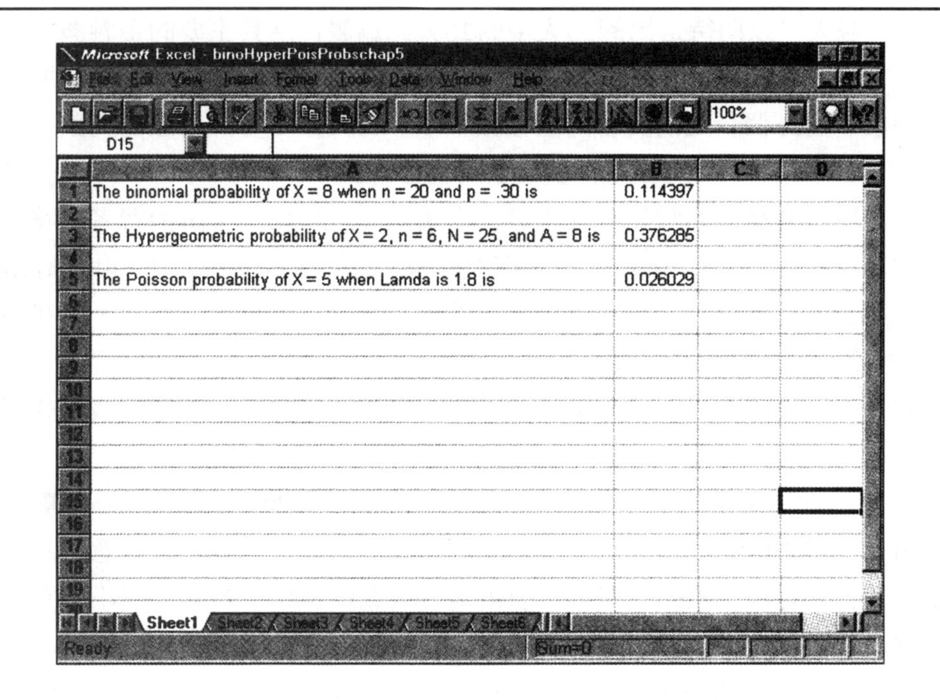

圖5.6
以Excel 計算二項式、超幾何及卜瓦松分配之機率

利用EXCEL計算離散分配機率

電腦試算表套裝軟體Excel被用來計算二項、超幾何、及卜瓦松分配的機率。圖5.6顯示$n=20$，$p=.30$，X=8的二項分配之Excel結果；$N=25$，A=8，$n=6$，X=2的超幾何問題，及$\lambda=1.8$及X=5的卜瓦松問題。

決策難題解決之道

銀行業公衆形象的好與壞

若國家的銀行調查結果可以被接受爲母體數據，則呈現的許多百分比可被當成p值，且以二項分配應用於樣本分析。例如，80%的所有金融消費者認爲其銀行爲其主要的金融機構。若被隨機選出的25名金融消費者，認爲銀行爲其主要的金融機構的人的期望值可被決定，從0至25的任一特別數目的機率亦可被算出。n值爲25且p爲.80。期望值爲

$\mu=n\cdot p=(25)(.80)=20$。吾人可以期待選出的25人中的20人認爲銀行爲其主要的金融機構。18人或更多認爲銀行爲其主要的金融機構的機率，以表A.2中從18到25的X值相加得到.997。幾乎所有時候，在25個金融消費者的隨機樣本中，18人或更多人應該認爲銀行爲其主要的金融機構，若的確80%的所有金融消費者皆有同感的話。

同樣地，若65%的所有消費者非常滿意其主要的金融機構，且15個金融消費者被隨機選出，則可以應用二項分配（n=15，p=.65）。期望值爲$\mu=np=(15)(.65)=9.75$。我們瞭解到以這種離散分配，我們永遠不會從15個非常滿意的金融消費者得到9.75。然而，就在該數值附近的X值的機率應爲該分配的最高值。

百分比數據是從全國調查得來。我們如何開始測試這些數據以決定該數據就我們的國家的區域而言爲眞？

我們可以從有興趣的地理區域隨機選出金融消費者的樣本。我們可以使用該n的數值及使用國家調查百分比爲p的數值（例如，p=.65，因爲65%的金融消費者非常滿意其主要金融機構。）來計算得到X的特定值的機率，該值由地區調查中得到。若機率很小，有可能調查結果不符合當地地區。

假設，32名銀行顧客的地區調查顯示26名使用ATM覺得安全。若選取32人中的隨機樣本7人，剛好7人中的4人使用ATM覺得安全的機率爲何？此爲N=32，n=7，A=26，且X=4的超幾何問題。應用超幾何公式，得到機率.0888。該母體中，32人中的26人或約81%使用ATM覺得安全。但是，在樣本7人中，只有4人或51%覺得使用ATM爲安全。機率.0888，意指只有約8.88%的時候該結果（7人中的4人）有可能發生。

隨機到達問題通常以卜瓦松分配描述。一般而言，若每兩分鐘有3.8個顧客到達，有關於特定顧客的機率問題，以$\lambda=3.8$的卜瓦松分配，且區間爲2分鐘來做答。兩分鐘區間內沒有到達（X=0）的機率爲.0224，由附錄A的表A.3得之。兩分鐘區間超過5名顧客到達的機率爲.1844。若使用4分鐘區間，λ被加倍以符合加倍的區間，產生四分鐘的λ值7.6。4分鐘區間內得到少於3名顧客的機率爲.0188。

想要測試其他地理區域的調查結果，或想要決定是否先前的調查結果已經改變的商業經理人，在可應用的情況下可以使用呈現在本章中的分配。決策者可以集合資料且使用從這些分配所得的統計數據來決定其市場區隔是否轉移，或其顧客的結構已經改變。顧客到達的卜瓦松分析產生有關不同版本發生的機率，可幫助決策者做出人事決定。

結語

機率實驗產生隨機結果。包含隨機實驗結果的變數稱之爲隨機變數。所有可能數值的集合最多爲可能數值的有限或可數無限的隨機變數時，隨機變數又被稱爲離散隨機變數。在一既定區間取所有點的數值的隨機變數被稱爲連續隨機變數。離散分配由離散隨機變數組成。連續分配由連續隨機變數組成。三種離散隨機分配爲二項分配、超幾何分配及卜瓦松分配。

當只有兩個可能互斥結果時，二項分配符合實驗。理論上，二項分配的各個試驗必須與其他試驗無關。然而，若與樣本的大小有關的母體大小夠大，（$n<5\%N$），且可應用於試驗不爲獨立的情形中，則可以使用二項分配。任何一個試驗中，得到一個預定結果的機率被標記爲p，其爲得到成功的機率。二項分配可以被用來分析離散型研究，如有關於正面／反面，缺陷／良好，及男性／女性。二項公式被用來決定n次試驗中得到X結果的機率。二項分配問題採二項表的使用可以較公式更快速解決問題。每一對不同的n及p數值可以做出二項表。附錄A的表A.2包含二項表用來選擇n及p的數值。二項分配的平均值或長期平均爲$\mu=n \cdot p$。二項分配的標準差爲 $\sqrt{n \cdot p \cdot q}$。

超幾何分配爲離散分配，其通常使用於二項實驗的形態,當母體規模不大且有限，且樣本以無投返完成時。因爲使用超幾何分配爲麻煩的步驟，可能的話，使用二項分配通常較爲有利。

卜瓦松分配通常被用來分析產生稀有事件的現象。要產生卜瓦松分配的唯一資料爲長期平均值，其標記爲λ。卜瓦松分配爲關於某一區間內發生的事件。其假設各發生事件與其他發生事件獨立，且λ的數值在整個實驗中保持相等。卜瓦松實驗的一些例子爲紙張中有每頁瑕疵的數目、每1000架商業航空飛機的墜機數、每分鐘打到電話交換機的通話數目。卜瓦松機率可以由卜瓦松公式或附錄A的表A.3所決定。λ爲卜瓦松分配的平均值及變異數。當n爲大（$n>20$），p爲小及$n \cdot p \leq 7$時，卜瓦松分配可被用來概算二項分配問題。

重要辭彙

二項分配	連續分配	連續隨機變數	離散分配
離散隨機變數	超幾何分配	λ	平均值或期望值
卜瓦松分配	隨機變數		

公式

離散分配的平均值（期望值）

$$\mu = E(X) = \Sigma[X \cdot P(X)]$$

離散分配的變異數

$$\sigma^2 = \Sigma[(X-\mu)^2 \cdot P(X)]$$

離散分配的標準差

$$\sigma = \sqrt{\sum[(X-\mu)^2 \cdot p(X)]}$$

二項式公式

$${}_{n}C_{x} \cdot p^{x} \cdot q^{n-x} = \frac{n!}{X!(n-X)!} \cdot p^{x} \cdot q^{n-x}$$

二項分配的平均值

$$\mu = n \cdot p$$

二項分配的標準差

$$\sigma = \sqrt{n \cdot p \cdot q}$$

超幾何公式

$$P(X) = \frac{{}_{A}C_{X} \cdot {}_{N-A}C_{n-X}}{{}_{N}C_{n}}$$

卜瓦松公式

$$P(X) = \frac{\lambda^X \cdot e^{-\lambda}}{X!}$$

個案

稱霸視窗作業系統的微軟

早在1984年，微軟只是一家擁有500位員工以及年收入約五千萬美元的小公司，微軟的年輕總裁── 比爾蓋茲，曾預測微軟的視窗作業系統（Windows）將成為電腦業的新標準。當時的Windows只是為了讓PC螢幕看起來像麥金塔蘋果電腦內所具有的人性化畫面而草創的雛型。Windows的初次登場失敗了，到1986年，蓋茲的顧問群強烈建議公司應該停止這項產品；同時IBM也在1988年於市場首次推出類似的產品 ── OS/2，但最後也是無法獲得市場青睞。微軟在Windows第四版做很大的改變－也就是Windows 3.0，該產品最後成功了，而且微軟的收入也扶搖直上。

到了1994年底，微軟的市值達到355億美元，全世界超過一億四千萬台電腦執行微軟的DOS作業系統，到了1996年，Windows賣出了超過一億套。微軟在全球擁有將近二萬名員工，平均年齡為33.9歲，把員工從年齡分類可以發現20歲以下的佔不到1%，20到29歲有30%，30到39歲這一層則有51%，而超過40歲的佔了19%。大約有35%的員工從事研發，45.8%的員工從事銷售和技術支援，19.2%從事作業。微軟在全世界48個國家有分公司，它的軟體有超過30種語言版本，而且在超過50個國家境內可以買到。

討論

微軟在秘魯有一分公司，假設微軟想要蒐集有關在祕魯當地的營運情形以和美國的情形做比較，微軟在秘魯的市場佔有率是多少？和美國本土市場佔有率比較的結果又是如何？一份1991年的市場調查顯示微軟以30%的成績在美國PC軟體市場佔有率中領先，假設隨著Windows的銷售成長以及愈來愈多人採用Windows 95，微軟在國內及在海外的市場佔有率應該會大幅成長。假設在秘魯隨機訪問40位最近剛買一套常見的PC軟體的使用者，並發現其中有18位購買微軟的產品：如果微軟在該市場佔有30%，那麼從40位抽樣使用者中，有18位或更多的使用者購買微軟產品的機率是多少？爲了幫助你，下面列出由MINITAB所產生之二項分配電腦分析結果，試著解釋這些結果，我們可以從這些數據中得到哪些關於微軟在祕魯市場佔有率30%的資訊？

```
Probability Density Function
Binomial with n = 40 and p = 0.300000
   x          P(X=x)
 18.00        0.0172
 19.00        0.0085
 20.00        0.0038
 21.00        0.0016
 22.00        0.0006
 23.00        0.0002
 24.00        0.0001
 25.00        0.0000
```

上述個案提到51%的微軟員工年齡介於30到39歲這一層，該比率對於全世界各地的微軟分公司都是一致的嗎？假設微軟祕魯分公司在首都利馬有一間25名員工的辦公室，如果該辦公室和微軟全球其他地方的組成情形一致，那麼它內部年齡介於30到39歲的員工之期望值是多少？下面是n=25、p=0.51時MINITAB所畫出的二項分配圖，從圖中你可以知道當樣本足以代表整個微軟時，從隨機抽樣的微軟員工中，年齡屬於30到39歲的數目和其機率？從圖中的這些數字你可以得到什麼資訊？利馬的辦公室內該年齡層的員工數可能爲七名、八名或九名嗎？最可能的數目是哪一個？假設該辦公室實際上年齡介於30到39歲的員工有20名，你可以對這間辦公室做出哪些結論？

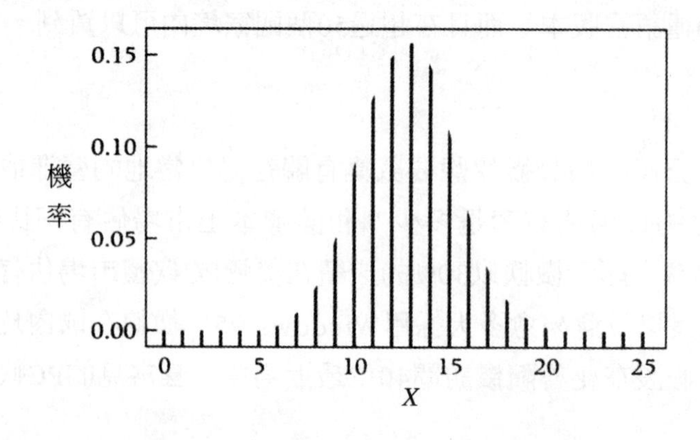

美國小型企業聯盟（National Small Business United）和安德森顧問公司（Arthur Anderson Enterprises）訪問許多中小企業，試圖找出資訊科技對企業的哪些領域影響最大。其中回答顧客服務的佔了46%、生產力為38%、客戶回應佔33%、競爭優勢佔了27%、回答品管控制則為23%。然而，32%的受訪者回答資訊科技對企業沒有影響。在秘魯，這些中小企業又會如何回答？他們的想法會相同嗎？假設在秘魯隨機抽訪20家中小企業，回答資訊科技對顧客服務影響最大的只有四家。如果國家小型企業聯盟所做的訪問結果也能適用於祕魯，則有四家或更少的公司回答資訊科技對顧客服務影響最大的機率是多少？你對這個結果有任何解釋嗎？假設從祕魯隨機抽選25家中小企業做相同的調查，如果32%的公司覺得資訊科技對企業沒有影響，則其二項分配為何？有多少家最可能回答這個答案？最不可能的家數呢？期望值是多少？從你所學中，可能會有13家或更多家相信資訊科技是沒有影響力的嗎？如果有13家或者更多回答資訊技術對企業沒有影響，你會做成何種結論？

軟體業中品管的一項重點就是要提供客戶支援服務。假設祕魯分公司設立了兩條客服專線但是每分鐘處理不到兩通電話，如果每分鐘平均有1.4位客戶試圖要撥通電話，這套系統超載的時間部分是多少？假設分公司多加了一條電話線使得每分鐘可處理四通電話，超載的時間部分又是多少？多設置一條電話線的缺點在哪？不多設這條電話線的缺點又在哪？

道德省思

離散分配

使用離散分配分析資料時，必須強調幾個重點。在樣本無投返的情況下使用二項分配，則獨立性和／或大小假設必須被滿足。而使用卜瓦松分配來概算二項式問題時，大小及λ假設必須被滿足。在此二種情況中，若無法滿足該假設，則可能導致似是而非的結論。

當n增加時，使用二項分配來研究x值準確的機率在做決策時便產生了問題。雖然該機率在數學上是正確的，但n變大時，任一特殊的x值機率則會變少，因為其中有更多的值分割了該機率。舉例來說，若$n=100$且$p=.50$, $X=50$的機率為.0796。該事件發生的機率顯然相當低，既使$X=50$是該分配的期望值，也是最可能發生的值。所以，若n的規模較大，則呈現出累積數值不僅較為道德，對決策者而言，也較有用。在此例中，檢驗 $p(X\geq 50)$可能比檢驗 $p(X=50)$更有用。

本章亦提醒讀者，在卜瓦松分配的實驗中，λ值被假定是固定不變的。但因爲λ值在研究過程中會改變，所以研究者可能導出似是而非的結果。例如，假設λ值代表在十二月份晚上7點光顧玩具店的顧客數，以進出玩具店的交通流量來看，十二月是非常熱鬧的月份，以這樣的λ值來分析二月份中午至下午2點光顧同一家店的顧客數便不正確，而且，就某方面而言，是不道德的。

諸如此類的判斷錯誤、誤用的情況可能多於缺乏道德的情況。然而，統計學家和研究人員忠於假設並適當應用這些技巧是很重要的。無力做到或不願這麼做的人將導致不道德的決策產生。

第6章

連續分配

學習目標　第六章的主要學習目標是要幫助你瞭解連續分配，使你能夠：

1.瞭解均勻分配的概念。
2.知道常態分配的重要性。
3.明白常態分配的問題以及能知道如何去解決這類問題。
4.決定何時該使用常態分配來概算二項式分配的問題以及知道要如何處理這類問題。
5.決定何時該使用指數分配來解決商業上的問題並且瞭解要如何處理這類問題。

決策難題

保險業的轉變

在1990年代，保險業面臨到許多挑戰，傳統的市場已經被侵蝕，而新的契機也正在產生。在過去幾十年，傳統單薪家庭相當依賴人壽保險對於負擔家計者早逝的理賠。而在這十年來，結婚年齡已越來越晚並且擁有小孩的數目也越來越少，這些趨勢已經導致人壽保險的市場越來越小。事實上，根據人壽保險的一項調查研究顯示，只有59%的美國人相信人壽保險是保障家庭財務最佳的方式之一。這個現象與1980年早期的72%相比較已經下降許多。企業財務分析師認爲這種下滑的趨勢已經使得保險公司損失了七兆的生意並且損失了四百七十億的盈餘，保險市場必須要尋找新的銷售市場，像是單親家庭或是低收入家庭。

提供醫療，房屋，汽車以及其他形式的保險項目也同樣面臨到類似的挑戰。根據美國勞工消費統計局的調查，美國家庭平均一年花費2,100美元在各種形式的保險上。而這個數據並未包含雇主的醫療及人壽保險部份，而醫療保險的部份已經下降了39%，汽車保險下降了33%，而人壽保險以及其他非個人健康保險的部份則下降了19%。

地理位置對消費者投保率具有相當大的影響力，平均每年每位美國消費者花費$617在汽車保險上，最高的比例是夏威夷（每年$974）及紐澤西（每年$957）。而最低的汽車保險花費是在北達科他州（每年$319）。相對的，美國房屋保險平均每年的花費爲$420，這是排除阿拉斯加與夏威夷所統計出來的數據，而其中以德州最高，每年保費達$548，在威斯康辛州則只有一年$274的花費爲最低。

保險的成本與所使用的媒介物、規模、家庭所處的位置具有相當大的關係，家庭的成員中若有年紀較大的中年人以及較大的孩童則較有可能加入較多的保險，所以醫療保險的投保比率是隨著年齡的增加而提升。

在保險業中有一個趨勢正逐漸增加當中，那就是投保人透過別種管道而來投保者的人數比透過保險人員的推銷還要多。根據人壽保險行銷及研究協會的調查，20%的保險消費者寧願透過電話或是信件來購買保險，10%較喜歡透過銀行、商店，或是其他零售商來購買保險，因此網際網路也已經被使用來當作行銷保險的管道。

管理與統計上的問題

1. 在美國一年的汽車保險平均的花費爲$617，因爲這個統計數字是會隨著各州、地點以及個人而有所不同，請問哪一種機率分配是最適合來描述每年汽車保險的花費？這個資料是均勻分配或是常態分配？假如它是均勻分配，那麼其中間值50%是落在哪兩個數值中間？而若其爲常態分配，具有平均值$617以及標準差$109，請問有多少比例的消費者花費是超過$800？
2. 根據美國勞工消費統計局的調查，在美國一位屋主每年的平均保險花費爲$420，假如美國屋主是均勻分配，請問一位屋主支出少於$400的機率爲何？假設德州屋主的保險花費是常態分配，且其平均值爲$592以及標準差$78，請問隨機選取一位德州屋主，支付$500到$650繳房屋保險的機率是多少？
3. 根據人壽保險行銷及研究協會的報導顯示，59%相信生人壽保險是保障家庭財務狀況最好的方式，假如隨機抽取80位美國人，請問其中55人或更多人具有該信念的機率爲何？
4. 假設保險年金表顯示平均每小時有1.8間房屋會遭受火災的破壞，請問一個半小時內沒有房屋遭受火災侵襲的機率是多少？

在第五章我們著重於離散分配特性的探討上，而第六章則開始介紹連續分配的特性，連續分配是根據連續隨機變數而來。若採用連續分配計算特殊點之間發生結果的機率，可藉由計算這些點所連成的曲線以下的區域。此外，整個曲線以下的區域爲1。在統計學上許多的連續分配包括均勻分配、常態分配、指數分配、t分配、卡方分配以及F分配。而在這章將著眼於均勻分配、常態分配以及指數分配的探討上。

6.1 均勻分配

所謂的均勻分配，有時候是被稱為矩形分配，它是一個較簡單的連續分配，其中有相同的寬，或$f(X)$，是由一區間的值得來。以下所示的機率密度函數就是一個均勻分配的定義。

均勻分配的機率密度函數

$$f(X)=\begin{cases}\frac{1}{b-a}\text{ for } a\le X\le b\end{cases}$$

0代表所有其他的值。

圖6.1是一個均勻分配的例子，其所形成的圖形是一個矩形，其面積為1，而其中x軸的值為a與b，由此可得矩形的長為(b−a)，而寬為1/(b−a)，因此其面積就是1，計算這個矩形面積的公式為

矩形面積 = (長) (寬) = 1

其中，

長 = (b−a)

(b−a)(寬) = 1

$$寬 = \frac{1}{(b-a)}$$

由上述可知，這個矩形的x值為a與b，而其具有固定的寬為1/(b−a)

均勻分配的平均值與標準差各是多少？你可從下面所述找到答案。

圖6.1
均勻分配

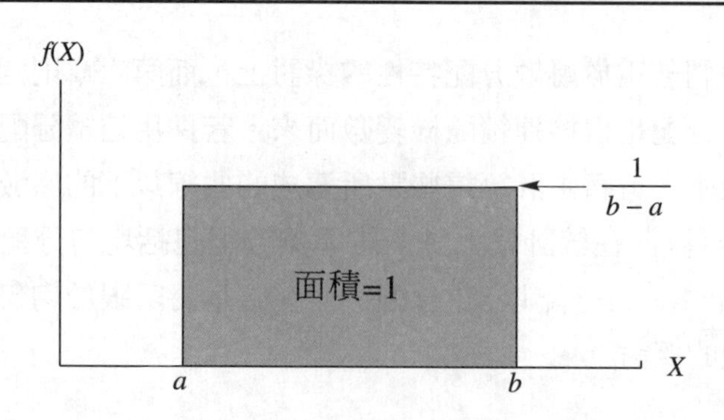

$$\mu = \frac{a+b}{2}$$

$$\sigma = \frac{b-a}{\sqrt{12}}$$

均匀分配的平均數及標準差

有許多的情形都會用到均匀分配，例如一個製造機器的生產線每分鐘生產五個產品，這些產品的重量會座落在41到47克之間，這就是一個均匀分配，這個分配的寬為

$$f(\mathrm{X}) = \text{寬} = \frac{1}{(b-a)} = \frac{1}{(47-41)} = \frac{1}{6}$$

這個分配的平均值及標準差分別是

$$\text{平均值}= \frac{a+b}{2} = \frac{41+47}{2} = \frac{88}{2} = 44$$

$$\text{標準差}= \frac{b-a}{\sqrt{12}} = \frac{47-41}{\sqrt{12}} = \frac{6}{3.464} = 1.732$$

圖6.2就是一個均匀分配的例子，其中包含其平均數、標準差以及該分配的寬。

衡量均匀分配的機率

根據不連續分配，機率函數產生機率的值，而連續分配中，機率則是要由某一區間的面積計算而得到。從連續分配中任何單一數值所對應到的機率為零，因為對單一點而言，沒有任何面積可言。下列公式被用來計算均匀分配介於a與b之間的X之機率。

$$\text{機率 } (X) = \frac{X_2 - X_1}{b-a}$$

其中：

$$a \le X_1 \le X_2 \le b$$

記住，介於a與b之間的面積等於1，任何機率區間包含a與b者，其值為1，而X≥b的機率或者是X≤a的機率就是為零，這是因為沒有任何區域是比b大或小於a。

假設機率增強問題中，吾人欲求出一罐重量介於42及45克之間的機率，則

圖6.2

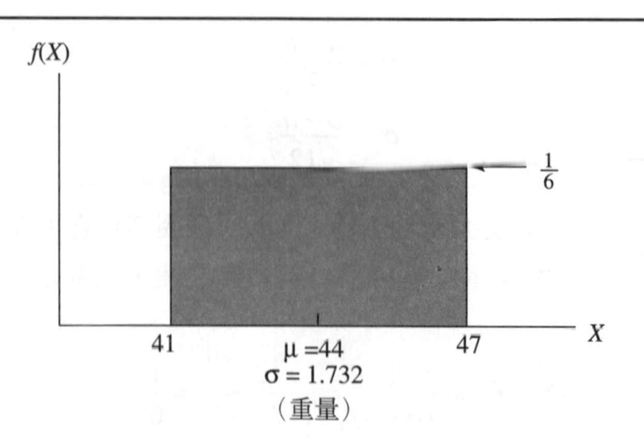

圖6.3

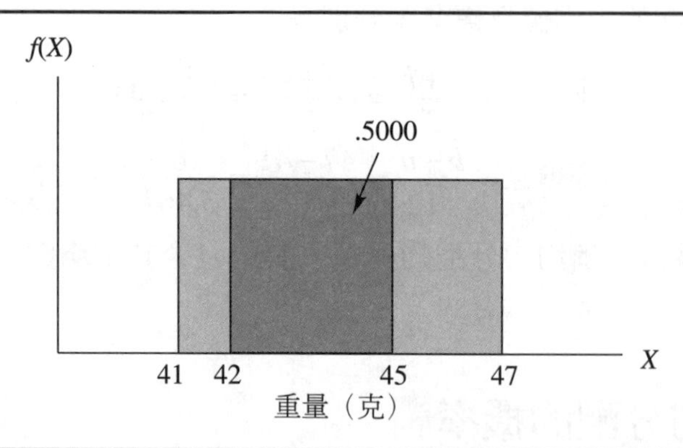

此機率可計算而得:

$$P(X) = \frac{X_2 - X_1}{b - a} = \frac{45 - 42}{47 - 41} = \frac{3}{6} = .5000.$$

圖6.3顯示這個題目的解答。

而一罐重量大於48克的機率為零,因為X=48比在均勻分配的上限值X=47大。同樣地,當一罐的重量小於40克的機率也為零,因為40比下限值41還要小,因此其機率為零。

例題6.1 假設要組合一塑膠模型所需花費的時間是從27到39秒之間,而且組合所需的時間是一個均勻分配。試著根據此分配,解出組合一個模型所需花費的時間是介於30至35秒之間的機率為多少?少於30秒的機率又是多少?

解答

$$f(X)=\frac{1}{39-27}=\frac{1}{12}$$
$$\mu=\frac{a+b}{2}=\frac{39+27}{2}=33$$
$$\sigma\frac{b-a}{\sqrt{12}}=\frac{39-27}{\sqrt{12}}=\frac{12}{\sqrt{12}}=3.464$$

此分配的寬爲1/12，平均時間爲33秒，標準差爲3.464秒。

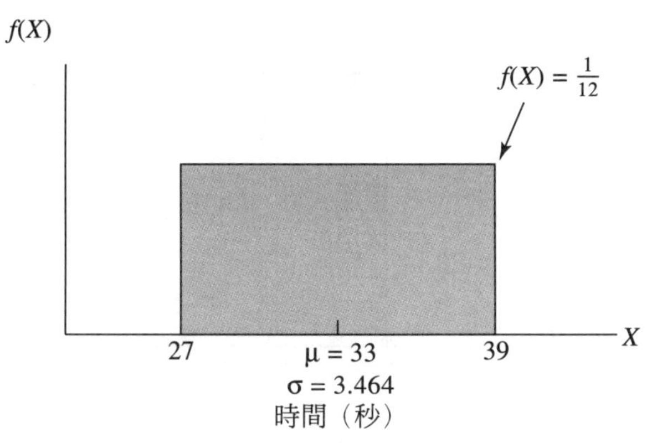

$$P(30\le X\le 35)=\frac{35-30}{39-27}=\frac{5}{12}=.4167$$

組合此塑膠模型所需花費的時間介於30至35秒之間的機率爲.4167。

$$P(X<30)\frac{30-27}{39-27}=\frac{3}{12}=.2500$$

從上式可知，組合一模型所花費的時間少於30秒的機率爲0.25，因爲沒有區域是少於27秒。P(X＜30)是經由27≤X＜30這個區域計算而得到的機率，在連續分配中，在任何點上是沒有任何面積的（只有區間才有），因此x＜30的機率就等於X≤30的機率。

例題6.2

根據決策難題的敘述，平均一年汽車保險是$617，假設美國汽車保險費用是呈一均勻分配，則只有一區間$200到$1,034，則此均勻分配的標準差爲何？以及此分配的寬爲何？

在美國每年個人花費在汽車保險的費用是介於$410到$825之間的機率是多少？

解答

此分配的平均數爲\$617，a的值爲\$200，b的值爲\$1034，分配的寬爲：

$$\sigma = \frac{b-a}{\sqrt{12}} = \frac{1034-200}{\sqrt{12}} = 240.755$$

這個機率選擇個人支出介於\$410至\$825的機率爲0.4976，也就是說在美國有49.76%的人支出的汽車保險費用是介於此區間。

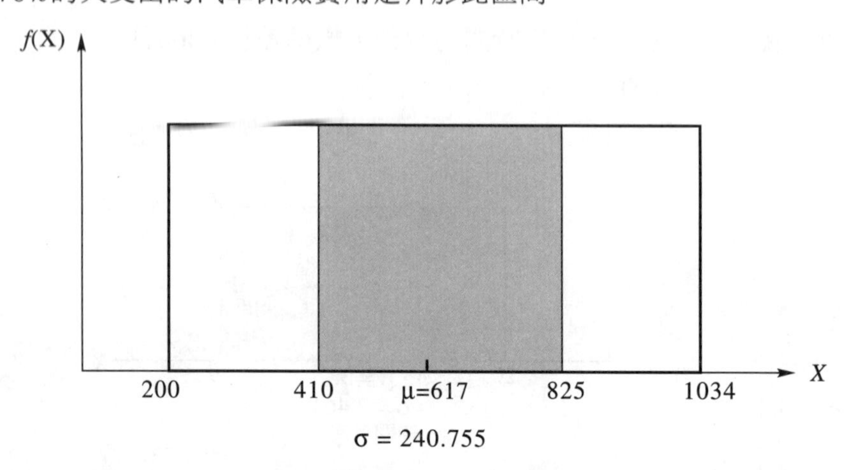

問題6.1

6.1一個均勻分配的值介於200到240之間。

a.該分配的$f(X)$是多少？
b.求出其平均數及標準差。
c.求$(X>230)$的機率。
d.$(205 \le X \le 220)$的機率。
e.$(X \le 225)$的機率。

6.2一個均勻分配的X區間是介於8到21，請根據這個條件回答下列問題

a.該分配的$f(X)$是多少？
b.求出該分配的平均值以及標準差。
c.請問$(10 \le X < 17)$的機率＝？
d.請問$(X<22)$的機率＝？
e.請問$(X \ge 7)$的機率＝？

6.3零售的中型箱子價格區間是介於\$2.8至\$3.14之間，假設這些價格是呈現一均勻分配，則此平均價格與其標準差爲何？假設隨機從這些箱子中抽出一箱子，則其所抽出的價格是介於\$3至\$3.1的機率爲何？

6.4某飲料的平均重量爲12oz，假設裝滿這些飲料後其重量的分配是從11.97至12.03並且其是呈現一個均勻分配，那麼這個分配的寬是多少？而隨機從其中抽取一罐飲料其重量超過12.01oz的機率是多少？重量介於11.98至12.01oz的重量的機率又是多少？

6.5決策難題中敘述，在美國一家庭花費$2100於各種類型的保險上面，假設此種現象是呈現一均勻分配，且介於$400至$3800之間，則此分配的標準差與寬各是多少？有多少比例的家庭在保費上的花費是超過$3000？而超過$4000是多少？介於$700至$1500又是多少？

企業專題

倉儲

Tompkins協會在美國針對倉儲業者設計了一個研究，這個研究顯示出許多有趣的事實，倉儲業是一個人工導向的企業，而「平均」倉儲的一般狀況是如何？建造一個新的倉儲乃受限於其高額的開銷，也許是因爲這個原因，平均倉儲的壽命爲19年。倉儲變化是依其大小尺寸，而一般平均的大小大約是50,000平方英寸，爲了要瞭解這個平均的倉儲情形，在美國平均的倉儲高度是22英呎。少數的倉庫提供了更多的基本原料處理以及庫存，由85%的調查結果得知，倉儲須保存存貨資料於電腦當中，並且68%具有電腦化的存貨配置系統，接近33%的業者使用條碼。

由koll所建立的全國不動產索引包含了倉儲之每平方英吋的價格，由以下所選擇的城市之資料可知。

倉儲空間之價格是多少？例如在波士頓之倉儲空間每平方英呎的價格爲$38.50。假如是這樣的話，則無論這個倉儲是位於城市的任何地方或者是這個倉儲大小如何，都沒有變數，而且倉庫空間購買者知道他／她所需付給每平方英呎的固定價格。然而因爲價格會受到這些變數以及其他因素的影響，因此它們的價格會有所不同，而$38.5可能只是一個平均值，假設在波士頓一特殊的倉庫其每平方英呎的價格是$45，假設價格的標準差是已知的而且假設在一區域中倉儲的價格是一個常態分配，而在這個例子中，假設其價格的標準差是$2，租賃費爲$45，其超過3個標準差以及在所有價格中最高的0.2%。此時租賃者可能會懷疑這個分配是否爲最高的0.2%之一，若否，則其可能高估價格。如果標準差爲$8，然而租賃比例是一個常態分配，則價格爲$45者可能是處於前20%的價格。而這可供租賃者來決定其是否爲值得並且是否位於20%之列。

在商業中倉儲的價格以及取得是一個主要的因素，假設租賃率是呈現一個常態分配，25個城市的平均價格爲$32.28，標準差爲5.41，這些均是國家的統計數字。而這可使得一個管理者決定是否要於某些區域之中租賃倉庫，例如San Antonio的租賃率是$21.95，其產生一個Z值爲–1.91，而且San Antonio的租賃價格是介於3%的城市中，假如倉儲租賃率是一個均勻分配，則相似地區的標準差與其他的城市是相關的。

市場	價格／每平方英呎($)	租金／每平方英呎／年($)	市場	價格／每平方英呎($)	租金／每平方英呎／年($)
Atlanta	28.56	3.87	Miami	39.21	4.52
Baltimore	32.39	3.81	Minneapolis	32.71	5.79
Boston	38.50	5.03	New York	37.84	5.08
Chicago	35.72	5.22	Philadelphia	33.28	4.03
Cincinnati	27.56	3.86	Phoenix	28.81	3.69
Cleveland	26.26	4.13	Pittsburgh	30.12	3.92
Columbus	30.60	3.56	Portland	30.48	4.65
Dallas	30.88	4.38	St. Louis	25.32	3.74
Denver	27.17	3.71	San Antonio	21.95	3.12
Detroit	31.80	5.01	San Diego	37.24	4.94
Indianapolis	30.05	3.75	San Francisco	43.71	5.53
Los Angeles	36.83	4.63	Seattle	42.05	5.26
			Tampa	28.04	4.11

6.2 常態分配

最廣爲人所知的以及所用的分配爲常態分配，它常被用於描述個人的特性像是高度、重量、長度、速度或是智商等等。像是樹木，動物，昆蟲等有許多特性是可形成一常態分配，有許多型態的產生是經由常態分配可求得的，在決策難題中所述改變中的保險業可利用常態分配而求得某些資料衡量，像是家庭每年的保險支出，汽車保險支出的金額。而在企業焦點中所提到的各州倉儲因其空間大小不同而在價格上有所不同。Forum以及Bain公司利用五點滿意尺度來當作衡量管理者管理倉庫的方式，在某些例子中經由此種尺度所得到的資料皆接近常態分配。常態分配以及其相關的機率是一種統計控制程序的整合。在第七章中將會提到它，當許多大樣本可被採用時許多統計量將會呈現常態分配而不論其原來所屬的分配爲何，因爲應用廣泛，所以常態分配是極爲重要的分配。圖6.4就是常態分配的圖形表示法：常態曲線。

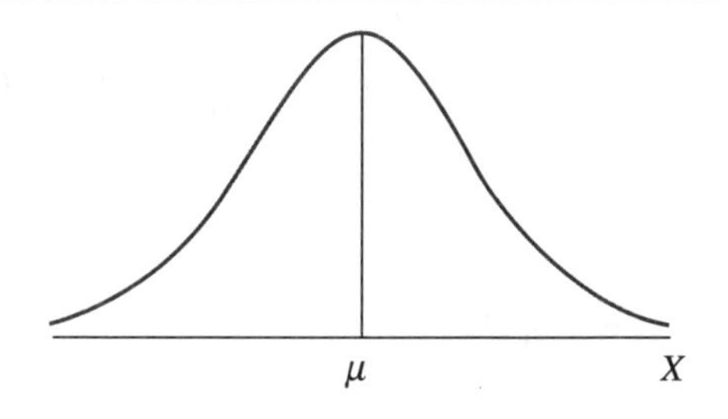

圖6.4
常態分配曲線圖

常態分配的歷史

卡爾・高斯（Karl Gauss, 1777–1855）發現了常態曲線的錯誤，他是一位數學家及天文學家，因此常態分配有時會被視爲高斯分配或錯誤的常態曲線。在現今，高斯分配可被應用於機器生產零件的分配中，它通常在平均值附近會產生錯誤的常態曲線。

Pierre-Simon de Laplace（1749–1827）也發現常態分配的信任度，然而也許多人相信法國數學家Abraham de Moivre（1667–1754）首先瞭解到常態分配，De Moivre衡量二項式分配的極限接近常態分配。常態分配具有以下的特性：

- 它是一個連續分配
- 它是一個對稱分配
- 它漸近於X軸
- 它是單峰
- 它具有一曲線
- 在曲線下的面積爲1

常態分配是一個對稱分配，因此許多常態分配表只列出半邊的機率值，因爲另一邊的機率可經由對稱原理得來。

理論上常態分配漸近於X軸，也就是說它並沒有接觸到X軸，並且它會延續不斷，常態曲線被用於許多場合，例如SAT所用的分析就是藉由常態分配而得到的結果，其區間爲200到800。

常態曲線有時會被視爲鐘型曲線，在曲線的中央有凸出點，對常態分配而言每一個唯一的平均值以及標準差皆有一個不同的常態曲線，此外，在此常態分配曲線下的面積爲1，因此可以經由曲線所含括的面積來求得機率，所以常態分配所有的機率和爲1。由於常態分配是對稱的，所以任何一邊的區域面積爲0.5。

常態分配的機率密度函數

常被用來描述常態分配特性的兩個參數分別是μ及σ，由μ與σ即可產生一個常態分配，常態分配的機率密度函數爲

$$f(X)=\frac{1}{\sigma\sqrt{2\pi}}e^{-(1/2)[(X-\mu)/\sigma]^2}$$

其中，

μ = X的平均值
σ = X的標準差
π = 3.14159...
e = 2.71828....

由於這個公式太複雜，利用它來求值很費時間，因此許多研究人員大多使用查表方式來求得機率值。

標準常態分配

每一對μ及σ皆可定義出不同的常態分配，圖6.5中藉由MINITAB產生了三個圖形，可顯示出三個不同參數所形成的常態分配

1. $\mu = 50$ 和 $\sigma = 5$
2. $\mu = 80$ 和 $\sigma = 5$
3. $\mu = 50$ 和 $\sigma = 10$

由此可知，每一個不同的μ與σ皆可產生出不同的常態分配，由於常態分配表的使用方式是要知道μ與σ才可使用，因此μ及σ是必備條件。接著是Z分配，它是一個標準常態分配，此分配的型式如下所示：

Z 公式	$z=\dfrac{X-\mu}{\sigma}$

一個Z分數是一個標準差的值X，其大於或小於平均數，假如X的值是小於平均數，那麼Z分數就是負的，相對的，當X的值是大於平均數，那麼Z分數

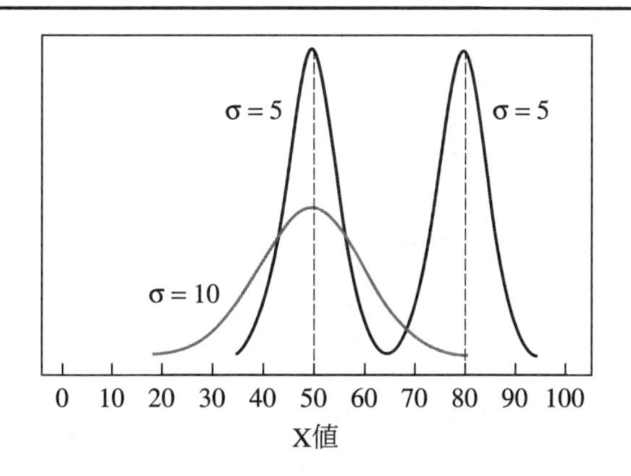

圖6.5 三種不同組合的平均數及標準差之常態分配曲線

就是正的，因此Z分配就是將任何的X值轉換成一個標準差單位的值。一個標準Z表可以用來找出任何常態曲線問題的機率值，這是因爲常態分配已被轉換成Z分配。Z分配是一個平均數爲0與標準差爲1的常態分配，在第三章中所介紹的經驗法則，就是依據常態分配而求得一個標準差值爲68%，在Z分配中Z值爲68%是介於Z=−1以及Z=+1之間，Z分配機率值列於表A.5，因爲Z分配很常被使用，所以在本書後面有附上Z分配的機率表。

處理常態分配曲線問題

依據常態分配的平均數以及標準差再經由查Z分配表即可求得你想要的機率值，讓我們先來求GMAT分數的值，GMAT是常被使用於企業管理碩士研究所入學申請要件之一，每一年GMAT的平均分數爲485，標準差爲105，從這些參數以及假設GMAT分數是呈現常態分配，那麼請問若隨機從GMAT分數分配中抽取一個分數是介於600與平均數之間的機率是多少？

$$P(485 \le X \le 600 | \mu = 485 \text{ 且 } \sigma = 105) = ?$$

圖6.6是這個問題的圖形表示法。

Z分配要求將由X值爲600以及平均數與標準差可得到其值，由上式可得到

$$Z = \frac{X-\mu}{\sigma} = \frac{600-485}{105} = \frac{115}{105} = 1.10$$

GMAT分數介於600至平均數的Z值爲1.1，從表6.1中可查出其介於平均數與X的機率值。而經由查表的結果可得知當Z=1.1時的值爲0.3643，因此可知

GMAT分數介於600至平均數之間的機率就是0.3643，圖6.7(a)就將它描述出來，圖6.7(b)則顯示Z值的解。

表6.1　　Z分配

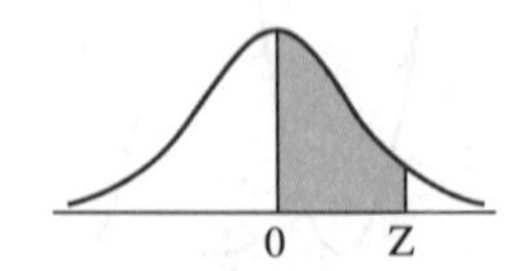

SECOND DECIMAL PLACE IN Z										
Z	*0.00*	*0.01*	*0.02*	*0.03*	*0.04*	*0.05*	*0.06*	*0.07*	*0.08*	*0.09*
0.0	.0000	.0040	.0080	.0120	.0160	.0199	.0239	.0279	.0319	.0359
0.1	.0398	.0438	.0478	.0517	.0557	.0596	.0636	.0675	.0714	.0753
0.2	.0793	.0832	.0871	.0910	.0948	.0987	.1026	.1064	.1103	.1141
0.3	.1179	.1217	.1255	.1293	.1331	.1368	.1406	.1443	.1480	.1517
0.4	.1554	.1591	.1628	.1664	.1700	.1736	.1772	.1808	.1844	.1879
0.5	.1915	.1950	.1985	.2019	.2054	.2088	.2123	.2157	.2190	.2224
0.6	.2257	.2291	.2324	.2357	.2389	.2422	.2454	.2486	.2517	.2549
0.7	.2580	.2611	.2642	.2673	.2704	.2734	.2764	.2794	.2823	.2852
0.8	.2881	.2910	.2939	.2967	.2995	.3023	.3051	.3078	.3106	.3133
0.9	.3159	.3186	.3212	.3238	.3264	.3289	.3315	.3340	.3365	.3389
1.0	.3413	.3438	.3461	.3485	.3508	.3531	.3554	.3577	.3599	.3621
1.1	.3643	.3665	.3686	.3708	.3729	.3749	.3770	.3790	.3810	.3830
1.2	.3849	.3869	.3888	.3907	.3925	.3944	.3962	.3980	.3997	.4015
1.3	.4032	.4049	.4066	.4082	.4099	.4115	.4131	.4147	.4162	.4177
1.4	.4192	.4207	.4222	.4236	.4251	.4265	.4279	.4292	.4306	.4319
1.5	.4332	.4345	.4357	.4370	.4382	.4394	.4406	.4418	.4429	.4441
1.6	.4452	.4463	.4474	.4484	.4495	.4505	.4515	.4525	.4535	.4545
1.7	.4554	.4564	.4573	.4582	.4591	.4599	.4608	.4616	.4625	.4633
1.8	.4641	.4649	.4656	.4664	.4671	.4678	.4686	.4693	.4699	.4706
1.9	.4713	.4719	.4726	.4732	.4738	.4744	.4750	.4756	.4761	.4767
2.0	.4772	.4778	.4783	.4788	.4793	.4798	.4803	.4808	.4812	.4817
2.1	.4821	.4826	.4830	.4834	.4838	.4842	.4846	.4850	.4854	.4857
2.2	.4861	.4864	.4868	.4871	.4875	.4878	.4881	.4884	.4887	.4890
2.3	.4893	.4896	.4898	.4901	.4904	.4906	.4909	.4911	.4913	.4916
2.4	.4918	.4920	.4922	.4925	.4927	.4929	.4931	.4932	.4934	.4936
2.5	.4938	.4940	.4941	.4943	.4945	.4946	.4948	.4949	.4951	.4952
2.6	.4953	.4955	.4956	.4957	.4959	.4960	.4961	.4962	.4963	.4964
2.7	.4965	.4966	.4967	.4968	.4969	.4970	.4971	.4972	.4973	.4974
2.8	.4974	.4975	.4976	.4977	.4977	.4978	.4979	.4979	.4980	.4981
2.9	.4981	.4982	.4982	.4983	.4984	.4984	.4985	.4985	.4986	.4986
3.0	.4987	.4987	.4987	.4988	.4988	.4989	.4989	.4989	.4990	.4990
3.1	.4990	.4991	.4991	.4991	.4992	.4992	.4992	.4992	.4993	.4993
3.2	.4993	.4993	.4994	.4994	.4994	.4994	.4994	.4995	.4995	.4995
3.3	.4995	.4995	.4995	.4996	.4996	.4996	.4996	.4996	.4996	.4997
3.4	.4997	.4997	.4997	.4997	.4997	.4997	.4997	.4997	.4997	.4998
3.5	.4998									
4.0	.49997									
4.5	.499997									
5.0	.4999997									

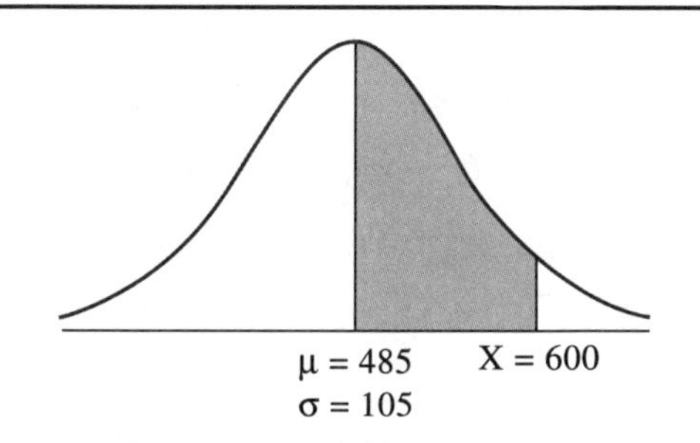

圖6.6
介於GMAT 600分至中位數的區域圖示

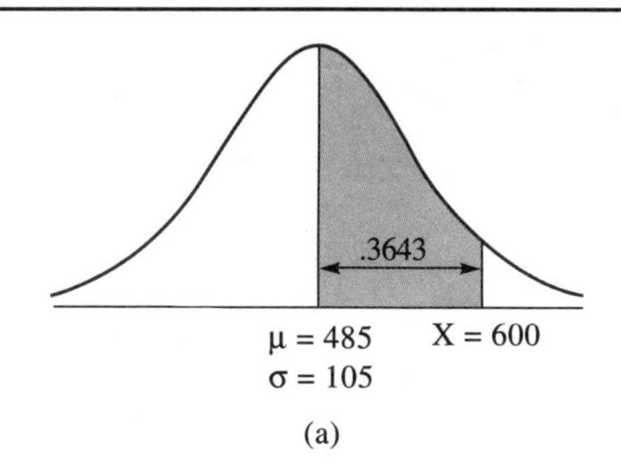

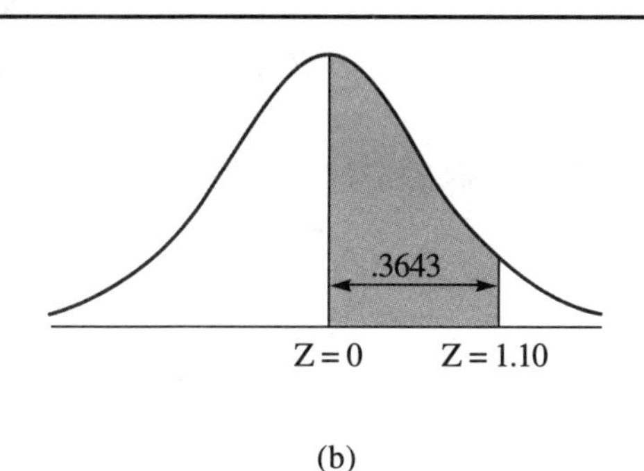

圖6.6
GMAT問題之圖解

例題6.3

若GMAT測驗分數的平均數爲485，標準差爲105，請問分數高於700分的機率是多少？假設GMAT分數是呈常態分配。

$$P(X > 700 | \mu = 485 \text{ and } \sigma = 105) = ?$$

解答

由下圖中可知，

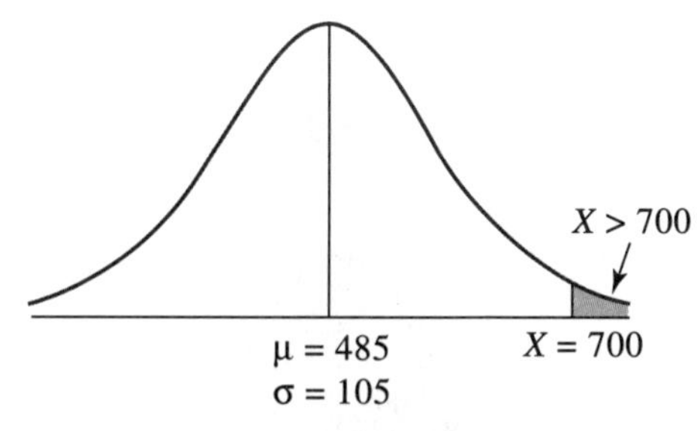

此問題所欲求的面積爲分配中的上層部分，因此這個問題的Z分數爲

$$Z = \frac{X - \mu}{\sigma} = \frac{700 - 485}{105} = \frac{215}{105} = 2.05$$

從表6.1中可查得當Z分數為2.05時的機率值為0.4798，然而這個值指的是X值介於平均數至700之間的面積的機率值，但是我們所要求的是高於700分的機率，而前面部分有提到常態分配一半的機率為0.5，因此本題答案要用0.5減去0.4798所得到結果才是本題之解，請注意一點X≥700的面積以及X>700的面積是一樣的，因為在連續分配中，任一點的面積皆為0，因此X=700之面積為0。

.5000	（X大於平均數機率）
−.4798	（X介於700至平均數之間的機率）
.0202	（X大於700的機率）

此題的解答可從下圖(a)及(b)中分別可知X的值及Z值圖形表示方式。

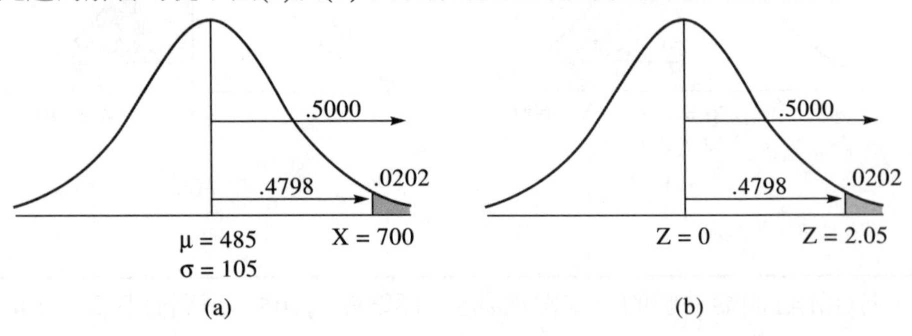

例題6.4 與上題相同的GMAT分數分配，請問隨機取一分數是小於等於550的機率是多少？

$$P(X \leq 550|\mu = 485 \text{ and } \sigma = 105) = ?$$

解答

此題可以下圖方式來呈現，從圖中判斷曲線下小於等於550的值所形成的面積。

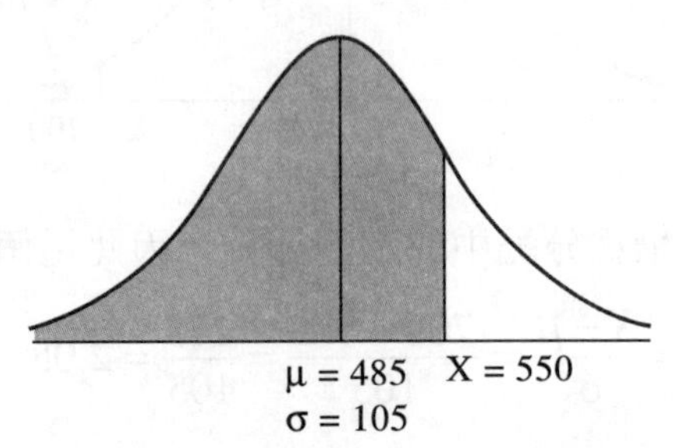

Z公式求出介於550及平均數的值為：

$$Z = \frac{X-\mu}{\sigma} = \frac{550-485}{105} = \frac{65}{105} = 0.62$$

此面積從Z公式求得為0.62，而經由查表所得之機率值為0.2324。該機率值指的是分數介於550至平均數的機率，然而本題尚須包括小於平均數之值，因為其中一半或該值的.5000小於平均數，因此X≤550的機率如下所示：

.5000	（小於平均數之值的機率）
+ .2324	（介於550至平均數之間之值的機率）
.7324	（≤550之值的機率）

此題解答在下圖(a)中可知X值所形成的區域及圖(b)中相對應之Z值。

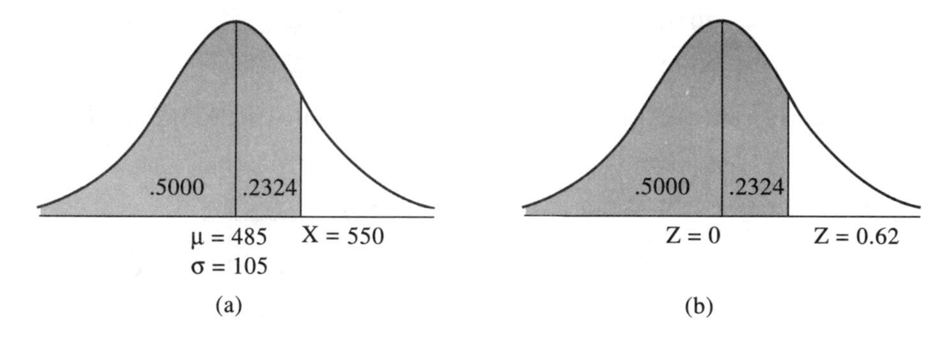

與例題6.3相同的GMAT分數分配，請問分數小於400的機率為多少？　**例題6.5**

$$P(X < 400 | \mu = 485 \text{ and } \sigma = 105) = ?$$

解答

這個問題可形成如下圖所示的左尾分配面積。

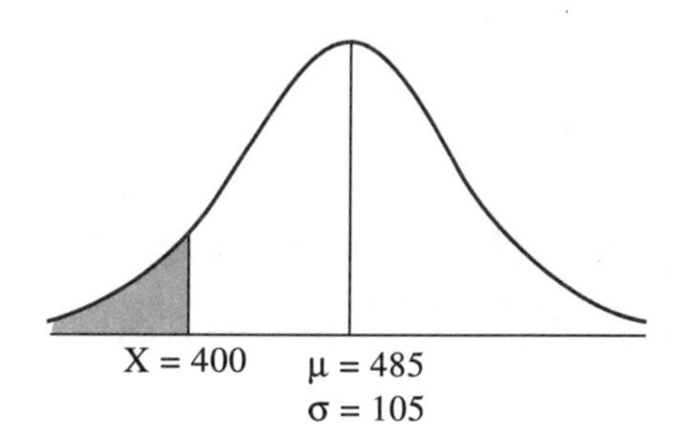

這個問題的Z分數爲

$$Z=\frac{X-\mu}{\sigma}=\frac{400-485}{105}=\frac{-85}{105}=-0.81$$

汴意本題的Z值是負的，一個負的Z值所顯示的意義爲X值是小於平均數以及Z值是在這個分配的左邊，然而在表6.1中並沒有Z值爲負的機率值，但是由於常態分配是對稱的左邊的機率等於右邊的機率，兩邊的機率值是一樣的，因此Z值爲負只是代表著其位於分配的左邊而已，而機率恆爲正值。從表6.1中可查出Z值爲0.81的機率爲.2910，而本題中所要找的區域是在分配的左尾部分，因此該機率.2910必須要以0.5減去此值才可得到本題之解.2090。

.5000	（小於平均數之值的機率）
− .2910	（介於400至平均數之間之值的機率）
.2090	（小於400之值的機率）

此題解答在下圖(a)中可知X值所形成的區域及圖(b)中相對應之Z值。

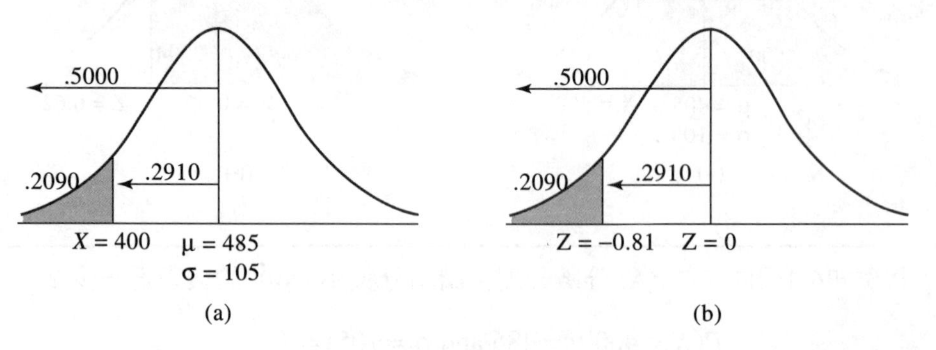

例題6.6

相同的GMAT測驗，請問介於300分至600分之間的機率是多少？

$$P(300<X<600|\mu=485 \text{ and } \sigma=105)=?$$

解答

下圖可用以解釋本題：請判斷X=300及X=600之間的面積，此二值橫跨平均值的兩邊。因爲該Z分配的面積與平均數有關，所以本題必須分成兩個問題來處理，再將結果合併。

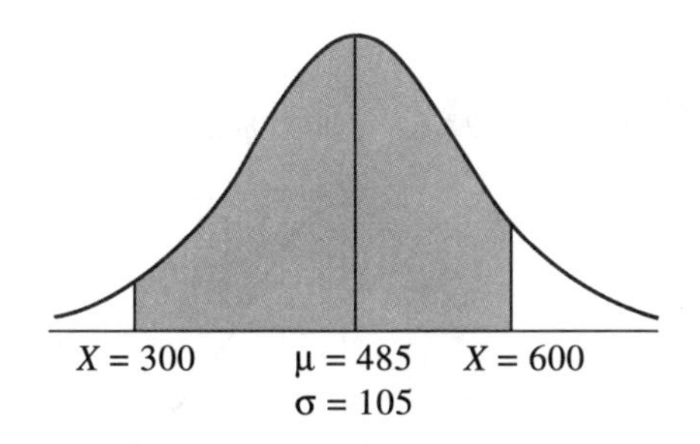

每一X值所得的Z分數爲：

$$Z=\frac{X-\mu}{\sigma}=\frac{600-485}{105}=\frac{115}{105}=1.10$$

和

$$Z=\frac{X-\mu}{\sigma}=\frac{300-485}{105}=\frac{-185}{105}=-1.76$$

Z=1.10的機率爲.3643，而Z=−1.76的機率爲.4608。因此P(300＜X＜600)的解可由下式來求得。

.3643	（介於平均數及600之間之值的機率）
+ .4608	（介於平均數及300之間之值的機率）
.8251	（介於300及600之間之值的機率）

此題解答在下圖(a)中可知X值所形成的區域及圖(b)中相對應之Z值。

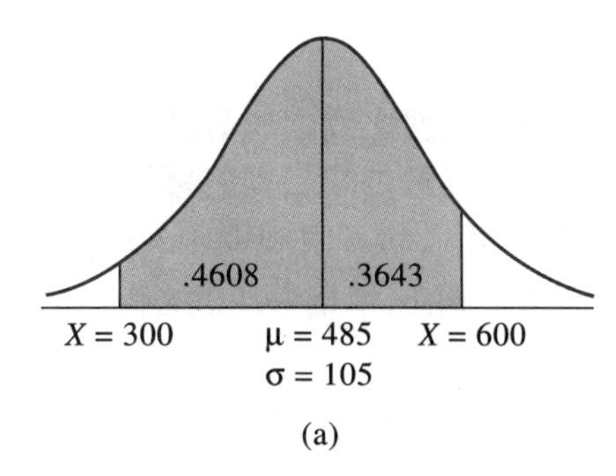

(a)

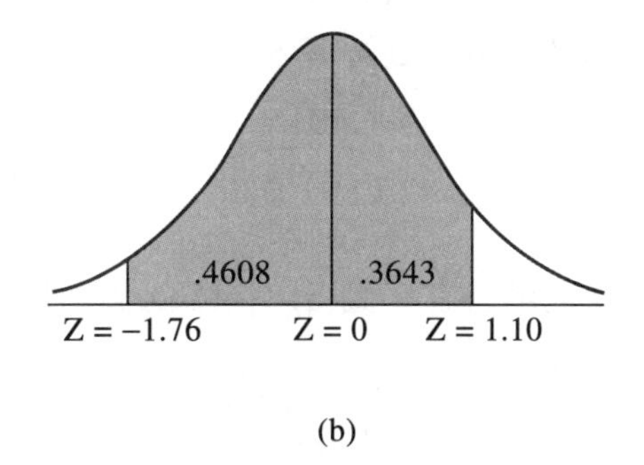

(b)

本題同上，請問介於350分至400分的機率爲？ **例題6.7**

$$P(350<X<450|\mu=485 \text{ and } \sigma=105)=?$$

解答

本題的圖形如下所示，圖中陰影的部分就是本題所欲求得之面積及機率。

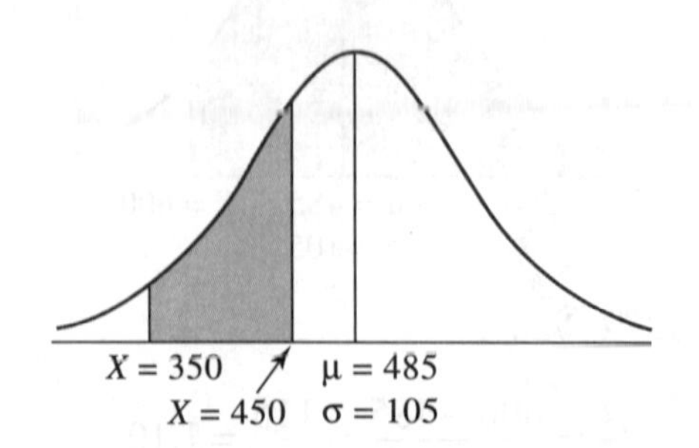

本題中兩個X值皆位於平均數的同一邊，因此要計算此機率必須要算出這兩個區域的面積差。

$$Z = \frac{X - \mu}{\sigma} = \frac{350 - 485}{105} = \frac{-135}{105} = -1.29$$

和

$$Z = \frac{X - \mu}{\sigma} = \frac{450 - 485}{105} = \frac{-35}{105} = -0.33$$

與Z =−1.29相關的機率為 .4015。

與Z =−0.33相關的機率為 .1293。

兩數相減即可得到解答。

.4015	（介於350至平均數之間之值的機率）
− .1293	（介於450至平均數之間之值的機率）
.2722	（介於350至450之間之值的機率）

此題解答在下圖(a)中可知X值所形成的區域及圖(b)中相對應之Z值

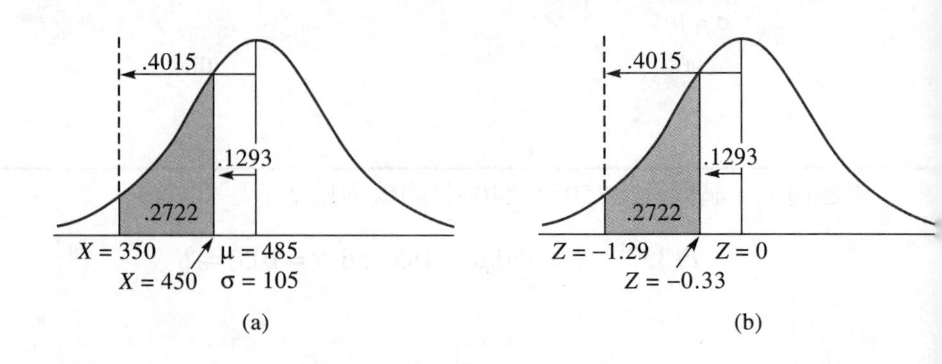

例題6.8

根據國家公園服務局所公佈的資料，Shenandoah國家公園在夏季時平均空氣中所含的硫酸鹽每立方公尺爲11.1百萬分之一克。假設硫酸鹽含量之標準差爲3.25，請問在夏季中硫酸鹽含量介於12至15之間的機率是多少？假設硫酸鹽含量是呈常態分配。

$$P(12 \le X \le 15 | \mu = 11.1 \text{ 且 } \sigma = 3.25) = ?$$

解答

下圖中的陰影部分面積就是本題所欲求的機率。

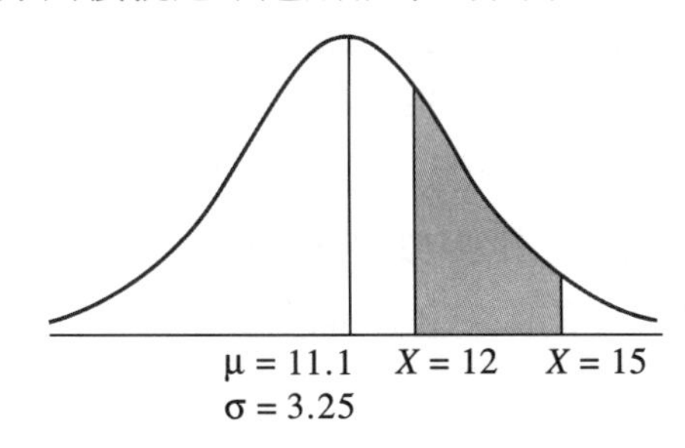

本題牽涉到兩個X值，因此其要求兩個不同的Z分數，由下面公式可求得這些Z分數以及相對應的機率。

$$Z = \frac{X-\mu}{\sigma} = \frac{15-11.1}{3.25} = \frac{3.9}{3.25} = 1.20$$

和

$$Z = \frac{X-\mu}{\sigma} = \frac{12-11.1}{3.25} = \frac{0.9}{3.25} = 0.28$$

介於X = 15 和平均數之間的面積爲	.3849
介於X = 12 和平均數之間的面積爲	−.1103
介於X = 12 和 X = 15之間的面積爲	.2746

本題的答案爲.2746或是27.46%在12至15之間。

此題解答在下圖(a)中可知X值所形成的區域及圖(b)中相對應之Z值。

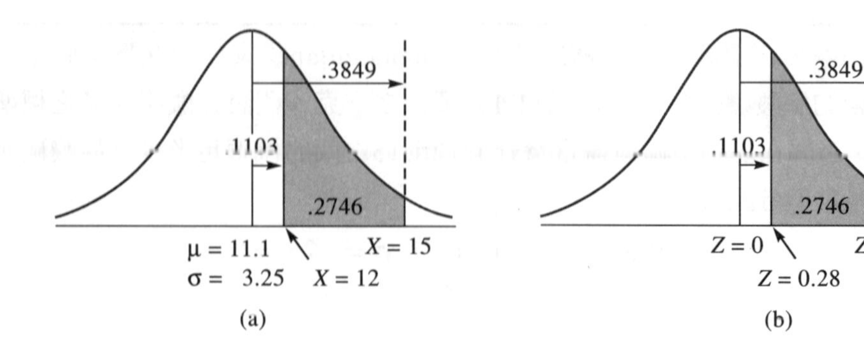

例題6.9 在美國海岸之海潮會有漲潮與退潮的情形，因此兩者之間會有差距，假設漲潮與退潮的差距是呈現常態分配，若86.65%的差距是位於緬因州的東港，而且在緬因州漲潮與退潮的差距少於21.52英呎，而差距之標準差是2.9英呎，請問在緬因州之漲潮及退潮的平均差距是多少？

解答

在本題中，標準差及X值是已知的，而本題的目的是要求出平均數。由於使用Z分配公式須有四個變數：X, μ, σ及Z。在問題中四個變數只有兩個是已知，所以要利用一個方程式解兩個未知數是不可能的，但是其中Z值可經由查常態分配表（表6.1）而得到其值。

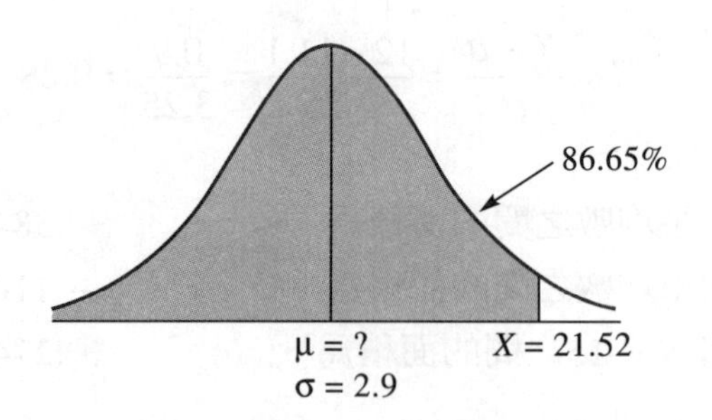

因該值的86.65%小於X=21.52，其中介於21.52至平均數的差爲36.65%，將這個比例轉換成.3665爲要求出介於X至平均數的值，查表可知Z值爲1.11。這個Z值爲正值，因爲它位於分配的上半部，利用Z值1.11可求得X值爲21.52以及σ值爲2.9，即可求得平均值。

$$Z = \frac{X - \mu}{\sigma}$$

$$1.11 = \frac{21.52 - \mu}{2.9}$$

和

$$\mu = 21.52 - (2.9)(1.11) = 18.3$$

因此緬因州東港的潮差平均值為18.3英呎。

例題6.10

美國環保署公佈了廢氣產生的資料，一年中平均每人每天平均產生3.58磅，假設每人每天所製造之廢氣是呈常態分配，標準差為1.04磅，請問每個人每天所產生的廢氣量中67.72%超過幾磅？

解答

由於平均數及標準差是已知，但X值與Z值是未知的，但本題是要求當X值的.6772大於特定的X值時，該值為何？

假如該值的.6772是大於X值，則.1772就是介於X至平均數之間的值(.6772–.5000)。從表6.1中可查得.1772的Z值是0.46，當X小於平均數時，Z值實際為–0.46。只要X值小於平均數，其相關Z值為負，且應以此方式呈現。

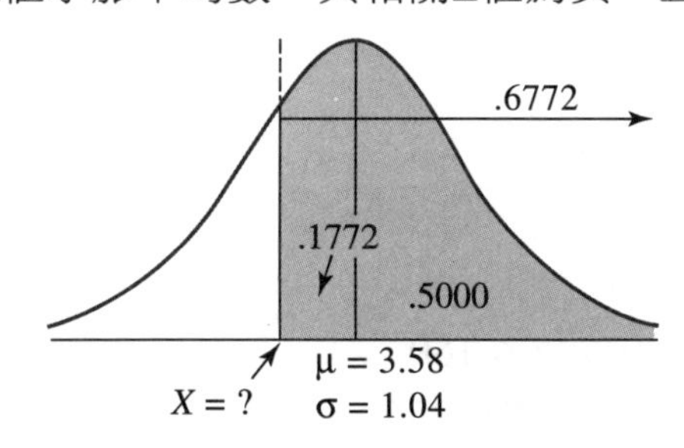

解Z方程式得

$$Z = \frac{X - \mu}{\sigma}$$

$$-0.46 = \frac{X - 3.58}{1.04}$$

且

$$X = 3.58 + (-0.46)(1.04) = 3.10$$

由上式可求得每人每日平均廢氣產量的67.72%超過3.10磅。

問題6.2

6.6從表中查出下列之Z值。

a.$Z=2.34$
b.$Z=1.64$
c.$Z=0.81$
d.$Z=-2.93$
e.$Z=-0.42$

6.7求出下列常態分配部份之機率或面積。

a.$Z\geq1.96$
b.$Z<0.73$
c.$1.46<Z\leq2.84$
d.$-2.67\leq Z\leq1.08$
e.$-2.05<Z\leq-0.87$

6.8找出下列常態分配問題之Z值。

a.$\mu = 100, \sigma = 9, X = 115$
b.$\mu = 34, \sigma = 2.16, X = 35$
c.$\mu = 259, \sigma = 30.6, X = 251$
d.$\mu = 157, \sigma = 3.45, X = 145$

6.9求出下列常態分配問題之機率。

a.$\mu = 604, \sigma = 56.8, X\leq635$
b.$\mu = 48, \sigma = 12, X<20$
c.$\mu = 111, \sigma = 33.8, 100\leq X<150$
d.$\mu = 264, \sigma = 10.9, 250<X<255$
e.$\mu = 37, \sigma = 4.35, X>35$
f.$\mu = 156, \sigma = 11.4, X\geq170$

6.10假設你正在處理一群呈常態分配的資料，其平均值為200，標準差為47，請根據以下的資料計算出X值。

a.有60%的值比X大。
b.X小於17%的值。

c.有22%的值比X小。

d.X比55%的值大。

6.11假設資料呈常態分配，請解出下列問題。

a.標準差爲12.56，且有71.97%的值比56大，請問平均值是多少？

b.平均值爲352，且只有13.35%的值比300小，請問標準差是多少？

6.12一家倉儲公司指出，在美國A等級倉庫的平均高度爲22英呎，假設倉庫高度呈常態分配且標準差爲4英呎，如果在美國A等級的倉庫被隨機選擇，則：

a.高度大於17英呎的機率爲何？

b.高度小於13英呎的機率爲何？

c.高度介於25到31英呎的機率爲何？

6.13假設上題的標準差未知，平均值仍爲22英呎，假如有72.4%的美國等級A倉庫高度大於18.5英呎，標準差是多少？

6.14假設所有美國A等級倉庫的平均高度未知，而標準差爲4英呎，如果在美國有29%的A等級倉庫高度小於20英呎，則其平均高度爲多少？

6.15根據報告指出，馬的平均壽命爲20歲，壽命最長的是50歲，假設馬的平均生命期呈常態分配，標準差爲6.83歲，則

a.馬會活過35歲的機率爲何？

b.馬的壽命介於15到25歲之間的機率爲何？

c.馬的壽命不超過10歲的機率爲何？

d.馬的壽命介於22歲到24歲的機率爲何？

6.16根據國家氣候資料中心蒐集的資料指出，密蘇里州的聖路易平均風速是每小時9.7哩，假設某一個特定地理區的風速是呈常態分配，如果有22.45%的時間每小時的風速超過11.6哩，則聖路易風速的變異數是多少？

6.17根據國內稅務機關指出，最近幾年納稅人的所得稅平均退稅額是$911，關於此一現象的解釋是納稅人寧願讓政府在年中持有過多的錢而不願意在年

底欠政府錢，假設年底的平均退稅額是$911，標準差是$525，而應補繳或應退的稅額呈常態分配，則

a.退稅額大於$1,500的比例是多少？

b.納稅人應補繳稅款給政府的比例是多少？

c.退稅額在$100到$500之間的比例是多少？

6.18假設1996年的三十年固定房屋貸款的日利率呈常態分配，平均數爲7.25%標準差爲0.3%。

a.利率超過7.0%的比例爲何？

b.利率介於7.1%到8.0%之間的比例爲何？

c.利率小於6.8%的比例爲何？

d.利率介於6.9%到7.3%之間的比例爲何？

6.19使用工具的工作者很容易受到工作傷害，有一種情況是手和腕的扭傷，每年有23,000名工作者會發生這種狀況，美國的勞工部估計每位受到工作傷害的員工平均會讓他們的雇主或保險公司付出大約$30,000的成本，假設這些成本呈常態分配，標準差是$9,000。

a.成本介於$15,000到$45,000的機率是多少？

b.成本大於$50,000的機率是多少？

c.成本介於$5,000到$20,000的機率是多少？

d.假設標準差未知，有90.82%的成本超過$7,000，則標準差的值是多少？

e.假設平均數未知，標準差仍是$9,000，如果有79.95%的成本小於$33,000，則平均成本是多少？

企業專題

管理者對管理工具感到滿意嗎？

調查超過五百家公司的管理者，以判斷管理者對管理工具的使用程度以及管理者對他們所使用的管理工具的滿意程度。研究指出目前有25種最受歡迎且最具代表性的管理工具被使用在組織中，這些工具的定義範圍從廣義的基本工具，例如，全面品質管理到特定的技術，如顧客滿意度調查不等。下表列出了一些這方面的技術、管理者使用它們的比率和平均的滿意度評分，參與這次調查的管理者被詢問了過去五年來，他們所使用的25種管理工具，並對這些工具的滿意度加以評分，評分的範圍從1到5分，5分表示滿意度最高，1分表示滿意度最低。

管理工具	使用率%	平均滿意度
工作企劃書	94	3.90
客戶調查	90	4.09
全面品質管理	76	3.78
競爭者解析	74	3.75
績效報酬	73	3.71
標準檢查程序	72	3.70
企業流程再造	69	3.81
策略聯盟	67	3.70
自我領導工作團隊	59	3.86
循環時間減少	57	3.88
核心專長	57	3.60
活動基礎成本	48	3.60
水平化組織	48	3.72
股東價值分析	45	3.66
檔案規劃	42	3.68
文件夾分析	44	3.66
群組軟體	37	3.80
服務保證	35	3.73
個體行銷	34	3.79
記憶力管理	28	3.60
整合性價值鍊分析	27	3.55
產業五大主力分析	24	3.53
大眾規格化	21	3.59
動態模擬模型	20	3.68
技術S曲線	18	3.52

這些滿意度的分數是如何分佈的？它們可能會接近常態分配或者是均勻分配，使用比率(p值)加上一個特定的樣本大小(n)就可以是二項問題的基礎，在特定的條件下可以用常態分配來大約估算。

調查的結果發現管理工具的使用率相當高，幾乎所有的工具都被至少20%的受訪者使用過，且有超過一半的管理者使用過排名前11名的工具，94%的管理者使用過工作企劃書，90%的管理者則使用過客戶調查，其它目前很流行的管理工具如：競爭者解析、績效報酬、標準檢查程序、企業流程再造和策略聯盟則有超過三分之二的管理者使用過。

管理者表示對客戶調查、工作企劃書和循環時間減少有最高的滿意度，他們對S曲線、產業五大主力分析和整合性價值鍊分析有最低的滿意度，一般來說，較被廣泛使用的工具會有較高的滿意度。

6.3 利用常態曲線處理二項分配的問題

常態分配可以用來估計特定型態二項分配問題的機率，當樣本空間越來越大，不論p的值是多少，二項分配的分佈就會接近常態分配，這種現象當p接近.50的時候發生的更快（n的值較小時），圖6.8到圖6.10為三個二項分配，注意圖6.8即使樣本空間只有10，二項分配的圖形也會接近常態分配。

圖6.9的分佈圖（n=10且p=.20）呈現右偏是因為其p值較低且樣本空間也較小，這個分配的期望值只有2，且X=0和1的機率較大，然而當n的值變得夠大，如圖6.10的二項分配（n=100且p=.20），其圖形就會相對的對稱於平均值（$\mu = n \cdot p = 20$）因為有足夠的樣本空間。

如果n的值很大，不用電腦來分析二項分配就會很不方便，表A.2中只有列到n=25，當n很大時，用計算機來算二項分配問題也很困難，幸運的是，當n很大的時後，常態分配可以用來估計二項分配的問題。

圖6.8
n=10且p=.50的二項分配

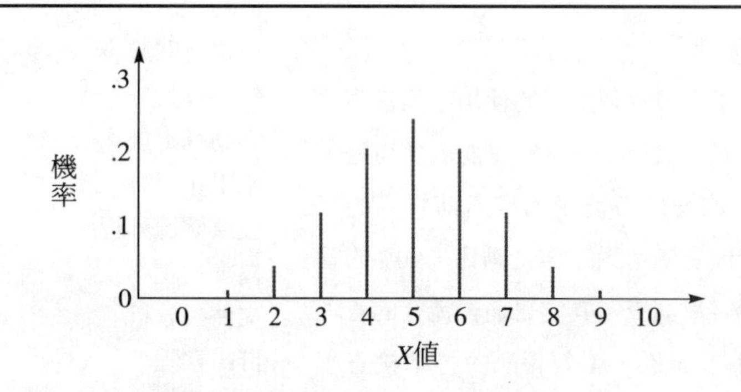

圖6.9
n=10且p=.20的二項分配

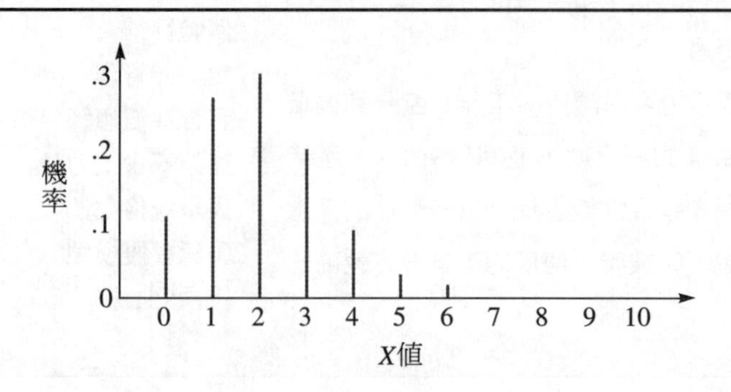

利用常態分配的圖形來解決二項分配的問題需要一個轉換的過程，這個過程的第一個部份是要將二項分配的兩個參數n和p轉換成常態分配的兩個參數μ和σ，這個轉換須利用第五章的公式。

$$\mu = n \cdot p \quad 和 \quad \sigma = \sqrt{n \cdot p \cdot q}$$

轉換一個二項分配的問題到常態分配曲線

完成轉換後，有一個測試可以用來決定常態分配是否適合用來估計二項分配：

$\mu \pm 3\sigma$的區間是否落在0到n之間？

回憶經驗法則所提到的大約99.7%或幾乎全部的常態分配曲線都落在距平均值三個標準差的範圍內。爲了使一個常態分配曲線用來估計二項分配的問題時可被接受，所有可能的X值都應界於0到n之間，0和n也就是二項分配的上限和下限。如果$\mu+3\sigma$不介於0到n之間，則不要使用常態分配來解決二項分配的問題，因爲這樣的估計值不夠好。另一個用來判斷何時使用常態分配曲線估計二項分配問題的法則是如果$n \cdot p > 5$且$n \cdot q > 5$就表示這個估計是好的。

以下過程可以用來說明二項分配問題的解法：

$$P(X \geq 25 | n = 60 \text{ 且 } p = .30) = ?$$

注意這個二項分配的問題包括了一個相對很大的樣本空間，且這個樣本空

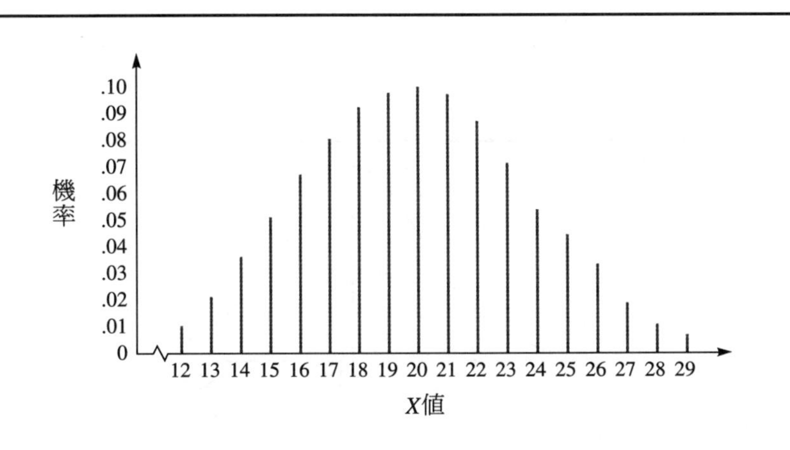

圖6.10 n=100且p=.20的二項分配

間的大小並沒有出現在可以用來解決這個問題的二項分配表（附錄A.2）中，這樣的問題就是採用常態分配的最好範例。

轉換二項分配問題為常態分配問題，

$$\mu = n \cdot p = (60)(.30) = 18 \quad 且 \quad \sigma = \sqrt{n \cdot p \cdot q} = 3.55$$

二項分配問題變成常態分配問題。

$$P(X \geq 25 | \mu = 18 \quad 且 \quad \sigma = 3.55) = ?$$

接下來的測試是用來判斷常態分配曲線能否充份滿足二項分配。

$$\mu \pm 3\sigma = 18 \pm 3(3.55) = 18 \pm 10.65$$
$$7.35 \leq \mu \pm 3\sigma \leq 28.65$$

這個區間介於0到60之間，所以可以使用常態分配曲線來估計，圖6.11是這個二項分配的MINTAB圖表，注意它非常的接近常態分配曲線，圖6.12是這個問題的常態分配曲線版本。

圖6.11
$n = 60$ 且 $p=.30$ 的二項分配問題之圖形

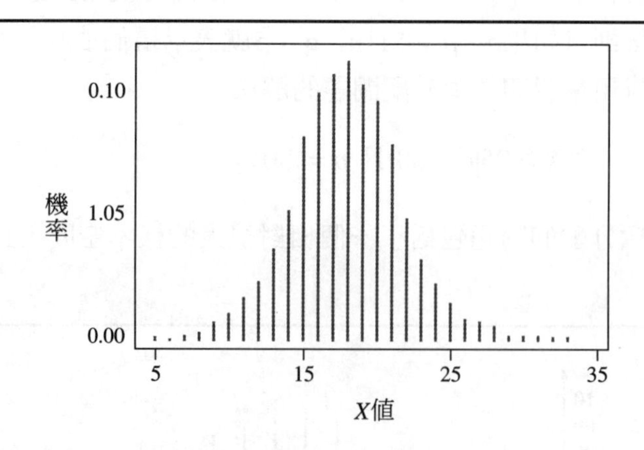

圖6.12
二項分配問題用常態分配曲線解決的圖形

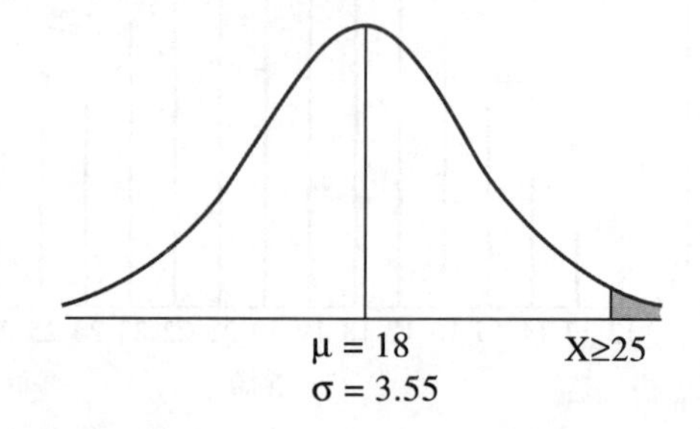

連續性的修正因子

將離散分配轉換為連續分配並不是完全直接的，視問題的不同會有+.50或-.50或±.50的修正，這個修正保證讓大部份的二項問題的資訊可以正確轉換成常態曲線分析，這個修正也稱為連續性的修正因子，這個修正因子是產生在離散分配轉換為連續分配的過程中。

圖6.13是二項分配圖形的一部份，n=60且p=.30。注意這個二項分配所有的機率都集中在整數上，所以X≥25的答案是透過加總X=25, 26, 27, …, 60的機率得來的。沒有一個值是介於24和25，25和26，…，59和60之間的，然而，常態分配是連續性的，為了使估計盡可能的準確，則必須使用修正因子。

舉例來說，想像一下在火爐中熔解鐵棒的過程，鐵棒就像二項分配中每一個整數的機率值，注意看**圖**6.13的二項分配圖形就好像一連串的鐵棒排在一起，當鐵棒被放在火爐中，它就會被熔解並擴散開來，每一個鐵棒都被熔解並且填滿它和相鄰鐵棒間的區域，結果就會得到一個連續的鐵板，看起來就像常態曲線，鐵棒的熔解是一個將二項分配擴散開來趨近常態分配的比喻。

每一個鐵棒可以擴散多遠？有一個好的判斷方法是每一個鐵棒都擴散到和相鄰鐵棒之間距離一半的地方，換句話說，就是集中在X=25的鐵棒擴散到24.5到25.5的區域間，X=26就變成25.5到26.5的連續區域，依此類推，將P(X≥25|n=60且p=.30)的問題轉換到P(X≥24.5|μ=18且σ =3.55)的連續常態曲線問題，連續性的修正因子是-.50，因為這個問題包括了25和比25大的值，所以

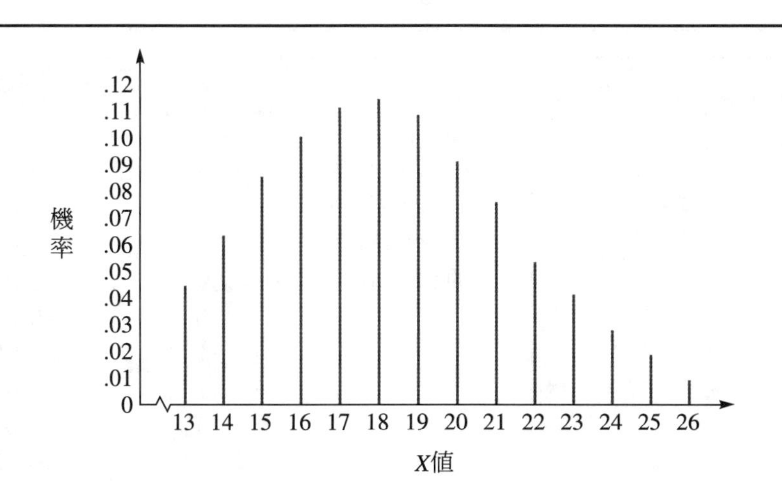

圖6.13 二項分配問題的部份圖形：n = 60 且 p = .30

二項分配的值X=25轉換成由24.5到25.5的常態曲線值，如果有一個二項問題是要分析P(X>25)則修正因子是+.50，而得到一個P(X≥25.5)的常態曲線問題，後者是在超過25以後開始，因為25並沒有被包括在裡面。

決定如何修正連續性則視等號和二項分配的期望結果的方向而定，表6.2列出一些法則可以幫助連續性修正因子的應用。

對於二項分配問題P(X≥25|n=60且p=.30)，常態分配曲線變成P(X≥24.5|μ=18且σ=3.55)，如圖6.14所示，

$$Z=\frac{X-\mu}{\sigma}=\frac{24.5-18}{3.55}=1.83$$

Z值的機率（表6.1）是.4664，這個問題的答案是位在分佈圖的尾端，所以要得到最後的答案必需用減法。

$$\begin{array}{r} .5000 \\ -\ .4664 \\ \hline .0336 \end{array}$$

圖6.14 用常態分配曲線解決二項分配問題的圖形

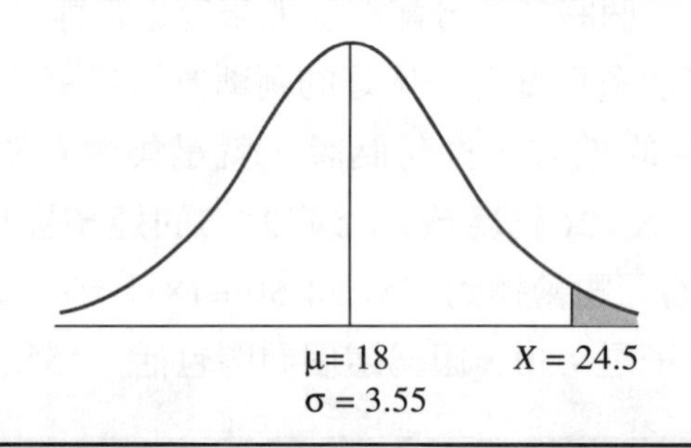

表6.2 連續性修正因子的一些法則

判斷值	修正因子
X>	+.50
X≥	−.50
X<	−.50
X≤	+.50
≤X≤	−.50 和 +.50
<X<	+.50 和 −.50
X=	−.50 和 +.50

表6.3 當n=60，p=.30，且X≥25之二項分配問題的機率值

X值	機率
25	0.0167
26	0.0096
27	0.0052
28	0.0026
29	0.0012
30	0.0005
31	0.0002
32	0.0001
33	0.0000
X≥25	0.0361

這個問題已被用二項公式解答，結果如表6.3所示。常態分配估計和眞正二項式的值之間的差異只有0.0025(.0361−.0336)。

利用常態分配解出下列二項分配問題：　**例題6.11**

$$P(X = 12 | n = 25 \text{ 且 } p = .40) = ?$$

解答

找出μ和σ。

$$\mu = n \cdot p = (25)(.40) = 10.0$$
$$\sigma = \sqrt{n \cdot p \cdot q} = \sqrt{(25)(.40)(.60)} = 2.45$$
$$\text{測試：} \mu \pm 3\sigma = 10.0 \pm 3(2.45) = 2.65 \text{ 至 } 17.35$$

這個範圍介於0到25之間，所以估計值很接近。接下來要修正連續性，因爲這個問題是要決定X=12時的機率，所以修正因子是兩端的−.50和+.50。因此，X=12的二項分配機率轉換爲常態曲線的區域是落在11.5到12.5之間，將問題畫成下圖：

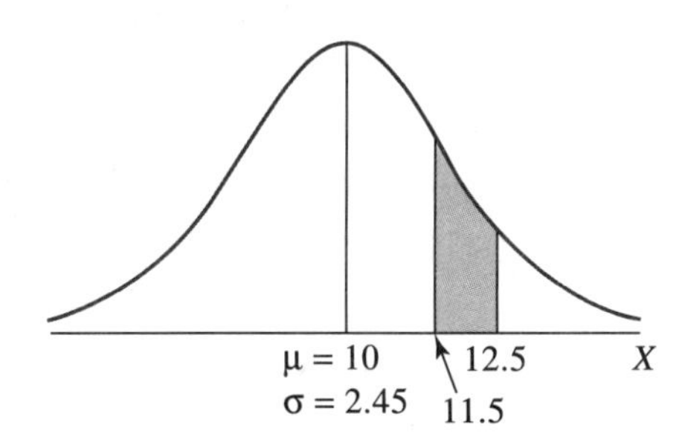

$$Z = \frac{X - \mu}{\sigma} = \frac{12.5 - 10}{2.45} = 1.02$$

和

$$Z = \frac{X - \mu}{\sigma} = \frac{11.5 - 10}{2.45} = 0.61$$

Z=1.02產生一個機率爲.3461

Z=0.61產生一個機率爲.2291

兩個區域的差就是答案：

$$.3461 - .2291 = .1170$$

若該問題使用二項分配表格做答，所得到的解答是.114，常態曲線估計值和透過二項分配表格所得到的值只差了.003。

例題6.12　利用常態分配來解下列二項分配的問題

$$P(X < 27 | n = 100 \text{ 且 } p = .37) = ?$$

解答

當樣本空間或p的值在表A.2都找不到時，使用二項分配的技巧來解這個問題便不可行，這時就要使用常態分配曲線，計算μ和σ，得出

$$\mu = n \cdot p = (100)(.37) = 37.0$$
$$\sigma = \sqrt{n \cdot p \cdot q} = \sqrt{(100)(.37)(.63)} = 4.83$$

測試估計值的接近程度

$$\mu \pm 3\sigma = 37 \pm 3(4.83) = 37 \pm 14.49$$

22.51到51.49的範圍是介於0到100之間，這個問題滿足測試的條件。接下來要修正連續性：X＜27的二項分配問題要轉換成X≤26.5的常態分配問題，這個問題的圖如下所示。

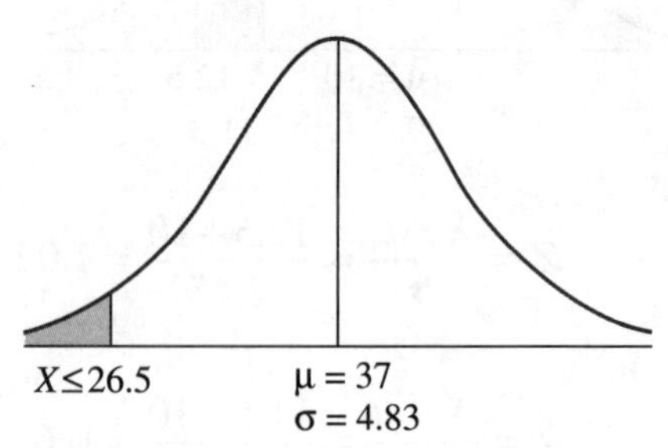

解之得到答案，

$$Z = \frac{X - \mu}{\sigma} = \frac{26.5 - 37}{4.83} = -2.17$$

表6.1列出.4850的機率，解出分佈圖的尾端得到

$$.5000 - .4850 = .0150$$

這就是答案。這個問題已用二項公式解答，其機率如下所示。

X值	機率
26	.0059
25	.0035
24	.0019
23	.0010
22	.0005
21	.0002
20	.0001
X<27	.0131

將使用常態分配曲線估計的答案(.0150)和採用二項公式的解答作比較，它們的差異只有.0019。

6.20將下列二項分配問題轉換為常態分配問題。使用連續性修正因子。 問題6.3

a.$P(X \le 16 | n = 30$ 且 $p = .70)$
b.$P(10 < X \le 20 | n = 25$ 且 $p = .50)$
c.$P(X = 22 | n = 40$ 且 $p = .60)$
d.$P(X > 14 | n = 16$ 且 $p = .45)$

6.21使用$\mu \pm 3\sigma$的測試來決定以下的二項分配是否可以利用常態分配來估算。

a.$n = 8$ 且 $p = .50$
b.$n = 18$ 且 $p = .80$
c.$n = 12$ 且 $p = .30$
d.$n = 30$ 且 $p = .75$
e.$n = 14$ 且 $p = .50$

6.22以常態分配曲線來解下列二項分配問題，同時，利用表A.2找出使用二項分配所算出的答案，並將兩個方法所得到的答案作一比較。

a.$P(X = 8 | n = 25$ 且 $p = .40) = ?$
b.$P(X \ge 13 | n = 20$ 且 $p = .60) = ?$
c.$P(X = 7 | n = 15$ 且 $p = .50) = ?$
d.$P(X < 3 | n = 10$ 且 $p = .70) = ?$

6.23根據資料蒐集公司指出，全球市場佔有率最高的行動電話製造商是摩托羅拉，其佔有32.5%的市場，假設有一個調查員從剛買行動電話的人當中隨機選取45人，那麼有大於且等於18個人購買摩托羅拉電話的機率是多少？

6.24調查管理者對管理工具的滿意度顯示，有59%的管理者使用自我領導的工作團隊當做管理工具。假設隨機選出70位美國管理者來做調查，則低於35位管理者使用自我領導的工作團隊來當做管理工具的機率是多少？

6.25根據調查指出，美國有87%的大專生在工作，如果這項調查是正確的且隨機選取120位大專生，則少於100位在工作的機率是多少？

6.26墨西哥食物漸漸成爲美國食物的主流，最近一項針對主婦的調查指出，41%的主婦會由食品店中買墨西哥食物的配料，如果這個結果是正確的且隨機抽樣35位主婦，則少於五位在店中買墨西哥食物的配料的機率是多少？

6.27根據國際資料公司的報告指出，康柏在美國個人電腦市場佔有率是11.7%，假設有一個研究員隨機選取130位最近購買個人電腦的人

a.超過20個人購買康柏電腦的機率？

b.13到18（包括13和18）人購買康柏電腦的機率？

c.少於10個人購買康柏電腦的機率？

d.剛好16個人購買康柏電腦的機率？

6.28一項關於全球市場競爭策略的調查指出，有52%的受訪者認爲公司應直接對外國市場投資，另外大約有70%的受訪者同意合資可以增加全球性的競爭力，假設有95家製造公司的總裁爲了討論全球策略的事而連絡，則他們當中有44到52位（包括在內）同意公司應該直接對外國投資的機率是多少？超過56位同意這個主張的機率是多少？少於60位同意合資可以增加全球性競爭力的機率是多少？介於55到62位（包括在內）同意這個主張的機率是多少？

6.4 指數分配

另一個有用的連續分配是指數分配。它和卜瓦松分配有密切的關係。然而卜瓦松分配是離散型的且是描述事件在某一時間區間內隨機發生的次數，指數分配則是連續型的且描述某事件發生的間隔時間。以下是指數分配的特性：

- 它是連續型的分配。
- 它是一群的分配。
- 它偏向右側。
- X的值從0到無限大。
- 最高點永遠是在X=0時。
- 曲線隨X值的增加而有規律的遞減。

指數機率分配由以下公式決定。

$$f(X) = \lambda e^{-\lambda X}$$

其中：

$X \geq 0$

$\lambda > 0$

指數分配密度函數

指數分配的主要參數是λ，每一個唯一的λ值決定一個不同的指數分配，所以指數分配是一群的。**圖**6.15顯示了四個值的指數分配圖形，圖中的每一個點是將λ值和不同的X值帶入機率密度公式中得出，指數分配的平均值是$\mu=1/\lambda$，指數分配的標準差也是$\sigma=1/\lambda$。

指數分配的機率

指數分配機率的計算是透過決定兩點間曲線下的面積得來的，對指數機率密度函數做微分所產生的公式可以用來計算指數分配的機率。

$$P(X \geq X_0) = e^{-\lambda X_0}$$

其中，

$X_0 \geq 0$

指數分配右端的機率

使用這個公式須要知道e^{-X}的值，特定X值的e^{-X}的值可以由大部份的計算機或表A.4得到。X_0指的是在機率問題中某一事件發生兩次的間隔時間。

例如，銀行中顧客的到來呈卜瓦松分配，λ值為每分鐘1.2個顧客，則兩個顧客到達的間隔時間平均為多少？又兩個顧客到達的間隔時間至少兩分鐘的機率是多少？這時X_0的值是2，因為我們要知道兩位顧客到達的時間間隔至少是兩分鐘的機率是多少。

如果顧客是隨機到達的，則到達的間隔時間是呈指數分配，這個指數分配的平均值是$\mu=1/\lambda=1/1.2=0.833$分鐘（50秒），也就是平均每隔.833分或50秒就會有一位顧客到達銀行，兩位顧客到達的間隔時間至少兩分鐘的機率可以由下列計算得到。

$$P(X \geq 2 | \lambda = 1.2) = e^{-1.2(2)} = .0907$$

圖6.15
一些指數分配的圖形

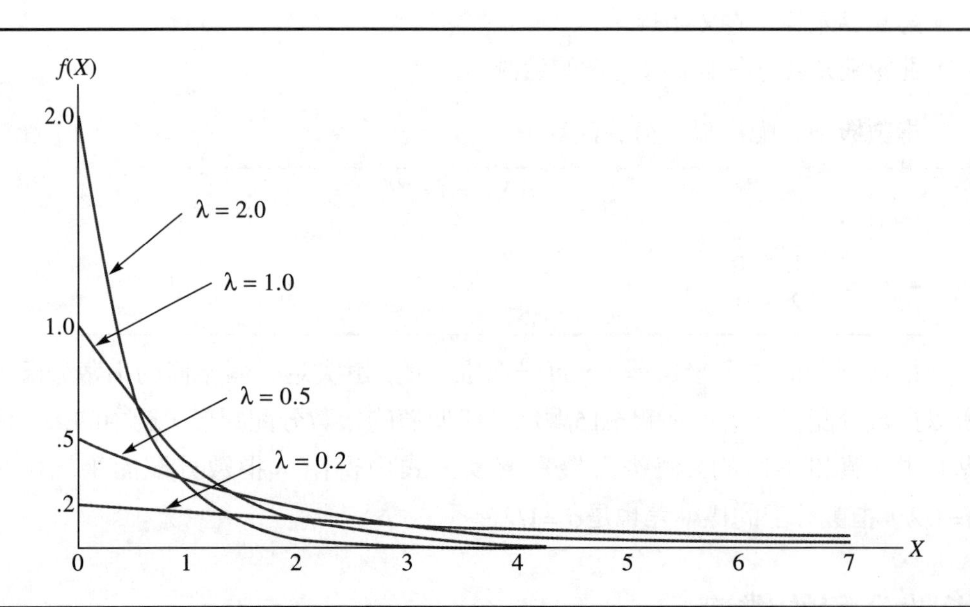

圖6.16
λ=1.2且X≥2之解答的指數分配

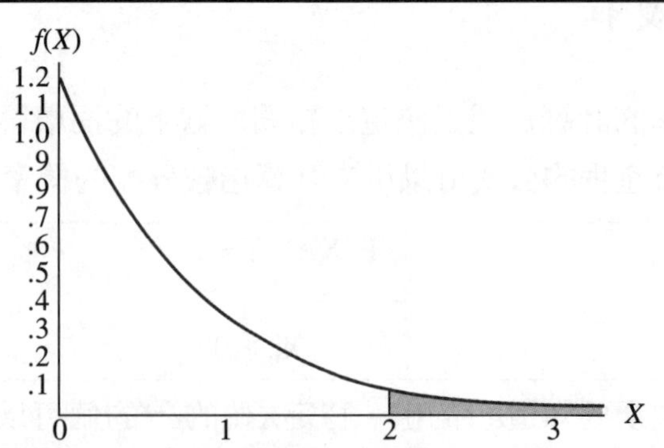

當每分鐘隨機到達的顧客人數是1.2，則兩個顧客到達的間隔時間至少兩分鐘的機率大約是9.07%，如圖6.16所示。

這個問題強調可以用指數分配結合卜瓦松分配來解決問題，在研究和管理科學的領域中，這兩種分配常被一起用來解決排隊問題（排隊理論），卜瓦松分配用來分析前來排隊的人數，而指數分配則用來分析排隊的人到達的間隔時間。

例題6.12

某一家製造商採行統計品質控制已經有許多年，其製造流程的一部份是零件被隨機選取並被測試，根據這些測試品的記錄發現，零件瑕疵品的發生是呈卜瓦松分配，平均每20分鐘的製造過程中會有1.38個瑕疵品，利用這些資訊來決定每兩個瑕疵品發生的間隔時間小於15分鐘的機率。

解答

λ的值是每20分鐘1.38個瑕疵品，μ的值如下

$$\mu = \frac{1}{\lambda} = \frac{1}{1.38} = .7246$$

也就是每隔.7246個區間或（.7246）（20分鐘）=14.49分鐘會有一個瑕疵品，X_0的值表示在機率問題中某事件發生兩次的間隔區間，在這個問題中是以20分鐘爲一個單位區間，所以X_0是15/20或.75個單位區間，這個問題要決定每兩個瑕疵品發生的間隔時間小於15分鐘的機率，而機率的公式永遠只有用到分配的右端，或者在此情況下，間隔時間的機率爲15分鐘以上。將X_0和λ的值代入公式，可以得到兩個瑕疵品發生的間隔時間至少是15分鐘的機率。

$$P(X \geq X_0) = P(X \geq .75) = e^{-\lambda \cdot X_0} = e^{(-1.38)(.75)} = e^{-1.035} = .3552$$

機率.3552是每兩個瑕疵品發生的間隔時間至少是15分鐘的機率，要決定每兩個瑕疵品發生的間隔時間少於15分鐘的機率可以透過1−P(X)的計算得到，在這個問題中就是1−.3552=.6448，所以當平均每20分鐘就有1.38個瑕疵品或平均每14.49分鐘就有一個瑕疵品時，每兩個瑕疵品發生的間隔時間小於15分鐘的機率是.6448。

例題6.13　一家洗衣機製造公司生產的洗衣機平均使用6年後才可能有嚴重的損壞發生，製造商對嚴重的損壞提供免費的保證，而這家公司要確定在保證期間內不會有超過20%的洗衣機有嚴重的損壞，這家公司的保證期間應該訂多少年？假設損壞的發生是呈卜瓦松分配。

解答

指數分配可以被用來分析嚴重損壞發生的間隔時間，平均的間隔時間是6年，所以指數分配的μ=6，而λ的值為

$$\lambda = \frac{1}{\mu} = \frac{1}{6} = 0.167／年$$

這個問題是要找出X_0，也就是在這段期間內不會有超過20%的洗衣機發生嚴重損壞，所以在指數機率的公式中表示有超過80%的洗衣機會在這段期間後發生嚴重損壞。

$$\mathrm{P}(X \geq X_0) = e^{-\lambda \cdot X_0} = e^{-(0.167)X_0} \geq .80$$

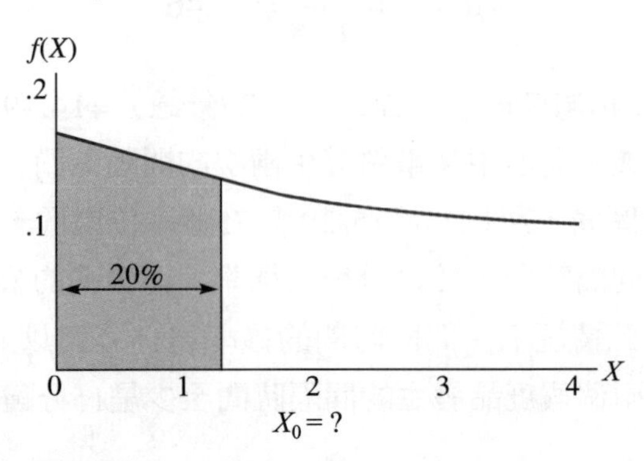

下表列出不同的X_0值和它們相關的機率，如果提供產品一年的保證期間，有84.62%的洗衣機會在保證期後發生嚴重的損壞，有少於20%的洗衣機會在保證期間內發生嚴重的損壞，而在其它的保證期間，少於80%的機器在保證期（X_0值）後發生損壞，超過20%的機器在保證期間內發生損壞，是這家公司所不能接受的。

X_0	$P(X \geq X_0)$	$P(X < X_0) = 1 - P(X \geq X_0)$
1	.8462	.1538 (少於 20%)
2	.7161	.2839
3	.6059	.3941
4	.5127	.4873

使用自然對數可以解等式$e^{-(0.167)X_0}=.80$得到$X_0=1.336$年，當X_0的值超過1.336，在保證期間內就會有超過20%的洗衣機發生損壞。

6.29使用機率密度公式畫出下列指數分配的圖形。 **問題6.4**

a. $\lambda = 0.1$
b. $\lambda = 0.3$
c. $\lambda = 0.8$
d. $\lambda = 3.0$

6.30決定下列指數分配的平均值和標準差。

a. $\lambda = 3.25$
b. $\lambda = 0.7$
c. $\lambda = 1.1$
d. $\lambda = 6.0$

6.31決定下列指數分配機率。

a. $P(X \geq 5 | \lambda = 1.35)$
b. $P(X < 3 | \lambda = 0.68)$
c. $P(X > 4 | \lambda = 1.7)$
d. $P(X < 6 | \lambda = 0.80)$

6.32一個公路收費站平均每隔23秒會有一輛車到達，假設每兩輛車到達收費站的間隔時間是呈指數分配。

a.兩輛車到達的間隔時間是一分鐘或更久的機率是多少？
b.假設有一輛車剛通過收費站，至少3分鐘內沒有車到達的機率是多少？

6.33一家專門在南部替新房子建設水泥地基的的地基公司發現，因爲土壤的型態、溼氣、不同的建築物等因素，最後大部份的地基都需要重大的整修，根據一份報告，公司的總裁相信一個新房子的地基平均在20年之內不需要整修，如果她要對重大的整修做保證且希望不會有超過10%的工程用到這項保證，則公司的保證期間應該訂多少年？重大地基整修的發生是呈卜瓦松分配。

6.34在八月的乾季中，一個美國城市平均每個月只有兩天雨天，如果這個城市在八月雨天的發生是呈卜瓦松分配，則平均每兩個雨天的間隔天數是多少？標準差是多少？又在這個月中兩個雨天的間隔天數少於2天的機率是多少？

6.35在一個小型的私人機場中，飛機的到達呈卜瓦松分配，平均的到達率是每小時1.12班飛機。

a.兩架飛機到達的平均間隔時間是多久？
b.兩架飛機到達的間隔時間至少2小時的機率是多少？
c.兩架飛機到達的間隔時間小於10分鐘的機率是多少？

6.36一家餐廳發現在星期五晚上六點半到九點半間顧客的光臨是呈卜瓦松分配，平均到達率是每分鐘2.44人

a.兩個顧客到達的間隔時間至少10分鐘的機率是多少？
b.兩個顧客到達的間隔時間至少5分鐘的機率是多少？
c.兩個顧客到達的間隔時間至少1分鐘的機率是多少？
d.兩個顧客到達的期望間隔時間是多少？

6.37指數分配可以用來解決事件發生間隔不是時間的卜瓦松型態的問題。一份報告指出西北航空平均每1000位乘客會發生4.16件行李處理不當事件，假設行李處理不當的發生是呈卜瓦松分配，使用指數分配來分析這個問題，決定平均每幾位乘客會發生一次行李處理不當事件，假設剛發生一件行李處理不當事件，則下一次發生處理不當事件至少是過了500位乘客後的機率是多少？小於200位乘客的機率是多少？

決策難題解決之道

保險業的轉變

在決策難題中，汽車保險、房屋保險和所有保險的平均保險費用被記錄下來，還有極高或極低保險狀況下的平均值，如果知道這些資料是怎麼分佈的，就可以回答關於這些資料的機率問題，測試屬於何種分配的技術會在之後的章節中介紹，然而如果資料呈均勻分配且最大和最小值已知（a和b），關於某段區間的機率分配問題就可以被解答，例如國家的每年汽車保險率的範圍從$200到$1034（a=200，b=1034），則中間50%的資料會介在哪兩個數之間？a和b的差距是834，均勻分配的機率等於.50，X_2-X_1必須是417，平均值$617是$a$和$b$的中間點，也是解中間50%時$X_2-X_1$的中間點，中間的50%是介於$617±$\frac{1}{2}$($417)=$617±$208.50=$408.50和$825.50。假設在美國每年房屋保險的給付範圍從$100到$740，平均值是$420，隨機選取一個人，其付款少於$400的機率可以由6.1節介紹的方法計算得到$a$=$100，b=$740，$X_2$=$400和X_1=$100，機率爲.4688

假設每年的汽車保險率呈常態分配，平均值$617且標準差爲$109，透過6.2節介紹的方法可以決定X=$800的Z值是1.68，並由標準常態分配表找出機率爲.4535。隨機選取一個人，其付款大於$800的機率是.5000–.4535或大約.0465。假設每年房屋保險成本呈常態分配，在德州的平均成本是$592，假設標準差是$78，透過6.2節介紹的方法可以決定隨機選取一名德州人其付款介於$500到$650的機率是.6514。

第六章介紹了用常態分配解決二項問題的方法，有59%的美國人相信發生意外時，人壽保險是保障家人經濟最好的方式，如果有80位美國人被隨機選取，有55位或更多的人相信這點的機率是多少？這是一個二項分配的問題，n=80，p=.59且X≥55，這些資料通過測試可以用常態分配來估算這個問題，將資料轉換成常態參數，結果得到μ=47.2和σ =4.40經過修正後的X值是54.5，得到的Z值爲1.66，機率爲.0485(.5000–.4515)。

假設人壽保險專家指出，在美國平均每小時有1.8間房屋會發生火災，如果火災的發生呈卜瓦松分配，λ=1.8間房屋／每小時，由6.4節所介紹的資訊知道房屋發生火災的平均間隔時間是.555小時或33.3分鐘，則房屋發生火災的間隔時間至少是1$\frac{1}{2}$小時的機率是多少？透過指數分配，X_0=1.5，機率是.0672，壽險專家可以使用這個機率來幫助他們設定比率。

使用分配和相關機率來檢驗保險率，可告訴客戶和公司他們和別人的比率的差距，汽車保險率在某些狀況下會隨國家而不同，原因何在？在很多情況中，城市的比率會比鄉村的比率高，但這是否也代表了有相對較高的傷害或死亡率？住在汽車保險率排名前5%的地方是否有汽車保險索賠排名前5%的地區？保險公司通常依索賠和長期平均機率來設定他們的比率。

使用本章介紹的技術，決策者可以開始抽樣，在前面所提到的例子中，有59%的美國人相信發生意外時，人壽保險是保障家人經濟最好的方式，如果有80位美國人被隨機選取用來決定59%是否適用於這個國家的其它地區，80個樣本中55個有這種想法，使用常態分配曲線來估計55或更多的機率大約是.05，可能會得到59%並不適用於其它地區的結論，事實上，80個中有55個的機率是68.75%，它似乎是超過59%許多的。

結語

第六章討論了三種不同的連續性分配：均勻分配、常態分配和指數分配。連續性的分配中機率密度函數的值不是機率的值，而是特定一點的曲線高度，事實上，連續性分配在單一點上的機率是.0000，機率必須以區間來決定，機率就是某一區間在曲線下的面積，在每一個分配中，曲線下的機率或總面積都是1。

這些分配中最簡單的是均勻分配，有時指的是矩形分配，均勻分配是由一個在點a到b之間有相同值的機率密度函數所決定的，基本上在這兩點間的曲線高度都是一樣的，機率是由計算a和b兩點間的矩形部份所得來的。

所有分配中最被廣泛應用的就是常態分配，很多現象都呈常態分配，包括大部份機器製造零件的特性，許多生物和自然環境的測量，和許多人類的特徵如身高、體重、智商和測驗分數，常態曲線是連續的、對稱的、單一樣式的且向X軸漸近，實際上，它是一群曲線。

用來描述一個常態分配的參數是平均值和標準差，爲了分析常態曲線，資料先被平均值和標準差標準化來計算出Z分數，Z分數是一個以標準差爲單位的值與平均值的距離，知道一個值的Z分數後，這個值的發生機率可以透過Z分數的表查出。

常態分配可以用來解決特定型態的二項分配問題，但必須先將二項分配的n和p值轉換成常態分配的μ和σ值，當我們用常態分配解二項分配問題時，結果只是一個估計值，如果$\mu \pm 3\sigma$的值介於0到n的範圍中，這個估計值就是合理正確的，離散分配的問題透過連續性分配來解，則必須做連續修正，連續修正因子就是對X值加或減0.50，這項修正通常可以改善常態曲線的估計結果。

另一個連續分配是指數分配，它和離散的卜瓦松分配是互補的，指數分配是用來計算兩個隨機事件發生的間隔時間的機率，指數分配是一群由參數λ所描述的分配，這個分配是右偏的且它的最大值永遠在X=0時。

重要辭彙

連續修正因子	標準常態分配	指數分配	均勻分配
常態分配	矩形分配	Z分配	Z值

公式

均勻分配的機率密度函數

$$f(X)=\begin{cases}\dfrac{1}{b-a} & (a \le X \le b)\\ 0 & (\text{其他所有的值})\end{cases}$$

均勻分配的平均值和標準差

$$\mu = \frac{a+b}{2}$$

$$\sigma = \frac{b-a}{\sqrt{12}}$$

常態分配的機率密度函數

$$f(X) = \frac{1}{\sigma\sqrt{2\pi}} e^{-(1/2)[(X-\mu)/\sigma]2}$$

Z公式

$$Z = \frac{X-\mu}{\sigma}$$

轉換二項問題到常態曲線問題

$$\mu = n \cdot p \text{ 且 } \sigma = \sqrt{n \cdot p \cdot q}$$

指數分配的機率密度函數

$$f(X) = \lambda e^{-\lambda X}$$

指數分配的機率

$$P(X \geq X_0) = e^{-\lambda X_0}$$

個案

BMW的領先風暴

在1959年BMW幾乎要破產，之後BMW花了30年的時間爭取豪華汽車市場的領導地位。

最後在1992年，BMW在不斷趕工下，追上了市場的需求，1993年，BMW的全球銷售量大約是590,000輛車，當時競爭者Benz估計只有530,000輛，BMW也猜測競爭者在美國市場大約有65,000輛到63,000輛的銷售量。

幾年前，BMW的銷售量衰退，事實上，在1991年，BMW在美國的銷售量已從1986年97,000輛的巔峰銷售量下跌，然而，1991年到1992年仍攀昇到23.5%並持續成長。

最近BMW的車型比過去更大且更豪華，但仍比競爭者Benz的車型小，這似乎是個缺點，然而消費者在1990年代早期開始不再偏好大型且看起來很貴的車，而是注重客戶品質和環保，此外，BMW在管理效率上也領先Benz，Benz在德國的新廠每天使用5,500名員工生產360輛車，BMW在南加州的新工廠則每天使用2,000名員工生產400輛車。

現在BMW每年約生產600,000輛車，它將它的焦點放在年輕人的市場，相對於Benz仍以較成熟的顧客爲基礎，BMW最貴的車型平均售價是$83,400，Benz則是$132,000。

討論

假設BMW公司要對美國市場做一個銷售調查，觀察幾個月的每日銷售量，得到的結果是平均值247輛車，標準差23輛車，分析先前的資料發現因為經濟狀況、季節、貸款利率、廣告效用等因素的關係，銷售量每天都不一樣，但大約呈常態分配，則在美國市場日銷售量超過200輛車的機率是多少？超過300輛車的機率是多少？介於225到275輛車的機率是多少？為了有助於規劃和人員調派，BMW公司希望知道一天最少可以賣多少輛車，有1%的機率日銷售量會低於某數，某數是多少？

假設BMW有建議售價，但因為不同時間、不同地區會有不同的需求，所以有不同的售價，平均售價是$30,000，假設向顧客收取的價格是從最低價$20,000到最高價$40,000之間，且呈卜松分配，則車子售價超出$34,000的機率是多少？以$28,000到$32,000賣出的機率是多少？

假設每3小時成交1.37輛車且呈卜松分配，以下是以MINITAB利用這些資訊所產生的機率，研究這些結果並解釋它們，例如，賣出兩台車的間隔時間小於1小時的機率是多少？賣出兩台車的間隔時間超過一天（一天以12小時計）的機率是多少？這些資訊對管理者有何幫助？

```
Cumulative Distribution Function

Exponential with mean=1.37000

     x          P(X≤x)
  0.3300        0.2141
  0.5000        0.3058
  0.6700        0.3868
  1.0000        0.5181
  2.0000        0.7677
  3.0000        0.8881
  4.0000        0.9461
  5.0000        0.9740
  6.0000        0.9875
```

要在紐西蘭引入BMW的車，舉辦了一個推廣活動，希望這個推廣活動最少可以有20%的回應率，現在紐西蘭BMW市場的研究者追蹤240位受邀者，用以衡量這個活動是否成功，他們發現有65位表示支持，如果回應率確實有20%，那麼從240位抽樣中得到65位的機率是多少？這位調查者對推廣活動的調查結論又是什麼？

道德省思

連續分配

在使用連續性分配時必須注意幾點，被調查的母體和被決定的參數（平均值、標準差、λ）的母體是否相同？如果不是的話，那這個分析的結果可能就無效了，透過對不同母體的分析可以得到無效或不實結果，例如，一個在英國的市場調查員得到成人每個月吃魚的數量呈常態分配的結論，平均值是每月2.3磅的魚，一個在西南美的市場研究者不應該假設這項發現可以應用到她的調查母體中，在西南美的居民和在英國的居民會有不同的吃魚習慣，而且將英國的母體參數用在西南美的母體上會得到不實的結論。

將第五章所介紹的卜瓦松分配的λ值用在指數分配是正確的，因爲在某個情況或期間內某一區間的λ值不會和不同情況或期間內相同區間的λ值相同，例如，一家餐廳星期五晚上每五分鐘的顧客到達數不會和同一餐廳其它時段每五分鐘的顧客到達數相同，在建立參數μ和λ時，研究者必須非常確定決定參數的母體和要研究的母體是相同的。

有時候常態分配會被拿來分析非常態分配的資料，這樣的分析可能會有一些誤差或產生不實的結果，有些技術可以用來測試這些資料的分佈是否呈某些特別的分配，這些技術會在十六章介紹，一般來說，如果將錯誤型態的分配應用到資料上或者是用對了分配但參數（μ、σ、λ）和要被分析的母體不符時，第六章的技術就會被誤用。

第7章

抽樣與抽樣分配

學習目標　在第七章中有兩個目標，第一個目標是讓你瞭解在哪些時候可以運用抽樣的技巧，另一個目標則是讓你瞭解兩種統計量的抽樣分配。這兩個目標讓你能夠：

1.判斷何時應該使用抽樣調查，而不用普查。
2.分辨何者爲隨機抽樣、而何者爲非隨機抽樣。
3.決定何時、以及如何使用各種抽樣的技巧。
4.在學習的過程中間，注意任何可能發生的錯誤形態。
5.瞭解中央極限定理對於統計分析上的影響。
6.使用$\overline{X}$和$\hat{p}$的抽樣分配。

決策難題

Maquiladora員工的工作態度究竟是如何呢？

在1960年代的早期，墨西哥政府開始進行一個名爲maquiladora的計畫，這個計畫讓美國的公司能夠在墨西哥的邊境成立製造工廠，而這些公司能夠從美國透過免稅的優惠，提供這些工廠材料等等的支援，然後將這些材料組合、或製造成產品之後，將完工的貨品輸出回美國。這個計畫想要吸引美國公司爲了運用墨西哥的廉價勞力、而在墨西哥境內建立工廠，這樣一來便能夠爲墨西哥創造許多就業機會。

這個計畫相當的成功，超過1500家大公司以及許許多多的小公司都參與了這項計畫。這些maquiladora工廠主要集中在邊境上的大城市，例如Ciudad Juarez、Tijuana、Mexicali、Nuevo Laredo以及Matamoras這幾個地方，例如Zenith公司就在墨西哥的Reynosa Tamulipas建立了工廠。另外最近幾年，許多其他國家的公司，例如，日本、韓國、中國、加拿大、以及歐洲共同體，也都參與了這項計畫。

這些墨西哥工人的生活是如何的呢？他們對於公司以及工作的態度又是怎樣？在公司以及勞工之間，是否會因爲文化上的隔閡，而使得人力資源並沒有眞正的達到有效率的運用？這些maquiladora的勞工爲這個工作環境帶來了哪些文化上的態度和期望？而一個負責管理的研究人員要如何調查這些勞工呢？

管理及統計上的問題

假設研究人員決定調查maquiladora勞工，以找出這些工人對於工作環境與公司的態度以及期望。

1.這些研究人員是否應該對每位maquiladora勞工進行調查、或者只針對其中部分的勞工調查就可以了呢？採行這兩者的原因各自爲何？

2.如果選擇抽樣調查的話，那麼研究人員應該採用哪種抽樣方法，才能夠取得最正確的資訊呢？他應該如何確定這些抽樣的勞工就能夠代表整個勞工的母體？

3.在調查的時候，研究人員應該詢問何種問題？而這些問題又該使用怎樣的陳述方式呢？

4.這些問題是否能夠運用量化的分析方法？如果可以的話，哪一種分析方法是最適當的呢？

5.研究人員應該使用哪種格式來表達調查的結果，才能夠將這些資訊正確的傳遞給管理階層瞭解呢？

6.管理人員應該怎樣做，才能夠完全運用調查的結果來構築一個更具有生產力的工作環境？

在這一章裡面，將會說明抽樣的程序以及某些統計量的抽樣分配。我們要如何在統計分析中運用這些資料？調查員爲什麼要進行抽樣調查，而不須實行普查呢？隨機抽樣和非隨機抽樣之間又有什麼不同？在第七章裡我們提出了這些疑問，另外還提出了一些和抽樣相關的問題，並提出了答案。另外本章還討論了特殊的抽樣技巧。

在取得大量的、特定型態的樣本之後，我們可以發現樣本的平均值具有特定的分配。這些分配的相關知識在學習這種統計量的時候，具有非常重要的意義。而這些分配在大部分的統計分析之中，都是非常基本的常識，所以在第七章之中還提到了兩種這樣的分配。

7.1 抽樣

在現代的商業環境之中，抽樣是一種廣爲運用的方法，人們經常用它來獲得描述某個群體的有用資訊。雖然這些資料是從樣本之中取得的，但是調查所得到的結果在透過推論統計的過程之後，卻能夠代表整個群體的行爲。在前面提到的maquiladora計畫中，我們可以在許多重要的邊境城鎮裡，在幾種產業裡面的某幾間公司之中以隨機抽樣的方式取得勞工的樣本。然後再仔細地設計一個和墨西哥文化相關的問卷，以瞭解這些被選定的勞工他們對於工作態度、期望、以及勞工和公司之間文化差異的資訊。然後這些研究人員就可以從他們的回答中將這些資料解讀出來、然後經過分析，點點滴滴地收集想要的資訊。最後，就可以將這些工人在maquiladora計畫中的態度和文化歸納出來了。透過這些得到的結果，管理階層的經理人以及決策分析師就能夠試著改善勞工的工作效率和脈動。一般來說，抽樣調查爲我們提供了一種合理的方法，以取得在訂定決策時會使用到的資訊，而且如果不運用抽樣的方法，這些資訊可能永遠無法取得，或是公司無法負擔取得這些資訊的成本。

使用抽樣的理由

有很多個理由，讓我們不去對群體作完整的調查、而採用抽樣調查的方法：

1.抽樣調查能夠節省經費
2.抽樣調查很節省時間。
3.在既有的資源之下，抽樣調查能夠拓展整個調查的範圍。
4.因爲研究的過程有時候會造成損壞，因此抽樣調查可以省下一些產品。
5.如果我們無法對整個母體進行調查的時候，抽樣調查就是唯一的解決方案。

如果有許多的問題要詢問的話，抽樣調查要比普查來的省錢。例如，如果我們想要進行一個長達八分鐘的電話訪問，那麼只針對一百位顧客樣本進行調查，要比針對十萬名顧客群體一一調查要來的節省太多了！除了能夠節省成本之外，比較少的訪問數量通常也意味著較少的時間，因此如果我們很想趕快取得調查的結果，抽樣調查通常會在較短的時間之內完成。所以在面對某些變化快速的市場、以及面對各種競爭廠商以及新點子的挑戰下，抽樣調查在所花費的時間上，很明顯地要比普查具有競爭優勢。

如果我們只能爲一個調查專案提供固定數量的資源，那麼採用抽樣調查便會比完整調查得到更詳盡的資訊。因爲假使我們將資源集中在某些特定的人或項目裡的話，就能夠擴大這份調查的範圍，而能夠詢問更深入的問題。如果有一個公司提供十萬元的預算來進行調查，而且它選擇採用郵寄式普查、而不用抽樣調查，而調查人員就會將像球員卡大小一般的電腦卡片郵寄給每位受訪者，這張卡片裡面有二十個問題，受訪者可以藉由將電腦卡片打洞的方式來回答。在這種調查方式之下，所取得的資訊就是那些回答了這二十個答案的問卷。而在相同的成本之下，這家公司也可以對於整個母體使用抽樣調查的方式，然後透過富有經驗的面訪員進行一對一的訪談，而取得關於這個調查的相關資訊。

研究人員可以藉由在抽樣的時候給予酬勞，以增加與受訪者之間問答的時間，而且可能會得到更多有用的資訊。

在某些研究的過程之中，可能會對研究的產品有著破壞性的影響。假使我們要測驗一個電燈泡能夠點亮多久、或者是想要知道某種糖果好不好吃的話，這個產品在調查過後就不能使用了。而如果我們在這種情況下採用普查的話，那麼不就沒有產品可以賣了嗎？因此，在產品上採用抽樣調查的方式是可以理解的。

在某些情況下，我們是不可能對全部母體作普查的。舉例來說，可能會有某些人拒絕調查、或者有些電話號碼並沒有被列出來。而有些想要調查的東西（例如1957年的雪佛蘭轎車）是遍佈各地的，我們很難去找出他們全部的位置。因此當我們因爲某些特定因素，而無法對全部母體進行調查時，抽樣調查就是唯一的選擇。

採用普查的理由

有的時候，普查要比抽樣調查來得更合理。其中一個採用普查的原因在於減少因爲隨機抽樣取得的樣本無法代表整個母體的情形。即使當我們使用所有適當的抽樣技巧，還是有可能會選到那個不能代表整個母體的樣本。例如，假設我們現在要研究的母體是科羅拉多州的卡車主人們，那麼隨機抽樣所產生的樣本很有可能是一個牧場的主人，但是事實上科羅拉多州的卡車擁有者大部分都是都市的居民呢！

另一個採用普查的原因，則是因爲客戶(也就是發起、贊助這個調查的人)對於隨機抽樣並不瞭解，所以可能比較喜歡普查這種方式。當然這兩種原因都必須先假設這份調查的經費足夠對母體進行完整的調查才行。

架構

每一個調查之中都有一個由許多個體、機構、或是研究所針對的物件所構成的母體。樣本是從一個母體名單、地圖、名錄或其他能夠用來代表母體的東西中抽出來的，這些名單、地圖、或名錄就被稱爲架構，它可以是學校的名單、商業公會的名單、或者是由名單商所販賣的名單。在理想中，每個架構單位都能夠對應到一個母體的單位；不過在現實裡，架構和要調查的母體之間通常是不相同的，例如假設想要調查的母體是所有居住在底特律的家庭，那麼合理的架構應該是底特律電話簿之中記載居民電話的那幾頁。但是這個架構和母體之間又有什麼不同呢？有些家庭裡面並沒有電話，而還有些家庭的電話沒有列在電話簿上，甚至還有些家庭在這本電話簿印出來以後就搬走了，或者是換了電話號碼，也有些家庭會用不同的名字在電話簿上登記多個電話。

過度記載的架構中會包含所有目標群體，以及一些額外的單位；而記載著少許架構的單位則會比目標群體來得少。抽樣是從架構中取出的，而不是從目標群體取出。理論上目標群體和架構應該是相同的，所以研究人員的目標，就是要將架構和目標群體之間存在的差異降到最低。

隨機和非隨機抽樣

抽樣的兩種主要的型態就是隨機抽樣和非隨機抽樣。隨機抽樣就是指群體中的每個項目都有同等的機率會被選擇到樣本裡面去。隨機抽樣代表的就是進入選擇程序的機率，例如大部分的美國人都相信，在國家雜誌上的彩票號碼是從一些隨機的數字中選擇出來的。而在1960年代後期選拔用軍事人員的時候，大部分合格的人都相信他們會選擇一個生日的日期來選拔這些人員。在這兩種情況之中，群體的成員都相信這個選擇是要靠運氣的。

而在非隨機抽樣裡，並不是母體中的每個單位都有相同的機率，會被選到樣本裡面。非隨機抽樣樣本的成員不是使用機率來選擇的，例如他們可能是因爲在正確的時間、到了正確的地點而被選擇的，或者是因爲他們認識訪問的人員才被選擇的。

有的時候隨機抽樣調查也被稱爲「機率抽樣」，而非隨機抽樣則稱爲「非機率抽樣」。這是因爲群體中的每個單位被選擇的機會並不完全相同；而要將非隨機抽樣呈現的行爲分配成一種機率，是不可能的事情。我們在文章中所提到以及討論的統計方法都假設資料是從隨機樣本中得來的。

在文章中大部分的統計方法，都不能夠分析由非隨機抽樣方法所收集的資料。不過，我們在本章中還是會提到一些非隨機抽樣技巧，其中大部分是說明其特性和限制。

隨機抽樣的技巧

隨機抽樣有四種基本技巧：簡單（simple）隨機抽樣、分層（stratified）隨機抽樣、系統（systematic）隨機抽樣以及叢式（cluster）隨機抽樣，而每種方法都有它的優點和缺點。有些技巧的使用很簡單，其他的方法則可能會降低一些抽樣所產生的錯誤，有些方法的花費會比較少。

簡單隨機抽樣　最基本的隨機抽樣技巧就是「簡單隨機抽樣」，你可以將它視爲其他三種隨機抽樣方法的根本。在簡單隨機抽樣之中，每個架構的單位都被編上1到N的號碼（N就是母體的大小）。接下來，我們會使用一個由亂數產生器製作的亂數表，然後選擇n個項目來當作樣本。亂數產生器通常是一個電腦程式，它能夠讓電腦或計算機列出一些隨機的數字。在表7.1之中包含的全是亂數。

這些數字從每個方向來看都是隨機的數字，在這個表中間的空白部分只是讓我們容易閱讀而已，並無特殊含意。對於每個數字來說，任何十個數字（0–9）出現的機率都是相同的，所以你可以使用同一個數字兩次，或者是在一列中使用更多數字。舉例來說，在表7.2所列出的公司母體架構中，我們將使用簡單隨機抽樣來選擇六間公司。

首先我們將每個母體的成員都編上號碼，每個被抽樣的單位，其位數須與母體的最大數相同。如果一個母體之中有2000個成員的話，那麼請你選擇四位數的數字。因爲在表7.2中包含了30個成員，所以我們只需要用到兩位數的數字即可。這個群體會被編上由01到30的數字，如表7.3所示。

我們的目標是抽出六個公司的樣本，所以我們必須從亂數表之中選出六個不同的二位數字。因爲這個群體之中只包含了30家公司，所以所有大於30（31–99）的數字就會被忽略。假設我們選擇了67這個數字，那麼就得再繼續選數字，直到所選的數字介於1到30之間才可以。如果選到了相同的數字，那麼也得再繼續選擇另一個數字。爲了讓你更容易瞭解，我們從表7.1的第一對

表7.1 一個簡短的亂數表

91567	42595	27958	30134	04024	86385	29880	99730
46503	18584	18845	49618	02304	51038	20655	58727
34914	63976	88720	82765	34476	17032	87589	40836
57491	16703	23167	49323	45021	33132	12544	41035
30405	83946	23792	14422	15059	45799	22716	19792
09983	74353	68668	30429	70735	25499	16631	35006
85900	07119	97336	71048	08178	77233	13916	47564

表7.2 一個內含三十家公司的母體架構

Alaska Airlines	DuPont	LTV
Alcoa	Exxon	Litton
Amoco	Farah	Mead
Atlantic Richfield	GTE	Mobil
Bank of America	General Electric	Occidental Petroleum
Bell of Pennsylvania	General Mills	Penney
Chevron	General Dynamics	Philadelphia Electric
Chrysler	Grumman	Ryder
Citicorp	IBM	Sears
Disney	Kmart	Time

數字開始，然後從第一列開始選擇數字，直到選到了六個介於1–30之間的數字才停止。如果你還需要一些額外的數字，請繼續從第二列開始選擇，然後第三列⋯通常研究員都會從這個表之中隨機選擇的某一個位置開始，然後使用以上的規則來取得想要的數字。

在表7.1的第一行，第一個數字就是91，因爲它超過了所要的範圍，所以這個數字會被捨棄。接在56、74之後的數字是25，它是第一個可以使用的數字，25這個數字代表的是Occidental Petroleum，所以Occidental Petroleum是就第一個被選擇的樣本。接下來的數字是95、然後是27，所以我們使用27這個數字。27代表的是Philadelphia Eletric公司。所以當我們繼續下去之後，會先跳過95和83這兩個數字，然後下一個可以使用的數字是01，也就是Alaska Airlines公司。接下來是34，而後是04和02，這兩個數字都可以用，而且他們代表的分別是Atlantic Richfield和Alcoa。然後我們在第一列中繼續找，下一個可以用的數字是29，代表Sears公司。到此時我們已經選擇了六家公司了，所以已經完成抽樣的工作。下面就是最後樣本中的公司：

Alaska Airlines
Alcoa
Atlantic Richfield
Occidental Petroleum
Philadelphia Electric
Sears

簡單隨機抽樣在小樣本裡面要比大樣本中容易使用，因爲在大的樣本中，

表7.3 這三十家公司編號後的群體

01 Alaska Airlines	11 DuPont	21 LTV
02 Alcoa	12 Exxon	22 Litton
03 Amoco	13 Farah	23 Mead
04 Atlantic Richfield	14 GTE	24 Mobil
05 Bnak of America	15 General Electric	25 Occidental Petroleum
06 Bell of Pennsylvania	16 General Mills	26 Penney
07 Chevron	17 General Dynamics	27 Philadelphia Electric
08 Chrysler	18 Grumman	28 Ryder
09 Citicorp	19 IBM	29 Sears
10 Disney	20 Kmart	30 Time

把母體中所有的成員都編上號碼，幾乎是件不可能的任務。

分層隨機抽樣　第二種隨機抽樣的方式就是分層隨機抽樣，也就是將群體分成好幾個彼此並不重疊的子群體，稱為子階層（strata）。然後研究人員就可以對每個子群體作簡單隨機抽樣。使用分層隨機抽樣的原因在於，它可能會降低抽樣所產生的錯誤，在某些情況下，抽樣所產生的錯誤會使得樣本並不能代表母體。而在分層隨機抽樣裡，樣本會比簡單隨機抽樣所產生的樣本來得更符合母體一些，這是因為這些樣本已經被分成好幾個部分，而且這些部分是從不同的群體分區之中取出來的。不過，分層隨機抽樣要比簡單隨機抽樣多花一些錢，這是因為你必須在抽樣選擇的過程開始前，先將樣本分成好幾個子群體造成的。

我們必須根據一些有用的資訊來決定子階層的選擇，這些資訊可能是從過去的調查中取得的。當所分的子階層彼此差異越大的時候，我們就能從中獲取更大的好處。在群體的內部，這些子階層的本質是相同的；而從外面來看，這些子階層彼此應該是彼此相對的。我們通常使用人口統計學中的變數來做分層隨機抽樣，例如性別、社經階層、地理區域、宗教、以及少數民族等。假設我們要在一份市場調查問卷中對總統選舉進行調查的話，我們可以用哪些重要的變數將整個群體分成好幾個子階層呢？受訪者的性別可能會造成一些不同，這是因為在過去的選舉中，大家都注意到性別會影響選民的行為；也就是說，男性和女性在國家的選舉之中，可能會投票給不同的人。另外地理區域也是一個國家選舉裡的重要變數，這是因為選民可能會被當地的文化價值所影響，而這個價值會隨著地理位置不同而有所改變。以前在台灣南部的選民都很支持國民黨，但是最近似乎越來越多南部的人傾向支持民進黨了，而在眷村裡面的選民可能還是會支持國民黨的候選人，而在台北市的人，可能就有部分人會投給新黨。

在調頻電台的市場之中，聽眾的年齡是一個很重要的變數，電台經常使用這個變數來決定其節目內容。圖7.1之中包含了一個使用年齡來劃分的三個子階層，這個子階層說明了20歲到30歲的聽眾比較喜歡相同的節目安排，這和30到40歲以及40到50歲的人不大一樣。而在每個年齡的子階層中，他們的成員彼此有著共通性，但是在不同的子階層中則呈現了相異的行為。

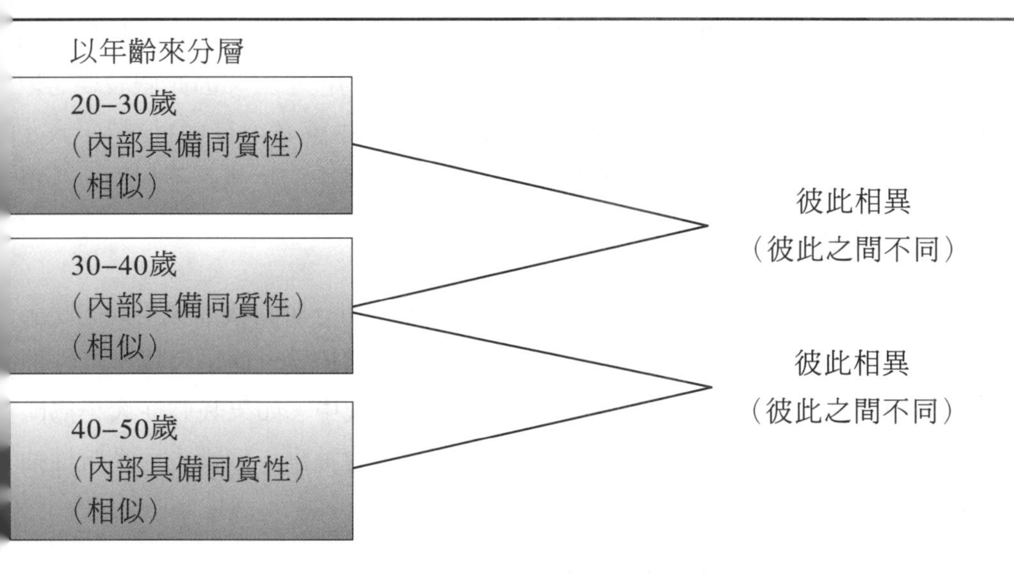

圖7.1 調頻電台聽眾的分層隨機抽樣

假設我們要在加州進行一個市場調查，以決定某種新型態的微波食物是不是要放在雜貨店裡面販賣，那們我們又該如何分層呢？這一種微波食物是否在特定的種族裡使用的更多呢？這種食物是不是該被標示為「美國食物」？藉由將群體以種族來分群，就可以確定這個樣本能夠得到來自不同種族，以分析這個問題。農夫、住在郊區的人、以及都市的居民，這種分法也是另一種有用的分類方式；另外購買者的年齡也可以當成第三種分類的變數。在購買這個食品的時候，究竟購買者的性別會不會產生影響呢？廠商是不是應該只針對男性或女性、還是兩者都要做廣告呢？在我們思考行銷策略：廣告、包裝、價格、通路的時候，究竟那個變數會造成影響呢？

分層隨機抽樣的方法可以採用有比例的抽樣、或沒有比例的抽樣。比例配置分層抽樣分配的意思就是，從每個子階層中取出的樣本所取出的比例，就是這個子階層在整個母體中所佔的比例。舉例來說，假設我們現在要調查波士頓的選民，而且採用分層抽樣的方式，按照宗教分成天主教、基督教、新教派等。假設波士頓的人口有百分之九十信的是天主教、而我們要取出一千個樣本，那麼這個樣本之中就要有九百個天主教徒，以符合比例配置的原則。如果天主教徒的數量不是這個數字的話，那就是非比例配置的分層抽樣了。在比例配置之中，其他宗教所佔的比例也必須遵循他們在群體中所佔的比例而定。

而當我們考慮德州的埃爾巴索市的時候，那裡的群體大概有百分之六十三是拉丁人，所以如果研究人員要調查這個城市裡的投票行爲、而且要使用種族來分層抽樣的話，樣本中就必須包含百分之六十三的拉丁人。因此假設要選取的樣本是這個城市500,000居民中的150位，那麼其中就必須有101位拉丁人。如果在樣本的了階層中所選取的比例和了階層在母體中的比例互不相同，那麼這就是非比例配置的分層抽樣。

系統性抽樣　系統性抽樣是第三種隨機抽樣技巧。和分層隨機抽樣不同的是，系統性抽樣的目的並不是想要試著減少抽樣所產生的錯誤，而是因爲系統性抽樣是相當便利的、而且比較容易管理。在系統性抽樣中，如果我們從大小爲N的母體中，抽出大小爲n的樣本時，則每k個項目就會抽出一個樣本。系統性抽樣有兩種特性。

- 它將群體中的元素看成有順序的排列
- 被選擇爲樣本的元素，是從這個已被排序的架構中，採用特定間隔所抽出的。

k的數值是由下面的方程式來決定的。如果k不是個整數數值的話，就會使用整數的部分。

決定k的值

$$k = \frac{N}{n}$$

其中，

n = 樣本大小
N = 母體大小
k = 選取的間隔大小

在幾年前，有一個管理資訊系統的研究人員想要在德州的工廠中取出樣本。他有足夠的預算來取一千家公司做研究，而在德州公司的名單中，將大約17,000家公司使用字母的順序排列。因此N是17,000、n是1,000、而k就是17（17,000/1,000）。所以這個研究員就會在這個名單中，每17個公司選一家來當作樣本。

當我們選擇每k個數值的時候，研究人員又應該在這k個裡選擇哪一個數值呢？在我們前面提到的研究中，當取出第一個樣本時，研究員究竟會從列出的公司裡取出第一個、或者是第17個、還是其他的呢？我們可以用一個簡單的亂數表來從1到k中間選擇一個數值當作開始的點。然後這個樣本的第二個元素就是將開始的那個點加上k就可以了，在這個例子裡k是17，所以研究員就會先到亂數表裡取出一個數字，以決定開始點是在1到17中間的哪一點。假設他選擇了5，那麼他會從第5家公司開始，然後選擇第22家（5+17）、然後第39家等等。

除了便利性之外，系統性抽樣還有其他的優點。因爲系統性抽樣能夠在架構中均勻的取出樣本，所以我們可以決定應該在這個研究中採用何種研究方法。不過，在系統性抽樣中也會產生一個問題，就是如果在母體資料中具有週期性、而且抽取樣本的間隔和它的週期相同，那麼就有麻煩了。舉例來說，假設一張包含150名學生的名單是由5個有30名學生的班級組成的，而這5個班級的列表排列方式就是將第一名的學生放在第一個、最後一名的放在最後，那麼如果系統抽樣選擇每三十個人抽出一名學生的話，就會造成所選出來的學生可能都是第一名、或者都是最後一名了。也就是說，在這個組織的名單中具有週期性，而在系統性抽樣方法中，是假設母體中的元素是隨機分佈的。

叢聚或區域抽樣　叢聚（或區域）抽樣是隨機抽樣的第四種方法，叢聚（或區域）抽樣必須將群體分成彼此並未重疊的區域。不過它和分層抽樣不同的是，在分層抽樣中子階層彼此具備同質性，但是叢聚抽樣所劃分的區域內部則是不相同的。在理論上，每個區域中都會包含彼此不同的元素，而每個區域都是群體的縮影。這些區域可以是城鎮、公司、家庭、學校、城市的分區等等已經被定義的東西。這些區域通常會在群體之中自然的出現，而且是已經被定義的東西，例如每個縣市等。雖然叢聚抽樣的區域所指的通常是群體中的地域、例如地理區域和城市，不過叢聚和區域抽樣在這裡指的是同樣的東西。

在選擇完區域之後，研究人員就會在每個區域中抽取樣本的元素。在商業調查中的一個例子，就是使用叢聚抽樣來測試新產品的銷售。在行銷測試裡，美國通常會被劃分爲好幾個測試行銷的城市區域，而在每個城市裡的顧客都會被測試產品。在圖7.2裡面顯示了一些美國的測試行銷城市，他們常是產品做測試的區域。有時所劃分的區域太大了，所以我們還會對每個被劃分出來的區域再劃分成第二層的區域，這種技巧稱爲兩階段的抽樣。例如，假設一個研究員想要將美國按照城市劃分成幾個區域，那麼他還能夠將這些城市劃分成好幾個區、然後從這些城市的分區裡面隨機地選擇樣本。在這裡第一個階段就是選擇測試的城市、然後第二個階段再選擇分區。

叢聚或區域抽樣有幾個好處，最大的兩個好處在於它的便利性以及它的成本。我們通常很容易得到劃分的區域，而且這樣的分法可以降低從整個群體中抽樣的花費，這是因爲整個調查的範圍已經從整個群體變成一個個的區域了。另外，在叢聚抽樣中對每個元素抽樣的花費，要比分層抽樣來得少，這是因爲它列出的元素比較少、而配置這些元素的花費也比較少。而且在這種方法中，聯絡群體中的這些元素所花的錢比較少，雖然研究員可能還是必須透過旅行的方式來調查，但是因爲叢聚劃分法將地域變小了，所以花費也比較少。另外，這種方法還簡化了抽樣調查的管理。

有些時候，叢聚或區域抽樣是調查時唯一的選擇，這是因爲假使我們缺乏母體中每個元素的抽樣架構時，就無法採用其他的隨機抽樣方法所致。

叢聚或區域抽樣也有好幾個缺點。如果在劃分區域中的元素彼此很類似的話，叢聚抽樣在統計上的效用就會比簡單隨機抽樣還要糟。而在最糟的情況——區域中的每個元素都一樣之下，採用區域抽樣不會比從這個區域中只抽出

圖7.2　一些測試行銷的城市

一個樣本來得好。另外，叢聚抽樣在統計分析上，會比簡單隨機抽樣花上更多的錢、而且容易產生問題。

非隨機抽樣

如果我們在母體中抽出一些元素所用的抽樣技巧之中，並沒有運用到隨機選擇的程序，那麼這就叫做非隨機抽樣。因爲不使用機率來選擇樣本中的項目，所以這些技巧和機率並沒有關連，而且在本書中也不需要對這樣的資料作統計的分析。此時抽樣所產生的錯誤很明顯的是由所採用的抽樣技巧來直接決定。我們在這裡將會談到三種非隨機的抽樣方式：便利性抽樣、判斷性抽樣以及配額抽樣法。

便利性抽樣 在便利性抽樣之中，樣本元素的選取方式是根據研究人員的方便來取得的。一般來說，研究員會選擇已經準備好的、地域很近的、而且很希望參與的群體成員來訪問。這個樣本會比較缺乏變化，這是因爲在許多環境下，群體中最極端的元素通常是最不容易找到的，而研究員都會去找一些比較位於母體中間的成員。例如，如果有一個到戶的面訪，那麼這些被訪問的通常都是家裡有人的家庭、而且沒有狗、住在街道旁邊、一樓的住戶、以及友善的家庭來訪問。但是相反地，在隨機抽樣中，研究員必須到那些被隨機選擇的公寓和家庭中訪問，而不論這個家庭容不容易訪問。如果我們要在一個購物商場中進行訪問的話，受訪的對象通常是經過那家商店、而且看來很友善的人。

判斷性抽樣 判斷性抽樣的意義就是，樣本中的元素選取方式是由研究人員判斷得來的。研究人員通常很相信自己能夠藉由判斷來選擇最能代表群體的樣本，這樣的作法會省下很多時間以及金錢。而專業的研究員更相信他們藉由判斷所選擇的樣本，會比隨機抽樣來得更好。他們也許是對的！不過，在一些研究中指出隨機抽樣方法要比判斷性抽樣在估計母體平均數的時候來的好，即使進行判斷性抽樣的研究人員試著想要找出非常具有代表性的樣本時，結果仍然如此。當我們用判斷的方式來抽樣時，我們就沒有辦法計算某個成員被選取的機率。所以我們無法很明確地決定抽樣的誤差是多少，這是因爲統計的分析是不能在非隨機抽樣上進行的。

另外在判斷性抽樣上還有好幾個問題產生。研究人員判斷所產生的錯誤通常會朝向同一個方向，而這些系統性的錯誤會帶來所謂的「偏誤（bias）」，舉例來說，在判斷性抽樣裡可能會對中年的白人有更多的代表性。另外，研究員通常也不喜歡把那些極端的成員包含進去。例如，假設一名研究員要選擇一些學生當作樣本，他可能比較不會找最老的和最年輕的那個人。而另一個判斷性抽樣所產生的問題，就是現在還沒有任何明確的方法，能夠決定哪一個人的判斷能力要比別人好。

配額抽樣　第三種非隨機抽樣的方法，就是配額抽樣，它和分層隨機抽樣其實有些類似。某些群體的子集合、例如，年齡層、性別、或地理區域，都可以用來當作子階層。不過研究人員並不會從這些子階層中隨機抽取樣本，而是在每個子階層中使用非隨機抽樣方法來取得資料，直到找到定量的樣本爲止。這些樣本數量是由數量控制來指定的，它會設定從每個子群體中取出的樣本數量。一般來說，這個數量是根據子群體在群體中所佔的比例來決定的。在這一點上，配額的觀念與成比例的分層抽樣是很類似的。

這些限定的配額通常是利用一些可以使用的、最近的、或者是適用的元素來填滿。例如，研究人員不去隨機選擇一些人來獲得定量的義大利裔美國人，而是直接到城市中義大利人住的區域去，並且在那裡進行訪問，直到獲得一定配額的樣本爲止。

在配額抽樣之中，面訪員首先會詢問受訪者一份過濾問卷；如果他的回答所代表的子群體已經有了足夠的樣本，那麼面訪員就會停止訪問。在這裡我們先來談配額抽樣的一個範例以及它的一些問題，就是在英國的民意調查。如果使用配額抽樣的話，就會在估計政治人口的時候產生較多的錯誤，這些錯誤的產生是因爲便利性、街頭訪問、以及非隨機選擇受訪者所造成的。

如果我們沒有群體的任何架構的話，那麼配額抽樣就可以派上用場了。例如，假設某個研究員想要將群體分割成爲不同型態車子的主人，但是它找不到任何道奇車主的名單時，藉由運用配額抽量方法，這位研究員就可以繼續針對所有車主進行調查，而當道奇的車主還沒有訪問到一定數量時，就先暫停訪問非道奇的車主。配額抽樣要比大部分隨機抽樣的技巧來得省錢一些，這是因爲它基本上是針對便利性而設計的。不過，成本花費可能並不代表什麼，因爲非隨機抽樣的樣本品質是比不上隨機抽樣的！而配額抽樣的另一個優點，在於它蒐集資料的速度比較快，因爲假使沒有獲得受訪者的回應時，研究員不需要再回去對受訪者作第二份問卷，而只是繼續訪問下一個母體元素就好了。所以配額抽樣也不需要太多準備的工作。

配額抽樣所產生的問題主要在於，雖然它看起來不錯，但是它終究還是非隨機的抽樣方法。有些研究員認爲，如果所限定的配額是透過隨機選擇元素，然後將那些不符合子階層標準的元素去掉，配額抽樣基本上就是另一種的分層抽樣方式。不過大部分的配額抽樣方法中，研究員都會想要趕快把限定的配額填滿，然後藉由不對子階層花費太多成本來得到好處。不過，它終究還是非機率性的抽樣方法。

抽樣錯誤

當抽出的樣本無法代表群體行爲時，就會產生抽樣錯誤。當我們使用隨機抽樣方法來選取樣本時，抽樣錯誤就會以機率的方式出現。通常對於樣本所進行的統計計算，並不能完全正確地估計群體的參數，這是因爲樣本並不能完全代表群體的原因。這些結果都是因爲抽樣所造成的。如果我們使用隨機樣本的話，就可以計算、分析抽樣所產生的錯誤。

非抽樣錯誤　所有不是因爲抽樣所產生的錯誤都是非抽樣錯誤。非抽樣錯誤有很多可能的原因，包括資料遺失、記錄錯誤、輸入處理的錯誤以及分析錯誤等等。其他的非抽樣錯誤可能是因爲標準、使用的方法所造成的，例如不明確的定義所造成的錯誤、有缺點的問卷設計以及認知上的錯誤造成的。如果並沒有正確定義架構，就是一個非抽樣的錯誤。在許多情況下，我們無法找出一個能夠完全吻合母體的架構，所以在某個限度下，這種非抽樣錯誤是可以容忍的。

回答錯誤也是另一個非抽樣錯誤。如果受訪者不知道、不想說、或者是回答太多，就可能發生這樣的錯誤。非抽樣錯誤還包括時距（telescope）、忽略（omission）以及細節（detail）的錯誤。「時距錯誤」就是指受訪者將一件事情發生的時距記錯了；「忽略錯誤」是受訪者忽略提及一些過去的事件；「細節錯誤」是指受訪者記錯一件事情。現在還沒有任何一種統計上的方法能夠計算或控制非抽樣所造成的錯誤。在本書中提到的統計方法都先假設這些非抽樣錯誤都是不能容忍的，因此研究員必須在進行調查的時候，很小心地計畫、執行整個調查以避免非抽樣產生的錯誤。

問題7.1

7.1請為下面的每個調查專案規劃它的母體架構。

a.測量某家公司中，所有員工的工作滿意度。

b.對紐約州的尤提卡市進行一個電話訪問，以判斷其居民對於在商場中開設一家新的打獵、釣魚用品專賣店有沒有興趣。

c.對一架飛機的顧客進行面談，以瞭解他們對於機上提供食物的看法。

d.調查造船工廠的品質控制程序。

e.試著調查有線電視公司的企業文化。

7.2現在請列出你認識的二十個人，這些人之中包括男生和女生、各種年齡層、各種教育程度等等。然後請為這個列表編上號碼，然後利用表7.1之中的亂數從這個列表中選出六個人。現在請看看，這些樣本對於母體來說有幾成的代表性呢？現在請找出你的母體以及樣本中男性所佔的比例，它們的比例是否一樣？然後請找出樣本和母體中20歲人的比例，它們是否一樣？

7.3請使用表7.1的亂數表，從表7.2的三十家公司之中選出十家公司，然後請比較樣本中的公司型態以及母體中的公司型態。請問樣本對母體能有多少代表性呢？

7.4請為下面的每個調查專案，列出三個用來分出子階層的變數。

a.現在要對全國的汽車旅館以及旅館進行調查，我們想要試著瞭解它們所使用的有線電視的播放內容，所以要取出汽車旅館以及旅館的樣本。

b.我們要在密西根州取出一些居民的樣本，然後將他們作為消費者小組。我們將會週期性地訪問這些消費者小組的成員，以便瞭解目前消費者的態度和行為。

c.有一間規模很大的飲料公司想要研究它們的產品在美國的包裝廠商之特性，不過這間公司卻不想作普查。

d.某間大學的商業研究機構想要進行一個調查，它想要取出一些造紙工廠的樣本。

7.5在下面的每種情況中，這些變數顯示一種將樣本分層的方法。所以對於每個變數，請你列出哪些子階層可以被這個變數分割出來。

a.受訪者的年齡（人）
b.公司的大小（銷售量）
c.量販店的大小（平方英尺）
d.地理區域
e.受訪者的職業（人）
f.經營型態（公司）

7.6在某個城市的電話簿之中，列出了100000個人。假設某個調查使用這個電話簿來當作架構，那麼如果我們要對每200個人進行系統性的抽樣時，樣本的大小爲何？

7.7如果母體中每11個項目會被系統性抽樣選出的話，最後會產生75個項目的樣本。那麼請問母體的大小大約是多少呢？

7.8如果一間公司雇用了3,500名員工，而且我們在系統性抽樣中要隨機取出175個員工樣本，那麼k的值爲多少呢？研究人員要從哪兩個值之間開始進行樣本的選擇？研究人員要從哪裡取得這次調查的架構？

7.9請針對下面每個調查專案，列出至少一個可以用來取得樣本的區域或叢集。

a.密蘇里州的道路狀況調查
b.美國近海油井調查
c.密西西比河西部的石油化學工廠對於環境的影響

7.10請舉出一個例子，說明判斷性抽樣能夠用來決定地方檢察官對於電視上的地方檢察官廣告產生的感覺作研究。

7.11請舉出一個例子，說明便利性抽樣能夠用來調查前五百大企業，以瞭解它們對於員工離職的觀感。

7.12請舉出一個例子，說明配額抽樣能夠被公司用來調查一個新的個人電腦的市場。

7.2 $\overline{X}$的抽樣分配

在推理的統計過程中，我們從母體中選出了一個隨機的樣本，然後對於這個樣本進行統計的計算，接著從計算出的統計量來瞭解母體的參數，並做出結論。當我們試著分析樣本的統計量時，瞭解統計量的分配是很重要的一件事。到現在爲止，我們已經學習了好幾種分配，這些分配包括二項分配、卜瓦松分配、超幾何分配、均勻分配、常態分配、以及指數分配等等。

在這個段落之中，我們的重點放在樣本的平均數，$\overline{X}$這個統計量上。樣本的平均數是推理過程中最常使用的統計量。爲了要計算以及分配樣本平均數有多少機率會是某一個數值，研究人員必須瞭解樣本平均數的分配。那麼樣本平均數究竟是如何分佈的呢？我們用來得知這個分配的其中一個方法，就是群體本身具有某種特定的分配，然後我們隨機取出特定數量的樣本，接著計算樣本的平均數，並且試著判斷這個平均數的分佈。假設下面這個小的母體中只有N=8個數字：

54, 55, 59, 63, 64, 68, 69, 70

我們可以在下面這個直方圖中看到這個群體資料的分佈情形。

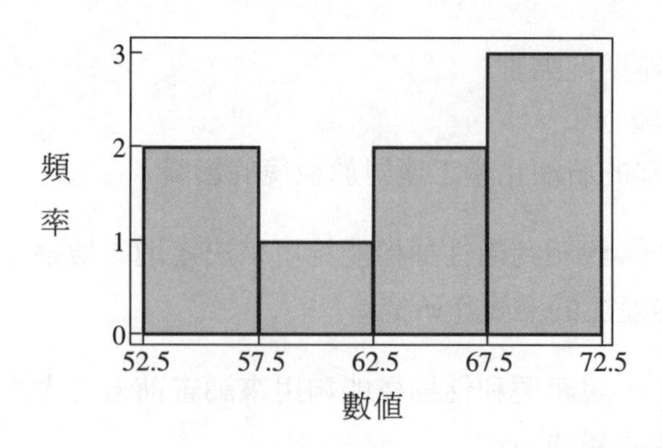

假設我們要從這個群體中取出所有大小n=2的可能樣本，而且這兩個樣本彼此位置不能互換，就可以得到下面的結果。

(54, 54)	(55, 54)	(59, 54)	(63, 54)
(54, 55)	(55, 55)	(59, 55)	(63, 55)
(54, 59)	(55, 59)	(59, 59)	(63, 59)
(54, 63)	(55, 63)	(59, 63)	(63, 63)
(54, 64)	(55, 64)	(59, 64)	(63, 64)
(54, 68)	(55, 68)	(59, 68)	(63, 68)
(54, 69)	(55, 69)	(59, 69)	(63, 69)
(54, 70)	(55, 70)	(59, 70)	(63, 70)
(64, 54)	(68, 54)	(69, 54)	(70, 54)
(64, 55)	(68, 55)	(69, 55)	(70, 55)
(64, 59)	(68, 59)	(69, 59)	(70, 59)
(64, 63)	(68, 63)	(69, 63)	(70, 63)
(64, 64)	(68, 64)	(69, 64)	(70, 64)
(64, 68)	(68, 68)	(69, 68)	(70, 68)
(64, 69)	(68, 69)	(69, 69)	(70, 69)
(64, 70)	(68, 70)	(69, 70)	(70, 70)

而這些樣本的平均數如下所示：

54	54.5	56.5	58.5	59	61	61.5	62
54.5	55	57	59	59.5	61.5	62	62.5
56.5	57	59	61	61.5	63.5	64	64.5
58.5	59	61	63	63.5	65.5	66	66.5
59	59.5	61.5	63.5	64	66	66.5	67
60	61.5	63.5	65.5	66	68	68.5	69
61.5	62	64	66	66.5	68.5	69	69.5
62	62.5	64.5	66.5	67	69	69.5	70

下面是這些樣本平均數的分配型態。

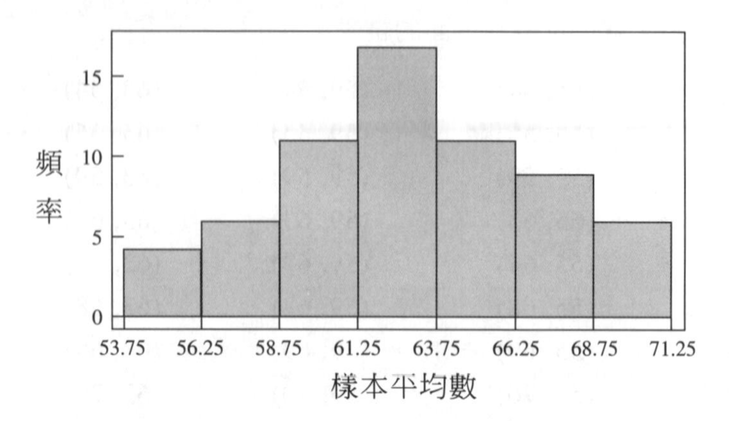

請注意，這個樣本平均數直方圖的型態和群體的直方圖型態彼此並不相似。樣本平均數在中間的數值比較高、而在兩邊的數值比較低。

圖7.3是一個群體平均數是1.00的指數分配資料，這個直方圖是向右彎曲的。

假設我們從這個 λ =1.0的指數分配取出了九十組樣本，每個樣本的大小 n=30，然後計算每組樣本的平均數。所產生的樣本平均值結果分佈圖如**圖**7.4所示。請注意雖然母體是一個向右彎曲的指數分配，但是樣本平均數看起來卻像一個對稱的、有點像常態分配的分佈狀況。

在**圖**7.5之中顯示了在一個調查中，從一個 λ =1.0的抽樣分配母體中取出

圖7.3 MINITAB的電腦輸出結果：一個 λ =1.0的指數分配母體直方圖

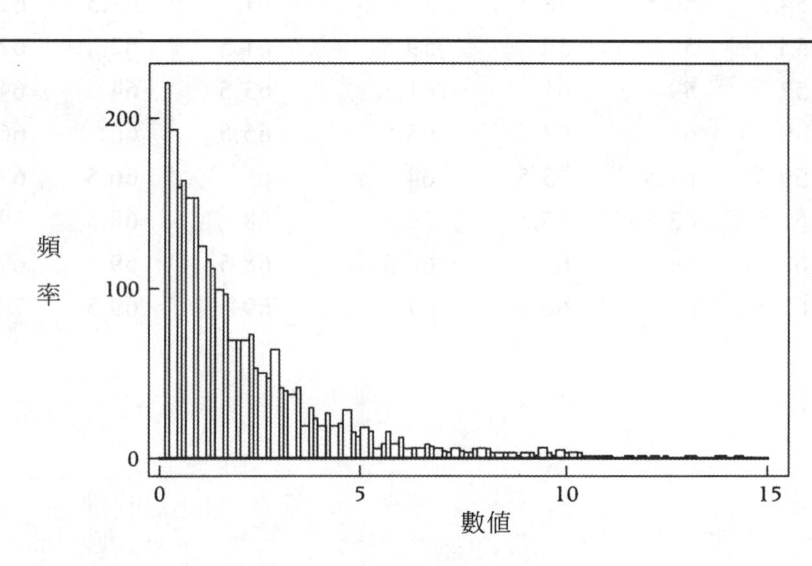

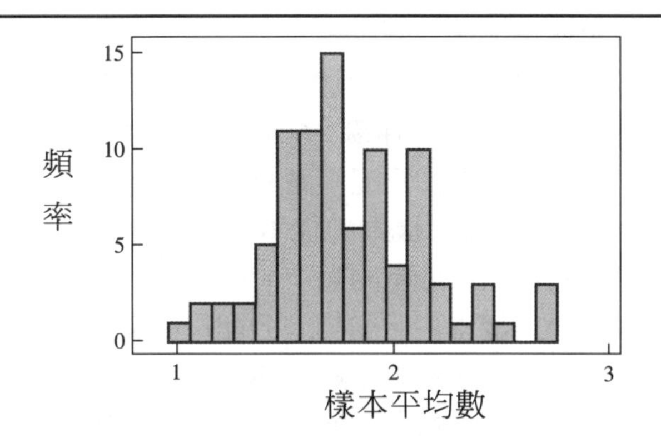

圖7.4
90個樣本平均數的MINITAB直方圖其爲從一個指數分配母體中取n=30的樣本大小

90個樣本，這四張圖使用了四種不同的樣本大小（n=2、n=5、n=10、n=20）。這些直方圖的資料都是由MINITAB的統計功能隨機選出來的。請注意在n=2的樣本平均數分配中，它還是維持向右彎曲的狀態，這就和**圖**7.3之中呈現的狀況一樣。而當樣本的大小增加的時候，我們可以在**圖**7.5之中看到，樣本平均數的分配就會開始越來越逼近常態分配。同樣地，當我們檢視X軸的數字時，樣本大小愈大，平均數的範圍就會愈小。這就表示當樣本大小變大的時候，樣

圖7.5　90個樣本的樣本平均數之MINITAB輸出圖。其爲從一個指數分配母體，λ=1.0，樣本大小從n=2到n=20。

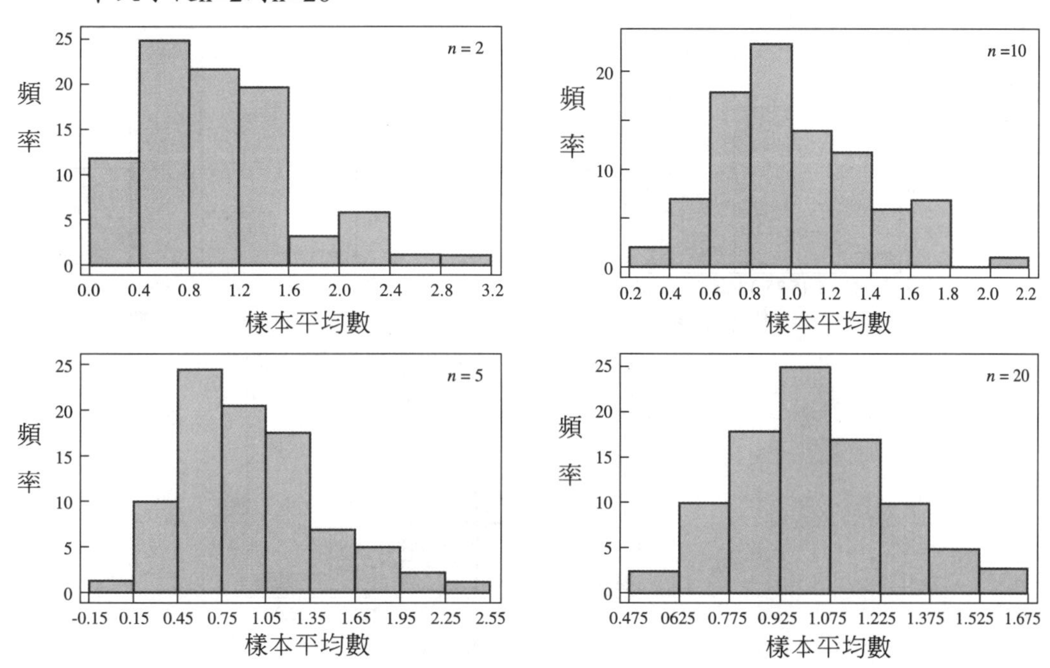

本平均數的變化程度就會變小。

假設有一個均勻分配的母體，如果從這個均勻分配的母體隨機抽出樣本的話，那麼樣本平均數會如何分配呢？在圖7.6中顯示了MINITAB的直方圖，這是五種不同大小樣本的樣本平均數分配，每個直方圖代表了從一個a=10和b=30的均勻分配母體中、抽出90個樣本的樣本平均數分配。請觀察一下這些圖的形狀，這些樣本平均數是如何分配的呢？

請注意即使在數量較小的樣本中，從均勻分配母體中取出的樣本平均數分配在中間的數值還是佔多數。當樣本大小越來越大的時候，樣本平均數的分配就會越來越逼近常態分配，而且平均數的變異程度也會越來越小。

到目前爲止，我們看過了三種不同分配的母體。不過從這些母體中取出的

圖7.6 90個樣本的樣本平均數之MINITAB輸出圖形。其爲從一個a=10且b=30的均勻分配母體中取n=2至n=30的樣本大小。

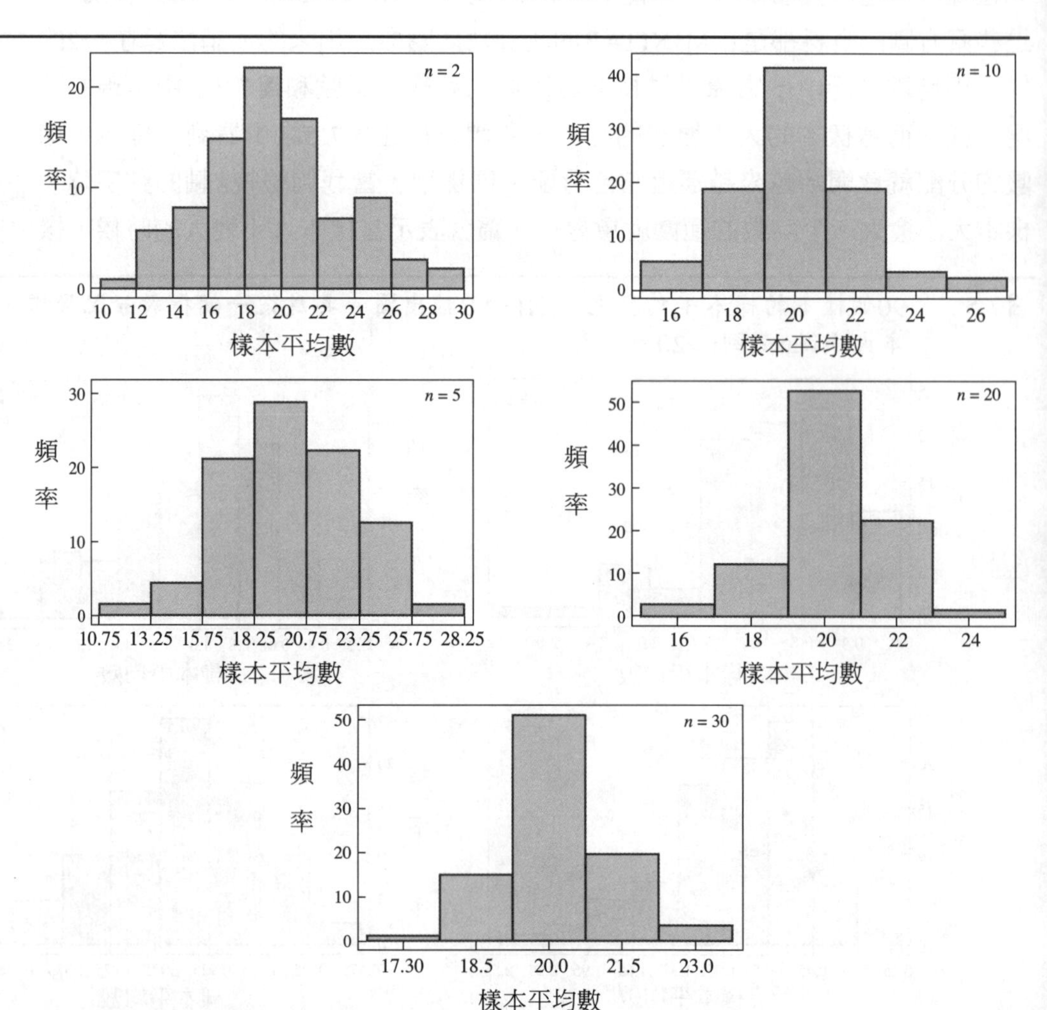

樣本平均數都很接近常態分配。

尤其是當樣本大小越大，這樣的情況更爲明顯。如果這些調查所針對的母體有著不一樣的分配時，樣本平均數會發生怎樣的情況？這個問題的答案就要靠「中央極限定理」來解決了。

中央極限定理

如果我們從一個平均數爲μ而且標準差爲σ的母體中隨機抽出大小爲n的樣本，那麼如果樣本的數量夠大（n≥30），則不論母體的分配是什麼，樣本的平均數$\overline{X}$就會很接近常態分配。如果母體本身就是常態分配的話，不論樣本大小爲何，它的分配一定是常態分配。

在數學的期望值中，樣本的平均數的平均值就是母體的平均值。

$$\mu_{\overline{X}} = \mu$$

而且樣本平均數的標準差就是母體的標準差除以樣本大小開根號的值。

$$\sigma_{\overline{X}} = \frac{\sigma}{\sqrt{n}}$$

中央極限定理讓我們能夠在樣本大小夠大的時候，運用常態分配來解決很多問題。從常態分配母體中取出的樣本，可以用常態分配的方式來計算。不過中央極限定理眞正的好處就是，從非常態分配母體、或從未知型態母體中所抽出的樣本也可以使用常態分配來分析，這是因爲如果樣本數量夠大的話，樣本的平均數就會呈現常態分配。**圖**7.7的第一欄顯示了四個不同的母體分配，而後面每一欄都顯示了對於特定數量來說，樣本平均數的分配。請注意最後一列指的是常態分配的母體，所以即使樣本數量爲二，它的平均數分配還是常態分佈的。另外你可以發現在其他母體分配中，樣本平均數的曲線會在n變得愈來愈大之後，開始逼近常態分配的曲線。在所有的四個分配之中，樣本平均數的分配在n=30時就會逼近常態分配了。

究竟樣本數量要到多大，才能夠使用中央極限定理呢？而且所選擇的樣本數量大小，是不是要根據母體的分配不同而有些改變？在本書中（以及許多其他的書籍），樣本數量大於30就足夠了！另外，如果母體本身就是常態分配的話，即使樣本數量n=1，樣本平均數的分配也是常態分配。

圖7.7中顯示的圖形，看起來和圖7.4到圖7.6之中，隨機抽樣所得到的結果差不多。我們可以在圖7.7以及圖7.5、圖7.6之中看到，當樣本數量增加之後，它的分佈範圍就變得更窄小一些。這是因爲平均數的標準差是$\sigma/\sqrt{n}$所以n變得越大，這個數值就會變得越小。

在表7.4之中，樣本平均數的平均值以及標準差所顯示的是從圖7.6中，a=10、b=30的分配裡取出的各種數量（從n=2到n=30）的隨機樣本。在這裡母體的平均數是20，它的標準差則是5.774。你可以發現在每種數量的樣本中，樣本平均數的值還是差不多維持在20，不過樣本的標準差在這90個樣本中，則大約等於$\sigma/\sqrt{n}$。這裡的樣本標準差和$\sigma/\sqrt{n}$之間還存在著一些差異，這是因爲所有可能的樣本（只有90個）都是從母體中取出的。理論上來說，如果特定數量的所有可能樣本都被取出來的話，那麼樣本平均數的平均值就會等於母體的平均數，而樣本平均數的標準差就會等於母體的標準差除以n的平方根。

圖7.7
在四個不同的母體分配中，取三個樣本大小所得之樣本平均數的分配形狀

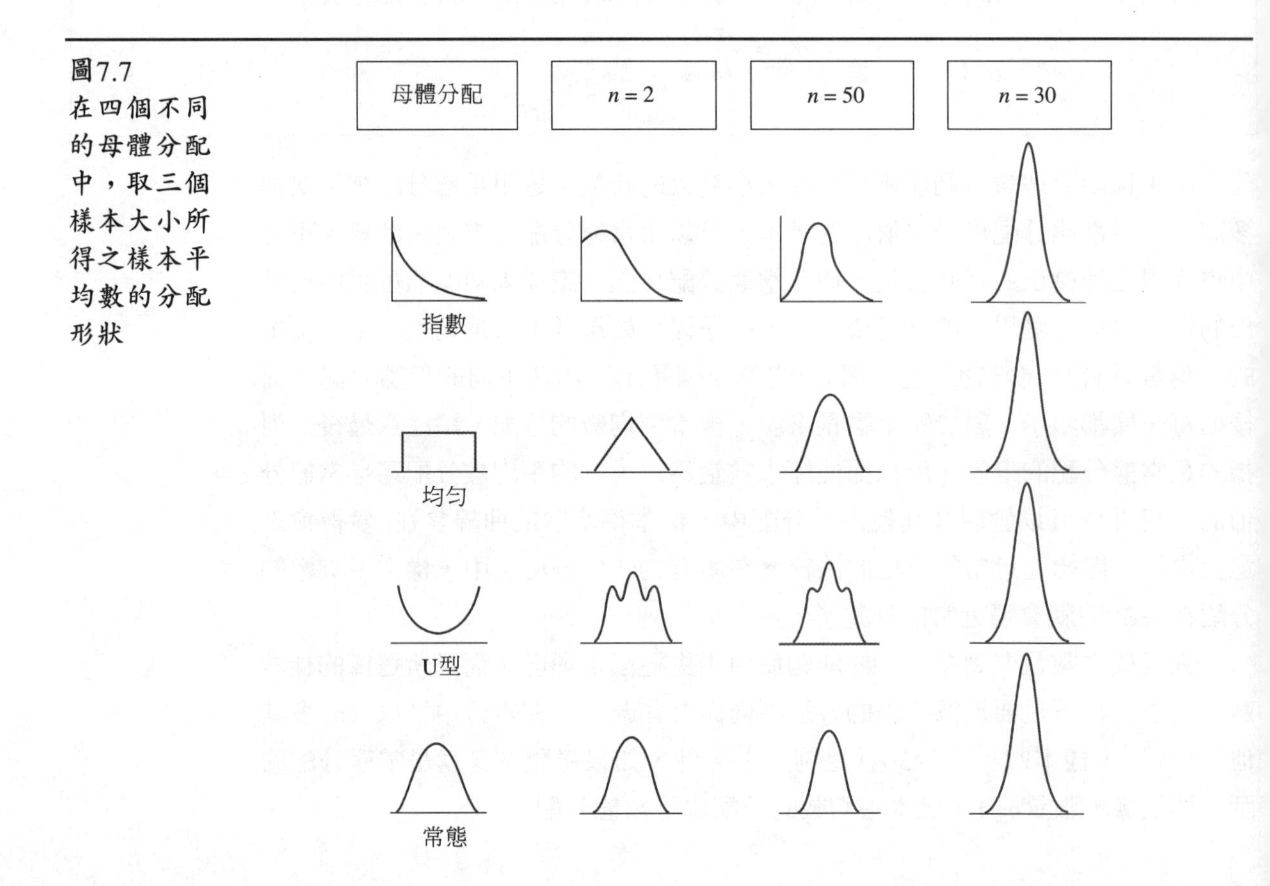

中央極限定理說明了在大的母體中，不論母體的型態爲何，樣本平均數就會呈現常態分配。另外如果母體是常態分配的話，那麼不論樣本多小，樣本平均數都是常態分配。我們可以用第六章中的Z值來分析樣本平均數。

$$Z = \frac{X - \mu}{\sigma}$$

如果樣本平均數是呈現常態分配時，我們可以將Z公式運用在樣本平均數上，

$$Z = \frac{\overline{X} - \mu_{\overline{X}}}{\sigma_{\overline{X}}}$$

這個結果遵循著Z分數的一般模式：統計量和它的平均值之間的差，再除以統計量的標準差。在這個公式之中，統計量的平均值爲$\mu_{\overline{x}}$，而統計量的標準差則是$\sigma_{\overline{x}}$，通常也被稱爲「平均值的標準誤」。如果想要判斷$\mu_{\overline{x}}$的值，研究人員必須隨機地畫出這個母體中，特定樣本大小的所有可能樣本，然後計算每個樣本的樣本平均數，然後將這些樣本平均數平均起來。這項工作實際上是不可能完成的，但是很幸運地，$\mu_{\overline{x}}$就等於母體的平均數μ，而母體的平均數就比較容易取得了。同樣地，如果想要直接決定$\sigma_{\overline{x}}$的值，研究人員必須取得母體中特定樣本數量的所有樣本，然後計算樣本平均數，並且判斷樣本平均數的標準差，這項工作在現實情況下也是無法完成的。很幸運地，$\sigma_{\overline{x}}$可以藉由將母體的標準差除以樣本平均數的平方根來取得。

當樣本的數量增加時，樣本平均數的標準差就會變得越來越小，這是因爲樣本大小n的平方根也隨著越來越大，因此母體的標準差會除以越來越大的

樣本大小	樣本平均數的平均值	樣本平均數的標準差	μ	$\sigma/\sqrt{n}$
n=2	19.92	3.87	20	4.08
n=5	20.17	2.65	20	2.58
n=10	20.04	1.96	20	1.83
n=20	20.20	1.37	20	1.29
n=30	20.25	0.99	20	1.05

表7.4 五個不同樣本大小的90個隨機樣本中的$\mu_{\overline{x}}$和$\sigma_{\overline{x}}$

值。最後，中央極限定理的好處在於，它是個可行的、而且有用的樣本平均數Z公式版本。

樣本平均數的Z公式

$$Z=\frac{\overline{X}-\mu}{\frac{\sigma}{\sqrt{n}}}$$

當母體本身是呈現常態分配，而且樣本的大小爲1時，這個樣本平均數的公式就會變成每個數值原始的Z公式，這是因爲每個數值的平均數就等於它本身，而且當$n=1$的時候，$\sigma/\sqrt{n}$ 就等於σ。

例如，假設在一間輪胎行中，每位顧客的平均消費金額是$85.00，而它的標準差是$9.00。那麼如果我們取出了一個大小爲40名顧客的隨機樣本，那麼這個樣本的平均數有多少機率會大於等於$87.00呢？因爲樣本的大小大於30，所以我們可以使用中央極限定理，這樣一來樣本平均數就會呈現常態分配了。當μ=$85.00而$\sigma$=$9.00時，樣本平均數的Z公式就等於：

$$Z=\frac{\overline{X}-\mu}{\frac{\sigma}{\sqrt{n}}}=\frac{\$87.00-\$85.00}{\frac{\$9.00}{\sqrt{40}}}=\frac{\$2.00}{\$1.42}=1.41$$

圖7.8
上述40位隨機顧客問題的圖解

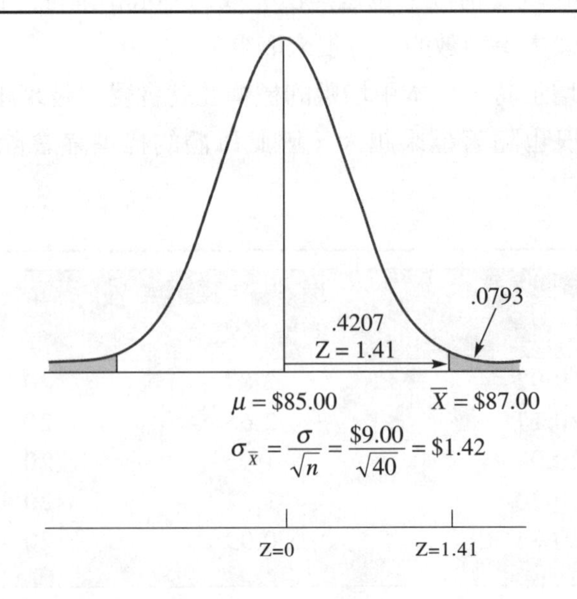

在Z分配中，Z=1.41（參見表A.5）的機率爲 .4207，這個數字就是介於$87.00和母體平均數$85.00之間的平均數之機率。所以我們現在來計算這個分配的右尾機率。

$$\begin{array}{r} .5000 \\ -\ .4207 \\ \hline .0793 \end{array}$$

此爲就是$\overline{X} \geq \$87.00$的機率，也就是有7.93%的時候，來自母體的40位顧客的隨機樣本平均會花上$87.00元以上。**圖7.8**說明了這個問題，以及它的解決方法。

例題7.1

假設在一家大型百貨公司的任何一小時中，購物人數平均爲448人，而且標準差爲21名顧客，如果我們隨機採樣49個不同的小時裡的顧客人數，那麼這個隨機樣本的平均數介於441名和446名顧客的機率爲何？

解答

在這個問題中，μ=448、σ=21、且n=49。這個問題就是要判斷$P(441 \leq \overline{X} \leq 446)$。下圖說明了這個問題。

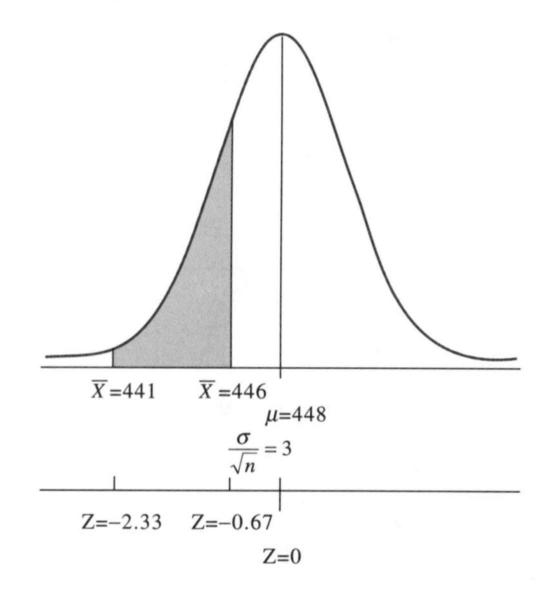

我們可以使用**表A.5**來計算Z分數值，然後判斷它的機率。

$$Z = \frac{441 - 448}{\frac{21}{\sqrt{49}}} = \frac{-7}{3} = -2.33$$

且

$$Z = \frac{446 - 448}{\frac{21}{\sqrt{49}}} = \frac{-2}{3} = -0.67$$

Z值	機率
−2.33	.4901
−0.67	− .2486
	.2415

Z數值介於−2.33和−0.67之間的機率是 .2415，也就是說，在這49個隨機抽取的樣本中，樣本平均數會介於441和446名顧客之間的機率爲24.15%。

例題7.2　在1993年，阿拉斯加每人的平均收入是$22,846。假設我們在阿拉斯加隨機取出了32個樣本居民。如果母體的標準差等於$6,500，那麼樣本平均數有73%的機率會大於哪個數值呢？

解答

在這個問題中，μ=$22,846、$\sigma$=$6,500，且n=32。有超過二分之一的機會，樣本平均數會比那個數值要來得大，因此這個值是在分配的左尾。下圖說明了這個問題。

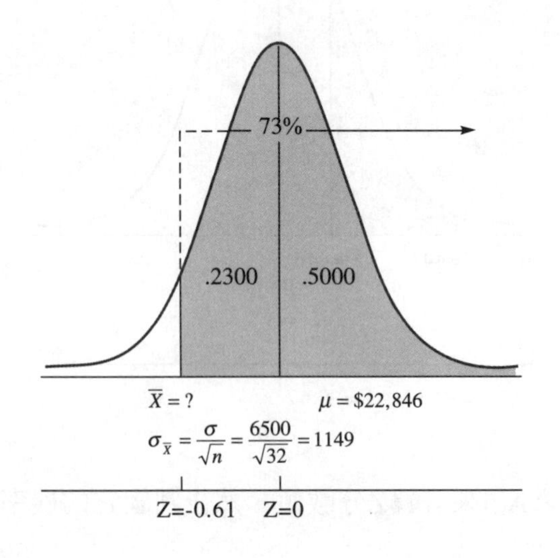

這個區域的 .7300是在$\overline{X}$的右邊，.7300− .5000= .2300介於$\overline{X}$和母體平均數之間。而在表A.5中，這個數字代表的Z值爲−0.61。因此我們可以從這個資訊，利用樣本平均數的Z公式計算$\overline{X}$的值。

$$Z = \frac{\overline{X} - \mu}{\frac{\sigma}{\sqrt{n}}}$$

$$-0.61 = \frac{\overline{X} - 22,846}{\frac{6,500}{\sqrt{32}}}$$

$$\overline{X} = 22,846 - \frac{(0.61)(6,500)}{\sqrt{32}} = \$22,145$$

在1993年的阿拉斯加，如果我們從母體中取出了32個居民的樣本，那麼有73%的機會每人平均收入會是$22,145以上。

從一個有限的母體中抽樣

在問題7.1和7.2中的說明，都假設母體本身是無限大或極大。而在有限的母體中，在統計上，可調整Z公式，以求出樣本平均數，這種調整方法稱爲「有限修正因子」：$\sqrt{(N-n)/(N-1)}$，它是在樣本平均數的標準差$\sigma_{\overline{X}}$上使用的。下面是當樣本是從有限的母體中取出時，樣本平均數的Z公式。

$$Z = \frac{\overline{X} - \mu}{\frac{\sigma}{\sqrt{n}}\sqrt{\frac{N-n}{N-1}}}$$

當母體有限時，樣本平均數的Z公式

假設我們從一個大小爲500的有限母體中取出大小爲35的隨機樣本，那麼樣本平均數和母體平均數的變異和無限樣本相比，比較不會那麼大。而如果我們從一個大小爲500的群體中取出大小爲35的樣本，那麼有限修正因子就等於

$$\sqrt{\frac{500-35}{500-1}} = \sqrt{\frac{465}{499}} = 0.965$$

因此平均數的標準差 —— 有時亦指平均數的標準誤 —— 就會向下修正爲.965。如果有限母體的大小和樣本大小相比變得較大的話，有限修正因子就會

表7.5
特定樣本大小的有限修正因子

母體大小	樣本大小	修正因子的值
2000	30(<5%N)	0.993
2000	100	0.975
2000	500	0.866
500	30	0.971
500	50	0.950
500	100	0.895
200	30	0.924
200	50	0.868
200	75	0.793

接近1。在理論上，只要研究人員是在有限母體中進行調查，它們就可以使用有限修正因子。而大部分研究人員的考慮因素是，如果樣本的大小小於有限母體大小的5%，那麼有限修正因子在修正答案的效果上就很小了。在表7.5之中列出了一些有限修正因子的值。

例題7.3

在一家製造公司裡面的350名計時員工，平均年齡為37.6歲，而標準差為8.3歲。如果我們取出了45名員工的樣本，那麼樣本的平均年齡小於40歲的機率是多少呢？

解答

母體平均數是37.6，而母體標準差是8.3；這個意思就是說，μ=37.6而σ=8.3。樣本大小為45，不過它是從一個大小為350的有限母體中隨機取出的，而我們所考慮的樣本平均數是40，也就是說X=40。在下圖中，使用了常態曲線來說明這個問題。

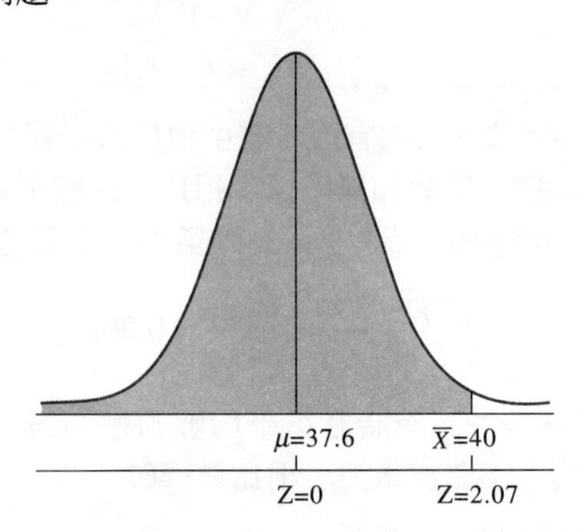

如果在Z公式中使用有限修正因子的話，就會變成

$$Z = \frac{40 - 37.6}{\frac{8.3}{\sqrt{45}}\sqrt{\frac{350-45}{350-1}}} = \frac{2.4}{1.157} = 2.07$$

這個Z值代表了 .4808的機率（表A.5）。因此我們取得的樣本平均年齡小於40歲的機率為 .4808 + .5000 = .9808。如果沒有使用有限修正因子，那麼Z值會等於1.94，而最後的答案會變成 .9738。

問題7.2

7.13假設一個群體的平均數為50，而標準差為10。如果我們取出了64個隨機樣本，那麼樣本平均數在下面這幾項中的機率各是多少呢？

a.大於52
b.小於51
c.小於47
d.介於48.5和52.4之間
e.介於50.6和51.3之間

7.14如果有一個常態分配的母體，它的平均數為23.45、而變異數為14.5，那麼下面幾項的機率是多少？

a.取出大小為10的樣本，而且得到的樣本平均數大於等於22
b.取出大小為4的樣本，而且得到的樣本平均數大於26

7.15假設我們從一個平均數為278的母體中取出一個大小為36的隨機樣本，如果樣本平均數有86%的機率小於280的話，請問母體的標準差為多少？

7.16我們從一個標準差為12的母體中取出大小為81的樣本，如果樣本平均數只有18%的機率會大於300，那麼母體的平均數是多少？

7.17請找出下面每一項的機率。

a.N=1000, n=60, μ=75, σ =6；$P(\overline{X}<76.5)$=?
b.N=90, n=36, μ=108, σ =3.46；$P(107<\overline{X}<107.7)$=?
c.N=250, n=100, μ=35.6, σ =4.89；$P(\overline{X}\geq 36)$=?
d.N=5000, n=60, μ=125, σ =13.4；$P(\overline{X}\leq 125)$=?

7.18美國戶口調查局出版的《美國統計精粹》中指出，每個人一年吃掉的新鮮水果平均是99.9磅，而新鮮水果消費的標準差大約是30磅。假設有個調查人員取出了38個人的樣本，並且記錄他們一年內吃掉的新鮮水果數量。

a.樣本平均數小於90磅的機率爲何？
b.樣本平均數介於98和105磅之間的機率爲何？
c.樣本平均數小於112磅的機率爲何？
d.樣本平均數介於93和96磅之間的機率爲何？

7.19假設在科羅拉多州丹佛市的西南區裡面有1,500棟房子，而這一區是在1983年建立的。有一名研究員從其中隨機取出了100棟房子的樣本，如果這一區裡面的房子平均價格爲$137,000元，而且標準差爲$8,500的話，那麼樣本平均數大於$145,000的機率爲多少？

7.20假設在一家大型超市裡平均結帳的金額爲$65.12，而標準差爲$21.45，那麼當我們隨機抽出45個顧客的發票時，有23%的機會抽出的平均值會超過哪個數字呢？

7.21 Hewitt Associates公司對792家公司進行調查，結果發現這些公司的老闆在1990年在健康上的花費平均爲$2,823。假設這個數字的標準差是$883，而且所有792家公司的平均數是$2,823，那麼如果我們隨機取出57家公司爲樣本，那麼下面幾項的機率各是多少？

a.樣本平均數小於等於$2,900
b.樣本平均數大於$3,000
c.樣本平均數小於$2,500

7.22根據Medirisk公司的調查，人們對醫療保健花費的認知，和實際上的花費並不相同。例如，手臂骨折的花費實際上是$418，而由Medirisk對美國所進行的調查發現，美國人覺得手臂骨折的花費是$583，而且猜的最低的是$10，最高的是$3,800。假設你調查了42個曾經手臂骨折，而且在去年接受過治療，並且不清楚眞正的花費是多少的樣本。另假設在美國，手臂骨折眞正的花費平均是$418，而標準差爲$85。

a.樣本平均數超過$430的機率爲何？
b.樣本平均數小於$400的機率爲何？

c.樣本平均數小於$350的機率爲何？假設你的樣本平均數實際上小於$350，這代表了什麼意義？

d.假設我們不知道母體的標準差。如果樣本平均數中有71%會大於$410，而樣本的平均數還是維持在$418，那麼母體標準差的值應該是多少呢？

7.3　$\hat{p}$ 的抽樣分配

有時當我們分析樣本的時候，調查人員會選擇使用樣本的比例，也就是$\hat{p}$ ，來代替樣本的平均數。如果研究員整理出可以測量的資料，例如，重量、距離、時間以及收入等，那麼樣本平均數通常是所選擇的統計量。不過如果調查的結果是可以計算的項目，例如在樣本中有多少人選擇Dr. Pepper作爲他們最常喝的飲料，或者是樣本中有多少人的工作安排較爲彈性，那麼樣本的比率就會成爲所選擇的統計量了。我們都知道，平均數是藉由計算一群數值的平均得來的，那麼樣本比率則是藉由計算某個特定特性發生的頻率，也就是用發生的次數除以樣本的大小得來的。

樣本比例

$$\hat{p} = \frac{X}{n}$$

其中，

X =具有某些特性的樣本項目數量

n=樣本中的項目數量

例如，在一個有100名工廠工人的樣本中，可能有30名工人是屬於一個工會的。所以在工會成員這個特性的$\hat{p}$ 值，就等於30/100= .30。另外假設在一個市郊賣場的500個商店樣本中，可能有10家是賣鞋子的商店，所以鞋店的比例就是10/500= .02。樣本的比例是一個經常使用的統計量，而且通常是以回答「是」或「否」的問題來計算。例如，你的學歷是否在高中以上？你是不是習慣使用右手？你是女性嗎？你是不是屬於某個學生會計學會呢？

研究人員要如何使用樣本比例來分析呢？中央極限定理能夠運用在樣本比例的地方爲若$n \cdot P>5$而且$n \cdot Q>5$（P是母體的比例，而Q=1−P）。如果我們從母體中隨機取出所有大小爲n的樣本，其樣本比例的平均值等於P（母體的比例），而樣本比例的標準差等於 $\sqrt{(P \cdot Q)/n}$ ，它有時候也被稱爲「比例的標準誤」。樣本比例同樣地也有一個Z公式。

n・P>5且 n・Q>5之 樣本比例的 Z公式	$$Z=\frac{\hat{p}-P}{\sqrt{\frac{p\cdot Q}{n}}}$$ 其中， $\hat{p}$ =樣本比例 n=樣本大小 P=母體比例 Q=1−P

假設有在某個區域中，有60%的電子承包商都使用某種特別品牌的電線，那麼當我們從這些電子承包商中隨機抽出數量爲120的樣本時，有多少機率會發現 .50以下的樣本使用這種品牌的電線呢？在這個問題中，

$$P=.60，\hat{p}=.50，且n=120$$

而Z公式則得到

$$Z=\frac{.50-.60}{\sqrt{\frac{(.60)(.40)}{120}}}=\frac{-.10}{.0447}=-2.24$$

從表A.5之中，我們可以發現Z=−2.24的機率爲 .4875，而因爲Z < −2.24（也就是分配的尾端），所以答案是 .5000 − .4875 = .0125。在圖7.9中用圖形解釋了這個問題以及解答。

這個問題說明了如果這個電線在母體市場中的佔有率是 .60時，研究員要從120個電子承包商的樣本中，找出 .50以下的人使用這種品牌實非易事。如果這個樣本的結果眞的發生的話，不是因爲這個發生的機會實在太少，就是因

圖7.9
電子承包商問題的圖解

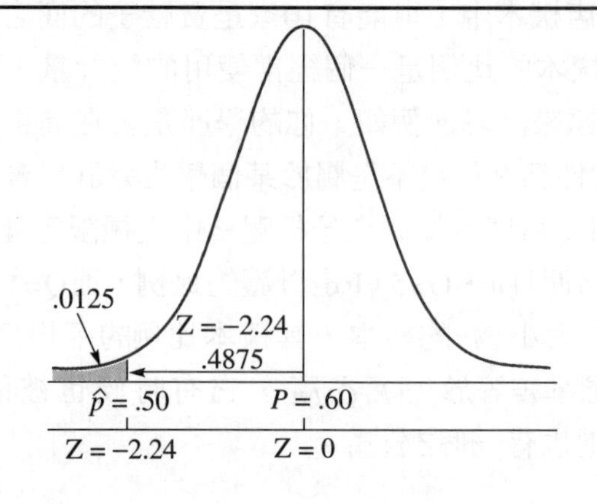

爲這個母體的比例其實並不是 .60才對。

如果母體之中有10%的零件是有缺陷的，那麼如果我們隨機選擇80個零件，有超過12個零件有缺陷的機率是多少呢？ 例題7.4

解答

在這裡$P = .10$、$\hat{p} = 12/80 = .15$，且$n = 80$。利用Z公式得：

$$Z = \frac{.15 - .10}{\sqrt{\frac{(.10)(.90)}{80}}} = \frac{.05}{.0335} = 1.49$$

表A.5說明了Z值爲1.49的機率是 .4319，也就是樣本比例 .15以及母體比例 .10之間的區域。因此這個問題的答案是

$$P(\hat{p} \geq .15) = .5000 - .4319 = .0681$$

因此如果群體的比例是 .10的話，大概有6.81%的機會，我們隨機抽出的80個樣本之中會有12個以上的零件是有缺陷的。如果這個結果眞的產生了，那麼母體的10%缺陷比例就會受質疑了。底下使用了圖形來說明這個問題。

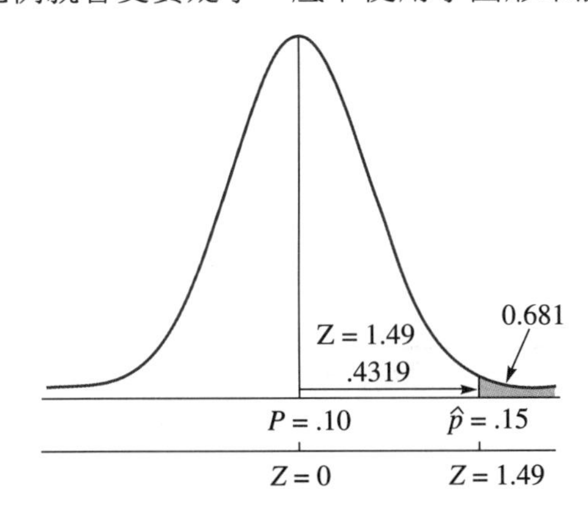

在1990年的美國家庭中，有百分之三十五有電話答錄機，有個研究人員相信這樣的比例在1996年看來應該是太低了。假設他隨機取出了500個家庭的樣本，並且發現其中216個樣本有電話答錄機，那麼如果母體的比率眞的是35%的話，取得這樣大的樣本比例、或取出比這個樣本比例還大的機率是多少呢？ 例題7.5

解答

在這個題目中，$P=.35$，$\hat{p}=216/500=.432$，且$n=500$。我們使用Z來做答。

$$Z=\frac{.432\quad .35}{\sqrt{\frac{(.35)(.65)}{500}}}=\frac{.082}{.0213}=3.85$$

在這個曲線中，幾乎全部的區域都在這個Z數值的左邊。因此取得這個樣本比例、或者是更大樣本比例的機率幾乎是零（ .0002）。也就是說，從這個樣本中取得的結果和35%的比例差得太多了，所以研究員不能在1996年接受1990年的圖形。

底下我們用圖形說明了這樣的問題以及它的解答。

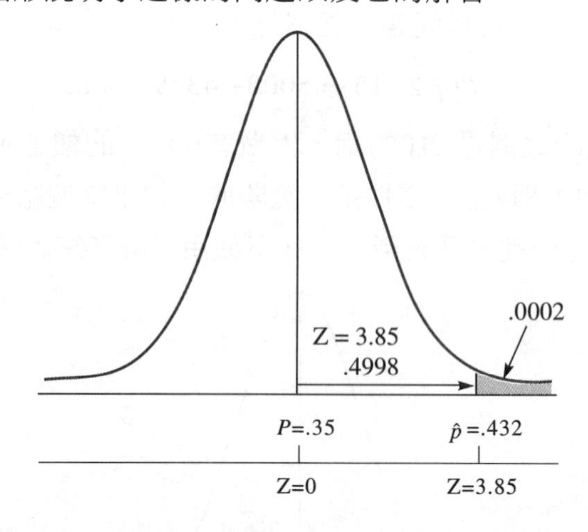

問題7.3

7.23有一個母體的比例是 .25。對於已知的數值n，有多少可能會達到底下列出的樣本比例呢？

a.$n=110$且$\hat{p}\leq .21$
b.$n=33$且$\hat{p}>.24$
c.$n=59$且$.24\leq\hat{p}<.27$
d.$n=80$且$\hat{p}>.30$
e.$n=800$且$\hat{p}>.30$

7.24有一個已知的母體比例爲 .90，對於已知的數值n，有多少可能會達到底下列出的樣本比例呢？

a.$n = 75$且$\hat{p} < .89$
b.$n = 40$且$\hat{p} \leq .89$
c.$n = 200$且$\hat{p} \geq .85$
d.$n = 1100$且$\hat{p} > .93$
e.$n = 450$且 $.80 \leq \hat{p} \leq .86$

7.25有一個已知的母體比率爲 .58，假設我們從這個母體中隨機取出660個項目的隨機樣本。

a.樣本的比例大於 .60的機率是多少
b.樣本的比例介於 .55和 .65之間的機率是多少？
c.樣本的比例大於 .57的機率是多少？
d.樣本的比例介於 .53和 .56的機率是多少？
e.樣本的比例小於 .48的機率是多少？

7.26假設有個母體的比例爲 .40，而且當你從這個母體中隨機抽樣時，有80%的機會樣本比例會等於 .35以上，那麼你所取得的樣本有多大呢？

7.27如果有個母體的比例爲 .28，而且假設你所取出的樣本大小爲140，當你隨機取出樣本時，樣本比例有30%的機率會超過哪個數字呢？

7.28有個美國對電腦使用者所做的調查顯示，登入Internet和／或線上服務的使用者有23%的機率一個月會登入20次以上。假設你隨機取出了600位電腦使用者，那麼其中有150位以上的人登入Internet和／或線上服務一個月20次以上的機率是多少呢？

7.29根據行動電話通訊工業協會和行動電話行銷公司的研究，摩托羅拉公司佔有32%的行動電話市場。假設你隨機取出了200名最近購買行動電話的使用者，那麼有多少機會你取出的使用者中有少於50人使用摩托羅拉的行動電話呢？有多少機會其中有70人以上購買摩托羅拉行動電話？有多少機會其中少於140人購買摩托羅拉以外的行動電話？

7.30在1989年美國勞工統計局的統計資料指出，大約有90%的美國勞工的雇主會在這些勞工必須盡陪審團義務時，仍舊付薪水。不過研究人員相信在某個特定的行業中，這樣的情形並不存在。如果研究人員抽出了278名勞工，他們在過去一年中曾經盡過陪審團的義務，那麼其中少於235人在這段時間還享有薪水的機率是多少呢？

7.31根據A.M. Best公司的調查，State Farm是美國自動保險制度的第一名，它一年的報酬超過220億美元，而且享有19.2%的市場。假設我們對950名使用自動保險制度的成人進行國家性的調查，那麼在這個樣本中，有多少機會超過 .25比例的人使用State Farm的自動保險制度？有多少機會小於 .21的樣本採用State Farm的自動保險制度？有多少機會，樣本中介於175到190個人會使用State Farm的自動保險制度？

決策難題解決之道

調查Maquiladora的員工

因爲可用的資源有限、時間有限、而且工人的母體數量龐大，所以大部分maquiladora的員工工作態度和文化的研究都是透過使用隨機抽樣來完成的。爲了保證某些族群都被包含進去、而且爲了降低抽樣所產生的錯誤，我們可以選擇使用分層隨機抽樣的方法。這樣的抽樣規劃可以包含一些子階層，包括邊境城市的地理區域（德州、新墨西哥州、亞利桑那州、加州），城市的大小、工業的型態、工廠的大小、在該工廠的maquiladora員工數量、員工的年齡、員工的性別、員工的負責程度、以及其他重要的因素等等。

每間公司都會有所有員工的完整列表，這些列表可以當作調查的骨架。如果我們取得這些列表的使用權，那麼研究人員就可以在這些列表中找出子階層，並且隨機取出樣本。

想要規劃出工作態度和文化的問題，以取得正確的資料，其實並不是件容易的事情，所以我們必須諮詢一些對這樣的調查有經驗的專家。不過，如果這些問題能夠取得多數人的回答，然後將這些回答平均起來，就可以算出樣本的平均數了。如果樣本的大小夠大，研究人員就可以利用中央極限定理來分析這些樣本回答的平均值，因爲它們是來自常態分配的。

假設我們使用分層隨機抽樣方法取出50個maquiladora員工，而他們的平均年齡是26.9歲。如果這些工人的母體平均年齡是28.1歲，標準差是8.4歲，那麼研究人員取得的樣本平均數小於等於26.9歲的機率是多少？我們可以使用本章中提到的方法來算出它的機率：

$$Z = \frac{\overline{X} - \mu}{\frac{\sigma}{\sqrt{n}}} = \frac{26.9 - 28.1}{\frac{8.4}{\sqrt{50}}} = 1.01$$

這個Z值代表在樣本平均數和母體平均數之間的機率是 .3438。如果母體平均數是28.1的話，我們取得的樣本平均數少於26.9的機率是 .5000 − .3438 = .1562。

在這些調查中，有些問題可能只需要回答「是」或「不是」就好了。舉例來說，「在美國人擁有的maquiladora工廠裡的工作環境，是不是和一個由墨西哥人擁有的相同性質公司不一樣呢？」這個問題就只需要受訪者回答「是」或「不是」即可。諸如此類的問題可以藉由使用樣本比例來作歸納。如果樣本的大小夠大的話，研究人員就可以使用中央極限定理來假設樣本比例來自常態分配，然後就以這個爲基礎作統計分析的工作。

假設我們取出了一個由350位員工組成的分層隨機樣本，並且詢問他們，「在美國人擁有的maquiladora工廠裡的工作環境，是否和墨西哥人擁有的同性質公司不一樣呢？」如果在母體中，有 .40的比例同意這是眞的，那麼樣本之中有超過 .44的人同意這個敘述的機率是多少？也就是說，如果母體比例是 .40的話，那麼取出的樣本比例大於 .44的機率是多少呢？我們可以使用在本章中提到的技巧來回答這個問題：

$$Z = \frac{\hat{p} - P}{\sqrt{\frac{P \cdot Q}{n}}} = \frac{.44 - .40}{\sqrt{\frac{(.40)(.60)}{350}}} = 1.53$$

這個Z值代表的機率是 .4370。因此如果群體的比例是 .40，而且我們取出了350個樣本的話，我們獲得的樣本比例會超過 .44的機率是 .5000 − .4370 = .0630。在這個問題中，中央極限定理的好處就在於如果樣本的大小夠大，那麼樣本平均數以及樣本比例的分析就可以利用假設統計量爲常態分配，這樣一來研究人員就不須在每個問題中，都要去研究群體的分配情形了！

結語

在大部分的商業調查中，我們幾乎不可能採用普查的方法，因此採用抽樣的方法就成爲很好的替代方案。另外還有一些原因讓我們選擇使用抽樣的方法，這些原因包括抽樣會降低成本、增加調查的範圍、並且降低在研究中對產品可能產生的破壞。

當我們要取出樣本時，首先必須定義出一個母體。通常研究人員手上不會有精確的母體名冊或列表，所以他們必須找出一些方法來盡量逼近母體。最後研究人員用來代表母體的列表或名錄，就稱為「架構」，然後從其中取出樣本。

抽樣方法之中最主要的兩種就是隨機抽樣和非隨機抽樣。隨機抽樣就是，每個母體中的項目，都有相同的機率會被選為樣本；而非隨機抽樣則為不是隨機取出的抽樣方法。而我們在這裡所討論的隨機抽樣方法，主要分成四種：簡單隨機抽樣、分層抽樣、系統性抽樣、以及叢聚或區域抽樣。

在簡單隨機抽樣中，母體中的每個樣本都被編上號碼，然後我們再使用一個亂數表、或使用亂數產生器來從這個母體裡，選擇n個項目當作樣本。分層隨機抽樣則使用研究人員本身對於母體具有的知識，將母體分割成幾個子階層，每個子階層的內部是相同的，但是各個子階層之間是不一樣的。

分層隨機抽樣的用意是想要減少抽樣的錯誤，並且確定每個子階層都會出現在樣本裡面。當我們定義了子階層之後，樣本的項目就會隨機地從子階層中取出。如果我們從每個子階層中取出樣本的比例，和母體裡每個子階層所佔的比例相同的話，這樣的方法就稱為成比例的分層隨機抽樣；若非如此，那麼就稱為非比例的分層隨機抽樣。

第三種隨機抽樣方法，就是系統性抽樣。在系統性抽樣方法中，母體中每k個項目就會被取出，並當作樣本，這樣的動作會一直進行，直到樣本的n個項目都取出為止。採用系統性抽樣的原因，就因為它相當便利、而且容易管理。

第四種隨機抽樣方法就是叢聚，或稱區域的抽樣方法。這個技巧包括將母體分割成幾個彼此不重疊的區域。每個區域都是一個縮小的母體，而且它們內部的項目彼此並不相同。然後我們就會隨機地從這些區域裡面取出樣本的項目，以得到最後的樣本。我們使用叢聚隨機抽樣的原因，通常是因為這樣會減少成本。如果我們所選擇的第二層區域是從第一層區域中取出的，那麼這樣的方法就稱為兩階段的抽樣。

另外，在本章還討論了三種非隨機抽樣方法：便利、判斷和配額的抽樣方法。在便利性抽樣方法中，研究人員會根據取得樣本的便利程度，從母體中取得樣本；而在判斷性抽樣中，樣本是根據研究人員的判斷來取出的；配額抽樣和分層抽樣有些類似，因爲研究人員也必須定義出子階層出來。不過研究人員會從這些劃分好的子階層裡，使用一些非隨機抽樣的方法來取得樣本，直到達到樣本的數量爲止。

當樣本無法代表母體時，就會產生抽樣的錯誤。在隨機抽樣中，抽樣錯誤會不會產生是得靠些運氣的；另外非抽樣的錯誤所指的就是在調查過程中，所有研究上和分析上的錯誤，這些錯誤包括記錄的錯誤、輸入的錯誤、資料遺失、以及錯誤地定義架構所造成的。

根據中央極限定理的說法，假使一個母體呈現常態分配，那麼從這個母體中取出的樣本平均數，不論樣本的大小爲何，都會呈現常態分配。另外中央極限定理也提到，如果樣本的數量夠大（$n \geq 30$），那麼不論母體的分佈是何種分配，樣本平均數都會很接近常態分配。這個定理相當有用，因爲只要樣本的數量夠大，它就能夠讓研究人員在每種調查之中，都可以使用常態分配針對平均數這個統計量作分析。中央極限定理也指出，對於大的樣本數量來說，樣本比例也會呈現常態分配。

重要辭彙

中央極限定理	叢聚（區域）抽樣	便利性抽樣	細節錯誤
非比例的分層隨機抽樣		抽樣	有限修正因子
架構	判斷性抽樣	非隨機抽樣	非隨機抽樣技巧
非抽樣錯誤	忽略錯誤	成比例的分層隨機抽樣	
配額抽樣	隨機抽樣	樣本比例	抽樣錯誤
簡單隨機抽樣	平均數的標準差	比例的標準差	分層隨機抽樣
系統性抽樣	時距錯誤	兩階段抽樣	

公式

決定k的值

$$k = \frac{N}{n}$$

樣本平均數的Z公式

$$Z = \frac{\overline{X} - \mu}{\frac{\sigma}{\sqrt{n}}}$$

如果母體爲有限，樣本平均數的Z公式

$$Z = \frac{\overline{X} - \mu}{\frac{\sigma}{\sqrt{n}}\sqrt{\frac{N-n}{N-1}}}$$

樣本比例

$$\hat{p} = \frac{X}{n}$$

樣本比例的Z公式

$$Z = \frac{\hat{p} - P}{\sqrt{\frac{p \cdot Q}{n}}}$$

個案

Choctaw公司：努力追求品質

Chotaw公司是一個很小的公司，全部員工加起來總共11人。他們負責德州Galena Park休士頓船業之中的製造、調節閥的供應、修改以及其他工作。這家公司成立於1978年，它的主要業務就是爲工業顧客提供調節閥以及修改等的服務，並且提供顧客需要的設備。這家公司名稱是爲了紀念公司創辦人Gordon Gamble的先人，現在Gamble則是這家公司的名譽主席。

這家公司的成立時期在1970年尾，那時正好發生了油品價格混亂、而油類相關的工廠就如同雨後春筍般的成立。

不過，到了1980年初期，油類工業卻遭遇了一個嚴重的蕭條時期；Choctaw也面臨了生死存亡的關頭，它遭遇到了很多阻力，使得公司的經營越來越困難。除了公司的困難外，整個油品市場規模也快速地縮小。爲了能夠保持競爭力，有些公司將它們的油品價格降到比Choctaw付給供應商以及其他顧客的價格還低。Choctaw公司在這場戰爭中存活的原因，就是在價格戰中、利用尋找新客戶而獲勝。

Choctaw公司的總裁Bret Gamble（Gordon的兒子）以及副總裁Zoe Gamble-Jones（Gordon的女兒）判斷原先的油品市場已經不可能回到原先的規模了，所以他們認爲應該另外尋找新的市場，而它們找到了航空產業、食品飲料產業以及國營產業。

而在Choctaw公司想要從品質提升活動得到優勢時，它們又遇到另一個挑戰了。這是因爲許多購買者都認爲公司愈大，它們的品質就愈高。Choctaw公司只有11名雇員，它們必須找出一個方法來提升品質，並且說服購買者，讓他們瞭解Choctaw也是一間具備優良品質的公司。它首先想找出服務顧客、讓顧客能更便利的方法，它們將訂購單合併起來、以便降低購買者的選購單數量，並且將選擇欄位適當地安排，以避免購買者誤填錯誤資訊。另外，它還發展了一套品質管理的程序，藉由發展一些讓管理和勞工能夠彼此交換新點子的方法來提高品質。Choctaw的管理者會將它們面對的市場情況告訴員工，並且讓員工瞭解，他們必須快速、而且正確地完成工作，才能夠提升公司的競爭力。爲了提高員工的工作能力，它們還向外界購買了一些訓練課程，並且讓員工在公司賺錢的時候，能夠透過利潤分享的制度，在每年的歲末根據公司的營運狀況，獲得獎金以及公司的紅利。除此之外，它們還提供員工許多在健康上的照料。

由於Choctaw公司做了以上這麼多的努力，它終於轉變爲一家存活下來的成功公司。它們的銷售量在過去三年內提升了20%；而在去年，Choctaw被Frito-Lay公司稱爲「年度最佳廠商」之一，而且也得到波音公司「最有利的商業伙伴」的稱號。這家公司開始從漸趨改變的市場中得到回應，而且也比較不會受到產業蕭條的衝擊。

討論

在一個全面品質提升運動中所牽涉的活動，包括了傾聽顧客的聲音，和供應商促進彼此之間更緊密的伙伴關係，另外還要增進和顧客之間的關係，並且和員工之間交換公司的資訊，還要加強員工以及管理人員對於品管程序的訓練以及對產品、製程的知識。假設Choctaw要進行一個蝴蝶式調節閥的隨機抽樣測試調查，以做爲它的統計控制其中一部份。蝴蝶式調節閥是將兩個半圓的金屬板放在一個軸上面，這樣便能夠讓水流只流向一個方向。假設由某家供應商所提供的半圓型金屬板的厚度規格爲2.37mm、而且它的彈性強度爲5磅/mm。而我們隨機取出42個這樣的樣本金屬板，然後使用一個測厚度的儀器來測量每個金屬板的厚度，所得的結果如下所示。現在我們要分析這些資料，然後取得樣本的平均值，以判斷這個樣本的尺寸和母體的2.37mm平均值之間有何種關係。假設母體的標準差爲0.18 mm。

2.4066	2.4579	2.6724	2.1228	2.3238	2.0793
2.1328	2.0665	2.2738	2.2055	2.5267	2.2759
2.5937	2.1994	2.5392	2.4359	2.2146	2.3017
2.1933	2.4575	2.7956	2.3353	2.2699	2.4331
2.3731	2.6121	2.2386	2.0611	2.2087	2.5369
2.3416	2.2813	2.1700	2.3399	2.0282	2.4170
2.3057	2.5058	2.4130	2.2275	2.5669	2.6306

另外我們也使用了相同的技巧來測試彈性的強度，公司的測試人員使用MINITAB紀錄、並分析了所產生的42個測量結果，以下列出了分析的結論。接著公司便可以利用這些結果，並且使用樣本平均數的Z公式來判斷這個樣本的結果是否和母體的平均數5磅/mm相符。如果樣本平均的彈性強度並不是5磅/mm的話，這個值小於或大於指定數值是否會造成什麼影響呢？請解釋之，並討論下列的電腦分析結果。

```
Descriptive Statistics
Variable              N       Mean      Median    TrMean    StDev     SEMean
Tensile Strength      42      5.0611    5.0309    5.0601    0.2803    0.0433
Variable              Min     Max       Q1        Q3
Tensile Strength      4.4617  5.6290    4.8798    5.2924
```

另外在調節閥之中會有一個用來停止的裝置，它會讓水流要等到調節閥開啓後才能通過。假設Choctaw想要測試調節閥的停止水流裝置，並且隨機選擇了715個樣本來測試。假設測試單位發現在壓力之下，其中56個停止水流裝置並不能完全地讓水流停止、而不流經調節閥。如果一般來說，只會有5%的水流停止裝置無法通過這樣的測試，那麼我們得到這個樣本測試結果的機率會是多少呢？Choctaw應該如何運用這樣的調查結果？

Choctaw對於顧客的觀念也很有改善的意願。假設這家公司聘請了一間市場研究調查公司，讓它們發展、調查、並且分析顧客對於產業中調節閥的看法。請問這家市場調查公司要如何對Choctaw公司潛在的顧客進行抽樣呢？它們可以使用怎樣的架構進行調查？如果它們想要使用分層隨機抽樣調查方法的話，這家公司又應該如何將群體分群呢？請規劃一個抽樣的調查計畫。

道德省思

抽樣和抽樣分配

抽樣這種科學可能會造成不道德的行爲。有很多調查研究都假裝自己是採用隨機抽樣的，但是事實上它們使用的都是非隨機的抽樣方法。請記住一件事，當我們使用非隨機抽樣的時候，關於抽樣錯誤的所有可能描述都是不適合的。有些研究人員會在他們使用配額抽樣方法時，自認爲採用的是分層隨機抽樣；另外其他的研究人員則可能會在使用便利性、或判斷性抽樣方法時，自認爲使用的是系統性隨機抽樣方法。

在統計量的理論分析過程中，研究人員會使用抽樣的結果，對母體的行爲下結論，而這些結論會被很多對此有興趣的人士廣爲使用。而這些人通常會假設抽樣的結果眞的反映了母體的狀態。如果因爲研究人員使用了有問題的抽樣方法，而造成樣本無法代表母體的話，則我們便能抨擊有不道德的研究行爲發生。一個正確的、具有代表性的抽樣並不是件很簡單的工作，研究人員和統計分析人員都必須多練習在選取樣本時的注意事項，以便確定取出的樣本能夠盡可能地反映母體。

如果母體本身不是常態分配的話，中央極限定理就必須應用在大的樣本上。當我們分析小的樣本資料時，除非母體呈現常態分配，否則當研究人員假設樣本平均數是呈現常態分配時，就會出現不道德的行爲。如果樣本大小小於由專家所建議的數值時，那麼我們使用常態分配來分析樣本比例，也會呈現不合理的行爲。

第8章

統計推論：單一母體的估計

8.1 以大樣本估計母體平均數

8.2 估計母體平均數：小樣本且σ未知

8.3 人口比例估計

8.4 母體變異數

8.5 估計樣本大小

學習目標　　第八章主要是幫助你瞭解如何估計單一母體的參數，讓你能夠：

1.瞭解點估計和區間估計的差異。
2.瞭解如何在大型樣本空間，利用樣本平均數估計母體平均數。
3.瞭解如何在小型樣本空間，利用樣本平均數估計母體平均數。
4.從樣本比例估計母體比例數。
5.從樣本變異數估計母體變異數。
6.估計要達到統計目標所需的最小樣本數目。

決策難題

關於生產力、報酬和福利的調查報告

為了瞭解薪資和福利的現況，在美國進行了不少的調查和研究。在一個一千兩百名受僱員工的調查中發現，25%的受訪美國人相信他們每天其實可以負荷比現在還要再多出一半以上的工作量。

員工指出造成他們沒有發揮全部生產力的主要原因有：公司監督不夠嚴謹（37%），公司沒給他們足夠的決策權力（34%），公司對良好工作表現並無適當獎勵（29%），公司沒給他們晉級陞遷的機會（29%）。百分之二十八的員工說他們的公司並沒給員工足夠的訓練，還有26%說公司沒有請對人。

《報酬與福利評論》（Compensation & Benefits Review）針對231位人力資源專家所做的調查發現，12.12%的受訪者指出管理績效是報酬與福利主管所須面對的最主要課題，除此之外，10.39%的人指出以小組為基準的報酬，9.96%的人指出以能力為基準的報酬是迫在眉睫的課題。

ECS/Watson Wyatt Data Services 對1,500家公司做研究發現，超過75%以上的公司對中級主管採用變動式酬庸的方式。根據該調查結果，最受歡迎的變動式酬庸方式是年度分紅。三分之二對中級主管採用變動式酬庸方式的公司均採取分紅制，另一個Watson Wyatt作的調查顯示26%的高級主管有現金獎勵，通常是某種的分紅。

Edward Perlin Associates調查63家公司的資料處理專家，想證實電腦病毒的增加是否導致此行業蓬勃興盛，還有這類員工的報酬。這類防護管理人員的年薪，包括基本薪資和紅利平均爲$79,900，其主管平均年薪爲$94,800，防護專家平均則爲$42,900。

一個針對管理會計協會（Institute of Management Accountants）4,800名會員所做的調查顯示，在30到39歲區間的檢定合格會計師平均年薪爲$57,937；無檢定執照者爲$47,332；19到29歲區間的檢定合格會計師平均年薪爲$40,185；無檢定執照者爲$31,008。

管理及統計上的問題：

1. 如何使用樣本數據，算出全國任職電腦防護部門員工的薪資平均數？其中會產生多少錯誤？對於這樣的估計，我們有多少信心？
2. 「決策難題」中公布具合格證書／不具合格證書的會計師的平均年薪。但數據是根據樣本資訊而來。研究人員如何使用樣本資訊估計母體參數，譬如計算全國管理會計師的平均年薪？估算過程中會出現什麼錯誤？結果可靠嗎？
3. 針對1,200名員工所做的一項抽樣調查結果顯示，37%的員工認爲公司督導不周，我們可以說全國有37%的員工都持相同的看法嗎？爲什麼或爲什麼不？能把37%當作一個母體參數嗎？如果可以，會產生多少錯誤？我們對結果有多少信心？
4. 一項針對231位人力資源專家所做的調查結果顯示，12.12%的人認爲管理績效是報酬與福利經理面臨的最大難題。此數據能代表所有報酬與福利經理的看法嗎？若是，有多少可能的錯誤發生？本調查的大小爲231人，而針對員工生產力的調查則訪問了1,200人。兩項調查結果的準確度有何不同？樣本大小會影響調查結果的預測嗎？
5. 爲什麼這些公司選擇抽樣1,200，231，1,500，63，4,800家公司或人？有什麼理論基礎能決定抽樣多寡，抑或抽樣越少越好，以節省時間和金錢？還是要有基本調查數量？

第七章提到的中央極限定理說明了某些我們感到興趣的統計量，例如樣本平均數，樣本比例等等，不論其母體分配的形狀爲何，在樣本數很大時爲常態分配。我們導出並且討論不同統計量的Z公式。Z公式可用來估計參數、假設檢定，並決定樣本大小。本章討論Z公式如何將大型統計數值化成代數，用來計算母體參數和樣本大小。此外，本章也會介紹估計小型樣本的估計方法。

8.1 以大樣本估計母體平均數

估計母體平均數對商業研究十分有助益。例如公司的人力資源經理可能想知道每年員工請病假的天數。假設該公司有數千名員工，直接計算母體平均數是不可能的。但可從員工隨機抽樣，得到的病假平均值即可用來測量母體平均數。假設有另一家公司想延長麵包上架的時間，該公司想記錄麵包的保存期限，但公司主管不知道麵包的新鮮度能維持多久。透過隨機抽樣和上架時間的平均值，他們便可估計母體的平均上架時間。

在決策難題中，ECS/WATSON WYATT資料公司的調查報告所提供的樣本資料，可用來估計電腦防護經理、專家，和防護主管的年薪。本節後面的企業專題討論，還會提到信託基金投資人的平均收入與年齡，它可由抽樣取得，並可用來估計母體平均數。

如何從樣本平均數估計母體平均數？母體平均數就是樣本平均數。譬如「決策難題」中電腦防護經理的平均年薪爲$79,900。它適用於全部的電腦防護經理嗎？此數據是調查63家公司得到的結果。$79,900實際上是統計樣本平均數，稱爲點估計(point estimate)。點估計就是從抽樣調查中取得的數字，被拿來計算母體參數。但樣本平均數只有在該抽樣調查才準確。如果母體中再進行隨機抽樣，得到的樣本平均數也不同。由於樣本統計的結果不同，所以要估計的參數如有區間，通常會使用點估計。區間估計（信賴區間）是指某一範圍的數值中，分析師能有信心地指出母體參數所在處。信賴區間可能有單邊或雙邊。本文僅討論雙邊信賴區間。信賴區間如何形成?

因爲是利用中央極限定理所得的結果，以下Z公式只適用於不管母體分配形狀的大樣本，或母體爲常態分配的小樣本。

$$Z = \frac{\overline{X} - \mu}{\frac{\sigma}{\sqrt{n}}}$$

以代數重組式子，解μ，得

$$\mu = \overline{X} - Z\frac{\sigma}{\sqrt{n}}$$

由於樣本平均數可能大於或小於母體平均數，所以有正負兩答案。先前的展式變成：

$$\overline{X} \pm Z\frac{\sigma}{\sqrt{n}}$$

重寫式子，得到計算大規模抽樣時估計μ的信賴區間式子。

(8.1)

$$\overline{X} \pm Z_{\alpha/2}\frac{\sigma}{\sqrt{n}}$$

或

$$\overline{X} - Z_{\alpha/2}\frac{\sigma}{\sqrt{n}} \le \mu \le \overline{X} + Z_{\alpha/2}\frac{\sigma}{\sqrt{n}}$$

其中，

α是信賴區間以外，常態曲線以內的區域

α/2是信賴區間之外分配曲線的單邊（尾）區域

以100 (1−α)%信賴區間估計μ

α是常態曲線之下扣除信賴區間所得的二尾分配區域，我們將在第九章詳述之，此處我們用α來界定Z值以建構信賴區間，如圖8.1所示。因爲標準常態表主要用在Z等於0以及$Z_{\alpha/2}$之間的區域，因此Z的查表值可從.5000−α/2的區域面積中求得，也就是在曲線中部和尾端之間常態曲線的部份。另一種計算Z值的方法就是改變信賴水準。將其由百分比變成比例數，再除以2。把結果代入表中，答案相同。

信賴區間公式（8.1）所產生的數字應該包含母體平均數。母體平均數不一定會在區間中，除非有一個100%無限寬的信賴區間。但我們可給定一機率使得參數會包含於區間之中。公式8.1可表達爲一個機率性的陳述如下。

$$\text{Prob}\left[\overline{X} - Z_{\alpha/2}\frac{\sigma}{\sqrt{n}} \le \mu \le \overline{X} + Z_{\alpha/2}\frac{\sigma}{\sqrt{n}}\right] = 1-\alpha$$

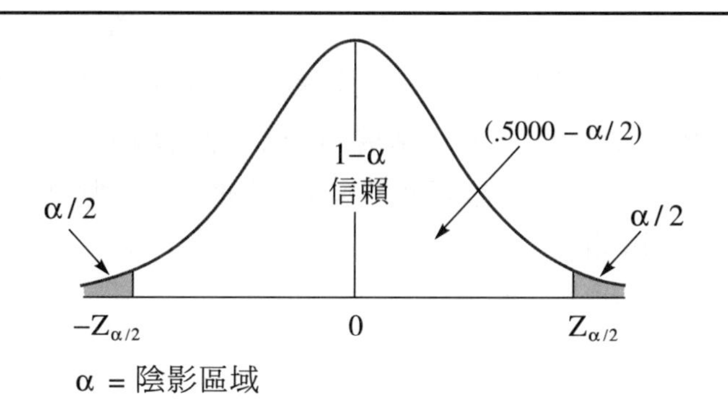

圖8.1 關於α的信賴區間之Z分數

如果想建立一個95%的信賴區間，信賴水準就是95%或.95。該機率告訴我們，母體平均數95%會包含於此區間。如果從母體隨機抽樣100個區間值，其中95個區間值會包含母體平均數，另5個則不然。母體平均數可能也可能不會出現在此區間。機率告訴我們包含母體平均數的特別區間之可能性。

一行動電話公司的執行副總裁正著手進行測量管理計劃，他認爲估計平均通話的時間對此計劃十分重要。因爲計劃中已有數千通電話記錄，要全部平均起來是不可能。所以他隨機抽樣60通電話，取得平均通話時間爲4.26分鐘。根據過去的經驗發現類似通話時間的母體標準差約爲1.1分鐘。利用8.1的公式，他可以估算通話時間的母體平均數。

$$\overline{X} = 4.26,\quad \sigma = 1.1,\quad 且\ n = 60$$

$$\overline{X} - Z_{\alpha/2}\frac{\sigma}{\sqrt{n}} \le \mu \le \overline{X} + Z_{\alpha/2}\frac{\sigma}{\sqrt{n}}$$

$$4.26 - Z_{\alpha/2}\frac{1.1}{\sqrt{60}} \le \mu \le 4.26 + Z_{\alpha/2}\frac{1.1}{\sqrt{60}}$$

如果他想得到μ值的單一數字估計值，他可採用樣本平均數，即$\overline{X}$=4.26通。此例中，樣本平均數是母體平均數的點估計。但副總裁發現如果他再另外隨機抽樣60通電話，第二個樣本平均數與第一個又不一樣。所以他希望知道估計區間。

8.1的公式如果要套在行動電話公司的例子上，則沒有Z值可代入。Z值是由信賴水準決定。100%的信賴範圍過大，得到的結果毫無意義。

通常研究人員採用的信賴指數爲90%，95%，98%，99%。爲何研究人員選擇如此高的信賴水準，並一以貫之？因爲樣本大小、區間寬度，及信賴水準三者都要列入考慮。譬如增加信賴水準，但樣本大小與標準差維持不變，區間也會變寬。

回到行動電話公司的問題。假設副總裁把信賴區間訂在95%，**圖**8.2是樣本平均數的常態分配。當信賴值水準爲95%時，他選擇的區間以μ爲中心，樣本平均數會落在此區。再利用該區間於樣本平均數周圍創造另一區間。母體平均數應該會包含在第二個區間中。

企業專題

銀行信託基金投資者之概述

信託基金在十九世紀是很熱門的投資方式。信託基金即是一群個體投資人（通常投資規模小），集結資金，交由專家爲其規劃投資策略。專家通常將一半或一半以上的資金投入證券、債券或金融市場。此類服務通常抽取2%的佣金。信託基金專家的目標是要從股息，利息或資本中獲利，再讓投資人分紅。

投資信託基金的一項好處是分散投資，減少因投資不當所帶來的風險。小型投資人很難分散投資。由於信託投資分散在不同的市場，表現佳的投資股可打平表現不佳的投資。雖然信託基金能減低投資風險，但不保證萬無一失。一般的信託基金有高成長基金（aggressive growth fund），成長基金（growth fund），成長所得基金（growth-income funds），所得基金（income funds），國際基金（asset allocation funds），貴金屬基金（precious metal funds）及債券基金。

信託基金從1976年後快速成長，資產量爲476億美元。1986年，資產量更增加到4,242億美元。1993年，投資機構指出總資產額爲一兆五千一百零一億。

什麼樣的人會投資信託基金呢？根據LIPPER分析公司，信託基金投資人平均年齡爲43歲，平均收入$58,800。其中54.6%的人大專畢業。

銀行有出售信託基金的附加服務。1995年銀行售出信託基金的數量是1990年的四倍。雖然有大幅成長，但只佔所有信託基金交易的14%。最近COMPTROLLER公司和證券交易所策劃的一項研究，交由一家伊利諾州的公司進行調查。訪問兩千多名信託基金投資人，比較由銀行購得信託基金的投資人和透過其他方式購買的投資有無不同，如果有，是如何不同。結果發現從銀行購買信託基金的投資人平均年齡爲45歲，平均收入$55,200。此類投資人將近過半（49.4%）大專畢業，且50%是男性。男性投資人佔所有信託基金投資人的54.6%。研究發現與傳統看法大相逕庭。人們總認爲向銀行購買信託基金的人年紀較長，拙於言詞，教育程度較低。

就投資理財方式而言，兩種信託基金投資人有何不同？Market Facts的調查顯示93.9%向銀行購買信託基金的人有損失資金的心理準備；94%的總投資人有此認知。71.8%的信託投資人知道買債券有風險，而73%向銀行購買信託基金的人瞭解這一點。27%向銀行購買信託基金的人認爲聯邦存款保險公司（FDIC）會再擔保信託基金。近20%向銀行購買信託基金的人認爲向銀行購買信託基金較其他方式有保障。

許多統計數字爲點估計。本章將討論如何估計信賴區間，並估計母體參數。

因爲95%的信心指數，$\alpha = .05$，$\alpha/2 = .025$。$Z_{\alpha/2}$或$Z_{.025}$的值可從表中找到.5000 − .0250=.4750。範圍中Z值是1.96。另一方式可找到Z值。由於圖形對稱分配，母體平均值的兩邊也相等，即(1/2)(95%)，或.4750。查表A.5，得到這部分曲線的Z值是1.96。

圖8.2
在95%信賴區間下的樣本平均數分配

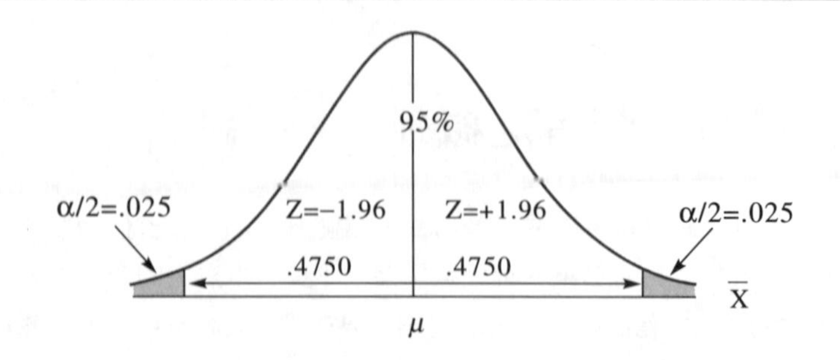

副總裁可估計出行動電話公司的問題。將信賴區間訂在95%，$\overline{X}=4.26$，$\sigma=1.1$，$n=60$，且$Z=1.96$。算出包括Z值在內的平均通話長度。

$$4.26-1.96\frac{1.1}{\sqrt{60}} \le \mu \le 4.26+1.96\frac{1.1}{\sqrt{60}}$$
$$4.26-.28 \le \mu \le 4.26+.28$$
$$3.98 \le \mu \le 4.54$$

由信賴區間導出點估計，即4.26分鐘。誤差值爲±0.28分鐘。最後的信賴區間是$3.98 \le \mu \le 4.54$。行動電話公司副總裁有95%的信心讓從母體抽樣的平均通話長度介於3.98到4.54分鐘之間。

有95%的信心認爲母體平均數會包含在區間中，有何特殊含義？如果公司總裁隨機抽樣100個例子，將結果代入95%的信賴區間。100個區間中，95個會落在母體平均值，5%則否。公司總裁可能取單一樣本而從中推算信賴區間。區間可能包含或沒有包含母體平均數。

圖8.3是95%信賴區間的圖示。如採用95%的信賴區間，從母體中隨機抽樣20個樣本，其中19個包含母體平均數。(19/20=95%)。如果用90%的信賴區間，20個區間中則有18個包含母體平均數。

例題8.1

有項調查研究美國與印度有貿易往來的公司。其中一個問題是：貴公司與印度有商業往來幾年？隨機抽樣44家公司，得到平均值10.455年。假設母體標準差爲7.7年。運用以上數據及90%的信賴區間，算出美國與印度公司有貿易往來幾年？

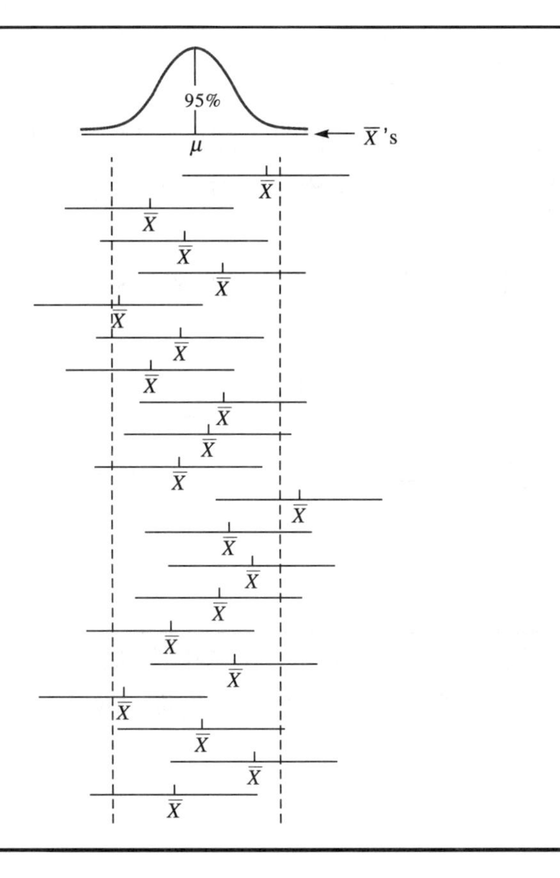

圖8.3
二十個μ的95%信賴區間

解答

此題n=44，$\overline{X}$=10.455，σ=7.7。求$Z_{\alpha/2}$的值，把90%除以2或把.5000−α/2=.5000−.0500。結果$\overline{X}$包含的範圍是.4500。從表A.5查出在.4500區間中1.645的Z值。信賴區間為

$$\overline{X}-Z\frac{\sigma}{\sqrt{n}}\le\mu\le\overline{X}+Z\frac{\sigma}{\sqrt{n}}$$

$$10.455-1.645\frac{7.7}{\sqrt{44}}\le\mu\le10.455+1.645\frac{7.7}{\sqrt{44}}$$

$$10.455-1.91\le\mu\le10.455+1.91$$

$$8.545\le\mu\le12.365$$

$$\text{Prob}[8.545\le\mu\le12.365]=.90$$

即分析師有90%的信心若在本次調查中對所有的美國貿易公司進行普查，則一家公司在印度做生意的實際母體平均年數介於8.545到12.365之間。點估計是10.455年。

有限修正因子

記得第七章中，如果從有限母體中抽樣，可使用有限修正因子（finite correction factor）來增加準確度。估計中運用有限修正因子則可縮減區間寬度。

第七章中提到如果樣本規模小於母體的5%，有限修正因子無法大幅改變結果。

修訂8.1公式，加入有限修正因子，得出8.2公式。

利用有限修正因子，以信賴區間估計μ之公式

$$\overline{X}-Z_{\alpha/2}\frac{\sigma}{\sqrt{n}}\sqrt{\frac{N-n}{N-1}}\le\mu\le\overline{X}+Z_{\alpha/2}\frac{\sigma}{\sqrt{n}}\sqrt{\frac{N-n}{N-1}} \quad (8.2)$$

例題8.2

一家公司雇有800名工程師。從中隨機抽樣50名，發現平均年齡爲34.3歲。過去母體標準差約爲8年。用信賴區間98%，估計該公司工程師的平均年齡。

解答

這個問題爲有限母體。樣本大小是50，大於母體的5%，所以有限修正因子派得上用場。N=800，n=50，$\overline{X}$=34.3，σ=8。98%信賴區間的Z值爲2.33（.98除以2=.4900；再從表A.5查Z值）代入8.2公式解出信賴區間得：

$$34.3-2.33\frac{8}{\sqrt{50}}\sqrt{\frac{750}{799}}\le\mu\le34.3+2.33\frac{8}{\sqrt{50}}\sqrt{\frac{750}{799}}$$
$$34.3-2.554\le\mu\le34.3+2.554$$
$$31.75\le\mu\le36.85$$

如不使用有限修正因子，結果會變成

$$34.3-2.64\le\mu\le34.3+2.64$$
$$31.66\le\mu\le36.94$$

有限修正因子考慮到母體只是800而非無限大。樣本n=50在800的母體中佔了很大部分，所以縮短信賴區間的寬度。

當σ未知，以信賴區間估計μ

到目前爲止提到的公式及問題，母體標準差都是已知數。如果母體標準差是已知數，估計母體平均數便令人費解。有時母體標準差是根據過去經驗求得，也可能是根據一般標準。但大部分情況下母體標準差是未知。以行動電話公司爲例，平均通話時間便未知。母體標準差可能也未知。研究人員要如何解題呢？

當抽樣規模大時($n \geq 30$)，樣本標準差值接近母體標準差。可套用Z公式求平均數。以中央極限定理爲主的公式需要大規模樣本，因爲要用到樣本標準差，所以得修正8.1公式。注意，當母體標準差未知且樣本規模小時，即使母體呈常態分配，也不要使用此修正公式。8.2公式用來處理樣本規模小，母體標準差未知，且X值爲常態分配的情況。

$$\overline{X} \pm Z_{\alpha/2}\frac{S}{\sqrt{n}}$$

或

$$\overline{X} - Z_{\alpha/2}\frac{S}{\sqrt{n}} \leq \mu \leq \overline{X} + Z_{\alpha/2}\frac{S}{\sqrt{n}}$$

當母體標準差未知且n很大時，以信賴區間估計μ的公式

例題8.3

假設美國租車公司估計在加州所出租的車子平均每日哩程數。隨機抽樣110輛在加州租的車子，得樣本平均數爲每日85.5哩，樣本標準差爲19.3哩，信賴區間爲99%，請計算μ值。

解答

n=110，$\overline{X}$=85.5，S=19.3，信心水準99%，Z值=2.575，信賴區間如下：

$$\overline{X} - Z_{\alpha/2}\frac{S}{\sqrt{n}} \leq \mu \leq \overline{X} + Z_{\alpha/2}\frac{S}{\sqrt{n}}$$

$$85.5 - 2.575\frac{19.3}{\sqrt{110}} \leq \mu \leq 85.5 + 2.575\frac{19.3}{\sqrt{110}}$$

$$85.5 - 4.7 \leq \mu \leq 85.5 + 4.7$$

$$80.8 \leq \mu \leq 90.2$$

點估計顯示在加州所出租的車子每日平均哩程數爲85.5哩。我們有99%的

表8.1
常用的信心水準和相對的Z值

信心水準	Z值
90%	1.645
95%	1.96
98%	2.33
99%	2.575

信心估計母體平均數會在每日80.8到90.2哩之間。

表8.1包含了一些較常用的信心水準及其相關Z值。

問題8.1

8.1利用下列資料，建立不同信賴區間以計算μ值。

a.95%的信心水準；$\overline{X}=25$, $\sigma=3.5$且$n=60$

b.98%的信心水準；$\overline{X}=119.6$, $S=23.89$且$n=75$

c.90%的信心水準；$\overline{X}=3.419$, $S=0.974$且$n=32$

d.80%的信心水準；$\overline{X}=56.7$, $\sigma=12.1$, $N=500$且$n=47$

8.2隨機抽樣36個項目，樣本平均數為211。如果母體標準差是23，計算μ為95%的信賴區間。

8.3隨機抽樣81個項目，樣本平均數是47，樣本標準差5.89。建構一個90%的信賴區間以估計母體平均數。

8.4假設X為常態分配，從母體中隨機抽出15個樣本，樣本平均數為8.67。計算μ的信賴區間為何？假設母體變異數為6.12，且要達到80%的信賴水準。

8.5從母體中隨機抽樣70個項目，變異數為49。樣本平均數為90.4，μ的點估計為何？μ的信賴區間為何94%。

8.6從母體200個中隨機抽樣39個。樣本平均數為66，樣本標準差為11。當信賴區間為96%時，求母體平均數。母體平均數的點估計為何？

8.7一糖果公司包裝萬聖節糖果，每包20盎司重。由於是稱重出售，所以每包糖果數目不同。該公司希望能測出每包糖果的數目。檢查人員隨機抽樣120包糖並計算糖果數目，發現樣本平均數為18.72。樣本變異數為0.763。每包糖果的點估計為何？信賴區間為99%，請計算糖果的母體平均數。

8.8一小型除草機公司在1985年生產1500台除草機。爲了決定維修費用，該公司也著手研究1985年出產的除草機。隨機抽樣200名除草機主人。除草機主人在機器第一次進行大維修時要與該除草機公司聯絡。不再使用除草機的人不符合資格。幾年後有187人與該公司聯絡，13人資格不符。距離第一次維修機器的時間平均爲5.3年。樣本標準差爲1.28年。如果該除草公司想宣傳除草機的免費維修年限，它的點估計是多少？建立一信賴區間95%，估計距離第一次維修的時間。

8.9便利超商的進帳少於一般超級市場。雖然交易金額少，但由於它的營運規模，交易量及漲價金額，便利超商還是有利可圖。研究人員對研究長島郊區的便利超商每日平均交易量興趣濃厚。她隨機抽樣32家在長島郊區不同的便利商店，調查其交易量，並將金額列成表格。用下列資訊算出信賴區間爲90%的平均交易量。

$ 2	$ 11	$ 8	$ 7
5	4	2	1
14	7	6	3
4	1	3	6
9	3	3	6
10	8	5	4
7	2	3	6
8	4	7	12

8.10一社區健康機構想估計產婦留在醫院的平均天數。隨機抽樣36名去年在醫院生產的產婦。以下是每位婦女在醫院待的天數。利用資料算出當信賴區間爲98%，產婦待在醫院的平均天數。

3	3	4	3	2	5	3	1	4	3	4	2
3	5	3	2	4	3	2	4	1	6	3	4
3	3	5	2	3	2	3	5	4	3	5	4

8.11假設全國屋主協會（National Homeowner Association）想估計目前平均房屋貸款率。協會分析師隨機抽樣48個國內房屋貸款人並進行電話訪問，得到平均房屋貸款率爲7.68%，標準差0.28%。用以上資料回答下列問題。

a.目前房屋貸款利率的點估計。

b.用98%的信賴區間來計算目前房屋貸款利率。

8.12一家在中西部的肉品加工公司製造與行銷醃肉三明治。產品遍及全國。該公司想知道此三明治在全國各地的銷售價格，但無法透過全國普查得到答案。該公司記載經銷三明治的廠家。研究人員與36個經銷商聯絡，問到了售價。用下列資料來估計該產品價格的點估計。信賴區間設在90%。

$2.23	$2.11	$2.12	$2.20	$2.17	$2.10
2.16	2.31	1.98	2.17	2.14	1.82
2.12	2.07	2.17	2.30	2.29	2.19
2.01	2.24	2.18	2.18	2.32	2.02
1.99	1.87	2.09	2.22	2.15	2.19
2.23	2.10	2.08	2.05	2.16	2.26

8.13由於熱浪侵襲和疫情橫掃盛產火雞的北卡羅萊納州（North Carolina）。一項針對每磅火雞價格的調查在全美進行。下面是MINITAB電腦列出的資料。點估計是多少？母體標準差？樣本規模多大？信心水準多高？從表中查出的信心水準值爲何？信賴區間是多少？通常與平均數加減後的信賴區間比例是指估計誤差值。此題的誤差值是多少？

```
Confidence Intervals
The assumed sigma = 0.700
Variable    N    Mean    StDev    SE Mean   99.0% C.I.
Turkeys    41   1.096   0.703    0.109    ( 0.814, 1.377)
```

8.14根據美國普查局商務部的統計，人們到費城平均通勤時間爲27.4分鐘。假設研究人員用信賴區間95%來估計人們到克里夫蘭（Cleveland）上班的通勤時間。隨機抽樣45個在克里夫蘭的通勤者，並記錄通勤時間。將數據載入Excel，所用的母體標準差爲5.1分鐘，Excel得出的平均值爲25分鐘，所用來計算的數據如下。Excel算出的估計誤差值是1.49分鐘。將下列數據代入95%信賴區間。所得結果與Excel算出的答案有何不同？

27	25	19	21	24	27	29	34	18	29	16	28	20
32	27	28	22	20	14	15	29	28	29	33	16	29
28	28	27	23	27	20	27	25	21	18	26	14	23
27	27	21	25	28	30							

8.2 估計母體平均數：小樣本且σ未知

8.1節中，我們知道如何用樣本平均數來計算母體平均數。第七章提到的中央極限定理，保證當抽樣規模大時，樣本規模呈常態分配。這種方式也可使用在母體常態分配的小規模抽樣且σ未知的抽樣。

當母體標準差未知時，樣本標準差只是一個相當的估計，代替母體標準差的值。要是樣本規模大時，也可代入信賴區間，加上樣本平均數，便可估計樣本標準差。當n≥30時，通常被認爲是大規模樣本的下限。。

實際生活中，樣本規模小於30是常有的事。例如研究人員想知道從紐約到洛杉磯的飛行時數，但只有21架班機可供抽樣。又譬如有一研究人員想知道電影廣告對消費者的影響，但研究報告僅包括11人。

如果已知母體是常態分配，母體標準差爲已知數，則樣本平均數算出的Z值不論樣本規模大小，一般也呈常態分配。所以假設母體是常態分配，母體標準差是已知數，理論上即使樣本規模小，研究人員可繼續使用8.1節的方法算出信賴區間。樣本平均數的公式爲

$$\overline{X}-Z\frac{\sigma}{\sqrt{n}}\leq\mu\leq\overline{X}+Z\frac{\sigma}{\sqrt{n}}$$

許多情況是母體標準差未知，必須透過樣本標準差求得答案。這種情況下，上述的公式就要用S代入。

$$\overline{X}-Z\frac{S}{\sqrt{n}}\leq\mu\leq\overline{X}+Z\frac{S}{\sqrt{n}}$$

然而樣本標準差（S）只是大規模樣本母體標準差的約略估計。將S值代入Z公式的做法不適用於小規模抽樣分析。英國統計學家威廉歌塞（William S. Gosset）解決了此問題。

歌塞於1876年生於英國的坎特伯利（Canterbury）。他鑽研數學及化學。1899年他到位於愛爾蘭都伯林市的釀酒廠工作。他服務於品管部，比較不同原料與溫度對產品的影響。由於環境所限，歌塞做了很多小規模實驗。他發現當樣本規模小時，把Z值代入樣本標準差所得的分配完全不正確。這是他研究t檢定的由來。

歌塞是卡爾皮爾森（Karl Pearson）的學生與密友。歌塞首次公開t檢定，他便選用「學生」這個筆名。所以有時t檢定也稱學生檢定。歌塞的貢獻卓越，因爲他導出了更準確的統計測算方式。被許多學者公認是數學統計的開端。

t分配

歌塞知道下面的式子：

$$Z=\frac{\overline{X}-\mu}{\frac{S}{\sqrt{n}}}$$

由於母體標準差未知，即使母體是常態分配，也不一定能找出小規模樣本的常態分配。

歌塞導出一個式子，即t分配。當母體呈常態分配時，便可依數據求得答案。當母體標準差未知，樣本規模小，且母體呈常態分配時，t公式爲：

$$t=\frac{\overline{X}-\mu}{\frac{S}{\sqrt{n}}}$$

t公式與Z公式本質雷同，但分配表中所代表的值不同。t分配值可查照表A.6，也可查看本書封底的對照表。

t分配其實是由一連串的分配模型組成。由於不同的樣本規模產生不同分配，t表值也不同。爲了使t值更易處理，僅選擇主要值。表中每一行t值選自不同t分配。本章討論小規模樣本檢定的方法，前提是母體常態分配。如果母體非常態分配或分配未知，就要用到第十六章的無母數（nonparametric）法。

穩健度

大部分的統計方式有一或多種假設。在統計假設中，如果無法察覺小幅變動，此法就稱爲對假設穩健。用t檢定估計母體平均數，對母體是否爲常態分配的假設相對而言十分穩健。

有些統計方式並不穩健。所以統計學家要格外謹慎，確定能到達假設狀況後才將其用來解釋眞實狀況。8.4節中用來估計母體變異數的卡方統計法並不穩健，而且事實上它馬上就能察覺違反母體呈常態分配的假設。研究人員在分析時一定要注意統計假設和檢定方法的穩健度。

t分配的特色

圖8.4展示兩個t分配重疊於一常態分配。像一般曲線，t分配左右對稱，是不同形式的曲線圖。t分配在中央部分較平坦，曲線尾端比常態分配涵蓋更多範圍。

檢視t分配值顯示n值越大，t分配越接近常態曲線。不論樣本規模大小爲何，當母體變異數或標準差未知時，都可使用t分配。由於樣本規模大時，Z值與t值之間幾乎沒有差異，所以即使標準差或變異數未知，許多研究人員還是採用Z值來分析。本文中，t分配被用來解決小規模樣本的問題（$n<30$），這是因爲當n越接近30，t表值也越接近Z表值。

閱讀t分配表

要從t分配找到所需值，得知道樣本大小。t分配表集結了許多t分配結果。表中每一行顯示不同樣本大小代表的值。樣本大小必須轉換成自由度（degrees of freedom/df）後才可到表中找相對值。自由度值也根據不同的公式而有所不同。也就是自由度公式隨t公式改變。自由度的觀念太深奧，不在此教材的範圍內。

簡單地說，由於母體變異數和標準差也是Z公式的一部分，可用樣本標準差或變異數估計出來。統計公式中，對每一個未知的參數（像是變異數或標準差）估計時，便失去一個自由度。

表A.6的自由度列在左欄。本文中的t分配表不適用於統計數字和平均數之

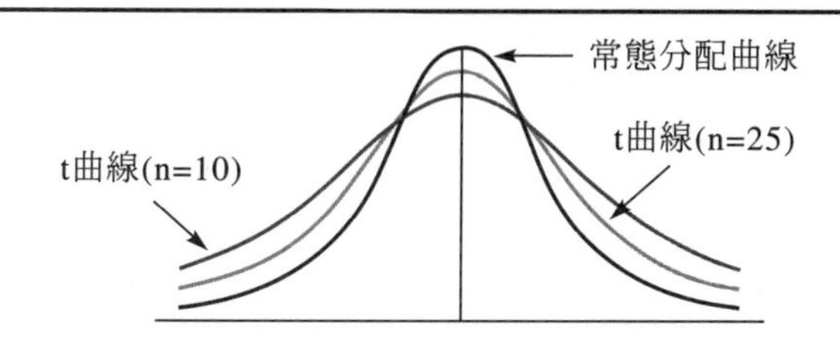

圖8.4 兩個t分配曲線與常態分配曲線之比較

間的地區。但Z分配（標準常態分配）則可以。t表適用於曲線尾端地區。t表強調信賴區間中α及曲線尾端涵蓋α/2的部分。第九章中，有時分配圖的一邊曲線包含α。對信賴區間而言，t表值所在欄位是α/2。要是有一個90%的信賴區間，則兩曲線尾端包含的範圍佔10%。α=.10，α/2=.05，如圖8.5所示。t分配表只有五個α/2值（.10, .05, .025, .01, .005）。現在用自由度和α/2到表A.6找t值。t值是在自由度值和所選的α值的交界處。例如，一個t統計數字的自由度是24，α/2的值是.05，則從表8.2得知t值爲1.711。

當樣本規模小，σ未知時，以信賴區間計算μ值

t公式

$$t = \frac{\overline{X} - \mu}{\dfrac{S}{\sqrt{n}}}$$

當σ值未知且母體呈常態分配，可轉換出另一個公式，估計小規模樣本的母體平均值。公式的結果如下。

小樣本且母體標準差未知時，以信賴區間估計μ

$$\overline{X} \pm t_{\alpha/2,n-1} \frac{S}{\sqrt{n}} \tag{8.3}$$

$$\overline{X} - t_{\alpha/2,n-1} \frac{S}{\sqrt{n}} \le \mu \le \overline{X} + t_{\alpha/2,n-1} \frac{S}{\sqrt{n}}$$

$$\text{df} = n - 1$$

公式8.3也可像8.1節的公式一樣用於信賴區間，估計μ值。例如在航太工業中，有些公司讓員工在40小時外累積額外的工作時數。許多經理常工作超過

圖8.5
90%信賴區間的α分配圖

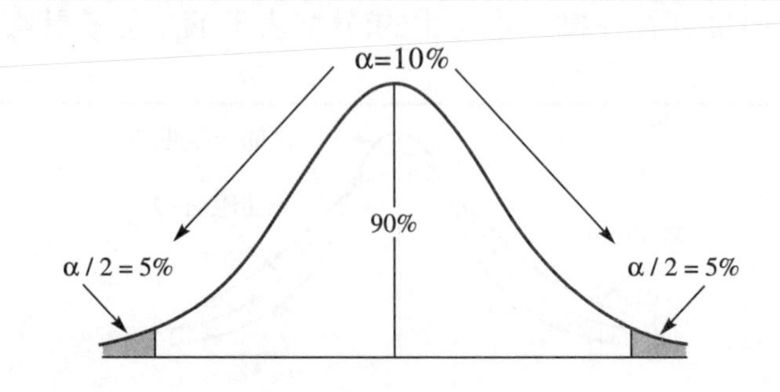

3小時，用來準備提案、督導重要任務或處理文件。記錄超時工作非常重要，許多經理超時工作沒有任何津貼，但超過的時數都登記有案，經理可使用這些時數休假。

假設研究人員想估計航太工業經理每週平均累積的超額工作時數。他隨機抽樣18位經理，估計在某一州內他們加班的時數，得到下面結果（以小時計）。

6	21	17	20	7	0	8	16	29
3	8	12	11	9	21	25	15	16

他們用90%的信賴區間估計航太工業中每位經理每週超時工作的平均時數，並假設加班時數的母體呈常態分配。樣本大小是18，所以自由度df=17。90%的信心水準使各邊曲線尾端的區域爲$\alpha/2$=.05。t值表爲

$$t_{.05,17} = 1.740$$

下一段的數字告訴其他研究人員t分配的曲線右端（信賴區間$\alpha/2$）的範圍和自由度爲何。

樣本平均數爲13.56小時，樣本標準差爲7.8小時。由以上資料算出信賴區間爲

$$\overline{X} \pm t_{\alpha/2,n-1}\frac{S}{\sqrt{n}}$$

$$13.56 \pm 1.740\frac{7.8}{\sqrt{18}} = 13.56 \pm 3.20$$

$$10.36 \le \mu \le 16.76$$

$$\text{Prob}[10.36 \le \mu \le 16.76] = .90$$

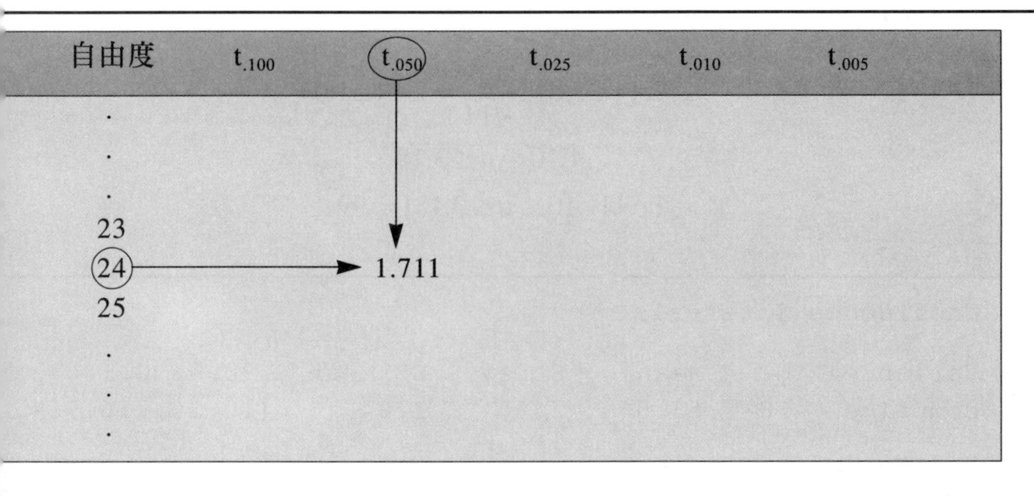

表8.2
t分配

這個問題的點估計為13.56小時，誤差為±3.20小時。研究人員有90%的信心說航太工業經理平均每週累積加班時數介於10.36到16.76小時之間。根據這些統計數字，航太工業的經理可建立一套獎勵制度，或研究如何增進工作效率，進而減少加班時間。

圖8.6是MINITAB電腦計算「加班時間」問題的結果。MINITAB用樣本數據求得樣本平均數和樣本標準差，得到的答案用於信賴區間。電腦套裝軟體有內建的t值表。注意計算結果，像是信賴區間的兩個端點值。SE平均數（SE Mean）是平均數的誤差，由$S/\sqrt{n}=7.8/\sqrt{18}=1.84$求得。

例題8.4

一器材租賃公司的老闆想大約估計平均每日每人每次租賃掘溝機的時間。該公司登錄每項租借器材，但要稽核每筆記錄是不可能。她決定從租借收據中隨機抽樣。隨機抽樣14筆租賃挖溝機的記錄，得到以下數據。老闆將這些數據代入99%信賴區間的式子中，以估計掘溝機平均租賃天數。假設每一項租賃器具在母體中是呈常態分配。

3　1　3　2　5　1　2　1　4　2　1　3　1　1

解答

n=14，df=13，99%的信心水準，得曲線尾端涵蓋範圍$\alpha/2$=.005。t值為

$$t_{.005,13} = 3.012$$

樣本平均數為2.14，樣本標準差為1.29。信賴區間為

$$\overline{X} \pm t\frac{S}{\sqrt{n}}$$

$$2.14 \pm 3.012\frac{1.29}{\sqrt{14}} = 2.14 \pm 1.04$$

$$1.10 \le \mu \le 3.18$$

$$\text{Prob}[1.10 \le \mu \le 3.18] = .99$$

圖8.6 加班時間問題的MINITAB電腦輸出結果

```
Cnofidence Intervals

Variable   N    Mean    StDev   SE Mean    90.0% C.I.
comptime   18   13.56   7.80    1.84      (10.36, 16.75)
```

平均每次租賃的點估計爲2.14天，誤差±1.04天。公司老闆有99%的信心說每次租賃掘溝機的天數介於1.10到3.18天之間。將此數值與變異數一起考慮，能幫助老闆估計此種器具每年的利潤或損失。

問題8.2

8.15假設下列數據是從常態分配的母體中隨機抽樣得到。用95%的信賴區間來估計母體平均數。

40	51	43	48	44	57	54
39	42	48	45	39	43	

8.16假設X是常態分配，運用下列資料代入90%的信賴區間計算μ值。

313	320	319	340
325	310	321	329
317	311	307	318

8.17如果隨機抽樣27項物品，$\overline{X}=128.4$，S=20.6，若信賴區間爲98%，則μ爲多少？假設X是常態分配，點估計值是多少？

8.18隨機抽樣15項，得樣本平均數2.364，樣本變異數爲0.81。假設X是常態分配，建立一個90%的信賴區間，計算母體平均數。

8.19用下列數據建立一個99%的信賴區間，求μ值。

16.4	17.1	17.0	15.6	16.2
14.8	16.0	15.6	17.3	17.4
15.6	15.7	17.2	16.6	16.0
15.3	15.4	16.0	15.8	17.2
14.6	15.5	14.9	16.7	16.3

假設X呈常態分配，則μ的點估計爲何？

8.20最近的調查結果顯示年收益少於10萬美金的小型企業平均每年花費15萬8千美金的廣告費。你想知道是否在你家附近的小型企業花了同樣多的廣告費。隨機抽樣調查22家當地的小型企業，得出平均廣告費用爲14萬美金，標準差爲3萬9千美元。使用樣本資料，建立98%的信賴區間。假設年度廣告費用是常態分配。檢查15萬8千這個全國統計數字。這個值包含在你的信賴區間內嗎？與全國統計值比較，你的區間值有什麼含義？

8.21一個大學諮詢中心每年提供五次準備GMAT考試的服務。該中心主任想從過去五次參加人數算出母體平均數，以其爲依據看是否要再繼續開課。過去五期參加人數有21, 29, 16, 13和22。主任假設參加人數呈常態分配，採用95%的信賴區間及t公式，算出的母體平均數爲何？

8.22近年來，有些速食連鎖店推出低價位的套餐吸引顧客。一家分店把一套餐的價格（包括一個漢堡，薯條，和飲料）訂在$1.71。一週下來的銷售量十分驚人。假設該公司想估計在產品促銷期間，消費者在該分店購買此產品的平均金額。分析師隨機抽樣28位顧客，得到以下數據。用這些數據建立一個90%的信賴區間，算出母體平均數。假設所有花費呈常態分配。

$3.21	$5.40	$3.50	$4.39	$5.60	$8.65	$5.02
4.20	1.25	7.64	3.28	5.57	3.26	3.80
5.46	9.87	4.67	5.86	3.73	4.08	5.47
4.49	5.19	5.82	7.62	4.83	8.42	9.10

8.23一家大型百貨公司的行銷主任希望估計每分鐘平均有多少顧客光臨。她要研究助理隨機抽樣五分鐘，記錄入店的人數。助理得到的數據爲58, 32, 41, 47, 56, 80, 45, 29, 32和78。分析師假設數據是呈常態分配。用此數據建立95%的信賴區間，以其爲樣本，求年平均值、區間值是多少？

8.3 人口比例估計

商業決策者和研究人員常要估計母體比例數。對多數行業而言，估計市場佔有率（在市場佔有的比例）十分重要，因爲許多決策仰賴市場決定。政治民意測驗家想估計他們的候選人得票率；公司行號花了幾千元想估計產品的耗損率。類似8.1節的方法也可用來估計母體比例數。樣本比例數中的中央極限定理導出下列公式：

$$Z=\frac{\hat{p}-P}{\sqrt{\frac{P\cdot Q}{n}}}$$

Q=1−P，記得此公式只有在n · p和n · Q大於5時才可使用。

用代數套入公式算P值必須先解出P。P是分子，也是分母，使公式變得棘手。因此（即為了信賴區間的緣故），$\hat{p}$ 用來取代分母中的P，產生：

$$Z=\frac{\hat{p}-P}{\sqrt{\frac{\hat{p}\hat{q}}{n}}}$$

其中 $\hat{q}=1-\hat{p}$，把P求出來就可以得到公式8.4中的信賴區間。

以信賴區間估計P

(8.4) $$\hat{p}-Z_{\alpha/2}\sqrt{\frac{\hat{p}\hat{q}}{n}}\le P\le \hat{p}+Z_{\alpha/2}\sqrt{\frac{\hat{p}\hat{q}}{n}}$$

其中，

$\hat{p}$ =樣本比例

$\hat{q}=1-\hat{p}$

P =母體比例

n = 樣本大小

在這公式中，$\hat{p}$ 是點估計，而 $\pm Z_{\alpha/2}\sqrt{\frac{\hat{p}\hat{q}}{n}}$ 則為估計誤差。

最近，隨機抽樣87家採用電子行銷系統的公司。研究結果顯示39%的抽樣公司在採購過程中使用電子行銷系統。根據這些數據，研究人員如何估計使用電子行銷系統協助採購的公司所佔母體的比例？

樣本比例數 $\hat{p}$ =.39，也是母體比例數的點估計P。n=87且 $\hat{p}$ =.39，建立95%的信賴區間來估計P。95%信賴區間的Z值為1.96。$\hat{q}=1-\hat{p}=1-.39=.61$。信賴區間估計為

$$.39-1.96\sqrt{\frac{(.39)(.61)}{87}}\le P\le .39+1.96\sqrt{\frac{(.39)(.61)}{87}}$$

$$.39-.10\le P\le .39+.10$$

$$.29\le P\le .49$$

$$\text{Prob}[.29\le P\le .49]=.95$$

結果顯示有95%的機率，可稱這些公司於採購過程中使用電子行銷系統佔.29到.49的比例。點估計為.39，誤差為±.10。該結果有95%的信心水準。

例題 8.5

Coopers & Lybrand調查210家快速成長的小型公司總裁。只有51%的受訪者有管理承接的計劃。Coopers & Lybrand的發言人說除非有重大問題，否則

很多公司都不擔心管理承接的問題。但一公司領導人的突然離職會導致公司亂了方寸而失去動力。用已知的數據建立信賴區間為92%的樣本，計算所有快速成長的小型公司有管理承接計劃所佔的比例為何？

解答

樣本比例數的點估計為.51。51%快速成長的小型公司有管理承接的計劃。點估計隨樣本不同而異，所以要計算出一個信賴區間。

n=210, $\hat{p}$=.51, $\hat{q}$=1−$\hat{p}$=.49。因為信心水準為92%，$Z_{.04}$=1.75。信賴區間為

$$.51-1.75\sqrt{\frac{(.51)(.49)}{210}} \le P \le .51+1.75\sqrt{\frac{(.51)(.49)}{210}}$$
$$.51-.06 \le P \le .51+.06$$
$$.45 \le P \le .57$$
$$\text{Prob}[.45 \le P \le .57] = .92$$

快速成長的小型公司有管理承接的計劃佔母體比例的45%到57%。統計信賴度為92%。

例題8.6

一布料公司生產男牛仔褲，製造出售兩款：一般剪裁或貼身樣式。該公司想估計在奧克蘭市貼身牛仔褲佔售出牛仔褲的比例。分析師從奧克蘭市兩家售有該牌牛仔褲的商店，隨機抽樣212件該牌牛仔褲。其中只有34件是貼身牛仔褲。建立一信賴區間90%的樣本，估計偏好貼身牛仔褲佔母體的比例。

解答

樣本大小212，偏好貼身牛仔褲有34人。樣本比例數$\hat{p}$=34/212=.16。貼身牛仔褲在母體中的點估計為16%。信賴度90%的Z值為1.645。$\hat{q}$=1−$\hat{p}$=1−.16=.84，信賴區間估計為

$$.16-1.645\sqrt{\frac{(.16)(.84)}{212}} \le P \le .16+1.645\sqrt{\frac{(.16)(.84)}{212}}$$
$$.16-.04 \le P \le .16+.04$$
$$.12 \le P \le .20$$
$$\text{Prob}\,[.12 \le P \le .20] = .90$$

分析師算出購買貼身牛仔褲佔母體比例12%到20%，信賴度爲90%。

問題8.3

8.25運用以下樣本資訊，計算信賴區間並估計P值。

a.n=44且$\hat{p}$ =.51；計算99%的信賴區間。

b.n=300且$\hat{p}$ =.82；計算95%的信賴區間。

c.n=1,150且$\hat{p}$ =.48；計算90%的信賴區間。

d.n=95且$\hat{p}$ =.32；計算88%的信賴區間。

8.26運用以下樣本資訊，計算信賴區間以估計母體比例數。X爲樣本中具有某重要特性的項目數。

a.n=116且X=57；信賴度99%。

b.n=800且X=479；信賴度97%。

c.n=240且X=106；信賴度85%。

d.n=60且X=21；信賴度90%。

8.27從母體中隨機抽樣85次，其中40項具有重要特性。運用資訊，算出90%的信賴區間，估計母體中具有重要特性之項目所佔的比例。計算信賴區間爲95%和99%。假設其他樣本資料不變，只改變信心水準，信賴區間有何不同？

8.28一項1990年初的媒體調查顯示55%的美國人認爲美國的銀行體系不健全，共有1,003人接受訪問。利用上述資料，建立99%的信賴區間的樣本，計算所有美國人認爲美國的銀行體系不健全所佔的母體比例。假設調查人數增加到1萬人。什麼是99%的信賴區間？區間有何改變？爲什麼？媒體指出調查誤差爲3%。用訪問1,003人的信賴區間解釋爲什麼該文章認爲誤差值是3%。

8.29最近訪問1,060名女性購物人，發現他們平均每年花$550添購新衣。42%的受訪者說她們在大型商場像Walmart買衣服。15%說她們較少在百貨公司購物。建立95%的信賴區間，估計較常在大型商場買衣服的女性購物人佔母體比例多少？建立90%的信賴區間，算出較少在百貨公司購物的女性佔母體比例多少。

8.30有多少以外帶爲主的披薩店設置沙拉吧？假設要求得答案，隨機抽樣1250

家在電話簿上的餐廳。要是有997家餐廳有沙拉吧，母體比例中98%的信賴區間代表什麼？

8.31 高速公路局想估計在午夜12:00到清晨5:00之間駕駛於25號州際高速公路的18輪大貨車佔所有汽車的比例。估計結果可作爲公路維修參考。假設研究人員花了幾晚在公路不同處計算通行的車輛，3481輛車中有927輛是18輪大貨車。

a.算出18輪大貨車在母體比例的點估計。

b.爲此時段經過25號公路的18輪大貨車的比例建立一個99%的信賴區間。

8.32 超過40歲的飛行員在商務航空公司的飛行員中佔有多少比例？假設研究員拿到一商務航空公司飛行員名單，以此爲依據，她可隨機抽樣飛行員，並與他們聯絡。她調查89位飛行員，其中48位超過40歲。請建立85%的信賴區間，估計商務航空公司飛行員超過40歲者佔多少母體比例？

8.33 根據Runzheimer國際公司，一項針對外派的研究顯示，63%的人基於家庭因素，不願被外派。假設此數據是隨機抽樣672個拒絕外派人員的檔案。用此資料建立95%的信賴區間，計算由於家庭考量而拒絕外派的人員佔母體的比例。

8.4 母體變異數

有時在統計分析中，研究人員對母體變異數比對母體平均數或母體比例數更有興趣。譬如，廠商想保持世界級品質，或與客戶聯絡時，常被要求穩定零件價格，由樣本進行檢定，看看是否能維持變異數。康寧（Corning）運用變異數估計達到零缺點的目標。還有其他情況使研究人員有興趣研究變異數。對許多產品而言，研究產品變異數十分重要。

例如飛機高度計的變化程度要達到最小，只知道一個出產準確高度計的品牌是不夠的。儀器變化程度也非常重要，因此測量高度計的變化程度就更形重要。

引擎中的零件必須完全符合規格。零件之間廣泛的差異性可能造成零件太大或太小而不符規格的情況。但要如何估計它的變異數呢？

第三章中運用下列公式計算樣本變異數

$$S^2 = \frac{\sum(X - \overline{X})^2}{n-1}$$

樣本變異數通常被當作估計值或母體估計的變異數。所以在分母上作調整。利用$n-1$使樣本變異數成爲母體變異數的可靠估計值。

假設研究人員從樣本變異數中估計母體變異數，與從樣本平均數估計母體平均值類似。樣本變異數對母體變異數關係可由卡方分配（χ^2）獲得。如果母體是常態分配的話，樣本變異數（S^2）乘以$n-1$再除以母體變異數（σ^2）的比值近似卡方分配，從公式8.5可看出。

注意：用χ^2計算母體變異數特別重視母體是否呈常態分配。基於這個因素，有些研究人員不把這項方法列入報告中。雖然在導出信賴區間估計母體變異數常用此方法，讀者使用它時還是要特別小心，確定母體是常態分配才行。此法缺乏穩健度。

像t分配一樣，卡方分配會隨樣本大小而改變。它也有自由度值。 卡方分配公式(8.5)的自由度是$n-1$。

(8.5)

$$\chi^2 = \frac{(n-1)S^2}{\sigma^2}$$

$$\text{df} = n-1$$

求單一變異數的卡方公式

卡方分配不是兩邊對稱，圖形會隨自由度改變。**圖**8.7顯示3個不同自由度的卡方分配圖。

公式8.5可以代數重組，以建立估計母體變異數的信賴區間。新公式如公式8.6所示。

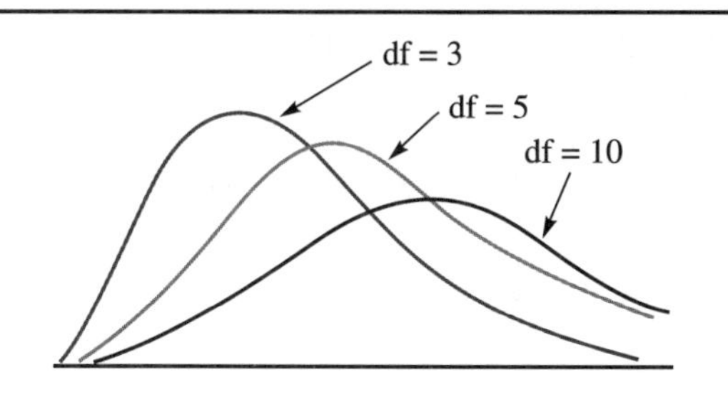

圖8.7 三個卡方分配圖

估計母體變異數的信賴區間公式

$$\frac{(n-1)S^2}{\chi^2_{\alpha/2}} \le \sigma^2 \le \frac{(n-1)S^2}{\chi^2_{1-\alpha/2}} \qquad (8.6)$$

$$\text{df} = n-1$$

α值相當於1減去用小數來表示的信心水準，因此如果要計算一個90%信賴區間的題目，α就是10%，用小數來表示就是α=.10。

此公式如何從樣本變異數推算母體變異數？假設測量8個7公分鋁製汽缸樣本的直徑，得下列值：

6.91 cm
7.01 cm
7.05 cm
6.98 cm
6.93 cm
7.02 cm
7.00 cm
7.01 cm

從上述值估計母體變異數，首先要估計樣本變異數。該值爲S^2=.0022125。如果只要知道點估計，則點估計即爲樣本變異數。但點估計會隨樣本不同而改變，所以要建立一個區間。我們得先知道自由度和卡方值。因爲n=8，df=n−1=7。公式8.6所需的卡方值是多少？假設汽缸直徑呈常態分配。

假設建立90%的信賴區間，α值是1−.90=.10。它是曲線中信賴區間以外的範圍。表A.8值是根據曲線右端分配圖列出。90%的信賴區間，α/2或.05的區域是在分配圖曲線右端而.05則僅出現在曲線左端。曲線右端值可從表中查出來，本題中是7。所以右端的卡方$\chi^2_{.05,7}$等於14.0671。曲線左端的χ^2值則視左端以右的範圍而定。如果信賴區間左邊是.05，則1−.05=.95。這與公式8.6中1−α/2的解釋相符合。左端曲線的$\chi^2_{.95,7}$=2.16735。圖8.8是卡方分配的兩個χ^2的查表值。

將數值代入公式，則可建立一個90%的信賴區間，用以估計7公分汽缸的母體變異數。

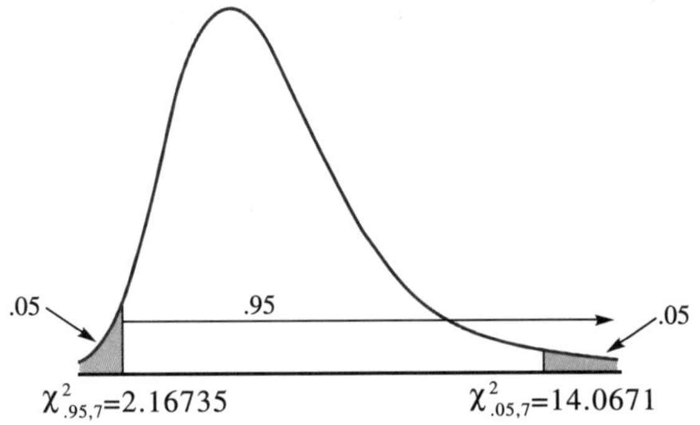

圖8.8
兩個卡方的
查表值

.05 .95 .05

$\chi^2_{.95,7}=2.16735$ $\chi^2_{.05,7}=14.0671$

$$\frac{(n-1)S^2}{\chi^2_{\alpha/2}} \leq \sigma^2 \leq \frac{(n-1)S^2}{\chi^2_{1-\alpha/2}}$$

$$\frac{(7)(.0022125)}{14.0671} \leq \sigma^2 \leq \frac{(7)(.0022125)}{2.16735}$$

$$.001101 \leq \sigma^2 \leq .007146$$

$$\text{Prob}[.001101 \leq \sigma^2 \leq .007146] = .90$$

信賴區間指出在90%的信賴度中，母體變異數會介於.001101和.007146之間。母體變異數出現在此區間的可能性為.90。

例題8.7

最近一項在美國的調查顯示每個家庭花在幼兒看護的金額為每年$2,800，假設該數據由25位家長調查中獲得且樣本標準差為$755，利用該資訊找出一95%的信賴區間，以估計美國家庭每年花在幼兒看護金額的母體變異數，假設全國花在幼兒看護的金額為常態分配。

解答

S=755，得樣本變異數S^2=570,025。這也是母體變異數的點估計。因為樣本大小n=25，則df=n−1=24。95%信賴度使α=1−.95=.05。把這個值拆開來計算曲線各端的卡方分配：α/2=.025。從表A.8中得

$$\chi^2_{.025,24}=39.3641$$

$$\chi^2_{.975,24}=12.4011$$

根據上述資料，便可決定信賴區間。

$$\frac{(n-1)S^2}{\chi^2_{\alpha/2}} \le \sigma^2 \le \frac{(n-1)S^2}{\chi^2_{1-\alpha/2}}$$

$$\frac{(24)(570,025)}{39.3641} \le \sigma^2 \le \frac{(24)(570,025)}{12.4011}$$

$$347,540 \le \sigma^2 \le 1,103,176$$

$$\text{Prob}[347,540 \le \sigma^2 \le 1,103,176] = .95$$

我們有95%的信心說美國父母每年花費的母體變異數介於$347,540到$1,103,176之間。

問題8.4

8.34根據以下的樣本建立信賴區間。假設數字是從常態分配母體中取得。

a. $n = 12$, $\overline{X} = 28.4$, $S^2=44.9$；σ^2的信賴度爲99%。
b. $n = 7$, $\overline{X} = 4.37$, $S=1.24$；σ^2的信賴度爲95%。
c. $n = 20$, $\overline{X} = 105$, $S=32$；σ^2的信賴度爲90%。
d. $n = 17$, $S^2 = 18.56$；σ^2的信賴度爲80%。

8.35用下列的樣本資料估計母體變異數。以點估計計算98%的信賴區間。假設資料是常態分配。

27	40	32	41	45	29	33	39
30	28	36	32	42	40	38	46

8.36州際職業安全機構會議公布美國人實際上班時數減少到每週只有35小時，主要是因爲工讀人數增加。假設隨機抽樣20名員工，樣本標準差爲4.3小時。假設每週工作時數在母體中呈常態分配。以此數據爲樣本，建立98%的信賴區間，計算工人每週工作時數的母體變異數。點估計爲多少？

8.37一製造公司生產鋼鐵條。某次生產兩萬條，規格爲46公分長，3.8公分寬。從中抽樣15條並測量長度，結果如下。用此數據估計鋼條的母體變異數。假設長度在母體中是常態分配。建立一99%的信賴區間，討論結果。

44 公分	47 公分	43 公分	46 公分	46 公分
45 公分	43 公分	44 公分	47 公分	46 公分
48 公分	48 公分	43 公分	44 公分	45 公分

8.38假設隨機抽樣14個年齡介於30–39歲之間的人，調查其家庭收入，結果如

下。用此數據算出點估計值，並建立一95%的信賴區間。假設家庭收入呈常態分配。

$32,500	$39,800
28,500	31,900
37,300	27,400
23,000	36,200
41,600	33,500
35,200	27,000
30,500	31,800

8.5 估計樣本大小

對使用樣本統計來推算母體的企業研究而言，估計樣本規模十分重要。不論是投注大筆金錢研究消費者品味的企業，或是學生發問卷進行案例研究，都需要樣本規模估計。信心水準、樣本誤差，估計區間寬度，都與樣本規模息息相關。要是一大型企業進行市調，應該取樣4000人或40人？由於考慮到價格，研究人員只需要抽樣調查所需人數。

估計μ時的樣本規模

研究中如要估計μ值，樣本規模可用Z公式求n。

$$Z = \frac{\overline{X} - \mu}{\frac{\sigma}{\sqrt{n}}}$$

$\overline{X}$與μ的不同處在於抽樣過程中的誤差值。$E=(\overline{X}-\mu)$=估計誤差。把E代入之前的公式，得

$$Z = \frac{E}{\frac{\sigma}{\sqrt{n}}}$$

解出n得樣本大小。

估計μ時所需的樣本大小	$$n=\frac{Z_{\alpha/2}^2\sigma^2}{E^2}=\left(\frac{Z_{\alpha/2}\sigma}{E}\right)^2 \quad (8.7)$$

有時估計樣本規模，母體變異數是已知。或可由之前的研究推斷出來。有時是母體變異數未知，必須要先求出解才能決定樣本規模。可用下列估計值代替σ。

$$\sigma=\frac{1}{4}\text{全距}$$

此估計由經驗法則得出。大約95%常態分配的值在平均數之間。大部分的值都落在這個範圍中。

使用公式8.7，研究人員能估計研究所需的樣本規模。例如，假設一個研究員估計在芝加哥的家庭平均每月花多少錢買麵包。她希望對結果有90%的信心。多少的誤差是她能接受的？假設她希望估計值與實際花費的差不超過$1.00，平均每月購買麵包的標準差爲$4.00。本題樣本規模大小是多少？90%信賴區間的Z值爲1.645，利用公式8.7及已知的E=$1.00，$\sigma$=$4.00，Z=1.645，可得：

$$n=\frac{Z_{\alpha/2}^2\sigma^2}{E^2}=\frac{(1.645)^2(4)^2}{1^2}=43.30$$

換言之，至少必須隨機抽樣n=43.3個單位才能達到90%的信賴度並讓標準差在$4.00下的誤差能在$1.00以內。抽樣43.3個單位是不可能的，因此把小數點去掉並進位而成n=44個單位。

在這個估計樣本數方法中所做的假設是我們把估計誤差看成是統計值（本例中爲$\overline{X}$）和參數值（本例中爲μ）之間的差額，該誤差可能是雙向的，也就是說統計值可能大於參數值也可能小於它，因此誤差值E，實際上應該是±E。所以當提到研究員希望把每月買麵包的金額與實際金額差距訂在$1.00時，就是研究員容許$1.00的差距。又稱區間邊界。

有些研究員喜歡把差額視爲信賴區間的距離。區間寬度我們稱爲W。信賴區間值是在點估計加減誤差值。區間等於誤差值的兩倍。W=2E，E=W/2。所以在有區間寬度的情況下，估計μ的樣本規模公式爲

$$n=\left(\frac{Z\sigma}{\frac{W}{2}}\right)^2=\left(\frac{2Z\sigma}{W}\right)^2=\frac{4Z^2\sigma^2}{W^2}$$

注意該公式中有個括號內的2是公式8.7沒有的。但W=2E，所以產生同樣的樣本規模估計。麵包的問題中，區間寬度爲$2.00，用區間寬度來決定樣本規模。

$$n=\left(\frac{2(1.645)(4)}{2}\right)^2=43.30$$

用哪種方法或等式其實是個人偏好。如果樣本規模限定在一定數量，誤差值E即爲已知。要是信賴區間寬度不能大於一定數量，則W爲已知。

例題8.8

假設你要估計目前飛行美國境內的波音727的平均機齡，希望有95%的信心說估計值與實際值差兩年。727型客機30年前推出，但你認爲現存美國境內的727客機機齡不超過25年。你採取的樣本規模該多大？

解答

本題中，E=2年，95%時Z值爲1.96，σ未知，所以要用σ≈(1⁄4)・(全距)。機齡全距爲0–25年。σ = (1⁄4)(25) = 6.25。利用公式8.7：

$$n=\frac{Z^2\sigma^2}{E^2}=\frac{(1.96)^2(6.25)^2}{2^2}=37.52$$

因爲不能取37.52%爲樣本，所以樣本規模應爲38。如果隨機抽樣38架飛機，有95%的信心說現存727的平均機齡與實際數字只差兩年？如果要改成一年(E=1)，則樣本規模估計值變成

$$n=\frac{Z^2\sigma^2}{E^2}=\frac{(1.96)^2(6.25)^2}{1^2}=150.1$$

注意，減少一半的估計差會增加四倍的樣本規模。因公式8.7用到平方。如果誤差減少爲原來的一半，就必須增加四倍的樣本估計費用。

注意：當σ未知時，用t分配來估計小型樣本規模的方法沒有在此出現，因必須要知道樣本規模才能找t值，爾後才決定抽樣大小。這是雙向的關係。

估計P時決定樣本規模大小的方法

決定樣本規模得要知道母體比例P。從計算樣本比例的Z公式著手。

$$Z=\frac{\hat{p}-P}{\sqrt{\frac{P\cdot Q}{n}}}$$

其中$Q=1-P$。

因從母體抽樣不同的樣本，$\hat{p}$ 很少會等於母體比例值P。結果造成估計錯誤，即 $\hat{p}$ 與P之間的差異為估計誤差。令$E=\hat{p}-P$。

$$Z=\frac{E}{\sqrt{\frac{P\cdot Q}{n}}}$$

求n得樣本規模。

估計P時的樣本規模

$$n=\frac{Z^2PQ}{E^2} \quad (8.8)$$

其中，

P=母體比例
Q=1−P
E=估計誤差
n=樣本大小

公式中需要P值且研究結果就是要求P值，如何能在研究前就決定n值？雖然眞正的P在探討前未知，但可藉類似的研究大略估算出P值。若沒有先前的資料可用來估計P值，表8.3的值可列入考慮。

PQ是樣本規模公式中分子的位置，P=.5。產生的樣本規模最大。要是P未知，研究員用.5代入公式8.8算P值。當Z值已知，誤差值已知，採用.5值可由

表8.3 不同的特定P值所產生的PQ值

P	PQ
.5	.25
.4	.24
.3	.21
.2	.16
.1	.09

公式8.8產生最大的樣本規模。

如果採用區間寬度代替誤差值，W=2E，E=W/2，當要估計母體比例時，決定樣本大小的公式變成

$$n = \frac{Z^2 PQ}{\left(\frac{W}{2}\right)^2} = \frac{4Z^2 PQ}{W^2}$$

例題8.9

Hewitt公司進行一項全國調查，研究老闆鼓勵員工運動的程度。其中一個問題是公司提供運動課程嗎？假設在研究進行之前就估計不超過40%的公司會回答肯定答案。Hewitt的樣本規模需要多少才能對結果有98%的信心，並維持母體比例誤差於.03之內？

解答

此問題的E值爲.03。因爲不超過40%的公司會回答「是」，所以P=.40，98%的信心區間得Z值爲2.33。將數值套入公式8.8得：

$$n = \frac{(2.33)^2(.40)(.60)}{(.03)^2} = 1447.7$$

Hewitt要抽樣1,448家公司才能對結果有98%的信心，並把誤差訂在.03。

例題8.10

The Packer公布一份美國人食用農產品的習慣報告。最近一項調查顯示2/3的美國人去年一年嘗試過新的農產品。假設一農產品組織想調查美國人是否比一年前吃更多的蔬菜水果。組織人員希望對結果有90%的信心，並把估計差額訂在.05。抽樣大小該取多少？

解答

E值爲.05。因爲沒有近似值說多少人會回答「是」。所以把P訂在.50。90%的信賴區間值爲±1.645。求n得

$$n = \frac{Z^2 PQ}{E^2} = \frac{(1.645)^2(.50)(.50)}{(.05)^2} = 270.6$$

組織人員希望對結果有90%的信心，並將誤差訂在.05，此組織至少要抽樣271位顧客。

除了把估計誤差訂在.05，該組織可要求估計區間不得超過.10。在此範圍

內答案相同。

$$n = \frac{4Z^2PQ}{W^2} = \frac{4(1.645)^2(.50)(.50)}{(.10)^2} = 270.6$$

問題8.5

8.39估計下列μ所需要的樣本。

a.95%信賴度，且σ=36，E=5。
b.99%信賴度，且σ=4.13，E=1。
c.90%信賴度，且σ=17，W=4。
d.值域在80到500之間，誤差在10以內，且信心水準爲90%。
e.值域在50到108之間，誤差在3以內，且信心水準爲88%。
f.值域在10到52之間，區間距離在5以內，且信心水準爲98%。

8.40估計下列P所需要的樣本。

a.E爲.02、P約爲.40且信心水準爲96%。
b.誤差在.04以內、P未知且信心水準爲95%。
c.W爲.06、P約爲.56且信心水準爲98%。
d.誤差在5%以內、P約爲55%且信心水準爲90%。
e.信賴區間寬度在.02以內、P未知且信心水準爲99%。

8.41一行員想知道平均每月客戶存款的金額。他覺得使用信賴區間對研究很有幫助。假設希望信賴度爲99%，誤差值爲$200，則他該抽樣多少人？假設所有客戶儲蓄金額的標準差約爲$1000。

8.42假設你注意一家航空公司的股票多年，有興趣研究每日股價的變化，並成功地獲得研究資料。但你不希望將10年來每日的股價加以平均，所以決定隨機抽樣取平均值。你希望對結果有90%的信心，且估計值與實際價差不到$2.00。股價在此十年中標準差約爲$12.50。你的樣本規模該是多少？

8.43一群投資人希望開速食連鎖店。估計未來設備費用時，也必須把電費列入考慮。他們決定抽樣其他的速食店連鎖店，估計每月電費。想要對結果有90%的信心，且估計寬度不超過$200。 他們估計出電費介於$600到$2500之間。該抽樣多少家速食店呢？

8.44假設某製造廠向一供應商購買特定的零件。生產部的經理希望能估計瑕疵品佔所有零件的比例。她認爲瑕疵品的比例不超過20%，且希望對估計結果有90%的信心。她該取樣多少？

8.45財星雜誌調查的500家公司中，辦公桌上有電腦的秘書佔了多少比例？可進行隨機抽樣。如果希望對結果有95%的信心，且信賴區間寬度不超過.10，樣本規模該爲多少？假設沒有人知道實際比例爲何。

8.46在大型用品店逛街購物的顧客有多少人眞正購買了大量商品？假設對答案的信心指數介於10%到95%，則該抽樣多少？假設購買大量商品的人不超過50%。

決策難題解決之道

關於生產力、報酬和福利的調查報告

全國企業平均年薪的報告是由隨機抽樣調查得到。本章8.1和8.2節適用於估計母體平均數。大部分的情況中，母體變異數和母體標準差未知，而由樣本變異數和樣本標準差取而代之。要是樣本規模小，而母體標準差未知，可使用t分配。使用t分配時，母體數值呈常態分配。許多研究人員把信賴度至少訂在90%。當信賴度增加，其他數字維持不變，則信賴區間越寬，誤差越大。樣本規模擴大，誤差便縮小。

「決策難題」中提到隨機抽樣調查63家公司，得到安全部經理的平均年薪爲$79,900。這只是母體平均數的點估計。隨機抽樣另外63家公司，得到的答案可能又不同。假設薪資樣本的標準差爲$5,500。95%的信賴區間得到

$$79,900 \pm 1.96\frac{5,500}{\sqrt{63}} = 79,900 \pm 1,358$$

因此，Edward Perlin公司所提出的點估計誤差爲±1,358。

一項針對1200名員工所做的調查發現，37%的人認爲公司督導不周。樣本中37%的人這麼認爲，它只是母體比例的點估計。

$$.37 \pm 1.96\sqrt{\frac{(.37)(.63)}{1200}} = .37 \pm .027$$

用上述資料建立一個95%的信賴區間，.37爲點估計。誤差值爲2.7%。

調查231位人力資源專家，發現其中12.12%人認爲管理績效是報酬與福利部經理最頭

痛的問題。.1212實際上是點估計。以此資料，建立一個90%的信賴區間，估計持相同看法的人力資源專家佔母體的比例。

$$.1212 \pm 1.645\sqrt{\frac{(.1212)(.8788)}{231}} = .1212 \pm .035$$

信賴區間包括誤差值.035。所以在小於90%的信賴區間中，誤差值爲±3.5%。要是樣本大小爲1,200，誤差可減少到.015。增加5倍以上的樣本規模，誤差就會減少2.3。

決定樣本規模時，公司必須考慮可接受的誤差值大小和信賴區間。這些變化會影響研究經費。可接受的誤差愈小，所需樣本規模愈大，增加樣本規模即增加公司花費。如果費用是考慮因素，決策者得在誤差忍受最大範圍內，取得有用的資料。要是信賴區間增加，樣本規模也會擴大，進而增加費用。

結語

本章的重點是從樣本統計中估計母體參數。討論由不同規模的樣本來估計母體平均數、母體變異數及母體比例。此外，也討論如何決定樣本規模。

有時應用在商業上研究新產品，或未測試之產品，或母體資訊未知的情況下，此時樣本或母體估計的資料便十分重要。可透過點估計或區間估計得到答案。點估計是樣本中的一個估計值，是母體中的一個參數。只用點估計是行不通，因爲它隨樣本改變而改變。區間估計是從樣本中算出一個數值範圍，研究人員有信心母體參數會包含在此範圍內。常用的信心水準有90%，95%，98%和99%。譬如95%的信心水準是指隨機抽樣100個區間，其中95個會包含母體參數，其他5個則否。要是增加準確度，其他因素維持不變，則信賴區間會變寬。當樣本規模大時，估計母體平均數可用樣本標準差約略估計母體標準差。

但如果樣本規模小，且母體標準差未知，應該採用t分配取代Z分配。使用t分配時，樣本之母體必須爲常態分配。利用t檢定估計母體平均數的方法稱得上穩健，它很難察覺違反假設狀況的微小變化。母體變異數可利用樣本變異數及卡方分配來估計，估計母體變異數的卡方法並不穩健，但對於違反母體呈常態分配的假設較爲敏感。因此，使用此法得特別小心。

第七章的公式是由中央極限定理導出，能變化公式用來估計大型樣本規模。若母體標準差未知，要決定計算母體平均數時所需的樣本大小可以四分之一的全距做為母體標準差的估計值。估計母體比例數須知母體比例值。母體比例數是所要估計的參數，即是一未知數。也可使用類似的母體比例數來決定樣本規模。如果沒有，使用.50的值（其他變數維持不變）將產生最大的樣本規模。決定樣本規模主要是給研究人員一個指引方向。研究與經費息息相關。通常抽樣規模大，花費也較多。

重要辭彙

區間邊界	t分配	卡方分配	樣本大小估計
穩健	點估計	區間估計	估計誤差
自由度（df）			

公式

估計μ的Z公式

$$\overline{X} - Z_{\alpha/2}\frac{\sigma}{\sqrt{n}} \le \mu \le \overline{X} + Z_{\alpha/2}\frac{\sigma}{\sqrt{n}}$$

利用有限修正因子來估計μ的Z公式

$$\overline{X} - Z_{\alpha/2}\frac{\sigma}{\sqrt{n}}\sqrt{\frac{N-n}{N-1}} \le \mu \le \overline{X} + Z_{\alpha/2}\frac{\sigma}{\sqrt{n}}\sqrt{\frac{N-n}{N-1}}$$

估計μ的信賴區間：小樣本且母體標準差未知

$$\overline{X} - t_{\alpha/2}\frac{S}{\sqrt{n}} \le \mu \le \overline{X} + t_{\alpha/2}\frac{S}{\sqrt{n}}$$

$$\text{df} = n-1$$

估計P的信賴區間

$$\hat{p} - Z_{\alpha/2}\sqrt{\frac{\hat{p}\hat{q}}{n}} \le P \le \hat{p} + Z_{\alpha/2}\sqrt{\frac{\hat{p}\hat{q}}{n}}$$

估計母體變異數的信賴區間公式

$$\frac{(n-1)S^2}{\chi^2_{\alpha/2}} \le \sigma^2 \le \frac{(n-1)S^2}{\chi^2_{1-\alpha/2}}$$
$$\text{df} = n-1$$

估計μ時所需的樣本大小

$$n = \frac{Z^2_{\alpha/2}\sigma^2}{E^2} = \left[\frac{Z_{\alpha/2}\sigma}{E}\right]^2 \quad 或 \quad n = \frac{4Z^2_{\alpha/2}\sigma^2}{W^2}$$

估計P時所需的樣本大小

$$n = \frac{Z^2_{\alpha/2}PQ}{E^2} \quad 或 \quad n = \frac{4Z^2_{\alpha/2}PQ}{W^2}$$

個案

KL Spring & Stamping公司

KL Spring & Stamping Coporation是來自芝加哥，一家生產汽車零件的製造公司。像其他汽車供應商一樣，1980年代初期KL Spring也面臨許多問題。對外而言，產品的需求量大幅減少，高達50%至75%。像是汽車彈發條就由電動的取代。對內而言，公司似乎欲振乏力。KL Spring無法在價格競爭激烈的市場熬出頭。

但在1980年代中、末期，美國汽車工業有了轉變。低價策略不再是致勝的唯一法寶。新市場中，品質、及時運送、控制成本、技術支援和資源管理成了評分指標。競爭十分激烈，很多公司拒絕挑戰，紛紛關門大吉。

KL Spring接下了挑戰，進行生產力和生產過程改革。鼓勵員工參與。建立獎勵制度，施行產品改進專責制。資本財再次投資。公司將資源發揮最大效用，並進行員工交叉訓練。這些改革爲KL Spring帶來了好處。KL Spring得到的獎項包括Eaton Corp. Supplier Certification Award，the General Motors Mark of Excellence Award，也是第一家從AT&T Omaha Works榮獲the Certified Quality Vendor Award 的公司。

其他獎項也接二連三到來。十年之間，銷售量幾乎成長三倍。KL Spring成爲世界級的汽車供應商，因爲它尊重員工，並從員工的奉獻與智慧中獲利。

討論

透過全面的品質改進，KL Spring才能在1980年代汽車工業不景氣時存活下來。假設你負責記錄品質改良，並已掌握市場和顧客資訊好做成直條圖評估進度。假設以下是收集到的資訊。分析資料並就KL Spring在下列項目表現的狀況加以說明。

假設隨機抽樣77位購買汽車發條的顧客，其中28位在去年一年中曾購買KL Spring的產品。運用本章討論過的估計方法，算出KL Spring在汽車發條市場佔有的比例。

假設公司對去年一年購買KL Spring產品的顧客進行滿意度調查。隨機抽樣115個調查結果並分析之。下列是四個問題與回答。

1.大致而言，產品有及時送達嗎？

是63，否52

2.KL Spring的聯絡人員有禮貌嗎？提供的資訊有幫助嗎？

是86，否29

3.你會向他人推薦KL Spring嗎？

是101，否14

4.整體而言，你對KL Spring滿意嗎？

是105，否10

用本章學到的方法，從資料中算出母體比例數。

從進行品質改進後，KL Spring在員工態度上做了多少改革？假設隨機抽樣9名員工，並在一獨立測 試機構的監督下完成員工滿意度調查。調查中，員工要回答的問題以5分計算；1是極不滿意，5是非常滿意。假設問題的答案是常態分配。使用本章學到的方法，分析問題調查的結果。

問　題	平均數	標準差
1.身爲公司的一員，你受到的待遇公平嗎？	3.79	.86
2.公司有給你適當的訓練嗎？	2.74	1.27
3.管理階層在做生產決策時，有認眞考慮你的意見嗎？	4.18	.63
4.你的工作環境舒適嗎？	3.34	.81
5.你的工資合理嗎？	3.95	.21

汽車行業中，購買KLSpring產品的平均年度消費金額是多少？假設訪問到34位顧客，平均每年花$12,885購買KL Spring的產品，標準差是$2,745。用此數據估計購買KL Spring

產品的年平均花費。假設你要將這些資訊呈交給公司經理，你會怎麼說？這些數字如何幫助公司策劃未來？行銷部門如何應用這些數字？

假設KL Spring想隨機抽樣發條，估計有瑕疵的發條所佔的比例。假設經理百分之百的確定有瑕疵的發條數不超過5%，他們該抽樣多少？

道德省思

估計

利用樣本統計學估計母體參數，亦會引發道德上的議題。許多研究和廣告用點估計當作母體參數。不像估計信賴區間會聲明誤差值，這些點估計會隨樣本改變而改變。如果斷言點估計就是母體參數而不加說明，是不道德的做法。

若母體的數據並非常態分配，卻將t公式誤用在小規模樣本分析中也十分令人憂慮。雖然有些研究顯示t公式分析穩健，研究人員仍要特別小心不要違反t公式的使用規則。使用卡方分配估計母體變異數最有可能出錯，因爲此法對數據爲常態分配的假設特別敏感。

第9章

統計推論：單一母體的假設檢定

學習目標

第九章的主要目標是學習如何檢定單一母體的假設，讓你能夠：

1.瞭解假設檢定並知道如何建立虛無假設（Null Hypothesis）和對立假設（Alternative Hypothesis）。

2.瞭解型一和型二誤差，並學習解決型二誤差。

3.用大型樣本檢定單一母體平均數和單一母體比例數的假設。

4.σ未知且母體呈常態分配，用小型樣本檢定單一母體平均數的假設。

5.檢定單一母體變異數的假設。

決策難題

商業推薦

每天數百萬的消費者都在交換有關產品和服務的資訊，我們需要這種資訊協助我們做購買決定。我們接受到的是其他消費者的主觀意見、個人經驗或其他資訊，這種口耳相傳的資訊最主要的因素就是要相信消息來源。企業能瞭解這種推薦力量的效力是很重要的。

白宮消費者事務處在一項研究中發現90%不滿意的消費者不會再與同一家公司做生意。此外，不滿意的顧客還會把他不愉快的經驗至少和九個人分享。紐約市Mediamaek Research Inc.做一份研究，發現50%的美國人在購買產品前會向他人詢問意見。另外40%的人說別人在購買產品前會徵求他們的意見。密蘇里的Maritz市場研究，調查成年人購買何種產品／服務時會徵詢他人意見，46%的人回答找醫生看病，44%的人找技工，42%的人找律師，38%的人則在找餐廳慶祝時會徵詢。

有些出意見的人十分具有影響力，他們的建議新奇，且本身的活動力與專業見解使他們自然而然成爲有影響力的顧問。大約全美10%的成年人屬此類。Report Starch Worldwide和The Atlantic Monthly發表的報告顯示有影響力的人勇於嘗試，他們品嚐新餐廳，開發新的旅遊景點，活躍於工作與社交場合，寵愛自己。企業要成功，得找尋「具影響力」的人，博取他們的好感。

「具影響力的人」每年平均向5.0人推薦餐廳。以下是他們向他人推薦的平均數目，數據由Roper Starch Worldwide, Inc. 彙整公布。

產品或服務	推薦的平均次數
辦公設備	5.8
渡假地點	5.1
TV秀	4.9
零售商店	4.7
服飾	4.5
消費性電子產品	4.5
汽車	4.1
股票、共同基金、CD等	3.4

管理及統計上的問題

1. 每個在「決策難題」的數值是從樣本研究推算公布。如果我們對數值有疑問，展開研究，該如何檢定結果？研究要註明日期嗎？適用於所有市場區隔（地域上，經濟上）嗎？該如何知道這些結果適用於目前市場？
2. Roper Starch Worldwide列出每年具影響力人士推薦的產品與服務平均數。假設數字爲業界人士所接受，該如何檢定數字結果？如果隨機抽樣具影響力的人士，發現得出的結果與先前的不符，該把數字列入考慮嗎？要有多少差異才能拒絕該主張？這項研究有沒有可能犯錯？
3. 白宮消費者事務處的研究中，Mediamark Research和Maritz Marketing Research產生不同的「口耳相傳」宣傳比例。此數值必爲眞嗎？數值是根據樣本資訊求得，可能是點估計。估計可能有誤嗎？如何知道數值（可能爲母體參數）爲眞？不同母體間會有差異嗎？
4. 假設你對口耳相傳的宣傳、商業推薦或影響力有自己的一套理論，那麼你要如何測試理論的眞實性？

假設檢定是推論統計的核心，用統計數字「證明」成立或不成立。統計假設的例子可能像一藥廠找出證據證明新藥劑比舊的有效、46%的人在找醫生看病之前會向他人徵詢意見、具影響力的人平均每年向他人推薦購物商場4.7次等等。其他在決策難題的例子可用假設檢定法來檢驗。假設檢定可應用在生活的各個層面，像是教育、心理學、行銷、科學、法律和醫學領域。

9.1 假設檢定之介紹

假設檢定（hypothesis test）是最著名的統計機制。假設研究人員可透過假設建構問題，用統計證明不同的檢定理論。1994年3月美國勞工局公布德國工人平均每年休假30天的統計數字。如果國際研究員假設此數值每年不同，要如何檢定結果？如果資金充足，他們可能會訪問每位德國工人，於年終時調查他們的休假天數。但研究員較可能採行隨機抽樣，收集數據，得到結論。他們可能使用假設檢定方法，假設檢定是個包含數個步驟的過程。

假設檢定的步驟

大部分的研究員在作假設檢定時會採用以下的步驟：

1. 建立假設：指出虛無與對立假設。
2. 決定合適的統計檢定及抽樣分配。
3. 列舉型一的誤差比率。
4. 說明決策法則。
5. 收集樣本數據。
6. 計算檢定統計值。
7. 陳述統計結論。
8. 做出管理決策。

決定虛無假設和對立假設後，研究人員可選擇合適的統計檢定和抽樣分配，這過程牽涉到將收集到的資料層級以及欲分析的統計型態找出一對應的統計檢定，在本章以及第十、十六章會告訴你各種統計檢定及所對應的抽樣分配和在哪種特殊狀況下使用，特別的統計檢定有其一定的假設，這是在作檢定前須注意的。

研究人員的下一步就是要指出型一誤差率，也就是α。α有時也指風險的程度，它是犯了型一誤差的機率，這在之後會討論。第四步是說明決策法則，把α、統計檢定型態、及樣本分配應用在一起，就可以得到臨界值，臨界值可以查表得到，並作爲是否拒絕或接受虛無假設以達到統計決策的標準。研究人員不該在進行前四項假設檢定步驟之前就收集資料，但研究人員常常一開始就收集資料然後才決定要對資料作哪些後續行動。

收集資料時，研究人員不妨留意一下第七章所提到的隨機抽樣技巧，要注意的是建構一個分析架構、決定抽樣技巧並設計衡量方法，研究人員也應該盡量避免非抽樣性的誤差。資料收集完後，檢定的統計值可從個案研究的資料以及所研究的參數（平均數、比例數等）假設值兩者中計算出，使用先前建立的決策法則以及檢定統計值，研究人員可得出統計結論，在所有的假設檢定中，研究人員必須對是否要拒絕或是不拒絕虛無假設做出最終結論，從該資訊中，對於所研究的現象就能得到一個管理上的決策。例如，如果假設檢定過程得到的結論是：目前搭火車的乘客其年齡比過去有更年長的趨勢，主管可能會決定對這些較年長的乘客提供優惠措施或是找出一套能夠吸引年輕乘客搭乘的策略。

虛無和對立假設

假設檢定是否成立的第一步是建立虛無和對立假設，虛無假設以H_0表示，而對立假設以H_a表示，建立虛無和對立假設可能是容易令人混淆且感到挫折的步驟。

虛無假設和對立假設互相對立，對立假設經常包含要研究的問題，而虛無假設則是對立假設的反方，假設檢定的過程以若非虛無假設成立則對立假設成立的方式架構，但只有一方會成立。一開始都是假設虛無假設是成立的，接著收集並檢視資料以決定是否有充分的證據拒絕虛無假設的存在。當研究人員欲檢定某產業標準或一廣泛接受的值，該標準或值會先假設爲眞而成爲虛無假設。虛無（Null）在這裡是指無新的事物，也就是說除了此標準或值外沒有新的標準或值，研究人員所擔負的重任就是從收集的資料中，證明虛無假設是錯的（即不成立），這就好像在法庭中直到證明犯人有罪之前，他都是清白的一樣；在法庭上，被告在審判前都假設是清白的（假定虛無假設是對的），審判中證據會呈上（收集資料），如果有充分的證據證明不是清白的，被告就是有罪（虛無假設被推翻），如果沒有充分的證據證明有罪，檢察官就不能證明被告有罪，但是他們也無法證明被告是眞正清白的。一般而言，研究人員有興趣證明的是對立假設的內容，但某些情況下則相反。

假設飲料公司的可樂一罐12盎司。但只有在完美的情況下才可能裝滿12盎司。品管人員懷疑有機器故障，便以此爲假設，證明它成立。虛無假設是機器沒問題，平均一罐裝滿12盎司。對立假設是機器有問題，無法裝滿一罐12盎司可樂。虛無假設和對立假設如下：

$$H_0: \mu = 12 \text{ 盎司}$$
$$H_a: \mu \neq 12 \text{ 盎司}$$

假設檢定過程中，假設虛無假設爲眞，則每罐平均有12盎司的可樂。品管人員隨機抽樣幾罐。如證據充足（可樂量過多或過少），則虛無假設被推翻。我們一則推翻虛無假設，一則無法推翻虛無假設。無法推翻虛無假設並不代表接受虛無假設，因爲尚未證明它爲眞。只能說要推翻的虛無假設證據不足，所以無法駁回。

又例如研究人員想要檢定德國的製造工人平均年假是否不超過30天，此例中虛無假設爲：年假平均數等於30天，而對立假設就是年假平均數不爲30天。

$$H_0: \mu = 30 \text{ 天}$$
$$H_a: \mu \neq 30 \text{ 天}$$

首先假定年假的平均數等於30天，接著收集資料以檢定。如果證據足夠顯示平均數小於或大於30天，則可得到拒絕虛無假設的結論。如果無足夠證據證明不等於30天，則虛無假設就不能被拒絕。這種情形下，我們也無法證明假期就是30天，只是我們不能否定罷了。

注意在建立虛無和對立假設時，等式必須放在虛無假設的式子中。此外，兩假設之一必須完全符合研究問題。上述兩例的等式都是在虛無假設中。在飲料公司案例的研究問題中如果要瞭解是否生產過程中控制不當，則對立假設涵蓋了這個假定。在年假問題中，對立假設說明了研究問題的目的在於證明平均年假不等於30天。

接受與拒絕區間

設立虛無假設與對立假設後，要決定虛無假設是否會被推翻。可樂罐的例子中，研究人員要取樣多少才能推翻虛無假設？常理判斷所有的罐子裝滿剛好12盎司的可樂是不實際的。應該是「平均」12盎司較合理。要是樣本平均數爲11.99盎司，則虛無假設被推翻了嗎？決定了虛無假設和對立假設之後，研究人員在檢定過程中要建立拒絕區間。圖9.1是飲料的常態分配圖。平均數在中間，拒絕區間在兩端。這裡分配平均數爲12盎司，拒絕區間在兩端，因爲這是唯一推翻虛無假設H_0: μ=12的方法。

每個拒絕區間是由一個稱做臨界值的點將其與分配的其餘部份區隔，如果從資料計算出的結果得出一個在臨界值之外拒絕區間內的計算值，則虛無假設被推翻，其它不在拒絕區間內的部分，也就是抽樣分配的其他範圍，稱爲非拒絕區間。

型一與型二誤差

當虛無假設爲眞，但被推翻時就會產生型一誤差。從母體隨機抽樣時，很可能抽到邊緣分布。以飲料爲例，研究人員很可能從最少量的飲料罐中抽樣50罐，也可能從最多量的飲料罐中抽樣50罐。即使平均罐裝12盎司的汽水，虛無假設還是被推翻。在此例中，研究人員可能誤判公司裝塡罐子的平均重量沒有12盎司，因此犯了型一誤差。

型一誤差在製造業也發生。假設生產線工人聽到不尋常的噪音，決定按紅鍵停止機器。如果虛無假設是生產線沒有問題，則工人的舉動推翻了虛無假設。假設調查結果顯示生產線沒有問題，則工人犯了型一誤差，造成嚴重損失(停工、勞工成本和固定成本損失)。又假設經理懷疑有工人欺瞞公司，所以著手進行搜證，發現工人果眞欺瞞公司。假設工人沒有欺瞞公司，不利他的證據純屬巧合，則該經理犯了型一誤差，結果公司喪失了一名有經驗的員工，還可能要吃上官司。

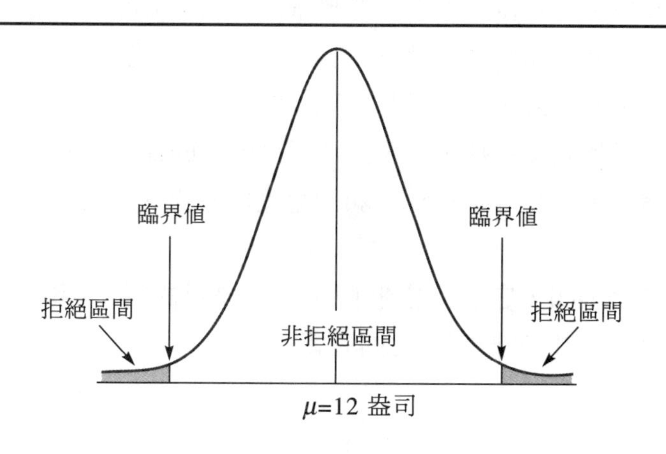

圖9.1
拒絕區間與非拒絕區間

α或顯著水準是犯型一誤差的可能性。α是推翻區域佔曲線的比例。常用的α值有 .001，.01，.05，.10。決定α值是檢定假設的第三步。推翻區域越大，越有可能犯型一誤差。

型二誤差是無法推翻錯誤的虛無假設。有時虛無假設不爲眞，但樣本數據是從非拒絕區間取得。假設一消費者保護人士檢定飲料公司的虛無假設。飲料公司罐裝可樂實際樣本平均數爲11.85，但她從分配中隨機抽樣得到罐裝可樂樣本平均數11.95盎司。要是平均數11.95是在虛無假設的非推翻區，她便無法推翻虛無假設。

可藉生產線的例子來看型二誤差。假設生產線工人聽到不尋常的噪音但不認爲問題大到要關閉生產線。假設一條生產帶果眞出了問題，工人便犯了型二誤差。結果可能導致產品品質低落，銷售下滑，或增加重做的成本。對於被懷疑對公司不忠的工人該如處理？經理雖然懷疑且著手進行搜證，但覺得證據不足以開除該工人。要是工人果眞欺瞞公司，則經理犯了型二誤差。公司繼續被該工人欺瞞，可能導致公司士氣低落，收益減少。

犯型二誤差的可能性稱作BETA(β)。β值隨實驗的參數變化而不同。α在實驗前就決定，β得靠α計算出來。

α與β也有互爲消長的關係。當樣本規模固定，減少α值就會增加β值。兩項錯誤各有利弊。假設經理不希望關閉生產線，他一則使關閉生產線困難重重，二則提高標準，除非有原因，否則不能關閉生產線。所以當生產線眞正出現問題時，工人較不願關閉生產線。結果較可能增加型二誤差。想想員工被經理懷疑對公司不忠的例子，假設公司容許經理只要有一點點證據就可馬上開除員工，結果便減少型二誤差。然而一名無辜的員工被開除的可能性很大（型一誤差），減少犯型一誤差的可能便增加犯型二誤差的可能。

理想狀況下，經理或決策人員都希望能減少型一、型二誤差發生的可能，其中一個方法就是加大樣本數，如果無法得到較大的樣本，研究人員可用的另一個策略就是盡可能加大α的值到他願意忍受的程度，因此β的機率將會被大大的減低。

檢定力相當於$1-\beta$，它是當虛無假設本身是錯的時，拒絕虛無假設的機率，圖9.2顯示了α、β以及檢定力之間的關係。

		自然狀態	
		虛無假設爲眞	虛無假設不爲眞
行動	無法拒絕虛無假設	正確決定	型二錯誤 (β)
	拒絕虛無假設	型一錯誤 (α)	正確決定（檢定力）

圖9.2 α、β以及檢定力

單尾、雙尾檢定

統計上的假設檢定也可以用單尾或雙尾的檢定方式來完成。前述兩例是雙尾檢定。回想討論罐裝可樂平均數是否爲12盎司時，對立假設$\mu \neq 12$盎司。對立假設中沒有提到研究人員是否認爲罐中可樂過滿或未滿。**圖**9.1拒絕區間圖的尾端包括兩種可能。雙尾檢定、對立假設總是用不等符號($\neq$)表示。分配圖兩端都有拒絕區間。

有時研究人員只對檢定的一方有興趣。如果消費團體認爲飲料公司藉減少飲料量欺瞞顧客，則消費團體較有興趣檢定對立假設。

$$H_a: \mu < 12 \text{ 盎司}$$

他們沒有興趣知道罐裝飲料是否過滿。這便是單尾檢定。**圖**9.3顯示此單尾檢定的拒絕區間、臨界值，和非拒絕區間的模式。注意只有尾端部分有陰影。所以對立假設不是大於就是小於。單尾檢定中，α集中在樣本分配的尾端。**圖**9.4顯示飲料公司的樣本分配。

在單尾檢定中，設定虛無假設與對立假設比在雙尾檢定中困難，因爲須決定不等式的方向。使用單尾檢定，研究人員要對問題有所研究才能決定假設方向。雙尾檢定是無方向的。雙尾檢定中，虛無假設用等號；對立假設用不等符號。如果研究人員不知道研究的走向或對兩邊檢定都有興趣，就會使用雙尾檢定。由於不知何種檢定較佳，所以當新方法、理論或產品推出時，通常會採行雙尾檢定。

雙尾檢定α值除以2，$\alpha/2$是兩邊拒絕區間可能的平均值，如**圖**9.5所示。

就α值而言，雙尾檢定會比單尾檢定把臨界點値更推離分配的中央。因爲雙尾檢定的α分半，使得尾端區域變得更小。

圖9.3
飲料問題中，單尾檢定的拒絕區間

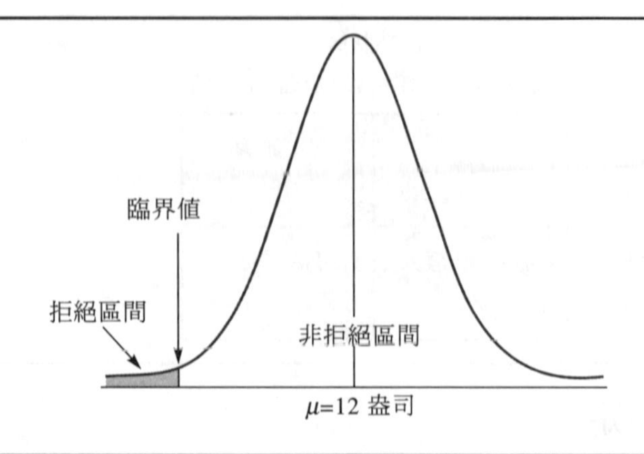

圖9.4
α的抽樣分配

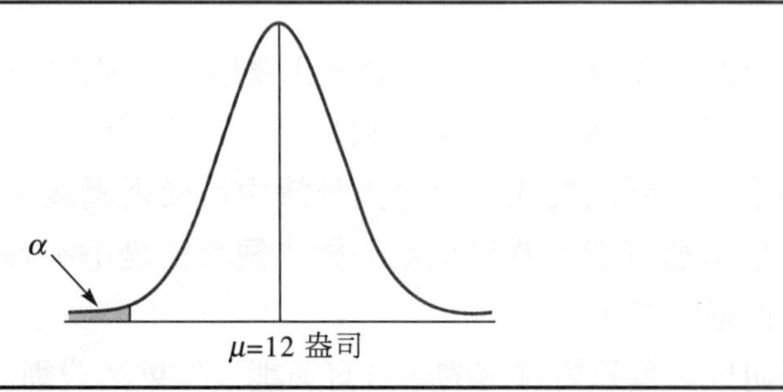

很多情況使用雙尾檢定較佳。單尾檢定只有在研究人員對另一端的結果毫無興趣或結果毫無意義時才使用。即使研究人員相當確定研究方向，還是會有出乎意料的結果。

要是研究人員選用單尾檢定，虛無假設還是一等式，對立假設則包含了研究方向。以下是從消費者的觀點，來看飲料公司的單尾假設。

$$H_0: \mu = 12 \text{ 盎司}$$
$$H_a: \mu < 12 \text{ 盎司}$$

此例中虛無假設中沒有大於（>）的符號。要是修正虛無假設，使結果偏向對立假設，則大於12盎司的值都不成立。通常虛無假設是用等式來表示。此

圖9.5
雙尾檢定的拒絕區間

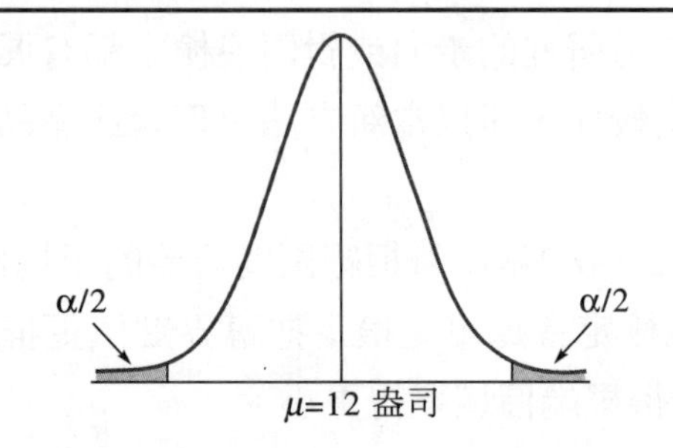

全球焦點

生活形態

日本與德國政府發表5個國家生活形態的報告，包括英國、法國、日本、德國和美國。其中一項是男女的平均壽命。日本的平均壽命最長，女性平均82.1歲，男性76.1歲。其他國家女性平均壽命：法國80.3歲，德國78.9歲，美國78.8歲，英國78.2歲。男性平均壽命依次為：英國72.7歲，德國72.4歲，法國和美國皆是72.0歲。美國每人的房屋空間最大，為61.8平方公尺；其他依次為德國37.2平方公尺，英國35.2平方公尺，日本25.0平方公尺。五國平均的工作時數（以千計）為何？日本2.12，英國1.95，美國1.94，法國1.68，德國1.59。

這些數據可作為未來估計的基礎，看看以後的標準是否一樣。譬如隨機抽樣1998年日本勞工的工作時數，看看平均每年工作時數是否還是2120小時。特殊行業或不同地區的勞工都被抽樣調查，由此得到的樣本平均數，可測出國家標準平均值在某特殊行業或地區是否會被推翻。

例中為了要推翻虛無假設，使得大於12的值都會被拒絕，有些研究人員會把虛無假設寫成：

$$H_0{:}\mu \geq 12 \text{ 盎司}$$

本教材中，虛無假設只用等式符號。

9.2 利用大規模樣本對單一平均數做假設檢定

檢定母體平均數是最基本的假設檢定。研究人員有興趣知道從一行業求得的平均值是否為眞；他也可能有興趣檢定新產品或理論的平均數。檢定單一母體平均數可達到目的。要是樣本規模大($n \geq 30$),可用公式9.1檢定單一母體平均數的假設。如果X呈常態分配且σ未知，同樣的公式可用在小規模樣本($n<30$)中。

(9.1)

$$Z=\frac{\overline{X}-\mu}{\frac{\sigma}{\sqrt{n}}}$$

單一平均數的Z檢定

全美CPA最近的調查顯示執業的CPA平均淨收入是$74,914。假設一研究人員隨機抽樣112位在美國的執業會計師，看看調查開始後他們的收入是否有變化。研究人員可用假設的八個步驟來檢定。假設此題的母體標準差爲$14,530。

步驟1，建立假設。要檢定數字是否改變，對立假設平均收入淨值不是$74,914。虛無假設平均數是$74,914。假設如下：

$$H_0\text{: } \mu=\$74,914$$
$$H_a\text{: } \mu\neq\$74,914$$

步驟2，決定合適的統計檢定和樣本分配。由於樣本規模大，研究人員使用樣本平均數爲統計數值，公式9.1的Z檢定可用於此。

$$Z=\frac{\overline{X}-\mu}{\frac{\sigma}{\sqrt{n}}}$$

步驟3，確定型一誤差率。本題α是.05。步驟4，陳述決策法則。由於是雙尾檢定，α是.05，則涵蓋兩邊分配尾端.025區域。平均數和每一個臨界值之間有.4750的區域。使用.4750區域和表A.5，就可算出臨界點Z值。

$$Z_{\alpha/2}=\pm1.96$$

圖9.6顯示推翻區域和Z的臨界點值。如果由數據產生的Z值大於1.96或小於−1.96，檢定的統計數字就落在拒絕區間中。決策法則就是要推翻虛無假設。如果從數據得出的Z值落在−1.96和+1.96之間，決策法則即爲不推翻虛無假設，因爲Z值已經在非拒絕區間內。

步驟5是蒐集數據。假設112個CPA的樣本平均數是$78,646。步驟6，受測的統計數字可用X=$78,646，n=112，σ =$14,530並假設$\mu$ =$74,914。

圖9.6
CPA淨收入問題

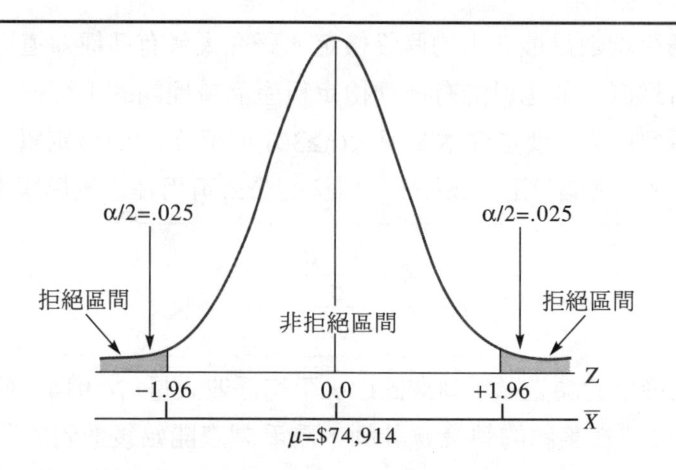

$$Z = \frac{78,646 - 74,914}{\frac{14,530}{\sqrt{112}}} = 2.72$$

檢定統計數Z=2.72大於分配右端的Z臨界點值Z=+1.96，所以步驟7就是要推翻虛無假設。

步驟8要做管理決策。結果代表什麼？就統計而言，研究人員有足夠的證據推翻$74,914是全國CPA業者的平均淨收入。雖然研究人員進行雙尾檢定，證據顯示這個全國平均數可能增加。樣本平均數是$78,646，比全國估計的平均數高出約$3,700。研究員可下結論說全國平均數比過去高，但因$78,646只是樣本平均數，並不保證CPA的全國平均數多了$3,700。假設用樣本數據建立信賴區間，$78,646只是點估計。不同樣本得到的樣本平均數也不同。就管理而言，統計數字顯示不論做正職員工或顧問，聘請CPA要花較高的費用。也意味諮詢費用上漲。對新進的會計人員而言，這意味著未來收入可能增加。此研究讓合夥的CPA業者興起自己創業的念頭。

表9.7是MINITAB電腦列印Z檢定的結果。其中包括樣本大小N，樣本平均數，假設的母體標準差，平均數的標準誤，（SE 平均數=$\sigma/\sqrt{n}$ =14,530/$\sqrt{112}$ =1,373）及檢定統計數，Z=2.72。樣本的標準差（StDev）是已知，但不是用來估計Z值。

使用樣本標準差

許多實際生活情況，標準差的母體值未知。樣本規模大($n \geq 30$)時，可以用樣本標準差代替母體標準差。

(9.2)

$$Z = \frac{\overline{X} - \mu}{\frac{S}{\sqrt{n}}}$$

在σ未知且大樣本時檢定平均數的Z公式

```
Z-Test
Test of mu = 74914 vs mu not = 74914
The assumed sigma = 14530
Variable     N    Mean     StDev    SE Mean       Z    p-Value
Netincme    12   78646     14679       1373    2.72     0.0067
```

圖9.7 CPA淨收入問題的MINITAB電腦輸出結果

公式9.2只能用在樣本規模大時，不管X分配的形狀。CPA淨收入的例子中，樣本標準差是14,679。σ 的近似值可用來估計Z值。

檢定有限母體之平均數

如果要對一有限母體作母體平均數的假設檢定，母體本身的資訊可加入假設檢定的式子中，這樣的話可以增加拒絕虛無假設的可能，公式9.1是將母體資訊納入修改後的結果。

在有限母體中，對μ作假設檢定的公式

$$Z=\frac{\overline{X}-\mu}{\frac{\sigma}{\sqrt{n}}\sqrt{\frac{N-n}{N-1}}}$$

在CPA淨收入範例中，假設美國境內只有600家是CPA的獨佔事業，從這600家中所抽樣的112家CPA只佔母體的18.67%，比起從一個20,000家CPA的母體中抽樣112家（抽樣比例只有母體的.56%）更能夠顯現樣本對母體的代表性，把有限修正因子納入分母將可增加Z的計算值，所求得的Z值將變成：

$$Z=\frac{\overline{X}-\mu}{\frac{\sigma}{\sqrt{n}}\sqrt{\frac{N-n}{N-1}}}=\frac{78,646-74,914}{\frac{14,530}{\sqrt{112}}\sqrt{\frac{600-112}{600-1}}}=\frac{3,732}{1,239.2}=3.01$$

使用有限修正因子把Z的計算值從2.72增加至3.01，拒絕虛無假設的決策並未因新資訊的加入而改變，但是有時候有限修正因子的加入與否會導致拒絕或是不拒絕虛無假設的結論差異。

假設檢定的其他方法

另外兩種假設檢定的方法爲臨界值法與P值法，本章提到的這三種檢定都可得到拒絕或是不拒絕虛無假設的相同結論，這兩種方法將在此作講解。

臨界值法　其他假設檢定的方法之一爲臨界值法，在上例中，因爲計算出的Z值落在拒絕區間內，故拒絕虛無假設，哪些收入平均數會使求出的Z值落在拒絕區間中呢？臨界值法就是決定能讓Z值落在拒絕區域內所需的臨界平均數值

並用它來檢定假設。

此法也用到公式9.1，然而要決定的是$\overline{X}$的臨界值，$\overline{X}_c$，而非Z值，把Z_c的臨界表值以及μ、σ放入公式中，因此得到：

$$Z_c = \frac{\overline{X_c} - \mu}{\frac{\sigma}{\sqrt{n}}}$$

從上例中將值代入，得到

$$\pm 1.96 = \frac{\overline{X_c} - 74,914}{\frac{14,530}{\sqrt{112}}}$$

或

$$\overline{X}_c = 74,914 \pm 1.96 \frac{14,530}{\sqrt{112}} = 74,914 \pm 2,691$$

$$\text{下限 } \overline{X}_c = 72,223 \quad \text{且} \quad \text{上限 } \overline{X}_c = 77,605$$

圖9.8以平均數來描繪接受及拒絕區間，而不用Z分數。

採用臨界值法，大部分的計算工作在之前就可完成，只有樣本的標準差要計算以作爲σ 的估計值。在本例中，樣本平均數計算前，分析人員就知道樣本平均數值必須大於\$77,605或小於\$72,223才能夠拒絕假設的母體平均數，而本問題的樣本平均數爲\$78,646，比\$77,605還大，故分析人員拒絕虛無假設。這方法在工業設計上十分受歡迎，因爲評估標準可以事前先設定，品管控制員可以收集資料並比較產品實際測量值和特定規格之間的差異。

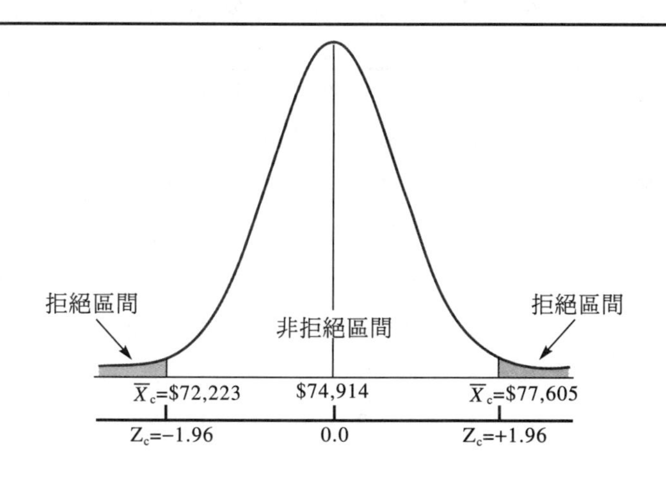

圖9.8
臨界值法的拒絕和非拒絕區間

***p*值法**　在假設檢定問題中得出統計結果的第三個方法爲p值法，p值法有時被稱爲「可觀察的顯著水準」。在假設檢定的方法中，p值法隨著電腦統計套裝軟體的增加，其重要性也逐漸受重視，在p值法中沒有預設的α值，p值是指在假定虛無假設爲眞下，所得到最接近統計觀察值（計算而得）之統計檢定的機率。實際上每部電腦統計程式都可以產生這個機率，p值定義了在虛無假設可被拒絕下最小的α值。例如當某檢定的p值爲.038，因此當虛無假設的α=.05，則可以被拒絕。

假設研究人員在樣本資料右尾檢定的單尾檢定下得出拒絕區域的統計值爲Z=2.04，使用標準常態分配表（附錄A.5）我們可以找出大於這個臨界值的機率是.5000−.4793=.0207，p值就是.0207，使用這個資訊，研究人員可以在α=0.05或0.10或任何大於.0207的值下拒絕虛無假設，而研究人員在α值小於等於.0207下不能拒絕虛無假設（例如α=.01，.001等）

對雙尾檢定而言，是把α除以Z再決定檢定統計的臨界值，使用p值法，可算出獲得至少與觀察值同水準之檢定統計的機率，再把機率乘以2就是p值。有些統計電腦軟體會讓使用者指定作雙尾檢定並將機率值乘以2而輸出p值，研究人員就可以比較該p值和α值來決定是否要拒絕虛無假設，換句話說，研究人員不需要把α除以2，檢定統計機率值自然會加倍而得到p值。

舉一個使用p值來作雙尾檢定的例子，回想一下CPA淨收入問題，這問題的檢定統計值爲Z=2.72，從表A.5可得知如果虛無假設是眞，獲得至少這個檢定統計值水準的機率爲.5000−.4967=.0033，因爲這是雙尾檢定，p值應該是2(.0033)=.0066，可參考圖9.7的MINITAB輸出結果，所得的p值爲.0067（.0067和上面求得的.0066之差異主要是因爲小數點進位的誤差所致）。

例題9.1　　企業行銷管理雜誌公布一項調查，想知道爲什麼顧客服務對英國的經理這麼重要。研究人員訪問蘇格蘭製造廠的主管，原因之一爲顧客服務是保住客戶的方法。此問題用1到5級來評分，較高等級答案的積分最多，平均數爲4.30。美國研究人員認爲不會有這麼多美國製造公司的經理會評分如此高。所以製造一個假設來證明他們的理論。α設定在.05。收集資料得到下列結果。用這些數據和假設檢定的八個步驟，看看是否美國經理不這麼認爲？

3　4　5　5　4　5　5　4　4　4　4　4　4　4　4　5
4　4　4　3　4　4　4　3　5　4　4　5　4　4　4　5

解答

步驟1：建立假設。研究人員只想證明平均數字在美國較低，使用單尾檢定。對立假設是母體平均數低於4.30。虛無假設為一等式。

$$H_0: \mu=4.30$$
$$H_a: \mu<4.30$$

步驟2：決定合適的統計檢定。

$$Z=\frac{\overline{X}-\mu}{\frac{S}{\sqrt{n}}}$$

步驟3：確定型一誤差比例。

$$\alpha=.05$$

步驟4：說明決策法則。從表A.5查出臨界點Z值是.5000−.0500=.4500。統計數字的臨界點值$Z_{.05}=-1.645$。統計數據必須小於−1.645才能推翻虛無假設。拒絕區間和臨界點值如下。

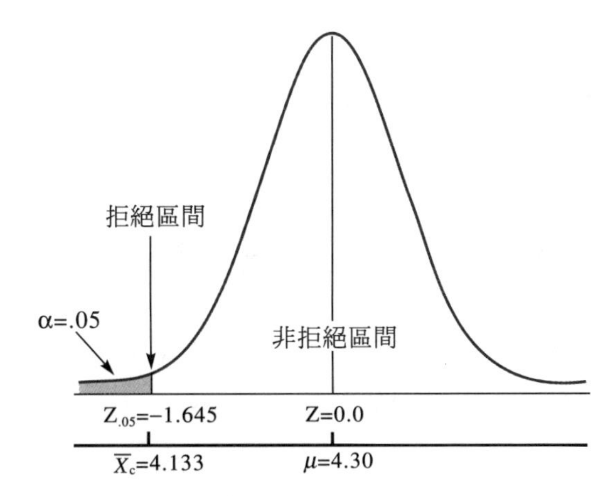

步驟5：收集樣本數據。如上述資料。

步驟6：計算統計檢定值。

$$\overline{X}=4.156 \quad S=.574$$
$$Z=\frac{4.156-4.30}{\frac{.574}{\sqrt{32}}}=-1.42$$

步驟7：說明統計結果。統計檢定值沒有低於臨界值，所以不在拒絕區間，虛無假設不能被推翻。

步驟8：做管理決策。相較於英國經理，沒有足夠的證據顯示美國經理不認爲顧客服務是保住客戶的方法。兩國經理都認爲顧客服務是保住客戶的方法。

利用臨界值法：虛無假設能推翻何種樣本平均數？此臨界點樣本平均數能用臨界點Z值決定。$Z_{.05}=-1.645$。因爲在收集數據前就要做決定，所以需要母體標準差或先前研究的估計。爲了說明方便，我們使用上述的樣本標準差來計算。（令$\sigma=.574$）

$$Z_c = \frac{\overline{X}_c - \mu}{\frac{\sigma}{\sqrt{n}}}$$

$$-1.645 = \frac{\overline{X}_c - 4.30}{\frac{.574}{\sqrt{32}}}$$

$$\overline{X}_c = 4.133$$

決策法則：推翻虛無假設的必要條件爲樣本平均數小於4.133。從樣本數據中得到的平均數爲4.156，研究人員無法推翻虛無假設。上面的式子包括樣本平均數和拒絕區間。

利用p值法：統計值爲$Z=-1.42$。虛無假設爲眞，Z值至少要.5000−.4222=.0778。所以當α=.05時，無法推翻虛無假設，因爲α值至少要是.0778才能推翻虛無假設。

以下是MINITAB對此問題的解答。注意用表A.5查出p值是.078。假設與觀察的統計數字都包括在MINITAB的輸出結果(Z=−1.42)。

```
Z-Test
Test of mu =4.300 vs mu <4.300
The assumed sigma=0.574
Variable    N    Mean    StDev   SE Mean      Z   p-Value
Impcusat   32   4.156    0.574     0.101  -1.42     0.078
```

問題9.2

9.1 a.利用已知資料檢定下列假設。

H_0: μ=25　　　H_a: μ≠25

$\overline{X}$=28.1, n=57, S=8.46, α=.01

b.要是用臨界值法，臨界點樣本平均數爲何？

9.2利用已知資料檢定下列假設。

H_0: μ=7.48　　　H_a: μ<7.48

$\overline{X}$=6.91, n=96, S=1.21, α=.01

9.3 a.利用已知資料檢定下列假設。

H_0: μ=1200　　　H_a: μ>1200

$\overline{X}$=1,215, n=113, S=100, α=.10

b.利用p值法求解。

c.求臨界值來拒絕平均數。

9.4環境保護署公布美國幾個都市的煤煙統計數字。EPA稱聖路易市空氣中每立方公尺的浮游粒子爲82毫克。聖路易市府官員正與商界、通勤者，和工廠合作減少此數字。市府聘請一環保公司隨機抽樣數週內空氣中煤煙數量，結果如下。使用數據查看是否聖路易市空氣中煤煙數量比EPA測量時少很多？令α=.01。

81.6	66.6	70.9	82.5	58.3	71.6	72.4
96.6	78.6	76.1	80.0	73.2	85.5	73.2
68.6	74.0	68.7	83.0	86.9	94.9	75.6
77.3	86.6	71.7	88.5	87.0	72.5	83.0
85.8	74.9	61.7	92.2			

9.5 據勞工統計局的調查，美國勞工署數字顯示1993年製造工人平均周薪爲$373.64。一位勞工研究人員想檢定此數據在今日是否爲眞，從全美隨機抽樣54個製造工人，得到樣本平均數爲$382.13，標準差爲$33.90。利用此數據及對立假設檢定方法，和5%的顯著水準查看製造工人平均周薪是否改變。

9.6四年制私立大學的學費爲$14,858，標準誤差爲$2,450。一研究人員認爲四年制私立大學的學費不只這個數目。所以她隨機抽樣40所私立大學來證明她的理論。假設得出樣本平均數爲$15,607，且母體中只有650所私立大學。用$\alpha$ =.10來檢定她的理論。

9.7一項針對大專女性畢業生的調查結果顯示，她們的平均年收入超過$35,500。你所居住的地區似乎不能達到這樣的水準，所以你進行一項檢定。隨機抽樣48位大專畢業的職業婦女，她們的平均樣本收入爲$33,900，標準差爲$6,570。從樣本數據中是否有足夠的證據來推翻「全國的平均數高過你所在地區的平均數」？令α =.10。

9.8幾年來，製造公司平均每週接到18.2份訂單。由於經濟蕭條，所以訂單減少。假設生產部經理隨機抽樣32週，發現樣本平均數爲15.6張訂單，標準差爲2.3。進行檢定查看是否訂單數減少？令α=.10。

9.9RUNZHEIMER INTERNATIONAL進行一項研究發現法國是12個歐洲城市中最昂貴的都市，房屋費用是第二昂貴。租一棟6到9間房間的房子平均每月要付$4,292。假設一公司的總裁認爲這個數據過高，決定自己進行調查。她的助理隨機抽樣55名租賃6到9間房間房子的屋主，得到平均樣本費用$4,008，標準差$386。用樣本結果和α=.01進行檢定，查看是否RUNZHEIMER INTERNATIONAL發表的數據過高。

9.10美國用水協會估計在美國平均每人每天用水123加侖的水。假設有些研究人員認爲此數據過高，希望進行檢定。他們隨機抽樣美國人民並記錄每日用水量，然後用電腦統計，結果如下。假設α=.05。要抽樣多少人？樣本平均數和標準差是多少？是單尾或雙尾檢定？研究結果爲何？判斷結果，看它能爲虛無假設做何種決策？

```
Z-Test
Test of mu =123.00 vs mu <123.00
The assumed sigma=25.0
Variable     N    Mean     StDev   SE Mean       Z   p-Value
wateruse    40  113.03     25.99      3.95   -2.52    0.0059
```

9.3 利用小規模樣本對單一平均數做假設檢定：σ未知

有一研究員對單一母體平均數的假設進行檢定。基於時間、金錢、便捷度等因素考量，他只得到小規模的樣本數據。要是數據在母體中呈常態分配且未知，則可用Z檢定。實際上，在檢定母體平均數時，樣本標準差常在假設中被用來估計母體標準差。所以Z檢定限制了小規模單一樣本平均數的分析範圍。

第八章介紹了t分配，若母體呈常態分配、樣本規模小且當σ 未知時，它可被用來估計單一母體平均數。這節我們討論單一母體平均數的t檢定。研究人員用單一隨機樣本檢定母體平均數時，可用t檢定，它的樣本規模小，且母體標準差未知。檢定的公式如下：

對μ的t檢定

(9.3)
$$t = \frac{\overline{X} - \mu}{\frac{S}{\sqrt{n}}}$$
$$\text{df} = n - 1$$

美國農產公司製造大型收割機。為了平衡，收割機旁要裝置一個25磅重的盤子。製造盤子的機器運作正常，但店東擔心機器失調，製造出的盤子不符25磅的標準。他隨機抽樣20個前天製造的盤子並稱重。表9.1是稱重結果、樣本平均數，和樣本標準差。

這個檢定是查驗機器是否失靈，店東並沒有明確指示盤子是過重還是過輕。所以使用雙尾檢定。以下是要被檢定的假設：

H_0: μ=25 磅
H_a: $\mu \neq$25 磅

表9.1 抽樣20個盤子的重量(磅)

22.6	22.2	23.2	27.4	24.5
27.0	26.6	28.1	26.9	24.9
26.2	25.3	23.1	24.2	26.1
25.8	30.4	28.6	23.5	23.6

$\overline{X}$=25.51, S=2.1933, n=20

α 用的值爲.05，圖9.9顯示本題的拒絕區間。

因爲n爲20，所以檢定的自由度爲19(20−1)，t分配表是單尾檢定表，而該題的檢定是雙尾，故α必須減半，也就是$\alpha/2$=.025，表示每一尾的值。記得當進行雙尾檢定時，要把α減半並用$\alpha/2$的值來得t表值，t表值在此例題中爲2.093，像這樣的查表值通常用下面的形式來表示：

$$t_{.025,\,19} = 2.093$$

圖9.10是此例的t分配、臨界值、t值以及拒絕區間。這種情況下，決策法則如果計算出來的t值小於−2.093或大於+2.093，則推翻虛無假設。計算檢定統計量得：

$$t = \frac{\overline{X}-\mu}{\frac{S}{\sqrt{n}}} = \frac{25.51-25.0}{\frac{2.1933}{\sqrt{20}}} = 1.04 \text{（計算出的t值）}$$

計算結果爲+1.04，沒有推翻虛無假設。樣本中沒有足夠的證據推翻母體

圖9.9
盤子製造機問題的拒絕區間

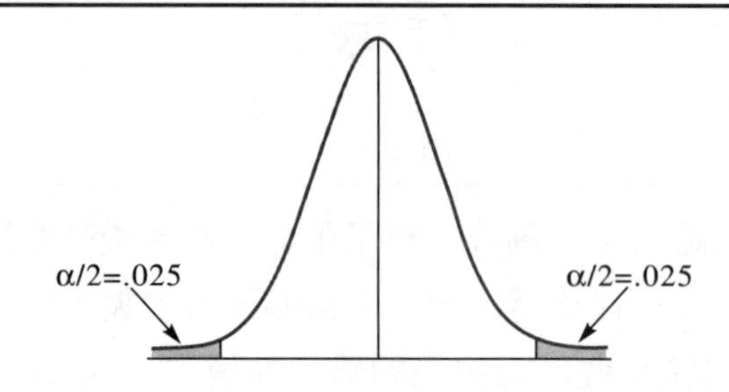

圖9.10
盤子製造機問題中，計算出來的臨界值t之圖形

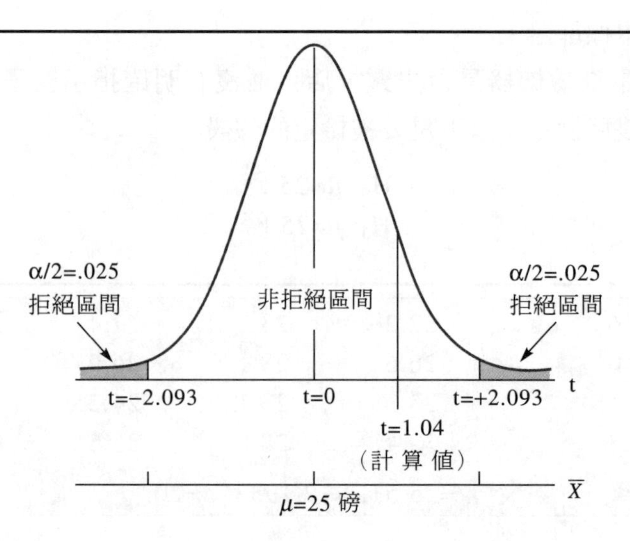

平均數爲25磅的假設。

圖9.11是MINITAB電腦計算本題的答案。注意樣本規模、樣本平均數、和樣本標準差皆爲已知。此外，樣本平均數的標準差SE MEAN =0.490。此值也是t檢定公式的分母。($S/\sqrt{n}$ $=2.1933/\sqrt{20}$ =.49)。電腦也算出若虛無假設爲眞，t出現臨界值的可能性。如果是這樣，p值=0.31。此值大於α =.05。結論是用p值方法無法推翻虛無假設。

例題9.2

美國農業部的數據顯示自1940年代以來，平均農地面積有增加。1940年時平均農地大小爲174英畝。到1993年，平均爲473英畝。中間幾年農場減少，但耕地面積不變，所以現在有較大的農地。這解釋了小型農場無法在價格、營運成本上和大型農場抗衡，維持他們想要的生活水準。假設一農業學研究員認爲農地面積自1993後又增加了。她從全美隨機抽樣23個農地，並從記錄驗證答案。得到數據如下。用5%的顯著水準來檢定估計。

445	489	474	505	553	477	454
463	466	557	502	449	438	500
466	477	557	433	545	511	590
561	560					

解答

步驟1：該研究員假設美國平均農地大於473英畝。因爲尚未證實，所以是對立假設。虛無假設是農地爲473英畝。

$$H_0: \mu=473$$
$$H_a: \mu>473$$

步驟2：使用的統計檢定爲：

$$t=\frac{\overline{X}-\mu}{\frac{S}{\sqrt{n}}}$$

```
T-Test of the Mean
Test of mu =25.000 vs mu not =25.000
Variable     N    Mean     StDev    SE Mean        T   p-Value
 Platewt    20  25.510     2.193      0.490     1.04      0.31
```

圖9.11 盤子製造機問題的MINITAB電腦輸出結果

步驟3：α 值是.05。

步驟4：以23個數據點求出，df=n−1=23−1=22。檢定是單尾，臨界點表中的t值是

$$t_{.05,22}=1.717$$

如果統計值大於1.717，決策法則是推翻虛無假設。

步驟5：蒐集的資料如上述。

步驟6：樣本平均數爲498.78，樣本標準差是46.94。計算出T值

$$t=\frac{\overline{X}-\mu}{\frac{S}{\sqrt{n}}}=\frac{498.78-473}{\frac{46.94}{\sqrt{23}}}=2.63$$

步驟7：t值爲2.63，大於表中t值1.717。所以推翻虛無假設。她接受對立假設並下結論說，目前美國農地的大小超過473英畝。以下是圖解：

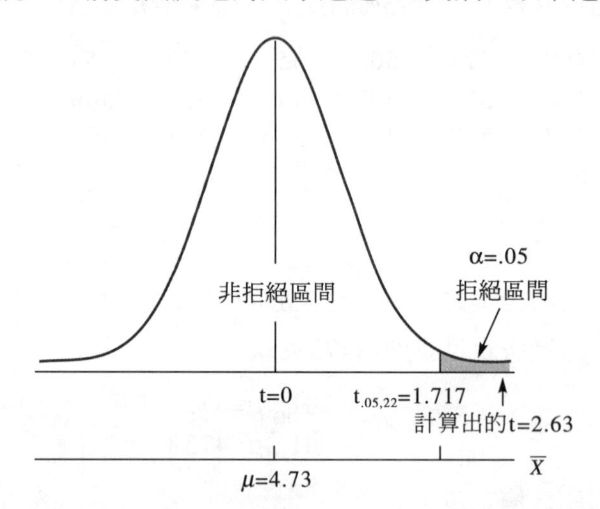

步驟8：農業研究員思考農地變大的意義。像是小農場可能面臨財務困難，企業可能購買小農場，使得大型農地公司增加。這種趨勢需要立法保護小農場，因爲大農場可能影響商品交易。

問題9.3

9.11隨機抽樣20個樣本，得樣本平均數16.45，樣本標準差3.59。假設X呈常態分配，利用此資料和α=.05來檢定下列假設：

H_0: μ=16　　　　H_a: $\mu\neq$16

9.12隨機抽樣8項，$\overline{X}=58.42$，$S^2=25.68$。用此資料來檢定下列假設。假設你只希望有1%的可能犯型一誤差，且X呈常態分配。

H_0: $\mu=60$ H_a: $\mu<60$

9.13隨機抽樣11項得到下列結果。

1200	1175	1080	1275	1201	1387
1090	1280	1400	1287	1225	

用這些數據和5%的水準檢定下列假設的顯著程度。假設數據取自常態分配母體。

H_0: $\mu=1160$ H_a: $\mu>1160$

9.14以下數據（以磅爲單位）是從常態分配的母體中隨機抽樣取得。這是機器零件，平均重8.3磅。

8.1	8.4	8.3	8.2	8.5	8.6	8.4	8.3	8.4	8.2
8.8	8.2	8.2	8.3	8.1	8.3	8.4	8.5	8.5	8.7

利用此數據和α=.01來檢定零件平均重是否爲8.3磅。

9.15生產過程中用打洞機在一條鐵片上打出直徑1.84公分的洞，然後用鐵條串起來。打出的洞直徑一定要是1.84公分。隨機抽樣12個打好的洞並量直徑，檢定準確度。數據如下，用α =.10來檢定是否洞的直徑平均爲1.84公分。假設所有打出的洞是呈常態分配。

1.81	1.89	1.86	1.83
1.85	1.82	1.87	1.85
1.84	1.86	1.88	1.85

9.16 Lundberg Letter報導每加侖自助式的普通無鉛汽油平均價格爲$1.16。你認爲你所在的地方汽油不可能這麼便宜，所以在你所在的地方隨機抽樣加油站，進行檢定。隨機抽查25個加油站，得到下列數字。

$1.27	$1.29	$1.16	$1.20	$1.37
1.20	1.23	1.19	1.20	1.24
1.16	1.07	1.27	1.09	1.35
1.15	1.23	1.14	1.05	1.35
1.21	1.14	1.14	1.07	1.10

假設一地區的油價呈常態分配，你得到的數據足以推翻這項說法嗎？利用1%的顯著水準。

9.17據報導，過去二十年來，首次結婚的新娘平均年齡有增加的趨勢。到了1993年，首次結婚的新娘平均年齡約為24.5歲。假設你認為平均年齡沒有這麼大而想進行檢定。隨機抽樣19位今年首次結婚的新娘，得到下列數據：

22	17	24	26	25	28	21	19	35	32
28	22	21	19	20	18	19	22	24	

根據資料，有足夠的證據推翻1993的平均數過高嗎？假設首次結婚新娘的年齡呈常態分配。α=.10

9.18 Nielsen Media Research報導18至24歲的婦女於晚上8至11點之間，平均每週觀看6.57小時的電視。一家媒體公司希望測出當地的市場，所以隨機抽樣18至24歲的婦女，記錄一週內觀看電視的時數。用MINITAB記錄並分析數據。結果如下。假設a值為.05。研究結果為何？樣本平均數和標準差為何？調查了多少人？研究假設為何？虛無假設的決定又是什麼？

```
T-Test of the Mean
Test of mu =6.570 vs mu not =6.570
Variable     N    Mean    StDev   SE Mean        T   p-Value
hours TV    16   6.080    0.973     0.243    -2.02     0.062
```

9.4 比例數的假設檢定

以中央極限定理為基礎的比例數公式，也能用來檢定母體比例數的假設，與用來檢定樣本平均數。比例數是介於0到1的值，表示某部分與總體之間的關係。請記住，$\hat{p}$ 是指樣本比例，P是指母體比例。

中央極限定理適用於樣本比例的 $\hat{p}$ 值接近常態分配。當n · P≥5以及n · Q≥5時，一組$\hat{p}$ 值分配的平均數是P，標準差是 $\sqrt{(P\cdot Q)/n}$ 。Z檢定可用於檢定P的假設。

(9.4) $$Z=\frac{\hat{p}-P}{\sqrt{\frac{P\cdot Q}{n}}}$$

母體比例的Z檢定

其中，

$\hat{p}$ =樣本比例

P=母體比例

Q=1−P

一製造商認爲其產品中恰好8%有小瑕疵。假設公司研究員想檢定這項說法。虛無假設和對立假設爲：

$$H_0: P=.08$$
$$H_a: P\neq.08$$

這是一個雙尾檢定，因爲假設要檢定是否瑕疵品佔所有產品的8%。α訂爲.10。**圖**9.12顯示此分配、拒絕區間，和$Z_{.05}$。因爲是雙尾檢定，α須除以2，區間的查表值爲(1/2)(.10)=.05，$Z_{.05}=\pm1.645$。

要研究人員推翻虛無假設，計算出來的Z值必須大於+1.645或小於−1.645。研究人員隨機抽樣200個產品，檢查看有無瑕疵，結果發現33個產品中至少有一有瑕疵。計算樣本比例數得：

$$\hat{p}=\frac{33}{200}=.165$$

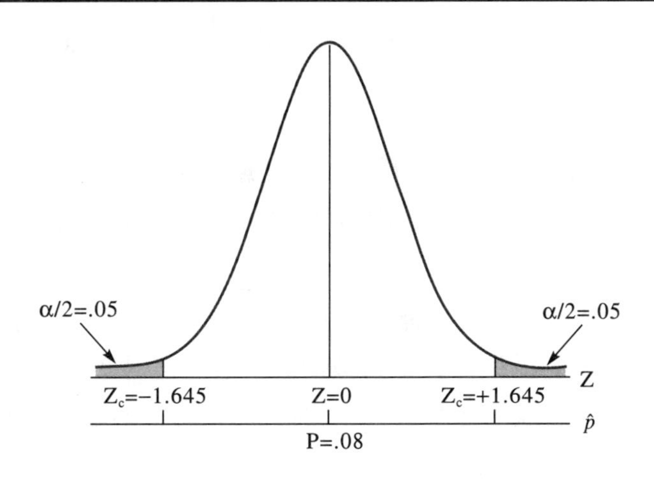

圖9.12
瑕疵品問題中使用拒絕區間產生的分配

估計出來的Z值為：

$$Z=\frac{\hat{p}-P}{\sqrt{\frac{P\cdot Q}{n}}}=\frac{.165-.080}{\sqrt{\frac{(.08)(.92)}{200}}}=\frac{.085}{.019}=4.43$$

注意Z公式的分母包含母體比例。雖然研究人員不知道母體比例值，但他可測出答案。他在公式中的分子與分母都使用假設的母體值。此法與信賴區間的公式相反，因為後者將樣本比例用在分母。

計算出來的Z值在拒絕區間（Z的計算值=4.43>$Z_{.05}$的查表值=+1.645），所以研究人員推翻虛無假設，即母體中有瑕疵品的比例不是.08。α=.10，所以犯型一誤差的機率是.10。

計算出來的Z=4.43在大多數Z以外的範圍。所以如果用p值法設立虛無假設，機率為.0000，他可能會推翻虛無假設。

假設他想使用臨界值法。將$Z_{.05}$=1.645代入Z公式求單一樣本比例數對立假設母體比例數‘n’並求出$\hat{p}$，$\hat{p}_c$。結果為：

$$Z_{\alpha/2}=\frac{\hat{p}_c-P}{\sqrt{\frac{P\cdot Q}{n}}}$$

$$\pm1.645=\frac{\hat{p}_c-.08}{\sqrt{\frac{(.08)(.92)}{200}}}$$

且

$$\hat{p}_c=.08\pm1.645\sqrt{\frac{(.08)(.92)}{200}}=.08\pm.032$$
$$=.048 \text{ 和 } .112$$

檢視樣本比例數，$\hat{p}$=.165。圖9.13清楚顯示樣本比例落在拒絕區間。結論是推翻虛無假設。至少有一個瑕疵的產品比例不是.08。

例題9.3 調查晨間飲料的市場的結果顯示，17%的美國人早餐主要喝牛奶。有威斯康辛州的牛奶製造商認為這個數字對威斯康辛州而言過低。她隨機抽樣550個居民，問他們當天早餐飲用什麼飲料。假設115人的答案是牛奶。用.05的顯著

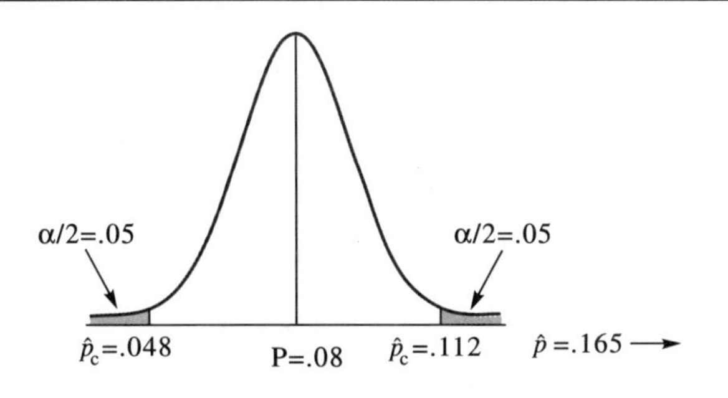

圖9.13
瑕疵品問題中使用臨界值法產生的分配

水準，檢定這個數字對威斯康辛州是否過低。

解答

步驟1：牛奶製造商的理論是威斯康辛州的居民早餐飲用牛奶的比例高於全國比例。也就是對立假設。虛無假設是威斯康辛州的比例與全國比例一樣。本題的假設為：

$$H_0\text{: } P=.17$$
$$H_a\text{: } P>.17$$

步驟2：統計檢定為：

$$Z=\frac{\hat{p}-P}{\sqrt{\frac{P\cdot Q}{n}}}$$

步驟3：犯型一誤差的機率是.05。

步驟4：這是單尾檢定，$Z_{.05}$的查表值=+1.645。樣本結果必須得到Z值大於1.645才可推翻虛無假設。下頁上方的圖顯示本題的$Z_{.05}$和拒絕區間。

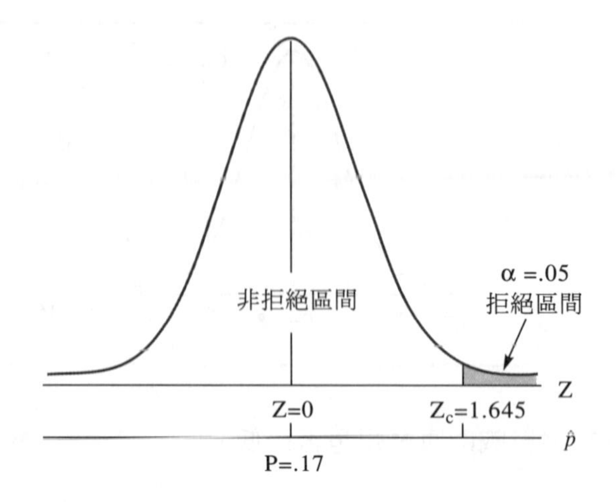

步驟5：n=550且X= 115。

$$\hat{p}=\frac{115}{550}=.209$$

步驟6：

$$Z=\frac{\hat{p}-P}{\sqrt{\frac{P\cdot Q}{n}}}=\frac{.209-.17}{\sqrt{\frac{(.17)(.83)}{550}}}=\frac{.039}{.016}=2.44$$

步驟7：Z=2.44超過拒絕區間的$Z_{.05}$=1.645。牛奶製造商推翻虛無假設。根據隨機抽樣，製造商能下結論說威斯康辛州的居民早餐飲用牛奶的比例高於全國比例。

步驟8：要是威斯康辛州的居民早餐飲用牛奶的比例高於美國的其他地方，牛奶製造商在威斯康辛州的市場商機可能是美國其他州沒有的。或許威斯康辛州的居民對家鄉產品十分忠誠，所以威斯康辛州的其他產品也能成功地獲得當地居民支持。在威斯康辛牛奶賣得越多，表示如果威斯康辛州的牛奶也這麼受歡迎，他們就會增加在其他州早餐飲料的市場。

$Z\geq2.44$的機率是.0073。機率小於α=.05。用p值法也能推翻虛無假設。比例數的臨界點公式爲：

$$Z_{.05} = \frac{\hat{p}_c - P}{\sqrt{\frac{P \cdot Q}{n}}} \;;$$

$$1.645 = \frac{\hat{p}_c - .17}{\sqrt{\frac{(.17)(.83)}{550}}} \;;$$

$$\hat{p}_c = .17 + .026 = .196$$

臨界值的方法中，必須取得樣本比例大於.196來推翻虛無假設。本題的樣本比例數是.209，所以臨界值法推翻了虛無假設。

9.19假設你檢定H_0: P=.45以及H_a: P>.45。隨機抽樣310人，得出$\hat{p}$=.465。利用α=.05檢定本題的假設。 問題9.4

9.20假設你檢定H_0: P=.63以及H_a: P<.63。隨機抽樣100人，X=55，X指樣本中含有令人感興趣之特性的數目。用.01的顯著水準檢定此假設。

9.21假設你檢定H_0: P=.29以及H_a: P≠.29。隨機抽樣740項，發現其中207項有此特色。有.05的可能犯型一誤差；檢定此假設。要是你使用臨界值法，這兩個臨界值會是什麼？樣本結果與臨界值比較有何不同？就*p*值法而言，本題計算出來的Z值大概會是多少？

9.22一個獨立的美國保險機構進行一項保險人的調查，發現其中48%的人總是會重讀他們的保險規則，29%的人有時會讀，16%很少讀，7%的人從來不讀。假設一家大保險公司投注了大筆金錢與時間改寫規則，使它們吸引讀者且容易理解。使用新規則一年後，公司經理想知道改寫規則是否增加重讀保險規則的人數比例，他們聯絡了380位於過去一年中向該公司投險的人，調查他們是否重讀保險規則。164位回答有。用1%的顯著水準來檢定假設。

9.23在美國網路的使用日漸普遍。一項針對415位已有電腦或將買電腦的人所做的調查顯示，72%的人認爲在網路上洩露信用卡號碼十分不妥。22%的人認爲網路會改變他們消費的方式。10%認爲網路購物較便宜。這項調查是在1995年年底舉行的。假設研究人員認為改善電腦及加強網路防護措施，使得不願在網路上洩露信用卡號碼的人數比例減少。他訪問415人來檢定這項理論。結果約68%的人認為在網路上洩露信用卡號碼不妥。有充足證據證明他的理論嗎？α是.05。

9.24在美國新蓋的房子比舊房子包含更多房屋功能。美國經濟部的全國建商協會的一項調查結果顯示，48%建於1974年的房屋有中央空調系統；79%建於1994年的房屋有此功能。有2.5間以上浴室的比例從1974年的21%增加到1994年的49%。有2輛車以上空間的的車庫比例由原先的52%增加到78%。有一個以上壁爐的家庭從49%增加到64%。假設全國建商協會隨機抽樣600個今年新蓋的房屋，看看這些94年的比例是否大幅增加。假設抽樣結果如下，利用α =.10檢定每一個假設。在600戶新蓋的房子中，

a. 486戶有中央空調。
b. 57%有2.5間以上的浴室。
c. 471戶兩個車位以上大的車庫。
d. 67%有一個以上的壁爐。

9.25業界調查顯示菲利浦（Philips）佔了39%的西歐國家燈泡市場。你是一家對手公司行銷部的副總裁，且貴公司才進行一場盛大、昂貴的宣傳活動，希望從菲利浦的市場中拉顧客。檢定宣傳是否有效，隨機電話抽樣1,150家西歐的家庭與企業，調查他們上次購買的燈泡品牌。有414人回答購買菲利浦。α =.05，這能證明菲利浦的市場佔有率低於.39嗎？如果副總裁採用臨界值法，臨界點樣本比例值會是多少？

9.26一大型製造公司調查供應商的服務，發現以前32%的材料都遲送。公司最近裝置「及時」系統，所以供應商與製造商能緊密合作。自「及時」系統裝設後，隨機抽樣118次的輸送，發現22次遲交。用樣本資料檢定是否遲交的次數大幅減少？令α=.05。

9.27假設在1970年代，12%的小型企業聘請CPA提供會計指引。由於政府法令與其他限制，小型企業發現在外聘請會計專業人士有壓力。所以在1997年，許多小型企業聘請CPA當顧問。從華盛頓小型企業名單中隨機抽樣

378家小型企業，發現59家聘請CPA為顧問。有足夠的證據顯示1970年的數據過低嗎？假設顯著水準是1%。

9.5 檢定變異數的假設

有時研究人員要檢定母體變異數的假設。例如統計品質控制中，廠商要製造相同大小的器具、零件。假設某企業製造一定寬度的電線。在生產流程中，電線的寬度會有些微差距。電線的平均寬度不同，有時測量的差距大到無法令人接受，意即每條電線應該等粗，但有些部分過細，有些過粗。品管人員進行電線厚度假設檢定時，希望能在生產過程中監控差別太大的部分。

檢定母體變異假設的方法，與第八章提到從樣本估計母體變異值的方法類似。公式9.5假設母體呈常態分配。

(9.5)

$$\chi^2 = \frac{(n-1)S^2}{\sigma^2}$$

$$\text{df} = n-1$$

關於母體變異數的假設檢定公式

注意：第八章提到過母體變異數的卡方檢定對母體是否呈常態分配極端敏感。針對這個問題，研究人員用電腦模擬分析10,000台電腦檢定出來的數據。下表顯示用卡方統計數，α =.05檢定，得到的部分分析結果。注意拒絕比值與由常態分配而得出的結果.050十分接近。但均勻分配得出的拒絕比率過小。對指數（尤其是常態對數）而言，檢定要儘可能地推翻一個好像眞的虛無假設。

	機率分配			
樣本大小	常態	均勻	指數	常態對數
10	.050	.006	.242	.530
20	.047	.004	.263	.599
30	.048	.003	.288	.639
50	.048	.003	.296	.651

因此，許多統計人員避免使用這種方法。如果你用這種方法分析變異數，只有在數據是常態分配時才使用。

例如，某製造公司積極地在生產線上裝設「及時」系統。完成成品之前要組裝　充氣管。「及時」裝置的目的就是要減少堆在工作台上，等待組裝的充氣管數量。理想狀況：充氣管只有在操作人員需要時才會送上來。但由於供應和其他變異因素，大部份時間工作台上會有充氣管堆疊。公司希望平均每次只有20個充氣管在工作台上。生產線上人員不希望變動超過4個。在某一天，記錄充氣管在工作台上的堆疊數量。以下是調查出來的數量：

23　17　20　29　21　14　19　24

使用樣本數據，我們能檢定變異數是否大於4。假設檢定是單尾曲線。假設工作台上的充氣管數量是常態分配。

虛無假設是變異數在可接受的範圍——變異數等於4。對立假設是變異數大於4。

$$H_0: \sigma^2=4$$
$$H_a: \sigma^2>4$$

假設α是.05。樣本規模是8，df=8−1=7。使用表A.8，找到臨界點卡方分配值。

$$\chi^2_{.05,7}=14.0671$$

對立假設是大於4，拒絕區間是在卡方分配的前端曲線。從樣本數據中算出樣本變異值是

$$S^2=20.9821$$

卡方分配的值爲

$$\chi^2=\frac{(8-1)(20.9821)}{4}=36.72$$

計算出來的卡方值χ^2=36.72，大於臨界點卡方值$\chi^2_{.05,7}$=14.0671。所以推翻虛無假設。根據樣本數爲8的樣本數據，母體變異數超過4。生產人員、經理必須進一步調查差異這麼大的原因。圖9.14顯示卡方的分配、臨界值、拒絕區間，非拒絕區間，α值，以及計算出來的卡方分配值。

要是計算出來的卡方值與表A.8中自由度7相比較，發現計算出來的值

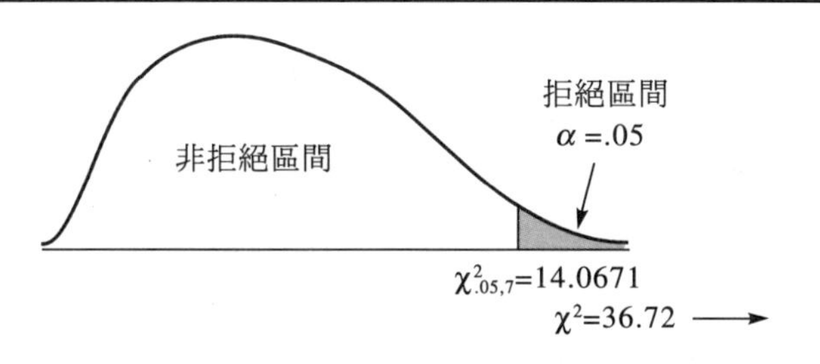

圖9.14 充氣管變異數問題的假設檢定之分配

χ^2=36.72，大於所有的值，包括最大的20.2777，機率爲.005。用p值方法，推翻虛無假設，因爲.005小於α值，.05。

虛無假設也可用臨界值法檢定。與其解出卡方的計算值，不如將α的臨界點卡方值與σ^2的假設值及自由度值套入公式9.5中。解S^2得臨界點樣本變異數值，S_c^2

$$\chi_c^2 = \frac{(n-1)S_c^2}{\sigma^2}$$

$$S_c^2 = \frac{\chi_c^2 \cdot \sigma^2}{(n-1)} = \frac{(14.0671)(4)}{7} = 8.038$$

樣本變異數的臨界點值馳爲S_c^2=8.038。得到的樣本變異數是20.9821，大於臨界點變異數。虛無假設被推翻。

例題9.4

某小型企業有37名員工。由於不確定對產品的需求，所以公司會給付加班費。公司假設每週員工總共超時工作50小時，變異數25小時。公司主管希望知道是否超時工作的變異數有所改變。以下是16週超時工作的數據。假設超時工作的小時數是常態分配。用資料檢定虛無假設：超時工作的變異數是25小時。令α =.10。

57	56	52	44
46	53	44	44
48	51	55	48
63	53	51	50

解答

步驟1：這是雙尾檢定。虛無和對立假設是：

H_0: $\sigma^2=25$
H_a: $\sigma^2\neq25$

步驟2：統計檢定是：

$$\chi^2=\frac{(n-1)S^2}{\sigma^2}$$

步驟3:由於是雙尾檢定，所以α要除以2：$\alpha/2=.05$。

步驟4：自由度為16−1=15。有兩個臨界點卡方值。

$$\chi^2_{(1-.05),15}=\chi^2_{.95,15}=7.26094$$
$$\chi^2_{.05,15}=24.9958$$

檢定統計的數值只有在小於7.26094或大於24.9958時才能推翻虛無假設。

步驟5：得出數據如上。

步驟6：樣本變異數為

$$S^2=28.1$$

計算出的卡方值是

$$\chi^2=\frac{(n-1)S^2}{\sigma^2}=\frac{(15)(28.1)}{25}=16.86$$

步驟7：計算出來的卡方值在非拒絕區間內，因為$\chi^2_{.95,15}=7.26094<\chi^2_{計算值}=16.86<\chi^2_{.05,15}=24.9958$。公司無法推翻虛無假設。超時工作的母體變異值是每週25小時。

步驟8：結果顯示每週超時工作的變異數不出經理的預料。

問題9.5

9.28在給定的資訊下，檢定以下統計假設。假設母體為常態分配。

a. H_0: $\sigma^2=20$
H_a: $\sigma^2>20$
$\alpha=.05$, $n=15$, $S^2=32$

b. H_0: $\sigma^2=8.5$
H_a: $\sigma^2\neq8.5$

$\alpha=.10$, $n=22$, $S^2=17$

c. H_0: $\sigma^2=45$

H_a: $\sigma^2<45$

$\alpha=.01$, $n=8$, $S=4.12$

d. H_0: $\sigma^2=5$

H_a: $\sigma^2\neq5$

$\alpha=.05$, $n=11$, $S^2=1.2$

9.29過去經驗顯示，某一已知之過程其變異數爲14。研究者欲檢定此一數值是否已經改變。他們蒐集了此一過程的測度資料共十二筆，如下所示。利用這些資料以及$\alpha=.05$檢定有關變異數之虛無假設。假設這些測度資料爲常態分配。

52	44	51	58	48	49
38	49	50	42	55	51

9.30某一製造公司生產軸承。其中一生產線上之軸承規格訂爲直徑1.64公分。一主客戶要求軸承的變異數不得大於.001平方公分，製造商被要求在出貨之前檢驗這些軸承，因此以精密儀器測量了十六個軸承的直徑，而得到以下的數據，假設軸承直徑爲常態分配，利用這些資料以及$\alpha=.01$決定這些樣本軸承的母體是否有過高之變異數而應被拒絕。

1.69	1.62	1.63	1.70
1.66	1.63	1.65	1.71
1.64	1.69	1.57	1.64
1.59	1.66	1.63	1.65

9.31一家存款貸款銀行每星期平均有$100,000之存款，然而，因爲薪水發放的周期，季節性，以及區域經濟的劇烈變動，存款的變動幅度相當大。在過去，每週存款的變異數分別爲$199,996,164。以對經理人更容易理解的方式來說，每週存款的標準差爲$14,142。以下是最近一段時間內，十三個星期的每週存款之一隨機樣本，假設每週存款爲常態分配，利用這些資料以及$\alpha=.10$進行檢定，以決定每週存款之變異數是否有所改變。

\$93,000	\$135,000	\$112,000
68,000	46,000	104,000
128,000	143,000	131,000
104,000	96,000	71,000
87,000		

9.32有一公司生產工業用配線，一批配線的規格厚度爲2.16公分，此公司在七個地點檢驗配線發現，平均而言，這些配線大約爲2.16公分厚，然而不同地點的測量結果各不相同，這些配線厚度之變異數不應超過.04平方公分，這七個測量結果的標準差爲.34公分，用α=.10進行檢定，以決定樣本配線之變異數是否太大而無法符合規格標準。假設配線厚度爲常態分配。

9.6 求解型二誤差

倘若一個研究者達成一統計結論而不拒絕虛無假設，她也許作了正確決定，也或許犯下型二誤差，如果虛無假設爲眞，那麼研究者便作了正確決定，如果虛無假設爲僞，那她就犯了型二誤差，當眞實的虛無假設被拒絕，我們稱爲發生型一誤差。在同一假設檢定中，型一誤差和型二誤差不可能同時發生，因爲型一誤差只有在虛無假設被拒絕時才可能發生，而型二誤差只當虛無假設不被拒絕時才可能發生，型一誤差發生的機率，α，和型一誤差發生的機率，β，成反向關係，給定一樣本大小，α值的下降會造成β值的上升，反之亦然。因此，在防止這兩種類型錯誤發生之前便應求取一平衡，增加樣本數可導致兩種錯誤之發生機率均下降。

在商業行爲中，沒有拒絕虛無假設可能表示保持現狀，無須執行一項新的流程，或者無須進行調整。如果一項新的流程、產品、理論，或調整並非顯著優於目前所採行的辦法，則決策者已作了正確的決定。然而，如果新的流程、產品、理論，或調整會顯著改善銷售額、商業環境、生產成本，或者公司的士氣，那麼決策者已經犯下了判斷上的錯誤（型二誤差）。在商場上，型二誤差可以解釋爲失去的商機，不良的產品品質（由於無法察覺製造流程中的問題所造成），或者無法對市場脈動進行反應。有時候，對於環境變遷，新的發展，或新的機會的反應能力正是保持企業前進與成長之所繫。型二誤差在商業上的統計決策行爲佔了很重要的地位。

決定犯下型二誤差的機率較之決定型一誤差機率要來得複雜許多。犯下型一誤差的機率或者在問題中給定，或者在研究者進行研究之前即已敘明。而型二誤差的機率，β，則隨著各種可能的對立假設之參數值而改變。例如，假設研究者正對於以下之假設進行一統計檢定。

$$H_0: \mu=12 \text{盎司}$$
$$H_a: \mu<12 \text{盎司}$$

型二誤差只有在研究者沒有拒絕虛無假設，而虛無假設爲僞時才會發生。在這些假設中，如果虛無假設，$\mu=12$盎司，並不正確，那麼母體平均數眞正的值爲何？平均數到底是11.99、11.90、11.5，還是10盎司？對於每一個可能的數值，研究者都可以計算其犯下型二誤差的機率。一般而言，當虛無假設爲非時，對立假設的平均數均爲未知，因此研究者會針對若干可能的數值計算犯下型二誤差的機率。給定一特定的對立假設平均數，如何計算犯下型二誤差的機率呢？

在檢定上述假設時，假設有一樣本爲六十個飲料瓶子，其樣本平均數爲11.985盎司，而標準差爲.10盎司，對於$\alpha=.05$之單尾檢定，常態分配$Z_{.05}$之查表值爲-1.645。從樣本資料所得之Z的觀察值爲

$$Z=\frac{11.985-12.00}{\frac{.10}{\sqrt{60}}}=-1.16$$

由Z的觀察值，研究者決定不拒絕此虛無假設。由於不拒絕虛無假設，研究者可能作了正確決定或者是犯下型二誤差。在這問題之中，如果母體眞正的平均數爲11.99，那犯下型二誤差的機率是多少呢?

決定犯下型二誤差之機率的第一步是在原始的尺度上計算樣本平均數$\overline{X}_c$的臨界點。在應用臨界值法來檢定虛無假設時，臨界點之數值爲非拒絕區間的分隔點。給定任何小於$\overline{X}_c$的樣本平均數（或者大於，如果是正尾（即右尾）的拒絕區域）時，虛無假設應被拒絕。任何大於$\overline{X}_c$的樣本平均數（或者小於，如果是正尾的拒絕區域），則使研究者無法拒絕虛無假設。求解平均數的

臨界值得到

$$Z_c = \frac{\overline{X}_c - \mu}{\frac{S}{\sqrt{n}}}$$

$$-1.645 = \frac{\overline{X}_c - 12}{\frac{.10}{\sqrt{60}}}$$

$$\overline{X}_c = 11.979$$

圖9.15(a)顯示，當虛無假設爲眞時，抽樣分配的圖型。它包含了平均數的臨界值，$\overline{X}_c$=11.979盎司，若樣本平均數低於此一數值，則虛無假設將被拒絕。圖9.15(b)顯示，當對立假設平均數，μ_1=11.99盎司爲眞時的抽樣分配圖。而實

圖9.15 飲料瓶例題中若對立假設平均數爲11.99盎司時的型二誤差

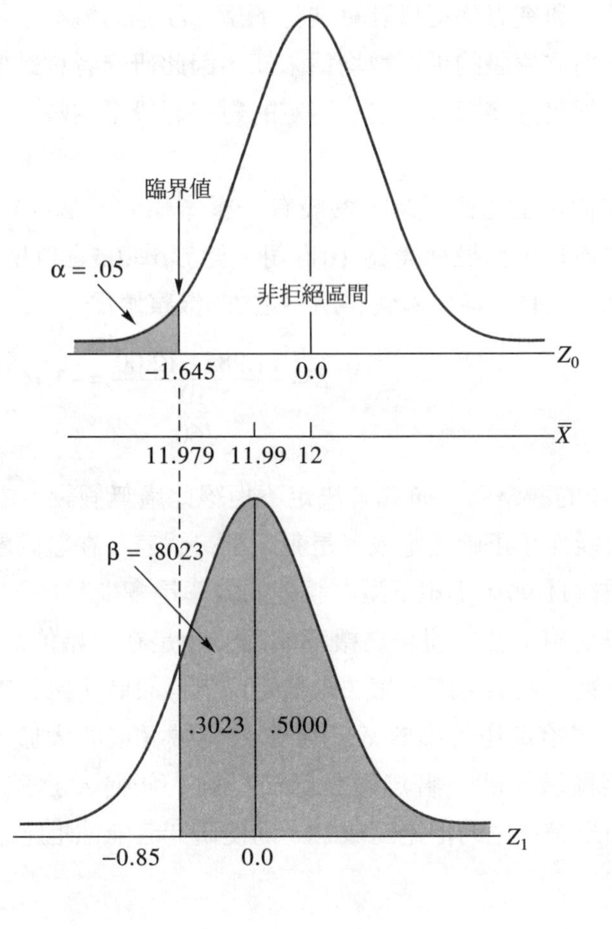

企業專題

製造廠商對「及時」制度之整體改善效果的認知

傳統上，製造公司均以最低的招標價格為標準來選擇供應商，供應商與製造廠的關係往往是敵對和短期的。有了「及時」採購制度，不同於價格之選擇標準被採用，而供應商和製造廠的關係也產生改變。「及時」制度的供應商選擇標準可包含之因素有彈性、與顧客的距離近、品質認可，以及和顧客互動／溝通的潛能。透過「及時」制度的聯結，有助於在供應商和顧客之間形成一個溝通良好的、信任的和互相依賴的密切工作關係。

就在最近，Richeson，Lackey和Starner針對218家使用「及時」制度之公司的採購人員進行了一項研究。這些研究者研究供應商與顧客關係的種種面向，包括製造廠對於使用「及時」制度所產生的整體改善效果之認知。這些研究者要求每個採購負責人評比「及時採購」對於其公司在成本、品質、運送等三方面的影響程度，以及整體的有效性，以試圖測量整體改善的效果。他們採用一個0到7的等級尺度，以0表示及時制度的流程對公司績效完全沒有幫助，而7則表示及時制度改善公司的表現，至於介於兩者之間的數字則代表有某種程度的改善。

此一計量尺度的最高平均計分(5.573)是庫存的減少。次高的是較低的運送成本(5.299)，接下來依序是減少供應商的前置時間(5.129)、供應商品質的改善(4.528)、利潤增加 (4.509)、品質改善(4.481)、競爭力增強(4.453)、較低的成本(4.259)、廢料減少(3.889)、以及較低的訂購成本(3.654)。從這些數據中我們可以看到，「及時」制度對於減少庫存、降低運送成本，以及減少供應商前置時間相對而言幫助較大。相反的，採購負責人對於減少廢料和降低訂購成本的評價只比0到7尺度的中間點稍微高了一點。

平均數的假設檢定可以用來決定這些平均數對於其他時間或其他產業的採購經理人是否仍然成立。我們可以使用這些數據作為一虛無假設的μ值，同時蒐集一個新的、不同的、採購經理人之樣本的資料，進而利用這些資料來決定此一虛無假設能否被拒絕。

際上，左端的分配爲眞，但研究者卻無法拒絕右端的分配的機會有多大？若虛無假設爲僞，每當樣本平均數$\overline{X}$在非拒絕的區間時，$\overline{X}_c \geq 11.979$盎司，研究者將無法拒絕虛無假設。如果$\mu$實際爲11.99盎司，當臨界值爲11.979盎司，無法拒絕$\mu=12$盎司的機率是多少？研究者從虛無假設之樣本分配(a)沿臨界點劃一延長線至對立假設之樣本分配(b)，而後求解$\overline{X}_c=11.979$以右的區域面積，以求得此一機率。

$$Z_1 = \frac{\overline{X}_c - \mu_1}{\frac{S}{\sqrt{n}}} = \frac{11.979 - 11.99}{\frac{.10}{\sqrt{60}}} = -.85$$

Z值可查表得.3023。犯下型二誤差之機率爲對立假設之樣本分配(b)中$\overline{X}_c=$ 11.979以右的全部區域面積，或者.3023+.5000=.8023。因此，如果對立假設的平均數爲11.99盎司，則犯下型二誤差之機率爲80.23%。

例題9.5　在飲料例題中，如果對立假設平均數是11.96盎司，請重新計算犯下型二誤差的機率。

解答

圖9.15中的分配(a)維持不變，虛無假設的平均數仍然爲12盎司，臨界點仍爲11.979盎司，而樣本數爲60。然而圖9.15中的分配(b)改爲$\mu_1=11.96$盎司。如下圖所示，用來求解對立假設$\mu_1=11.96$之樣本分配(b)中，11.979以右區域面積的Z值公式爲：

$$Z_1 = \frac{\overline{X}_c - \mu_1}{\frac{S}{\sqrt{n}}} = \frac{11.979 - 11.96}{\frac{.10}{\sqrt{60}}} = 1.47$$

由表A.5得知，全部區域僅有.0708在臨界點以右，因此犯下型二誤差之機率只有.0708，如右圖所示：

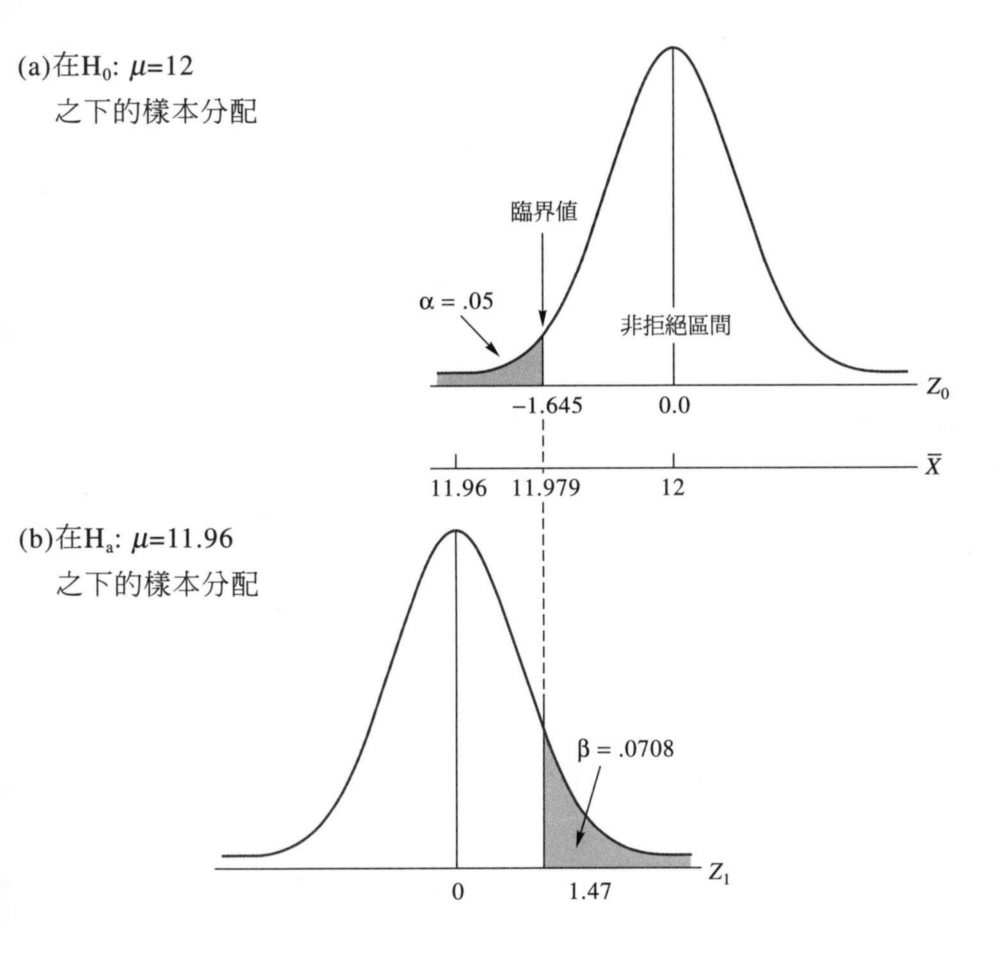

例題9.6

假設你正進行比例的雙尾檢定，虛無假設是母體比例爲.40。對立假設則是母體比例不爲.40。一樣本數爲250之隨機樣本產生一樣本比例數.44。令α爲.05，則$\alpha/2$的Z查表值爲1.96。從樣本資料計算而得的Z值爲

$$Z = \frac{\hat{p} - P}{\sqrt{\frac{P \cdot Q}{n}}} = \frac{.44 - .40}{.031} = 1.29$$

因此虛無假設不被拒絕，不是已達成正確決定，便是犯了型二誤差。假設對立假設的母體比例數爲.36，犯下型二誤差的機率是多少?

解答

求解比例的臨界值。

$$Z_c = \frac{\hat{p}_c - P}{\sqrt{\dfrac{P \cdot Q}{n}}}$$

$$\pm 1.96 = \frac{\hat{p}_c - .40}{\sqrt{\dfrac{(.40)(.60)}{250}}}$$

$$\hat{p}_c = .40 \pm .06$$

臨界值最低爲.34，最高爲.46，對立假設的母體比例數爲.36。下圖說明了這些結果以及解答的其餘部分。

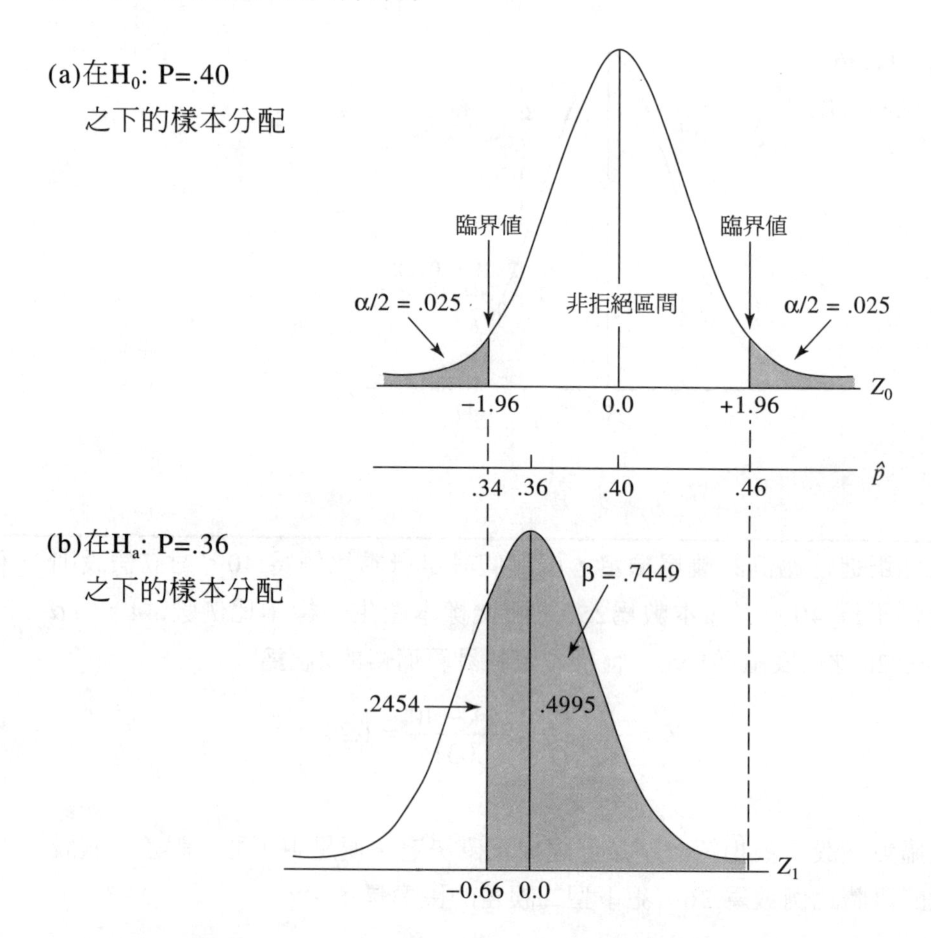

求解在$\hat{p}_c$=.34和P_1=.36之間的區域面積得

$$Z_1 = \frac{.34 - .36}{\sqrt{\frac{(.36)(.64)}{250}}} = -.66$$

和Z_1=−0.66相關聯的區域面積是.2454。

在對立假設H_a: P=.36（圖b）之樣本分配底下，介於.36和.46之間的區域面積，可利用以下的Z值求解

$$Z = \frac{.46 - .36}{\sqrt{\frac{(.36)(.64)}{250}}} = 3.29$$

由表A.5和Z=3.29相關聯的區域面積是.4995。將此數值與圖b之樣本分配左側的面積.2454合併得型二誤差的全部機率爲.2454+.4995=.7449.

若採雙尾檢定法，在分配的兩側均爲拒絕區間。在雙尾之間的區域則爲非拒絕區間，而此區域即爲型二誤差可能發生的地方。假如對立假設爲眞，那麼介於兩個由虛無假設得到的臨界值之間，對立假設的樣本分配的區域即爲β。理論上，對立假設樣本分配的兩端就是非β區域。然而，在這問題裏，右側的臨界點距離對立假設的比例P_1=.36非常遙遠，因此右側臨界點與對立假設比例數之間的區域面積非常接近.5000(.4995)，而分配的正尾區域幾乎不佔任何面積(.0005)。

關於型二誤差的一些觀察

只有當研究者沒有拒絕虛無假設，而對立假設卻爲眞時，研究者才會犯下型二誤差。如果對立假設的平均數或比例數非常接近虛無假設的值，犯下型二誤差的機率會很高。如果對立假設的數值相對而言遠離虛無假設的值，例如上述問題中μ=12盎司而μ_a=11.96盎司，則犯下型二誤差的機率便很小。這隱含的意義是，當我們檢定一虛無假設，而其值相對地遠離一眞實的對立假設，則所得之樣本統計量很可能得以明示哪個假設是眞實的。譬如，假設研究者正進行檢定，以決定某公司是否眞的在兩公升的瓶子裏平均裝了兩公升的可樂。假如這家公司決定偷工減料，只裝了一公升的可樂，一個五十瓶的樣本很可能會得

到接近一公升容量的平均數而非接近兩公升的容量，此時犯下型二誤差是非常不可能的。即使只是顧客也可以從架子上的瓶子看出來這些是偷工減料的。然而，如果這家公司在兩公升的瓶子裹裝了1.99公升，那麼這些瓶子在容量上便非常接近裝滿兩公升的瓶子。在這例子裏，犯下型二誤差的機率便大得多。一個顧客也許無法單憑肉眼即看出偷工減料。

一般而言，如果對立假設的值距離虛無假設的值相對較遠，則犯下型二誤差的機率較之對立假設的值距離虛無假設的值相對較近時來得小。犯下型二誤差的機率隨著對立假設的值遠離虛無假設的值而遞減。我們將利用檢定力曲線（power curve）與操作特徵曲線（operating−characteristic curve），以圖型來說明這種情形。

增加樣本大小對於拒絕範圍的影響

樣本的大小會影響拒絕區域臨界點的位置。考慮本章節中所述及的飲料問題，在那裡我們檢定以下的假設。

$$H_0: \mu=12.00 \text{ 盎司}$$
$$H_a: \mu<12.00 \text{ 盎司}$$

樣本大小爲60而標準差爲.10。

$$n = 60$$
$$S = .10$$

令α =.05，檢定統計量的臨界值是$Z_{.05}=-1.645$。由此可求得在原始尺度之上的臨界點。

$$Z_c = \frac{\overline{X}_c - \mu}{\frac{\sigma}{\sqrt{n}}}$$

$$-1.645 = \frac{\overline{X}_c - 12}{\frac{.10}{\sqrt{60}}}$$

$$\overline{X}_c = 11.979$$

在假設檢定過程中所得的任何樣本平均數，若小於11.979，則將使人決定拒絕虛無假設。

假設樣本大小增加到100，在原始尺度之上求計的臨界點爲

$$-1.645 = \frac{\overline{X}_c - 12}{\frac{.10}{\sqrt{100}}}$$

$$\overline{X}_c = 11.984$$

注意到當樣本數較大時，在原始尺度上求計的臨界點較之樣本數爲60的臨界點較爲接近虛無假設的值（μ=12）。因爲n是平均數標準誤的分母$S/\sqrt{n}$，所以n的增加使得標準誤下降，再乘上檢定統計量的臨界值（$Z_{a/2}$）便得到一個較爲接近虛無假設值的原始尺度臨界值。令n爲500，此問題的原始尺度臨界值爲11.993。

增加樣本大小不僅止於影響原始尺度臨界點和虛無假設分配的數值之距離，同時也可能在給定α下，降低β的值。檢視**圖**9.15。注意到n等於60，α等於.05時，此問題的原始尺度臨界值爲11.979。給定對立假設平均數11.99，則β值爲.8023。假設樣本大小爲100。

上面所解得的原始尺度臨界值是11.984。β的值現在是.7257。計算如下

$$Z = \frac{11.984 - 11.99}{\frac{.10}{\sqrt{100}}} = -.60$$

在常態分配曲線之下，Z=–.60的區域面積爲.2257。加總.2257+.5000（由對立假設樣本分配的右半部所得）得到β爲.7257。**圖**9.16顯示本題之樣本分配，以及α與β值。除此之外，增加樣本大小使研究者得以降低α，而不必然增加β。透過增加樣本大小，我們有可能可以同時降低犯下型一和型二誤差的機率。

檢定力曲線與操作特徵曲線

因爲犯下型二誤差的機率隨著不同的對立假設參數而改變，在管理決策過程中，我們最好能夠檢查一系列可能的對立假設參數。例如，**表**9.2顯示在例題9.5所討論的汽水問題中，與許多個可能的對立假設平均數所對應之犯下型

圖9.16
飲料問題中隨著n增加到100，型二誤差值的變化

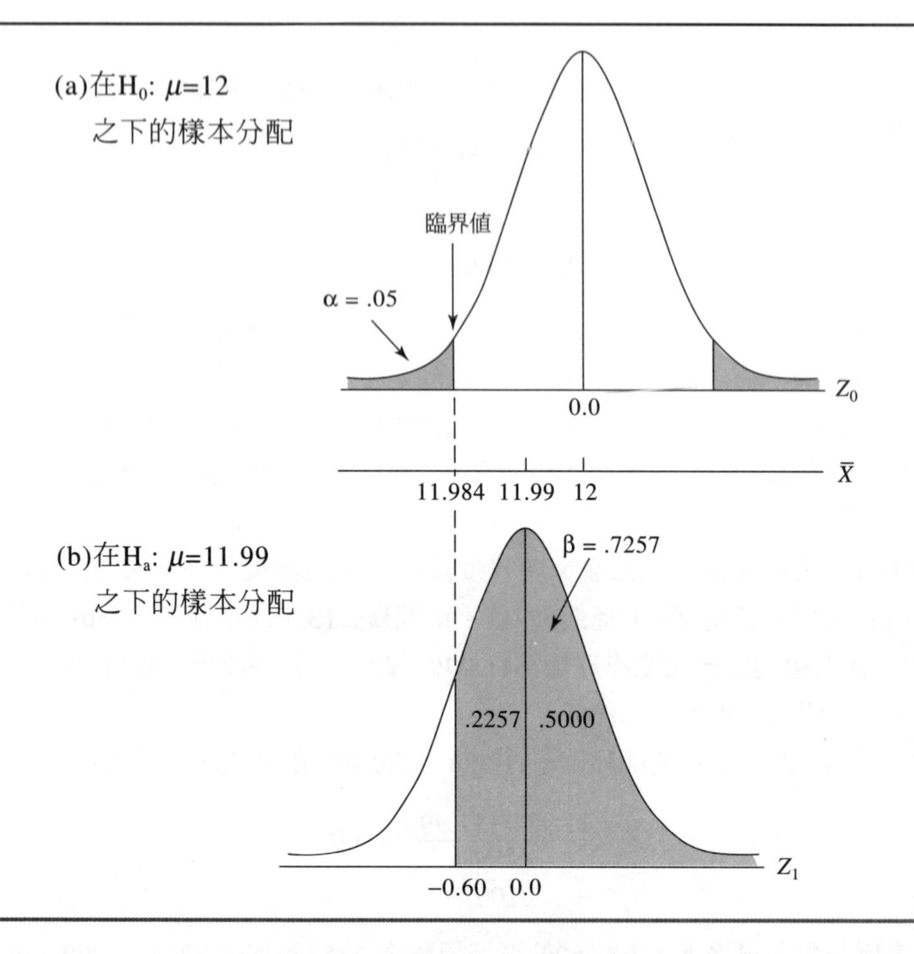

二誤差的機率，給定虛無假設平均數為12盎司，以及α =.05。

檢定力是指當虛無假設為偽時，拒絕虛無假設的機率，因此它代表對立假

表9.2
飲料瓶子問題中的β值以及檢定力值

對立假設平均數	犯型二誤差的機率，β	檢定力
μ=11.999	.94	.06
μ=11.995	.89	.11
μ=11.99	.80	.20
μ=11.98	.53	.47
μ=11.97	.24	.76
μ=11.96	.07	.93
μ=11.95	.01	.99

設爲眞時，選擇對立假設而作了正確決定的機率。因此檢定力等於$1-\beta$。注意到表9.2同時也包含對立假設平均數所對應的檢定力之數值，同時在任何情況下，檢定力和β兩機率相加均爲一。

這些值可以用圖型表示於**圖**9.17和**圖**9.18。**圖**9.17是用MINITAB所繪製的操作特徵曲線，辦法是描繪各種不同的對立假設數值，以及其相對應的β值。注意到，當對立假設平均數接近虛無假設平均數，$\mu=12$，犯下型二誤差的機率較高，因爲區分一個平均數爲$\mu=12$的分配，和一個平均數爲11.999的分配是相當困難的。然而，當對立假設的平均數遠離虛無假設平均數$\mu=12$時，β值便會下降。這說明了一個概念，亦即判別一平均數爲$\mu=12$的分配與平均數爲

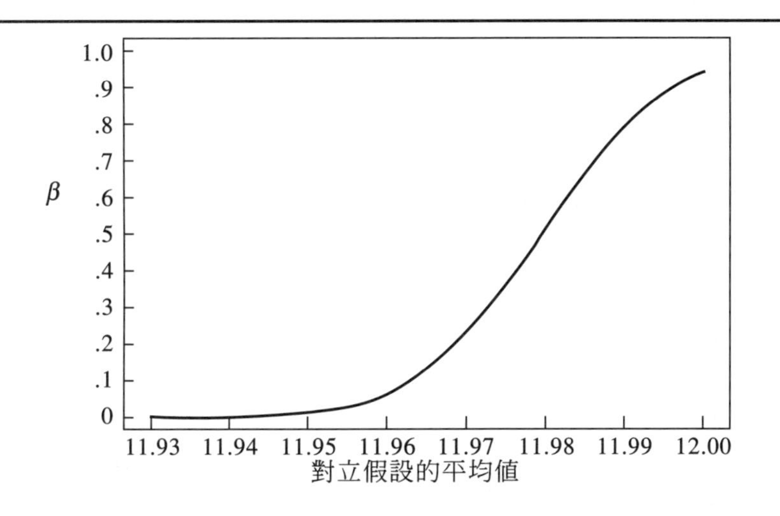

圖9.17 MINITAB中飲料瓶子問題的操作特徵曲線

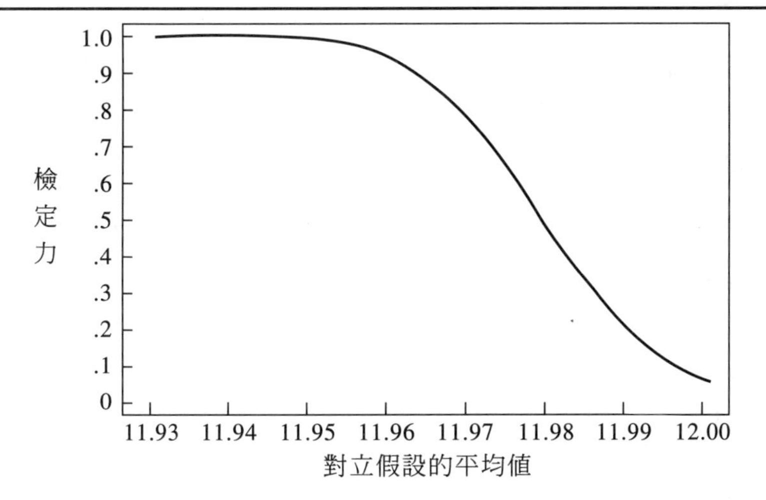

圖9.18 MINITAB中飲料瓶子問題的檢定力曲線

μ=11.95的分配較之判別平均數為μ=12與平均數為μ=11.999的分配來得容易。

圖9.18是用MINITAB所繪製的檢定力曲線，辦法是描繪各種不同的對立假設數值，以及其相對應的檢定力值（$1-\beta$）。注意到，當對立假設平均數遠離虛無假設平均數μ時，檢定力會上升，這是合理的。當對立假設平均數距離虛無假設平均數愈來愈遠，做成正確的決定而拒絕虛無假設變得更為可能。

問題9.6

9.33假設一虛無假設為：母體平均數大於或等於100。更進一步假設抽取一隨機樣本，其樣本數為48，而樣本標準差為14。設若眞正的母體平均數為99，針對以下所列的數值，計算犯下型二誤差的機率。

a.$\alpha = .10$

b.$\alpha = .05$

c.$\alpha = .01$

d.根據(a)、(b)和(c)所得的答案，當α變小時，β如何變化?

9.34在問題9.33中，令α =.05，給定以下可能的眞實對立假設平均數，求解犯下型二誤差的機率。

a.$\mu_a = 98.5$

b.$\mu_a = 98$

c.$\mu_a = 97$

d.$\mu_a = 96$

e.當對立假設的平均數遠離虛無假設平均數100時，犯下型二誤差的機率如何改變?

9.35假設一虛無假設是平均數恰為50。如果一個樣本數35的隨機樣本被拿來檢定此一假設，並設其標準差是7，對立假設平均數是53，則β值是多少呢?令α為.01。

9.36一虛無假設是P<.65。為檢定此一假設，取一樣本數為360之隨機樣本。若α等於.05，而對立假設的比例數如下所述，則犯下型二誤差的機率是多少?

a.P_a=.60

b.P_a=.55

c.P_a=.50

9.37紐約證券交易所（New York Stock Exchange）最近提出一個報告指出，女性股東的平均年齡是44歲。一位在芝加哥的證券商想要知道，這數字對芝加哥的女性股東是否仍然成立。這名證券商得到一份在芝加哥的股東的名單，並抽取了一個包含58位女性的隨機樣本。假設樣本中股東的平均年齡是45.1歲，而其標準差爲8.7歲。進行統計檢定以決定，是否這名證券商的樣本資料顯著地不同於由紐約證券交易所所指出的44歲之數字，而足以聲稱芝加哥的女性股東是於年齡上不同於一般的女性股東。令α等於.05。如果不存在顯著的差異，那這名證券商犯下型二誤差的機率是多少？假若芝加哥的女性股東眞正的平均年齡爲45歲呢？46歲呢？47歲呢？48歲呢？根據這些資料，繪製一操作特徵曲線。根據這些資料，繪製一檢定力曲線。

9.38由InfoCorp公司所發表的數據顯示，佳能公司在最近的一年裡，生產了市場上64%的低階雷射印表機。假設這家公司在1996年春天，針對各辦公場所進行了一項全國性的隨機抽樣電話調查。在463位剛購買低階雷射印表機的受訪者中，有291位購買佳能公司的低階雷射印表機。此一數據是否足以證明64%的市場佔有率過於高估？令顯著水準爲10%。若佳能公司無法拒絕虛無假設，而且實際的市場佔有率爲63%，犯下型二誤差的機率是多少？若實際的市場佔有率爲60%，犯下型二誤差的機率是多少？若實際的市場佔有率爲55%，犯下型二誤差的機率又是多少？

決策難題解決之道

商業推薦

在「決策難題」中，從無數的調查訪問所得到的事實資料均顯示，消費者在購買商品勞務之前常會向其他人尋求諮詢。大部分的統計數字顯示，上述事實對母體而言爲眞。例如，一項報導指出，百分之四十六的消費者在選擇一名醫生之前會先徵詢他人的意見。假設一名研究者認爲這數據不是正確的，或是已經隨時間而改變，或者對一國家裡的某一特定區域不成立，或者是對某一特定的醫學分科不成立。利用本章9.4節提及的假設檢定方法，我們可檢定百分之四十六是否爲母體的比例。因爲「決策難題」所提出的數據均已發表而廣爲散佈，想要檢定此一假設的研究者可以將這些數據作爲虛無假設的數值，蒐集由研究母體所抽樣的隨機樣本，從而進行假設檢定。

Roper Starch Worldwide公司提出報告表示，具有影響力的人針對辦公室設備的採購每年提出平均5.8次的建議。我們可以針對這家公司所提出的這項以及其他的平均數進行假設檢定。研究者第一步應該先科學地認定母體中有影響力的人，而後隨機地選取一樣本。再者應建立一研究機制，以一一記錄每一有影響力人士所提出的推薦案數目。樣本中，每一有影響力人士在這一年之內所提出的推薦案數目將被記錄，並且加總平均，從而產生一樣本平均數，以及樣本標準差。利用一選定的μ值，研究者可以統計方法檢定樣本平均數，與母體平均數（在本問題中，$H_0: \mu=5.8$）。錯誤地拒絕實際爲眞的虛無假設之機率爲α。如果虛無假設實際爲僞（$\mu\neq5.8$），則無法拒絕錯誤的虛無假設之機率（β）則視每一年有影響力的人士針對辦公室設備採購所提出推薦案中眞正的平均數目而定。

倘若研究者可以提出一個關於有影響力人士的理論，而此一理論可表述爲一統計假設，則此理論很可能可以表示爲一對立假設。樣本的抽取是隨機的。若選擇的統計量爲平均數，則分析中應採取針對母體平均數的Z檢定或t檢定。因爲在很多研究當中，樣本標準差均被用來取代母體標準差，因此如果假設母體資料爲常態分配，小樣本的檢定應採取t檢定。如果統計量是比例數，則適合採用針對母體比例數的Z檢定。第八章8.5節所提及的方法，可以用來幫研究者決定樣本的大小。方法如下：給定α，可得Z的臨界值，將其代入樣本大小的決定公式便得之。

結語

假設檢定是應用推論統計學的一種機制。其過程啓始於選擇虛無假設與對立假設。虛無假設與對立假設選擇的標準是或者其一假設爲眞，或者另一假設爲眞，但是不可兩者均爲眞。在檢定統計假設時，研究者假設虛無假設爲眞。透過檢查抽樣資料，研究者或者拒絕或者不拒絕虛無假設。如果樣本資料顯著地不支持虛無假設，則研究者拒絕虛無假設，而接受對立假設.

假設檢定可以是單尾或是雙尾。通常雙尾檢定在虛無假設和對立假設中分別使用=和≠。這些檢定是沒有方向性的，亦即在拒絕區域內顯著地異於虛無假設的數值可以是大於或者小於虛無假設的值。單尾檢定則是有方向性的，而其對立假設中會包含大於（>）或是小於（<）的符號。在這些檢定中，只有分配的某一端（尾）會包含拒絕區域。在單尾檢定中，研究者只關心遠離虛無假設的數值是大於或者是小於虛無假設的值，但不是兩者。

當研究者對於虛無假設做了決定，此決定可能會有錯誤。如果虛無假設是眞的，研究者有可能會因拒絕虛無假設而犯了型一誤差。犯下型一誤差的機率記爲alpha（α）。α通常在研究者建立統計假設時選定。另一種表達α值的方式是顯著水準。

如果虛無假設爲僞，而研究者沒有拒絕虛無假設，那他便犯了型二誤差。Beta（β）爲犯下型二誤差的機率。型二誤差必須由參數值α的假設值以及一特定的對立假設之參數值而求得。有多少可能的對立假設統計值，便有多少可能的型二誤差。

如果虛無假設爲眞，而研究者沒有拒絕虛無假設，則沒有任何錯誤發生，即研究者已經做了正確的決定。同樣的，如果虛無假設爲僞，而研究者拒絕了虛無假設，則沒有任何錯誤發生。檢定力（$1-\beta$）是虛無假設爲僞時，一統計檢定拒絕虛無假設的機率。

操作特徵（OC）曲線爲不同的對立假設數值所相對應的β值之圖形描繪。我們可以研究此一圖形來決定，當對立假設之參數值遠離虛無假設參數值時，β值如何改變。而檢定力曲線則可以和操作特徵曲線對照使用。檢定力曲線乃是不同的對立假設數值所相對應的檢定力數值之圖形描繪。研究者可以看到，當對立假說之參數值遠離虛無假設參數值時，檢定力的值會隨之增加。

本章中包含了大樣本與小樣本下的單一平均數之假設檢定，單一母體比例之檢定，以及母體變異數之檢定。我們提出了三種不同的分析方法：(1)標準法、(2)臨界值法，以及(3)p值法。第十章將提出分析兩個樣本的假設檢定之方法。

重要辭彙

α	單尾檢定	對立假設	操作特徵曲線
β	p值法	臨界值	檢定力
臨界值法	檢定力曲線	假設檢定	拒絕區間
顯著水準	雙尾檢定	非拒絕區間	型一誤差
虛無假設	型二誤差	顯著水準觀察值	

公式

單一平均數的Z檢定

$$Z = \frac{\overline{X} - \mu}{\frac{\sigma}{\sqrt{n}}}$$

單一平均數的Z檢定：有限母體

$$Z = \frac{\overline{X} - \mu}{\frac{\sigma}{\sqrt{n}}\sqrt{\frac{N-n}{N-1}}}$$

單一平均數的t檢定

$$t = \frac{\overline{X} - \mu}{\frac{S}{\sqrt{n}}}$$

$$\text{df} = n - 1$$

母體比例數的Z檢定

$$Z = \frac{\hat{p} - P}{\sqrt{\frac{P \cdot Q}{n}}}$$

母體變異數的卡方(χ^2)檢定

$$\chi^2 = \frac{(n-1)S^2}{\sigma^2}$$
$$\text{df} = n-1$$

個案

擲骰子的 Larkin 企業

1976年，Michael 和 Lynnette Larkin 是一對二十出頭的夫婦，他們想要創辦一家製造鋼模的廠商。他們只有$1,000可以投資在這個事業上。利用這些錢，他們買下二手的機械和工廠用的隔音設備，那工廠就是他們的車庫。剛開始的時候，Larkin夫婦每天晚上和週末都花在他們的事業上，而白天都還有全職的工作。第一個月的銷售額有$600。很快地，他們添購了一部小的壓模機，申請了第二筆房屋貸款以獲得更多資金，並且向親戚借了一些錢。Larkin夫婦在製造鋼模和切割鋼模上獲得相當的成功，使得他們可以辭去在外面的工作。幾年之內，生意成長到了一個新的境界。

Michael Larkin曾經有過製造鋼模和切割鋼模的經驗。但是，Michael和Lynnette兩人所受的正規教育都不超過高中程度。爲經營這個事業，他們向顧客以及該產業裡較有經驗的人請教意見。他們儘可能地和經驗豐富的工人在一起。

早期Larkin所接到的工作都是較小型而其他的工廠不想接的。Larkin企業非常注意品質，在和別州一名競爭者的比較之下，他們終於得到一件大型的工作。1981年，他們在鋼模的工作之外，加上了金屬箔片的壓花與浮雕。1987年，他們增加了製造工業零件的部門，以擴展其客戶基礎。他們下定決心要減少對某一家公司的依賴程度，該公司佔他們產量的50%。

1990年，Larkin成爲明尼蘇達州第一家能做「光蝕」(hologram) 技術的公司。

他們永遠都強調技術本位。在早期，他們透過重新設計既有的機械來達成此一目標。稍後，他們會購買最先進的設備。

今天，位於明尼蘇達州聖保羅市的Larkin實業公司，座落於一棟三年新、佔地30,000

平方呎，擁有20部機械的廠房，其中還有三部購於1990年的壓模機。其中兩部價值爲每部$900,000。這家公司有55名全職的員工，以及20名兼差的員工。一個月平均的銷售額超過$430,000。

討論

前面提到該公司一個月平均的銷售額超過$430，000。假設我們想要檢驗這項聲言，並且取得以下所示的六個月期的資料。令α=.05，我們是否有足夠的證據能拒絕這家公司的聲言？假設每月的銷售金額爲常態分配。

$410,000	$375,000	$484,000
$405,500	$425,000	$440,000

假設Larkin公司接下一個1,000塊鋼模的訂單，要能在金屬上面打兩個洞。鋼模用來打洞的部份必須穿孔2.1公分。除此之外，此長度的變異數不得大於.01平方公分。做爲整體品質管理計畫的一部分，這名客戶要求Larkin公司必須仔細地測量41個鋼模的隨機樣本之其中一個穿孔的長度。結果我們得到一樣本平均數爲2.08公分，以及樣本標準差爲.14公分。利用α=.01檢定這1000塊鋼模的母體平均數是否爲2.1公分，而且這些鋼模的母體變異數不超過.01平方公分。

在另外一個合約上，Larkin企業被要求瑕疵品不得超過10%。Larkin的品管工程師測試了500個鋼模，其中54個爲瑕疵品。

我們是否有足夠證據證實，這項合約底下的鋼模所製成的母體有超過10%的瑕疵品？令α=.01。假設Larkin公司實際的瑕疵率爲12%。則犯下型二誤差的機率是多少？

假設Larkin公司想要瞭解公司員工的滿意程度。儘管Larkin只有55名員工，由於財務以及時間的限制，公司經理覺得他們只能隨機地選擇八名員工來進行員工滿意度的測驗，以之爲整個公司員工滿意度的樣本。進一步假設，由每一名受測員工，我們得到一整體滿意度，而員工整體滿意度全國的平均爲27.5。我們用MINITAB來分析這八名員工的整體滿意度。研讀以下的結果以決定，Larkin公司是否可以用假說檢定「證明」它的員工整體滿意度顯著高於全國平均。Larkin公司平均的整體滿意度是多少？請解釋這些結果。

```
T-Test of the Mean
Test of mu = 27.500 vs mu>27.500
Variable N      Mean    StDev   SE Mean         T    P-Value
C1       8    29.875    2.800     0.990      2.40       0.24
```

道德省思

假設檢定

假設檢定的過程中，包括了許多可能會牽涉到不道德作爲的領域，首先便是虛無假設與對立假設。在假設檢定的方法中，基本的假設是虛無假設爲眞。如果研究者有一個他或她想要證明的新的理論或想法，將此一新理論或新想法表示爲虛無假設是有點不道德的。若這樣做，研究者假設他或她想要證明的爲眞，而拒絕新想法或新理論的舉證責任是在資料上。統計的假設檢定的設定是使得新想法或新理論並不預設爲眞；而舉證責任在於研究者能夠透過資料以拒絕虛無假設來證明新的想法或新理論是眞實的。研究者必須要很小心，以避免假設他或她想要證明的爲眞。

α的值應該在試驗之前便先決定。有太多的研究者「窺探資料」，也就是說，他們先觀察資料和資料分析的結果，然後才決定要使用什麼樣的α來拒絕虛無假設。這樣的行爲可能也是不道德的。

透過隨機取樣的假設檢定，也爲許多在抽樣中可能發生的不道德之情況大開方便之門，例如設定一有利於研究者研究目標的取樣方式，或者使用非隨機的抽樣方法來檢定統計假設。另外，在進行小樣本的母體平均數檢定時，研究者應該小心選取適當的檢定統計量，特別是當σ未知時。如果使用t檢定，或者檢定母體變異數，研究者應該在有把握母體呈常態分配時，才能小心地應用這些檢定。已經有人證實，母體變異數的卡方檢定對於母體爲常態分配的假設極度敏感。若統計專家未謹愼地檢查母體分配的形態是否符合常態分配的假設時，此方法的使用就是不道德的。未謹愼地檢查母體分配，很容易會造成謬誤結論的產生。

當研究者沒有足夠的統計證據可以拒絕虛無假設時，研究者喜歡說他們「無法拒絕虛無假設」。因爲虛無假設在一開始便假設爲眞，研究者並沒有證明虛無假設是眞的。聲明你已經證明虛無假設爲眞，在道德規範上是值得質疑的。

第10章

兩個母體的統計推論

學習目標　第十章的整體焦點在於，針對來自兩個母體的參數，進行假設檢定以及建構信賴區間，從而使你能夠：

1. 使用大樣本的資料，針對兩個母體平均數的差，進行假設檢定以及建構信賴區間。
2. 當母體變異數未知時，使用小樣本的資料，針對兩個母體平均數的差，進行假設檢定以及建構信賴區間。
3. 針對兩個相關母體平均數的差，進行假設檢定以及建構信賴區間。
4. 針對兩個母體比例數的差，進行假設檢定以及建構信賴區間。
5. 針對兩個母體的變異數，進行假設檢定以及建構信賴區間。

決策難題

昂貴的德國工人

德國的經濟在1990年代初期失去部分昔日的光芒。德國企業領袖和經濟學家最感擔心的是，產出的下降、投資的減少，以及失業的增加。這些問題部分來自於德國昂貴的工資成本（平均每小時$27.31）、每年支薪假期的天數（平均30天）以及較少的每週工作時數（平均37.6小時）。

在1990年之前，德國經濟呈現持續的成長約十年之久，包括兩德統一的頭兩年在內。在這段成長的期間，德國的製造業者可以依賴其他國家的業者所犯的錯誤來抵消德國本身產業的結構性問題。然而，在德國經濟成長的十年當中，其他國家的製造業者也在錯誤中汲取教訓，而變得更具競爭力。根據歐洲最大的製紙公司之一：Haindl紙業，其財務總監Manfred Scholz表示，德國在製造業方面問題，一部分來自於每週工作時數最短，渡假時間最長，退休時間最早，工作生涯最短，學生年齡最大，以及假日最多。

在許多針對勞動力問題的解決方案當中，其中之一是將生產移往海外，以期能融入全球的經濟體系。例如，BMW和賓士汽車都將其觸角伸入美國。除此之外，德國政府與企業領袖都敦促工會，能夠在假期與工資的需求上展現自制力。另一方面，德國政府也致力於提高企業界與其他國家公司的競爭意識。以下列表顯示德國的勞動力資料，以及其他包括日本、法國、美國、英國等國的資料，資料來源為位於科隆的德國經濟研究院。

勞動力成本（每小時）	
德國	$27.31
日本	$21.42
法國	$17.04
美國	$17.10
英國	$13.62

工作時數（每週）	
日本	41.5
美國	40.0
法國	39.0
英國	38.8
德國	37.6

有薪假期（每年）	
德國	30
英國	27
法國	25
美國	12
日本	11

管理及統計上的問題

1.上述統計資料中的平均數字是如何決定的？

2.上述勞動力成本的資料爲1995年的資料。如果我們現在進行調查，應該如何比較現在調查所得的平均數與1995年的平均數，而以統計方法決定這兩年的平均數是否有顯著差異？

3.假設上面所給的數據是由樣本資料計算而得，當樣本平均數分別爲39.0與38.8時，法國和英國的每週工作時數眞的有差別嗎？

4.如果沒有進行普查，德國的企業人士要如何判斷每週平均工作時數或者每人平均勞動力成本是否每年都在改變？

5.給定樣本資訊，一名研究者如何檢定具有諸如工會成員之某一特徵的工人，其所佔比例較前一年是否增加或減少？如何進行研究，以比較諸如英美兩國勞動者具有某項特性者所佔比例之差異？

到目前爲止，所有關於信賴區間以及假設檢定的討論，都和採樣自單一母體的樣本有關。我們學到如何檢定有關單一樣本平均數，單一樣本比例數，以及單一樣本變異數的統計假設。進行有關兩個樣本的統計推論，往往也是同樣令人感興趣的。研究者可能會想要比較1990年購鞋的支出與1997年購鞋的支出，以決定其是否隨著時間改變。研究者也可能想要估計或檢定，以決定兩家公司市場佔有率的差別，或者一家公司在兩個不同地區，其市場佔有率的差別。

在本章裡，我們將討論幾種不同的方法以分析來自兩個樣本的資料。其中之一和比例有關，另外一個和變異數有關，其他的則和平均數有關。分析平均數的方法又可區分爲用於大樣本和用於小樣本。在本章所提出的五種方法之中，有四種方法假設兩個樣本爲獨立樣本(independent samples)。如果在某一樣本內所採樣的人或物件與另一樣本內的人或物件沒有任何關聯，我們可以假設這些樣本互相獨立。兩個樣本內的人或物件之任何相似性都是巧合與偶然的。本章所提出的另一種方法，則是用來分析相依樣本(dependent samples)，亦即兩個樣本的選取方式爲相關或相依的。在此情況下，一個樣本內的人或物件會以某種方式和另一個樣本內的人或物件相對應。事實上，一種特別的技巧就是「前後對照」的研究設計，亦即，人或物件在一特定處理的前後分別接受度量，此一特定處理乍看之下似乎造成兩個不同的樣本之度量，但實際上是同一樣本對同一人或物件的兩個相關的度量。另一個相依或相關樣本的例子是，諸如雙胞胎、夫妻、兄弟姐妹、同事，或者其他成對的人們，被用來配對，從而取得兩組不同的測度(一對中的每人各取一組)。這些資料有時候被稱爲配對資料(matched pairs data)，成對資料(paired data)，或者相關資料(related data)。它們的分析有別於包含兩組獨立樣本研究設計的分析。對五種方法當中的四種方法，我們將逐一審視其假設檢定與信賴區間。

首先我們將討論，針對兩個獨立的大樣本，分析其平均數差異的方法。

10.1 兩平均數之差的假設檢定與信賴區間：大樣本或變異數已知、獨立樣本

在某些研究設計當中，抽樣的計劃要求選擇兩個不同的、獨立的樣本。其目的可能是決定兩個樣本是否來自同一母體，或者如果它們來自不同母體，其

母體的差異有多大。如果研究者選擇平均數做為統計量，而有兩個樣本被隨機地選取，研究者便有兩個樣本平均數可以比較。這一類的分析在商業上特別有用，譬如，研究者可以試圖決定兩種牙膏品牌有效性的差別，或者兩種品牌的輪胎其磨損程度的差異。在「決策難題」中所提到的情況，研究者可能想要估計，德國與法國在每週平均工作時數的差別。我們也可以進行研究，分析在某些特定條件下，一條裝配生產線上男人與女人生產力的差別。一名工程師可能想要決定，不同溫度下所生產的鋁，其強度有何差別。在波士頓與西雅圖，一棟一層樓有兩間臥房的房價有無差別？若有，差距多少？這些以及其他許多有趣的問題，都可以透過比較兩個隨機樣本的結果來進行研究。

研究者要如何使用樣本平均數，來分析兩個樣本的差異？中央極限定理告訴我們，無論母體原來的分配為何，當樣本數很大時（n_1與n_2均大於或等於30），兩個樣本平均數的差$\overline{X}_1-\overline{X}_2$會呈常態分配。另外可以證明

$$\mu_{\overline{X}_1-\overline{X}_2}=\mu_1-\mu_2$$

$$\sigma_{\overline{X}_1-\overline{X}_2}=\sqrt{\frac{\sigma_1^2}{n_1}+\frac{\sigma_2^2}{n_2}}$$

利用這些式子，我們可以得到兩個樣本平均數之差的Z公式。

（10.1）

$$Z=\frac{(\overline{X}_1-\overline{X}_2)-(\mu_1-\mu_2)}{\sqrt{\frac{\sigma_1^2}{n_1}+\frac{\sigma_2^2}{n_2}}}$$

其中：

μ_1 = 母體1的平均數
μ_2 = 母體2的平均數
n_1 = 樣本1的大小
n_2 = 樣本2的大小

n_1與$n_2\geq30$時，兩樣本平均數之差的Z公式（獨立樣本）

此一公式使我們可以求解包含兩隨機的獨立樣本及其平均數的問題。

注意：若已知兩母體均為常態分配，且已知其母體變異數，公式10.1可以用在小的樣本數之上。

此外，當母體變異數未知，而樣本數夠大時（n_1，$n_2\geq30$），樣本變異數可以用來取代公式10.1中的母體變異數，因為當樣本數夠大時，樣本變異數是母體變異數很好的近似值。

舉例而言，假設在一月時，北方某一州使用天然氣的家庭，其平均天然氣的費用爲$185，標準差爲$35。假設在同一個月，南方某一州使用天然氣的家庭，其平均天然氣的費用爲$91，標準差爲$22。

假設我們進行隨機取樣，北方這一州的家庭，其樣本數爲40個家庭，而南方爲32個家庭，此樣本平均數的差至少爲$100的機率是多少？

在這個例子裡，μ_1=185，μ_2=91，σ_1=35，σ_2=22，n_1=40，且n_2=32。樣本平均數的差，$\overline{X}_1-\overline{X}_2$爲100。由Z公式得

$$Z=\frac{(\overline{X}_1-\overline{X}_2)-(\mu_1-\mu_2)}{\sqrt{\frac{\sigma_1^2}{n_1}+\frac{\sigma_2^2}{n_2}}}=\frac{100-(185-91)}{\sqrt{\frac{35^2}{40}+\frac{22^2}{32}}}=\frac{6}{6.764}=.89$$

由表A.5得到在0與.89之間Z值的機率爲.3133。得到大於.89之Z值的機率爲.5000−.3133=.1867。當母體平均數的差爲$185−$91=$94時，樣本平均數的差至少爲$100之情況，會有18.67%的機會發生。由圖形來看，此問題及其解答可見於圖10.1。

假設檢定

在許多情況下，研究者想要檢定兩個母體平均數值的差。例如，我們可以檢定男人和女人在成就、智力，或其他特質之平均數值的差。一個消費者組織

圖10.1
天然氣問題的機率分配

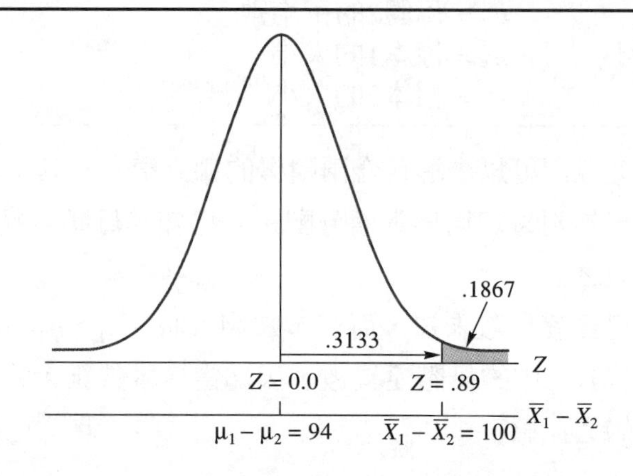

可能想要檢定兩種品牌的燈泡，以決定其中一種是否可以點得比較久。一家想要搬遷的公司，可能想要知道A地與B地的房價是否有顯著差異。公式10.1可以用來檢定兩個母體平均數值的差異。

一個特別的例子是，在1990年代初期，全國臨時服務協會（the National Association of Temporary Services）的調查顯示，臨時電腦分析師的粗估時薪，基本上和有執照護士的時薪相同。假設我們想要進行假設檢定，以決定是否仍然如此。此問題的統計假設為：H_0: $\mu_1-\mu_2=0$，H_a: $\mu_1-\mu_2 \neq 0$。我們選取一份橫跨全美國的32名臨時電腦分析師之隨機樣本。我們利用電話訪談，詢問這些分析師目前在市場上可以賺取的工資率是多少。另選一類似的，34名有照護士的隨機樣本。表10.1中列出所得之工資數據，以及每一群體之樣本平均數、樣本標準差，還有樣本大小。

在這個問題當中，研究者只想檢定臨時電腦分析師和有照護士的平均工資是否有所差異，因此此檢定為雙尾檢定。如果研究者認為，某一方比另一方賺取較高的工資，則應採取單尾檢定。

表10.1
電腦分析師與有照護士的工資率

電腦分析師			有照護士		
\$24.10	\$25.00	\$24.25	\$20.75	\$23.30	\$22.75
23.75	22.70	21.75	23.80	24.00	23.00
24.25	21.30	22.00	22.00	21.75	21.25
22.00	22.55	18.00	21.85	21.50	20.00
23.50	23.25	23.50	24.16	20.40	21.75
22.80	22.10	22.70	21.10	23.25	20.50
24.00	24.25	21.50	23.75	19.50	22.60
23.85	23.50	23.80	22.50	21.75	21.70
24.20	22.75	25.60	25.00	20.80	20.75
22.90	23.80	24.10	22.70	20.25	22.50
23.20			23.25	22.45	
23.55			21.90	19.10	
	$n_1 = 32$			$n_2 = 34$	
	$\overline{X}_1 = \$23.14$			$\overline{X}_2 = \$21.99$	
	$S_1 = 1.373$			$S_2 = 1.403$	
	$S_1^2 = 1.885$			$S_2^2 = 1.968$	

假設$\alpha = .02$。因爲這是雙尾檢定，兩個拒絕區域之一各佔.01的面積，其餘介於平均數與兩臨界點之間各佔.49的區域面積。相對應此面積的臨界點查表值$Z_{\alpha/2}$爲$Z_{.01} = \pm 2.33$。**圖**10.2顯示臨界點查表的Z值，以及拒絕區域。

注意到此問題中並未給定母體變異數。只要樣本數夠大，S^2即爲σ^2良好的近似值。因此，給定大樣本時，以下公式和公式10.1互爲等值。

σ_1^2、σ_2^2未知且n_1、n_2夠大時，檢定兩樣本平均數之差的Z公式；獨立樣本

$$Z = \frac{(\overline{X}_1 - \overline{X}_2) - (\mu_1 - \mu_2)}{\sqrt{\frac{S_1^2}{n_1} + \frac{S_2^2}{n_2}}} \qquad (10.2)$$

由公式10.2與表10.1的資料可得一Z值，以完成此假設檢定。

$$Z = \frac{(23.14 - 21.99) - (0)}{\sqrt{\frac{1.885}{32} + \frac{1.968}{34}}} = \frac{1.15}{.342} = 3.36$$

計算所得的3.36，較之由Z表所得之臨界值2.33爲大。研究者拒絕虛無假設，並可以宣稱，臨時電腦分析師的平均時薪和有照護士的平均時薪有顯著差異。研究者接著檢視樣本平均數，然後運用常理推斷，平均而言，臨時電腦分析師賺得比有照護士多。**圖**10.3顯示，計算所得的觀察值Z和$Z_{\alpha/2}$之間的關係。

圖10.2
工資例題的臨界值以及拒絕區域

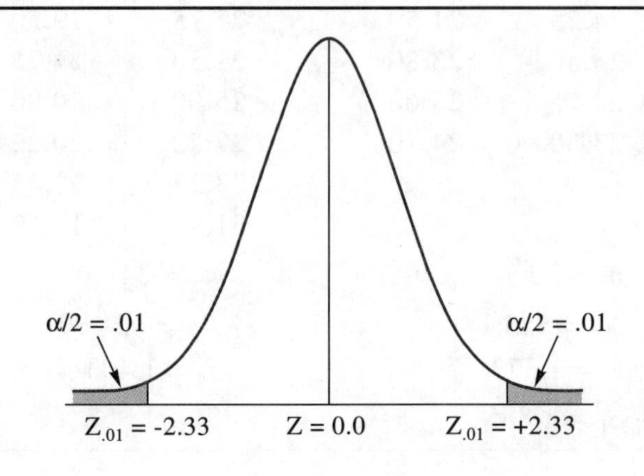

我們可以利用p值法，達成同樣的結論。在附錄A.5的Z分配表中，查詢$Z \geq 3.36$的機率，可得一面積爲.5000−.4996=.0004。此一數值小於$\alpha/2$=.01。由此所得之結論爲，應該拒絕虛無假設。

例題10.1

一個包含87位職業婦女的樣本顯示，其每年存入個人退休基金之金額平均爲$3,352，而標準差爲$1,100。另一包含87位職業男性的樣本顯示，其每年存入個人退休基金之金額平均爲$5,727，而其標準差爲$1,700。一婦運團體想要「證明」女性每年存入個人退休基金之金額平均較男性爲低。如果她們採用α=.001以及這些樣本資料，她們是否能夠拒絕此一虛無假設，亦即，女性每年存入個人退休基金之金額相當於或者高於男性。以下採用假設檢定八步驟來計算。

解答

步驟1：此檢定爲單尾檢定。因爲此一婦運團體想要證明女性每年存入個人退休基金之金額平均較男性爲低，對立假設應該是$\mu_w - \mu_m < 0$，而虛無假設是女性每年存入個人退休基金之金額相當於或者高於男性，$\mu_w - \mu_m = 0$。

步驟2：統計檢定爲

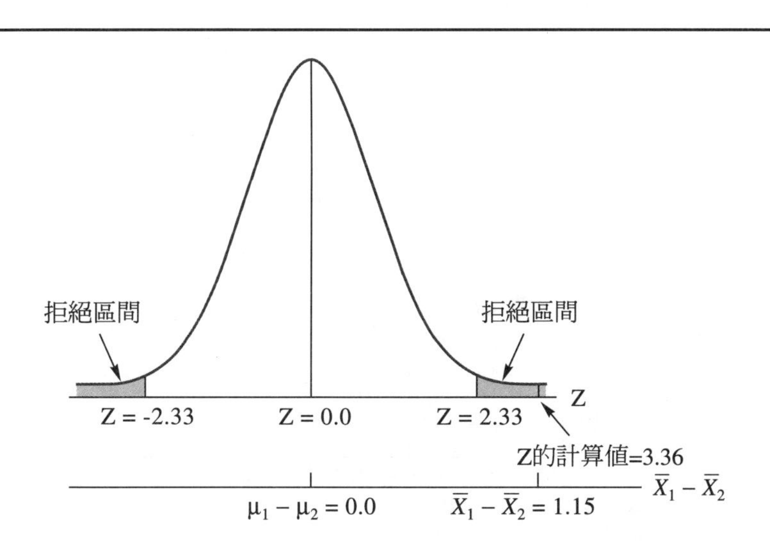

圖10.3 工資例題中，計算所得之Z值的位置

$$Z = \frac{(\overline{X}_1 - \overline{X}_2) - (\mu_1 - \mu_2)}{\sqrt{\frac{S_1^2}{n_1} + \frac{S_2^2}{n_2}}}$$

步驟3：α已給定爲.001。

步驟4：利用α的值，可得臨界值爲$Z_{.001}$=–3.08。決策法則是如果檢定統計量，Z，計算所得的觀察值小於–3.08，則拒絕虛無假。

步驟5：樣本資料如下。

女性	男性
$\overline{X}_1 = \$3,352$	$\overline{X}_2 = \$5,727$
$S_1 = \$1,100$	$S_2 = \$1,700$
$n_1 = 87$	$n_2 = 76$

步驟6：求解Z值，得

$$Z = \frac{(3,352 - 5,727) - (0)}{\sqrt{\frac{1,100^2}{87} + \frac{1,700^2}{76}}} = \frac{-2,375}{227.9} = -10.42$$

步驟7：計算所得的觀察值Z爲–10.42，明顯落在拒絕區域之中，超過$Z_{.001}$的查表值–3.08。即使有非常小的α=.001，虛無假設仍被拒絕。

步驟8：有充分的證據顯示，女性每年存入個人退休基金之金額平均較男性爲低。下圖表示這些結果。

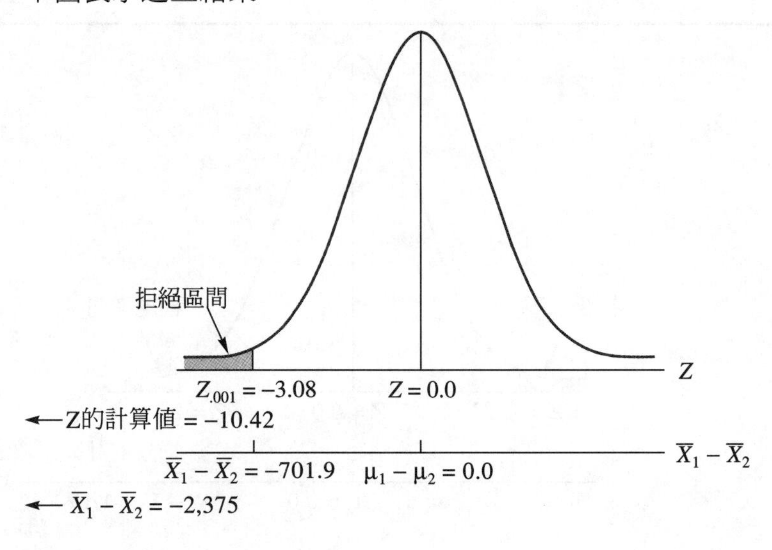

偶然得到一計算的Z值爲−10.42之機率，基本上是零，因爲此數值已經超過Z表的上下限。由p值法得知，因爲機率是.0000，或低於α=.001，因此我們拒絕虛無假設。

如果我們用臨界值法來求解本問題，Z的查表值爲−3.08，兩個平均數之差須超過哪一臨界值，才能拒絕虛無假設？答案是

$$(\overline{X}_1-\overline{X}_2)_c=(\mu_1-\mu_2)-Z\sqrt{\frac{S_1^2}{n_1}+\frac{S_2^2}{n_2}}$$
$$=0-3.08\ (227.9)=-701.9$$

樣本平均數的差至少應爲701.9才足以拒絕虛無假設。本問題中，實際的樣本平均數之差爲−2,375(3,352−5,727)，明顯大於此一差異的臨界值。因此，利用臨界值法同樣使我們拒絕虛無假。

信賴區間

有時候，能夠估計兩個母體平均數的差異是非常有用的。兩個母體之大小，或者重量，或者年齡的差距是多少？兩種不同的研究方法是否會產生兩種不同的結果？對於這些問題的答案，通常很難用普查的方法來回答。另一個辦法是，從兩個母體中，各自選取一隨機樣本，然後研究樣本平均數的差異。

在代數上，公式10.1可以用來產生一公式，以建構兩個母體平均數之差的信賴區間。

(10.3) $$(\overline{X}_1-\overline{X}_2)-Z\sqrt{\frac{\sigma_1^2}{n_1}+\frac{\sigma_2^2}{n_2}}\le\mu_1-\mu_2\le(\overline{X}_1-\overline{X}_2)+Z\sqrt{\frac{\sigma_1^2}{n_1}+\frac{\sigma_2^2}{n_2}}$$

估計$\mu_1-\mu_2$的信賴區間

如前所述，當樣本數夠大時，樣本標準差是母體標準差很好的近似值。因爲公式10.3乃基於大樣本的中央極限定理，它也可以變更爲使用樣本標準差來取代母體標準差，以做爲估計$\mu_1-\mu_2$之信賴區間的近似值。

當n_1和n_2夠大，而σ_1^2 σ_2^2未知時，估計$\mu_1-\mu_2$的信賴區間	$$(\overline{X}_1-\overline{X}_2)-Z\sqrt{\frac{S_1^2}{n_1}+\frac{S_2^2}{n_2}}\le\mu_1-\mu_2\le(\overline{X}_1-\overline{X}_2)+Z\sqrt{\frac{S_1^2}{n_1}+\frac{S_2^2}{n_2}} \quad (10.4)$$

如同第八章所討論，我們無法保證欲估計的參數（在本例中爲$\mu_1-\mu_2$）會包含在信賴區間內。我們有$(1-\alpha)\%$的信心相信，參數會包含在此一區間內。因此，公式10.4更精確的表達方式爲

$$\text{Prob}\left[(\overline{X}_1-\overline{X}_2)-Z\sqrt{\frac{\sigma_1^2}{n_1}+\frac{\sigma_2^2}{n_2}}\le\mu_1-\mu_2\le(\overline{X}_1-\overline{X}_2)+Z\sqrt{\frac{\sigma_1^2}{n_1}+\frac{\sigma_2^2}{n_2}}\right]=1-\alpha$$

爲應用此一概念，讓我們檢視一項特定的研究。一家位於紐約的廣告公司，D'Arcy Masius Benton & Bowles針對使用折扣券的消費者進行了一項研究。結果顯示，典型的使用折扣券的消費者爲，家戶所得爲$29,000的中年已婚職業婦女。研究同時顯示，平均而言，使用折扣券消費者透過折扣券，每星期大約在日常用品的花費上省下$6.00。低收入的家庭沒有像中等收入家庭那麼常使用折扣券，因爲他們比較無法透過雜誌、報紙，以及其他管道蒐集到折扣券。

假設我們進行另一項研究，以估計中等收入的消費者和低收入的消費者，每星期在日常用品的花費上透過折扣券平均所省下的金額之差異。取60名中等收入的消費者與80名低收入的消費者之隨機樣本，記錄他們在一週內的購物情況。下表顯示透過折扣券平均所省下的金額，以及樣本大小和樣本標準差。

中等收入消費者	低收入消費者
$n_1=60$	$n_2=80$
$\overline{X}_1=\$5.84$	$\overline{X}_2=\$2.67$
$S_1=\$1.41$	$S_2=\$0.54$

利用這些資訊，建構一98%之信賴區間，以估計中等收入的消費者透過折扣券平均所省下的金額，與低收入的消費者透過折扣券平均所省下的金額之間的差異。

98%之信賴水準所對應到的Z值爲2.33。利用這個值、上述資料，以及公

式10.4，我們可以決定信賴區間。

$$(5.84-2.67)-2.33\sqrt{\frac{1.41^2}{60}+\frac{0.54^2}{80}} \le \mu_1-\mu_2 \le (5.84-2.67)+2.33\sqrt{\frac{1.41^2}{60}+\frac{0.54^2}{80}}$$

$$3.17-0.45 \le \mu_1-\mu_2 \le 3.17+0.45$$

$$2.72 \le \mu_1-\mu_2 \le 3.62$$

$$\text{Prob}[2.72 \le \mu_1-\mu_2 \le 3.62] = .98$$

有.98的機率，低收入與中等收入的消費者其母體平均折扣券節省的金額之差異，介於$2.72和$3.62之間。也就是說，此一差額最少可能只有$2.72，或者最多可能有$3.62。平均節省金額之差異的點估計爲$3.17。注意到這兩個群體之母體平均不可能完全沒有差異，因爲零並不在98%的區域之內。

例題10.2

一消費者檢驗團體想要知道，汽車使用普通無鉛汽油與高級無鉛汽油在哩程數上的差異。此團體的研究人員將一百輛相同廠牌車種的汽車分爲兩部分，然後測驗每一輛車一油箱的汽油可以跑多少哩程數。有五十輛車加的是普通無鉛汽油，而另五十輛車加的是高級無鉛汽油。普通汽油的這一組，其樣本平均哩程數爲每加侖21.45英哩，標準差爲每加侖3.46英哩。而高級汽油這一組，其樣本平均哩程數爲每加侖24.6英哩，標準差爲每加侖2.99英哩。建立一95%的信賴區間，以估計使用普通無鉛汽油的汽車與使用高級無鉛汽油的汽車在平均哩程數上的差異。

解答

95%的信賴區間其Z值爲1.96。其他的樣本資料如下。

普通汽油	高級汽油
$n_r = 50$	$n_p = 50$
$\overline{X}_r = 21.45$	$\overline{X}_p = 24.6$
$S_r = 3.46$	$S_p = 2.99$

根據這些資料，信賴區間爲

$$(21.45-24.6)-1.96\sqrt{\frac{3.46^2}{50}+\frac{2.99^2}{50}} \le \mu_1-\mu_2$$

$$< (21.45-24.6)+1.96\sqrt{\frac{3.46^2}{50}+\frac{2.99^2}{50}}$$

$$-3.15-1.27 \le \mu_1-\mu_2 \le -3.15+1.27$$

$$-4.42 \le \mu_1-\mu_2 \le -1.88$$

$$\text{Prob}[-4.42 \le \mu_1-\mu_2 \le -1.88] = .95$$

我們有95%的信心指出，這兩種汽油實際的平均哩程數之差，介於每加侖−1.88和−4.42英哩之間。點估計值爲每加侖−3.15英哩。

品管專題

使用TQM政策、作業程序以及工具的小型企業之評價：使用程度與效益之比較

令人意外地，小型企業（員工少於50人）在它們的企業策略中大量地採用TQM政策。小型企業可能不被預期如同大企業一般廣泛地採用，諸如正式的消費者回饋機制、規範清楚的作業程序、以及製程改善等等品管的觀念，因爲它們的作業流程比較不複雜，比較沒有那麼多時間和金錢投入TQM，同時工作環境也比較不正式。然而，小型企業正受到同樣影響大型企業進行改變之力量的巨大衝擊——高品質、低價格的日益激烈之競爭，符合品質標準以確保合約的壓力，以及更具彈性、速度更快以符合市場需求的需要。

Shea和Gobeli（奧勒岡州立大學及奧勒岡生產力與技術中心），決定針對小型企業進行一項研究，以瞭解TQM政策眞正被採用的程度，以及這些公司是否覺得TQM政策眞的有所幫助。他們對奧勒岡州的小型企業進行抽樣，樣本裡平均的員工人數爲32人。他們使用一份16個部分的問卷進行個人訪談。大部分的問題是開放式的，以鼓勵彼此對話。研究人員要求受訪者在由1（低）到5（高）的尺度上排列他們採用TQM的程度，以及TQM所帶來的好處。

在接受訪談的公司當中，60%回答已經採用TQM政策來幫助經理人擴展事業。至少有60%的小型企業，TQM程序和公司的管理風格相一致。有44%的消費者期待TQM能帶來改變。消費者預期能夠在某些公司決策當中有所影響，同時也預期服務品質的改善。百分之三十的公司使用TQM概念來提振員工士氣，而先前員工士氣的低落乃是因爲顧客的不滿意。百分之十的公司是因爲公司不佳的表現而採用TQM。

以下為每一項TQM政策／程序／工具被採用的程度，以及對公司的幫助之平均評價（由1到5）。若有更多資料，本章裡所介紹的方法將可用來決定應用程度與效果的平均數之間是否有顯著的差異。亦即，一項TQM政策／程序／工具被採用的程度，與公司所認知到的效果之間是否有顯著的差異？

政策／程序／工具	被採用的程度	效益
消費者導向	4.2	4.5
消費者調查	4.4	3.4
員工的授權	4.7	4.9
員工團隊	4.7	4.7
腦力激盪	3.2	3.6
持續改善	4.0	4.6
設定目標	3.2	3.6
資料導向的行動	2.4	3.8
流程圖	3.0	3.0
統計流程控制	2.5	2.1
結構化解決問題	2.0	2.3

指定一個群體為第一組，另一群體為第二組之決定是非常武斷的。如果例題10.2裡的兩個群組倒過來，則信賴區間仍然相同，但是符號會顛倒過來，而兩不等式也會互換。因此研究者必須根據樣本資訊來詮釋信賴區間。在汽油哩程數問題當中的信賴區間，母體在普通與高級汽油平均哩程數之間的差異最多可達−4.42每加侖英哩。此結果表示，高級汽油平均哩程數可以較普通汽油多出每加侖4.42英哩。根據樣本資訊，信賴區間的另外一端顯示，高級汽油平均哩程數最低只比普通汽油多出每加侖1.88英哩。信賴區間並不包括零值，顯示普通與高級汽油母體平均哩程數不可能沒有差異。如果兩平均數之差的信賴區間，其兩端點為同號，則整個區間顯示此差異的相同方向，而其值說明差異的大小。

如果信賴區間被用來檢定統計假設，亦即普通與高級汽油平均每加侖的哩程數有無差別，則信賴區間會告訴我們應該拒絕虛無假設，因為此區間並不包括零。

當一信賴區間的兩端點同號，零一定不在區間之內。例題10.2中，區間符號均為負。我們有98%的把握，母體平均數眞正的差是負的。因此，我們有

98%的把握，平均數之間有非零的差。在這樣的檢定中，$\alpha=1-.98=.02$。

如果一樣本平均數之差的信賴區間，其兩端點爲異號，此區間必包含零，母體平均數可能沒有顯著差異。

問題10.1

10.1 a.利用下列資料（$\alpha=.10$）以及八步驟程序，檢定母體平均數沒有差異的虛無假設。

樣本1	樣本2
$\overline{X}_1=51.3$	$\overline{X}_2=53.2$
$S_1^2=52$	$S_2^2=60$
$n_1=32$	$n_2=32$

b.利用臨界值法，找出可拒絕虛無假設平均數之差的臨界值。

10.2利用下列的樣本資訊，建立兩母體平均數之差的90%信賴區間。

樣本1	樣本2
$n_1=32$	$n_2=31$
$\overline{X}_1=70.4$	$\overline{X}_2=68.7$
$S_1=5.76$	$S_2=6.1$

10.3利用給定的資料，檢定以下的統計假設（$\alpha=.02$）。

H_0: $\mu_1-\mu_2=0$ H_a: $\mu_1-\mu_2>0$

樣本1			樣本2		
90	88	80	78	85	82
88	87	91	90	80	76
81	84	84	77	75	79
88	90	91	82	83	88
89	95	97	80	90	74
88	83	94	81	75	76
81	83	88	83	88	77
87	87	93	86	90	75
88	84	83	80	80	74
95	93	97	89	84	79

10.4利用下列的樣本資訊，決定母體A與母體B平均數之差的85%信賴區間。

樣本A	樣本B
$n_A = 110$	$n_B = 100$
$\overline{X}_A = 47.2$	$\overline{X}_B = 53.4$
$S_A = 4.1$	$S_B = 4.0$

10.5利用下列資料，檢定以下對立假設，亦即樣本1所採樣的母體之平均數較樣本2所採樣的母體之平均數來得小。

樣本1	樣本2
$n_1 = 45$	$n_2 = 51$
$\overline{X}_1 = 201$	$\overline{X}_2 = 203$
$S_1 = 8$	$S_2 = 9$

採用p值法以及5%犯下型一誤差的風險作答。

10.6商業展覽局進行了一項研究，想要瞭解人們爲什麼會參加商業展覽。受訪者被要求評比一系列參加商展的理由，由1排至5，1表示不重要，5表示非常重要。其中一個理由是只是好奇。來自電腦／電子業的受訪者，對這一理由平均的反應是2.2。來自食物／飲料業的受訪者，對這一理由平均的反應是3.1。假設這些平均數是從兩個產業中，各取50人的隨機樣本而得，對此問題回應的標準差大約爲1.00。利用α =.01，決定這兩個產業的人在此問題上是否有顯著差異。

10.7假設你擁有一家水管修理公司，雇有15名水管工人。你有興趣知道，兩個水管工人平均一天之內所完成的工作件數是否有所差別。由水管工人A的一個40天的工作之隨機樣本，得樣本平均爲5.3件，變異數爲1.99。由水管工人B的一個37天的工作之隨機樣本，得樣本平均爲6.5件，變異數爲2.36。利用這些資訊及95%之信賴水準，估計水管工人A和水管工人B工作努力的母體平均之差異。解釋這些結果。在這段時間的母體內，是否有可能水管工人A和水管工人B平均一天之內所完成的工作件數沒有差別？

10.8在費城的一家公司，偶而會派經營團隊的成員去拜訪位於麻州的Burling-ton，Vermont和Springfield三個生產單位。這家公司相信，到Burlington的每日成本顯著高於到Springfield的成本。欲檢定這個想法，一分析師取得經理人員到Burlington31次商業旅行的記錄。平均每日支出爲$95，標準差爲$14。而後分析師取一經理人員到Springfield34次商業旅行的隨機樣本。此樣本平均每日支出爲$92，標準差爲$12。令α=.10，檢定到Burlington商業旅行的每日成本是否顯著高於到Springfield的成本。

10.9勞工統計局的資料顯示，平均一家公司每位員工，每小時的保險成本，對經理人員而言，爲$1.84，而特殊專業人員則爲$1.99。假設這些數據來自於35名經理和41位特殊專業人員，而其標準差分別爲$.38和$.51。計算98%的信賴區間，以估計公司對這兩個族群平均每小時之保險支出之差異。點估計的值爲多少？檢定平均每小時之員工保險支出，在經理人員和特殊專業人員之間是否有顯著差異。使用2%的顯著水準。

10.10一家公司的審計人員相信，到路易斯安那州，Baton Rouge之商業旅行的每日成本從1992年到1996年顯著地增加。欲檢定這個想法，這名審計人員從公司1992年的記錄當中，採樣了51次商業旅行；樣本平均爲每天$79，樣本標準差爲$8.50。這名審計人員從公司1996年的記錄當中，選取了第二個隨機樣本爲47次的商業旅行；樣本平均爲每天$81，樣本標準差爲$5.60。如果他容許.02犯下型一誤差的風險，這名審計人員是否發現到Baton Rouge商業旅行的平均每日支出顯著地增加？

10.11假設一名市場分析師想要決定，西雅圖和亞特蘭大每加侖全脂牛奶的平均價格是否有所差別。因此，他對31名隨機取樣的西雅圖顧客進行一項電話訪談。首先他問他們是否在過去的兩週內購買一加侖的全脂牛奶。若否，他就繼續抽樣，直到n=31人回答「是」。如果他們回答是，他接著問他們，牛奶的價格爲何。分析師對亞特蘭大的顧客進行一項類似的調查，受訪者人數亦爲31人。使用以下的樣本資訊，計算一99%的信賴區間，以估計這兩個城市每加侖全脂牛奶的平均價格之差異。

西雅圖			亞特蘭大		
$2.55	$2.36	$2.43	$2.25	$2.40	$2.39
2.67	2.54	2.43	2.30	2.33	2.40
2.50	2.54	2.38	2.19	2.29	2.23
2.61	2.80	2.49	2.41	2.18	2.29
3.10	2.61	2.57	2.39	2.59	2.53
2.86	2.56	2.71	2.26	2.38	2.19
2.50	2.64	2.97	2.19	2.25	2.45
2.47	2.72	2.65	2.42	2.61	2.33
2.76	2.73	2.80	2.60	2.25	2.51
2.65	2.83	2.69	2.38	2.29	2.36
		2.71			2.44

10.12員工的建議往往可以提供管理階層有用且深刻的意見。有些公司較之其他公司對員工多加鼓勵而也收到較多員工的建議，而公司文化也會影響員工建議的採用。據瞭解，日本公司較之美國公司收到並且採用較多的員工建議。假設進行一項研究，以決定佳能公司和先鋒電子公司平均每月每名員工之建議數目是否有顯著差異。研究顯示，佳能公司平均每月每名員工之建議數目爲5.8，而先鋒電子公司則爲5.0。假設這些數據分別得自於36及45名員工之隨機樣本。如果佳能和先鋒員工建議數目之標準差分別爲1.7與1.4，母體平均數是否有顯著差異？令α =.05。

10.13已經升格爲合夥人和還不是合夥人的建築師，其平均薪資差別爲何？一名研究人員從美國建築師協會取得一份建築師的名單。而後她訪問了37位已經是合夥人的建築師。此樣本平均的薪資爲$62,000，樣本標準差爲$5,590。她隨機選取44位還不是合夥人的建築師。樣本的平均薪資爲$39,000，樣本標準差爲$8,025。利用這些資訊，決定已爲合夥人和還不是合夥人之建築師，其平均薪資差異的點估計值。建立一90%之信賴區間，以估計此一差異。

10.14有兩種生產線上的流程以人力執行：分別爲作業A與作業B。50個使用作業A的成品之隨機樣本顯示，樣本平均組裝的時間爲每件8.05分鐘，標準差爲1.36分鐘。38個使用作業B的成品之隨機樣本顯示，樣本平均組裝的時間爲每件7.26分鐘，標準差爲1.06分鐘。當α=.10，這些樣本是否足以證明，執行作業A所需時間明顯高於作業B？

10.2 兩平均數之差的假設檢定與信賴區間：小樣本且變異數未知、獨立樣本

假設檢定

在商業研究中，能夠檢定兩個母體的某一度量，以決定它們是相似或者不同，往往是非常有用的。例如，男人和女人對廣告的刺激之反應是否不同？喝健怡可樂的消費者，其平均年齡是否有異於喝普通可樂的消費者？A廠牌的輪胎是否較B廠牌的輪胎耐磨？在底下有關台灣和中國大陸買主的「全球焦點」裡，台灣和中國大陸之平均的儒家工作精神是否眞有不同？

本章所討論的假設檢定，爲一比較兩樣本平均數之檢定，以決定樣本中來自兩母體之平均數是否相似或者不同。此方法專用於小樣本(n_1, $n_2 < 30$)，變異數未知，且爲獨立樣本（不以任何方式相關聯）。此方法所根據的假設爲，所研究的兩母體之度量或特性均呈常態分配。在10.1節中，大樣本平均的差可由以下公式分析

$$Z=\frac{(\overline{X}_1-\overline{X}_2)-(\mu_1-\mu_2)}{\sqrt{\frac{\sigma_1^2}{n_1}+\frac{\sigma_2^2}{n_2}}}$$

若σ_1^2=σ_2^2，前面的公式可化簡成

$$Z=\frac{(\overline{X}_1-\overline{X}_2)-(\mu_1-\mu_2)}{\sigma\sqrt{\frac{1}{n_1}+\frac{1}{n_2}}}$$

若σ爲未知，可以將兩樣本變異數「混合」，從而計算混合的樣本標準差，以之估計母體標準差。

$$\sigma \approx S = \sqrt{\frac{S_1^2(n_1-1)+S_2^2(n_2-1)}{n_1+n_2-2}}$$

S^2為兩樣本變異數，S_1^2和S_2^2的加權平均。將σ的表示式代入前式，並將Z改為t，得一公式以檢定平均數的差。

（10.5）

$$t = \frac{(\overline{X}_1-\overline{X}_2)-(\mu_1-\mu_2)}{\sqrt{\frac{S_1^2(n_1-1)+S_2^2(n_2-1)}{n_1+n_2-2}}\sqrt{\frac{1}{n_1}+\frac{1}{n_2}}}$$

其中：

$df = n_1 + n_2 - 2$

假設($\sigma_1^2=\sigma_2^2$)，檢定平均數之差的t公式

公式10.5乃假設兩母體變異數σ_1^2和σ_2^2相等，而推導得之。當使用公式10.5，以檢定母體變異數未知的小型獨立樣本，有關其平均數之差的統計檢定時，我們必須假設這兩個樣本，來自於變異數基本上相等的兩個母體。如果這是不可能的，那我們便不應該使用公式10.5。另一公式可用於母體變異數假設不為相等的情況(參見附錄B)。然而，此公式的自由度較為複雜，因此可能較不為某些使用者所喜。很多統計的電腦軟體都可以讓使用者選擇「混合」（pooled）公式或者「非混合」（unpooled）公式。電腦軟體中的「混合」公式如10.5。「非混合」公式為附錄B中的公式，應用於無法假設母體變異數相等之時。再次強調，在這些公式中，兩樣本所採自的母體均假設其度量之對象為常態分配。

在Hernandez製造公司，我們可以應用小樣本平均數之差的檢定。新進的員工必須參加一個歷時三天的研討會，以瞭解這家公司。在研討會將結束之時，他們要接受測驗，以測試他們對公司的瞭解程度。傳統的訓練方式是進行演講，而後進入問題與回應的階段。管理階層決定實驗不同的訓練程序，其中新進員工只受訓兩天，方式是看錄影帶，並取消問題與回應的階段。如果此程序可行，將會在幾年之間為公司省下數千元。然而，有人相當關切這種兩日訓練方式的效果，而公司的經理人員也想知道，兩種訓練方法的效果是否有所不同。

為檢定兩種方法的差別，一群隨機選取的十五個新進的員工，將接受三天研討會的訓練(方法A)，而第二群隨機選取的十二個新進的員工，則接受兩天

錄影帶的訓練(方法B)。表10.2顯示兩組人的測驗成績。利用α =.05，經理人員想要決定兩組人的平均測驗成績是否有顯著差異。他們假設測驗成績爲常態分配，同時母體變異數大約相等。

步驟1：此例題的統計假設如下。

$$H_0: \mu_1 - \mu_2 = 0$$
$$H_a: \mu_1 - \mu_2 \neq 0$$

步驟2：採用的統計檢定爲公式10.5。

步驟3：α 值爲.05。

步驟4：因爲統計假設是=和≠，此檢定爲雙尾檢定。自由度是25(15+12−2=25)而α 爲.05。t表只要求某一尾的α值，而因爲此檢定爲雙尾檢定，α由.05一分爲二得.025，查表得t值爲：$t_{.025,25}=\pm 2.060$。當計算得t觀察值小於−2.060或者大於+2.060時，應拒絕虛無假設。

步驟5：樣本資料由表10.2給定。從這些資料，我們可以計算樣本統計量。樣本平均數和變異數分別如下。

$$\overline{X}_1 = 47.73 \qquad \overline{X}_2 = 56.5$$
$$S_1^2 = 19.495 \qquad S_2^2 = 18.273$$
$$n_1 = 15 \qquad n_2 = 12$$

步驟6：計算得t值爲

$$t=\frac{(47.73-56.50)-0}{\sqrt{\dfrac{(19.495)(14)+(18.273)(11)}{(15+12-2)}}\sqrt{\dfrac{1}{15}+\dfrac{1}{12}}}=-5.20$$

步驟7：因爲計算所得之t值爲−5.20，小於較低的臨界值查表值，t=−2.06，計算所得之t值落於拒絕區域。虛無假設被拒絕。兩測驗的平均成績有顯著差異。

步驟8：圖10.4顯示本問題之臨界區域，計算所得之t值，以及所達成的決定。

表10.2 新進員工訓練後的測驗成績

訓練方法A					訓練方法B			
56	50	52	44	52	59	54	55	65
47	47	53	45	48	52	57	64	53
42	51	42	43	44	53	56	53	57

注意到，計算所得之t值爲–5.20，將使Hernandez製造公司的經理得以拒絕虛無假設。他們的結論是，兩種訓練方法的效果有顯著差異。在檢視樣本平均時，他們瞭解到，方法B（兩天研討會）事實上產生的平均成績較方法A高出8分。

哪一群體是第一群，而哪一群體是第二群之決定是非常武斷的。如果兩個樣本的順序顛倒過來，計算所得之t值將變成t=+5.20（同樣的大小，但是不同的符號），而決策結果仍然保持不變。

Excel和MINITAB都能夠分析兩平均數之差的t檢定。這兩種電腦軟體會得到非常近似的結果。**圖**10.5包含了Hernandez製造公司訓練方法問題的Excel和MINITAB之輸出結果。注意到，兩結果都包括樣本平均數、自由度（df=25）、t的觀察值（MINITAB爲–5.20，Excel爲–5.19877），以及p值（雙尾P值，在MINITAB爲.0000，Excel爲.0000223）。在進行決策時，p值可以直接拿來和α=.05比較（應拒絕虛無假設）。

每件軟體都有提供額外的資訊。Excel會顯示樣本變異數，而MINITAB則會顯示樣本標準差。Excel會顯示混合變異數，而MINITAB則會顯示混合標準差。Excel會列印單尾檢定和雙尾檢定的p值，使用者必須自己選擇適當的值。Excel也會列印單尾和雙尾檢定的臨界t值。注意到，雙尾檢定的臨界t值（2.059537）和我們用t表查表所得的臨界t值（±2.060）相同。MINITAB會提

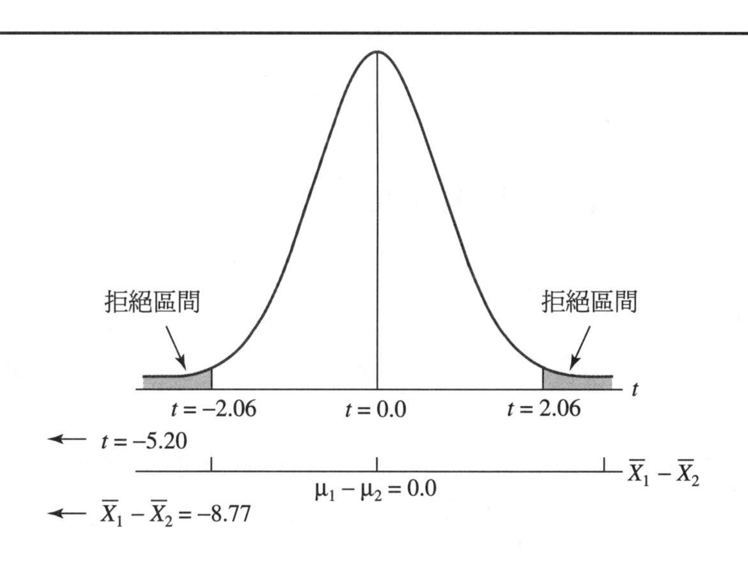

圖10.4 Hernandez製造公司案例的t值

圖10.5 新進員工訓練問題的Excel和MINITAB之輸出結果

```
Excel Output
t-Test: Two-Sample Assuming Equal Variances
                                Variable 1    Variable 2
Mean                            47.73333      56.5
Variance                        19.49524      18.27273
Observations                    15            12
Pooled Variance                 18.95733
Hypothesized Mean Difference    0
df                              25
t Stat                          −5.19877
P(T<=t) one-tail                1.12E-05
t Critical one-tail             1.70814
P(T<=t) two-tail                2.23E-05
t Critical two-tail             2.059537

MINITAB Output:
Twosample T for method A vs method B
             N      Mean    StDev  SE Mean
method A     15     47.73   4.42   1.1
method B     12     56.50   4.27   1.2
95% C.I. for mu method A − mu method B: (−12.2, −5.3)
T-Test mu method A = mu method B (vs not=): T = −5.20
P = 0.0000 DF = 25
Both use Pooled StDev = 4.35
```

供每一個樣本的平均數標準誤差，以及95%的信賴區間。在兩個樣本的情況下，MINITAB對假設檢定與信賴區間估計採用相同的指令。因此，MINITAB對這類問題的輸出結果總是會包含假設檢定與信賴區間的結果。

全球焦點

工業買主的文化特性：台灣與中國大陸

國立交通大學的張教授與丁教授進行了一項研究，以決定中國文化價值對台灣與中國大陸的工業買主之採購策略是否有不同的影響程度。儘管已經有許多研究針對文化對行銷的影響進行探討，我們對於文化之於不同國家工業採購的影響，了解的卻很少。這些研究者企圖度量若干可能存在於台灣與中國大陸，可影響工業採購之文化價值的差異。

自1949年以來，台灣與中國大陸的文化互相隔離，並且獨立地發展。這兩個國家經濟和政治的體系在這段時間之內，也產生了極大的不同，促使他們在不同方向上的文化發展。然而，這兩個國家都成爲工業產品的主要市場。對那些想要進入這些市場的公司，它們是否應該對不同國家的買主採取不同的策略呢？

此研究的焦點特別集中在兩個文化的面向，亦即和諧度以及儒家的工作精神。所謂和諧度，也就是和自己、家人，以及同事和睦相處。和諧度高的人，往往較能和其他同事合作，而不堅持決策過程必須根據他們自己的意見。和諧度較低的人，往往在下決定時，沒有考慮到別人。儒家的工作精神「從正面的角度來看，就是有條理的關係，節儉、堅持、以及羞恥心…」具有較高儒家工作精神的工作者，工作的責任感會較重，也比較願意接受上級的命令。具有較高儒家工作精神的買主，在進行採購決策時「會將公司利益放在個人利益之前」。

七十二家廠商參與了這項研究，其中46家來自台灣，而26家來自中國大陸。買主被要求回答35個問題，其答覆乃依據9等級的Likert刻度，從不重要(1)，到非常重要(9)。其中一項結果是，對於和諧度的平均指數，台灣買主爲5.42，而中國大陸買主則爲5.04。標準差分別爲.58和.49。從這些資料，可得一t值爲2.85，在.01的水準下爲顯著。

對於台灣有較高成績，其中一個解釋爲，中國大陸的文化大革命貶抑了儒家哲學的價值。相反的，台灣保留了孔子的學說，而強調社會建制和個人美德。研究者的建議是，來自台灣與中國大陸之外，想要打入這些工業市場的公司，應該更有耐心地和中國大陸的公司打交道，並且花更多時間訓練中國大陸當地的員工，讓他們對公司更忠誠、更負責。

例題10.3

在「全球焦點」之中，t值被用來比較台灣的工業買主與中國大陸的工業買主在兩個變數上的差異。在和諧度上，比較兩個國家的買主，得一t值爲2.82，顯著水準爲$\alpha = .01$。檢視這些平均數顯示，台灣的買主在這個因素上的成績較高。至於儒家的工作精神，其t值爲2.85，顯著水準爲$\alpha = .01$。兩個國家的平均數分別爲5.65和5.23，表示台灣買主在這個項目上得分較高。標準差和樣本數亦顯示在輸出結果之中。由此，我們可以自己計算這些t值，以利用本章的公式驗證這些結果。

解答

步驟1：如果欲進行雙尾檢定，統計假設與t查表值如下。

$$H_0: \mu_1 - \mu_2 = 0$$
$$H_a: \mu_1 - \mu_2 \neq 0$$

步驟2：適合的統計檢定爲公式10.5。

步驟3：α 的值爲.01。

步驟4：樣本大小爲46及26。因此，自由度是70。由此數字，以及$\alpha/2$=.005，臨界查表t值可從而決定。

$$t_{.005,70} = 2.660$$

步驟5：樣本資料如下。

和諧度

台灣買主	中國大陸買主
$n_1 = 46$	$n_2 = 26$
$\overline{X}_1 = 5.42$	$\overline{X}_2 = 5.04$
$S_1^2 = (.58)^2 = .3364$	$S_2^2 = (.49)^2 = .2401$

$$\text{df} = n_1 + n_2 - 2 = 46 + 26 - 2 = 70$$

儒家工作精神

台灣買主	中國大陸買主
$n_1 = 46$	$n_2 = 26$
$\overline{X}_1 = 5.65$	$\overline{X}_2 = 5.23$
$S_1^2 = (.55)^2 = .3025$	$S_2^2 = (.68)^2 = .4624$

$$\text{df} = n_1 + n_2 - 2 = 46 + 26 - 2 = 70$$

步驟6：計算所得，和諧度的t值爲

$$t = \frac{(5.42 - 5.04) - (0)}{\sqrt{\frac{(.3364)(45) + (.2401)(25)}{(46 + 26 - 2)}}\sqrt{\frac{1}{46} + \frac{1}{26}}} = 2.82$$

計算所得，儒家工作精神的t值爲

$$t = \frac{(5.65 - 5.23) - (0)}{\sqrt{\frac{(.3025)(45) + (.4624)(25)}{(46 + 26 - 2)}}\sqrt{\frac{1}{46} + \frac{1}{26}}} = 2.85$$

步驟7：對和諧度而言，因爲計算所得的t值爲2.82，已經超過臨界查表t值t=2.66，統計決定爲如同國際焦點所述，拒絕虛無假設。而對儒家工作精神，計算所得的t值和研究裡所報告的相同。此值較臨界查表t值爲大，應該拒絕虛無假設。

步驟8：如全球焦點所報導，台灣的工業買主在和諧度上的得分，顯著高於中國大陸的工業買主。在與台灣的買主打交道時，經理人應該記住，他們較之中國大陸的買主更可能強調個人美德與社會建制的價值。

台灣的工業買主在儒家工作精神上，其得分也顯著高於中國大陸的工業買主。來自其他的經理人員，需要花更多的耐心和中國大陸的買主來往，並且花更多時間訓練中國大陸當地的員工。

以下的圖表顯示臨界值t值，拒絕區域，t的觀察值，以及原始平均數的差異。

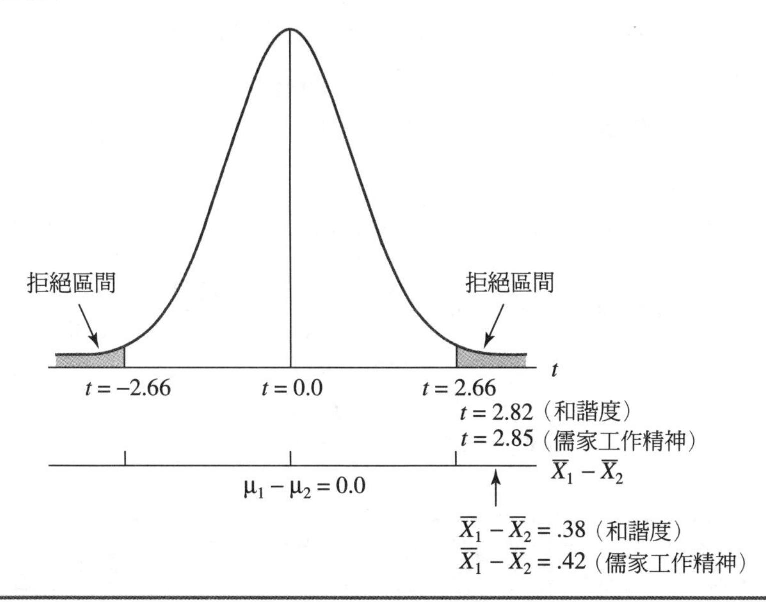

信賴區間

我們可以推導信賴區間的公式，以用來估計母體變異數未知時，小的獨立樣本之母體平均數的差異。本章的焦點僅限於，母體變異數大約相等，並可假設母體為常態分配時之信賴區間。

（10.6）

$$(\overline{X}_1-\overline{X}_2)\pm t=\sqrt{\frac{S_1^2(n_1-1)+S_2^2(n_2-1)}{n_1+n_2-2}}\sqrt{\frac{1}{n_1}+\frac{1}{n_2}}$$

其中：

$$df=n_1+n_2-2$$

假設母體變異數未知且相等，以信賴區間估計小樣本中$\mu_1-\mu_2$之值

因為我們不能保證母體平均數的差，會包含在此區間之中，此公式可改寫

成爲一機率性的敘述。

$$\text{Prob}[(\overline{X}_1-\overline{X}_2)-t\sqrt{\frac{S_1^2(n_1-1)+S_2^2(n_2-1)}{n_1+n_2-2}}\sqrt{\frac{1}{n_1}+\frac{1}{n_2}}$$

$$\le \mu_1-\mu_2 \le (\overline{X}_1-\overline{X}_2)+t\sqrt{\frac{S_1^2(n_1-1)+S_2^2(n_2-1)}{n_1+n_2-2}}\sqrt{\frac{1}{n_1}+\frac{1}{n_2}}]=1-\alpha$$

一家唱片公司的經理，想要估計平均每一首西部鄉村音樂和搖滾樂之單曲長度之差別。首先她隨機選取了10首西部鄉村音樂單曲，以及9首搖滾樂單曲。所選擇單曲的播放長度（分鐘）如表10.3所示。計算一99%之信賴區間以估計這兩種類型的音樂，其母體平均數的差異。假設兩種單曲錄音之播放時間爲常態分配。

99%信賴水準以及自由度17的t查表值爲$t_{.005,17}$=2.898。信賴區間爲

$$(3.465-4.064)\pm 2.898\sqrt{\frac{(.3575)^2(9)+(.2417)^2(8)}{10+9-2}}\sqrt{\frac{1}{10}+\frac{1}{9}}$$

$$-.599\pm .411$$

$$-1.010\le \mu_1-\mu_2 \le -.188$$

$$\text{Prob}[-1.010\le \mu_1-\mu_2 \le -.188]=.99$$

表10.3
西部鄉村音樂和搖滾樂的單曲錄音長度

西部鄉村音樂	搖滾樂
3.80	3.88
3.30	4.13
3.43	4.11
3.30	3.98
3.03	3.98
4.18	3.93
3.18	3.92
3.83	3.98
3.22	4.67
3.38	
$n_{CW}=10$	$n_{rr}=9$
$\overline{X}_{CW}=3.465$	$\overline{X}_{rr}=4.064$
$S_{CW}=.3575$	$S_{rr}=.2417$
df = 10 + 9 − 2 = 17	

唱片公司的經理有99%的把握，母體平均播放長度眞正的差，介於-1.01分鐘和-.188分鐘之間。零不在此一區間之內，因此她可以下結論，西部鄉村音樂和搖滾樂單曲錄音之平均播放長度有顯著差異。檢視樣本的結果顯示，搖滾樂的單曲錄音較長。這些結果可用來進行唱片的設計、行銷，以及生產之戰術性，策略性的計劃。

圖10.6爲MINITAB針對唱片播放長度問題，其信賴區間的電腦輸出結果。注意到，MINITAB的結果包括信賴區間以及計算所得的t值，可用來進行假設檢定。

例題10.4

一家咖啡的製造商想要估計普通咖啡的消費者和無咖啡因咖啡的消費者平均一天的飲用量之差異。研究人員隨機地選擇13位普通咖啡的消費者，然後問他們一天喝幾杯咖啡。另外他又隨機地選擇15位無咖啡因咖啡的消費者，然後問他們一天喝幾杯咖啡。普通咖啡的消費者平均一天喝4.35杯咖啡，其標準差爲1.20杯。無咖啡因咖啡的消費者，平均一天喝6.84杯咖啡，其標準差爲1.42杯。研究人員假設，兩母體之消費量爲常態分配，而後建構一95%之信賴區間，以估計兩母體平均飲用量之差異。

解答

此問題的t查表值爲$t_{.025,26} = 2.056$。信賴區間之估計爲

$$(4.35 - 6.84) \pm 2.056\sqrt{\frac{(1.20)^2(12) + (1.42)^2(14)}{13 + 15 - 2}}\sqrt{\frac{1}{13} + \frac{1}{15}}$$

```
Two Sample T-Test and Confidence Interval

Twosample T for C&W vs R&R
         N     Mean     StDev    SE Mean
C&W     10    3.465     0.357     0.11
R&R      9    4.064     0.242     0.081

99% C.I. for mu C&W-mu R&R:(-1.01, -0.189)
T-Test mu C&W=mu R&R (vs not =): T=-4.23 P=0.0006 DF=17
Both use Pooled StDev=0.308
```

圖10.6 以MINITAB分析唱片播放長度問題之信賴區間

$$-2.49 \pm 1.03$$
$$-3.52 \le \mu_1 - \mu_2 \le -1.46$$
$$\text{Prob}[-3.52 \le \mu_1 - \mu_2 \le -1.46] = .95$$

研究人員有95%的信心，普通咖啡和無咖啡因咖啡的消費者，其母體平均每日飲用杯數之差異，介於1.46杯和3.52杯之間。母體平均數之差的點估計為2.49杯，誤差為1.03杯。

問題10.2

10.15利用以下給定之資料以及八步驟流程，檢定下列統計假說。

$H_0：\mu_1-\mu_2=0 \qquad H_a：\mu_1-\mu_2<0$

樣本1	樣本2
$n_1=8$	$n_2=11$
$\overline{X}_1=24.56$	$\overline{X}_2=26.42$
$S_1^2=12.4$	$S_2^2=15.8$

使用1%之顯著水準，並假設X為常態分配。

10.16利用下列資料及$\alpha=.10$，檢定下述統計假設。假設母體X為常態分配，而母體之變異數大約相等。

$H_0：\mu_1-\mu_2=0 \qquad H_a：\mu_1-\mu_2\neq 0$

樣本1	樣本2
$n_1=20$	$n_2=20$
$\overline{X}_1=118$	$\overline{X}_2=113$
$S_1=23.9$	$S_2=21.6$

10.17假設多年來，母體1的平均數均被認為和母體2的平均數相等，但現在大家相信，母體1的平均數大於母體2。令$\alpha=.05$，並假設母體之變異數相等，且均為常態分配，利用下列資料檢定此一想法。

樣本1		樣本2	
43.6	45.7	40.1	36.4
44.0	49.1	42.2	42.3
45.2	45.6	43.1	38.8
40.8	46.5	37.5	43.3
48.3	45.0	41.0	40.2

10.18假設你想要決定，母體1和母體2的平均數值是否相異，而你隨機地搜集得到下列資料。

樣本1						樣本2					
2	10	7	8	2	5	10	12	8	7	9	11
9	1	8	0	2	8	9	8	9	10	11	10
11	2	4	5	3	9	11	10	7	8	10	10

令犯下型一誤差的機率爲.10，檢定你的猜測。假設母體之變異數相等，且母體爲常態分配。

10.19使用給定的樣本資料，建立一95%的信賴區間，以估計母體平均數之差。假設母體之變異數大約相等，且爲常態分配。

樣本1			樣本2		
109	105	111	112	108	113
98	99	102	107	114	99
101	110	107	106	110	103
105			112	104	108

10.20使用下列顯示的樣本資料，建立一99%的信賴區間，以估計母體平均數之差。假設母體之變異數大約相等，且爲常態分配。

樣本1		樣本2	
1.29	2.33	1.09	1.18
1.00	1.87	1.56	1.03
2.03	2.45	1.93	1.65
2.05	1.96	1.34	1.60
1.31	1.27	1.07	1.02
2.31	2.08	1.07	

10.21使用給定的樣本資料，建立一90%的信賴區間，以估計母體平均數之差。假設母體之變異數大約相等，且爲常態分配。

樣本1	樣本2
$n_1 = 17$	$n_2 = 14$
$\overline{X}_1 = 64.5$	$\overline{X}_2 = 57.8$
$S_1^2 = 12.4$	$S_2 = 11.9$

10.22使用給定的樣本資料，建立一99%的信賴區間，以估計母體平均數之差。假設母體之變異數大約相等，且爲常態分配。

樣本1	樣本2
$n_1 = 25$	$n_2 = 28$
$\overline{X}_1 = 563$	$\overline{X}_2 = 674$
$S_1^2 = 99.3$	$S_2^2 = 103.6$

10.23假設一房地產仲介商想要比較在伊利諾州的Peoria與印地安納州的Evansville，其中等價位住宅的售價。此仲介商在這兩個城市進行一小型的電話調查，詢問其中等價位住宅的價格。在Peoria的21件訪談的隨機樣本中，得樣本平均價格爲$66,900，其標準差爲$2,300。在Evansville的26件訪談的隨機樣本，得樣本平均價格爲$64,000，其標準差爲$1,750。仲介商假設中等價位住宅的價格爲常態分配，且這兩個城市的變異數大約相等。他所求得Peoria與Evansville中等價位住宅平均價格之差的信賴區間爲何？

10.24在問題10.23中，檢定這兩個城市之中等價位住宅，其平均價格是否有顯著差異。

10.25華爾街日報所報導的數據指出，在波士頓的平均每天租車費率，高於達拉斯的費率。假設我們針對波士頓的八家租車公司進行調查，樣本的平均租車費率爲$47，而標準差爲$3。進一步的，我們針對達拉斯的九家租車公司進行調查，樣本的平均租車費率爲$44，而標準差爲$3。利用α=.01，檢定波士頓的平均每天租車費率是否顯著高於達拉斯的費率。假設租車費率爲常態分配，且母體變異數相等。

10.26 明尼亞波里和紐奧良每天旅館房間費率的差別爲何？假設我們分別自兩個城市選取旅館費率樣本，並且使用98%的信賴區間，以估計此一差距。研究所需的資料如下所示。利用這些資料，求得此二城市其旅館費率平均差距的點估計值。假設母體變異數大約相等，且任一給定城市的旅館費率爲常態分配。

明尼亞波里	紐奧良
$n_M = 22$	$n_{NO} = 20$
$\overline{X}_M = \$112$	$\overline{X}_{NO} = \$122$
$S_M = \$11$	$S_{NO} = \$12$

10.27一項研究比較在不同的外國城市中，扶養一個四名美國人的家庭，其一年所需費用的差別。研究中採取一個年收入$75,000的家庭在美國之生活方式，作爲在外國城市生活的比較標準。在多倫多和墨西哥市，類似的生活水準大約需要$64,000。假設一名經理想要決定，以家人所習慣的生活方式，扶養一四口家庭，其一年所需費用在多倫多和墨西哥市是否有所差別。她使用以下蒐集自兩個城市的資料，以及.01的α來檢定此一差距。她假設一年所需費用爲常態分配，而且母體變異數相等。這名經理發現的結果爲何？

多倫多	墨西哥市
$69,000	$65,000
64,500	64,000
67,500	66,000
64,500	64,900
66,700	62,000
68,000	60,500
65,000	62,500
69,000	63,000
71,000	64,500
68,500	63,500
67,500	62,400

10.28使用問題10.27中的資料，建立一95%的信賴區間，以估計此二城市平均成本的差距。

10.29廣告和商品促銷的支出，隨著公司的規模大小而有所不同。欲決定非常大的公司，其花費是否明顯高於一般的大公司，一會計經理進行了一項調查。假設他訪問了19家年銷售額超過十億元的公司之代表，而後發現其平均每年廣告和商品促銷的支出爲230萬3千元。假設他接著訪問了15家年銷售額介於五億元和十億元之間的公司之代表，而發現其平均每年廣告和商品促銷的支出爲225萬5千元。他假設兩種規模的公司，其廣告和商品促銷的支出的標準差均爲35萬元。他使用α=.05來檢定，較大的公司（十億元以上）平均而言是否比起較小的公司明顯地花費更多。他進一步假設廣告和促銷的支出爲常態分配。他發現什麼？

10.3　兩相關母體的統計推論

假設檢定

在前面的章節裡，我們所進行的假設檢定，乃是關於「獨立」樣本，其母體平均數之差。在這一節裡，我們將提出一分析相依或相關樣本的方法。某些研究者將此檢定稱之爲配對檢定。也有人稱爲「相關度量之t檢定」(t test for related measure)或者「相關t檢定」(correlated t test)。

在什麼樣的情況之下，被研究的兩組樣本會是相關或相依？讓我們從「前後對照」研究開始。有時候，作爲一項實驗控制的機制，同一個人或物件會在一特定處理的前後分別接受度量。顯然，事後的度量不會與事前的度量無關，因爲在兩種情況下，前後所度量的對象是同一個人或物件。表10.4提供一假設性的研究之資料，其中人們被要求在連續一星期，每天看一捲介紹某公司約四分鐘的錄影帶兩次，而在這段時間的之前與之後分別評價這家公司。之前的成績爲一個樣本，而之後的成績是第二個樣本，但是每一組成績是相關的，因爲它是同一個人所作的回答。和搜集自獨立樣本的成績比較起來，前後對照的成績不太可能有很大的變化，因爲每一個人將他們對企業或公司之先入爲主的看法，帶到研究當中。這些個人偏見，會以相同的方式影響之前與之後的成績，因爲每一組成績都來自同一個人。

其他相關度量樣本的例子包括，針對雙胞胎、兄弟姐妹，或者夫妻所進行的研究，其中他們被配對並且放在兩個不同樣本之中。例如，一時裝廠商可能想要比較男人與女人對於女性服飾認知的差異。如果研究所選定的男女是兄弟姐妹或是夫妻，研究的兩個族群中，含有內在的相關性之機會便相當大。比起其他隨機選取的樣本，如獨立的男人與女人之群體，他們的答案更有可能類似或相關，此乃由於他們有類似的背景或品味。

在小型企業TQM的品質焦點中，小型企業的經理或老闆被要求評估不同的TQM工具或政策採用的程度以及所產生的效果。當每個受訪者評鑑所給定的TQM工具或政策，在採用程度上所獲得的成績和所產生的效果獲得之成績，非常可能有所關聯。事實上，粗略地瀏覽這些政策／工具的平均數顯示，在使用和效果的成績上，存在明顯的相關（被採用地愈廣泛，顯著的效果愈大，反之亦然）。即使在許多情況下，樣本平均數有所不同，在沒有使用假設檢定方法，利用一差異度量以比較這些平均數之前，我們未必能夠下結論說，母體平均數有所差異。公司的審計人員可以使用一前後對照研究的相關t檢定，以決定自從採用TQM工具或政策以來，是否產生了較好的品質。

研究者必須決定其研究的樣本是否為相依或是獨立。使用10.2節的方法，而非本節所將介紹的技巧來分析相關族群的資料，可能會導致檢定力的降低，或者型二誤差的機率的增加。研究兩組相關樣本的方式，不同於研究獨立樣本的辦法。配對檢定要求兩樣本大小必須相等，而每一組相關資料必須被配對。公式10.7可用來檢定有關相依母體的統計假設。

表10.4
一公司的評價（刻度由0至50）

個人	之前	之後
1	32	39
2	11	15
3	21	35
4	17	13
5	30	41
6	38	39
7	14	22

檢定兩相依母體差距之t公式

$$t = \frac{\bar{d} - D}{\frac{S_d}{\sqrt{n}}} \qquad (10.7)$$

$$df = n - 1$$

其中：

n=組數
d=樣本組間差距
D=平均母體差距
S_d=樣本差距之標準差
$\bar{d}$ =平均樣本差距

相關度量的t檢定乃使用個別成對樣本數值的差距，d，作爲分析的基本度量，以取代個別之樣本數值。d值的分析有效地將此問題，從兩組樣本的問題轉換爲一組樣本的問題，進而使用單一樣本平均數的公式。此檢定使用各組差距的平均，$\bar{d}$ ，以及此差距的標準差，S_d，其計算方式如下所示。在分析小樣本時，此檢定假設母體之差爲常態分配。

$\bar{d}$ 與S_d的公式

$$\bar{d} = \frac{\sum d}{n}$$

$$S_d = \sqrt{\frac{\sum(d - \bar{d})^2}{n-1}} = \sqrt{\frac{\sum d^2 - \frac{(\sum d)^2}{n}}{n-1}}$$

用此方法分析資料，必須由公式10.7計算一 t 值，而後與查表所得之臨界t值比較。臨界 t 值的查表方式如前所述，除了自由度應改採(n−1)，其中n爲配對組數。

一油井開採公司的經理想要決定，美國的石油開採活動是否隨著時間而有顯著變化。他設法取得Baker–Hughes公司在1993年三月所公布的數據，以及外海資料服務公司在1995年十月公布的數據，見表10.5。因爲兩組樣本（1993年和1995年）均取自於同樣的七個州，這些資料是相關的。他想要進行一統計檢定，以決定1993年三月油井鑽探活動和1995年十月的鑽探活動是否有顯著差異。

因爲此檢定是要決定兩年之間是否有顯著差異，而非決定改變的方向，故

表10.5 1993年與1995年之油井鑽探活動

州別	1993年三月	1995年十月
德州	233	254
奧克拉荷馬	80	90
路易斯安那	77	157
加州	31	29
堪薩斯	19	26
懷俄明	8	30
新墨西哥	36	41

統計假說為雙尾。假設$\alpha=.01$。

步驟1：

$$H_0: D = 0$$
$$H_a: D \neq 0$$

步驟2：適當的統計檢定為

$$t = \frac{\bar{d} - D}{\frac{S_d}{\sqrt{n}}}$$

步驟3：令$\alpha=.01$。

步驟4：因為$\alpha=.01$，且此檢定為雙尾，$\alpha/2$可用來求得 t 查表值。資料組數有七對，$n=7$，df$=n-1=6$。t 查表值為（$t_{.005,6}=\pm 3.707$）。如果觀測所得檢定統計量大於3.707或者小於−3.707，便應該拒絕虛無假設。

步驟5：樣本資料由表10.6給定。

步驟6：表10.6亦顯示了求得檢定統計量觀察值的計算過程，其 $t=-1.96$。

步驟7：因為 t 的計算值大於負尾的 t 查表臨界值（$t=-1.96>t_{.005,6}=-3.707$），其值位於非拒絕區域。

步驟8：資料沒有提供充分的證據可證實1993年三月與1995年十月之間的鑽探數目有顯著差異。**圖**10.7的圖形標明本問題的拒絕區間、臨界 t 值，以及計算所得之 t 值。

圖10.8包含了油井鑽探問題的MINITAB及Excel之輸出結果。MINITAB提供兩組樣本的平均組間差異，而Excel則提供每一樣本的平均數與變異數。兩

者均註明假設差異為0.0。兩軟體也都提供計算所得的t觀察值為−1.96（Excel的值為−1.95591）。

MINITAB輸出結果的p值和Excel的雙尾p值相同。直接與α=.05比較，顯示我們無法拒絕虛無假設，因為虛無假設只有在α 值大於p值時才能被拒絕。

表10.6 油井鑽探問題資料的分析

州別	1993年 三月	1995年 十月	d
德州	233	254	−21
奧克拉荷馬州	80	90	−10
路易斯安那州	77	157	−80
加州	31	29	+2
堪薩斯州	19	26	−7
懷俄明州	8	30	−22
新墨西哥州	36	41	−5

$\bar{d} = -20.429 \quad S_d = 27.634 \quad n = 7$

$$t\text{的計算值} = \frac{-20.429 - 0}{\frac{27.634}{\sqrt{7}}} = -1.96$$

圖10.7 油井鑽探問題分析之圖示

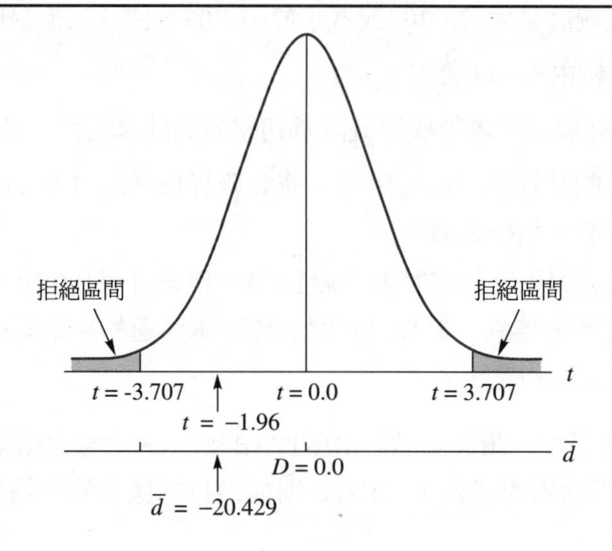

```
MINITAB Output
T-Test of the Mean
Test of mu = 0.0 vs mu not = 0.0

Variable      N      Mean      StDev      SE Mean       T        P-Value
rigdif        7     -20.4      27.6        10.4       -1.96       0.098

Excel OUTPUT
t-Test: Paired Two Sample for Means
                                     Variable 1     Variable 2
Mean                                 69.14286       89.57143
Variance                             5972.476       7533.619
Observations                         7              7
Pearson Correlation                          0.949828
Hypothesized Mean Difference                 0
df                                           6
t Stat                                       -1.95591
P(T<=t) one-tail                             0.049125
t Critical one-tail                          1.943181
P(T<=t) two-tail                             0.098251
t Critical two-tail                          2.446914
```

圖10.10 油井鑽探問題之電腦輸出結果

例題10.5

假設你想要進行一項研究，以比較在文字處理器上打字的速度和用電子打字機打字的速度。你相信文字處理要比電子打字機來得快。要檢定此一想法，你隨機地選了12位秘書，他們都熟悉電子打字機，並且都知道一種特定的文字處理系統。每位秘書都被提供一份相同的文件，先將這份文件用電子打字機打好，接著再用文字處理器打一份相似的文件。下表顯示以每分鐘字數計算的打字速度。使用1%的顯著水準以檢定文字處理器是否要比電子打字機來得快。

秘書	文字處理器	電子打字機
1	62	51
2	49	43
3	70	55
4	65	62
5	49	51
6	96	78
7	66	62
8	63	49
9	69	65
10	88	78
11	59	54
12	41	38

解答

因爲用電子打字機打字，和用文字處理器打字的是同一組秘書，此問題爲相關族群的研究。假設檢定爲單尾檢定。

步驟1：

$$H_0{:}D = 0$$
$$H_a{:}D > 0$$

你所想要「證明」的是，文字處理器要比電子打字機來得快。速度較快表示每分鐘字數較多，因此你希望母體之差爲正。此一結果爲對立假設。虛無假設是文字處理器沒有比電子打字機來得快。

步驟2：適當的統計檢定量爲公式10.7。

步驟3：型一誤差率爲.01。

步驟4：自由度爲$n-1=12-1=11$。對$\alpha=.01$而言，t查表值爲$t_{.01,11}=2.718$。決策法則爲，若統計檢定量觀察值大於2.718，則拒絕虛無假設。

步驟5：樣本資料如下。

秘書	文字處理器	電子打字機	d
1	62	51	11
2	49	43	6
3	70	55	15
4	65	62	3
5	49	51	−2
6	96	78	18
7	66	62	4
8	63	49	14
9	69	65	4
10	88	78	10
11	59	54	5
12	41	38	3

$$\bar{d} = 7.538 \text{ 且 } S_d = 5.961$$

步驟6：計算得t值爲

$$t = \frac{7.583-0}{\frac{5.961}{\sqrt{12}}} = 4.41$$

步驟7：計算所得t值大於查表臨界t值，你應該拒絕虛無假設。

步驟8：有充分證據顯示，你可以下結論：使用文字處理器和電子打字機平均每分鐘打字字數顯著大於零。使用文字處理器明顯快於使用電子打字機。下圖標示本問題的計算值、拒絕區間，以及臨界t值。

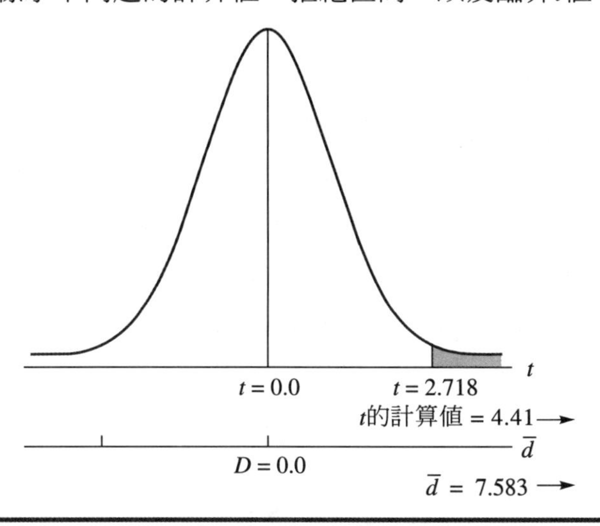

信賴區間

有時候，一研究者想要估計相關樣本之兩個母體的平均差異。兩組相關樣本之母體的平均差異D，其信賴區間可由改寫公式10.7得之，公式10.7是用來檢定有關D的統計假設。再次強調，在估計小樣本時，我們假設母體差為常態分配。

(10.8)

$$\bar{d} \pm t\frac{S_d}{\sqrt{n}}$$

$$\bar{d} - t\frac{S_d}{\sqrt{n}} \le D \le \bar{d} + t\frac{S_d}{\sqrt{n}}$$

$$\mathrm{df} = n-1$$

估計相關母體之差異的信賴區間公式

D並不保證會落在此區間。公式10.8可改寫為機率性的敘述。

$$\mathrm{Prob} = \left[\bar{d} - t\frac{S_d}{\sqrt{n}} \le D \le \bar{d} + t\frac{S_d}{\sqrt{n}}\right] = 1-\alpha$$

以下關於房地產產業的例子說明如何應用公式10.8。新屋的銷售明顯地隨季節而波動。在季節性背後的則是經濟與景氣的循環，此循環亦影響到新屋的銷售。在美國的某些地方，新屋的銷售在春天和初夏的時候增加，而秋天的時候減少。假設一全國性的房地產協會想要估計，在印地安那波里的每一公司新屋銷售數量於1995年和1996年之間的平均差異。因此，此協會隨機地抽取18家在印地安那波里地區的房地產公司，然後取得他們在1995年五月和1996年五月的新屋銷售數字。每家公司的銷售數量如表10.7所示。利用這些資料，這個協會的分析人員可以估計，在印地安那波里的每一房地產公司平均銷售數量於1995年和1996年之間的差異，並且建立一99%的信賴區間。

組別數n為18，因而自由度為17。對一99%的信賴區間以及這樣的自由度，t查表值為$t_{.005,17}$=2.898。d，$\bar{d}$ ，與S_d的值列於表10.8。

差異的點估計為$\bar{d}$ =−3.39。99%的信賴區間為

$$\bar{d} \pm t\frac{S_d}{\sqrt{n}}$$

$$-3.39 \pm 2.898\frac{3.27}{\sqrt{18}} = -3.39 \pm 2.23$$

$$-5.62 \le D \le -1.16$$

$$\mathrm{Prob}[-5.62 \le D \le -1.16] = .99$$

分析人員以99%的信賴區間所估計的，印地安那波里的這家房地產公司於1995年五月和1996年五月之間，其平均新屋銷售數量的差異，大約介於−5.62和−1.16棟房屋之間。因為我們是由1995年的銷售數量減掉1996年的銷售數量，負號表示1996年的銷售額較1995年為多。此結果表示，分析人員可以有99%的把握，平均差異並不為零。如果分析人員利用此一信賴區間來檢定一統計假設，亦即在印地安那波里的每一公司平均新屋銷售數量於1995年五月和1996年五月之間並無顯著差異，則虛無假設將被拒絕，給定α =.01。此一例題的點估計為−3.39棟房屋，誤差為2.23棟房屋。圖10.9為信賴區間的MINITAB電腦輸出結果。

```
Confidence Intervals

Variable     N    Mean     StDev    SE Mean       99.0% C.I.
Salesdif    18   -3.389   3.274     0.772    (-5.626, -1.152)
```

圖10.9
房地產問題之MINITAB電腦輸出結果

表10.7
印地安那波里的新屋銷售數量

房地產仲介商	1995年五月	1996年五月
1	8	11
2	19	30
3	5	6
4	9	13
5	3	5
6	0	4
7	13	15
8	11	17
9	9	12
10	5	12
11	8	6
12	2	5
13	11	10
14	14	22
15	7	8
16	12	15
17	6	12
18	10	10

表10.8
新屋銷售數量的差異，1995–1996

房地產仲介商	1995年五月	1996年五月	d
1	8	11	−3
2	19	30	−11
3	5	6	−1
4	9	13	−4
5	3	5	−2
6	0	4	−4
7	13	15	−2
8	11	17	−6
9	9	12	−3
10	5	12	−7
11	8	6	+2
12	2	5	−3
13	11	10	+1
14	14	22	−8
15	7	8	−1
16	12	15	−3
17	6	12	−6
18	10	10	0

$\bar{d} = -3.39$ 且 $S_d = 3.27$

例題10.6

利用本節一開始所提供的資料，建構一95%的信賴區間，以估計在公司進行錄影帶介紹的前後，其成績之差異爲何。

解答

給定七組資料，df=6。對一95%之信賴區間，t查表值爲$t_{.025,6}$=2.447。資料與d值如下。

個人	之前	之後	d
1	32	39	−7
2	11	15	−4
3	21	35	−14
4	17	13	+4
5	30	41	−11
6	38	39	−1
7	14	22	−8

$$\bar{d} = -5.86 \text{ 和 } S_d = 6.09$$

這組資料的95%信賴區間為

$$-5.86 \pm 2.447 \frac{6.09}{\sqrt{7}} = -5.86 \pm 5.63$$

$$-11.49 \le D \le -0.23$$

$$\text{Prob}[-11.49 \le D \le -0.23] = .95$$

我們有95%之信心可估計得，之後的成績較之前增加。增加幅度的點估計為5.86點，誤差為5.63點。此增加最少可能只有.23點，而最多可達11.49點。

問題10.3

10.30利用給定的資料檢定下列統計假設。假設母體中之差異為常態分配。

$$H_0: D = 0 \quad H_a: D \neq 0$$

$$n = 14, \bar{d} = 5.334, S_d = 6.732, \alpha = .05$$

10.31利用給定的資料檢定下列統計假設。假設母體中之差異為常態分配。

$$H_0: D = 0 \quad H_a: D < 0$$

$$n = 29, \bar{d} = -1.053, S_d = 7.621, \alpha = .10$$

10.32利用給定的資料以及1%的顯著水準檢定下列統計假設。假設母體中之差異為常態分配。

$$H_0: D = 0 \quad H_a: D > 0$$

組別	樣本1	樣本2
1	38	22
2	27	28
3	30	21
4	41	38
5	36	38
6	38	26
7	33	19
8	35	31
9	44	35

10.33利用給定的資料檢定下列統計假設（α =.01）。假設母體中之差異爲常態分配。

$$H_0: D = 0 \quad H_a: D \neq 0$$

個人	之前	之後
1	107	102
2	99	98
3	110	100
4	113	108
5	96	89
6	98	101
7	100	99
8	102	102
9	107	105
10	109	110
11	104	102
12	99	96
13	101	100

10.34利用下列樣本資訊，建立一98%信賴區間以估計D。假設母體中之差異爲常態分配。

$$\bar{d} = 40.56,\ S_d = 26.58,\ n = 22$$

10.35利用下列樣本資訊，建立一90%信賴區間以估計D。假設母體中之差異爲常態分配。

$$\bar{d} = -10.43,\ S_d = 13.97,\ n = 8$$

10.36利用下列樣本資訊，建立一95%信賴區間以估計D。假設母體中之差異爲常態分配。

客戶	之前	之後
1	32	40
2	28	25
3	35	36
4	32	32
5	26	29
6	25	31
7	37	39
8	16	30
9	35	31

10.37利用下列資料，建立一80%信賴區間以估計D。假設母體差異為常態分配。

銷售員	1995年	1996年
Edwards	983	968
Jamieson	701	723
Gonzalez	1003	996
Green	678	721
Robertson	899	930
Miles	602	578
DeKalb	752	765

10.38一家公司的副總經理一直都很關心她的員工的身體健康。因病而缺席的員工比例不斷地在增加當中。為企圖克服員工不佳的生理狀態，同時要讓員工相信公司的確關心他們，這名副總經理聘請了一位臨時的有氧舞蹈教練，以提供在工作場所的健身課程。參加者在課程剛開始的時候，接受一項包含許多項目的體能測驗。課程進行三個月之後，參加者再接受一次測驗。利用1%的顯著水準以決定，一千五百公尺跑步速度是否在三個月的有氧舞蹈課程之後明顯變快。假設一千五百公尺跑步時間為常態分配。

參加者	之前	之後
1	12.36	10.90
2	13.12	11.04
3	10.37	8.12
4	15.98	12.48
5	12.77	9.24

10.39八名想進商學院的學生，其GMAT的成績並不太好。為了提高他們的成績，他們參加了一項四十小時密集複習課程。在此課程之後，這八名學生再考了一次GMAT。這八名學生平均的差距為進步20分。此差距的標準差為8.5分。假設GMAT成績的差距為常態分配，令α為.05以決定GMAT複習課程是否會提高GMAT成績。

10.40由於不動產市場的不確定性，許多屋主都寧可考慮重新裝潢或者加蓋，也不賣掉舊房子。一棟房子裡，裝潢費用最高的可能是廚房，平均成本大約爲$23,400。以出售的價格來看，重新裝潢廚房值得嗎？以下爲十一個城市的出售價格與裝潢成本的數據，由「裝潢」雜誌所出版。利用下列資料，建立一99%的信賴區間以估計廚房裝潢之成本與裝潢後的市價之差額。假設母體中之差額爲常態分配。

城市	成本	出售
Atlanta	$20,427	$25,163
Boston	27,255	24,625
Des Moines	22,115	12,600
Kansas City, MO	23,256	24,588
Louisville	21,887	19,267
Portland, OR	24,255	20,150
Raleigh–Durham	19,852	22,500
Reno	23,624	16,667
Ridgewood, NJ	25,885	26,875
San Francisco	28,999	35,333
Tulsa	20,836	16,292

10.41 行銷副總經理要求銷售經理們注意，大部分的公司銷售代表和客戶的接洽方式，以及與客戶之間關係的維持都非常沒有組織，雜亂無章。銷售經理們召集了這些代表，進行三天的研討會與訓練課程，以學習如何更有效地使用記事本來排定拜訪時間，以及提示有關每一客戶的重要資訊。銷售代表被教導如何有效率地安排拜訪時間，方能將其努力達到最大效果。銷售經理取得銷售代表在研討會之前與之後，各自隨機選取的某一天內，所拜訪客戶數目的資料。利用下列資料，檢定研討會後的拜訪客戶數目是否顯著增加（$\alpha = .05$）。假設拜訪客戶數目之差異爲常態分配。

代表	之前	之後
1	2	4
2	4	5
3	1	3
4	3	3
5	4	3
6	2	5
7	2	6
8	3	4
9	1	5

10.42十一名員工因爲膽固醇指數過高，由公司護士進行看護。護士小姐告誡他們這種狀況的嚴重性，並且規定他們新的飲食方式。以下顯示十一名員工在調整飲食之前以及之後一個月的膽固醇指數。建立一98%的信賴區間以估計參加此計劃的員工，其膽固醇指數的母體平均差異。假設母體中膽固醇指數的差異爲常態分配。

員工	之前	之後
1	255	197
2	230	225
3	290	215
4	242	215
5	300	240
6	250	235
7	215	190
8	230	240
9	225	200
10	219	203
11	236	223

10.43一全國知名的超市，決定在電視上促銷它自有品牌的汽水兩個星期。在廣告活動之前，這家公司隨機地選取它在全美各地21家店面，以作爲研究其廣告有效性的一部分。抽樣方法爲在某一個星期一早上，一既定的半小時時間當中，計算這21家分店賣出它自有品牌汽水的數量。在廣告活動之後，再做一次類似的統計。平均的差異爲增加75罐，差異的標準差爲30罐。利用這些資料，建立一90%的信賴區間以估計這家公司之自有品牌汽水，在廣告活動之前與之後，其銷售罐數的母體平均差異。假設母體中，這家公司之自有品牌汽水的銷售罐數爲常態分配。

10.44大部分購買洗衣機的消費者都知道他們可以選擇別的顏色，同時任何白色以外的顏色都要另外加錢。假設你想要估計白色的洗衣機和其他顏色的洗衣機，其售價的平均差額。你隨機地選擇若干種廠牌以及全美各地的經銷商，並獲得下列的洗衣機價格。利用這些資訊，建立一95%的信賴區間以估計白色洗衣機與其他顏色的洗衣機，其平均的價格差異。假設白色與其他顏色的洗衣機，其價格差異爲常態分配。

廠牌	白色	其他顏色
A	$450	$465
B	575	600
C	500	500
D	615	630
E	550	565
F	485	510

10.45使用普通無鉛汽油和高級無鉛汽油之汽車，其汽油哩程數是否有顯著不同？要檢定此一問題，一研究者隨機地選取15名駕駛進行研究。這些駕駛用普通無鉛汽油開一個月的車，而後再用高級無鉛汽油開一個月的車。參與者在實驗當中都是開自己的車。平均的樣本差異爲高級無鉛汽油多出2.85英哩。$\alpha=.01$，研究者是否有充分證據作成結論，普通無鉛汽油與高級無鉛汽油在哩程數上有顯著差異？假設母體中汽油哩程數之差異爲常態分配。

10.4 兩母體比例數之統計推論

樣本比例可用來作爲統計量，以進行有關兩隨機樣本之母體的統計推論。有時候，我們所研究的度量，沒有辦法計算平均數，但卻可以讓我們計算其比例。比例數在研究市場佔有率、投票結果分配、人口的種族成份，以及許多其他問題時特別有效。當研究者想要比較兩個母體，或者決定兩組樣本是否來自相同的母體，樣本比例的差：$\hat{p}_1-\hat{p}_2$，是很有用的統計量。此統計量的計算方式是，抽取隨機樣本，決定個別樣本某一特性的樣本比例，而後計算這些樣本比例的差。

中央極限定理說明，對於大樣本（以下每一項$n_1\cdot\hat{p}_1$，$n_1\cdot\hat{q}_1$，$n_2\cdot\hat{p}_2$，及$n_2\cdot\hat{q}_2$ >5，其中$\hat{q}_1=1-\hat{p}$），樣本比例的差爲常態分配，其平均數之差爲

$$\mu_{\hat{p}_1-\hat{p}_2}=p_1-p_2$$

而樣本比例之差的標準差爲

$$\sigma_{\hat{p}_1-\hat{p}_2}=\sqrt{\frac{P_1\cdot Q_1}{n_1}+\frac{P_2\cdot Q_2}{n_2}}$$

從這些資訊，可以推導出求取樣本比例之差的Z公式。

兩母體比例數差異的Z公式

$$Z=\frac{(\hat{p}_1-\hat{p}_2)-(P_1-P_2)}{\sqrt{\frac{P_1\cdot Q_1}{n_1}+\frac{P_2\cdot Q_2}{n_2}}} \quad (10.9)$$

其中：

$\hat{p}_1$=樣本一之比例
$\hat{p}_2$=樣本二之比例
n_1=樣本一之大小
n_2=樣本二之大小
P_1=母體一之比例
P_2=母體二之比例
$Q_1=1-P_1$
$Q_2=1-P_2$

一份「工業品採購的消費者問卷」準備用來調查缺貨對公司的影響。調查結果顯示有百分之七十的採購者表示缺貨造成管理成本提高。除此之外，有百分之六十五的採購者表示缺貨造成生產減緩。假如這些數字對整個母體都成立，隨機抽出400位採購者並且詢問缺貨是否造成他們管理成本提高，同時，隨機抽出325位採購者並且詢問缺貨是否造成他們生產減緩，那麼，得到這兩組樣本的比例之差大於等於百分之九的機率為何？

令P_1= 表示缺貨造成管理成本提高的採購者比例。

令P_2= 表示缺貨造成生產減緩的採購者比例。

同時$n_1=400$，$n_2=325$，且$\hat{p}_1-\hat{p}_2=.09$

如果兩母體比例差異為.05(.70−.65)，那麼，得到這兩組樣本的比例之差大於等於百分之九的機率為何？從檢定兩組樣本比例差異的Z公式可得到

$$Z=\frac{(.09)-(.70-.65)}{\sqrt{\frac{(.70)(.30)}{400}+\frac{(.65)(.35)}{325}}}=\frac{(.04)}{(.035)}=1.14$$

由表A.5可得知，高於Z=1.14的區域面積為.5000−.3729=.1271。

也就是說，給定這些隨機樣本的樣本數，而且已知母體比例差異為.05，那麼有12.71%的機會會得到這兩組樣本的比例之差大於等於百分之九。我們

可用圖形來描述這個結果，如圖10.10所示。

假設檢定

當母體比例爲已知，利用公式10.9我們可決定得到某樣本比例差的機率。然而，通常我們執行有關母體比例之差的假設檢定時，個別的母體比例並非已知。相對地，統計假設是有關兩母體比例之差，P_1-P_2。請注意，公式10.9要求P_1與P_2數值爲已知。因此，公式10.9可修改成另一個用來執行有關P_1-P_2之統計假設檢定的公式。此公式利用樣本比例所求得的混合值，以取代公式10.9分母部分的母體比例。

公式10.9的分母爲兩樣本比例之差的標準差，並且在其計算上使用母體的比例。然而，母體的比例爲未知，因此我們用樣本比例作爲母體比例的點估計，由此來估計樣本比例之差的標準差。我們用樣本比例的加權平均來產生$\overline{P}$，加上$\overline{Q}$以及樣本數，我們可以求得樣本比例之差的標準差之點估計。此結果見於公式10.10，我們將用它來檢定有關兩母體比例之差的統計假設。

每當研究者想要比較某一母體含有某一特性的比例，與另一母體含有相同特性的比例時，檢定兩母體比例之差是非常有用的。舉例而言，一研究者可能想要決定，批號A中的瑕疵品比例與批號B的瑕疵品比例是否有所不同。

我們可以從每一批號當中選取隨機樣本，並用樣本比例來檢定母體比例。

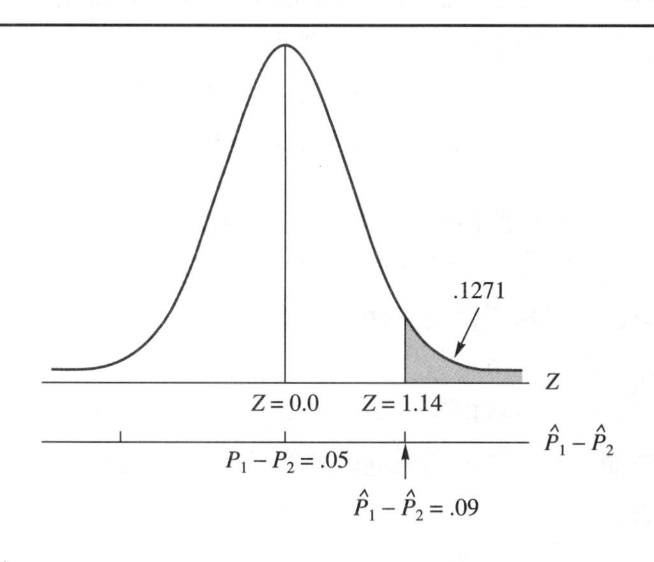

圖10.10
購買者研究之圖解

檢定兩母體比例差異的Z公式	

檢定兩母體比例差異的Z公式

$$Z = \frac{(\hat{p}_1 - \hat{p}_2) - (P_1 - P_2)}{\sqrt{(\overline{P} \cdot \overline{Q})\left(\frac{1}{n_1} + \frac{1}{n_2}\right)}} \qquad (10.10)$$

其中：

$$\overline{P} = \frac{X_1 + X_2}{n_1 + n_2} = \frac{n_1 \hat{p}_1 + n_2 \hat{p}_2}{n_1 + n_2}$$

$$\overline{Q} = 1 - \overline{P}$$

另一名研究者可能想要決定在休士頓開新車（未滿一年）民眾的比例，是否和丹佛的比例有所不同。我們可進行一項研究，選取休士頓駕駛的隨機樣本，以及丹佛駕駛的隨機樣本以檢定此一想法。其結果可用來比較兩個市場裡，銷售新車的潛力，以及在這些地區駕駛購買新車的傾向。

在有關企業道德認知的議題中，我們比較消費者與企業總裁，對於一般認爲對企業道德行爲有強烈影響的因素之看法。資料以百分比的方式表達，其中一個因素爲擔心被抓到或失去工作，有57%的消費者以及50%的企業總裁認爲它是強烈影響企業道德行爲的因素。假設這些資料來自755位消費者與616位企業總裁的樣本。這些是否構成充分的證據，可以宣稱有明顯較企業總裁更高比例的消費者相信，擔心被抓到或失去工作對企業道德行爲有強烈的影響。

步驟1：假設樣本1是消費者的樣本，樣本2是企業總裁的樣本。因爲我們想要證明，有較企業總裁高比例的消費者相信如此，對立假設應爲$P_1-P_2>0$。我們檢定以下的統計假設。

$$H_0: P_1 - P_2 = 0$$
$$H_a: P_1 - P_2 > 0$$

其中：

P_1爲消費者選擇此一因素的比例

P_2爲企業總裁選擇此一因素的比例

步驟2：適當的統計檢定爲公式10.10。

步驟3：令本問題$\alpha = .10$。

步驟4：因爲此檢定爲單尾檢定，Z的臨界點查表值爲$Z_c=1.28$。若計算所得的Z觀察值大於1.28，則拒絕虛無假設。圖10.11顯示本問題的拒絕區域與臨界值。

步驟5：樣本資訊如下。

消費者	企業總裁
$n_1 = 755$	$n_1 = 616$
$\hat{p}_1 = .57$	$\hat{p}_2 = .50$

步驟6：

$$\overline{P} = \frac{n_1\hat{p}_1 + n_2\hat{p}_2}{n_1 + n_2} = \frac{(755)(.57)+(616)(.50)}{755+616} = .539$$

若給定的統計量爲原始資料而非樣本比例，我們應該使用以下的公式。

$$\overline{P} = \frac{X_1 + X_2}{n_1 + n_2}$$

計算所得Z值爲

$$Z = \frac{(.57-.50)-(0)}{\sqrt{(.539)(.461)\left(\frac{1}{755}+\frac{1}{616}\right)}} = 2.59$$

步驟7：因爲Z=2.59，大於Z的臨界查表值1.28，在拒絕區域之中，虛無假設應被拒絕。

步驟8：有明顯較企業總裁高比例的消費者相信，擔心被抓到或失去工作對企業道德行爲有強烈的影響。企業總裁可能應該對影響道德行爲的方

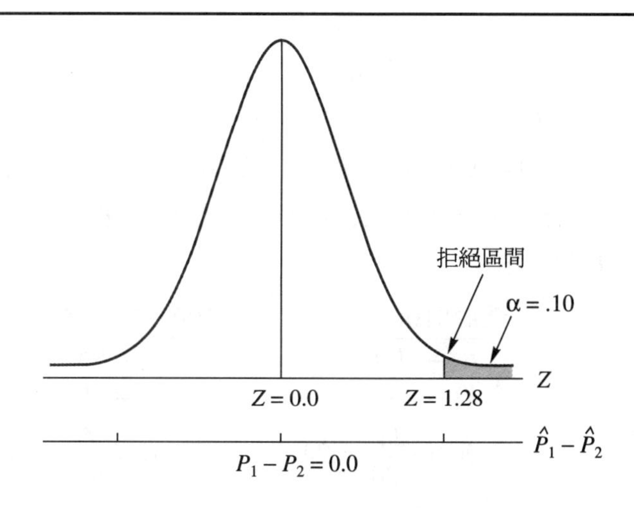

圖10.11 道德問題的拒絕區域

式，重新考慮思考一下。如果員工比較像消費者而不像企業總裁，企業總裁可能可以用擔心被抓到或失去工作的恐懼作爲工具，以確保工作場所合乎道德的行爲。把企業道德行爲的觀念轉換到消費者的身上，零售商可能想要利用擔心被抓到並且被起訴的恐懼，來預防零售業的偷竊行爲。

例題10.7

項針對女性企業家的研究，用來決定她們對成功的定義。這些女性可從一些選項中選擇，像是快樂／自我實現，銷售／利潤，以及成就／挑戰等等。我們根據這些女性其公司的銷售額將她們分組。銷售額介於$100,000至$500,000之間組別的女性企業家較之銷售額低於$100,000組別的女性企業家，似乎較傾向於將銷售／利潤列爲成功的定義。

假設你決定自己進行一項調查訪問，並以銷售額將女性企業家分組，以檢定此一結果。你訪問了100位女性企業家，其銷售額低於$100,000，其中有24位認爲銷售／利潤爲成功的定義。接著你訪問了95位女性企業家，其銷售額介於$100,000至$500,000間，其中有39位將銷售／利潤列爲成功的定義。利用這些資訊以決定兩群體定義銷售／利潤爲成功的比例是否有顯著差異。令$\alpha = .01$。

解答

步驟1：你想要執行檢定，以決定兩組企業家是否有差異，因此應採取雙尾檢定。統計假設如下。

$$H_0: P_1 - P_2 = 0$$
$$H_a: P_1 - P_2 \neq 0$$

步驟2：適當的統計檢定爲公式10.10。

步驟3：α已給定爲.01.

步驟4：$\alpha = .01$，由表A.5得$\alpha/2 = .005$之臨界Z值爲$Z_{.005} = \pm 2.575$。若Z觀察值大於2.575，或者小於−2.575，則拒絕虛無假設。

步驟5：樣本資訊如下。

低於$100,000	$100,000至$500,000
$n_1 = 100$	$n_2 = 95$
$X_1 = 24$	$X_2 = 39$
$\hat{p}_1 = \dfrac{24}{100} = .24$	$\hat{p}_2 = \dfrac{39}{95} = .41$

其中：

$$\overline{P}=\frac{X_1+X_2}{n_1+n_2}=\frac{24+39}{100+95}=\frac{63}{195}=.323$$

X = 定義銷售／利潤爲成功的企業家之數目

步驟6：計算所得Z值爲

$$Z=\frac{(\hat{p}_1-\hat{p}_2)-(P_1-P_2)}{\sqrt{(\overline{P}\cdot\overline{Q})\left(\frac{1}{n_1}+\frac{1}{n_2}\right)}}=\frac{(.24-.41)-0}{\sqrt{(.323)(.677)\left(\frac{1}{100}+\frac{1}{95}\right)}}$$

$$=\frac{-.17}{.067}=-2.54$$

步驟7：儘管此一計算值很接近拒絕區域，但它仍落於非拒絕區域。虛無假設無法被拒絕。也就是說，沒有充分證據拒絕虛無假設，進而宣稱這兩個群體對此問題的反應，在統計上有所差異。注意到α很小，同時我們所進行的是雙尾檢定。如果我們進行的是單尾檢定，Z_c將爲$Z_{.01}$=2.33，而虛無假設將被拒絕。如果α值是.05，Z_c將爲$Z_{.025}$ =1.96，虛無假設亦將被拒絕。這樣的結果說明，在進行假設檢定時，選擇α以及決定是否爲單尾或者雙尾檢定是最重要的事。

以下的圖表顯示本問題的臨界值、拒絕區間，以及求得之觀察值。

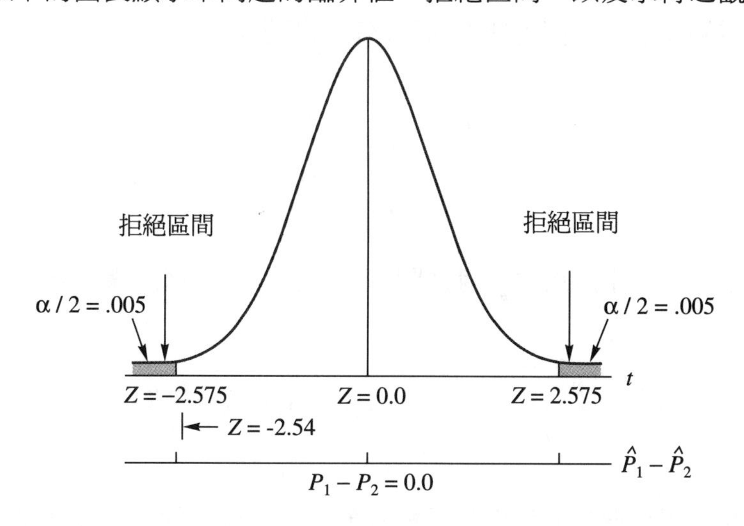

步驟8：在統計上我們無法下結論說：在較高銷售額組別的女性企業家，定義

銷售／利潤爲成功的比例較大。此決定的好處之一是讓我們瞭解，我們做生意的對象究竟受到什麼樣的動力所驅使。如果驅使人們的是銷售／利潤，那麼提供或承諾給與更大的銷售額或利潤，可以成爲吸引他們付出勞務、興趣、與從事生意活動的一個方法。如果驅使人們的不是銷售／利潤，這樣的承諾不會產生我們所預期的反應，而我們便必須尋找其他的方式以激勵他們。

信賴區間

在商業研究之中，研究者往往想要估計兩母體比例的差異。例如，兩種產品的市場佔有率，或者一種產品在兩個市場的佔有率是否有所不同？在中西部的工人支持工會主義的比例，和南部的工人支持工會主義的比例是否有任何不同？在研究同樣零件的兩個不同的生產者時，大的製造公司可能會想要估計，不同的製造商所生產的零件符合規格的比例之差異。諸如此類的情況，我們可以用信賴區間來估計不同母體比例的差異。

事實上，用來估計母體比例差異的信賴區間公式，只是公式10.9的修正。要用公式10.9，必須知道每個母體的比例。然而我們試圖估計的，只是兩母體比例的差，很明顯地，我們並不知道它們的眞值。爲了克服在建立信賴區間時所遇到的這個問題，我們用樣本比例來取代母體的比例，並且用這些樣本比例來估計。

$$Z=\frac{(\hat{p}_1-\hat{p}_2)-(P_1-P_2)}{\sqrt{\frac{\hat{p}_1\hat{q}_1}{n_1}+\frac{\hat{p}_2\hat{q}_2}{n_2}}}$$

由上述公式，求解P_1-P_2，我們得到建立P_1-P_2信賴區間的公式。

估計P_1-P_2的信賴區間

$$(\hat{p}_1-\hat{p}_2)-Z\sqrt{\frac{\hat{p}_1\hat{q}_1}{n_1}+\frac{\hat{p}_2\hat{q}_2}{n_2}}\le P_1-P_2\le(\hat{p}_1-\hat{p}_2)+Z\sqrt{\frac{\hat{p}_1\hat{q}_1}{n_1}+\frac{\hat{p}_2\hat{q}_2}{n_2}} \quad (10.11)$$

內科醫生單獨執業的比例似乎愈來愈少。這樣的趨勢對牙醫是否也成立？假設你想要估計內科醫生與牙醫單獨執業的比例差異。你從美國醫療協會取得一份內科醫師名單，也從美國牙醫協會取得一份牙醫師名單。134位內科醫師的隨機樣本顯示，只有16位仍然是私人執業。181位牙醫師的隨機樣本顯示，有96位為單獨執業。建立一95%的信賴區間，以估計內科醫生單獨執業與牙醫單獨執業的比例之差異。

在此，n_1=134，$\hat{p}_1$=16/134=.12，n_2=181，而$\hat{p}_2$=96/181=.53。95%信賴度的Z值為1.96。代入公式10.11得

$$(.12-.53)-1.96\sqrt{\frac{(.12)(.88)}{134}+\frac{(.53)(.47)}{181}} \le P_1-P_2$$
$$\le (.12-.53)+1.96\sqrt{\frac{(.12)(.88)}{134}+\frac{(.53)(.47)}{181}}$$
$$-.41-.09 \le P_1-P_2 \le -.41+.09$$
$$-.50 \le P_1-P_2 \le -.32$$
$$\text{Prob}[-.50 \le P_1-P_2 \le -.32]=.95$$

你有95%的信心指出，母體比例的差異介於-.50與-.32之間。也就是說，有比內科醫生多出32%到50%的牙醫單獨執業。

例題10.8

一家超市連鎖店為了要瞭解他們的顧客群，店經理們想要決定早上的購物者為男性的比例，與下午五點以後購物者為男性的比例之差異。在一段兩星期的時間之內，這家連鎖店的研究人員針對400位早上的購物者進行一系統性的隨機樣本調查，其結果顯示，352位是女性，而48位是男性。在同樣的一段時間，從480位下午五點以後的購物者之隨機樣本顯示，293位是女性，而187位是男性。建立一98%的信賴區間，以估計母體中男性比例之差異。

解答

樣本資訊如下。

早晨購物者	下午五點以後的購物者
$n_1 = 400$	$n_2 = 480$
$X_1 = 48$位男士	$X_2 = 187$位男士
$\hat{p}_1 = .12$	$\hat{p}_2 = .39$
$\hat{q}_1 = .88$	$\hat{q}_2 = .61$

給定98%的信賴水準，Z=2.33。利用公式10.11得

$$(.12-.39)-2.33\sqrt{\frac{(.12)(.88)}{400}+\frac{(.39)(.61)}{480}} \le P_1-P_2$$
$$\le (.12-.39)+2.33\sqrt{\frac{(.12)(.88)}{400}+\frac{(.39)(.61)}{480}}$$
$$-.27-.064 \le P_1-P_2 \le -.27+.064$$
$$-.334 \le P_1-P_2 \le -.206$$
$$\text{Prob}[-.334 \le P_1-P_2 \le -.206] = .98$$

我們有98%的信心指出，母體比例的差異介於–.334與–.206之間。因爲我們由早晨購物者的比例減掉下午五點以後購物者的比例，區間的負號表示有較高比例的男性在下午五點以後購物，而非在早上購物。因此有98%的信賴水準，比例的差異至少爲.206，而最多可爲.334。

問題10.4

10.46利用給定的樣本資訊以及5%的顯著水準，檢定以下的統計假設。

H_0: $P_1 - P_2 = 0$ H_a: $P_1 - P_2 \neq 0$

樣本1	樣本2
$n_1 = 368$	$n_2 = 405$
$X_1 = 175$	$X_2 = 182$

注意到，X爲樣本中具有我們所感興趣之特性的數目。

10.47在下列每一個例子裡，計算每一信賴區間以估計$P_1 - P_2$。

a. $n_1 = 85, n_2 = 90, \hat{p}_1 = .75, \hat{p}_2 = .67$；信心水準 = 90%。
b. $n_1 = 300, n_2 = 300, \hat{p}_1 = .45, \hat{p}_2 = .49$；信心水準 = 98%。
c. $n_1 = 1100, n_2 = 1300, \hat{p}_1 = .19, \hat{p}_2 = .17$；信心水準 = 95%。
d. $n_1 = 140, n_2 = 150, \hat{p}_1 = .56, \hat{p}_2 = .50$；信心水準 = 99%。

10.48利用給定的樣本資訊檢定以下統計假設$\alpha = .10$。

H_0: $P_1 - P_2 = 0$ H_a: $P_1 - P_2 > 0$

樣本1	樣本2
$n_1 = 649$	$n_2 = 558$
$\hat{p}_1 = .38$	$\hat{p}_2 = .25$

10.49在下列每一個例子裡，建立一信賴區間以便從給定的資訊估計 $P_1 - P_2$。

a. $n_1 = 200, n_2 = 300, X_1 = 174, X_2 = 189$；信心水準 = 86%。

b. $n_1 = 430, n_2 = 399, X_1 = 275, X_2 = 275$；信心水準 = 85%。

c. $n_1 = 49, n_2 = 64, X_1 = 25, X_2 = 35$；信心水準 = 95%。

d. $n_1 = 1500, n_2 = 1500, X_1 = 1050, X_2 = 1100$；信心水準 = 80%。

10.50利用給定的樣本資料以檢定以下統計假設（有1%的風險犯下型一誤差）。

$H_0: P_1 - P_2 = 0 \qquad H_a: P_1 - P_2 < 0$

樣本1	樣本2
$n_1 = 1250$	$n_2 = 1352$
$X_1 = 568$	$X_2 = 703$

10.51 1995年，A.C. Nielson公司針對柳橙汁消費者進行一項研究，結果顯示，純品康納以23.9%的所有柳橙汁市場佔有率領先其他廠商。在冷凍柳橙汁的部分，銷售將近五倍於純品康納的Minute Maid，在所有柳橙汁的市場只佔了22.0%。純品康納以較高的冷藏柳橙汁佔有率，彌補冷凍柳橙汁部分的弱點。Nielson在1990年所進行的一項類似的研究顯示，純品康納佔了大約22.0%的市場。而1995年的研究指出，純品康納的市場佔有率由22.0%增加到23.9%。然而，假設這些數據來自於1,500位1995年的柳橙汁消費者，以及1,400位1990年的消費者。就統計而言，是否有充分證據以宣稱，純品康納的市場佔有率從1990年到1995年有顯著地增加？令α為.05。

10.52一大型的生產單位使用兩台機器來生產它主要產品的一項關鍵零件。監測人員對成品的品質表示關心。品管檢驗結果顯示，這兩台機器生產的關鍵零件常常有瑕疵。監測人員隨機地從兩台機器各抽樣35個關鍵零件。機器A生產的零件當中，有五個是有瑕疵的。由機器B抽樣的35個零件中，有七個是有瑕疵的。生產經理想要估計，機器A與機器B生產的零件母體中，瑕疵品比例的差異為何。由樣本資訊，計算此一差異的98%信賴區間。

10.53鄉村的家庭和都市的家庭，在擁有電腦的比例上是否有任何差異？一項由美國商業部在1995年所做的調查顯示，都市的家庭在各種分類上的電腦擁有率均領先鄉村的家庭。在報告中，電腦擁有率依不同年齡層分類的家長而有不同的結果。在某些年齡群，鄉村和都市的家庭其比例差異相當地小。調查報導指出，家長為35到44歲的族群中，有36.6%的都市家庭擁有電腦。然而相同年齡群家長的鄉村家庭，只有34.7%擁有電腦。假設這些數據來自於1,675個都市的家庭以及1,486個鄉村家庭的隨機抽樣。在5%的顯著水準之下，是否有足夠的樣本比例差異可以宣稱，在此年齡群家長的都市家庭，擁有電腦的比例較高？

10.54人們用電腦來做什麼？由Packard Bell電子公司所進行的一項研究提出以下的活動，如電腦遊戲、個人事業、辦公室工作、上網服務，以及電子郵件等等。然而，在這些電腦活動當中，男性的比例與女性的比例似乎有所差別。例如，有66%的女性但只有59%的男性用家庭電腦從事個人事業。有43%的男性而只有31%的女性用家庭電腦來上網路。假設我們想要估計，男性與女性使用家庭電腦來完成辦公室工作的比例之差異。因此，我們隨機地選取830位擁有電腦的男性，其中有374回答他們用它來完成辦公室的工作。另一方面，我們隨機地選取947位擁有電腦的女性，其中有351說她們用家庭電腦來完成辦公室的工作。利用這些數據，建立此問題母體比例差異之95%的信賴區間。其點估計是多少？此區間的誤差部分有多大？

10.55 Arthur Andersen企業集團對中小企業的老闆進行調查，發現在幾乎所有類別中，提供員工福利的百分比從1993年到1995年有所增加。舉例而言，這些公司提供給病假的百分比從44%增加到52%。提供紅利之公司的百分比由43%增加到49%。通常這些類型的調查都是依據隨機抽樣的結果，而非母體普查的數據。假設1993年的數據來自於455家企業的隨機樣本，而1995年的數據則根據535家企業的隨機調查。利用這裡提供的資料，檢定提供留薪病假的企業之百分比，從1993年到1995年是否顯著增加。令α=.05。利用有關紅利的資料，建立1993年到1995年母體比例差異之95%的信賴區間。

10.56一全國性的營養組織相信，地理位置對一個家庭是否吃魚的傾向是一個重要的變數。它的負責人決定估計住在東西兩岸的家庭，飲食裡有魚的比例，與住在中西部的家庭，飲食裡有魚的比例之差異。欲決定此一差異，此組織的研究人員隨機地接觸了在波士頓的480個家庭，以及在明尼亞波里／聖保羅的505個家庭。受訪的家庭被問及，他們家裡一個星期是否至少吃一次魚。在波士頓的樣本裡，427個家庭回答「是」。而只有212個在明尼亞波里／聖保羅的家庭回答「是」。利用這些資訊，計算一90%的信賴區間，以估計母體比例之差異。

10.57在有關美國企業道德之認知的議題當中，消費者與企業總裁均被問到，什麼樣的管理行爲「永遠」是錯誤的。蓋洛普民意測驗結果顯示，1,053位美國的成人消費者裡，有78%的人說「內線交易」永遠是錯誤的，而100位企業總裁有95%認爲如此。蓋洛普民意測驗中，是否有充分證據可以宣稱，消費者與企業總裁在這個問題上有明顯差異。利用1%的顯著水準。

10.58一家膠卷製造公司想要知道，35毫米攝影機的使用者當中，主要使用100 ASA膠卷（比較適合於室外而非室內使用）的比例有多少。這家公司相信，在七月使用100 ASA膠卷的使用者比例高於一月的比例，而他們的銷售記錄顯示他們的想法是正確的。假設這家公司的分析人員隨機地打電話給900位擁有35毫米攝影機的持有者，然後知道這些持有者當中有647位在七月主要使用100 ASA膠卷。接著分析人員詢問另外一組獨立的也有900位擁有35毫米攝影機之樣本，他們在一月時主要使用那一型的ASA膠卷，而只有380位回答主要使用100 ASA膠卷。計算七月的100 ASA膠卷使用者比例以及一月的100 ASA膠卷使用者比例，其差異之80%的信賴區間。

10.59一些最近發展出新產品的公司被問到，在發展新產品的過程中，那些工作是最難完成的。選項包括評估市場潛力、市場測試、設計定稿、發展商業計畫等等。一名研究者想要進行類似的研究，以比較兩種產業的結果：電腦硬體產業以及銀行業。他取得56家電腦硬體廠商以及89家銀行的隨機樣本。研究者問它們，市場測試是否爲發展新產品的過程中，最難完成的工作。48%的樣本電腦廠商與56%的樣本銀行認爲它是最難完成的工作。利用.20的顯著水準，檢定這兩種產業對此問題的回答是否有顯著差異。

10.60所有到加州長堤載運進口商品的船籍爲美國的比例，與到馬里蘭州巴爾的摩港載運進口商品的船籍爲美國的比例，其差異爲何？在長堤港口泊岸的56艘船之樣本顯示，有18艘註冊爲美國船主。在巴爾的摩港泊岸的

38艘船之樣本顯示，有14艘註冊為美國船主。建立一90%的信賴區間，以估計這兩個美國籍船隻比例之差異。說明此區間的意義。

10.61 由紐約的Roper Starch Worldwide公司針對不同的拉丁美洲國家所作的研究中，提供了若干百分比數字，以顯示每個國家中十八歲以上都市的成年人其支出習慣。例如，阿根廷有21%的都市成年人，在過去的一個月中曾經使用信用卡，而巴西這樣的人則有13%，墨西哥有16%，委內瑞拉有17%。研究發現，在阿根廷、巴西、墨西哥，以及委內瑞拉分別有36%、25%、40%和27%的人替他們的小孩買衣服。研究亦顯示，相對於委內瑞拉的41%，阿根廷有38%的都市成年人在過去的一個月替自己買衣服。假設這些替自己購買衣服的數據來自於1,210名阿根廷的都市成年人，以及1,349名委內瑞拉的都市成年人之隨機樣本。利用α=.05檢定阿根廷與委內瑞拉的都市成年人，在過去的一個月替自己買衣服的比例是否有顯著差異。

10.5 兩母體變異數的假設檢定

有時候，我們想要知道資料母體的變異程度，而非諸如平均數或者比例等參數的度量。記得在第三章裡，變異數是分散程度或變異程度的測度。9.5節討論如何檢定有關單一母體變異數的統計假設。偶而，研究者會想要檢定有關兩個母體變異數的統計假設。在本節中，我們討論如何進行這樣的檢定。什麼時候研究者會對兩個母體的變異數感興趣呢？

在品管過程中，統計人員通常檢驗一參數的度量（平均數或比例），以及變異程度的度量。假設一製造工廠生產了兩批貨物，這些貨物是在兩台機器上生產的，或者是由兩班不同的工人所生產。我們可能會想要知道這兩批貨的變異數，以試圖決定其中之一是否有較大的變異程度。例如，如果一台機器或某一輪班的工人有較高的變異程度，經理人員可能想要調查為何此一機器或輪班的工人不像另一機器或輪班那麼穩定。

變異數有時被用來當做股票市場中，股票風險的度量。變異數愈大，風險就愈高。利用這裡所討論的方法，一名財務研究人員可以決定，兩個股票的變異數（或風險）是否相同。

在檢定有關兩個母體變異數的統計假設時，我們使用樣本變異數。一合理的想法是，如果兩組樣本來自同一母體，則樣本變異數的比值，S_1^2/S_2^2，應該大約為1。然而，因為抽樣的誤差，即使來自同一母體的樣本變異數（或具有相同變異數的兩個母體）有可能會有所差異。兩樣本變異數的比即為所謂的F比值。

$$F = \frac{S_1^2}{S_2^2}$$

如果我們重複地計算來自某一母體的成對樣本變異數之比值，這些比值將呈F分配。F分配隨樣本大小而有所不同，樣本大小可轉換為自由度。

F分配中，我們有與（比值的）分子相關的自由度，以及與分母相關的自由度。有關F分配之一假設為，樣本所採樣之母體為常態分配。兩個母體變異數之F檢定對於母體為常態分配之假設極端地敏感。此方法不合規範的使用，發生在統計學家沒有小心研究樣本所採樣之母體的分配形狀，以確定母體為常態分配。用來檢定兩母體變異數之差異的統計假設，其公式如下。

（10.12）

$$F = \frac{S_1^2}{S_2^2}$$

$$df_{分子} = v_1 = n_1 - 1$$
$$df_{分母} = v_2 = n_2 - 1$$

兩母體變異數的F檢定

在附錄中的表A.7有F分配表，包括當α =.1，.05，.025，.01，與.005的F值。圖10.12顯示，當v_1 =6而v_2 =30的F分配。注意到這分配並非對稱。當我們在執行雙尾檢定，而且想要決定左尾的臨界值時會造成問題。表A.7只包括右尾的F值，但是F分配不像Z與t分配，它並不是對稱，平均數也並非零。因此，我們不能只加一個負號在正尾臨界值，而得到左尾的臨界值（除此之外，F比值永遠為正——它是兩個變異數的比例）。此一兩難可用公式10.13來解決。它基本上描述左尾（1−α）的F臨界值，可由右尾（α）的F值取倒數而得。

右尾臨界值的分子其自由度正是左尾臨界值之分母自由度，而右尾臨界值的分母其自由度則是左尾臨界值之分子自由度。

（10.13）

$$F_{1-\alpha,\, v_2,\, v_1} = \frac{1}{F_{\alpha,\, v_1,\, v_2}}$$

決定左尾臨界值F的公式

圖10.12
$v_1=6, v_2=30$
的F分配

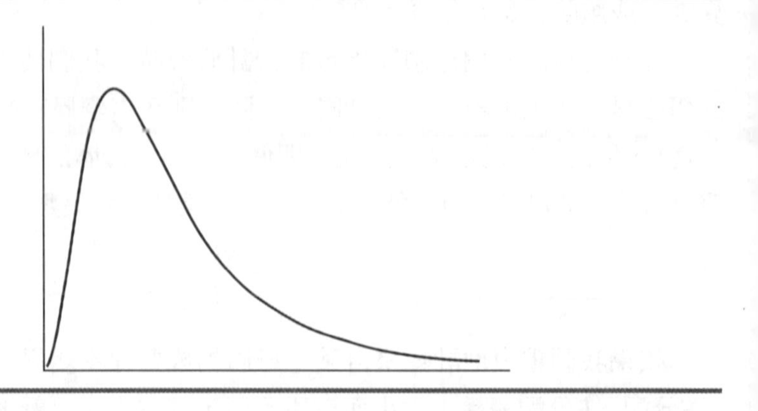

我們可用兩樣本變異數以及公式10.12來進行假設檢定。下列例子說明了這個過程。

假設一機器生產金屬板，其厚度規格爲22毫米。由於機器本身、操作員、原料、製造環境，以及其他種種因素，其厚度會有所變異。有兩部機器生產這些金屬板。操作人員相當關切這兩部機器的穩定性。爲檢定穩定性，他們隨機採樣10張機器1所生產的金屬板，以及12張機器2所生產的金屬板。每台機器所生產金屬板之厚度的度量見於附表。假設母體金屬板厚度爲常態分配。我們應如何檢定以決定每一樣本變異數是否來自相同的母體變異數（母體變異數相等），或者來自不同的母體變異數（母體變異數不相等）？

步驟1：決定虛無假設與對立假設。在這個例子裡，我們所進行的是雙尾檢定（變異數是否相等），因此我們使用以下統計假設。

$$H_0: \sigma_1^2 = \sigma_2^2$$
$$H_a: \sigma_1^2 \neq \sigma_2^2$$

步驟2：適當的統計檢定爲

$$F = \frac{S_1^2}{S_2^2}$$

步驟3：令$\alpha = .05$。

步驟4：我們所進行的是雙尾檢定，$\alpha/2 = .025$。因爲$n_1 = 10$且$n_2 = 12$，右尾臨界值的分子之自由度爲$v_1 = n_1 - 1 = 10 - 1 = 9$，而右尾臨界值的分母之自由度爲$v_2 = n_2 - 1 = 12 - 1 = 11$。由表A.7所得之右尾臨界F值爲

$$F_{.025,9,11} = 3.59$$

表10.9 *F*分配表的一部分

F分配的百分比

$f(F)$

0 F_{α}

$\alpha = 0.025$

v_2 \ v_1 分子自由度	1	2	3	4	5	6	7	8	9
1	647.8	799.5	864.2	899.6	921.8	937.1	948.2	956.7	963.3
2	38.51	39.00	39.17	39.25	39.30	39.33	39.36	39.37	39.39
3	17.44	16.04	15.44	15.10	14.88	14.73	14.62	14.54	14.47
4	12.22	10.65	9.98	9.60	9.36	9.20	9.07	8.98	8.90
5	10.01	8.43	7.76	7.39	7.15	6.98	6.85	6.76	6.68
6	8.81	7.26	6.60	6.23	5.99	5.82	5.70	5.60	5.52
7	8.07	6.54	5.89	5.52	5.29	5.12	4.99	4.90	4.82
8	7.57	6.06	5.42	5.05	4.82	4.65	4.53	4.43	4.36
9	7.21	5.71	5.08	4.72	4.48	4.32	4.20	4.10	4.03
分母自由度 10	6.94	5.46	4.83	4.47	4.24	4.07	3.95	3.85	3.78
11	6.72	5.26	4.63	4.28	4.04	3.88	3.76	3.66	3.59
12	6.55	5.10	4.47	4.12	3.89	3.73	3.61	3.51	3.44
13	6.41	4.97	4.35	4.00	3.77	3.60	3.48	3.39	3.31
14	6.30	4.86	4.24	3.89	3.66	3.50	3.38	3.29	3.21
15	6.20	4.77	4.15	3.80	3.58	3.41	3.29	3.20	3.12
16	6.12	4.69	4.08	3.73	3.50	3.34	3.22	3.12	3.05
17	6.04	4.62	4.01	3.66	3.44	3.28	3.16	3.06	2.98
18	5.98	4.56	3.95	3.61	3.38	3.22	3.10	3.01	2.93
19	5.92	4.51	3.90	3.56	3.33	3.17	3.05	2.96	2.88
20	5.87	4.46	3.86	3.51	3.29	3.13	3.01	2.91	2.84
21	5.83	4.42	3.82	3.48	3.25	3.09	2.97	2.87	2.80
22	5.79	4.38	3.78	3.44	3.22	3.05	2.93	2.84	2.76
23	5.75	4.35	3.75	3.41	3.18	3.02	2.90	2.81	2.73
24	5.72	4.32	3.72	3.38	3.15	2.99	2.87	2.78	2.70
25	5.69	4.29	3.69	3.35	3.13	2.97	2.85	2.75	2.68
26	5.66	4.27	3.67	3.33	3.10	2.94	2.82	2.73	2.65
27	5.63	4.24	3.65	3.31	3.08	2.92	2.80	2.71	2.63
28	5.61	4.22	3.63	3.29	3.06	2.90	2.78	2.69	2.61
29	5.59	4.20	3.61	3.27	3.04	2.88	2.76	2.67	2.59
30	5.57	4.18	3.59	3.25	3.03	2.87	2.75	2.65	2.57
40	5.42	4.05	3.46	3.13	2.90	2.74	2.62	2.53	5.45
60	5.29	3.93	3.34	3.01	2.79	2.63	2.51	2.41	2.33
120	5.15	3.80	3.23	2.89	2.67	2.52	2.39	2.30	2.22
∞	5.02	3.69	3.12	2.79	2.57	2.41	2.29	2.19	2.11

$F_{.025,9,11}$

表10.9爲單尾α =.025的F分配（相當於雙尾α =.05的數值，其中右尾包含.025的區域面積）。在表中找到$F_{.025,9,11}$ =3.59。應用公式10.13，左尾臨界值可由右尾臨界值計算而得。

$$F_{.975,11,9} = \frac{1}{F_{.025,9,11}} = \frac{1}{3.59} = .28$$

決策法則爲，如果F觀測值大於3.59或小於.28，應該拒絕虛無假設。

步驟5：下一步，計算樣本變異數。

機器1		機器2	
22.3	21.9	22.0	21.7
21.8	22.4	22.1	21.9
22.3	22.5	21.8	22.0
21.6	22.2	21.9	22.1
21.8	21.6	22.2	21.9
		22.0	22.1

$S_1^2 = .1138$　　$S_2^2 = .0202$

$n_1 = 10$　　$n_2 = 12$

步驟6：

$$F = \frac{S_1^2}{S_1^2} = \frac{.1138}{.0202} = 5.63$$

樣本變異數的比值爲5.63。

步驟7：在金屬板厚度的例子裡，計算所得F值爲5.63，大於右尾臨界值3.59。如圖10.13所示，此F值落於拒絕區域。因此，決定爲拒絕虛無假設。母體變異數並不相等。

步驟8：檢視樣本變異數顯示，來自機器1度量的變異數大於來自機器2度量的變異數。操作人員或是作業程序經理，可能應該進一步檢查機器1，以決定是否需要進行調整，或者有其他原因造成這部機器似乎較高的變異數。

電腦套裝軟體Excel可以用來輸入樣本資料，以決定當母體變異數沒有差別時，恰好獲得某一F觀察值的機率。圖10.14爲Excel對金屬板問題的輸出結果。我們可以用p值法，利用此結果達成有關虛無假設的結論。我們可看到，由Excel所得的機率爲.009387。我們知道若α =.05，虛無假設將被拒絕，因爲虛無假設可被拒絕最小的α爲.009387。因此，虛無假設將被拒絕，因給定α值爲.01。

例題10.9

根據在威斯康辛州羅徹斯特的一家企管顧問公司，Runzheimer International表示，一個在曼哈頓年薪$60,000的四口家庭，一年在基本的商品與勞務上的支出超過$22,000。相對而言，在聖安東尼的四口家庭，在相同的項目上只花費$15,460。假設我們想要檢定全美各地的家庭每年的基本開銷之變異數，是否大於曼哈頓家庭每年的基本開銷之變異數——也就是說，曼哈頓的四

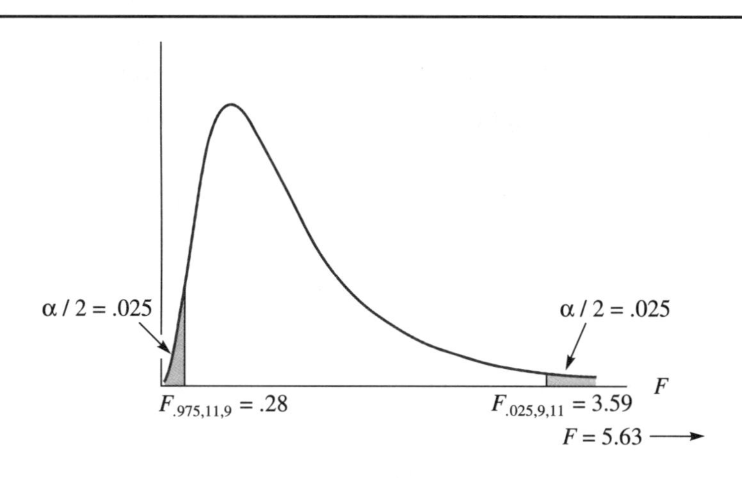

圖10.13 金屬板問題中，MINITAB所產生的F值以及拒絕區域之圖型

圖10.14 利用Excel計算金屬板問題中F值的機率

```
22.3      22
21.8      22.1
22.3      21.8
21.6      21.9
21.8      22.2
21.9      22
22.4      21.7
22.5      21.9
22.2      22
21.6      22.1
          21.9
          22.1
The Probability of the F value based on the variances of
these two samples occurring by chance is 0.009387
```

口家庭其支出金額的情形是否較全國這樣的家庭之支出金額來得一致。假設八個曼哈頓家庭的隨機樣本，以及七個來自全美各地的家庭之隨機樣本產生以下數據。完成一假設檢定的程序，以決定取自於全美各地的數值之變異數，是否大於曼哈頓家庭的數值之變異數。令α =.01。假設母體中基本開銷金額為常態分配。

年收入$60,000的四口家庭之基本開銷金額

全美各地	曼哈頓
$18,500	$23,000
19,250	21,900
16,400	22,500
20,750	21,200
17,600	21,000
21,800	22,800
14,750	23,100
	21,300

解答

步驟1：這是單尾檢定，統計假設如下。

$$H_0:\sigma_1^2 = \sigma_2^2$$
$$H_a:\sigma_1^2 > \sigma_2^2$$

注意到我們想要「證明」的命題，美國母體之變異數大於曼哈頓家庭的變異數，為對立假設。

步驟2：適當的統計檢定為

$$F = \frac{S_1^2}{S_2^2}$$

步驟3：型一誤差為.01。

步驟4：這是單尾檢定，因此我們使用附錄A.7的F分配表，其中α =.01。n_1=7和n_2 =8的自由度為v_1 =6和v_2 =7。此分配的右尾臨界F值為

$$F_{.01,6,7} = 7.19$$

決策法則為，如果F觀察值大於7.19，則應該拒絕虛無假設。

步驟5：由資料可計算得以下樣本變異數。

$$S_1^2 = 5,961,428.6$$
$$n_1 = 7$$
$$S_2^2 = 737,142.9$$
$$n_2 = 8$$

步驟6：計算所得F值可由下式得之。

$$F = \frac{S_1^2}{S_2^2} = \frac{5,961,428.6}{737,142.9} = 8.09$$

步驟7：因爲計算所得F=8.09大於臨界查表值7.19，故決定爲拒絕虛無假設。

步驟8：美國家庭之變異數大於曼哈頓家庭的變異數。曼哈頓的家庭在基本開銷金額上較全美各地的家庭來得一致。行銷經理在試圖尋找曼哈頓母體的利基時，應該瞭解此一事實。曼哈頓也許不像美國其他地區一般有這麼多的不同的子族群。在曼哈頓要找出市場利基的困難度可能不會像在這些區域這麼高，因爲各種可能的情況較少。下方以MINITAB所繪製的圖形顯示拒絕區域、臨界值以及計算所得的F值。

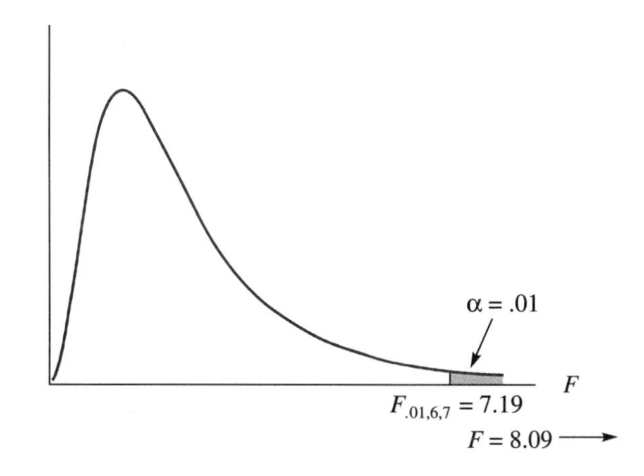

有些研究者建議使用F檢定以決定是否要用t檢定來分析雙母體資料之前，須先檢查二母體變異數相等的假設是否滿足。然而，也有其他的研究人員認爲對於樣本數相等的情況下，t檢定對於相等變異數的假設並不敏感，因此在此情況下並不需要F檢定。至於樣本數不相等時，變異數的F檢定一般而言無法偵測到導致t檢定效果不佳所違反的假設。

問題10.5

10.62利用給定的樣本資訊以及α =.01，檢定下列統計假設。假設母體爲常態分配。

$$H_0: \sigma_1^2 = \sigma_2^2$$
$$H_a: \sigma_1^2 < \sigma_2^2$$
$$n_1 = 10, \quad n_2 = 12, \quad S_1^2 = 562, \quad S_2^2 = 1013$$

10.63利用給定的樣本資訊以及α=.05，檢定下列統計假設。假設母體爲常態分配。

$$H_0: \sigma_1^2 = \sigma_2^2$$
$$H_a: \sigma_1^2 \neq \sigma_2^2$$
$$n_1 = 5, \quad n_2 = 19, \quad S_1 = 4.68, \quad S_2 = 2.78$$

10.64假設下列資料爲一項研究汽油價格的調查結果。在兩個城市中分別隨機地選取十個加油站，下列數據顯示在某一天裡，一加侖普通無鉛汽油的價格。利用F檢定以決定這兩個城市中，普通無鉛汽油的價格之變異數是否有顯著差異。令α = .10。假設汽油的價格爲常態分配。

城市1			城市2		
1.18	1.07	1.13	1.08	1.05	1.19
1.15	1.14	1.13	1.17	1.21	1.12
1.14	1.13	1.03	1.14	1.14	1.13
	1.09			1.11	

10.65一棟中古屋要多久才賣得出去？一項由休士頓房地產仲介商協會所進行的調查顯示，中古屋在市場的時間平均有112天。當然，時間的長短隨市場而有所不同。假設我們追蹤13棟休士頓的中古屋和11棟芝加哥的中古屋所成的隨機樣本，得到每棟房子從開始到售出的時間長短如下列資料所示。利用給定資料以及1%的顯著水準，決定休士頓與芝加哥的中古屋售出所需天數之母體變異數是否有所不同。假設中古屋在市場的天數爲常態分配。

休士頓	芝加哥
132	118
138	85
131	113
127	81
99	94
126	93
134	56
126	69
94	67
161	54
133	137
119	
88	

10.66最近的一項研究顯示，相對於西岸家庭的平均$19.83，東岸的家庭每年花在煙燻香腸的金額平均爲$23.84。假設12戶東岸的家庭之隨機樣本顯示，這些煙燻香腸購買量的標準差爲$7.52，而15戶西岸的家庭之隨機樣本則得一標準差爲$6.08。這些樣本是否有充分的證據足以達成結論，東岸家庭每年煙燻香腸購買量的變異數大於西岸家庭每年煙燻香腸購買量的變異數？令α爲.05。假設每年購買煙燻香腸的金額爲常態分配。假設資料的確顯示東岸家庭的變異數大於西岸家庭的變異數。這對於煙燻香腸產業的企業決策者具有什麼樣的意義？

10.67根據美國政府會計總局（General Accounting Office）的資料顯示，男性的聯邦雇員平均年齡爲43.6歲，而在非聯邦單位的男性工作者其平均年齡爲37.3歲。在聯邦單位的男性與非聯邦單位的男性，其年齡的變異是否有任何差別？假設我們選取15名男性的聯邦雇員之隨機樣本，其年齡的變異數爲91.5。假設我們另選取15名非聯邦單位的男性工作者之隨機樣本，而其年齡的變異數爲67.3。利用這些資料以及$\alpha=.01$回答問題。假設年齡爲常態分配。

決策難題解決之道

昂貴的德國工人

五個國家在三個勞動力變數所提出的平均數，很可能來自於樣本的點估計。利用本章所學習的方法，我們可以進行統計的檢定，以決定在1995年與今天之間平均每小時勞動力成本是否有顯著差異。類似的檢定亦可針對國與國之間的比較。如果決策的兩難中給定的資料，確實是樣本的點估計，我們便需要知道樣本數、樣本平均數，以及樣本變異數。Z檢定或者t檢定皆可用來檢定有關平均數之差的統計假設，兩種檢定的選擇乃取決於樣本大小、有關母體變異數的資訊，以及分配的形狀而定。

報導中法國與英國的平均每週工作時數分別爲39.0與38.8。如果這些數據是母體平均數，則每週工作時數的差異有.2小時，或者大約12分鐘。然而，如果這些數據爲樣本所得的點估計，母體平均數眞的有所差別嗎？答案視樣本大小與變異數而定。利用樣本資料，我們可以執行檢定，以決定法國與英國的平均每週工作時數是否有所差異。

步驟1：虛無假設與對立假設如下。

$$H_0: \mu_1 - \mu_1 = 0$$
$$H_a: \mu_1 - \mu_1 \neq 0$$

步驟2：我們所進行的假設檢定，乃有關於獨立母體的平均數，而樣本數很大，因此適當的統計檢定爲

$$Z = \frac{(\overline{X}_1 - \overline{X}_2) - (\mu_1 - \mu_2)}{\sqrt{\frac{S_1^2}{n_1} + \frac{S_2^2}{n_2}}}$$

步驟3：令$\alpha = .05$。

步驟4：因爲這是雙尾檢定，臨界點Z值爲

$$Z_{.025} = \pm 1.96$$

決策法則爲，如果Z觀察值大於1.96或者小於–1.96，則應該拒絕虛無假設。

步驟5：假設這些數字來自於大樣本的勞工，例如每一國家1,000人。另外假設兩者之母體變異數大約爲5。英國的樣本平均數爲39.0小時，而法國則爲38.8小時。

步驟6：利用兩樣本平均數之差的Z檢定，我們得到計算所得Z值爲2.00。

$$Z=\frac{(\overline{X}_1-\overline{X}_2)-(\mu_1-\mu_2)}{\sqrt{\frac{S_1^2}{n_1}+\frac{S_2^2}{n_2}}}=\frac{(39.0-38.8)-(0)}{\sqrt{\frac{5}{1,000}+\frac{5}{1,000}}}=2.00$$

步驟7：由於Z的觀察值大於Z的臨界值，虛無假設應被拒絕。我們可以宣稱法國與英國的平均每週工作時數有顯著差異。下圖顯示臨界值與觀察值。

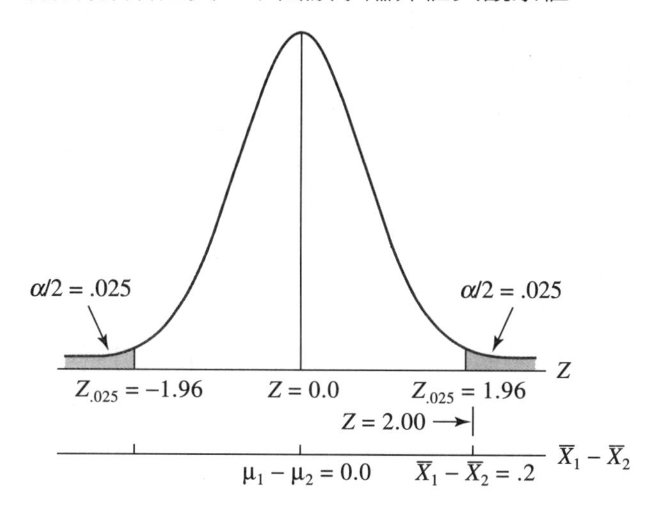

步驟8：注意到大樣本數。如果樣本數只有960，顯著的差距將不會存在。如果變異數超過5.21，顯著的差距將不會存在。因此，欲使諸如「決策難題」之類的資料對使用者具有意義，並且允許在大小上如此接近的資料進行比較，樣本數必須非常大，或者變異數非常小。

爲比較年與年之間德國勞工的勞動統計數字，研究人員可以使用相依樣本的t檢定，其中我們研究一組工人的樣本，而比較某一年的度量與同一組工人下一年的度量。如果我們每一年蒐集的是獨立樣本，那麼可以用兩樣本平均數之差的Z或t檢定。研究者需要知道樣本數、樣本平均數，以及樣本變異數（或母體變異數）。如果使用的是相依度量的t檢定，其樣本大小必須相同。

比例差異的Z檢定可以用來執行檢定以決定勞動者特質的比例，例如英國工會會員的比例，是否不同於在美國所佔的比例。同樣的檢定可以應用於比較一個已知國家從一年到另一年其比例的變化。此程序牽涉到每一年的隨機取樣，記錄每一樣本中含有此一特性的數目，決定樣本比例，以及使用樣本數與比例來計算一Z觀察值。而後我們可以進行任何有關年與年之間，或者國家與國家之間比例差異的決策。

結語

第十章的焦點集中在兩母體的分析。我們研究三種類型的參數：平均數，比例、以及變異數。除了母體變異數的*F*檢定以外，所有方法均包括信賴區間與假設檢定。在所有的情況下，我們都透過從每個母體所隨機採取的樣本資料來研究這兩個母體。

我們比較兩樣本平均數以分析母體平均數。當樣本數很大時（$n \geq 30$），使用*Z*檢定。當樣本數很小，而母體變異數已知，且母體爲常態分配時，亦使用*Z*檢定來分析母體平均數。當樣本數很小，母體變異數未知但假設爲相等，且母體爲常態分配時，則使用獨立樣本平均數的*t*檢定。對於在某些度量上相關的母體，例如雙胞胎或前後對照，我們使用相依度量（配對）的*t*檢定。

當母體爲常態分配的假設滿足時，我們用*F*檢定來分析母體變異數。*F*值爲兩個變異數的比值。*F*分配爲兩樣本變異數可能比值的分配，其中兩組樣本取自同一母體或者兩相同變異數之母體。

重要辭彙

相依樣本	成對資料	獨立樣本	相關度量
配對			

公式

兩獨立樣本平均數之差的*Z*檢定

$$Z = \frac{(\overline{X}_1 - \overline{X}_2) - (\mu_1 - \mu_2)}{\sqrt{\frac{\sigma_1^2}{n_1} + \frac{\sigma_2^2}{n_2}}}$$

估計兩獨立母體平均數之差的信賴區間Z公式

$$(\overline{X}_1-\overline{X}_2)-Z\sqrt{\frac{\sigma_1^2}{n_1}+\frac{\sigma_2^2}{n_2}} \le \mu_1-\mu_2 \le (\overline{X}_1-\overline{X}_2)+Z\sqrt{\frac{\sigma_1^2}{n_1}+\frac{\sigma_2^2}{n_2}}$$

小樣本，母體變異數未知但假設相等（且兩母體爲常態分配）之兩獨立樣本平均數之差的t檢定

$$t=\frac{(\overline{X}_1-\overline{X}_2)-(\mu_1-\mu_2)}{\sqrt{\frac{S_1^2(n_1-1)+S_2^2(n_2-1)}{n_1+n_2-2}}\sqrt{\frac{1}{n_1}+\frac{1}{n_2}}},\ \mathrm{df}=n_1+n_2-2$$

估計小樣本中，母體變異數未知但假設相等（且兩母體爲常態分配）之兩獨立平均數之差的信賴區間

$$(\overline{X}_1-\overline{X}_2)\pm t\sqrt{\frac{S_1^2(n_1-1)+S_2^2(n_2-1)}{n_1+n_2-2}}\sqrt{\frac{1}{n_1}+\frac{1}{n_2}},\ \mathrm{df}=n_1+n_2-2$$

兩相關樣本之差異的t檢定（母體中之差異爲常態分配）

$$t=\frac{\overline{d}-D}{\frac{S_d}{\sqrt{n}}},\ \mathrm{df}=n-1$$

估計兩相關樣本之差異的信賴區間公式（母體中之差異爲常態分配）

$$\overline{d}-t\frac{S_d}{\sqrt{n}}\le D\le \overline{d}+t\frac{S_d}{\sqrt{n}},\ \mathrm{df}=n-1$$

檢定母體比例之差異的Z公式

$$Z=\frac{(\hat{p}_1-\hat{p}_2)-(P_1-P_2)}{\sqrt{\overline{P}\cdot\overline{Q}\left(\frac{1}{n_1}+\frac{1}{n_2}\right)}}\quad \text{其中}\quad \overline{P}=\frac{X_1+X_2}{n_1+n_2}=\frac{n_1\hat{p}_1+n_2\hat{p}_2}{n_1+n_2}$$

估計P_1-P_2的信賴區間

$$(\hat{p}_1-\hat{p}_2)-Z\sqrt{\frac{\hat{p}_1\hat{q}_1}{n_1}+\frac{\hat{p}_2\hat{q}_2}{n_2}}\le P_1-P_2\le(\hat{p}_1-\hat{p}_2)+Z\sqrt{\frac{\hat{p}_1\hat{q}_1}{n_1}+\frac{\hat{p}_2\hat{q}_2}{n_2}}$$

兩母體變異數的F檢定（假設兩母體爲常態分配）

$$F=\frac{S_1^2}{S_2^2},\ \nu_1=n_1-1,\ \nu_2=n_2-1$$

個案

Seitz企業企圖達成世界級的成就

Seitz企業生產橡膠驅動的機器，如齒輪，滑輪以及點陣式印表機所用的傳動軸。此家族企業位於康乃狄克州的托林頓市（Torrington），成立於1949年。目前，Seitz的兩個工廠雇用了兩百名員工。

Seitz剛開始是個小工具機廠商，而且成長緩慢。在1960年代末期，它開始擴張其服務範圍，以包括訂製的噴射成型的模具。當他們的顧客量開始成長，甚至包括一些主要的印表機製造商，Seitz就發展出他們擁有專利權的點陣式印表機所用的傳動軸之產品系列。該公司利用他們噴射成型的模具技術，發展了一個完全由塑膠爲材料，稱爲Data Motion的傳動軸，取代了昂貴的金屬傳動軸。到了1970年代末期，生意愈來愈興隆，Data Motion領先了全世界的同業。

在1980年代，國外的競爭勢力進入了事務設備的市場，許多Seitz的客戶不是遷移就是關廠。此一波動的效果對Seitz造成打擊，而其銷售額下降，利潤也跟著減少。它所雇用的員工人數從1985年的最高峰313人，減少到1987年的125人。Seitz必須要有大幅的改變才行。

爲迎接1987年的挑戰，Seitz達成一非常重要的決定，以改變它做生意的方式。這家公司執行一項正式的五年計劃，其中包括一些可衡量的目標，此計劃稱之爲「透過全面品質管理的世界級成就」。資深經理花了許多時間來改進員工的訓練與投入。他們開發新觀念並整合在公司的商業計畫中。顧客滿意度調查中所揭露出來的Seitz企業體系的缺失，均立即有工作團隊與規劃來解決這些問題。

從機器操作員到會計人員，所有的員工均被教導品質就是瞭解顧客的需求，並且在一開始就滿足這些需求。

當這個計劃展開之後，他們節省了數以千元計的成本，而兩項新產品產生了將近一百萬元的銷售額。每年銷售額從1987年的$1080萬元增加到1990年終的$900百萬元。

在1989年，Seitz企業成立了一家分公司——Seitz日本國際公司（SIJ），以重新奪取輸給外國競爭對手的市場與技術。Seitz日本國際公司從無到有，在1989年的銷售額即超過$300萬元，而預計1991年的銷售額將達到$650萬元。

討論

Seitz有一份不斷成長的企業客戶名單。經理人員想要知道每一位客戶的每一筆交易平均銷售金額從去年到今年是否有所改變。公司的會計人員從去年的記錄中隨機採樣了20名客戶，而得到每位客戶的平均銷售金額爲$2,300，其標準差爲$500。他們又從今年的記錄中隨機採樣25名客戶，得到此樣本每位客戶的平均銷售金額爲$2,450，其標準差爲$540。分析這些資料，並爲經理總結你的發現。解釋決策者如何運用這些資料。假設每位客戶的銷售金額爲常態分配。

欲衡量一家公司的品質，常見的方法是透過顧客滿意度的調查。假設我們詢問Seitz顧客所構成的隨機樣本，Seitz所生產的塑膠傳動軸是否有優良的品質（是或否）。假設Seitz在兩個不同地點的廠房生產這些傳動軸，而傳動軸的顧客可以根據他們購買的傳動軸而區分爲兩組。假設由45位購買工廠1所生產的傳動軸的顧客所構成之隨機樣本，其中有18名顧客說這些傳動軸品質非常優良，另一個由51位購買工廠2所生產的傳動軸的顧客所成之隨機樣本，其中有12名顧客說這些傳動軸品質非常優良。利用一信賴區間以表達這兩群顧客的母體中，評比爲優良的比例之估計差異。哪一座工廠所生產的傳動軸對消費者的品質評比是否造成影響？你如何解讀這些資料？

假設顧客滿意程度調查包括一個問題是，以五分的尺度衡量Seitz的整體品質，1代表低品質，而5表示高品質。公司經理每年均監控這些數字，以幫助他們瞭解顧客所認知的Seitz之品質是否有所改善。假設我們取得1995年與1996年顧客對此問題所做的回應之隨機樣本，並加以分析，得出以下MINITAB的資料分析結果。請幫經理解釋此一分析，以進行1995年與1996年之比較。討論這些樣本、統計量以及結論。

```
Two Sample T-Test and Confidence Interval

Twosample T for 1995 vs 1996

         N      Mean      SeDev      SE Mean
1995    75     3.268     0.195       0.023
1996    93     3.322     0.182       0.019

95% C.I. for mu 1995 - mu 1996: (-0.112, 0.004)
T-Test mu 1995 = mu 1996 (vs not =): T = -1.83 P=0.070
DF = 153
```

假設Seitz生產一規格爲50毫米直徑的滑輪。一大批滑輪生產於第一週，另一批則生產於第五週。品管人員想要決定這兩批滑輪直徑的變異數是否有所差異。假設第一週所生產的六個滑輪所得樣本，其直徑如下（毫米）：51，50，48，50，49，51。假設第五週所生產的七個滑輪所得樣本，其直徑如下（毫米）：50，48，48，51，52，50，52。進行一檢定以決定這兩個母體的直徑之變異數是否有所差別。

爲何品管人員會對這樣的檢定感興趣？什麼樣的檢定結果與他們有關？這兩批滑輪的平均數爲何？利用此平均數分析這些資料並詳述其結果。

道德省思

分析兩母體的統計方法

本章所提出的統計方法，如同前面章節裡所提到的信賴區間方法與假設檢定一般，含有某些容易犯下的錯誤。這些容易犯下的錯誤之中包括違反假設。回想一下，如果在分析平均數時，採用小樣本數，則Z檢定僅當母體爲常態分配且母體變異數爲已知時才適用。如果母體變異數爲未知，且爲小樣本數時，則當母體爲常態分配且母體變異數可假設爲相等時，方可使用t檢定。兩母體比例的Z檢定與信賴區間，亦應滿足最小樣本數之要求。除此之外，當使用兩母體變異數的F檢定時，亦假設母體均爲常態分配。

當母體爲相關時，使用獨立母體的t檢定並不是不合規範的，然而它非常可能造成檢定力降低。如同任何假設檢定的程序一般，在決定虛無假設與對立假設時，須確定你並未假設你所欲證明者爲眞。

附錄A

A.1　亂數表

A.2　二項機率分配

A.3　卜瓦松機率

A.4　e^{-x}表

A.5　標準常態分配

A.6　t的臨界值

A.7　F分配表

A.8　卡方表

A.1 亂數表

12651	61646	11769	75109	86996	97669	25757	32535	07122	76763
81769	74436	02630	72310	45049	18029	07469	42341	98173	79260
36737	98863	77240	76251	00654	64688	09343	70278	67331	98729
82861	54371	76610	94934	72748	44124	05610	53750	95938	01485
21325	15732	24127	37431	09723	63529	73977	95218	96074	42138
74146	47887	62463	23045	41490	07954	22597	60012	98866	90959
90759	64410	54179	66075	61051	75385	51378	08360	95946	95547
55683	98078	02238	91540	21219	17720	87817	41705	95785	12563
79686	17969	76061	83748	55920	83612	41540	86492	06447	60568
70333	00201	86201	69716	78185	62154	77930	67663	29529	75116
14042	53536	07779	04157	41172	36473	42123	43929	50533	33437
59911	08256	06596	48416	69770	68797	56080	14223	59199	30162
62368	62623	62742	14891	39247	52242	98832	69533	91174	57979
57529	97751	54976	48957	74599	08759	78494	52785	68526	64618
15469	90574	78033	66885	13936	42117	71831	22961	94225	31816
18625	23674	53850	32827	81647	80820	00420	63555	74489	80141
74626	68394	88562	70745	23701	45630	65891	58220	35442	60414
11119	16519	27384	90199	79210	76965	99546	30323	31664	22845
41101	17336	48951	53674	17880	45260	08575	49321	36191	17095
32123	91576	84221	78902	82010	30847	62329	63898	23268	74283
26091	68409	69704	82267	14751	13151	93115	01437	56945	89661
67680	79790	48462	59278	44185	29616	76531	19589	83139	28454
15184	19260	14073	07026	25264	08388	27182	22557	61501	67481
58010	45039	57181	10238	36874	28546	37444	80824	63981	39942
56425	53996	86245	32623	78858	08143	60377	42925	42815	11159
82630	84066	13592	60642	17904	99718	63432	88642	37858	25431
14927	40909	23900	48761	44860	92467	31742	87142	03607	32059
23740	22505	07489	85986	74420	21744	97711	36648	35620	97949
32990	97446	03711	63824	07953	85965	87089	11687	92414	67257
05310	24058	91946	78437	34365	82469	12430	84754	19354	72745

21839	39937	27534	88913	49055	19218	47712	67677	51889	70926
08833	42549	93981	94051	28382	83725	72643	64233	97252	17133
58336	11139	47479	00931	91560	95372	97642	33856	54825	55680
62032	91144	75478	47431	52726	30289	42411	91886	51818	78292
45171	30557	53116	04118	58301	24375	65609	85810	18620	49198
91611	62656	60128	35609	63698	78356	50682	22505	01692	36291
55472	63819	86314	49174	93582	73604	78614	78849	23096	72825
18573	09729	74091	53994	10970	86557	65661	41854	26037	53296
60866	02955	90288	82136	83644	94455	06560	78029	98768	71296
45043	55608	82767	60890	74646	79485	13619	98868	40857	19415
17831	09737	79473	75945	28394	79334	70577	38048	03607	06932
40137	03981	07585	18128	11178	32601	27994	05641	22600	86064
77776	31343	14576	97706	16039	47517	43300	59080	80392	63189
69605	44104	40103	95635	05635	81673	68657	09559	23510	95875
19916	52934	26499	09821	97331	80993	61299	36979	73599	35055
02606	58552	07678	56619	65325	30705	99582	53390	46357	13244
65183	73160	87131	35530	47946	09854	18080	02321	05809	04893
10740	98914	44916	11322	89717	88189	30143	52687	19420	60061
98642	89822	71691	51573	83666	61642	46683	33761	47542	23551
60139	25601	93663	25547	02654	94829	48672	28736	84994	13071

A.2 二項機率分配

X	n = 1								
	Probability								
X	*.1*	*.2*	*.3*	*.4*	*.5*	*.6*	*.7*	*.8*	*.9*
0	.900	.800	.700	.600	.500	.400	.300	.200	.100
1	.100	.200	.300	.400	.500	.600	.700	.800	.900

X	n = 2								
	Probability								
X	*.1*	*.2*	*.3*	*.4*	*.5*	*.6*	*.7*	*.8*	*.9*
0	.810	.640	.490	.360	.250	.160	.090	.040	.010
1	.180	.320	.420	.480	.500	.480	.420	.320	.180
2	.010	.040	.090	.160	.250	.360	.490	.640	.810

X	n = 3								
	Probability								
X	*.1*	*.2*	*.3*	*.4*	*.5*	*.6*	*.7*	*.8*	*.9*
0	.729	.512	.343	.216	.125	.064	.027	.008	.001
1	.243	.384	.441	.432	.375	.288	.189	.096	.027
2	.027	.096	.189	.288	.375	.432	.441	.384	.243
3	.001	.008	.027	.064	.125	.216	.343	.512	.729

X	n = 4								
	Probability								
X	*.1*	*.2*	*.3*	*.4*	*.5*	*.6*	*.7*	*.8*	*.9*
0	.656	.410	.240	.130	.063	.026	.008	.002	.000
1	.292	.410	.412	.346	.250	.154	.076	.026	.004
2	.049	.154	.265	.346	.375	.346	.265	.154	.049
3	.004	.026	.076	.154	.250	.346	.412	.410	.292
4	.000	.002	.008	.026	.063	.130	.240	.410	.656

X	n = 5								
	Probability								
X	*.1*	*.2*	*.3*	*.4*	*.5*	*.6*	*.7*	*.8*	*.9*
0	.590	.328	.168	.078	.031	.010	.002	.000	.000
1	.328	.410	.360	.259	.156	.077	.028	.006	.000
2	.073	.205	.309	.346	.313	.230	.132	.051	.008
3	.008	.051	.132	.230	.313	.346	.309	.205	.073
4	.000	.006	.028	.077	.156	.259	.360	.410	.328
5	.000	.000	.002	.010	.031	.078	.168	.328	.590

X	n = 6								
	Probability								
X	*.1*	*.2*	*.3*	*.4*	*.5*	*.6*	*.7*	*.8*	*.9*
0	.531	.262	.118	.047	.016	.004	.001	.000	.000
1	.354	.393	.303	.187	.094	.037	.010	.002	.000
2	.098	.246	.324	.311	.234	.138	.060	.015	.001
3	.015	.082	.185	.276	.313	.276	.185	.082	.015
4	.001	.015	.060	.138	.234	.311	.324	.246	.098
5	.000	.002	.010	.037	.094	.187	.303	.393	.354
6	.000	.000	.001	.004	.016	.047	.118	.262	.531

（續）A.2
二項機率分配

	n = 7								
	Probability								
X	.1	.2	.3	.4	.5	.6	.7	.8	.9
0	.478	.210	.082	.028	.008	.002	.000	.000	.000
1	.372	.367	.247	.131	.055	.017	.004	.000	.000
2	.124	.275	.318	.261	.164	.077	.025	.004	.000
3	.023	.115	.227	.290	.273	.194	.097	.029	.003
4	.003	.029	.097	.194	.273	.290	.227	.115	.023
5	.000	.004	.025	.077	.164	.261	.318	.275	.124
6	.000	.000	.004	.017	.055	.131	.247	.367	.372
7	.000	.000	.000	.002	.008	.028	.082	.210	.478

	n = 8								
	Probability								
X	.1	.2	.3	.4	.5	.6	.7	.8	.9
0	.430	.168	.058	.017	.004	.001	.000	.000	.000
1	.383	.336	.198	.090	.031	.008	.001	.000	.000
2	.149	.294	.296	.209	.109	.041	.010	.001	.000
3	.033	.147	.254	.279	.219	.124	.047	.009	.000
4	.005	.046	.136	.232	.273	.232	.136	.046	.005
5	.000	.009	.047	.124	.219	.279	.254	.147	.033
6	.000	.001	.010	.041	.109	.209	.296	.294	.149
7	.000	.000	.001	.008	.031	.090	.198	.336	.383
8	.000	.000	.000	.001	.004	.017	.058	.168	.430

	n = 9								
	Probability								
X	.1	.2	.3	.4	.5	.6	.7	.8	.9
0	.387	.134	.040	.010	.002	.000	.000	.000	.000
1	.387	.302	.156	.060	.018	.004	.000	.000	.000
2	.172	.302	.267	.161	.070	.021	.004	.000	.000
3	.045	.176	.267	.251	.164	.074	.021	.003	.000
4	.007	.066	.172	.251	.246	.167	.074	.017	.001
5	.001	.017	.074	.167	.246	.251	.172	.066	.007
6	.000	.003	.021	.074	.164	.251	.267	.176	.045
7	.000	.000	.004	.021	.070	.161	.267	.302	.172
8	.000	.000	.000	.004	.018	.060	.156	.302	.387
9	.000	.000	.000	.000	.002	.010	.040	.134	.387

	n = 10								
	Probability								
X	.1	.2	.3	.4	.5	.6	.7	.8	.9
0	.349	.107	.028	.006	.001	.000	.000	.000	.000
1	.387	.268	.121	.040	.010	.002	.000	.000	.000
2	.194	.302	.233	.121	.044	.011	.001	.000	.000
3	.057	.201	.267	.215	.117	.042	.009	.001	.000
4	.011	.088	.200	.251	.205	.111	.037	.006	.000
5	.001	.026	.103	.201	.246	.201	.103	.026	.001
6	.000	.006	.037	.111	.205	.251	.200	.088	.011
7	.000	.001	.009	.042	.117	.215	.267	.201	.057
8	.000	.000	.001	.011	.044	.121	.233	.302	.194
9	.000	.000	.000	.002	.010	.040	.121	.268	.387
10	.000	.000	.000	.000	.001	.006	.028	.107	.349

（續）A.2
二項機率分配

X	n = 11								
	Probability								
X	.1	.2	.3	.4	.5	.6	.7	.8	.9
0	.314	.080	.020	.004	.000	.000	.000	.000	.000
1	.384	.236	.093	.027	.005	.001	.000	.000	.000
2	.213	.295	.200	.089	.027	.005	.001	.000	.000
3	.071	.221	.257	.177	.081	.023	.004	.000	.000
4	.016	.111	.220	.236	.161	.070	.017	.002	.000
5	.002	.039	.132	.221	.226	.147	.057	.010	.000
6	.000	.010	.057	.147	.226	.221	.132	.039	.002
7	.000	.002	.017	.070	.161	.236	.220	.111	.016
8	.000	.000	.004	.023	.081	.177	.257	.221	.071
9	.000	.000	.001	.005	.027	.089	.200	.295	.213
10	.000	.000	.000	.001	.005	.027	.093	.236	.384
11	.000	.000	.000	.000	.000	.004	.020	.086	.314

X	n = 12								
	Probability								
X	.1	.2	.3	.4	.5	.6	.7	.8	.9
0	.282	.069	.014	.002	.000	.000	.000	.000	.000
1	.377	.206	.071	.017	.003	.000	.000	.000	.000
2	.230	.283	.168	.064	.016	.002	.000	.000	.000
3	.085	.236	.240	.142	.054	.012	.001	.000	.000
4	.021	.133	.231	.213	.121	.042	.008	.001	.000
5	.004	.053	.158	.227	.193	.101	.029	.003	.000
6	.000	.016	.079	.177	.226	.177	.079	.016	.000
7	.000	.003	.029	.101	.193	.227	.158	.053	.004
8	.000	.001	.008	.042	.121	.213	.231	.133	.021
9	.000	.000	.001	.012	.054	.142	.240	.236	.085
10	.000	.000	.000	.002	.016	.064	.168	.283	.230
11	.000	.000	.000	.000	.003	.017	.071	.206	.377
12	.000	.000	.000	.000	.000	.002	.014	.069	.282

X	n = 13								
	Probability								
X	.1	.2	.3	.4	.5	.6	.7	.8	.9
0	.254	.055	.010	.001	.000	.000	.000	.000	.000
1	.367	.179	.054	.011	.002	.000	.000	.000	.000
2	.245	.268	.139	.045	.010	.001	.000	.000	.000
3	.100	.246	.218	.111	.035	.006	.001	.000	.000
4	.028	.154	.234	.184	.087	.024	.003	.000	.000
5	.006	.069	.180	.221	.157	.066	.014	.001	.000
6	.001	.023	.103	.197	.209	.131	.044	.006	.000
7	.000	.006	.044	.131	.209	.197	.103	.023	.001
8	.000	.001	.014	.066	.157	.221	.180	.069	.006
9	.000	.000	.003	.024	.087	.184	.234	.154	.028
10	.000	.000	.001	.006	.035	.111	.218	.246	.100
11	.000	.000	.000	.001	.010	.045	.139	.268	.245
12	.000	.000	.000	.000	.002	.011	.054	.179	.367
13	.000	.000	.000	.000	.000	.001	.010	.055	.254

（續）A.2 二項機率分配

X	n = 14								
	Probability								
	.1	.2	.3	.4	.5	.6	.7	.8	.9
0	.229	.044	.007	.001	.000	.000	.000	.000	.000
1	.356	.154	.041	.007	.001	.000	.000	.000	.000
2	.257	.250	.113	.032	.006	.001	.000	.000	.000
3	.114	.250	.194	.085	.022	.003	.000	.000	.000
4	.035	.172	.229	.155	.061	.014	.001	.000	.000
5	.008	.086	.196	.207	.122	.041	.007	.000	.000
6	.001	.032	.126	.207	.183	.092	.023	.002	.000
7	.000	.009	.062	.157	.209	.157	.062	.009	.000
8	.000	.002	.023	.092	.183	.207	.126	.032	.001
9	.000	.000	.007	.041	.122	.207	.196	.086	.008
10	.000	.000	.001	.014	.061	.155	.229	.172	.035
11	.000	.000	.000	.003	.022	.085	.194	.250	.114
12	.000	.000	.000	.001	.006	.032	.113	.250	.257
13	.000	.000	.000	.000	.001	.007	.041	.154	.356
14	.000	.000	.000	.000	.000	.001	.007	.044	.229

X	n = 15								
	Probability								
	.1	.2	.3	.4	.5	.6	.7	.8	.9
0	.206	.035	.005	.000	.000	.000	.000	.000	.000
1	.343	.132	.031	.005	.000	.000	.000	.000	.000
2	.267	.231	.092	.022	.003	.000	.000	.000	.000
3	.129	.250	.170	.063	.014	.002	.000	.000	.000
4	.043	.188	.219	.127	.042	.007	.001	.000	.000
5	.010	.103	.206	.186	.092	.024	.003	.000	.000
6	.002	.043	.147	.207	.153	.061	.012	.001	.000
7	.000	.014	.081	.177	.196	.118	.035	.003	.000
8	.000	.003	.035	.118	.196	.177	.081	.014	.000
9	.000	.001	.012	.061	.153	.207	.147	.043	.002
10	.000	.000	.003	.024	.092	.186	.206	.103	.010
11	.000	.000	.001	.007	.042	.127	.219	.188	.043
12	.000	.000	.000	.002	.014	.063	.170	.250	.129
13	.000	.000	.000	.000	.003	.022	.092	.231	.267
14	.000	.000	.000	.000	.000	.005	.031	.132	.343
15	.000	.000	.000	.000	.000	.000	.005	.035	.206

X	n = 16								
	Probability								
	.1	.2	.3	.4	.5	.6	.7	.8	.9
0	.185	.028	.003	.000	.000	.000	.000	.000	.000
1	.329	.113	.023	.003	.000	.000	.000	.000	.000
2	.275	.211	.073	.015	.002	.000	.000	.000	.000
3	.142	.246	.146	.047	.009	.001	.000	.000	.000
4	.051	.200	.204	.101	.028	.004	.000	.000	.000
5	.014	.120	.210	.162	.067	.014	.001	.000	.000
6	.003	.055	.165	.198	.122	.039	.006	.000	.000
7	.000	.020	.101	.189	.175	.084	.019	.001	.000
8	.000	.006	.049	.142	.196	.142	.049	.006	.000
9	.000	.001	.019	.084	.175	.189	.101	.020	.000
10	.000	.000	.006	.039	.122	.198	.165	.055	.003
11	.000	.000	.001	.014	.067	.162	.210	.120	.014
12	.000	.000	.000	.004	.028	.101	.204	.200	.051
13	.000	.000	.000	.001	.009	.047	.146	.246	.142
14	.000	.000	.000	.000	.002	.015	.073	.211	.275
15	.000	.000	.000	.000	.000	.003	.023	.113	.329
16	.000	.000	.000	.000	.000	.000	.003	.028	.185

（續）A.2 二項機率分配

X	n = 17								
	Probability								
	.1	*.2*	*.3*	*.4*	*.5*	*.6*	*.7*	*.8*	*.9*
0	.167	.023	.002	.000	.000	.000	.000	.000	.000
1	.315	.096	.017	.002	.000	.000	.000	.000	.000
2	.280	.191	.058	.010	.001	.000	.000	.000	.000
3	.156	.239	.125	.034	.005	.000	.000	.000	.000
4	.060	.209	.187	.080	.018	.002	.000	.000	.000
5	.017	.136	.208	.138	.047	.008	.001	.000	.000
6	.004	.068	.178	.184	.094	.024	.003	.000	.000
7	.001	.027	.120	.193	.148	.057	.009	.000	.000
8	.000	.008	.064	.161	.185	.107	.028	.002	.000
9	.000	.002	.028	.107	.185	.161	.064	.008	.000
10	.000	.000	.009	.057	.148	.193	.120	.027	.001
11	.000	.000	.003	.024	.094	.184	.178	.068	.004
12	.000	.000	.001	.008	.047	.138	.208	.136	.017
13	.000	.000	.000	.002	.018	.080	.187	.209	.060
14	.000	.000	.000	.000	.005	.034	.125	.239	.156
15	.000	.000	.000	.000	.001	.010	.058	.191	.280
16	.000	.000	.000	.000	.000	.002	.017	.096	.315
17	.000	.000	.000	.000	.000	.000	.002	.023	.167

X	n = 18								
	Probability								
	.1	*.2*	*.3*	*.4*	*.5*	*.6*	*.7*	*.8*	*.9*
0	.150	.018	.002	.000	.000	.000	.000	.000	.000
1	.300	.081	.013	.001	.000	.000	.000	.000	.000
2	.284	.172	.046	.007	.001	.000	.000	.000	.000
3	.168	.230	.105	.025	.003	.000	.000	.000	.000
4	.070	.215	.168	.061	.012	.001	.000	.000	.000
5	.022	.151	.202	.115	.033	.004	.000	.000	.000
6	.005	.082	.187	.166	.071	.015	.001	.000	.000
7	.001	.035	.138	.189	.121	.037	.005	.000	.000
8	.000	.012	.081	.173	.167	.077	.015	.001	.000
9	.000	.003	.039	.128	.185	.128	.039	.003	.000
10	.000	.001	.015	.077	.167	.173	.081	.012	.000
11	.000	.000	.005	.037	.121	.189	.138	.035	.001
12	.000	.000	.001	.015	.071	.166	.187	.082	.005
13	.000	.000	.000	.004	.033	.115	.202	.151	.022
14	.000	.000	.000	.001	.012	.061	.168	.215	.070
15	.000	.000	.000	.000	.003	.025	.105	.230	.168
16	.000	.000	.000	.000	.001	.007	.046	.172	.284
17	.000	.000	.000	.000	.000	.001	.013	.081	.300
18	.000	.000	.000	.000	.000	.000	.002	.018	.150

（續）A.2 二項機率分配

X	n = 19								
	Probability								
X	.1	.2	.3	.4	.5	.6	.7	.8	.9
0	.135	.014	.001	.000	.000	.000	.000	.000	.000
1	.285	.068	.009	.001	.000	.000	.000	.000	.000
2	.285	.154	.036	.005	.000	.000	.000	.000	.000
3	.180	.218	.087	.017	.002	.000	.000	.000	.000
4	.080	.218	.149	.047	.007	.001	.000	.000	.000
5	.027	.164	.192	.093	.022	.002	.000	.000	.000
6	.007	.095	.192	.145	.052	.008	.001	.000	.000
7	.001	.044	.153	.180	.096	.024	.002	.000	.000
8	.000	.017	.098	.180	.144	.053	.008	.000	.000
9	.000	.005	.051	.146	.176	.098	.022	.001	.000
10	.000	.001	.022	.098	.176	.146	.051	.005	.000
11	.000	.000	.008	.053	.144	.180	.098	.017	.000
12	.000	.000	.002	.024	.096	.180	.153	.044	.001
13	.000	.000	.001	.008	.052	.145	.192	.095	.007
14	.000	.000	.000	.002	.022	.093	.192	.164	.027
15	.000	.000	.000	.001	.007	.047	.149	.218	.080
16	.000	.000	.000	.000	.002	.017	.087	.218	.180
17	.000	.000	.000	.000	.000	.005	.036	.154	.285
18	.000	.000	.000	.000	.000	.001	.009	.068	.285
19	.000	.000	.000	.000	.000	.000	.001	.014	.135

X	n = 20								
	Probability								
X	.1	.2	.3	.4	.5	.6	.7	.8	.9
0	.122	.012	.001	.000	.000	.000	.000	.000	.000
1	.270	.058	.007	.000	.000	.000	.000	.000	.000
2	.285	.137	.028	.003	.000	.000	.000	.000	.000
3	.190	.205	.072	.012	.001	.000	.000	.000	.000
4	.090	.218	.130	.035	.005	.000	.000	.000	.000
5	.032	.175	.179	.075	.015	.001	.000	.000	.000
6	.009	.109	.192	.124	.037	.005	.000	.000	.000
7	.002	.055	.164	.166	.074	.015	.001	.000	.000
8	.000	.022	.114	.180	.120	.035	.004	.000	.000
9	.000	.007	.065	.160	.160	.071	.012	.000	.000
10	.000	.002	.031	.117	.176	.117	.031	.002	.000
11	.000	.000	.012	.071	.160	.160	.065	.007	.000
12	.000	.000	.004	.035	.120	.180	.114	.022	.000
13	.000	.000	.001	.015	.074	.166	.164	.055	.002
14	.000	.000	.000	.005	.037	.124	.192	.109	.009
15	.000	.000	.000	.001	.015	.075	.179	.175	.032
16	.000	.000	.000	.000	.005	.035	.130	.218	.090
17	.000	.000	.000	.000	.001	.012	.072	.205	.190
18	.000	.000	.000	.000	.000	.003	.028	.137	.285
19	.000	.000	.000	.000	.000	.000	.007	.058	.270
20	.000	.000	.000	.000	.000	.000	.001	.012	.122

(續) A.2
二項機率分配

X	N = 25								
	Probability								
	.1	*.2*	*.3*	*.4*	*.5*	*.6*	*.7*	*.8*	*.9*
0	.072	.004	.000	.000	.000	.000	.000	.000	.000
1	.199	.024	.001	.000	.000	.000	.000	.000	.000
2	.266	.071	.007	.000	.000	.000	.000	.000	.000
3	.226	.136	.024	.002	.000	.000	.000	.000	.000
4	.138	.187	.057	.007	.000	.000	.000	.000	.000
5	.065	.196	.103	.020	.002	.000	.000	.000	.000
6	.024	.163	.147	.044	.005	.000	.000	.000	.000
7	.007	.111	.171	.080	.014	.001	.000	.000	.000
8	.002	.062	.165	.120	.032	.003	.000	.000	.000
9	.000	.029	.134	.151	.061	.009	.000	.000	.000
10	.000	.012	.092	.161	.097	.021	.001	.000	.000
11	.000	.004	.054	.147	.133	.043	.004	.000	.000
12	.000	.001	.027	.114	.155	.076	.011	.000	.000
13	.000	.000	.011	.076	.155	.114	.027	.001	.000
14	.000	.000	.004	.043	.133	.147	.054	.004	.000
15	.000	.000	.001	.021	.097	.161	.092	.012	.000
16	.000	.000	.000	.009	.061	.151	.134	.029	.000
17	.000	.000	.000	.003	.032	.120	.165	.062	.002
18	.000	.000	.000	.001	.014	.080	.171	.111	.007
19	.000	.000	.000	.000	.005	.044	.147	.163	.024
20	.000	.000	.000	.000	.002	.020	.103	.196	.065
21	.000	.000	.000	.000	.000	.007	.057	.187	.138
22	.000	.000	.000	.000	.000	.002	.024	.136	.226
23	.000	.000	.000	.000	.000	.000	.007	.071	.266
24	.000	.000	.000	.000	.000	.000	.001	.024	.199
25	.000	.000	.000	.000	.000	.000	.000	.004	.072

A.3 卜瓦松機率 $\dfrac{\lambda^X e^{-\lambda}}{X!}$

	λ									
X	*0.005*	*0.01*	*0.02*	*0.03*	*0.04*	*0.05*	*0.06*	*0.07*	*0.08*	*0.09*
0	.9950	.9900	.9802	.9704	.9608	.9512	.9418	.9324	.9231	.9139
1	.0050	.0099	.0192	.0291	.0384	.0476	.0565	.0653	.0738	.0823
2	.0000	.0000	.0002	.0004	.0008	.0012	.0017	.0023	.0030	.0037
3	.0000	.0000	.0000	.0000	.0000	.0000	.0000	.0001	.0001	.0001
X	*0.1*	*0.2*	*0.3*	*0.4*	*0.5*	*0.6*	*0.7*	*0.8*	*0.9*	*1.0*
0	.9048	.8187	.7408	.6703	.6065	.5488	.4966	.4493	.4066	.3679
1	.0905	.1637	.2222	.2681	.3033	.3293	.3476	.3595	.3659	.3679
2	.0045	.0164	.0333	.0536	.0758	.0988	.1217	.1438	.1647	.1839
3	.0002	.0011	.0033	.0072	.0126	.0198	.0284	.0383	.0494	.0613
4	.0000	.0001	.0002	.0007	.0016	.0030	.0050	.0077	.0111	.0153
5	.0000	.0000	.0000	.0001	.0002	.0004	.0007	.0012	.0020	.0031
6	.0000	.0000	.0000	.0000	.0000	.0000	.0001	.0002	.0003	.0005
7	.0000	.0000	.0000	.0000	.0000	.0000	.0000	.0000	.0000	.0001

（續）A.3　卜瓦松機率 $\frac{\lambda^{X} e^{-\lambda}}{X!}$

	λ									
X	1.1	1.2	1.3	1.4	1.5	1.6	1.7	1.8	1.9	2.0
0	.3329	.3012	.2725	.2466	.2231	.2019	.1827	.1653	.1496	.1353
1	.3662	.3614	.3543	.3452	.3347	.3230	.3106	.2975	.2842	.2707
2	.2014	.2169	.2303	.2417	.2510	.2584	.2640	.2678	.2700	.2707
3	.0738	.0867	.0998	.1128	.1255	.1378	.1496	.1607	.1710	.1804
4	.0203	.0260	.0324	.0395	.0471	.0551	.0636	.0723	.0812	.0902
5	.0045	.0062	.0084	.0111	.0141	.0176	.0216	.0260	.0309	.0361
6	.0008	.0012	.0018	.0026	.0035	.0047	.0061	.0078	.0098	.0120
7	.0001	.0002	.0003	.0005	.0008	.0011	.0015	.0020	.0027	.0034
8	.0000	.0000	.0001	.0001	.0001	.0002	.0003	.0005	.0006	.0009
9	.0000	.0000	.0000	.0000	.0000	.0000	.0001	.0001	.0001	.0002
X	2.1	2.2	2.3	2.4	2.5	2.6	2.7	2.8	2.9	3.0
0	.1225	.1108	.1003	.0907	.0821	.0743	.0672	.0608	.0050	.0498
1	.2572	.2438	.2306	.2177	.2052	.1931	.1815	.1703	.1596	.1494
2	.2700	.2681	.2652	.2613	.2565	.2510	.2450	.2384	.2314	.2240
3	.1890	.1966	.2033	.2090	.2138	.2176	.2205	.2225	.2237	.2240
4	.0992	.1082	.1169	.1254	.1336	.1414	.1488	.1557	.1622	.1680
5	.0417	.0476	.0538	.0602	.0668	.0735	.0804	.0872	.0940	.1008
6	.0146	.0174	.0206	.0241	.0278	.0319	.0362	.0407	.0455	.0504
7	.0044	.0055	.0068	.0083	.0099	.0118	.0139	.0163	.0188	.0216
8	.0011	.0015	.0019	.0025	.0031	.0038	.0047	.0057	.0068	.0081
9	.0003	.0004	.0005	.0007	.0009	.0011	.0014	.0018	.0022	.0027
10	.0001	.0001	.0001	.0002	.0002	.0003	.0004	.0005	.0006	.0008
11	.0000	.0000	.0000	.0000	.0000	.0001	.0001	.0001	.0002	.0002
12	.0000	.0000	.0000	.0000	.0000	.0000	.0000	.0000	.0000	.0001
X	3.1	3.2	3.3	3.4	3.5	3.6	3.7	3.8	3.9	4.0
0	.0450	.0408	.0369	.0334	.0302	.0273	.0247	.0224	.0202	.0183
1	.1397	.1304	.1217	.1135	.1057	.0984	.0915	.0850	.0789	.0733
2	.2165	.2087	.2008	.1929	.1850	.1771	.1692	.1615	.1539	.1465
3	.2237	.2226	.2209	.2186	.2158	.2125	.2087	.2046	.2001	.1954
4	.1734	.1781	.1823	.1858	.1888	.1912	.1931	.1944	.1951	.1954
5	.1075	.1140	.1203	.1264	.1322	.1377	.1429	.1477	.1522	.1563
6	.0555	.0608	.0662	.0716	.0771	.0826	.0881	.0936	.0989	.1042
7	.0246	.0278	.0312	.0348	.0385	.0425	.0466	.0508	.0551	.0595
8	.0095	.0111	.0129	.0148	.0169	.0191	.0215	.0241	.0269	.0298
9	.0033	.0040	.0047	.0056	.0066	.0076	.0089	.0102	.0116	.0132
10	.0010	.0013	.0016	.0019	.0023	.0028	.0033	.0039	.0045	.0053
11	.0003	.0004	.0005	.0006	.0007	.0009	.0011	.0013	.0016	.0019
12	.0001	.0001	.0001	.0002	.0002	.0003	.0003	.0004	.0005	.0006
13	.0000	.0000	.0000	.0000	.0001	.0001	.0001	.0001	.0002	.0002
14	.0000	.0000	.0000	.0000	.0000	.0000	.0000	.0000	.0000	.0001

（續）A.3　卜瓦松機率 $\dfrac{\lambda^{X}e^{-\lambda}}{X!}$

	λ									
X	*4.1*	*4.2*	*4.3*	*4.4*	*4.5*	*4.6*	*4.7*	*4.8*	*4.9*	*5.0*
0	.0166	.0150	.0136	.0123	.0111	.0101	.0091	.0082	.0074	.0067
1	.0679	.0630	.0583	.0540	.0500	.0462	.0427	.0395	.0365	.0337
2	.1393	.1323	.1254	.1188	.1125	.1063	.1005	.0948	.0894	.0842
3	.1904	.1852	.1798	.1743	.1687	.1631	.1574	.1517	.1460	.1404
4	.1951	.1944	.1933	.1917	.1898	.1875	.1849	.1820	.1789	.1755
5	.1600	.1633	.1662	.1687	.1708	.1725	.1738	.1747	.1753	.1755
6	.1093	.1143	.1191	.1237	.1281	.1323	.1362	.1398	.1432	.1462
7	.0640	.0686	.0732	.0778	.0824	.0869	.0914	.0959	.1002	.1044
8	.0328	.0360	.0393	.0428	.0463	.0500	.0537	.0575	.0614	.0653
9	.0150	.0168	.0188	.0209	.0232	.0255	.0280	.0307	.0334	.0363
10	.0061	.0071	.0081	.0092	.0104	.0118	.0132	.0147	.0164	.0181
11	.0023	.0027	.0032	.0037	.0043	.0049	.0056	.0064	.0073	.0082
12	.0008	.0009	.0011	.0014	.0016	.0019	.0022	.0026	.0030	.0034
13	.0002	.0003	.0004	.0005	.0006	.0007	.0008	.0009	.0011	.0013
14	.0001	.0001	.0001	.0001	.0002	.0002	.0003	.0003	.0004	.0005
15	.0000	.0000	.0000	.0000	.0001	.0001	.0001	.0001	.0001	.0002
X	*5.1*	*5.2*	*5.3*	*5.4*	*5.5*	*5.6*	*5.7*	*5.8*	*5.9*	*6.0*
0	.0061	.0055	.0050	.0045	.0041	.0037	.0033	.0030	.0027	.0025
1	.0311	.0287	.0265	.0244	.0225	.0207	.0191	.0176	.0162	.0149
2	.0793	.0746	.0701	.0659	.0618	.0580	.0544	.0509	.0477	.0446
3	.1348	.1293	.1239	.1185	.1133	.1082	.1033	.0985	.0938	.0892
4	.1719	.1681	.1641	.1600	.1558	.1515	.1472	.1428	.1383	.1339
5	.1753	.1748	.1740	.1728	.1714	.1697	.1678	.1656	.1632	.1606
6	.1490	.1515	.1537	.1555	.1571	.1584	.1594	.1601	.1605	.1606
7	.1086	.1125	.1163	.1200	.1234	.1267	.1298	.1326	.1353	.1377
8	.0692	.0731	.0771	.0810	.0849	.0887	.0925	.0962	.0998	.1033
9	.0392	.0423	.0454	.0486	.0519	.0552	.0586	.0620	.0654	.0688
10	.0200	.0220	.0241	.0262	.0285	.0309	.0334	.0359	.0386	.0413
11	.0093	.0104	.0116	.0129	.0143	.0157	.0173	.0190	.0207	.0225
12	.0039	.0045	.0051	.0058	.0065	.0073	.0082	.0092	.0102	.0113
13	.0015	.0018	.0021	.0024	.0028	.0032	.0036	.0041	.0046	.0052
14	.0006	.0007	.0008	.0009	.0011	.0013	.0015	.0017	.0019	.0022
15	.0002	.0002	.0003	.0003	.0004	.0005	.0006	.0007	.0008	.0009
16	.0001	.0001	.0001	.0001	.0001	.0002	.0002	.0002	.0003	.0003
17	.0000	.0000	.0000	.0000	.0000	.0001	.0001	.0001	.0001	.0001
X	*6.1*	*6.2*	*6.3*	*6.4*	*6.5*	*6.6*	*6.7*	*6.8*	*6.9*	*7.0*
0	.0022	.0020	.0018	.0017	.0015	.0014	.0012	.0011	.0010	.0009
1	.0137	.0126	.0116	.0106	.0098	.0090	.0082	.0076	.0070	.0064
2	.0417	.0390	.0364	.0340	.0318	.0296	.0276	.0258	.0240	.0223
3	.0848	.0806	.0765	.0726	.0688	.0652	.0617	.0584	.0552	.0521
4	.1294	.1269	.1205	.1162	.1118	.1076	.1034	.0992	.0952	.0912

（續）A.3　卜瓦松機率 $\frac{\lambda^X e^{-\lambda}}{X!}$

	λ									
X	*6.1*	*6.2*	*6.3*	*6.4*	*6.5*	*6.6*	*6.7*	*6.8*	*6.9*	*7.0*
5	.1579	.1549	.1519	.1487	.1454	.1420	.1385	.1349	.1314	.1277
6	.1605	.1601	.1595	.1586	.1575	.1562	.1546	.1529	.1511	.1490
7	.1399	.1418	.1435	.1450	.1462	.1472	.1480	.1486	.1489	.1490
8	.1066	.1099	.1130	.1160	.1188	.1215	.1240	.1263	.1284	.1304
9	.0723	.0757	.0791	.0825	.0858	.0891	.0923	.0954	.0985	.1014
10	.0441	.0469	.0498	.0528	.0558	.0588	.0618	.0649	.0679	.0710
11	.0245	.0265	.0285	.0307	.0330	.0353	.0377	.0401	.0426	.0452
12	.0124	.0137	.0150	.0164	.0179	.0194	.0210	.0227	.0245	.0264
13	.0058	.0065	.0073	.0081	.0089	.0098	.0108	.0119	.0130	.0142
14	.0025	.0029	.0033	.0037	.0041	.0046	.0052	.0058	.0064	.0071
15	.0010	.0012	.0014	.0016	.0018	.0020	.0023	.0026	.0029	.0033
16	.0004	.0005	.0005	.0006	.0007	.0008	.0010	.0011	.0013	.0014
17	.0001	.0002	.0002	.0002	.0003	.0003	.0004	.0004	.0005	.0006
18	.0000	.0001	.0001	.0001	.0001	.0001	.0001	.0002	.0002	.0002
19	.0000	.0000	.0000	.0000	.0000	.0000	.0000	.0001	.0001	.0001
X	*7.1*	*7.2*	*7.3*	*7.4*	*7.5*	*7.6*	*7.7*	*7.8*	*7.9*	*8.0*
0	.0008	.0007	.0007	.0006	.0006	.0005	.0005	.0004	.0004	.0003
1	.0059	.0054	.0049	.0045	.0041	.0038	.0035	.0032	.0029	.0027
2	.0208	.0194	.0180	.0167	.0156	.0145	.0134	.0125	.0116	.0107
3	.0492	.0464	.0438	.0413	.0389	.0366	.0345	.0324	.0305	.0286
4	.0874	.0836	.0799	.0764	.0729	.0696	.0663	.0632	.0602	.0573
5	.1241	.1204	.1167	.1130	.1094	.1057	.1021	.0986	.0951	.0916
6	.1468	.1445	.1420	.1394	.1367	.1339	.1311	.1282	.1252	.1221
7	.1489	.1486	.1481	.1474	.1465	.1454	.1442	.1428	.1413	.1396
8	.1321	.1337	.1351	.1363	.1373	.1382	.1388	.1392	.1395	.1396
9	.1042	.1070	.1096	.1121	.1144	.1167	.1187	.1207	.1224	.1241
10	.0740	.0770	.0800	.0829	.0858	.0887	.0914	.0941	.0967	.0993
11	.0478	.0504	.0532	.0558	.0585	.0613	.0640	.0667	.0695	.0722
12	.0283	.0303	.0323	.0344	.0366	.0388	.0411	.0434	.0457	.0481
13	.0154	.0168	.0181	.0196	.0211	.0227	.0243	.0260	.0278	.0296
14	.0078	.0086	.0095	.0104	.0113	.0123	.0134	.0145	.0157	.0169
15	.0037	.0041	.0046	.0051	.0057	.0062	.0069	.0075	.0083	.0090
16	.0016	.0019	.0021	.0024	.0026	.0030	.0033	.0037	.0041	.0045
17	.0007	.0008	.0009	.0010	.0012	.0013	.0015	.0017	.0019	.0021
18	.0003	.0003	.0004	.0004	.0005	.0006	.0006	.0007	.0008	.0009
19	.0001	.0001	.0001	.0002	.0002	.0002	.0003	.0003	.0003	.0004
20	.0000	.0000	.0001	.0001	.0001	.0001	.0001	.0001	.0001	.0002
21	.0000	.0000	.0000	.0000	.0000	.0000	.0000	.0000	.0001	.0001
X	*8.1*	*8.2*	*8.3*	*8.4*	*8.5*	*8.6*	*8.7*	*8.8*	*8.9*	*9.0*
0	.0003	.0003	.0002	.0002	.0002	.0002	.0002	.0002	.0001	.0001
1	.0025	.0023	.0021	.0019	.0017	.0016	.0014	.0013	.0012	.0011
2	.0100	.0092	.0086	.0079	.0074	.0068	.0063	.0058	.0054	.0050
3	.0269	.0252	.0237	.0222	.0208	.0195	.0183	.0171	.0160	.0150
4	.0544	.0517	.0491	.0466	.0443	.0420	.0398	.0377	.0357	.0337

（續）A.3 卜瓦松機率 $\frac{\lambda^X e^{-\lambda}}{X!}$

	λ									
X	8.1	8.2	8.3	8.4	8.5	8.6	8.7	8.8	8.9	9.0
5	.0882	.0849	.0816	.0784	.0752	.0722	.0692	.0663	.0635	.0607
6	.1191	.1160	.1128	.1097	.1066	.1034	.1003	.0972	.0941	.0911
7	.1378	.1358	.1338	.1317	.1294	.1271	.1247	.1222	.1197	.1171
8	.1395	.1392	.1388	.1382	.1375	.1366	.1356	.1344	.1332	.1318
9	.1256	.1269	.1280	.1290	.1299	.1306	.1311	.1315	.1317	.1318
10	.1017	.1040	.1063	.1084	.1104	.1123	.1140	.1157	.1172	.1186
11	.0749	.0776	.0802	.0828	.0853	.0878	.0902	.0925	.0948	.0970
12	.0505	.0530	.0555	.0579	.0604	.0629	.0654	.0679	.0703	.0728
13	.0315	.0334	.0354	.0374	.0395	.0416	.0438	.0459	.0481	.0504
14	.0182	.0196	.0210	.0225	.0240	.0256	.0272	.0289	.0306	.0324
15	.0098	.0107	.0116	.0126	.0136	.0147	.0158	.0169	.0182	.0194
16	.0050	.0055	.0060	.0066	.0072	.0079	.0086	.0093	.0101	.0109
17	.0024	.0026	.0029	.0033	.0036	.0040	.0044	.0048	.0053	.0058
18	.0011	.0012	.0014	.0015	.0017	.0019	.0021	.0024	.0026	.0029
19	.0005	.0005	.0006	.0007	.0008	.0009	.0010	.0011	.0012	.0014
20	.0002	.0002	.0002	.0003	.0003	.0004	.0004	.0005	.0005	.0006
21	.0001	.0001	.0001	.0001	.0001	.0002	.0002	.0002	.0002	.0003
22	.0000	.0000	.0000	.0000	.0001	.0001	.0001	.0001	.0001	.0001

X	9.1	9.2	9.3	9.4	9.5	9.6	9.7	9.8	9.9	10.0
0	.0001	.0001	.0001	.0001	.0001	.0001	.0001	.0001	.0001	.0000
1	.0010	.0009	.0009	.0008	.0007	.0007	.0006	.0005	.0005	.0005
2	.0046	.0043	.0040	.0037	.0034	.0031	.0029	.0027	.0025	.0023
3	.0140	.0131	.0123	.0115	.0107	.0100	.0093	.0087	.0081	.0076
4	.0319	.0302	.0285	.0269	.0254	.0240	.0226	.0213	.0201	.0189
5	.0581	.0555	.0530	.0506	.0483	.0460	.0439	.0418	.0398	.0378
6	.0881	.0851	.0822	.0793	.0764	.0736	.0709	.0682	.0656	.0631
7	.1145	.1118	.1091	.1064	.1037	.1010	.0982	.0955	.0928	.0901
8	.1302	.1286	.1269	.1251	.1232	.1212	.1191	.1170	.1148	.1126
9	.1317	.1315	.1311	.1306	.1300	.1293	.1284	.1274	.1263	.1251
10	.1198	.1210	.1219	.1228	.1235	.1241	.1245	.1249	.1250	.1251
11	.0991	.1012	.1031	.1049	.1067	.1083	.1098	.1112	.1125	.1137
12	.0752	.0776	.0799	.0822	.0844	.0866	.0888	.0908	.0928	.0948
13	.0526	.0549	.0572	.0594	.0617	.0640	.0662	.0685	.0707	.0729
14	.0342	.0361	.0380	.0399	.0419	.0439	.0459	.0479	.0500	.0521
15	.0208	.0221	.0235	.0250	.0265	.0281	.0297	.0313	.0330	.0347
16	.0118	.0127	.0137	.0147	.0157	.0168	.0180	.0192	.0204	.0217
17	.0063	.0069	.0075	.0081	.0088	.0095	.0103	.0111	.0119	.0128
18	.0032	.0035	.0039	.0042	.0046	.0051	.0055	.0060	.0065	.0071
19	.0015	.0017	.0019	.0021	.0023	.0026	.0028	.0031	.0034	.0037
20	.0007	.0008	.0009	.0010	.0011	.0012	.0014	.0015	.0017	.0019
21	.0003	.0003	.0004	.0004	.0005	.0006	.0006	.0007	.0008	.0009
22	.0001	.0001	.0002	.0002	.0002	.0002	.0003	.0003	.0004	.0004
23	.0000	.0001	.0001	.0001	.0001	.0001	.0001	.0001	.0002	.0002
24	.0000	.0000	.0000	.0000	.0000	.0000	.0000	.0001	.0001	.0001

A.4 e^{-x}表

X	e^{-X}	X	e^{-X}	X	e^{-X}	X	e^{-X}
0.0	1.0000	3.0	0.0498	6.0	0.00248	9.0	0.00012
0.1	0.9048	3.1	0.0450	6.1	0.00224	9.1	0.00011
0.2	0.8187	3.2	0.0408	6.2	0.00203	9.2	0.00010
0.3	0.7408	3.3	0.0369	6.3	0.00184	9.3	0.00009
0.4	0.6703	3.4	0.0334	6.4	0.00166	9.4	0.00008
0.5	0.6065	3.5	0.0302	6.5	0.00150	9.5	0.00007
0.6	0.5488	3.6	0.0273	6.6	0.00136	9.6	0.00007
0.7	0.4966	3.7	0.0247	6.7	0.00123	9.7	0.00006
0.8	0.4493	3.8	0.0224	6.8	0.00111	9.8	0.00006
0.9	0.4066	3.9	0.0202	6.9	0.00101	9.9	0.00005
1.0	0.3679	4.0	0.0183	7.0	0.00091	10.0	0.00005
1.1	0.3329	4.1	0.0166	7.1	0.00083		
1.2	0.3012	4.2	0.0150	7.2	0.00075		
1.3	0.2725	4.3	0.0136	7.3	0.00068		
1.4	0.2466	4.4	0.0123	7.4	0.00061		
1.5	0.2231	4.5	0.0111	7.5	0.00055		
1.6	0.2019	4.6	0.0101	7.6	0.00050		
1.7	0.1827	4.7	0.0091	7.7	0.00045		
1.8	0.1653	4.8	0.0082	7.8	0.00041		
1.9	0.1496	4.9	0.0074	7.9	0.00037		
2.0	0.1353	5.0	0.0067	8.0	0.00034		
2.1	0.1225	5.1	0.0061	8.1	0.00030		
2.2	0.1108	5.2	0.0055	8.2	0.00027		
2.3	0.1003	5.3	0.0050	8.3	0.00025		
2.4	0.0907	5.4	0.0045	8.4	0.00022		
2.5	0.0821	5.5	0.0041	8.5	0.00020		
2.6	0.0743	5.6	0.0037	8.6	0.00018		
2.7	0.0672	5.7	0.0033	8.7	0.00017		
2.8	0.0608	5.8	0.0030	8.8	0.00015		
2.9	0.0550	5.9	0.0027	8.9	0.00014		

A.5 標準常態分配

The entries in this table are the probabilities that a standard normal random variable is between 0 and Z (the shaded area).

Z	SECOND DECIMAL PLACE IN Z									
	0.00	0.01	0.02	0.03	0.04	0.05	0.06	0.07	0.08	0.09
0.0	.0000	.0040	.0080	.0120	.0160	.0199	.0239	.0279	.0319	.0359
0.1	.0398	.0438	.0478	.0517	.0557	.0596	.0636	.0675	.0714	.0753
0.2	.0793	.0832	.0871	.0910	.0948	.0987	.1026	.1064	.1103	.1141
0.3	.1179	.1217	.1255	.1293	.1331	.1368	.1406	.1443	.1480	.1517
0.4	.1554	.1591	.1628	.1664	.1700	.1736	.1772	.1808	.1844	.1879
0.5	.1915	.1950	.1985	.2019	.2054	.2088	.2123	.2157	.2190	.2224
0.6	.2257	.2291	.2324	.2357	.2389	.2422	.2454	.2486	.2517	.2549
0.7	.2580	.2611	.2642	.2673	.2704	.2734	.2764	.2794	.2823	.2852
0.8	.2881	.2910	.2939	.2967	.2995	.3023	.3051	.3078	.3106	.3133
0.9	.3159	.3186	.3212	.3238	.3264	.3289	.3315	.3340	.3365	.3389
1.0	.3413	.3438	.3461	.3485	.3508	.3531	.3554	.3577	.3599	.3621
1.1	.3643	.3665	.3686	.3708	.3729	.3749	.3770	.3790	.3810	.3830
1.2	.3849	.3869	.3888	.3907	.3925	.3944	.3962	.3980	.3997	.4015
1.3	.4032	.4049	.4066	.4082	.4099	.4115	.4131	.4147	.4162	.4177
1.4	.4192	.4207	.4222	.4236	.4251	.4265	.4279	.4292	.4306	.4319
1.5	.4332	.4345	.4357	.4370	.4382	.4394	.4406	.4418	.4429	.4441
1.6	.4452	.4463	.4474	.4484	.4495	.4505	.4515	.4525	.4535	.4545
1.7	.4554	.4564	.4573	.4582	.4591	.4599	.4608	.4616	.4625	.4633
1.8	.4641	.4649	.4656	.4664	.4671	.4678	.4686	.4693	.4699	.4706
1.9	.4713	.4719	.4726	.4732	.4738	.4744	.4750	.4756	.4761	.4767
2.0	.4772	.4778	.4783	.4788	.4793	.4798	.4803	.4808	.4812	.4817
2.1	.4821	.4826	.4830	.4834	.4838	.4842	.4846	.4850	.4854	.4857
2.2	.4861	.4864	.4868	.4871	.4875	.4878	.4881	.4884	.4887	.4890

2.3	.4893	.4896	.4898	.4901	.4904	.4906	.4909	.4911	.4913	.4916
2.4	.4918	.4920	.4922	.4925	.4927	.4929	.4931	.4932	.4934	.4936
2.5	.4938	.4940	.4941	.4943	.4945	.4946	.4948	.4949	.4951	.4952
2.6	.4953	.4955	.4956	.4957	.4959	.4960	.4961	.4962	.4963	.4964
2.7	.4965	.4966	.4967	.4968	.4969	.4970	.4971	.4972	.4973	.4974
2.8	.4974	.4975	.4976	.4977	.4977	.4978	.4979	.4979	.4980	.4981
2.9	.4981	.4982	.4982	.4983	.4984	.4984	.4985	.4985	.4986	.4986
3.0	.4987	.4987	.4987	.4988	.4988	.4989	.4989	.4989	.4990	.4990
3.1	.4990	.4991	.4991	.4991	.4992	.4992	.4992	.4992	.4993	.4993
3.2	.4993	.4993	.4994	.4994	.4994	.4994	.4994	.4995	.4995	.4995
3.3	.4995	.4995	.4995	.4996	.4996	.4996	.4996	.4996	.4996	.4997
3.4	.4997	.4997	.4997	.4997	.4997	.4997	.4997	.4997	.4997	.4998
3.5	.4998									
4.0	.49997									
4.5	.499997									
5.0	.4999997									

A.6
*t*的臨界值

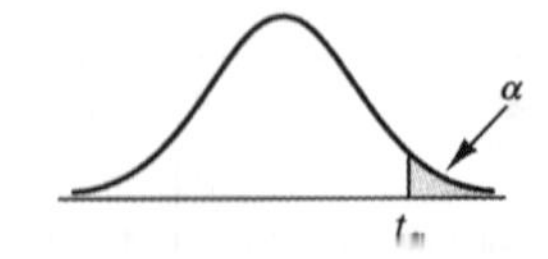

DEGREES OF FREEDOM	$t_{.100}$	$t_{.050}$	$t_{.025}$	$t_{.010}$	$t_{.005}$
1	3.078	6.314	12.706	31.821	63.657
2	1.886	2.920	4.303	6.965	9.925
3	1.638	2.353	3.182	4.541	5.841
4	1.533	2.132	2.776	3.747	4.604
5	1.476	2.015	2.571	3.365	4.032
6	1.440	1.943	2.447	3.143	3.707
7	1.415	1.895	2.365	2.998	3.499
8	1.397	1.860	2.306	2.896	3.355
9	1.383	1.833	2.262	2.821	3.250
10	1.372	1.812	2.228	2.764	3.169
11	1.363	1.796	2.201	2.718	3.106
12	1.356	1.782	2.179	2.681	3.055
13	1.350	1.771	2.160	2.650	3.012
14	1.345	1.761	2.145	2.624	2.977
15	1.341	1.753	2.131	2.602	2.947
16	1.337	1.746	2.120	2.583	2.921
17	1.333	1.740	2.110	2.567	2.898
18	1.330	1.734	2.101	2.552	2.878
19	1.328	1.729	2.093	2.539	2.861
20	1.325	1.725	2.086	2.528	2.845
21	1.323	1.721	2.080	2.518	2.831
22	1.321	1.717	2.074	2.508	2.819
23	1.319	1.714	2.069	2.500	2.808
24	1.318	1.711	2.064	2.492	2.797
25	1.316	1.708	2.060	2.485	2.787
26	1.315	1.706	2.056	2.479	2.779
27	1.314	1.703	2.052	2.473	2.771
28	1.313	1.701	2.048	2.467	2.763
29	1.311	1.699	2.045	2.462	2.756
30	1.310	1.697	2.042	2.457	2.750
40	1.303	1.684	2.021	2.423	2.704
60	1.296	1.671	2.000	2.390	2.660
120	1.289	1.658	1.980	2.358	2.617
∞	1.282	1.645	1.960	2.326	2.576

A.7 *F*分配表

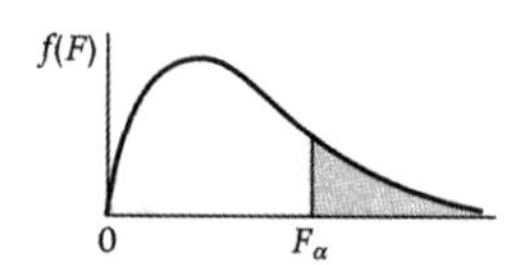

$\alpha = .10$

ν_2 \ ν_1 (Denominator Degrees of Freedom \ Numerator Degrees of Freedom)	*1*	*2*	*3*	*4*	*5*	*6*	*7*	*8*	*9*
1	39.86	49.50	53.59	55.83	57.24	58.20	58.91	59.44	59.86
2	8.53	9.00	9.16	9.24	9.29	9.33	9.35	9.37	9.38
3	5.54	5.46	5.39	5.34	5.31	5.28	5.27	5.25	5.24
4	4.54	4.32	4.19	4.11	4.05	4.01	3.98	3.95	3.94
5	4.06	3.78	3.62	3.52	3.45	3.40	3.37	3.34	3.32
6	3.78	3.46	3.29	3.18	3.11	3.05	3.01	2.98	2.96
7	3.59	3.26	3.07	2.96	2.88	2.83	2.78	2.75	2.72
8	3.46	3.11	2.92	2.81	2.73	2.67	2.62	2.59	2.56
9	3.36	3.01	2.81	2.69	2.61	2.55	2.51	2.47	2.44
10	3.29	2.92	2.73	2.61	2.52	2.46	2.41	2.38	2.35
11	3.23	2.86	2.66	2.54	2.45	2.39	2.34	2.30	2.27
12	3.18	2.81	2.61	2.48	2.39	2.33	2.28	2.24	2.21
13	3.14	2.76	2.56	2.43	2.35	2.28	2.23	2.20	2.16
14	3.10	2.73	2.52	2.39	2.31	2.24	2.19	2.15	2.12
15	3.07	2.70	2.49	2.36	2.27	2.21	2.16	2.12	2.09
16	3.05	2.67	2.46	2.33	2.24	2.18	2.13	2.09	2.06
17	3.03	2.64	2.44	2.31	2.22	2.15	2.10	2.06	2.03
18	3.01	2.62	2.42	2.29	2.20	2.13	2.08	2.04	2.00
19	2.99	2.61	2.40	2.27	2.18	2.11	2.06	2.02	1.98
20	2.97	2.59	2.38	2.25	2.16	2.09	2.04	2.00	1.96
21	2.96	2.57	2.36	2.23	2.14	2.08	2.02	1.98	1.95
22	2.95	2.56	2.35	2.22	2.13	2.06	2.01	1.97	1.93
23	2.94	2.55	2.34	2.21	2.11	2.05	1.99	1.95	1.92
24	2.93	2.54	2.33	2.19	2.10	2.04	1.98	1.94	1.91
25	2.92	2.53	2.32	2.18	2.09	2.02	1.97	1.93	1.89
26	2.91	2.52	2.31	2.17	2.08	2.01	1.96	1.92	1.88
27	2.90	2.51	2.30	2.17	2.07	2.00	1.95	1.91	1.87
28	2.89	2.50	2.29	2.16	2.06	2.00	1.94	1.90	1.87
29	2.89	2.50	2.28	2.15	2.06	1.99	1.93	1.89	1.86
30	2.88	2.49	2.28	2.14	2.05	1.98	1.93	1.88	1.85
40	2.84	2.44	2.23	2.09	2.00	1.93	1.87	1.83	1.79
60	2.79	2.39	2.18	2.04	1.95	1.87	1.82	1.77	1.74
120	2.75	2.35	2.13	1.99	1.90	1.82	1.77	1.72	1.68
∞	2.71	2.30	2.08	1.94	1.85	1.77	1.72	1.67	1.63

$\alpha = .10$

Numerator Degrees of Freedom (ν_1); *Denominator Degrees of Freedom* (ν_2)

10	12	15	20	24	30	40	60	120	∞	ν_2 / ν_1
60.19	60.71	61.22	61.74	62.00	62.26	62.53	62.79	63.06	63.33	1
9.39	9.41	9.42	9.44	9.45	9.46	9.47	9.47	9.48	9.49	2
5.23	5.22	5.20	5.18	5.18	5.17	5.16	5.15	5.14	5.13	3
3.92	3.90	3.87	3.84	3.83	3.82	3.80	3.79	3.78	3.76	4
3.30	3.27	3.24	3.21	3.19	3.17	3.16	3.14	3.12	3.10	5
2.94	2.90	2.87	2.84	2.82	2.80	2.78	2.76	2.74	2.72	6
2.70	2.67	2.63	2.59	2.58	2.56	2.54	2.51	2.49	2.47	7
2.54	2.50	2.46	2.42	2.40	2.38	2.36	2.34	2.32	2.29	8
2.42	2.38	2.34	2.30	2.28	2.25	2.23	2.21	2.18	2.16	9
2.32	2.28	2.24	2.20	2.18	2.16	2.13	2.11	2.08	2.06	10
2.25	2.21	2.17	2.12	2.10	2.08	2.05	2.03	2.00	1.97	11
2.19	2.15	2.10	2.06	2.04	2.01	1.99	1.96	1.93	1.90	12
2.14	2.10	2.05	2.01	1.98	1.96	1.93	1.90	1.88	1.85	13
2.10	2.05	2.01	1.96	1.94	1.91	1.89	1.86	1.83	1.80	14
2.06	2.02	1.97	1.92	1.90	1.87	1.85	1.82	1.79	1.76	15
2.03	1.99	1.94	1.89	1.87	1.84	1.81	1.78	1.75	1.72	16
2.00	1.96	1.91	1.86	1.84	1.81	1.78	1.75	1.72	1.69	17
1.98	1.93	1.89	1.84	1.81	1.78	1.75	1.72	1.69	1.66	18
1.96	1.91	1.86	1.81	1.79	1.76	1.73	1.70	1.67	1.63	19
1.94	1.89	1.84	1.79	1.77	1.74	1.71	1.68	1.64	1.61	20
1.92	1.87	1.83	1.78	1.75	1.72	1.69	1.66	1.62	1.59	21
1.90	1.86	1.81	1.76	1.73	1.70	1.67	1.64	1.60	1.57	22
1.89	1.84	1.80	1.74	1.72	1.69	1.66	1.62	1.59	1.55	23
1.88	1.83	1.78	1.73	1.70	1.67	1.64	1.61	1.57	1.53	24
1.87	1.82	1.77	1.72	1.69	1.66	1.63	1.59	1.56	1.52	25
1.86	1.81	1.76	1.71	1.68	1.65	1.61	1.58	1.54	1.50	26
1.85	1.80	1.75	1.70	1.67	1.64	1.60	1.57	1.53	1.49	27
1.84	1.79	1.74	1.69	1.66	1.63	1.59	1.56	1.52	1.48	28
1.83	1.78	1.73	1.68	1.65	1.62	1.58	1.55	1.51	1.47	29
1.82	1.77	1.72	1.67	1.64	1.61	1.57	1.54	1.50	1.46	30
1.76	1.71	1.66	1.61	1.57	1.54	1.51	1.47	1.42	1.38	40
1.71	1.66	1.60	1.54	1.51	1.48	1.44	1.40	1.35	1.29	60
1.65	1.60	1.55	1.48	1.45	1.41	1.37	1.32	1.26	1.19	120
1.60	1.55	1.49	1.42	1.38	1.34	1.30	1.24	1.17	1.00	∞

（續）A.7　*F*分配表

v_2 \ v_1	α = .05								
	Numerator Degrees of Freedom								
Denominator Degrees of Freedom	*1*	2	3	*4*	5	6	*7*	*8*	9
1	161.4	199.5	215.7	224.6	230.2	234.0	236.8	238.9	240.5
2	18.51	19.00	19.16	19.25	19.30	19.33	19.35	19.37	19.38
3	10.13	9.55	9.28	9.12	9.01	8.94	8.89	8.85	8.81
4	7.71	6.94	6.59	6.39	6.26	6.16	6.09	6.04	6.00
5	6.61	5.79	5.41	5.19	5.05	4.95	4.88	4.82	4.77
6	5.99	5.14	4.76	4.53	4.39	4.28	4.21	4.15	4.10
7	5.59	4.74	4.35	4.12	3.97	3.87	3.79	3.73	3.68
8	5.32	4.46	4.07	3.84	3.69	3.58	3.50	3.44	3.39
9	5.12	4.26	3.86	3.63	3.48	3.37	3.29	3.23	3.18
10	4.96	4.10	3.71	3.48	3.33	3.22	3.14	3.07	3.02
11	4.84	3.98	3.59	3.36	3.20	3.09	3.01	2.95	2.90
12	4.75	3.89	3.49	3.26	3.11	3.00	2.91	2.85	2.80
13	4.67	3.81	3.41	3.18	3.03	2.92	2.83	2.77	2.71
14	4.60	3.74	3.34	3.11	2.96	2.85	2.76	2.70	2.65
15	4.54	3.68	3.29	3.06	2.90	2.79	2.71	2.64	2.59
16	4.49	3.63	3.24	3.01	2.85	2.74	2.66	2.59	2.54
17	4.45	3.59	3.20	2.96	2.81	2.70	2.61	2.55	2.49
18	4.41	3.55	3.16	2.93	2.77	2.66	2.58	2.51	2.46
19	4.38	3.52	3.13	2.90	2.74	2.63	2.54	2.48	2.42
20	4.35	3.49	3.10	2.87	2.71	2.60	2.51	2.45	2.39
21	4.32	3.47	3.07	2.84	2.68	2.57	2.49	2.42	2.37
22	4.30	3.44	3.05	2.82	2.66	2.55	2.46	2.40	2.34
23	4.28	3.42	3.03	2.80	2.64	2.53	2.44	2.37	2.32
24	4.26	3.40	3.01	2.78	2.62	2.51	2.42	2.36	2.30
25	4.24	3.39	2.99	2.76	2.60	2.49	2.40	2.34	2.28
26	4.23	3.37	2.98	2.74	2.59	2.47	2.39	2.32	2.27
27	4.21	3.35	2.96	2.73	2.57	2.46	2.37	2.31	2.25
28	4.20	3.34	2.95	2.71	2.56	2.45	2.36	2.29	2.24
29	4.18	3.33	2.93	2.70	2.55	2.43	2.35	2.28	2.22
30	4.17	3.32	2.92	2.69	2.53	2.42	2.33	2.27	2.21
40	4.08	3.23	2.84	2.61	2.45	2.34	2.25	2.18	2.12
60	4.00	3.15	2.76	2.53	2.37	2.25	2.17	2.10	2.04
120	3.92	3.07	2.68	2.45	2.29	2.17	2.09	2.02	1.96
∞	3.84	3.00	2.60	2.37	2.21	2.10	2.01	1.94	1.88

（續）A.7　F分配表

$\alpha = .05$										v_1 / v_2
Numerator Degrees of Freedom										
10	12	15	20	24	30	40	60	120	∞	*Denominator Degrees of Freedom*
241.9	243.9	245.9	248.0	249.1	250.1	251.1	252.2	253.3	254.3	1
19.40	19.41	19.43	19.45	19.45	19.46	19.47	19.48	19.49	19.50	2
8.79	8.74	8.70	8.66	8.64	8.62	8.59	8.57	8.55	8.53	3
5.96	5.91	5.86	5.80	5.77	5.75	5.72	5.69	5.66	5.63	4
4.74	4.68	4.62	4.56	4.53	4.50	4.46	4.43	4.40	4.36	5
4.06	4.00	3.94	3.87	3.84	3.81	3.77	3.74	3.70	3.67	6
3.64	3.57	3.51	3.44	3.41	3.38	3.34	3.30	3.27	3.23	7
3.35	3.28	3.22	3.15	3.12	3.08	3.04	3.01	2.97	2.93	8
3.14	3.07	3.01	2.94	2.90	2.86	2.83	2.79	2.75	2.71	9
2.98	2.91	2.85	2.77	2.74	2.70	2.66	2.62	2.58	2.54	10
2.85	2.79	2.72	2.65	2.61	2.57	2.53	2.49	2.45	2.40	11
2.75	2.69	2.62	2.54	2.51	2.47	2.43	2.38	2.34	2.30	12
2.67	2.60	2.53	2.46	2.42	2.38	2.34	2.30	2.25	2.21	13
2.60	2.53	2.46	2.39	2.35	2.31	2.27	2.22	2.18	2.13	14
2.54	2.48	2.40	2.33	2.29	2.25	2.20	2.16	2.11	2.07	15
2.49	2.42	2.35	2.28	2.24	2.19	2.15	2.11	2.06	2.01	16
2.45	2.38	2.31	2.23	2.19	2.15	2.10	2.06	2.01	1.96	17
2.41	2.34	2.27	2.19	2.15	2.11	2.06	2.02	1.97	1.92	18
2.38	2.31	2.23	2.16	2.11	2.07	2.03	1.98	1.93	1.88	19
2.35	2.28	2.20	2.12	2.08	2.04	1.99	1.95	1.90	1.84	20
2.32	2.25	2.18	2.10	2.05	2.01	1.96	1.92	1.87	1.81	21
2.30	2.23	2.15	2.07	2.03	1.98	1.94	1.89	1.84	1.78	22
2.27	2.20	2.13	2.05	2.01	1.96	1.91	1.86	1.81	1.76	23
2.25	2.18	2.11	2.03	1.98	1.94	1.89	1.84	1.79	1.73	24
2.24	2.16	2.09	2.01	1.96	1.92	1.87	1.82	1.77	1.71	25
2.22	2.15	2.07	1.99	1.95	1.90	1.85	1.80	1.75	1.69	26
2.20	2.13	2.06	1.97	1.93	1.88	1.84	1.79	1.73	1.67	27
2.19	2.12	2.04	1.96	1.91	1.87	1.82	1.77	1.71	1.65	28
2.18	2.10	2.03	1.94	1.90	1.85	1.81	1.75	1.70	1.64	29
2.16	2.09	2.01	1.93	1.89	1.84	1.79	1.74	1.68	1.62	30
2.08	2.00	1.92	1.84	1.79	1.74	1.69	1.64	1.58	1.51	40
1.99	1.92	1.84	1.75	1.70	1.65	1.59	1.53	1.47	1.39	60
1.91	1.83	1.75	1.66	1.61	1.55	1.50	1.43	1.35	1.25	120
1.83	1.75	1.67	1.57	1.52	1.46	1.39	1.32	1.22	1.00	∞

（續）A.7　*F*分配表

v_2 \ v_1	α = .025 Numerator Degrees of Freedom 1	2	3	4	5	6	7	8	9
1	647.8	799.5	864.2	899.6	921.8	937.1	948.2	956.7	963.3
2	38.51	39.00	39.17	39.25	39.30	39.33	39.36	39.37	39.39
3	17.44	16.04	15.44	15.10	14.88	14.73	14.62	14.54	14.47
4	12.22	10.65	9.98	9.60	9.36	9.20	9.07	8.98	8.90
5	10.01	8.43	7.76	7.39	7.15	6.98	6.85	6.76	6.68
6	8.81	7.26	6.60	6.23	5.99	5.82	5.70	5.60	5.52
7	8.07	6.54	5.89	5.52	5.29	5.12	4.99	4.90	4.82
8	7.57	6.06	5.42	5.05	4.82	4.65	4.53	4.43	4.36
9	7.21	5.71	5.08	4.72	4.48	4.32	4.20	4.10	4.03
10	6.94	5.46	4.83	4.47	4.24	4.07	3.95	3.85	3.78
11	6.72	5.26	4.63	4.28	4.04	3.88	3.76	3.66	3.59
12	6.55	5.10	4.47	4.12	3.89	3.73	3.61	3.51	3.44
13	6.41	4.97	4.35	4.00	3.77	3.60	3.48	3.39	3.31
14	6.30	4.86	4.24	3.89	3.66	3.50	3.38	3.29	3.21
15	6.20	4.77	4.15	3.80	3.58	3.41	3.29	3.20	3.12
16	6.12	4.69	4.08	3.73	3.50	3.34	3.22	3.12	3.05
17	6.04	4.62	4.01	3.66	3.44	3.28	3.16	3.06	2.98
18	5.98	4.56	3.95	3.61	3.38	3.22	3.10	3.01	2.93
19	5.92	4.51	3.90	3.56	3.33	3.17	3.05	2.96	2.88
20	5.87	4.46	3.86	3.51	3.29	3.13	3.01	2.91	2.84
21	5.83	4.42	3.82	3.48	3.25	3.09	2.97	2.87	2.80
22	5.79	4.38	3.78	3.44	3.22	3.05	2.93	2.84	2.76
23	5.75	4.35	3.75	3.41	3.18	3.02	2.90	2.81	2.73
24	5.72	4.32	3.72	3.38	3.15	2.99	2.87	2.78	2.70
25	5.69	4.29	3.69	3.35	3.13	2.97	2.85	2.75	2.68
26	5.66	4.27	3.67	3.33	3.10	2.94	2.82	2.73	2.65
27	5.63	4.24	3.65	3.31	3.08	2.92	2.80	2.71	2.63
28	5.61	4.22	3.63	3.29	3.06	2.90	2.78	2.69	2.61
29	5.59	4.20	3.61	3.27	3.04	2.88	2.76	2.67	2.59
30	5.57	4.18	3.59	3.25	3.03	2.87	2.75	2.65	2.57
40	5.42	4.05	3.46	3.13	2.90	2.74	2.62	2.53	2.45
60	5.29	3.93	3.34	3.01	2.79	2.63	2.51	2.41	2.33
120	5.15	3.80	3.23	2.89	2.67	2.52	2.39	2.30	2.22
∞	5.02	3.69	3.12	2.79	2.57	2.41	2.29	2.19	2.11

Denominator Degrees of Freedom

（續）A.7　*F*分配表

$\alpha = .025$										ν_1 / ν_2
Numerator Degrees of Freedom										
10	*12*	*15*	*20*	*24*	*30*	*40*	*60*	*120*	*∞*	*Denominator Degrees of Freedom*
968.6	976.7	984.9	993.1	997.2	1001	1006	1010	1014	1018	1
39.40	39.41	39.43	39.45	39.46	39.46	39.47	39.48	39.49	39.50	2
14.42	14.34	14.25	14.17	14.12	14.08	14.04	13.99	13.95	13.90	3
8.84	8.75	8.66	8.56	8.51	8.46	8.41	8.36	8.31	8.26	4
6.62	6.52	6.43	6.33	6.28	6.23	6.18	6.12	6.07	6.02	5
5.46	5.37	5.27	5.17	5.12	5.07	5.01	4.96	4.90	4.85	6
4.76	4.67	4.57	4.47	4.42	4.36	4.31	4.25	4.20	4.14	7
4.30	4.20	4.10	4.00	3.95	3.89	3.84	3.78	3.73	3.67	8
3.96	3.87	3.77	3.67	3.61	3.56	3.51	3.45	3.39	3.33	9
3.72	3.62	3.52	3.42	3.37	3.31	3.26	3.20	3.14	3.08	10
3.53	3.43	3.33	3.23	3.17	3.12	3.06	3.00	2.94	2.88	11
3.37	3.28	3.18	3.07	3.02	2.96	2.91	2.85	2.79	2.72	12
3.25	3.15	3.05	2.95	2.89	2.84	2.78	2.72	2.66	2.60	13
3.15	3.05	2.95	2.84	2.79	2.73	2.67	2.61	2.55	2.49	14
3.06	2.96	2.86	2.76	2.70	2.64	2.59	2.52	2.46	2.40	15
2.99	2.89	2.79	2.68	2.63	2.57	2.51	2.45	2.38	2.32	16
2.92	2.82	2.72	2.62	2.56	2.50	2.44	2.38	2.32	2.25	17
2.87	2.77	2.67	2.56	2.50	2.44	2.38	2.32	2.26	2.19	18
2.82	2.72	2.62	2.51	2.45	2.39	2.33	2.27	2.20	2.13	19
2.77	2.68	2.57	2.46	2.41	2.35	2.29	2.22	2.16	2.09	20
2.73	2.64	2.53	2.42	2.37	2.31	2.25	2.18	2.11	2.04	21
2.70	2.60	2.50	2.39	2.33	2.27	2.21	2.14	2.08	2.00	22
2.67	2.57	2.47	2.36	2.30	2.24	2.18	2.11	2.04	1.97	23
2.64	2.54	2.44	2.33	2.27	2.21	2.15	2.08	2.01	1.94	24
2.61	2.51	2.41	2.30	2.24	2.18	2.12	2.05	1.98	1.91	25
2.59	2.49	2.39	2.28	2.22	2.16	2.09	2.03	1.95	1.88	26
2.57	2.47	2.36	2.25	2.19	2.13	2.07	2.00	1.93	1.85	27
2.55	2.45	2.34	2.23	2.17	2.11	2.05	1.98	1.91	1.83	28
2.53	2.43	2.32	2.21	2.15	2.09	2.03	1.96	1.89	1.81	29
2.51	2.41	2.31	2.20	2.14	2.07	2.01	1.94	1.87	1.79	30
2.39	2.29	2.18	2.07	2.01	1.94	1.88	1.80	1.72	1.64	40
2.27	2.17	2.06	1.94	1.88	1.82	1.74	1.67	1.58	1.48	60
2.16	2.05	1.94	1.82	1.76	1.69	1.61	1.53	1.43	1.31	120
2.05	1.94	1.83	1.71	1.64	1.57	1.48	1.39	1.27	1.00	∞

(續) A.7 *F*分配表

v_2 \ v_1	α = .01								
	Numerator Degrees of Freedom								
Denominator Degrees of Freedom	1	2	3	4	5	6	7	8	9
1	4,052	4,999.5	5,403	5,625	5,764	5,859	5,928	5,982	6,022
2	98.50	99.00	99.17	99.25	99.30	99.33	99.36	99.37	99.39
3	34.12	30.82	29.46	28.71	28.24	27.91	27.67	27.49	27.35
4	21.20	18.00	16.69	15.98	15.52	15.21	14.98	14.80	14.66
5	16.26	13.27	12.06	11.39	10.97	10.67	10.46	10.29	10.16
6	13.75	10.92	9.78	9.15	8.75	8.47	8.26	8.10	7.98
7	12.25	9.55	8.45	7.85	7.46	7.19	6.99	6.84	6.72
8	11.26	8.65	7.59	7.01	6.63	6.37	6.18	6.03	5.91
9	10.56	8.02	6.99	6.42	6.06	5.80	5.61	5.47	5.35
10	10.04	7.56	6.55	5.99	5.64	5.39	5.20	5.06	4.94
11	9.65	7.21	6.22	5.67	5.32	5.07	4.89	4.74	4.63
12	9.33	6.93	5.95	5.41	5.06	4.82	4.64	4.50	4.39
13	9.07	6.70	5.74	5.21	4.86	4.62	4.44	4.30	4.19
14	8.86	6.51	5.56	5.04	4.69	4.46	4.28	4.14	4.03
15	8.68	6.36	5.42	4.89	4.56	4.32	4.14	4.00	3.89
16	8.53	6.23	5.29	4.77	4.44	4.20	4.03	3.89	3.78
17	8.40	6.11	5.18	4.67	4.34	4.10	3.93	3.79	3.68
18	8.29	6.01	5.09	4.58	4.25	4.01	3.84	3.71	3.60
19	8.18	5.93	5.01	4.50	4.17	3.94	3.77	3.63	3.52
20	8.10	5.85	4.94	4.43	4.10	3.87	3.70	3.56	3.46
21	8.02	5.78	4.87	4.37	4.04	3.81	3.64	3.51	3.40
22	7.95	5.72	4.82	4.31	3.99	3.76	3.59	3.45	3.35
23	7.88	5.66	4.76	4.26	3.94	3.71	3.54	3.41	3.30
24	7.82	5.61	4.72	4.22	3.90	3.67	3.50	3.36	3.26
25	7.77	5.57	4.68	4.18	3.85	3.63	3.46	3.32	3.22
26	7.72	5.53	4.64	4.14	3.82	3.59	3.42	3.29	3.18
27	7.68	5.49	4.60	4.11	3.78	3.56	3.39	3.26	3.15
28	7.64	5.45	4.57	4.07	3.75	3.53	3.36	3.23	3.12
29	7.60	5.42	4.54	4.04	3.73	3.50	3.33	3.20	3.09
30	7.56	5.39	4.51	4.02	3.70	3.47	3.30	3.17	3.07
40	7.31	5.18	4.31	3.83	3.51	3.29	3.12	2.99	2.89
60	7.08	4.98	4.13	3.65	3.34	3.12	2.95	2.82	2.72
120	6.85	4.79	3.95	3.48	3.17	2.96	2.79	2.66	2.56
∞	6.63	4.61	3.78	3.32	3.02	2.80	2.64	2.51	2.41

（續）A.7　*F*分配表

ν_2 \ ν_1	10	12	15	20	24	30	40	60	120	∞
	$\alpha = .01$									
	Numerator Degrees of Freedom									
1	6,056	6,106	6,157	6,209	6,235	6,261	6,287	6,313	6,339	6,366
2	99.40	99.42	99.43	99.45	99.46	99.47	99.47	99.48	99.49	99.50
3	27.23	27.05	26.87	26.69	26.60	26.50	26.41	26.32	26.22	26.13
4	14.55	14.37	14.20	14.02	13.93	13.84	13.75	13.65	13.56	13.46
5	10.05	9.89	9.72	9.55	9.47	9.38	9.29	9.20	9.11	9.02
6	7.87	7.72	7.56	7.40	7.31	7.23	7.14	7.06	6.97	6.88
7	6.62	6.47	6.31	6.16	6.07	5.99	5.91	5.82	5.74	5.65
8	5.81	5.67	5.52	5.36	5.28	5.20	5.12	5.03	4.95	4.86
9	5.26	5.11	4.96	4.81	4.73	4.65	4.57	4.48	4.40	4.31
10	4.85	4.71	4.56	4.41	4.33	4.25	4.17	4.08	4.00	3.91
11	4.54	4.40	4.25	4.10	4.02	3.94	3.86	3.78	3.69	3.60
12	4.30	4.16	4.01	3.86	3.78	3.70	3.62	3.54	3.45	3.36
13	4.10	3.96	3.82	3.66	3.59	3.51	3.43	3.34	3.25	3.17
14	3.94	3.80	3.66	3.51	3.43	3.35	3.27	3.18	3.09	3.00
15	3.80	3.67	3.52	3.37	3.29	3.21	3.13	3.05	2.96	2.87
16	3.69	3.55	3.41	3.26	3.18	3.10	3.02	2.93	2.84	2.75
17	3.59	3.46	3.31	3.16	3.08	3.00	2.92	2.83	2.75	2.65
18	3.51	3.37	3.23	3.08	3.00	2.92	2.84	2.75	2.66	2.57
19	3.43	3.30	3.15	3.00	2.92	2.84	2.76	2.67	2.58	2.49
20	3.37	3.23	3.09	2.94	2.86	2.78	2.69	2.61	2.52	2.42
21	3.31	3.17	3.03	2.88	2.80	2.72	2.64	2.55	2.46	2.36
22	3.26	3.12	2.98	2.83	2.75	2.67	2.58	2.50	2.40	2.31
23	3.21	3.07	2.93	2.78	2.70	2.62	2.54	2.45	2.35	2.26
24	3.17	3.03	2.89	2.74	2.66	2.58	2.49	2.40	2.31	2.21
25	3.13	2.99	2.85	2.70	2.62	2.54	2.45	2.36	2.27	2.17
26	3.09	2.96	2.81	2.66	2.58	2.50	2.42	2.33	2.23	2.13
27	3.06	2.93	2.78	2.63	2.55	2.47	2.38	2.29	2.20	2.10
28	3.03	2.90	2.75	2.60	2.52	2.44	2.35	2.26	2.17	2.06
29	3.00	2.87	2.73	2.57	2.49	2.41	2.33	2.23	2.14	2.03
30	2.98	2.84	2.70	2.55	2.47	2.39	2.30	2.21	2.11	2.01
40	2.80	2.66	2.52	2.37	2.29	2.20	2.11	2.02	1.92	1.80
60	2.63	2.50	2.35	2.20	2.12	2.03	1.94	1.84	1.73	1.60
120	2.47	2.34	2.19	2.03	1.95	1.86	1.76	1.66	1.53	1.38
∞	2.32	2.18	2.04	1.88	1.79	1.70	1.59	1.47	1.32	1.00

Denominator Degrees of Freedom

（續）A.7 F分配表

ν_2 \ ν_1	1	2	3	4	5	6	7	8	9
	$\alpha = .005$								
	Numerator Degrees of Freedom								
Denominator Degrees of Freedom									
1	16211	20000	21615	22500	23056	23437	23715	23925	24091
2	198.5	199.0	199.2	199.2	199.3	199.3	199.4	199.4	199.4
3	55.55	49.80	47.47	46.19	45.39	44.84	44.43	44.13	43.88
4	31.33	26.28	24.26	23.15	22.46	21.97	21.62	21.35	21.14
5	22.78	18.31	16.53	15.56	14.94	14.51	14.20	13.96	13.77
6	18.63	14.54	12.92	12.03	11.46	11.07	10.79	10.57	10.39
7	16.24	12.40	10.88	10.05	9.52	9.16	8.89	8.68	8.51
8	14.69	11.04	9.60	8.81	8.30	7.95	7.69	7.50	7.34
9	13.61	10.11	8.72	7.96	7.47	7.13	6.88	6.69	6.54
10	12.83	9.43	8.08	7.34	6.87	6.54	6.30	6.12	5.97
11	12.23	8.91	7.60	6.88	6.42	6.10	5.86	5.68	5.54
12	11.75	8.51	7.23	6.52	6.07	5.76	5.52	5.35	5.20
13	11.37	8.19	6.93	6.23	5.79	5.48	5.25	5.08	4.94
14	11.06	7.92	6.68	6.00	5.56	5.26	5.03	4.86	4.72
15	10.80	7.70	6.48	5.80	5.37	5.07	4.85	4.67	4.54
16	10.58	7.51	6.30	5.64	5.21	4.91	4.69	4.52	4.38
17	10.38	7.35	6.16	5.50	5.07	4.78	4.56	4.39	4.25
18	10.22	7.21	6.03	5.37	4.96	4.66	4.44	4.28	4.14
19	10.07	7.09	5.92	5.27	4.85	4.56	4.34	4.18	4.04
20	9.94	6.99	5.82	5.17	4.76	4.47	4.26	4.09	3.96
21	9.83	6.89	5.73	5.09	4.68	4.39	4.18	4.01	3.88
22	9.73	6.81	5.65	5.02	4.61	4.32	4.11	3.94	3.81
23	9.63	6.73	5.58	4.95	4.54	4.26	4.05	3.88	3.75
24	9.55	6.66	5.52	4.89	4.49	4.20	3.99	3.83	3.69
25	9.48	6.60	5.46	4.84	4.43	4.15	3.94	3.78	3.64
26	9.41	6.54	5.41	4.79	4.38	4.10	3.89	3.73	3.60
27	9.34	6.49	5.36	4.74	4.34	4.06	3.85	3.69	3.56
28	9.28	6.44	5.32	4.70	4.30	4.02	3.81	3.65	3.52
29	9.23	6.40	5.28	4.66	4.26	3.98	3.77	3.61	3.48
30	9.18	6.35	5.24	4.62	4.23	3.95	3.74	3.58	3.45
40	8.83	6.07	4.98	4.37	3.99	3.71	3.51	3.35	3.22
60	8.49	5.79	4.73	4.14	3.76	3.49	3.29	3.13	3.01
120	8.18	5.54	4.50	3.92	3.55	3.28	3.09	2.93	2.81
∞	7.88	5.30	4.28	3.72	3.35	3.09	2.90	2.74	2.62

（續）A.7　*F*分配表

$\alpha = .005$										
Numerator Degrees of Freedom										ν_1 / ν_2
10	*12*	*15*	*20*	*24*	*30*	*40*	*60*	*120*	∞	*Denominator Degrees of Freedom*
24224	24426	24630	24836	24940	25044	25148	25253	25359	25465	1
199.4	199.4	199.4	199.4	199.5	199.5	199.5	199.5	199.5	199.5	2
43.69	43.39	43.08	42.78	42.62	42.47	42.31	42.15	41.99	41.83	3
20.97	20.70	20.44	20.17	20.03	19.89	19.75	19.61	19.47	19.32	4
13.62	13.38	13.15	12.90	12.78	12.66	12.53	12.40	12.27	12.14	5
10.25	10.03	9.81	9.59	9.47	9.36	9.24	9.12	9.00	8.88	6
8.38	8.18	7.97	7.75	7.65	7.53	7.42	7.31	7.19	7.08	7
7.21	7.01	6.81	6.61	6.50	6.40	6.29	6.18	6.06	5.95	8
6.42	6.23	6.03	5.83	5.73	5.62	5.52	5.41	5.30	5.19	9
5.85	5.66	5.47	5.27	5.17	5.07	4.97	4.86	4.75	4.64	10
5.42	5.24	5.05	4.86	4.76	4.65	4.55	4.44	4.34	4.23	11
5.09	4.91	4.72	4.53	4.43	4.33	4.23	4.12	4.01	3.90	12
4.82	4.64	4.46	4.27	4.17	4.07	3.97	3.87	3.76	3.65	13
4.60	4.43	4.25	4.06	3.96	3.86	3.76	3.66	3.55	3.44	14
4.42	4.25	4.07	3.88	3.79	3.69	3.58	3.48	3.37	3.26	15
4.27	4.10	3.92	3.73	3.64	3.54	3.44	3.33	3.22	3.11	16
4.14	3.97	3.79	3.61	3.51	3.41	3.31	3.21	3.10	2.98	17
4.03	3.86	3.68	3.50	3.40	3.30	3.20	3.10	2.99	2.87	18
3.93	3.76	3.59	3.40	3.31	3.21	3.11	3.00	2.89	2.78	19
3.85	3.68	3.50	3.32	3.22	3.12	3.02	2.92	2.81	2.69	20
3.77	3.60	3.43	3.24	3.15	3.05	2.95	2.84	2.73	2.61	21
3.70	3.54	3.36	3.18	3.08	2.98	2.88	2.77	2.66	2.55	22
3.64	3.47	3.30	3.12	3.02	2.92	2.82	2.71	2.60	2.48	23
3.59	3.42	3.25	3.06	2.97	2.87	2.77	2.66	2.55	2.43	24
3.54	3.37	3.20	3.01	2.92	2.82	2.72	2.61	2.50	2.38	25
3.49	3.33	3.15	2.97	2.87	2.77	2.67	2.56	2.45	2.33	26
3.45	3.28	3.11	2.93	2.83	2.73	2.63	2.52	2.41	2.29	27
3.41	3.25	3.07	2.89	2.79	2.69	2.59	2.48	2.37	2.25	28
3.38	3.21	3.04	2.86	2.76	2.66	2.56	2.45	2.33	2.21	29
3.34	3.18	3.01	2.82	2.73	2.63	2.52	2.42	2.30	2.18	30
3.12	2.95	2.78	2.60	2.50	2.40	2.30	2.18	2.06	1.93	40
2.90	2.74	2.57	2.39	2.29	2.19	2.08	1.96	1.83	1.69	60
2.71	2.54	2.37	2.19	2.09	1.98	1.87	1.75	1.61	1.43	120
2.52	2.36	2.19	2.00	1.90	1.79	1.67	1.53	1.36	1.00	∞

A.8 卡方表

VALUES OF χ^2 FOR SELECTED PROBABILITIES

Example: df (Number of degrees of freedom) = 5, the tail above $\chi^2 = 9.23635$ represents 0.10 or 10% of the area under the curve.

AREA IN UPPER TAIL

Degrees of Freedom	.995	.99	.975	.95	.90	.10	.05	.025	.01	.005
1	$392,704 \times 10^{-10}$	$157,088 \times 10^{-9}$	$982,069 \times 10^{-9}$	$393,214 \times 10^{-8}$	.0157908	2.70554	3.84146	5.02389	6.63490	7.87944
2	.0100251	.0201007	.0506356	.102587	.210720	4.60517	5.99147	7.37776	9.21034	10.5966
3	.0717212	.114832	.215795	.351846	.584375	6.25139	7.81473	9.34840	11.3449	12.8381
4	.206990	.297110	.484419	.710721	1.063623	7.77944	9.48773	11.1433	13.2767	14.8602
5	.411740	.554300	.831211	1.145476	1.61031	9.23635	11.0705	12.8325	15.0863	16.7496
6	.675727	.872085	1.237347	1.63539	2.20413	10.6446	12.5916	14.4494	16.8119	18.5476
7	.989265	1.239043	1.68987	2.16735	2.83311	12.0170	14.0671	16.0128	18.4753	20.2777
8	1.344419	1.646482	2.17973	2.73264	3.48954	13.3616	15.5073	17.5346	20.0902	21.9550
9	1.734926	2.087912	2.70039	3.32511	4.16816	14.6837	16.9190	19.0228	21.6660	23.5893
10	2.15585	2.55821	3.24697	3.94030	4.86518	15.9871	18.3070	20.4831	23.2093	25.1882
11	2.60321	3.05347	3.81575	4.57481	5.57779	17.2750	19.6751	21.9200	24.7250	26.7569
12	3.07382	3.57056	4.40379	5.22603	6.30380	18.5494	21.0261	23.3367	26.2170	28.2995
13	3.56503	4.10691	5.00874	5.89186	7.04150	19.8119	22.3621	24.7356	27.6883	29.8194
14	4.07468	4.66043	5.62872	6.57063	7.78953	21.0642	23.6848	26.1190	29.1413	31.3193
15	4.60094	5.22935	6.26214	7.26094	8.54675	22.3072	24.9958	27.4884	30.5779	32.8013
16	5.14224	5.81221	6.90766	7.96164	9.31223	23.5418	26.2962	28.8454	31.9999	34.2672
17	5.69724	6.40776	7.56418	8.67176	10.0852	24.7690	27.5871	30.1910	33.4087	35.7185
18	6.26481	7.01491	8.23075	9.39046	10.8649	25.9894	28.8693	31.5264	34.8053	37.1564
19	6.84398	7.63273	8.90655	10.1170	11.6509	27.2036	30.1435	32.8523	36.1908	38.5822

（續）A.8 卡方表

15	4.60094	5.22935	6.26214	7.26094	8.54675	22.3072	24.9958	27.4884	30.5779	32.8013
16	5.14224	5.81221	6.90766	7.96164	9.31223	23.5418	26.2962	28.8454	31.9999	34.2672
17	5.69724	6.40776	7.56418	8.67176	10.0852	24.7690	27.5871	30.1910	33.4087	35.7185
18	6.26481	7.01491	8.23075	9.39046	10.8649	25.9894	28.8693	31.5264	34.8053	37.1564
19	6.84398	7.63273	8.90655	10.1170	11.6509	27.2036	30.1435	32.8523	36.1908	38.5822
20	7.43386	8.26040	9.59083	10.8508	12.4426	28.4120	31.4104	34.1696	37.5662	39.9968
21	8.03366	8.89720	10.28293	11.5913	13.2396	29.6151	32.6705	35.4789	38.9321	41.4010
22	8.64272	9.54249	10.9823	12.3380	14.0415	30.8133	33.9244	36.7807	40.2894	42.7958
23	9.26042	10.19567	11.6885	13.0905	14.8479	32.0069	35.1725	38.0757	41.6384	44.1813
24	9.88623	10.8564	12.4011	13.8484	15.6587	33.1963	36.4151	39.3641	42.9798	45.5585
25	10.5197	11.5240	13.1197	14.6114	16.4734	34.3816	37.6525	40.6465	44.3141	46.9278
26	11.1603	12.1981	13.8439	15.3791	17.2919	35.5631	38.8852	41.9232	45.6417	48.2899
27	11.8076	12.8786	14.5733	16.1513	18.1138	36.7412	40.1133	43.1944	46.9630	49.6449
28	12.4613	13.5648	15.3079	16.9279	18.9392	37.9159	41.3372	44.4607	48.2782	50.9933
29	13.1211	14.2565	16.0471	17.7083	19.7677	39.0875	42.5569	45.7222	49.5879	52.3356
30	13.7867	14.9535	16.7908	18.4926	20.5992	40.2560	43.7729	46.9792	50.8922	53.6720
40	20.7065	22.1643	24.4331	26.5093	29.0505	51.8050	55.7585	59.3417	63.6907	66.7659
50	27.9907	29.7067	32.3574	34.7642	37.6886	63.1671	67.5048	71.4202	76.1539	79.4900
60	35.5346	37.4848	40.4817	43.1879	46.4589	74.3970	79.0819	83.2976	88.3794	91.9517
70	43.2752	45.4418	48.7576	51.7393	55.3290	85.5271	90.5312	95.0231	100.425	104.215
80	51.1720	53.5400	57.1532	60.3915	64.2778	96.5782	101.879	106.629	112.329	116.321
90	59.1963	61.7541	65.6466	69.1260	73.2912	107.567	113.145	118.136	124.116	128.299
100	67.3276	70.0648	74.2219	77.9295	82.3581	118.498	124.342	129.561	135.807	140.169

附錄B

t 檢定補充公式

在10.2節中，我們提到了t檢定用的公式（見方程式10.5），用在當樣本數小且母體變異數未知時，做爲兩獨立樣本之母體平均數差的檢定，該檢定的重要假設是兩母體變異數需大約相等。但實際上要達到這種假設是不太可能的，這時候就須改用下面介紹的另一組公式，這個公式在計算 t 值時較爲直接且容易使用，但是在決定自由度上卻較複雜。

檢定平均數差的t公式

$$t = \frac{\overline{X}_1 - \overline{X}_2}{\sqrt{\frac{S_1^2}{n_1} + \frac{S_2^2}{n_2}}}$$

$$df = \frac{\left[\frac{S_1^2}{n_1} + \frac{S_2^2}{n_2}\right]^2}{\frac{\left(\frac{S_1^2}{n_1}\right)}{n_1 - 1} + \frac{\left(\frac{S_2^2}{n_2}\right)}{n_2 - 1}}$$